데번 모어턴햄스테드.
중세에 모어턴햄스테드 장원은 바퀴 달린 탈것으로는 오갈 수 없는 곳이었다. 교회를 건설함으로써 이러한
산간벽지들을 라틴 세계에 편입시킨 것은 11세기의 가장 커다란 변화 가운데 하나였다.

엑서터성, 1068년에 정복왕 윌리엄이 건설.
윌리엄은 앵글로색슨 잉글랜드에 방어용
성들이 건설되어 있지 않았으며, 그러므로
비교적 쉽게 정복할 수 있다는 사실을 알았다.
이러한 방어 시설들은 영주와 영지 사이의
강력한 정치적 관계를 담보했다.

1030년부터 1106년까지 건설된 슈파이어 대성당.
당시에는 거대한 건축물이었던 이 대성당을 건설한 주목적은 교황에게 점차 권위를 빼앗기고 있던
신성로마제국 황제의 힘을 보여주는 것이었다.

12세기 후반에 서리 찰던 교회에 그려진 벽화.
이 벽화는 심판받는 영혼들과 고문당하는 영혼들을 묘사하고 있다. 12세기에 연옥에 관한 교리가 등장하면서
사람들은 사후에 영혼이 천국이나 지옥으로 직행하는 것이 아니며, 선행과 기도를 통해 자기 자신을 구원할 수
있다고 믿기 시작했다.

방혈放血을 실시하는 아랍인 내과의,
1240년경의 작품.
12세기에 걸쳐 지중해 인근의
여러 도서관에서 아랍어로 적힌
수많은 고대 세계의 의학 문헌들이
번역되었다. 이러한 번역서들 덕분에
살레르노에서는 초기 형태의 전문
의대가 탄생할 수 있었다.

샤르트르 대성당에 있는 13세기 초기의 스테인드글라스 창 일부분.
이 스테인드글라스는 와인 한 통을 마차에 싣고 운반하는 와인 상인을 묘사하고 있다. 이 시기에는 유럽 대륙 전역에서 무역이 성행했다.

헤리퍼드 세계 지도, 1290년경에 홀딩엄의 리처드가 제작.

이 지도는 진정한 의미의 지도라기보다는 당시의 지식을 공간적으로 표현한 것에 가깝다. 지도 중앙에는 예루살렘이 있고, 오른쪽 위에는 홍해가 있으며, 왼쪽 아래에는 영국 제도가 있고, 아래쪽에는 지브롤터 해협이 있다. 아시아와 아프리카는 기독교 세계에 속하지 않았으므로, 지도 제작자는 이 지도가 묘사한 세상의 4분의 3에 관해 사실상 아무것도 알지 못했다.

엑서터 대성당에 있는 시신 조각상.
흑사병 때문에 사람들은 신과 인간의 관계를 재고할
수밖에 없었다. 여러 저명한 인사들은 자신들이 지상에서
얼마나 하찮은 존재인지 드러내고, 인간이 얼마나
죄 많은 존재인지를 알리기 위해서 이처럼 죽음을
상기시키는 것들을 만들었다.

교황 요한 22세의 황금 장미, 1330년에 미누치오
다 시에나가 제작.
교황은 매년 자격이 있다고 여기는 군주나 영주,
혹은 아끼는 교회에 황금 장미라는 신비로운
선물을 내렸다. 우리는 흔히 백년 전쟁과
흑사병이 터지기 직전의 문화 수준이 대단하지
않으리라고 여기지만, 황금 장미에서 드러나는
장인 정신과 정교함은 이렇듯 널리 퍼진 가정과
현격한 대조를 이룬다.

문헌에 등장한 가장 이른 시기의
대포, 1326년에 월터 드 마일메트가
어린 에드워드 3세를 위해 쓴
왕위에 관한 논문에 등장하는 삽화.
국왕으로서 에드워드는 영국
남부에 있는 자신의 성에 포대를
건설하는 등 투사체 전쟁 발전에
동시대 그 어떤 통치자보다도 더
많이 기여했다.

흔히 〈터번을 두른 남자〉로 알려진 이 작품은 자화상일 가능성이 크다. 얀 반 에이크는 이 작품의 제작 일자를 1443년 10월 21일이라 적었는데, 이는 그가 배경에 유리 거울이 놓여 있음이 틀림없는 작품인 〈아르놀피니 부부의 초상〉을 그리기 1년 전이었다. 유리 거울은 가장 과소평가되는 중세의 기술 혁신 가운데 하나이자, 원근법부터 개인주의에 이르기까지 온갖 것에 영향을 미친 발명품이었다.

1498년도에 출판된 책에 등장하는 인쇄기의 모습. 1620년에 프랜시스 베이컨은 인쇄술이 화약과 나침반과 함께 세상을 변화시켰다고 선언했다. 그 무렵에는 인쇄술이 실제로 세상을 변화시키고 있었지만, 인쇄술 초기에 인쇄를 통해 생산된 책은 라틴어로 쓰인 호화로운 책들이었다. 이런 책을 읽을 수 있는 이들은 소수에 불과했으며, 책을 살 수 있는 이들은 심지어 그보다 더 소수였다. 인쇄술이 실제로 세상을 뒤바꾼 것은 성경이 지역어로 인쇄되기 시작하면서였다.

콘월 코트힐 저택 예배당에 있는 15세기 후반부의 시계.
본래 사람들은 시간이 신의 영역에 속하는 것이며, 자연적인 방식으로 추정해야 한다고 여겼다. 그러나 중세 후기에 걸쳐 사람들은 시간이 세속적인 것이며, 기계를 통해 시간을 측정할 수 있다고 여기게 되었다. 시간은 국제적으로 인정받은 최초의 표준화 단위였다.

콜럼버스의 초상, 세바스티아노 델 피옴보의 작품.
콜럼버스는 서인도 제도 사람들에게는 잔인한 폭군이었을지도 모르지만, 그의 유산은 세계사에 지대한 영향을 미쳤다. 콜럼버스는 고대의 지식에 결함이 있다는 사실을 드러냈을 뿐만 아니라, 미지의 세계에 막대한 부가 담겨 있음을 보여주었다.

아브라함 오르텔리우스의 세계 지도, 〈세계의 무대Theatrum Orbis Terrarum〉(1570). 〈세계의 무대〉는 메르카토르 도법을 이용하여 제작된 지도들 가운데 최초로 인쇄된 지도였다. 1290년경에 제작된 헤리퍼드 세계 지도와 비교해보면, 15세기와 16세기에 어찌나 많은 발견이 있었는지, 또 지도 제작 부문에서 어찌나 큰 진전이 있었는지를 알 수 있다.

1500년 이전의 총은 대부분 부정확할 뿐만 아니라 엄청나게 크고 무거운 물건이었다. 화기 기술은 16세기에 걸쳐 매우 빠르게 진보했다. 이 휠락 방식 사냥 권총은 1578년에 제작되었다.

인쇄는 문자로 쓰인 글을 유포하는 데 주요했을 뿐만 아니라, 시각적 형태로 과학적 지식을 전파하는 데도 크게 기여했다. 이 그림은 레온하르트 푹스의 『식물의 역사에 관하여』(1542)에 수록된, 목판을 써서 인쇄한 뒤 수작업으로 채색한 그림이다.

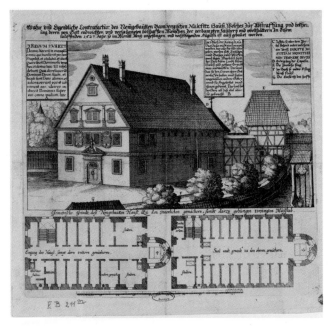

16세기 말과 17세기 초에 만연했던 마녀에 대한 두려움은 사회사를 끊임없는 진보의 과정으로 여기는 모든 사람들에게 유익한 메시지를 전달한다. 밤베르크의 주교후는 마녀들을 체계적으로 감금하고, 고문하고, 화형에 처하고자 이 건물을 건설했다.

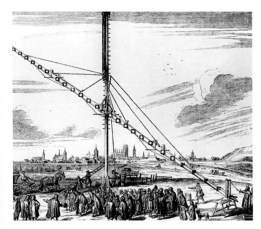

처음에 사람들은 망원경이 길면 길수록 더 높은 배율로 사물을 확대하여 볼 수 있다고 여겼다. 이것은 요하네스 헤벨리우스가 단치히(현재의 그단스크)에 설치한 길이가 45미터에 달하는 망원경이다. 이 망원경은 말 그대로 천문학자들이 어디까지 나아갈 준비가 되어 있었는지 보여준다.

천문학자들에게 망원경은 크기가 다가 아니라는 사실을 보여준 사람은 바로 아이작 뉴턴이었다. 뉴턴의 반사 망원경은 크기는 작지만 이미지를 40배나 확대할 수 있었다.

런던 오페라 리허설, 1708년에 마르코 리치가 제작.
가발을 쓴 신사들과 벽에 걸린 그림들, 공연을 위해 모은 악기들, 그리고 오페라 공연 그 자체가 한 세기 전의
런던에서는 생각조차 할 수 없었던 부르주아식 우아한 행사를 보여준다.

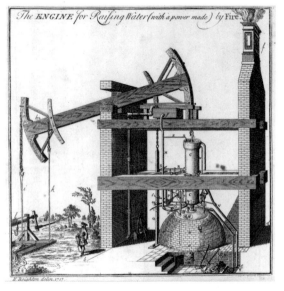

다트머스는 오늘날 공업 중심지라 부를 만한 곳이 아니지만, 세계 최초로 상업성이 있는 증기 기관을 발명하고 생산한 토머스 뉴커먼의 출생지였다. 이 삽화는 18세기에 유럽 전역에 설치된 1,200대의 증기 기관 가운데 하나를 묘사한 것으로, 1718년에 제작되었다.

테니스 코트의 서약, 자크루이 다비드의 미완성 스케치를 본뜬 그림.
1789년 6월 20일, 577명의 프랑스 국민 의회 의원들 가운데 단 한 명을 제외한 모든 의원이 왕국에 헌법이 제정될 때까지 국민 의회를 해산하지 않기로 맹세했다. 테니스 코트의 서약은 모든 곳에서 혁명적 사상을 시험한 대사건이었던 프랑스 혁명에서 매우 중요한 순간이었다.

동력 방직기, 토머스 알롬의 1834년도 작품.
산업 혁명은 같은 산업군에 속한, 서로 경쟁하는 개별 사업체들의 필요에 의해 발전했다. 동력 방직기는 에드먼드 카트라이트가 1785년에 발명한 발명품이었는데, 이 그림이 제작될 무렵에는 영국 한 나라에서만 10만여 대에 달하는 동력 방직기가 가동 중이었다.

플리머스에서 런던까지 32시간 만에 346킬로미터를 주파할 수 있다고 홍보하는 역마차 광고. 철도가 등장하기 전에 이미 여행 속도는 크게 증가했다. 1700년에는 플리머스에서 런던까지 오는 데 닷새가 걸렸었다. 정보의 유통 속도 또한 마찬가지로 빨라졌다. 1700년 이전에는 영어 신문이 없었지만, 1800년 런던에서는 몇몇 영어 일간지가 발행되었는데, 이 가운데는 《모닝 포스트》, 《모닝 크로니클》, 《모닝 헤럴드》, 《타임스》 등이 있었다.

프랑스 당국은 루이 다게르로부터 그의 사진 촬영 기법에 대한 권리를 사들인 뒤, 이를 무료로 전 세계에 선물했다. 이에 따라 '다게레오타이프'는 1850년대까지 가장 흔한 형태의 사진이 되었다. 다게르가 1838년도에 찍은, 이 파리 탕플 대로 사진은 최초로 사람을 찍은 사진으로 알려져 있다. 다게레오타이프의 노출 시간은 무려 10분에 달했으므로, 사진 전경에 있는 구두닦이와 손님은 사진에 찍힐 만큼 오랫동안 가만히 있었던 셈이다.

잉글랜드 사진계에서 발군이었던 선구자는 바로 윌리엄 폭스 탤벗이었다. 이 사진은 이점바드 브루넬이 설계한 대형 함선인 SS 그레이트 브리튼호가 1844년에 컴벌랜드 정박지에서 출항 준비를 하는 모습을 담은 사진이다. 1843년에 출범했을 때, SS 그레이트 브리튼호는 스크루 추진기로 추진하는 최초의 증기 철선이자, 당시 세계에서 가장 거대한 함선이었다.

하늘을 날고자 하는 오빌 라이트와 윌버 라이트 형제의 결심은 확고했다. 라이트 형제는 우선 글라이더를 시험해 보았으며, 그다음에는 엔진을 시험했다. 이 사진은 1902년 12월 17일에 최초로 비행에 성공한 중항공기인 플라이어가 12초 동안 120피트를 비행하는 모습을 지켜본 한 목격자가 찍은 사진이다.

라인강 상류 지역에서 적진을 염탐하는 프랑스
군인, 1917년 6월 23일에 폴 카스텔노가 촬영.
사진은 여러 면에서 화가의 권위를 손상시켰다.
전쟁이나 빈곤을 다룬 사진에는 부정할 수 없는
사실성이 담겨 있었으므로, 화가의 의도에 따라
세심하게 구성된 그림보다 무시하기가 훨씬 더
어려웠기 때문이다.

나가사키 시 폐허 속 나가이 박사, 1945년 8월의 히로시마-나가사키 원자 폭탄 투하 이후에 촬영.
나가사키 병원의 의학 교수이자 엑스레이 전문가였던 나가이 박사는 이 직후에 방사능 중독으로 사망했다.
20세기에는 전쟁이 군인들뿐만 아니라 사회 전체에 영향을 미치게 되었다.

뉴욕, 파크 로 빌딩.
1900년 당시에는 높이가 119미터인 이 건물이
세계에서 가장 높은 빌딩이었다.

2000년에 세계에서 가장 높은 빌딩이었던
페트로나스 타워의 높이는 375미터로,
높이가 파크 로 빌딩보다 3배 이상 높다.

〈지구돋이〉.
우주에서 찍은 최초의 지구 사진이자 아마도 지금까지 찍힌 사진 가운데 가장 중요한 사진일 터인
〈지구돋이〉는 1968년 크리스마스이브에 신이 난 아폴로 8호 승무원들이 달 궤도를 돌면서 찍은 사진이다.
〈지구돋이〉는 지구의 모습을 처음으로 객관적으로 보여준 동시에 지구가 상당히 작고,
고립된 행성이라는 심란한 사실 또한 드러내었다.

변화의
세기

CENTURIES
OF
CHANGE

변화의 세기

CENTURIES OF CHANGE

서양 천 년을 바꾼 결정적 사건들

WHICH CENTURY
SAW THE MOST CHANGE
AND WHY IT MATTERS TO US

IAN MORTIMER

이언 모티머 지음 | 김부민 옮김

현암사

변화의 세기

초판 1쇄 발행	2023년 1월 12일
지은이	이언 모티머
옮긴이	김부민
펴낸이	조미현
책임편집	박승기
디자인	손주영
펴낸곳	(주)현암사
등록	1951년 12월 24일 · 제10-126호
주소	04029 서울시 마포구 동교로12안길 35
전화	02-365-5051
팩스	02-313-2729
전자우편	editor@hyeonamsa.com
홈페이지	www.hyeonamsa.com
ISBN	978-89-323-2267-4 03900

내 아이들과 후손들에게

나는 내가 이 책을 쓰기 위해 태어났다는 느낌을 받았다.
그렇다고 해서 여러분이 이 책을 읽기 위해 태어났다는 말은 아니다.
그래도 읽어두면 도움이 될 것이다.

차례

일러두기

- 페이지 하단의 각주는 모두 옮긴이주다.
- 책 제목은 『 』, 신문 · 잡지는 《 》, 글은 「 」, 미술 작품·노래·공연·영화는 〈 〉로 표기했다.
- 언급되는 책의 원제는 가능하면 원어를 병기하였으나, 원제를 알기 어렵거나 영어 제목의 접근성이 높은 경우에는 영어를 병기하기도 했다.
- 외래어 표기는 국립국어원 외래어표기법을 따르되, 일반적으로 통용되는 경우일 때는 그에 따르기도 했다.

들어가는 말

인쇄술, 화약, 나침반. 이 셋은 전 세계의 면모와 정세를 바꾸어놓았다.

프랜시스 베이컨,

『노붐 오르가눔Novum Organum』(1620)

1999년의 끝이 다가오던 어느 날 저녁, 집에서 텔레비전 뉴스를 보고 있을 때였다. 나는 진행자가 그날의 주요 소식을 전한 뒤, 12월 말 저녁에 으레 그러듯 지난 12개월 동안 일어난 사건들을 요약해서 소개할 것이라고 생각했다. 그러나 그해 진행자는 20세기 전체를 논평하기 시작했다. 그녀는 "다른 어떤 세기보다 변화가 많았던 세기가 끝나가면서"라고 말문을 열었다. 나는 이 말을 마음속에 집어넣고, 그곳에 간직한 뒤, 두고두고 생각했다. 변화에 관해 우리가 진짜로 알고 있는 것은 무엇일까? 궁금한 생각이 들었다. 대체 무엇 때문에 진행자는 그토록 자신만만한 태도로 20세기를 그 어떤 세기보다 변화가 많았던 세기라고 부른 것일까? 가령 19세기에는 철도가 온 세상을 바꿔놓았는데 말이다. 또 16세기에는 코페르니쿠스가 지구가 태양을 중심으로 돈다고 했으며, 루터는 기독교를 둘로 쪼개버렸지 않은가. 얼마 지나지 않아 흑백 영화와 버섯구름, 우주 로켓, 자동차, 컴퓨터가 텔레비전 화면을 가득 채우기 시작했다. 다른 어떤 세기보다 20세기에 더 많은 변화가 있었다는 진행자의 말은 '변화'와 '기술 발전'이 동의어이며, 20세기의 혁신은 유례가 없는 것이라는 가정에 기초하고 있음이 분명했다.

그날 이후 수년 동안 나는 여러 사람과 '변화'에 관해 이야기를 나누었다. "가장 큰 변화가 일어난 때는 어떤 세기일까요?"라는 질문에 거의 모든 사람이 "당연히 20세기겠죠"라며 뉴스 진행자의 의견에 동조했다. 심지어 어떤 사람은 내가 20세기가 아닌 다른 답을 고려하고 있다고 말하면 비웃기까지 했다. 왜 20세기가 가장 큰 변화가 일어난 세기냐고 물으면 그들은 비행기, 원자폭탄, 달 착륙, 인터넷, 휴대 전화 등 20세기의 발명품 가운데 몇몇 때문이라고 답한다. 이들은 우리가 현대에 이룬 업적이 과거의 모든 업적보다 우월하다고 믿는 듯하다. 그리고 현대의 변화와 비교하면 이전 세기의 변화는 그다지 두드러지지 않는다고 생각하는 것 같다. 그러나 나는, 현대의 업적이 가장 중대한 변화이며 현대 이전 시대는 변화가 거의 없는 정적인 시대였다는 가정을 허상이라고 생각한다. 특정한 발전이 20세기에 정점에 도달했다고 해서 그것이 20세기에 가장 빠른 속도로 변화했다는 의미는 아니다. 게다가 우리의 본능은 이 허상을 더욱더 공고히 한다. 우리에게는 두 눈으로 직접 보았든 텔레비전으로 보았든 직접 본 사건을 과거의 사건보다 우선시하는 본능이 있기 때문이다. 과거의 사건을 직접 겪은 이는 아무도 남아 있지 않다.

20세기가 아닌 다른 잠재적 후보를 즉시 떠올릴 수 있는 사람은 극히 소수다. 대개 이들은 쟁기나 등자, 인쇄기, 전신 같은 초창기 기술 발전의 결과를 예리하게 깨달을 수 있는 분야를 전공한 사람들이다. 숫자를 기록하진 않았지만 "가장 큰 변화가 있었던 세기는 몇 세기일까요?"라는 질문에 대략 95퍼센트의 사람이 기술 발전을 이유로 '20세기'를 꼽았다. 20세기 이전을 꼽은 남은 5퍼센트도 역시나 대부분 기술적인 이유를 들었으며, 극소수의 사람만이 르네상스나 여성 인권 신장처럼 기술적 진보가 아닌 사건을 이유로 들었다. 내가 기억하는 한, 1000년도 이전의 세기를 꼽은 사람은 아무도 없었다. '서로마제국이 멸망한 5세기'라는 좋은 본보기가 있는데도 말이다.

어떤 사람들은 이 질문에 질문으로 답한다. "변화란 무엇을 의미하는 거죠?" 이것은 겉으로 보기에는 명백한 질문이지만, 다른 한편으론 매우 흥미로운 질문이다. 변화가 무엇인지 모르는 사람은 없다. 변화란 상태의 변경을 뜻한다. 그럼에도 가장 변화가 많았던 세기를 꼽아달라는 질문 앞에서 사람들은 변화라는 단어의 의미를 잊어버리는 듯하다. 장기간에 걸쳐 이루어진 인간의 집단적 경험은 한꺼번에 이해하기에는 너무 광범위하다. 따라서 우리는 모든 변화의 요소를 동시에 측정할 수 없다. 우리는 지난 천년 동안의 출생 시 기대수명이나 재생산율, 수명, 키, 일인당 열량 섭취량, 노동자의 평균 임금과 같은 요소들의 세기별 증감을 구체적으로 계산할 수 있으며, 교회 참석률이나 무력 충돌의 정도, 부나 문해력의 상대적 수준과 같은 요소들의 변화 대부분을 측정할 수 있다. 하지만 각 요소를 정확하게 측정하려면 이것들을 삶의 다른 측면에서 분리해야 한다. 우리는 생활 방식의 차이를 측정할 수 없다. 그것은 사랑을 측정하는 것과 같다.

사실 이것은 사랑을 측정하는 것보다 훨씬 더 어렵다. 사랑은 최소한 상대적 척도로 잴 수 있다. 가령 밸런타인데이 카드를 보내는 것과 사랑하는 사람을 되찾기 위해 수천 척의 대함대를 출격시키는 것을 비교할 수 있다. 반면 삶의 방식은 상대적 척도로 잴 수 없다. 가장 유의미하다고 여겨지는 양적인 변화라 해도 질적인 변화로 상쇄될 수 있기 때문이다. 가령 20세기는 분명 출생 시 기대수명이 가장 많이 늘어난 세기다. 유럽 국가 대다수에서 출생 시 기대수명이 60퍼센트 이상 늘어났다. 그러나 남녀 개개인의 잠재적 수명은 이전 세기와 사실상 똑같았다. 심지어 중세에도 일부 남성과 여성은 90세 넘게 살았다. 셈프링엄의 성 길버트St. Gilbert of Sempringham는 1189년에 106세의 나이로 사망했으며, 존 드 설리 경 Sir John de Sully은 1387년에 105세까지 살았다. 오늘날에도 이들보다 더 오래 사는 이는 극소수에 불과하다. 상대적으로 중세에 80대 사람이 적었던 것은 사실이지만, '도달 가능한' 최대 수명의 관점에서 보면 지난 천 년간 큰 변화는 없었다. '가장 큰 변화'라는 질문에 답하기 위해 어떤 측정 가능한 요소를 답으로 찾아내면, 또 다른 측정 가능한 요소가 그 앞을 막아서는 식이다. 왜 한 요소를 다른 요소보다 우선시해야 하는가? 기대수명과 잠재수명의 예가 보여주듯, 둘 중 무엇이 더 중요한가는 순전히 개인적 선호가 반영된 것에 불과하다.

이 말은 '잉글랜드에서 가장 위대한 왕은 누구인가?'와 같은 질문이 흥미롭고 재미있는 논쟁거리에 불과하다는 것과 마찬가지다. 하지만 이런 질문들은 중요하다. 내 저작『시간 여행자를 위한 가이드Time Traveller's Guides』시리즈에서 보여주려고 시도했다시피, 우리가 오늘날 살아가는 모습을 관찰하는 것은 상대적으로 피상적인 느낌을 줄 뿐이지만, 다른 시대의 인간 사회를 이해하는 것은 인간 본성에 대한 더 깊은 통찰을 주기 때문이다. 역사란 과거의 향수를 불러일으킬 뿐만 아니라 한 종으로서 우리가 할 수 있는 것과 할 수 없는 것을 모조리 드러낸다. 과거를 보지 않고 현재를 파악할 수는 없는 법이다. 예를 들어 인류가 흑사병이라는 커다란 역경에 맞섰던 14세기를 돌아보지 않고서는 인류의 복원력이 얼마나 뛰어난지 알 수 없다. 제2차 세계대전과 같은 사건을 돌아보지 않고서는 엄청난 위기가 닥쳤을 때 인류가 얼마나 혁신적이고 조직적이며 생산적인지 알 수 없다. 마찬가지로 지난 100여 년 간의 서구 정부들의 역사를 살펴보지 않고서는 현대 서구 민주주의 국가들이 얼마나 근시안적이고 단기성과주의적인지 알 수 없다. 그리고 정치인들이 얼마나 사회적 변덕을 이용해먹고 임시변통으로 문제를 해결하려 하는지 깨달을 수 없다. 오직 독재자만이 천 년의 계획을 세우는 법이다. 우리 사회는 과거에 대단히 폭력적이고 성차별적이고 잔인했으며, 언제든 과거로 되돌아갈 수 있다. 이 사실을 가르쳐주는 것이 바로 역사다. 현대 세계가 어떻게 발전해왔는지 이해하는 것부터 인류가 어떻게 즐길 거리를 찾아왔는지 배우는 것까지, 역사 연구에는 여러 목적이 있지만 모든 역사 연구의 가장 심오한 목적은 극단적인 상황에서 드러난 인류의 본질을 찾아내는 것이다.

이 책은 1999년 12월의 뉴스가 품고 있던 질문에 대한 다소 늦은 답변이다. 그렇지만 다른 어떤 세기보다 변화가 많았던 세기를 결정하려면 특정한 범위를 설정해야만 했다. 첫째로, 나는 의도적으로 '변화'의 정의를 계속해서 흐릿하고 모호하게 둠으로써 각 세기 안에서 고려할 수 있는 잠재적 발전의 범위를 최대한으로 설정했다. 나는 오직 결론부에서만 발전을 구분하고 등급을 매기려 시도했다. 둘째로, 나는 2000년이 되기까지의 직전 열 개의 세기만을 고려했다. 이는 더 이른 시기의 중요성을 부정하고자 함이 아니라 서구 문화권에 초점을 맞추기 위함이다. 나는 이 책이 또 다른 세계 역사의 '변곡점' 목록이 되는 것을 원치 않는다. 셋째로, 이 책에서 다루는 변화는 서구 문화권 안에서 일어난 것으로, 대부분 중세 기독교 세계를 이루었던 국가들의 산물이다. 나는 내 연구 범위를 라틴어를 쓰는 세상의 후손들이 바다를 넘어 도달했던 곳까지만 확장할 것이다. 그러므로 이 책에서 '서구'란 지리적 단위가 아니라 중세 유럽의 기독교 세계에 뿌리를 두고 확장된 문화적 연결망을 뜻한다. 분명하게 말하지만 내게 유럽 밖의 중세 문화를 경시하려는 의도는 없다. 이 책은 탁월함이 아니라 변화에 관한 책이다. 만약 이 책이 다루는 범위가 호모 사피엔스가 탄생했을 때부터였다면 나는 아프리카에 초점을 맞췄을 것이다. 또 마지막 빙하기가 끝날 무렵부터였다면 중동에 더 많은 분량을 할애했을 것이다. 만약 내가 인류 문명의 주요 흥망성쇠를 전부 도식화하려 했다면, 이 책에는 도구와 불의 사용이나, 바퀴와 배의 발명, 언어와 종교의 개발과 같은 요소들이 전부 포함되었을 것이다. 그러나 이러한 요소들은 이 책에서 설정한 범위에서 벗어나며, 다른 역사에 속한다.

이 책은 세계 전체의 역사를 담지는 않았지만 그렇다고 특정 지역이나 국가의 전반적인 역사를 다루지도 않았다. 여기에서는 국가 역사상 중요한 사건들이 등장하지 않거나 그저 지나가는 말로만 언급된다. 어떤 침략들은, 가령 노르만족의 잉글랜드 정복이나 미국 페리 제독의 도쿄항 입항은 국가적으로 중대한 변화였지만 비교적 지역적인 사건이었다. 물론 이탈리아 르네상스나 프랑스 혁명 같은 주요 이야기에는 특정 지리적 요소가 포함될 수 있지만, 대부분 내 중심 질문에 비하면 지엽적인 것에 불과하다. 가령 독일의 통일은 포르투갈 사람들에게는 별로 중요한 사건이 아니었고, 노르만족의 잉글랜드 침략은 시칠리아를 침략한 노르만족에 맞서 싸우고 있던 시칠리아인에게 큰 관심사가 아니었기 때문이다. 이와 비슷하게 미국과 카리브해에서 일어난 노예 제도의 부상은 17세기에 관한 장의 일부분에서만 등장한다. 노예 제도의 부활이 어디까지나 당시 서구 세계의 변방에 국한된 일이었기 때문이다. 17세기 유럽인들은 상대적으로 규모가 작았던 백인 노예무역에 더 직접적인 영향을 받았다. 당시에는 바르바리 해적들이 서유럽인 수십만을 포로로 잡아 북아프리카에 노예로 팔았다. 그러나 이런 일은 내가 각 장에서 꼽은 5가지 주요 사건만큼 서구 문화권에 큰 영향을 주지는 못했다. 노예 제도의 부활은 수많은 국가적 전투와 마찬가지로 분명히 세계사에 등장해야 할 사건이지만, 이 책은 그런 사건을 위한 책이 아니다. 즉 특정한 질문에 답하기 위해 서구의 발전을 고찰하고 그 결과를 종합한 책이다.

가장 큰 변화라는 질문에 초점을 맞춘다는 말은, 특정한 주제나 개인들이 일반적인 역사서에서 흔히 받는 만큼의 주목을 받지 못한다는 의미다. 내 친구들과 동료들은 자주 "어떻게 레오나르도 다빈치를 무시할 수 있어?"라든가 "어떻게 음악이란 주제를 다루지 않을 수 있어?"라고 묻곤 했다. 다빈치는 놀라운 천재였지만, 그의 기술적 고찰은 동시대 사람에게 사실상 전혀 영향을 주지 못했다. 오직 극소수의 사람만이 다빈치의 수첩을 읽었을 뿐이며, 그의 발명품은 실제로 제작되지도 않았다. 다빈치의 유산 가운데 중요한 것은 오직 그림뿐인데, 솔직히 르네상스 시대의 화가 한두 명이 태어나지 않았다고 해도 현재 내 삶이 크게 달라졌을 것 같지는 않다. 만약 이전까지 아무도 초상화를 그리지 않았다면 이야기가 달라졌겠지만, 개별 예술가가 미친 영향은 루터나 코페르니쿠스 같은 인물이 미친 영향에 비해 상대적으로 작다. 그리고 음악은 어느 나라에서나 흔히 볼 수 있었으며, 천 년이 넘는 세월 동안 그러했다. 물론 악기나 곡, 화음이 형태나 형식 면에서 변화했다고 할 수도 있고, 음악을 기록하는 능력이 정말 큰 변화라고 말할 수도 있다. 그러나 음악 제작은 인류의 삶에서 늘 있던 일 가운데 하나이며, 음악이 어떻게 우리 삶을 바꾸느냐보다는 음악이 어떻게 보편화했는지를 살펴보는 편이 더욱 흥미롭다.

가장 중요한 변화란 국가의 경계를 넘어서고 여흥entertainment이나 영적인 가치를 넘어서는 것임이 자명하다. 가장 중대한 변화는 자기 분야 밖에까지 영향을 미친다. '오직' 동료 과학자들에게만 영향을 미친 과학자들은 이 책의 맥락에서 볼 때 상대적으로 중요성이 떨어진다. 오직 과거에 관한 사상에만 영향을 미친 역사가나 다른 사상가들에게만 영향을 준 위대한 철학자들 역시 마찬가지다. 나보다 철학에 관해 훨씬 더 잘 아는 한 친구는 내가 책에서 볼테르와 루소에 큰 비중을 할애하면서 정작 흄과 칸트는 거의 언급하지 않은 것을 이상하다고 여겼다. 자신이 보기에는 흄과 칸트가 훨씬 더 중요한 철학자인데 말이다. 그러나 내 친구가 흔쾌히 인정했듯이, 이 책은 철학사에 관한 책이 아니다. 내가 볼테르와 루소를 더 중요하게 다룬 이유는 그들이 퍼뜨린 메시지가 우연히도 18세기 정치 사상에 직접적인 영향을 미쳤기 때문이다. 칸트가 거의 언급되지 않는 이유는 모차르트가 거의 등장하지 않는 이유와 같다. 즉 지난 3세기 동안 일어난 주요 변화 가운데 칸트의 유산에 직접적인 영향을 받은 변화가 없기 때문이다. 1789년에 바스티유 감옥을 습격한 파리의 혁명가들은 귀족들에게 칸트의 '정언 명령categorical imperative'을 따르라고 요구하지 않았다. 프랑스 혁명의 주도자들에게 영감을 준 것은 바로 루소의 사회계약론social contract이었다.

이 책을 쓰는 동안 나는 어떤 특정한 문제와 반복적으로 부딪혔다. 그 문제는 바로 서구 문화권에서 일어난 가장 중요한 발전 가운데 다수가 한 세기라는 경계 안에서 깔끔하게 이루어지지 않았다는 점이다. 그렇다면 우리는 논의를 진행할 때 발전이 시작되었을 때를 기준으로 삼아야 하는가, 아니면 발전이 절정에 달했을 때를 기준으로 삼아야 하는가? 발명품이 발명된 순간을 기준으로 삼아야 하는가, 아니면 널리 보급되었을 때를 기준으로 삼아야 하는가? 이 문제에 답하기는 쉽지 않다. 한편으로 어떤 발명품이 널리 쓰이지 않는 한 세상을 변화시킬 수 없음이 분명하다. 그러므로 내연 기관은 19세기가 아니라 20세기와 관련하여 설명해야 마땅하다. 그렇지만 다른 한편으로 어떤 발전이 널리 퍼져나간 시기 이후만을 묘사할 경우, 초창기 영향력을 무시할 위험이 있다. 19세기 이전에 서양 사람들 대부분은 글을 읽을 수 없었지만, 특히 13세기와 16세기에 이루어진 초창기 교육 발전을 무시하는 것은 중대한 실책이 될 것이다. 또한 발전이 널리 퍼진 후의 경우만 설명한다면 마치 발전이 동시다발적으로 이루어지는 것처럼 보일 수 있으며, 후기 세기에는 급격한 변화가 있었던 반면 초기 세기는 비교적 정적이었다는 인위적인 착각을 불러일으킬 수 있다. 예를 들어 산업 혁명을 오롯이 19세기에 일어난 현상으로 묘사하는 것은 18세기에 있었던 산업적 변화의 중요성을 깎아내리며, 당시 사람들이 주위의 기술 변화를 인식하고 있었다는 사실 역시 무시하게 한다. 기계로 생산한 의복을 입기 한참 전에도 사람들은 기술 변화가 일어나고 있음을 잘 알고 있었다. 그러므로 나는 어느 정도 융통성을 발휘하며 책을 썼다. 1999년의 뉴스 진행자가 했던 주장에 대답하는 과정에서 나는 과거를 왜곡하는 결과를 불러올 임의의 규칙을 세우는 것보다 독자들에게 수 세기에 걸쳐 일어난 광범위한 변화를 이해하게 하는 것이 더 중요하다는 사실을 깨달았다.

2009년, 나는 잉글랜드 남서부에 있는 엑서터Exeter 교구의 설립 1,100주년을 기념하는 강의를 했다. 강의 주제는 바로 이 책의 핵심 질문이었다. "지난 열한 세기 가운데 언제 가장 큰 변화가 있었을까요?" 이때 나는 서기 909년 이후에 일어난 다양한 변화를 설명해야 할 뿐만 아니라 나름의 결론을 내려야 한다고 느꼈다. 강의를 준비하면서 내 연구에서 특정한 양식이 나타났는데, 나는 이 양식을 보고 어떤 생각에 사로잡혔다. 그것은 내가 살펴보고 있는 기간에 향후에도 인류에게 계속해서 영향을 줄 어떤 분기점이 있었다는 것이었다. 이 책의 결론은 그 당시 처음 느낀 깨달음을 발전시킨 것이다. 만약 인류가 다음 천년기 동안 살아남는다면, 이 책에서 내가 가장 중요한 변화로 꼽은 변화들이 인류 역사에서 원형archetype에 해당하는 중대한 발명이 일어난 순간으로 기록되리라고 나는 믿는다. 현대 문화를 형성한 고대의 발명품인 언어, 작문, 불, 선박, 바퀴, 종교가 탄생한 순간처럼 말이다.

2009년 이후로 '가장 큰 변화의 세기'라는 질문을 곱씹으면서, 그리고 이 책을 쓰기 위해 여러 도서관을 오가고 그 높디높은 서가를 철저히 뒤지면서, 나는 우리 사회의 학문적 성취, 특히 지난 60년간의 학문적 성취에 압도당하는 기분을 느꼈다. 어떤 도서관에서는 내가 이러한 책을 제대로 쓸 정도로 지식을 쌓기는 절대 불가능하다는 생각에 한참을 꼼짝도 하지 못했다. 몇몇 세기는 마치 거대한 그림자처럼 나를 위협하고 압도했다. 십자군 전쟁에 관

변화의 세기

한 책으로 가득 찬 벽과 마주했을 때, 나는 마치 1099년에 예루살렘 거리에서 무의미하게 살해당한 이름 없는 사람이 된 것 같았다. 그리고 18세기 프랑스에 관한 책으로 가득 찬 방에 들어갔을 때는 절망 직전까지 내몰렸다. 이토록 많은 증거 앞에서 일말의 겸손함도 품지 않는 역사가는 자기 자신을 기만하는 일일 것이다. 또 자신의 부족함을 인정하지 않은 채 인류의 과거에 관한 광범위하고도 권위적인 글을 쓰려 하는 사람은 사기꾼일 것이다. 나는 물론 내가 제기한 질문에 관해 가장 철저하고 식견 있는 답을 내놓기 위해 모든 것을 알고 싶은 마음이었지만, 인간의 정신이 간직할 수 있는 정보에는 한계가 있는 법이다. 내 경우에는 아마추어에서 학생으로, 기록 보관인에서 역사학자이자 작가로, 10대 때부터 잉글랜드 역사 분야에 종사했다는 이점이 있었다. 내가 30년간 연구해온 것이 바로 '잉글랜드' 역사이기에 이 책에는 불균형이 있을 수밖에 없다. 내가 인용하는 통계 자료 대부분은 잉글랜드와 연관이 있기 때문이다. 하지만 내가 중요하게 선정한 '변화'는 잉글랜드에 영향을 준 변화에만 국한되지 않았다. 그 대신 나는 서방 세계의 전부 혹은 대부분에 영향을 준 주제를 선정했으며, 변화의 실질적인 측면을 조망하거나 비교를 쉽게 하고자 영어로 쓰인 정보와 수치를 이용했다. 지리적 불균형을 해소하기 위해 내 전공 분야를 무시하는 것보다는 이 편이 나아 보였기 때문이다.

어쩌면 여러분은 내가 꼽은 '가장 큰 변화의 세기'에 동의하지 않을지도 모른다. 어쩌면 여러분은 내가 아무리 설득해도 과거의 그 어떤 전쟁이나 기근, 전염병, 사회 혁명도 휴대 전화의 발명이나 인터넷으로 매주 식료품을 살 수 있게 된 것만큼 중요하지 않다고 계속해서 완강히 주장할지도 모른다. 그래도 괜찮다. 이 책의 목표는 우리가 어떤 종이며 지난 천 년간 무슨 일을 해왔는지, 우리가 무엇을 할 수 있는지와 무엇을 할 수 없는지, 그리고 지난 10세기 동안 우리가 쌓은 특별한 경험이 인류라는 종에 어떤 의미가 있는지 토론하게 하는 것이기 때문이다. 나는 이 책을 통해 조금 더 많은 사람이 이러한 질문을 주제로 토론하고, 그로 인해 오랜 세월에 걸쳐 드러나는 인간의 본성에 대해 무언가를 깨닫고, 그 깨달음을 어떻게 미래에 적용할 수 있을지 고민하기를 바란다.

이언 모티머

11세기

나는 잉글랜드 남서부 데번주 다트무어 동쪽 끝자락의 작은 도시 모어턴햄스테드Moretonhampstead에 자리잡은 3층짜리 집 꼭대기 층에서 이 글을 쓰고 있다. 이 도시 사람들은 대부분 이곳을 모어턴이라 부른다. 모어턴Moreton은 '황야moor 속에 있는 곳'이란 뜻인데, 이곳은 11세기에도 똑같은 이름으로 불렸다. 그러나 그때부터 지금까지 변하지 않은 것은 오직 이름과 이 도시 아래에 있는 화강암 기반뿐이다. 천 년 전 이곳에는 삼층집 따위는 없었다. 심지어 이층집조차 없었다. 고작 10여 가구만이 돌과 흙으로 만든 사각형 오두막집에서 살았다. 이 오두막집에서는 중앙에 있는 난로로 방을 데웠는데, 난로에서 피운 연기가 서까래까지 새카맣게 그을렸다. 이곳 사람들은 황야의 가혹한 날씨를 피하고자 언덕 아래쪽을 깎아 오두막집을 지었고 고사리나 짚으로 지붕을 덮었다. 이곳 사람들은 주로 채소와 치즈, 호밀과 귀리, 살갈퀴*처럼 산성 토양에서 기를 수 있는 딱딱한 곡물과 채소와 치즈를 먹으며 힘겨운 삶을 살

변화의 세기

았다. 읽고 쓸 줄 아는 이는 아무도 없었고, 사제도 교구 교회도 없었다. 어쩌면 왕의 집행관이 사는 집에는 조잡한 화강암 세례대가 있었을지도 모르고, 신약New Testament에 관해 이야기하는 순회 설교자의 집에는 십자가가 있었을지도 모르지만, 그게 다였다. 당시 데번 지역에는 20여 개의 종교 공동체가 있었다고 알려져 있지만, 모어턴에서 가장 가까운 종교 공동체는 북쪽으로 21킬로미터가량 떨어진 크레디턴에 있는 수수한 주교좌성당과 동쪽으로 21킬로미터 떨어진 엑서터의 작은 수도원이었다. 두 곳 모두 소수의 성직자가 모인 작은 예배당에 지나지 않았다. 그러니 성인이 모어턴에 방문하는 것은 축제를 벌일 정도의 대단히 드문 일이었다.

당시와 지금의 생활 방식 차이는 우리가 당연하게 여기는 것들을 살펴볼 때 더욱 극명하게 드러난다. 가령 내가 소유한 물품들은 사실상 전부 언젠가 구매한 것들이다. 내가 직접 샀든 내 가족이나 친구들이 샀든 말이다. 반면 1001년에 모어턴에 살았던 내 선조들은 평생 단 한 번도 돈을 만지지 않고 살았을 수도 있다. 물론 화폐가 존재하기는 했다. 무책왕 애설레드가 데인족 침략자들에게 지급할 은화를 상당량 주조했기 때문이다. 그러나 1001년에 모어턴 사람들에게는 주위에 살 만한 물건이 거의 없었다. 그 사람들은 물품 대부분을 자급자족해야 했다. 그릇이 필요하면 나무를 깎아 만들어야 했다. 외투가 필요하면 그 지역에 있는 양에서 직접 양털을 채취하고, 손으로 꼬아 실로 엮고, 실로 천을 짠 뒤, 최종적으로 재봉까지 해야 했다. 만약 새 외투를 염색하고 싶다면 푸른색을 내는 대청이나, 붉은색을 내는 꼭두서니 뿌리 같은 천연 염료가 필

- vetch. 일종의 야생 완두콩.

요했다. 이러한 것들을 얻으려면 가축이나 가죽, 고기나 계란, 혹은 애써 깎은 그릇 등으로 교환해야 했다. 돈이 필요한 경우는 거의 없었다. 돈이 필요한 때란 영주에게 집세를 낼 때나 가마솥이나 칼, 도끼처럼 그 지역에서 만들 수 없는 물건을 살 때뿐이었다. 이렇듯 주화가 부족했으므로 이 시기 서방 국가에서는 비축한 은화를 거의 찾아볼 수 없었다. 유럽의 전체 주화 주조량은 아주 미미했으며, 데번에서는 주화가 무엇인지 아는 사람조차 거의 없었다.[1]

은화가 쓰임새가 있던 곳은 바로 시장도시market town였다. 그러나 11세기 초에는 데번 전역에 시장이 들어선 도시가 딱 네 곳밖에 없었다. 모어턴에서 21킬로미터 떨어진 엑서터와 35킬로미터 떨어진 토트네스, 온통 진흙탕에 길도 안 나 있는 황야 정반대편의 리드퍼드, 그리고 61킬로미터 떨어진 반스터플이 그곳이었다. 이 가운데 가장 가까운 곳인 엑서터까지 비교적 짧은 거리를 이동하는 일조차도 아주 버거웠다. 숲길을 홀로 걷는 것도 위험했다. 도적에게 공격받을 위험도 있었고, 당시 잉글랜드에는 아직 야생 늑대 떼가 남아 있었다. 험한 길을 헤쳐 나가야 했고, 틴강의 얕은 곳을 걸어서 지나가야 했는데 겨울철에는 곧잘 물에 빠질 만큼 물살이 거셌다. 그리고 가족과 재산을 무방비로 집에 남겨두는 것도 위험천만한 일이었다. 무법자들이 습격할 수도 있었기 때문이다. 그 결과 1001년도의 평범한 사람들은 먼 곳을 오가지 않았다. 법원이나 의회, 박람회, 수도회 조직처럼 먼 거리를 오가야 하는 사회적 기구들은 겨우 존재만 하는 정도였다. 이 기독교 세계의 머나먼 변방에 살던 사람들은 동족들 곁에만 머물렀다. 자기 자신과 가족들을 보호하고, 공정하게 거래하며, 기근이 들었을 때 도움을 청할 믿음직한 사람들은 오직 이웃과 동족들뿐이었기 때문이다.

변화의 세기

이런 식으로 우리는 내가 살아가는 방식과 내 선조들이 살아가던 방식의 진정한 차이를 살펴보기 시작할 것이다. 서기 1001년의 인류는 읽고 쓰는 법을 배우지 못했으며, 미신을 맹신했으며, 외부 세계에 무지했고, 영적인 지도를 받지 못했다. 그뿐만 아니라 계속되는 고난과 위험에 직면했다. 굶주림과 빈곤은 어디에나 있었다. 사회는 폭력적이었으며, 자신을 지키려면 폭력에 폭력으로 맞서야만 했다. 잉글랜드는 나라 안에서 생겨난 도둑과 살인자들뿐만 아니라, 지난 두 세기에 걸쳐 간헐적으로 침략해온 바이킹들에게도 시달렸다. 바이킹은 997년에 다트무어 북서쪽의 작은 시장 도시 리드포드를 불태우고 남서쪽의 태비스톡 수도원을 파괴했다. 그리고 1001년에 데번에 돌아와 엑서터를 공격해 불사른 뒤 동쪽으로 방향을 틀어(모어턴 입장에선 다행스럽게도) 브로드클리스트 마을과 핀호 마을을 파괴했다. 그렇지만 바이킹이 내년에 엑스강을 거슬러 올라와 엑서터로 향한 뒤, 이번에는 서쪽으로 나아가 행운을 시험해보지 않는다는 보장은 없었다. 이런 사태가 일어난다 해도 애설레드 왕은 군대를 이끌고 제때 올 수 없었다. 왕이 군대를 이끌고 오려면 잔존한 로마 가도를 따라 데번까지 온 뒤 숲에 난 길을 따라 모어턴에 와야 했다. 설령 왕에게 모어턴을 구원할 의사가 있다 해도 제때 도착해 마을 사람들을 구하는 것은 불가능한 일이었다. 만약 바이킹이 돌아온다면 마을 사람들이 할 수 있는 유일한 일은 아이들을 데리고 황무지나 숲속에 숨는 것이었다.

그렇다면 이 상황을 기독교 세계의 다른 부분에도 적용할 수 있을까? 쉽게 예상할 수 있다시피 잉글랜드 안에서조차 상당한 격차가 있었다. 구릉지를 따라 모어턴에서 크레디턴까지 20킬로미터를 이동하면 데번의 추기경이 다스리는, 인구밀도가 더 높은 장원이 있었다. 이곳의 추기경 저택에는 책 두 권이 있는데, 하나는 초기 기독교 순교자들에 관한 책이고 다른 하나는 9세기의 프랑스 학자 라바누스 마우루스가 쓴 백과사전이다. 크레디턴을 떠나 엑서터로 이동하면 오래된 로마식 성곽 안에 사는 상인과 성직자들을 발견할 수 있다. 도시 중앙에 시장이 있기는 하지만 여러분은 이곳의 모습이 도시보다는 농촌에 가깝다는 사실에 놀랄 것이다. 당시 엑서터의 인구는 천 명도 채 되지 않았다. 당시 잉글랜드의 수도였던 윈체스터는 인구가 6,000명 정도였다. 잉글랜드에서 가장 큰 도시 정착지였던 런던에는 1만 명 넘는 사람들이 살고 있었는데, 이 가운데 상당수는 도시 서쪽에 있는 룬덴윅 혹은 앨드위치라 불리던 항구에 거주했다. 잉글랜드 남동부에 있는 자치주에는 사람들이 더 많이 살았고 교회도 더 많았으므로, 데번 지역보다 더 많은 성직자가 있었다. 그곳에서는 주화가 더 일상적으로 쓰였으며 시장도 더 많았다. 가령 켄트 지역에는 시장이 있는 자치구나 지역이 열 곳 남짓 있었다. 즉 1,200제곱킬로미터당 3.5개의 시장이 있는 셈이었는데, 이는 데번 지역의 0.8개보다 훨씬 많은 수치이며, 지역 내 이동량 역시 이에 상응하여 데번보다 훨씬 많았다. 심지어 장거리 여행도 이루어졌다. 런던의 통행료 규정에 노르망디에서 오는 상인들이 언급되어 있을 정도였다. 바이킹의 습격이 국제 무역을 완전히 없애버리지는 않았다. 하지만 바이킹의 위협은 어디에나 있었다. 폭력에 대한 두려움 역시 마찬가지였다.

더 멀리 떨어진 곳은 격차가 더 컸다. 유럽 전역에서 나타난 경제적 번영과 도시 고도화에는 지역별로 큰 차이가 있었기 때문이다. 종교 면에서 보면 1001년 기독교 세계는 우리에게 친숙한 범유럽적 형태를 갖추기 직전이었다. 웨일스와 스코틀랜드, 아일랜드는 모두 기독교를 믿는 독립국이었지만, 잉글랜드보다 훨씬 더 폭력적인 내부 분열이 눈에 띄게 나타났다. 스칸디나비아반도는 일부만 기독교로 개종한 상태였고, 노르웨이 지역은 개종에 저항하고 있었다. 동유럽에서는 폴란드 왕국이 966년에 기독교 국가가 되었다. 리투아니아 왕국은 슬라브족과 마찬가지로 계속해서 이교도로 남았지만, 바이킹이 러시아라는 이름을 붙여준, 루스족이 다스리던 키예프 왕국은 988년부터 기독교로 개종하기 시작했다. 마자르족은 지금의 헝가리에 해당하는 곳에서 살았다. 한 세기전, 마자르족은 서유럽에 진출해 싸움을 거듭하며 신성로마제국을 거쳐 부르고뉴와 프랑스까지 나아갔고, 955년이 될 때까지 약탈을 계속했다. 1001년, 이슈트반 1세가 이교도를 믿는 삼촌을 무찌르고 막 즉위했을 때 마자르족 역시 기독교로 개종하고 있었다. 스페인 북부에서는 기독교를 믿는 레온 왕국(카스티야 왕국을 포함)과 나바라 왕국(아라곤 왕국을 포함), 독립국인 바르셀로나 백작국이 국토 회복 전쟁인 레콩키스타Reconquista를 개시했다. 레콩키스타는 무슬림 국가인 코르도바 칼리프국으로부터 현재의 스페인과 포르투갈에 해당하는 영토를 되찾기 위한 전쟁으로, 15세기가 끝날 때까지 계속되었다. 그렇게 기독교는 유럽 중부의 핵심 지역에서 북유럽, 동유럽, 남유럽으로 급속히 확장하고 있었다. 이는 '살인하지 말라'는 계명을 매일같이 어긴 결과였다.

　기독교 세계의 중심부는 신성로마제국이 지배했다. 신성로마제국의 영토는 독일 북부 해안에서 남쪽 로마까지 이르렀는데, 여기에는 저지대*와 프랑스 동부, 라인 지방으로 이루어진 로타링기

---

* Low Countries. 벨기에, 네덜란드, 룩셈부르크 등으로 이루어진 지역.

아, 이탈리아 북부, 오스트리아가 포함되었다. 제국의 통치자는 신성로마제국 황제였는데, 보통 제국을 이루는 수많은 공작령이나 변경백령, 백작령, 왕국령을 다스리는 지배자 가운데 한 명이었다. 그러나 신성로마제국의 황제위는 대주교와 세속 영주들이 선출한 영적 군주에 가까웠다. 제국의 서쪽에는 기독교 왕국 프랑스가 이웃해 있었는데, 프랑스는 최근에 수립된 위그 카페Hugh Capet 왕조가 통치했으나 크기는 현대 프랑스의 절반에 불과했다. 제국의 남동쪽에는 독립된 기독교 왕국인 부르고뉴가 있었는데, 그 영역이 오세르에서 스위스, 프로방스 지역의 지중해 해안에 이르렀다.

일상생활 면에서 잉글랜드와 가장 눈에 띄게 다른 곳은 지중해 왕국들이었다. 코르도바는 세계에서 가장 부유하고 세련된 도시 가운데 하나였으며, 무역과 학문 수준이 기독교 세계에 속한 어떤 도시보다 높았으며, 최대 50만 명에 달하는 사람이 살았을지도 모른다. 코르도바의 건축물들은 그 규모가 참으로 대단했는데, 오늘날까지 남아 있는 대모스크Great Mosque를 보면 잘 알 수 있다. 그리고 칼리프의 도서관은 40만 권이 넘는 장서를 보유했다고 한다. 이탈리아에서는 로마제국 시절과 비슷한 수준으로 사람들이 도시에 살고 있었다. 이탈리아는 기독교 세계 서쪽에서 가장 큰 무역 지대였다. 파비아와 밀라노, 아말피에는 각각 1만 2,000명에서 1만 5,000명에 달하는 주민이 살았으며, 해양 국가인 베네치아와 피사, 제노바가 그 뒤를 이었다.

기독교 세계에서 코르도바 칼리프국만큼 부유하고 세련된 곳은 오직 비잔티움 제국, 그 안에서도 11세기 초에 번영이 극에 달한 수도 콘스탄티노폴리스뿐이었다. 추정치는 매우 다양하지만, 당시 콘스탄티노폴리스 인구는 약 40만 명으로 추정된다. 비잔티움 제국은 고도로 발달한 사법 체계를 갖추었으며, 중동 전역과 경제적으로 연결되어 있었고, 엄청난 부를 소유하고 있었다. 1001년, 비잔티움 제국 황제 바실리우스 2세Basil II는 콘스탄티노폴리스 대궁전에서 북동부 지중해 연안 전체를 통치했다. 이탈리아 남부와 발칸 반도 대부분, 그리스, 아나톨리아(오늘날의 튀르키예)를 포함하는 제국의 영토는 팔레스타인과 경계가 맞닿는 곳까지 뻗어 있었다. 바실리우스 2세는 키프로스와 크레타 같은 그리스의 섬들과 북해의 해안 지대 일부도 다스렸다. 대궁전 주변에는 높이가 55미터에 달하는 거대한 돔인 성소피아 대성당이 우뚝 솟아 있었다. 성소피아 대성당은 당시까지의 기독교 건축물 가운데 가장 규모가 컸다. 4세기, 로마 황제 콘스탄티누스Constantine는 고대 세계 전역에서 예술품을 수집해 이곳 콘스탄티노폴리스를 꾸민 뒤 자신의 수도로 삼았다. 그렇게 콘스탄티노폴리스는 고대 이집트 오벨리스크 근처에 고대 그리스 청동 조각상들이 서 있는 도시가 되었다. 1001년, 로마제국의 본래 수도였던 로마는 콘스탄티노폴리스와 비교하면 보잘것없었다. 로마의 성벽은 콘스탄티노폴리스의 절반 크기에 불과한 지역을 둘러싸고 있을 뿐이었고, 로마의 예술품들은 무너지거나 도난당했으며, 로마의 이름난 언덕에 있는 폐허에서는 양 떼와 소 떼가 방목되고 있었다. 세련된 비잔티움인들은 나머지 기독교 지역 사람들을 그저 야만족으로 여겼다.

모어턴의 습한 언덕 위, 흙담으로 둘러싸인 집에서 자급자족하며 고군분투하는 일개 농부들의 삶과, 황금빛으로 빛나는 코르도바에 사는 무슬림의 삶, 거대한 부를 축적한 콘스탄티노폴리스 시민들의 삶 사이에는 실로 커다란 차이가 있었다. 이렇듯 격차가 엄청나다는 점에서 볼 때, 초창기 서구 세계 전체를 바꿔놓은 발전을 찾아내는 일은 불가능해 보일지도 모른다. 그러나 이들을 갈라놓은 수많은 차이점에도 불구하고, 이들에게는 동시대인들이 인식했던 것보다 더 많은 공통점이 있었다. 1043년에 바르셀로나 주교는 유대인에게서 희귀한 책 두 권을 사면서 은화가 아닌 집과 땅으로 값을 치렀다. 이는 지중해 지역의 식자층과 부유층 도시 사람들 사이에서도 화폐를 이용하지 않은 거래가 이루어졌음을 보여준다.[2]

유럽에 기근이 엄습하면 모두가 고통을 받았다. 비잔티움 사람들조차도 물가 상승과 무역 감소로 고통받았다. 기독교 세계 어딘가에서 질병이 퍼지면 있는 자와 없는 자 할 것 없이 죽었다. 그리고 그 누구도, 그 어느 곳도, 그 시대의 폭력에서 벗어날 수 없었다. 노르망디 공작 윌리엄William은 1066년에 잉글랜드를 정복했고, 또 다른 노르만인인 로베르 기스카르Robert Guiscard는 1060년에서 1068년에 비잔티움 제국으로부터 이탈리아 남부의 지배권을 빼앗았다. "잃을 것이 가장 많은 자는 가진 것이 가장 많은 자다"라는 속담처럼 비잔티움 황제 로마노스 디오예니스Romanos Diogenes는 1071년 만지케르트 전투에서 패해 포로로 붙잡혔으며, 그 결과 셀주크 튀르크에게 아나톨리아 지역을 모조리 빼앗겼다. 그가 포로로 잡혀 있는 동안, 콘스탄티노폴리스에서는 쿠데타가 일어나 로마노스 4세를 권좌에서 끌어내렸다. 나중에 그는 장님이 되었으며, 결국 부상이 악화되어 수도원에서 죽었다. 솔직히, 그에게는 모어턴이 차라리 더 안전한 곳이었을 것이다.

서방 교회의 성장

학자들 대부분이 로마 가톨릭교회의 부상을 11세기의 가장 큰 변화 가운데 하나로 꼽을 것이라는 데는 의심의 여지가 없다. 기독교 세계의 확장이 부분적으로 로마 교회에 의존하여 이루어졌기 때문이다. 기독교 세계의 지리적 확장은 교황청이 유럽 전역에 영향을 미치는, 광범위한 정치적·도덕적 권위를 지닌 권력 집단으로 부상하는 데 일조했다. 또한 교회의 권력이 강화되고, 교회가 사회 전체에 영향을 미치는 일련의 변화를 불러왔다. 교회의 성장이 없었다면 중세 시대는 우리 역사와는 꽤 다르게 흘러갔을 것이다.

955년부터 1100년까지, 서방 기독교 세계는 두 배로 커졌다. 이것은 단기간에 일어난 변화가 아니었다. 여러 곳에서 수십 년에 걸쳐 기독교 신앙에 대한 저항이 있었다. 그러나 이 시기 동안 서유럽 대부분이 기독교 신앙을 받아들이고 기독교식으로 살아가게 되었다. 이 변화에는 복합적인 이유가 있었다. 열정적인 선교사들이 큰 역할을 했다는 데는 의심의 여지가 없지만, 더 중요한 요인은 폭력적인 이웃 국가에 대항하여 자국을 안정화하거나 새로운 땅을 정복해 자신의 권위를 높이려는 욕망이 지배자들 사이에서 퍼져나갔다는 점이다. 자국을 안정화하거나 새로운 땅을 정복하려면 동맹이 필요했는데, 가톨릭교회는 기독교 국가들끼리 상호 신뢰 관계를 형성하게 하는 도덕 체계를 제공했다. 더 많은 군주가 기독교 신앙을 받아들이자 눈덩이 효과snowball effect가 일어났고, 교회는 점점 더 강력하고 매력적인 존재가 되었다. 그러면서 각 지역의 이교도 신앙들은 힘을 잃어갔다. 여기에 덧붙여 지배자들은 실질적으로 독재권을 주는 종교를 받아들이는 것이 이로움을 깨달았다. 가톨릭교회는 군주의 권위를 강화해주었으며, 사회적 계급을 구분하는 철학을 제공함으로써 군주가 더 쉽게 왕국을 안정화하고 통제할 수 있게 했다.

그 대가로 교회의 재산이 급속도로 늘어났으며, 교황의 권력은 자연히 강해졌다. 그에 따라 콘스탄티노폴리스의 총대주교와 경쟁 관계가 심화되는 부작용이 나타나긴 했지만 말이다. 교황은 로마의 1대 총대주교 사도 성 베드로의 후계자로서 명목상으로는 으뜸가는 서열이었다. 하지만 명시적으로 인정된 것이 아니었으므로 늘 논란의 여지가 있었다. 사안을 매듭짓기 위해 교황 레오 9세Leo IX는 1054년 콘스탄티노폴리스에 사절단을 보내 콘스탄티노폴리스 총대주교 케룰라리오스에게 로마 교황의 수위권supremacy을 인정하라고 요구했다. 이 일은 과거에 이룬 정교한 정치적 균형을 뒤집어버렸으며, 케룰라리오스의 속도 뒤집어놓았다. 케룰라리오스는 로마 교회가 비잔티움 제국에 권위를 행사할 수 있다는 사실을 딱 잘라 부정했다. 로마 사절단은 즉시 케룰라리오스를 파문했는데, 그는 로마 사절단을 파문하며 맞대응했다. 그 순간부터 로마 가톨릭교회와 그리스 정교회는 각자의 길을 갔다. 그렇기에 1054년은 교회사에서 중요한 연도로 여겨지지만, 실제로는 수세기 동안 이어진 분열을 공식적으로 인정한 연도에 지나지 않는다. 하지만 교황에게 중요한 것은 1060년대에 이탈리아에서 비잔티움 제국의 권위가 무너지고 1071년에 제국이 아나톨리아를 상실하면서 콘스탄티노폴리스 총대주교가 불리한 처지에 놓였다는 점이었다.

교황의 세력이 커지면서 신성로마제국 황제와의 불화도 심해졌다. 1001년에는 아직 새로운 교황을 선출하는 공식적인 절차가 없었다. 때로는 로마의 귀족 가문들이 스스로 교황을 선출하고, 때로는 신성로마제국 황제가 교황을 지명하는 식이었다. 황제는 선거를 조작하든 교황을 직접 임명하든, 교황에 가장 적합하다고 생각하는 사람을 임명할 권리를 계속해서 행사했다. 그 결과, 때때로 교황이 황제에 의해 폐위되거나 제국의 아첨꾼으로 교체되는 등 잦은 갈등이 생겼다. 1046년, 독일 왕위를 계승한 하인리히 3세가 신성로마제국 황제로서 대관식을 치르고자 로마에 찾아왔을 때, 세 교황이 동시에 교황직을 주장하는 상황이 벌어졌다. 교황직을 팔았으면서도 교황직을 내놓기를 거부하는 베네딕토 9세, 베네딕토 9세에게서 교황직을 구매한 그레고리오 6세, 로마 지역의 지지를 받는 실베스테르 3세였다. 황위 승계 과정에서 의혹이 생기는 것을 원치 않았던 하인리히 3세는 수트리 종교회의Council of Sutri를 소집해 세 교황을 모두 폐위한 뒤 자신의 고해 신부였던 클레멘스 2세를 차기 교황으로 임명한다. 그러나 교황 임명 문제는 곧 다시 불거졌다. 1058년, 두 대립 교황 베네딕토 10세와 니콜라오 2세가 서로 전쟁을 일으켰던 것이다. 다음 해, 승리한 니콜라오 2세는 교황 칙서 「주님의 이름으로In nomine Domini」를 공표하여 미래의 모든 교황은 신성로마제국 황제의 개입 없이 추기경 회의를 통해 비밀리에 선출된다는 규정을 정했다.

「주님의 이름으로」는 교회의 추기경들이 발표한 일련의 개혁 가운데 첫 번째에 불과했다. 이 추기경들 가운데 가장 저명한 이는 힐데브란트였는데, 그는 훗날 교황 그레고리오 7세가 된다. 이 개혁들은 사제들을 다른 사람들과 차별화하는 경향이 있었다. 교구 사제에서 주교에 이르기까지 가톨릭 성직자들은 이제 더는 결혼할 수 없었다. 그리고 머리와 수염을 말끔히 밀어 라틴 성직자답게 보여야 했고, 예배에서는 라틴 성직자답게 라틴어만 사용해야 했다. 관행이었던 성직자들의 성직 매매 역시 금지되었다. 성직자들은 세속 법원의 관할에서 벗어나 주교의 교회 법원에서 재판을 받게 되었는데, 성직자들은 교회 법원에서 사형을 선고받을 수 없었다. 가장 중요한 개혁은 서임권investiture 금지 개혁이었다. 이는 이론적으로 어떤 세속 군주도 성직자를 임명할 수 없으며, 교황이 전 기독교 세계의, 주교와 부주교를 포함한 고위 성직자들을 모두 직접 임명한다는 의미였다. 그레고리오 7세는 심지어 교황의 권위를 신성로마제국 황제 위로 올렸다. 그는 하인리히 4세를 두 차례 파문했다. 한번은 하인리히 4세가 맨발로 누더기를 입고 알프스 산맥을 넘어 카노사에 찾아와 자신에게 용서를 빌게 했다. 많은 사람들이 성직자의 결혼 금지에 저항했으며, 일부 통치자들은 고위 성직자에 대한 서임권을 포기하려 하지 않았다. 따라서 개혁이 열매를 맺기까지는 시간이 걸렸다. 그러나 개혁의 영향력은 실로 엄청났다. 1100년 무렵, 가톨릭교회는 노르웨이에서 시칠리아, 아이슬란드에서 폴란드에 이르는 모든 왕국을 아우르는 독립적인 정치 종교 기구가 되었으며, 사람들이 점차 라틴 세계Latin World라 부르기 시작한 세계에 다양한 영향력을 행사했다.

교황의 권력이 커지면서 일반 대중에게 미치는 교회의 권위도 강화되었다. 사제들은 지역사회 안에서 교회의 영구불변한 대리인으로 자리잡았다. 우리가 1001년 모어턴에서 보았듯, 당시 교회는 공공 설교를 하기 위해 십자가만 덩그러니 준비한 곳이거나, 영주 저택 안에 간신히 세례대나 마련한 곳에 불과했다. 그러나 교회 안에서 예배드리길 바라던 지역사회 사람들이 헌금을 내면서 교회는 점차 종교 활동의 중심지에 걸맞게 변해갔다. 우리는 이미 11세기 초에 데번의 주교가 명목상 6,700제곱킬로미터의 지역을 관리했으며, 고작 20여 개 남짓한 신앙 공동체에만 권한을 행사했음을 보았다. 로타링기아 파더보른의 주교 역시 이와 비슷하게 3,000제곱킬로미터의 주교 관구 안에서 겨우 29개의 교회를 관리했다.[3] 그러나 1100년 이들의 후임 주교들은 각각 수백여 개의 교구를 관리했다. 잉글랜드 일부 지역에서는 11세기 말에 교구화parochialization가 거의 끝날 정도였다. 켄트 백작령에 있는 교회의 수는, 윌리엄 1세의 명으로 작성된 잉글랜드의 토지 대장『둠스데이 북Domesday Book』(1086)에 따르면 최소 147개였으나, 동시대에 작성된 교회 문서 모음집인『둠스데이 모나코룸Domesday Monachorum』을 보면 교회의 수가 그 두 배에 달했음을 알 수 있다. 이는 잉글랜드에서 교구제가 이미 자리잡았음을 보여주는 증거다.[4] 서식스 역시 마찬가지였다. 서식스에서는 총 250여 개의 중세 교구 교회 중 1100년까지 최소 183개가 건설되었다.[5] 인구가 많고 부유한 노퍽과 서픽 지역에는 교회가 훨씬 더 많았다.

신도들을 직접 돌보는 사제들뿐만 아니라 전체 고위 성직자 계급도 임명되었다. 부주교Archdeacon는 해당 지역의 영적 관리자로서 주교 밑에서 일했다. 주임 사제Dean는 대성당collegiate church을 감독하기 위해 선출되었다. 북유럽의 주교들은 더는 시골 어딘가 조용한 곳에 머물지 않고, 남유럽 주교들을 본받아 도시로 이주했다. 잉글랜드에서는 1050년에 크레디턴 주교가 엑서터로 이주했으며, 1072년에 도체스터 주교가 링컨으로 이동했고, 1075년에 셀시 주교가 치체스터로 이주했으며, 1078년에 셔번 주교가 (훗날 솔즈베리가 되는) 올드 새럼으로 떠났고, 엘햄 주교는 1072년에 셋퍼드로 자리를 옮긴 뒤 1095년경에 다시 노리치로 이동했다. 1100년까지 잉글랜드 주교들은 모두 도시에 정착했다. 도시에서는 더 나은 기반 시설을 이용할 수 있었고 더 신속한 정보 전달이 가능했기 때문이다. 1001년에 사제 얼굴을 보는 것이 하늘의 별 따기였다면, 1100년에는 사제가 없는 곳을 찾기가 어려웠다.

교황은 교구 사제와 부주교, 주교, 대주교뿐만 아니라 그 수가 급속도로 늘어나던 수도사들도 통솔했다. 11세기 초, 아키텐 공작은 혁명적인 방식으로 클뤼니 수도원을 세웠다. 클뤼니 수도원은 성 베네딕도의 규칙을 따른다는 점에서 당시의 다른 수도원과 공통점이 있었지만, 그 규칙을 매우 엄격하게 따른다는 점에서는 차이가 있었다. 클뤼니 수도사들은 성행위와 성직 매매, 족벌주의를 포함한 모든 종류의 부도덕한 행위가 금지되었으며, 교황의 직접적인 관할 아래에 놓였다. 하지만 클뤼니 수도원식 삶의 방식에서 가장 중요한 점은 수도사들의 주요 직무를 기도하는 것으로 되돌리는 일이었다. 수도원의 들판에서 일할 일꾼들을 고용함으로써 수도사들이 전례liturgy(예배 의식)에 전념할 수 있게 했다. 새로운 수도원 구조는 육체노동을 자신들과 맞지 않는 하찮은 일로 여기던 귀족 가문 구성원들의 흥미를 끌었다. 그래서 클뤼니 수도원은 곧 추종자와 부를 끌어모았으며, 수도원장으로 아주 유능한 남자들을 끌어들였다. 이후에 클뤼니 수도원을 모체로 하는 수도원들이 더 설립되었는데, 이 수도원들은 11세기 기독교 세계에서 최초로 제대로 된 수도회가 되었다. 전성기 때는 유럽 전역에서 거의 1,000개에 달하는 수도원이 클뤼니 수도회 소속일 정도였다. 클뤼니 수도회는 단일 지도자 아래에서 수도원 조직이 얼마나 강력한 힘을 발휘할 수 있는지 잘 보여주는 사례다. 곧 더 엄격한 수도회들이 설립되었다. 1084년 설립된 카르투시오회나 1098년 설립된 시토회가 그

예다.

최고사령관인 교황이 수도사와 성직자로 이루어진 군대를 이끄는 모습이 떠오르는가? 그것은 사실과 크게 다르지 않은 상상이다. 1095년, 교황 우르바노 2세는 프랑스 클레르몽에서 공의회를 소집했다. 이 사건은 라틴 교회의 영향력을 확대하는 분수령이 되었다. 아나톨리아에서 셀주크 튀르크 군대에 굴복했던 비잔티움 황제 알렉시오스 콤네노스Alexis Comnenus는 우르바노 2세에게 서방의 귀족들을 압박해 동방의 기독교 형제들에게 군사 원조를 보내게 해달라고 요청했다. 이 얼마나 커다란 반전인가! 11세기 초만 하더라도 콘스탄티노폴리스는 로마가 미개하다고 여겼고, 1054년에는 콘스탄티노폴리스 총대주교가 교황의 특사를 파문했다. 그런데 1095년, 비잔티움 제국은 교황을 잠재적 구원자로 여기고 있었다. 우르바노 2세는 그리스 정교회와 로마 가톨릭교회의 분열이 치유되기를 간절히 바라면서, 그리고 마침내 기독교 세계 전체에서 교황 수위권을 확고히 하기를 열망하며 기꺼이 도우려 했다. 11월 27일, 우르바노 2세는 수많은 군중 앞에서 설교했다. 기독교인들이 서로 싸우는 것을 중단하고 예루살렘으로 향해, 파티마 왕조 칼리프의 손아귀에서 주님 예수 그리스도의 성좌holy seat를 탈환하라는 내용이었다. 교황의 호소는 열광적인 반응을 얻었고, 제1차 십자군 원정으로 대표되는, 성지를 향한 여러 차례의 무장 순례로 이어졌다. 프랑크족과 노르만족 귀족들로 이루어진 제1차 십자군 원정대는 예루살렘으로 향하면서 아나톨리아와 시리아를 휩쓸었으며, 거대 도시인 안티오키아를 정복했고, 1099년 7월 15일 마침내 예루살렘을 함락했다. 이것은 그 자체로 놀라운 사건이었다. 오늘날 프랑스에서 예루살렘까지 걸어서 간다고 상상해보자. 여행 안내서나 일상 표현집이나 돈한 푼 없이, 엄청난 열기를 견뎌내면서, 심지어 중무장한 적의 대군을 뚫어가며 프랑스에서 예루살렘으로 걸어가야 한다. 그리고 여러분이 여태껏 고향 마을에서 몇 킬로미터 이상 여행해본 적이 단 한 번도 없는 사람이라고 상상해보자. 십자군 원정이 얼마나 극적인 사건이었는지를 우리가 완전히 이해하는 것은 불가능하다. 하지만 교회가 사람들에게 땅끝까지 나아가 싸우라고 촉구했다는 사실은 교회가 얼마나 큰 성과를 이루어냈는지 보여주는 척도다.

11세기는 가톨릭교회에 믿기 힘든 세기였다. 11세기가 시작될 때, 교황은 신성로마제국 황제가 마음대로 뽑고 내쫓는 처지였다. 교황은 전쟁에 휘말린 기독교 왕과 공작들에게 거의 의지할 수 없었다. 필수적인 행정 기구와 정보 전달 체계가 부실하거나 마련되어 있지 않았으므로 권한을 행사할 수 없었다. 성직자들은 라틴어가 아닌 자신들의 언어를 사용하고, 성직을 사고팔고, 결혼하고, 마치 세속적인 사람처럼 행동함으로써 종교적 기대를 저버렸다. 그러나 11세기가 끝날 무렵 가톨릭교회는 통합되고, 중앙집권화되고, 조직화되고, 강해지고, 확대되었다. 가톨릭교회는 신성로마제국 황제를 맨발로 알프스산맥을 건너게 할 수 있었고, 심지어 성지 정복이 일어나게 할 수 있었다. 가톨릭교회는 유럽 대륙 전역에서 문해율을 높이고 저작 활동을 비롯한 지적 활동을 촉진했다. 그러나 가톨릭교회의 진정한 승리는 일반 대중에게 권위를 행사하게 되었다는 점이다. 11세기는, 가톨릭이 단순히 아이가 태어날 때 세례를 해주는 신앙에서 사람들이 어떻게 살고 어떻게 죽을지 좌우하는 거대한 조직체로 변화한 시기다.

변화의 세기

평화

1차 십자군 원정을 묘사하면서 11세기의 가장 큰 변화 가운데 하나가 평화의 확대라고 말하는 것은 퍽 아이러니하다. 평화, 더 정확히 말하면 분쟁의 부재가 일어난 이유 가운데 하나가 1095년 이래로 전쟁을 촉구해온 교회 기관에 있었다는 사실을 고려하면 아이러니는 더욱더 커진다. 그렇지만 1001년의 유럽과 1100년의 유럽을 비교해보면 후자가 훨씬 덜 폭력적이었으므로, 평화가 11세기의 가장 큰 변화 가운데 하나였다는 사실에는 의심의 여지가 없다.

이 명백한 모순을 이해하려면 폭력의 전후 맥락을 고려해야만 한다. 그렇다. 11세기에는 전쟁이 연달아 일어났다. 그러나 여기서 중요한 것은 '전쟁'이라는 말의 의미다. 997년과 1001년에 데 번을 공격한 바이킹들은 전쟁을 일으킨 것이 아니라, 폭력이 삶의 방식인 사회에서 일상 활동으로 공격을 수행한 것이었다. 마찬가지로 마자르족이 신성로마제국을 침략하거나 무슬림 장군 알만조르Almanzor가 레온 왕국을 공격한 것과 같은 적대 행위는 계속되는 문화 갈등의 하나였다. 양측은 자연스럽게 서로를 숙적으로 받아들였다. 기독교 세계의 변방에 있던 이교도 왕국들이 기독교로 개종했을 때, 이들의 명백한 적의는 문화적 우애와 신중한 공존으로 바뀌었다. 물론 이들은 계속해서 전쟁에 나섰으며, 우리가 목격했다시피 심지어 교황들조차 서로 대립하곤 했다. 그러나 이러한 전쟁들은 특정한 분쟁을 해결하기 위한 정치적 전쟁이었으며, 그 기간이 제한되어 있었다. 즉 분쟁은 더는 일상적인 일이 아니었다. 노르만인이 1066년에서 1071년 사이에 벌인 잉글랜드 정복 전쟁과 11세기 동안 일으킨 남이탈리아 정복 전쟁은 기독교 왕국 사이에서 일어난 최후의 바이킹식 침략 활동 가운데 하나였다. 한때 기독교 세계 전역은 주기적인 살인이 영구적으로 일어나는 상태에 놓여 있었으나, 1100년 무렵에는 이런 일이 기독교 세계의 변방이나 그 너머에 있는 코르도바 무슬림, 셀주크 튀르크, 리투아니아인과 슬라브인들과 같은 이교도들의 땅에서나 일어나는 일이 되었다.

유럽 사회가 폭력이 보편적인 낡은 문화에서 벗어나는 과정은 옛 이교도 적들이 새로운 기독교 친구가 되는 과정이 다가 아니었다. 이 변화는 사회경제적 변화, 특히 봉건 제도의 출현으로 인한 것이기도 했다. 바이킹과 마자르족이 침략했을 당시, 유럽의 군대는 도보로 싸웠으므로 해상에서 빠르게 이동하는 침략자나 말을 탄 습격자들의 적수가 되지 못했다. 유럽의 지배자들은 영토와 백성을 지키기 위해 기병으로 구성된 특수군을 만들었고, 이들의 두꺼운 갑옷과 기동성, 신속한 재배치를 통해 침략자들을 억누를 수 있었다. 그러나 이들 기사에게 필요한 군마는 엄청나게 비쌌으며, 그 필요성이 점점 더 커진 사슬 갑옷 역시 비싸기는 마찬가지였다. 게다가 말을 타고 싸우려면 소년 시절부터 수년에 걸친 훈련을 받아야만 했다. 그래서 유럽의 대귀족들은 기사와 기사 가문에게 상당한 영토를 하사했다. 그렇게 기사단 유지를 위한 새로운 특권 계층이 탄생했다. 봉건 제도는 지역 공동체 사람들이 무장한 영주들을 먹여 살리고 장비를 갖추어주고 그 대가로 영주들의 보호를 받는 상호 협정이었다. 1001년부터 봉건화가 착실히 진행되자 침략자들은 여태껏 방어가 허술했던 유럽 농민들을 착취하는 일이 점점 더 어려워졌다. '봉건'이라는 말은 현대 세계에서는 부정적인 의미를 내포하고 있을지도 모르지만, 1100년의 유럽 기독교 세계에서는 유럽이 전보다 더 잘 지켜지고 있음을 뜻했다.

외부의 적으로부터 기독교 국가들을 지키기 위해 봉건 영주 계급이 설립되면서 다른 유형의 폭력, 즉 영주들 사이의 폭력이 조장되었다는 점은 짚고 넘어갈 필요가 있다. 실제로 노르만 연대기 편찬자인 푸아티에의 기욤William of Poitiers은 이웃 영주들 사이에서 유혈 사태가 빈번하게 일어나던 봉건제하의 노르망디와 상대적으로 평화로웠던 1066년 이전 앵글로색슨족 치하의 잉글랜드를 극명하게 대조했다. 그러나 영주들에게 평화를 장려하는 압력도 있었다. 이러한 압력 가운데 일부는 교회가 주도했다. 교회는 폭력을 누그러뜨리는 혁신적인 방법을 적극적으로 추구해왔다. 가령 이루 말할 수 없는 잔학 행위를 저지른 영주에게 속죄를 강요할 수 있었다. 앙주 백작 풀크 네라Fulk Nerra는 심각한 잔학 행위를 많이 저질러서 역사에 기록된 인물이다. 아내가 농부와 불륜을 저지른 사실을 알게 된 네라 백작은 아내에게 웨딩드레스를 입힌 채 말뚝에 박아 화형에 처했다. 네라 백작이 교회가 도저히 묵과할 수 없는 끔찍한 학살을 저질렀을 때 교회는 네라 백작에게 예루살렘으로 성지 순례를 떠나라는 명령을 내렸다. 그가 또다시 극악무도한 일을 저지르자 교회는 네라 백작에게 사제들이 그의 영혼을 위해 기도할 수 있도록 새로운 수도원을 짓게 했다. 1040년에 죽을 때까지 네라 백작은 예루살렘을 향한 성지 순례를 두 차례 마치고 수도원 두 곳을 세웠다. 교회가 네라 백작의 폭력적인 성향을 억제하는 데에는 실패했지만 악명 높은 그를 처벌했으며 그에게 고행을 수행하도록 강요했다. 이것이 다른 이들에게 본보기가 되었음은 두말할 나위 없다. 게다가 만약 교회의 제지가 없어서 네라 백작이 화를 주체하지 않았더라면 얼마나 더 많은 폭력 행위를 저질렀겠는가. 아이러니하게도 몇몇 역사가들은 네라 백작이 성지 순례를 다녀오고 수도원을 설립했다는 이유로 그가 경건한 사람이었다고 언급한다.

폭력을 줄이고자 교회가 고안한 두 번째 전략은 10세기 후반 프랑스에서 시작된, 하느님의 평화Peace of God로 알려진 운동이었다. 영주들에게 평화를 촉구하고 여성과 성직자, 순례자, 상인, 농부들을 파괴적 전쟁으로부터 보호하기 위한 이 운동은 종교 선전물 특히, 수호성인의 유물 행렬을 적극적으로 활용했다. 우리 눈에는 이러한 조치가 냉소적으로 비칠지도 모르지만, 11세기에는 종교적 서약을 어긴 사람에게 큰 피해를 입히는 유물의 힘에 대한 미신이 널리 퍼져 있었으며 많은 사람이 이를 굳게 믿었다. 이 미신은 그리스도가 죽은 지 천 년이 지난 해였던 1033년경에는 특히 중요하게 받아들여졌다. 하느님의 휴전Truce of God은 평화를 위한 또다른 운동이다. 처음에는 금요일 저녁부터 월요일 아침까지, 그리고 모든 중요한 성인들의 축일에 전투를 금지하는 운동이었다. 1040년대에는 수요일 저녁부터 월요일 아침까지, 그런 다음 사순절과 재림절 기간 내내 싸움을 금지하는 데까지 확대되었다. 하느님의 휴전 운동이 전적으로 성공했다고 말하기는 어렵다. 가령 헤이스팅스 전투는 토요일에 치러져 색슨족과 노르만족 모두 하느님의 휴전을 깨뜨렸기 때문이다. 그럼에도 교회 협의회는 하느님의 휴전을 거듭해서 확고히 주장했다. 결과적으로 영주들은 교회가 기독교인 사이의 싸움을 용납하지 않는다는 사실을 잊지 않도록 주기적인 주의를 받아야 했다. 11세기가 끝나갈 무렵 교황 우르바노 2세가 클레르몽에서 한 설교에서 분명히 했듯, 만약 어떤 기독교인이 꼭 싸워야 한다면 그것은 기독교의 적들에 맞서는 싸움이어야만 했다.

우리 입장에서는 수요일 티타임부터 월요일 아침 아홉 시까지 전쟁을 금지할 수 있다고 생각한 교회 사람들을 조롱할 수도 있겠지만, 이러한 운동은 교회가 단독으로 행사할 수 있는 것보다 더 큰 영향력을 가지고 있었다. 왕들 역시 이 운동이 옹호하는 도덕 원칙을 지지했기 때문이다. 봉신들이 힘과 자원을 쏟아부어 가며 서로 대립하는 것은 통치자의 이익에 크게 반하는 일이었다. 이러한 이유로 정복왕 윌리엄과 신성로마제국의 황제 하인리히 4세는 하느님의 휴전 운동을 지지했다. 여기에 더해 세속 통치자들에게는 평화 유지를 위한 고유한 수단이 있었다. 잉글랜드에서는 정복왕 윌리엄이 의도적으로 영주들의 영지를 작은 단위로 쪼갠 뒤 잉글랜드 전역에 분산시켰다. 영주들이 봉토를 왕국 안의 작은 왕국으로 삼지 못하도록 영지에 대한 통제력을 떨어뜨리려는 의도였다. 여기에 더해 모든 영지는 본래 왕의 소유물이었으므로, 왕에게 충성 서약을 맹세한 봉신들은 서로 평화를 지키고, 봉토를 적절히 다스리라는 왕의 기대에 부응해야만 했다. 월요일 아침이든 토요일 오후든 전쟁 규칙이 적용되었으며, 이 규칙에는 흔히 교회의 파문이 포함되었다. 오랜 세월이 걸릴, 기독교인의 폭력을 억제하고 통제하는 과정은 이렇게 시작되었다.

노예제 폐지

프랑스인 역사학자 마르크 블로크는 노예 제도 폐지가 "인류 역사상 일어난 (…) 가장 엄청난 '변혁' 가운데 하나"라고 선언했다.[6] 노예제의 종말은 의심의 여지 없이 900년에서 1200년까지 유럽 사회에 큰 영향을 준 변화지만, 이는 복잡한 과정을 거쳐 이루어졌다. 우선 광범위한 시간대가 보여주듯, 이것은 급격히 일어난 변화가 아니었으며 완전한 '폐지'도 아니었다. 13세기까지는 서구에 여전히 노예가 있었고, 이후로도 몇 세기 동안 동유럽에는 노예가 남아 있었다. 또한 모든 노예가 똑같은 처지로 살지도 않았다. 나라마다 주인이 노예에게 할 수 있는 일을 제약하는 법이 달랐기 때문이다. 이러한 요인 외에도 노예 제도가 특히 농노나 소작농 같은 다른 형태의 예속과 어떻게 연관되어 있는지가 항상 명확하지는 않았다. 그렇지만 11세기에 노예 제도 제한을 위한 중요한 조치들이 취해지면서 서구에서는 노예 제도가 점차 사라지게 되었으므로, 이 주제는 11세기와 연관하여 다룰 예정이다.

　노예제는 고대부터 있던 제도이며, 중세 노예제의 기원은 로마제국에서 찾아볼 수 있다. 로마제국 법은 소유권dominium을 단순히 물건을 소유할 권리로 보지 않았다. 로마제국식 소유권에는 주인이 자기 물건을 마음대로 다룰 권리까지 포함되었으며, 이 물건 중에는 사람도 있었다. 5세기에 서로마제국이 붕괴한 이후 새로 들어선 왕국들은 로마제국식 소유권에 제각각 제한을 두었으며, 노예와 주인들은 모두 왕국 법을 따르게 되었다. 노예와 결혼한 자유 여성이 노예가 되는지, 아니면 반대로 그 남자 노예가 자유의 몸이 되는지는 법마다 달랐으며, 여자가 노예인 줄 모르고 결혼한 남성에게 그 여자를 자유롭게 떠날 권리가 있는지 역시 왕국마다 달랐다. 어떤 지역에서는 남자에게 아내를 노예로 팔아치울 권리가 있어서 결혼을 무효로 할 수 있었다. 또 어떤 남자가 자기 자신을 노예로 팔았다 해도 그의 아내나 자녀는 자유인 신분으로 태어났으므로 이들이 반드시 노예가 되는 것은 아니었지만, 반드시 자유인으로 남는 것도 아니었다. 어떤 왕국에서는 주인이 노예를 죽이면 속죄해야 했으며, 속죄의 강도는 노예에게 죄가 있었느냐 아니면 주인이 단순히 즐기기 위해 죽였느냐에 따라 달라졌다. 어떤 법은 주인이 여자 노예에게서 아들을 두 명 볼 경우에 여자 노예를 자유의 몸으로 만들 의무를 지게 했다. 어떤 지역에서는 노예에게 돈을 모을 수 있게 함으로써 자유를 살 수 있게 했다. 앨프레드 대왕은 웨식스 왕 이네Ine의 국왕 법을 받아들였는데, 이 법에 따르면 주인이 일요일에 강제로 노예에게 일을 시키면 노예는 자동으로 자유의 몸이 되고 주인은 30실링의 벌금을 내야 했다.

　노예에 관한 법은 다양했지만 봉건 제도 아래의 농노나 부자유 소작농들과 노예 사이에는 근본적인 차이가 하나 있었다. 장원의 영주는 농노들이 무엇을 하고, 누구와 결혼하고, 어디에 가고, 어느 땅에서 일할지 제약할 수 있었는데, 이는 농노들이 장원에 매여 있었기에 가능했다. 농노는 토지에 매여 있었으며, 농노의 노동과 의무는 상속되거나 이전되거나 판매될 수 있었다. 그러므로 농노제는 간접적인 형태의 예속 제도였다. 이 사실은 몇 가지 중요한 차이점을 시사한다. 영주의 권력은 관습에 따라 제한되었기 때문에 장원의 농노들은 특정한 권리를 누렸다. 반면 노예는 단순히 재산에 불과했다. 남녀 노예는 설령 부부라 해도 배우자와 상관없이 따로 사고팔 수 있었다. 물론 한 쌍으로 양도할 수도 있었지만 말이다. 남녀 노예는 구타를 당하거나, 불구가 되거나, 거세당하거나, 강간당하거나, 강제로 온종일 일하거나(앞서 언급했다시피 일부 왕국에서나 일요일에 예외가 있었다), 심지어 죽을 수도 있었다. 그리고 그런 일이 벌어진다 해도 주인을 처벌하는 장치는 없었다. 노예가 2등 시민이었다는 말은 한마디로 사실이 아니다. 2등 시민에 속하는 사람은 농노였다. 노예는 아예 시민이 아니었다.

어쩌면 여러분은 기독교가 노예 제도를 억눌렀으리라고 생각할지도 모른다. 그러나 교회의 입장은 분열되어 있었다. 한편에는 대교황 그레고리오 1세가 6세기에 보여주었다시피, "인간은 나면서부터 자유롭게 창조되었다. 따라서 남녀 노예에게 자유를 되찾아 주어 그 본연의 상태로 되돌리는 것이 도덕적으로 옳다"는 관점이 있었다. 다른 한편에는 3세기 뒤의 인물인 오리악의 성 게랄두스St. Gerald of Aurillac 같은 사람들이 있었다. 성 게랄두스는 죽으면서 노예에게 자유를 주었지만 살아 있을 때는 노예를 재산으로 여겼으며, 성자라는 칭호에 걸맞지 않게도 명령에 따르지 않으면 불구로 만들어버리겠다고 노예들을 위협했다.[7] 앞서 살펴보았듯, 11세기 초에는 교회의 영향력이 제한적이었으며, 부도덕한 영주들에게 도덕적 원칙을 따르게 할 힘과 수단이 없었다는 점 역시 문제를 키우는 데 일조했다. 하지만 근본적인 문제는 노예가 소유물이었다는 것이다. 교회 재산을 내놓고 싶어 하지 않으면서 대체 어떻게 다른 부유한 이들에게 재산을 포기하라고 촉구할 수 있겠는가? 캉브레, 베르됭, 마그데부르크 같은 도시에서는 주교가 모든 노예의 판매세를 낼 정도였다. 교회가 성장하고 권위를 행사하려면 부유한 이들의 도움이 필요했는데, 부자들의 번영은 노예의 노동에 달려 있었다. 이런 부자들은 자신의 부를 부정하는 교회를 지원하려하지 않았다. 그러므로 교회는 도덕적 사명과 돈의 영향력 사이에서 난관에 부딪혀 있었다.

그렇다면 11세기 동안 무엇이 변했을까? 이 질문에 답하려면 애초에 사람들이 왜 노예가 되었는지 따져봐야 한다. 우선 전쟁 중 포로가 된 남자와 여자는 흔히 노예로 팔렸다. 이것은 기독교 세계 안과 밖에서 모두 표준적인 관행이었다. 크누트Cnut 대왕의 통치기에는 기독교를 믿는 잉글랜드인이 덴마크에 노예로 팔렸다. 해적들은 잉글랜드인을 붙잡아 아일랜드에 노예로 팔았다. 아일랜드인과 웨일스인 노예는 잉글랜드에서 팔렸다. 노예slave라는 단어는 슬라브족Slav에서 파생되었다. 당시 슬라브족은 아직 기독교로 개종하지 않은 상태여서 기독교인 노예상들의 습격에 매우 취약했기 때문이다. 그러나 모든 노예화가 전쟁으로 일어나는 것은 아니었다. 어떤 이들은 자기 자신을 노예로 팔았다. 자기 자신을 노예로 팔다니, 오늘날을 살아가는 우리에겐 충격으로 다가온다. 하지만 어떤 시기의 누군가에게는 그것 말고는 대안이 없었다. 그들은 굶어죽지 않기 위해 자기 자신이나 가족을 노예로 팔았다. 그 밖의 이들은 형벌을 받아 노예가 된 사람들이었다. 도둑질을 하다가 붙잡히면 처형당하는 대신 피해자의 노예가 될 수 있었다. 어떤 왕국에서는 반역자들을 노예가 되는 형벌에 처했다. 노예제를 정당화하려는 성직자들은 범죄자나 패배한 병사를 교수형에 처하는 것보다 노예로 삼는 편이 더 자비롭다고 주장했다. 우리가 1001년 크레디턴 주교의 저택에서 발견한 책의 저자 가운데 한 사람인 라바누스 마우루스는 이 점을 강조했다.

이 상황을 끝낸 것은 여러 사회적 발전이었다. 우선 교회가 평화를 촉구하면서 충돌이 줄어들었다. 즉 적을 노예로 삼을 기회가 줄어들었다. 그리고 오랜 세월에 걸쳐 경제 성장이 이루어졌다. 황무지를 개간하고, 습지를 없애고, 새로운 장원을 새우면서 교역량이 훨씬 늘어났다. 노예화의 주요 원인 두 가지를 문화 갈등과 극심한 빈곤이라고 한다면, 유럽에서는 둘 모두가 줄어들었으므로 논리적으로 노예가 줄어들 가능성이 컸다. 또한 경제 번영의 결과로 11세기 후반 독일과 프랑스, 이탈리아에서는 도시가 성장했다. 이제 노예들은 큰 도시로 도망쳐 자신의 노동력을 팔 수 있었다. 게다가 영주들은 생산적이지 못한 노예들을 전처럼 책임지고 먹여 살리려 하지 않았다. 땅에 매여 영주를 위해 일하면서도 영주에게 한 푼도 받지 않고 알아서 생계를 책임지는 중세 농노들이 있었기 때문이다. 여기에 덧붙여, 교회의 부와 세력이 커지면서 교회의 도덕적 지위 역시 점차 강해졌다. 하느님의 평화 운동에는 집회에서 도망친 노예에게 영구적인 자유를 준다는 조항이 있었다. 범죄자를 노예로 만드는 형벌 역시 사라지기 시작했다.

마지막으로 개별 통치자들의 정책도 영향을 주었다. 당시의 몇몇 작가들은 정복왕 윌리엄이 노예제를 야만적이라 여겼으며 노예무역을 막기 위해 조처했다고 진술했다.[8] 윌리엄 왕의 통치 말기, 비록 모어턴 장원 사람 28명 가운데 6명이 여전히 노예servi로 묘사되긴 했지만, 잉글랜드 전체로 보면 노예는 전체 인구의 10퍼센트 정도를 차지했다. 정복왕 사후, 교회는 노예제에 반대하던 정복왕의 목소리에 더욱더 힘을 실었다. 1102년, 런던 종교회의는 "그 누구도 잉글랜드에 만연한, 사람을 가축처럼 팔아치우는 악명 높은 사업에 다시는 관여해서는 안 된다"라고 선언했다. 그 무렵 프랑스와 이탈리아 중부, 카탈루냐에서는 노예제가 거의 사라진 상태였다.[9] 노예제는 켈트족 국가 사이에서 다음 한 세기 동안, 그리고 동유럽에서는 훨씬 더 오래 이어졌다. 하지만 서구에서 선사 시대부터 일상적인 일로 자리 잡았던, 인간을 시장에서 거래하는 관행은 빠르게 종말을 맞이하고 있었다.

구조 공학

11세기에 있었던 네 번째 커다란 변화는 오늘날까지도 영향을 주는, 현대 도시를 특징짓는 주제다. 대체로 1001년의 서유럽 건축물은 당시까지 남아 있던 고대 로마 건축물의 규모와 양식을 따라 작고 건축학적으로 수수한 모습이었다. 대성당은 대부분 고작해야 오늘날의 교구 교회 크기에 불과했으며, 지붕이 지상에서 채 12미터도 되지 않는 목제 건물이었다. 그러나 1100년까지, 건축자와 구조 공학자들은 로마인 선조의 한계를 뛰어넘어 오늘날 우리가 로마네스크라고 부르는 양식을 개발했다. 유럽 전역에서 거대한 건물 수백 채가 지어졌고 수백 채는 공사 중이었는데, 일부 건물은 아치형 지붕의 높이가 21미터가 넘고 첨탑 높이는 48미터가 넘을 정도였다. 마찬가지로 1001년에는 방어용 건축물 가운데 우리가 성으로 받아들일 만한 건축물이 거의 없었지만, 11세기 말에는 성 수천 개가 있었다. 11세기, 유럽 사람들은 튼튼한 성벽과 높은 탑을 세우는 기술을 익혔으며, 기독교 세계 구석구석에 성을 세웠다.

이쯤 되면 교회의 야망이 커지면서 건축술 발전에 큰 영향을 주었다는 사실이 여러분에게 그리 놀랍게 다가오지 않을 것이다. 급속도로 팽창하는 부르고뉴 클뤼니에서는 955년부터 성당 재건축이 시작되었다. 981년에 봉헌되었을 때 클뤼니 성당은 신도석과 측면 통로에 일곱 개의 구획이 있는, 당시로서는 숨 막힐 정도로 거대한 건축물이었다. 11세기 초, 증축을 계속하면서 클뤼니 성당에는 나르텍스*나 반주 없이 부르는 성가인 단선율 성가plainsong에 적합한 반원 통 모양의 터널형 천장 같은 새로운 특징이 생겼다. 같은 시기, 클뤼니에서 32킬로미터 떨어진 투르뉘에 있는 생 필리베르St. Philibert 수도원에서도 터널형 천장의 성당이 건설되고 있었으며, 1001년에는 북쪽으로 128킬로미터 떨어진 디종의 생 베니뉴St. Bénigne 성당도 건설되기 시작했다. 이 웅장한 초기 로마네스크 교회들이 부르고뉴에 처음 등장한 이유는, 10세기 중반에 마자르족의 침략을 겪은 이후로 부르고뉴에 내화성 석제 건물을 짓고자 하는 열망이 있었기 때문일지도 모른다. 그러나 새 건축물을 건설하려는 동기는 대체로 돈으로 귀결되었는데, 클뤼니에는 돈이 넘치도록 많았다. 클뤼니 지역은 이탈리아에서 북프랑스로 가는 길목에 있어서 상인과 순례자들, 그리고 이들이 지닌 돈이 이곳을 오갔기 때문이다. 그러나 건설 이유가 무엇이든 11세기 초 20년 안에 완공된 이 세 성당이 끼친 영향은 엄청났다. 클뤼니 수도회의 경우, 자녀 수도원의 수도원장들이 정기적으로 부모 수도원으로 돌아왔기 때문이다. 돌아온 수도원장들은 자신들의 성당도 클뤼니 성당처럼 짓기를 바랐다. 그러면서 클뤼니 수도회 밖으로도 점점 퍼져나갔다.

　　새로운 건축술에 영향을 준 또 다른 종교적 사건은 바로 레콩키스타를 통해 스페인을 무슬림의 손에서 되찾은 일이었다. 레온

---

* narthex. 성당 입구와 본당 사이에 있는 좁고 긴 현관, 본당 안에 들어가지 못하는, 세례를 받으려는 사람이나 회개하려는 사람들이 대기하는 곳.

왕국의 산티아고 데 콤포스텔라 대성당은 9세기 이래로 주요 성지 순례지 가운데 하나였지만, 997년에 스페인의 무슬림을 다스리는 군사 지도자 알만조르의 손에 약탈당했다. 알만조르는 1002년에 죽었으며, 코르도바 칼리프국은 알만조르 사후에 벌어진 내부 항쟁에서 끝내 완전히 회복하지 못했다. 스페인의 기독교 왕국들은 이 기회를 놓치지 않고 공세를 펼쳤으며, 스페인 깊숙한 곳까지 국경을 넓히고, 기독교인들의 땅을 지키고자 성과 교회를 건설했다. 스페인의 기독교 왕국들은 기사들에게 신성한 전쟁인 레콩키스타에 참여하라고 권했다. 순례자들은 다시금 비교적 안전하게 산티아고 데 콤포스텔라 대성당으로 순례를 하러 갈 수 있게 되었다. 투르부터 리모주, 콩크, 툴루즈를 거쳐 최종 목적지까지, 프랑스에서 스페인으로 순례하러 가는 여행자들의 주요 길목에 인상적인 로마네스크 교회들이 건설되었다. 이 도시들은 미래의 기사와 순례자들이 하느님의 경이로움 앞에서 경외심을 느낄 수 있도록 방문자들의 기부금으로 성당을 확장했다. 11세기가 흘러가는 동안 레콩키스타는 계속해서 성공했고, 이는 더 많은 방문객으로 이어졌으며, 이들의 기부금은 교회 건설 열풍을 더욱더 부채질했다.

로마네스크 양식이 프랑스 중부에 엄청난 속도로 퍼져나가면서, 다른 지역의 후원자와 석공들은 이들이 석재로 건축물을 짓는 모습을 지켜보았다. 노르망디의 윌리엄 공작은 1067년에 쥐미에주 수도원의 축성을 감독했으며, 아내와 함께 캉에 두 개의 대형 수도원 성당을 세웠다. 신성로마제국 역시 새로운 유행을 적극적으로 받아들이면서 카롤링거 왕조풍 성당에서 벗어나 로마네스크식의 거대한 대성당을 건축하기 시작했다. 1030년경 슈파이어에서 완공된 대성당에는 훗날 신성로마제국 황제가 묻혔다. 피사나 피렌체, 밀라노, 제노바 같은 이탈리아의 신흥 상인 공화국들이 축적한 막대한 부는 남유럽이 유행에 뒤처지지 않게 하는 보증 수표였다. 피사 대성당이 1063년에 건설되었으며, 높이가 48.8미터에 달하는 폼포사 수도원의 9층 탑 역시 같은 해에 건설되었다. 영감을 얻고자 할 때 늘 프랑스보다는 동방과 콘스탄티노폴리스를 살피던 베네치아 역시 대규모로 건축을 시작했다. 1063년에 건설된 산 마르코 대성당은 비록 비잔티움 방식으로 설계되었지만, 규모 면에서는 프랑스와 독일의 신설 교회의 영향을 받았음이 분명했다. 11세기가 끝날 무렵에는 심지어 잉글랜드조차 대성당과 수도원 성당 건설 열풍에 휩싸였다. 노르만인의 잉글랜드 정복 이전에는 중요한 건축물이 아무것도 건설되지 않았으나, 이 기념비적 사건으로 수많은 중요한 건축물의 건축과 재건축이 시작되었다. 1079년경 잉글랜드 루이스에 첫 번째 클뤼니 수도원이 건설되기 시작했다. 참회왕 에드워드Edward the Confessor가 웨스트민스터에 세운 성당을 제외하면, 잉글랜드의 대성당과 수도원 성당은 전부 노르만인이 도착한 후 50년 안에 재건축되었다.[10] 이 변혁의 흔적은 성 알반스 수도원(현재는 대성당, 1077년 완공)과 글로스터 수도원(현재는 대성당, 1087년 완공), 윈체스터 대성당(1087년 완공), 더럼 대성당(1093년 완공), 노리치 대성당(1096년 완공)에서 오늘날에도 찾아볼 수 있다.

어쩌면 여러분은 "이것이 그렇게 중요한가요?"라고 물어볼지도 모른다. 따지고 보면 건물 양식이 바뀐다고 해도 사람들이 살아가는 방식에는 큰 차이가 없으니 말이다. 그러나 여기서 중요한 것은 고층 교회 건설에 담긴 상징적 의미가 아니라 고층 교회를 건설할 수 있게 한 기술, 즉 구조 공학 분야에서의 혁신이다. 눈앞의 모든 것을 불태우며 진격하는 야만스러운 마자르족의 공격에도 너끈히 견딜 수 있는 아치형 지붕의 높은 석조 교회를 건설한 데는 명백히 군사적 용도가 있었다. 그러므로 대규모 로마네스크 건축 양식의 발전이 축성 기술의 발전과 맞물려 있었다는 것은 놀라운 일이 아니다.

성은 봉건 제도를 상징하는 물질적 구현물이 되었다. 국왕이 영주에게 영지를 하사한다는 것은, 동시에 영주에게 영지에 사는 주민들을 안전하게 보호할 책임을 지운다는 의미였다. 그리고 영주들은 영지와 주민, 생산물을 지키기 위해 10세기 후반부터 목재와 석재로 요새화된 거주지를 짓기 시작했다. 950년 요새화된 두에 라 퐁텐은 우리가 아는 한 가장 일찍 건설된 성인데, 아마도 프랑스의 블루아 백작과 앙주 백작이 서로 적대한 결과로 탄생했을 것이다. 11세기 초, 풀크 네라는 앙주 백작령에 랑제를 비롯한 10여 개가 넘는 성을 건설했다. 이 성들은 대부분 석재로 만든 사각형 내성donjon에 두꺼운 성벽과 1층 성문이 딸린 구조로 되어 있다. 난공불락의 성이 존재한다는 것은 압도적인 적군이 들이닥친다 해도 영주가 영지를 잃을 가능성이 거의 없다는 의미였다. 영주는 그저 적의 식량이 떨어지거나 적이 방심할 때까지 기다리기만 하면 된다. 그러면 적이 스스로 포위를 풀고 물러나거나, 적을 기습 공격해 무찌를 수 있으니 말이다. 그러므로 성은 왕과 영주들이 지역에 대한 통제권을 확보하고 장기적으로 방위와 안정성을 보장하는 수단이 되었다. 11세기 내내, 구조 공학 분야의 발전은 더 높고 더 튼튼한 성채로 이어졌으며, 그에 따라 영주들은 영지를 봉건적으로 더 강하게 구속할 수 있었다.

유럽에서 성이 얼마나 중요했느냐는 성이 없었던 지역을 보면 알 수 있다. 711년, 피난처로 삼을 성이 하나도 없던 스페인의 서

고트 왕국은 무슬림의 침략 열기에 완전히 무너졌다. 앞서 살펴봤다시피, 9세기와 10세기에 있었던 바이킹과 마자르족의 공격 앞에서 지역사회는 속수무책이었다. 그리고 노르만인 연대기 작가들은 1066년 잉글랜드군의 저항이 실패한 원인을 성이 부족한 데서 찾았다. 정복왕 윌리엄이 평화 협상을 벌여야 했던 곳은 오래된 성벽이 있는 자치 도시들뿐이었는데, 이렇게 요새화된 도시는 흔치 않았다. 비록 1068년 엑서터가 정복왕 윌리엄 앞에서 성문을 걸어 잠그긴 했지만, 엑서터 시민들을 긴 성벽에 배치할 만큼 수가 많지도 않았고 윌리엄의 군대에 맞설 만큼 강하지도 못했다. 엑서터 시민들이 항복한 직후, 윌리엄은 도시를 통제하기 위해 성을 쌓았다. 윌리엄은 런던에 자신의 권위를 강화하고자 성 세 채를 쌓았는데, 이때 세운 런던탑은 놀랍게도 지금까지 남아 있다. 윌리엄은 요크에도 도시 수비를 위해 성 두 채를 건설했다. 1100년까지, 총합 500개가 넘는 성이 잉글랜드에 들어섰다. 사실상 무방비 상태였던 왕국이 성채가 가득한 왕국으로 변화했던 것이다.

똑같은 변화가 유럽 전역에서 일어났다. 가령 이탈리아에서는 도시마다 막강한 가문이 소유한 높은 탑들이 하늘 높이 당당하게 치솟아 있었다. 왕이 다른 왕의 땅을 무력으로 정복하는 것은 점점 더 어려워졌다. 1204년 프랑스의 노르망디 정복과 1453년 잉글랜드의 가스코뉴 장악은 무력을 동원한 정복이 불가능하지는 않다는 사실을 증명했지만, 대부분의 지역은 영토를 성으로 너무나도 철통같이 방어하고 있었기에 단순히 군사적 역량만 가지고는 정복에 성공할 수 없었다. 즉 어떤 지역을 정복하려면 지역 영주 가운데 배신자가 있어야 했다. 봉건주의의 물질적 상징물인 성은 이렇게 유럽의 안전에 기여했으며, 더 나아가 기독교 세계 전체로 퍼져나가기 시작한 평화를 더욱더 공고히 했다.

결론

우리는 교황 수위권이나 교구 조직, 수도회, 성과 대성당 같은 중세 시대의 주요 특징 몇몇이 1001년에는 거의 드러나지 않다가 1100년에는 완전히 자리잡는 모습을 보았다. 그러나 구세계는 다른 방식으로도 종말을 맞이했다. 11세기는 전쟁과 폭력의 성격이나 규모가 크게 변하고 노예제 폐지가 시작된 세기였다. 가장 놀라운 점은 교회가 이 모든 일이 일어나는 데 대단히 큰 역할을 했다는 것이다. 심지어 바이킹의 침략이 멈춘 것도 궁극적으로는 교회의 영향으로 볼 수 있다. 기독교가 스칸디나비아반도 너머까지 퍼져나갔기 때문이다.

이 모든 사건은 이전에 모어턴에 살던 사람들에게 어떤 의미가 있었을까? 11세기가 흘러가는 동안 사제들은 더 주기적으로 모어턴을 방문했으며, 1100년 즈음에는 첫 번째 성당이 건설되었다. 이 성당은 내부가 어두운 작은 구조물이었는데, 외부에는 생명의 나무와 추상적인 소용돌이무늬, 가공의 괴물들을 새겨넣은 조잡한 화강암 장식이 놓여 있었다. 모어턴 성당은 비잔티움 제국에서 온 여행자가 보기에는 원시적으로 보이겠지만, 모어턴을 나머지 기독교 세계와 영원히 이어주었다. 유럽 기독교 세계 다른 곳과 마찬가지로, 이곳 교구민들에게 도덕과 경건함에 관한 설교를 듣는 것은 자연스러운 삶의 일부였다. 1050년 교구 주교의 행정부가 엑서터로 이전한 뒤, 새로운 대성당이 건설되면서 엑서터 지역에 전례가 없을 정도로 많은 지식이 유입되었다. 설립 당시부터 대성당 도서관에는 레오프릭Leofric 주교가 기증한 최소 55권의 장서가 있었다. 국왕이 임명한 주 장관의 엄중한 감독하에 진행된 성 건설은 노르만인의 지배를 확립했을 뿐만 아니라 도시 전체에 왕의 권위에 대한 깊은 인상을 남겼다. 영지가 데번 지역에 있는 유력 노르만인 영주들은 모두 엑서터에 저택을 가지고 있었으며, 1087년에는 엑서터에 베네딕도회 수도원이 새로이 들어섰다. 인구 증가에 발맞춰 시장이 커졌고, 생산량을 늘리기 위해 숲과 황무지 개간이 장려되었다. 모어턴 사람들은 이제 더는 마을 밖으로 나갈 때 바이킹을 두려워할 필요가 없었고, 20킬로미터 떨어진 엑서터가 번영하면서 더 주기적으로 방문할 이유가 계속 생겼다. 엑서터를 방문하면서, 그리고 새로이 주조된 은화를 지갑에 넣으면서, 모어턴 사람들은 자신들이 더는 기독교 세계의 끄트머리에서 생계를 꾸려나가지 않는다는 사실을 깨달았을 것이다. 이제 그들은 훨씬 더 큰 전체의 한 부분이었다.

변화의 주체

커다란 사회적 변화가 한 사람의 머리 덕분에 이루어지는 경우는 거의 없으며, 한 사람의 손으로 이루어지는 일도 절대 없다. 과거의 위대한 발전 대부분은 한 사람의 천재가 아니라 비슷한 생각을 하고 비슷한 기회를 맞은 수많은 사람에 의해 이루어졌다. 그러므로 사회적 변화를 개인의 의사 결정과 나란히 놓고 살펴볼 수 있는 경우는 거의 없다. 변화란 본질적으로 규모가 작을 때는 정의하기 쉽지만, 요인이 너무 많으면 정의할 수 없다. 이와 마찬가지로 특정 개인이 한 세기에 걸쳐 한 대륙에 진정으로 미친 영향을 식별하는 일은 대단히 어렵다. 그렇다 해도 개인이 변화에 얼마나 기여했는지 따져보는 것은 유익하다. 개인적 기여가 얼마나 제한적인지, 그리고 변화가 어째서 수많은 의사 결정자에 의해 일어나는지 생각해볼 수 있기 때문이다.

1978년, 미국의 유명 작가 마이클 하트Michael Hart는 자신의 기준으로 역사상 가장 영향력 있는 위인 100인을 선정했다.[11] 상당히 자의적이며 (제2판에 옥스퍼드 백작을 셰익스피어 희곡의 저자로 수록한 점에서 드러나듯) 지적으로 엄밀하지 않은 목록이었지만 소년이었던 나는 무척 흥미롭다고 느꼈다. 그리고 그것이 바로 작가의 의도임이 분명했다. 하트가 선정한 위인 가운데는 11세기 사람이 둘 있었는데, 바로 정복왕 윌리엄과 교황 우르바노 2세였다. 잉글랜드에 사는 사람들은 의심의 여지 없이 1066년에 잉글랜드를 침공하기로 결정한 윌리엄을 변화의 주체로 꼽겠지만, 윌리엄의 행동은 유럽 다른 곳에서는 그 중요성이 훨씬 덜했다. 게다가 윌리엄이 앵글로색슨인이 만든 제도를 대부분 그대로 두었다는 사실을 유념해야 한다. 당시의 삶은 생각보다 별로 변하지 않았다. 교황 우르바노 2세는 십자군 운동을 일으키고 레콩키스타에 참여하도록 격려했지만, 유럽에서 십자군은 이들이 실제로 이룬 것보다는 상징적인 측면에서 더 중요했다. 그리고 스페인에서 나바라와 레온의 왕들은 다 무너져가는 코르도바 칼리프국에 맞서 싸우는 데 아무런 격려도 필요하지 않았다. 정복왕 윌리엄과 교황 우르바노 2세는 모두 중요한 인물이지만, 11세기 유럽 전체를 고려한다면 두 사람 모두 마이클 하트가 무시한 인물인 힐데브란트, 즉 교황 그레고리오 7세 앞에서는 의미가 축소된다.

심지어 교황이 되기 전에도 로마 가톨릭교회의 부주교로서 힐데브란트는 교황 수위권을 신성로마제국 황제의 권위 위에 올려 놓는 중요한 임무를 수행했다. 힐데브란트는 가톨릭 사제직을 규정한 그레고리오 개혁의 지지자였다. 사제를 세속 세계와 분리된 사람으로 보는 시각, 교황이 세속 통치자와 신민들에게 권한을 행사할 수 있게 하려는 노력은 기독교 세계를 바꿔놓았다. 여러분은 교황위가 그저 황제가 지명하는 자리에 불과하고, 가톨릭교회에 아무런 정치적 영향력이 없는 중세 유럽을 상상할 수 있겠는가? 우르바노 2세가 1095년 클레르몽에서 설교했을 때 청중이 그토록 압도적 반응을 보였던 것은, 우르바노 2세의 웅변술과 종교적 열정, 그리고 그가 제시한 정복 기회가 매력적인 덕분이었다. 하지만 그 기틀을 잡아준 그레고리오 7세에게 감사를 표해야만 한다. 동방의 기독교도를 돕기 위해 무장 원정을 떠나자는 계획을 최초로 제시한 사람은 1074년의 그레고리오 7세였다. 그러므로 우르바노 2세는 그레고리오 7세의 뒤를 잇는 사람인 셈이다. 임기 말년에 그레고리오 7세는 신성로마제국 황제에 의해 로마에서 쫓겨났고 1년 뒤인 1085년 망명 도중 사망했지만, 그의 업적은 빛이 바래지 않는다. 위대한 인물이라 해도 모두 삶을 좋게 마치는 것은 아니며, 사람이 어떻게 죽었느냐를 가지고 그 사람이 살아서 거둔 성공을 폄하해서는 안 된다. 그레고리오 7세는 교황의 목소리를 기독교 세계에서 가장 중요한 목소리로 바꾸었으며, 사제의 지위를 전사 계급이나 노동자 계급 위로 올렸고, 그렇게 함으로써 학문과 토론에 힘을 실어주었다. 그리고 그 덕에 유럽 사회는 더욱더 발전할 수 있었다.

1101 –
1200

12세기

1144년 크리스마스이브, 십자군 국가 에데사가 무슬림 지휘관 장기Zengi에게 함락되었다. 포로가 된 기독교 기사들은 전부 학살당했고, 이들의 아내와 자녀들은 붙잡혀 노예로 팔렸다. 기독교 세계를 충격에 빠뜨린 사건이었다. 경악한 교황 에우제니오 3세는 오랜 친구이자 스승인 클레르보의 베르나르에게 설교를 통해 하느님의 유산을 되찾을 새로운 십자군을 조직하라고 요청했다. 베르나르는 시토회 수도사로 경력을 시작했지만, 후에 자신이 최고의 외교관임을 증명했다. 1146년 3월 31일, 베르나르는 베즐레 성당에서 에우제니오 3세의 교황 칙서를 낭독한 뒤 떼 지어 모여든 군중에게 남들이 흉내낼 수 없는 자신만의 방식으로 말하기 시작했다. 곧 남자들이 그리스도를 위해 싸우기로 맹세하며 울부짖었다. "십자가를! 우리에게 십자가를 주시오!" 집회에 참석했던 프랑스 왕은 성지로 직접 가는 데 동의했다. 프랑스 왕이 보인 모범과 베르나르의 현란한 웅변술에 고무된 수많은 귀족도 직접 성지에 가는 데 동의했다. 이후 몇 주 동안 베르나르는 신성로마제국 황제에게 설교하기 위해 독일로 여행을 떠났는데, 그가 가는 곳마다 기적이 일어났다는 소식이 전해졌다. 십자군의 열정은 점점 더 커졌다. 베르나르는 교황에게 이렇게 써서 보냈다. "성하께서는 명령하셨고, 저는 순종했습니다. (…) 제가 입을 열자 십자군이 무한대로 늘어났습니다. 이제 마을과 도시가 텅텅 비었습니다. 여자 일곱 명당 남자 한 명을 찾아보기도 힘들겁니다. 어디에서나 남편이 아직 살아 있는 과부들을 찾아볼 수 있습니다." 마침내 슈파이어에서 베르나르는 주저하는 신성로마제국 황제를 십자군에 참여시키고자 자신의 기술을 총동원했다. 이틀간의 시도 끝에 베르나르는 마치 십자가에 못 박힌 그리스도처럼 두 팔을 들고 두 손을 펼친 뒤 의회 앞에서 큰 소리로 울부짖었다. "내가 너희를 위해 해야만 했던 일 가운데 하지 않은 일이 무엇이란 말이냐?" 깜짝 놀란 황제는 고개를 숙이고 예루살렘을 탈환하기 위해 싸우겠다고 맹세했다.

12세기는 이처럼 극적인 순간들과 함께 비범한 인물들을 무수히 많이 선사한다. 12세기는 연인 피에르 아벨라르와 엘로이즈, 수녀원장이자 작곡가 힐데가르트 폰 빙엔, 중세의 가장 위대한 기사 윌리엄 마셜의 세기였다. 프리드리히 바르바로사, 헨리 2세, 토머스 베켓과 같은 파란만장한 삶을 살았던 인물들의 시대였다. 마틸다 황후, 아키텐의 엘레오노르(알리에노르 다키텐), 조지아의 타마르 등 여왕들이 전면에 나선 시기였다. 또한 사자왕 윌리엄, 사자공 하인리히, 사자심왕 리처드처럼 '사자'라는 별명을 지닌 수많은 통치자와 건설왕 다비트, 복자 홈베르토, 뚱보왕 루이처럼 특이한 별명으로 불린 통치자들이 살았던 시기다. 이 시기에 활동한 기사 수도회들, 특히 성전 기사단과 구호 기사단의 명성은 현재까지도 여전히 울려 퍼지고 있다. 12세기는 위대한 기사도 시대의 첫 세기였다. 문장학heraldry과 토너먼트 대회가 이때 처음 고안되었다. 동시에 12세기 문화는 강건하고 진솔했다. 12세기에는 대시인Archpoet과 위그 프리마스Hugh Primas 같은 위대한 라틴어 시인들, 자신의 (그리고 그보다 더 흔히 남의) 여인들을 기쁘게 하고 유혹하기 위해 감동적인 시를 지은 음유시인들이 탄생했다.

이 시대의 이야기와 문구는 현대 문화에 놀라울 만큼 많이 남아 있다. 아마 가장 유명한 문구는 잉글랜드 왕 헨리 2세가 캔터베리 대주교이자 자신의 대법관이었던 토머스 베킷에게 질릴 대로 질려 외친 "나를 이 말썽꾼 사제 놈에게서 벗어나게 해줄 이는 없단 말인가?"라는 말일 것이다. 그리고 1187년 크레손 샘에서 구호 기사단장이 그들 앞에 진을 친 살라딘의 1만 4,000대군을 기사 600명으로 공격하는 것은 어리석은 일이라고 얘기했을 때, 성전 기사단장이 구호 기사단장에게 답한 불멸의 말도 빼놓을 수 없다. "그대는 그대의 금발 머리가 너무 마음에 들어서 잃고 싶지 않은 모양이군." 그리고 승산이 전혀 없었던 앨른위크 전투에서 "이제 우리 가운데 누가 훌륭한 기사인지 가려지겠군"이라고 외치며 잉글랜드군에게 돌격한 스코틀랜드의 사자왕 윌리엄의 호기를 그 누가 잊을 수 있겠는가. 낭자한 유혈 속에서 여러분은, 12세기의 연대기 작가 호브덴의 로저Roger of Hoveden가 왜 "자신의 피가 흐르는 모습을 본 적이 없거나, 상대의 공격을 받아 이에서 으드득 소리가 나본 적 없거나, 자신을 온몸으로 짓누르는 적의 무게를 느껴본 적이 없는 사람은 전투에 적합하지 않다"라고 기록했는지 알 수 있을 것이다.[1]

이러한 인물들과 이야기는 12세기가 피와 용기, 자신감, 의지와 열정의 세기였다는 인상을 준다. 그러나 이런 것들은 12세기의 가장 심오한 변화와는 별다른 관련이 없다. 12세기에 가장 큰 영향을 미친 사람은 비천한 농민과 변호사, 학자들이었다. 여러분은 십자군 전쟁이 서방과 동방이 만나게 했으며, 서방에 문화적 풍요를 가져왔다고 주장할지도 모른다. 이는 분명 어느 정도 사실이지만, 동방과 서방의 관계는 기독교 학자들이 비교적 평화롭게 아랍어와 그리스어 필사본을 연구할 수 있는 도시에서 훨씬 더 생산적으로 발전했다. 그리고 안티오키아와 에데사, 트리폴리, 예루살렘에 있던 십자군 국가들이 유럽 전역에 광범위한 영향을 미친 성곽 설계술의 발전을 주도했을지는 모르지만, 공격에 수비로 맞선다는 성의 근본적 기능에는 큰 변화가 없었다. 더 깊은 사회적 변화는 다른 곳에서 나타났다.

인구 증가

1050년경부터 유럽은 커다란 경제 성장을 이루었다. 넓은 숲과 황무지, 습지를 개간하면서 경작지 면적이 대폭 늘어났다. 조감도로 살펴본다면 주로 산림 지대였던 유럽이 들판이 가득한 지역으로 바뀌는 모습을 볼 수 있었을 것이다. 이러한 개간은 인구가 현저히 증가한 결과였는데, 인구 증가의 원인이 무엇이었는지는 역사학자들 사이에서 여전히 논의 중이다. 한 가지 가능한 이유는 말에게 쟁기를 끌게 하는 마구馬具가 점진적으로 도입되었다는 것이다. 간단한 구조의 멍에를 씌우기만 하면 엄청난 무게를 끌 수 있는 황소와 달리, 말에는 멍에를 씌울 수 없다. 죔쇠가 말의 목을 짓눌러 동맥 순환을 차단하기 때문이다. 그래서 말로 땅을 경작하려면 훨씬 더 안전한 마구가 필요하다. 본래 고대 세계에 퍼져 있었으나 이후 사라졌다가 12세기에 다시 도입되었다. 이 기술은 아주 느리게 전파되었다. 심지어 15세기에도 잉글랜드의 역축(draft animal, 役畜) 가운데 3분의 2는 황소였다.[2] 하지만 어떤 곳에서는 땅을 개간하고 쟁기질하는 데 황소뿐만 아니라 말도 활용했다.

인구 증가의 더 중요한 원인은 역사학자들이 중세 온난기라 부르는 현상 때문이다. 10세기와 11세기에 평균 기온이 아주 천천히 상승하면서, 12세기에는 900년대 이전보다 거의 1도 가까이 따뜻했다. 우리는 온도 1도 차이를 거의 알아차리지 못하므로 큰 차이처럼 여기지 않을지도 모르지만, 연평균 기온으로 보면 실로 엄청난 차이다. 역사학자 조프리 파커Geoffrey Parker가 지적했듯, 온대 지역에서 봄 평균 기온이 섭씨 0.5도만큼 내려가면 서리가 마지막으로 내릴 위험이 있는 일자가 10일 연장되고, 가을 평균 기온이 섭씨 0.5도만큼 내려가면 서리가 처음 내릴 위험이 있는 일자가 10일가량 당겨진다. 그리고 둘 중 어떤 일이 일어나든 농작물을 모조리 죽일 수 있다.[3] 이는 역으로도 성립하여, 평균 기온이 섭씨 0.5도만큼 오르면 서리가 내릴 위험이 감소한다. 게다가 이 위험은 토지의 고도에 따라서 변한다. 파커에 따르면, 저지대에서는 섭씨 0.5도 기온이 내려가면 한 번 수확에 실패할 위험이 두 배로 늘어나고, 두 번 연속으로 수확에 실패할 위험이 여섯 배로 늘어나며, 304.8미터 이상의 지대에서는 두 번 연속으로 수확에 실패할 확률이 100배로 늘어난다. 그러므로 0.5도의 기온 차이가 많은 사람의 생사를 가를 수 있다. 혹독한 겨울날이 줄어든다는 말은 서리로 손실되는 농작물이 줄어든다는 의미다. 여름이 조금 더 따뜻해진다는 말은 수확에 실패할 위험이 줄어들고, 시간이 흐름에 따라 재배한 곡물의 수확량이 늘어난다는 의미다. 그에 따라 식량 상황이 평균적으로 더 나았으며, 죽는 아이도 줄어들었다.

아마 여러분에게는 약간의 아동 사망률 감소가 서구 역사에서 일어난 가장 중요한 변화 가운데 하나로 느껴지지는 않을 것이다. 그러나 이 현상은 중세 온난기 2.5세기에 걸쳐 유럽 전체에서 일어나면서 매우 중요한 일이 되었다. 살아남은 아이들은 저마다 가정을 꾸렸고, 이들의 자녀들 가운데서도 많은 아이들이 살아남았다. 그리고 이 아이들은 더 많은 땅을 개간하고, 다음 세대의 더 많은 인구를 먹여 살리기에 충분한 식량을 수확했다. 잉여 농산물이 없었다면 문화적 확장도 없었을 것이다. 수도원이나 대성당, 성을 건설할 여분의 노동자가 부족해져 학자들은 책을 읽는 대신 들판에서 일해야 했을 것이다. 비록 적은 수일지언정 초기에 추가로 살아남은 사람들은 시간이 흐름에 따라 기하급수적인 영향을 미쳤다. 유럽에는 비옥한 토지가 풍부했기에 경작에 투입할 인력만 있으면 문제가 없었기 때문이다.

자연 지형의 개간은 개별적으로는 농민들이 각자 주도하거나 집단적으로는 장원의 집행관이 주도하는 방식으로 시작되었다. 먼저 개인적인 개간을 살펴보자. 20~24제곱킬로미터의 좁은 토지를 관리하는 소작농은 그렇게 작은 땅으로는 늘어나는 가족을 먹여 살릴 수 없음을 깨달았을 것이다. 심지어 풍년이 든다 해도 시장에 팔거나 훗날 흉년을 대비할 작물이 남지 않았을 것이다. 그래서 근처에서 나무나 잡초가 무성한 4~8제곱킬로미터의 땅을 발견하면 장원 집행관과 합의하에 나무를 베고 작물을 심은 뒤 그 땅을 소유하는 대가로 추가 임대료를 냈을 것이다. 이런 발전은 모두를 만족시켰다. 소작농은 더 넓은 땅을 경작할 수 있었고, 그의 가족은 더 안전해졌으며, 장원 집행관과 영주는 임대료를 더 많이 거둬 만족해했다. 소작농의 아들들은 자라서 또 다른 16~20제곱킬로미터의 토지를 개간하는 데 힘을 보탤 수 있었다. 이런 일이 계속 반복되었다.

집단 개간은 대규모 배수 사업이나 관개 사업과 관련된 경우가 많았다. 장원 집행관은 장원의 소작인을 고용하여 정해진 일수 동안 도랑을 파고 수로를 쌓게 했다. 작업이 끝나면 새로운 토지는 기존 혹은 새로운 소작인에게 분배되었다. 수도회에 속한 일부 장원에서는 성 베네딕도 규칙의 정신에 따라 수도승들이 직접 개간했을지도 모른다. 시토회에 의해 12세기 동안 유럽에서는 수백만 제곱미터에 달하는 산림에서 나무가 잘려 나가고 습지에서 물이 빠져나갔다.

개간의 규모를 측정하기란 쉽지 않은 일이다. 여전히 글을 아는 이가 매우 드물었기 때문에 영주들과 서기관들은 장원의 경계선을 정기적으로 기록하지 않았으며, 특정 소작농이 소유한 토지 구획은 더더욱 기록으로 남기지 않았다. 농사용 땅의 개간을 허가하는 장원의 개간 기록증이 몇 개 남아 있지만 개간 사업의 전체 규모는 거의 보여주지 못한다. 따라서 최선의 측정 방법은 인구 증가 그 자체다. 그러나 이 역시 계량화가 매우 어렵다. 12세기 잉글랜드의 인구 기록은 12세기 인구 기록 가운데 우리가 보유한 가장 완전한 수치다. 놀랍게도 11세기 잉글랜드 왕국과 그 부를 포괄적으로 조사한 유일한 자료『둠스데이 북』이 오늘날까지 남아 있는 덕분이다.『둠스데이 북』을 근거로 한 11세기 잉글랜드의 인구 추정치는 170만 명 정도다. 1377년의 인두세 기록에 따르면 당시 인구는 250만 명으로 증가했는데, 1315년에서 1322년까지 기근이 이어지고 1348년에서 1349년 사이에 흑사병이 창궐하기 전에는 인구가 훨씬 더 많았을 것이다. 이 자료와 다른 자료들을 통해 우리는 1100년에 약 180만 명이었던 인구가 1200년에는 거의 340만 명으로 늘어났다고 추정할 수 있다. 이는 1200년 잉글랜드 농경지의 생산력이 세기 초보다 거의 두 배로 늘어났음을 시사한다. 이렇듯 대규모로 인구가 증가한 것은 미개척지였던 거대한 토지를 처음으로 경작했다는 뜻이다. 더 많은 토지는 더 많은 식량으로 이어졌다. 이는 더 많은 사람들이 안정감을 느껴 결혼을 하고 가정을 꾸렸으며, 자녀를 더 잘 먹여 살릴 수 있었음을 의미한다. 그리고 세대가 지날수록 경작지는 더욱더 늘어났으며, 그 결과 인구도 더욱더 증가했다.

12세기에 나머지 유럽 국가들은 어떻게 살았을까? 551쪽에 실린 부록에서 볼 수 있듯, 역사학자들은 서로 대조적인 수치를 내놓았다. 파올로 말라니마Paolo Malanima가 최근 내놓은 추정치에 따르면, 12세기 유럽의 인구는 전체적으로 볼 때 38퍼센트 늘어났다. 그런데 문서 기록을 가장 잘 남긴 3개국 잉글랜드와 프랑스, 이탈리아의 사례를 살펴보면서 유럽 핵심 지역의 인구 변화를 추정할 모형을 만든 뒤, 서기 1500년에 유럽 인구가 8,400만 명이었다는 잘 확립된 인구 수치로부터 과거를 역추정해 보자. 그러면 12세기와 13세기에 유럽 인구가 각각 49퍼센트와 48퍼센트 증가하여 1300년에 총 1억 명을 넘어섰다는, 지금과는 전혀 다른 결과가 나오게 된다. 정확한 수치가 어떻든 1050년에서 1250년까지 이루어진 대규모 개간이 인구 성장을 가능하게 했다는 데는 의심의 여지가 없다. 12세기를 나타내는 대중적 이미지는 사슬 갑옷을 입은 십자군이 철퇴를 휘둘러 적의 투구를 부수는 모습일 것이다. 그러나 12세기 사회 변화의 진정한 중심지는 토지였으며, 변화의 주역은 이름을 알 수 없는 근면 성실한 농부들이었다. 이들을 위한 기념비는 오직 이들이 남기고 간 새로이 개척하고 경작한 들판뿐이다.

수도회 연결망의 확장

교황 에우제니오 3세가 클레르보의 베르나르에게 제2차 십자군 원정을 위한 설교를 요청한 사실은 12세기의 또 다른 중대한 발전을 암시한다. 베르나르는 수도사였기에 세속에서 벗어나 사색하는 은둔 생활을 했어야 마땅했다. 그럼에도 우리는 베르나르가 먼 거리를 여행하며 왕들을 만나고 수많은 군중에게 설교하는 모습을 볼 수 있다. 게다가 어디에 가든 명성이 높았다. 1130년 교황 선출에 관한 논쟁이 일어났을 때, 베르나르는 어떤 후보를 지명해야 할지 결정해달라는 요청을 받았다. 베르나르는 인노첸시오 2세를 선택한 뒤 몇 년 동안 유럽을 여행하며 다른 후보를 지지한 통치자들이 마음을 바꾸도록 설득했다. 1145년에 에우제니오 3세가 교황으로 선출된 주된 이유는 그가 베르나르의 친구였다는 사실 때문이었다. 또한 베르나르의 영향력과 명성은 에우제니오 3세의 수도회에 커다란 자극제였다. 이제 수천 명의 사람이 시토회에 참가하기 위해 몰려들었다. 시토회는 1098년에 설립되었으며, 시토회 수도사들은 성 베네딕도 규칙을 엄격히 따르는 금욕적인 삶을 맹세했다. 1152년에는 유럽 전역에 330여 개가 넘는 시토회 수도원이 퍼져 있었으며, 12세기 후반기에는 더욱더 확장되어 동유럽과 스코틀랜드, 아일랜드에도 퍼져나갔다. 12세기가 끝날 무렵에는 수십 개의 수녀원도 증설되었다.

떠오르는 수도회는 시토회만이 아니었다. 카르투시오 수도회는 수도원 회랑 주변의 수도실에서 생활하는 더 금욕적인 삶을 선택했다. 그리고 수도사들의 생활 방식과 매우 흡사한 아우구스티노 의전 수도회 같은 몇몇 종교단도 있었다. 샹포의 기욤은 1108년에 생빅토르 의전 수도회를 설립했고, 베르나르의 친구인 크산텐의 노르베르토는 1120년에 프레몽트레 의전 수도회를 설립했으며, 셈프링엄의 길버트는 1148년에 길버트회를 설립했다. 수도회 정신이 십자군 원정에 대한 열정과 결합하면서 기도와 순례자 보호를 의무로 삼았던 기사 수도회 역시 마찬가지로 성장했다. 제1차 십자군 원정이 성공하면서 구호 기사단이 창설되었다. 1118년에 설립된 성전 기사단은 클레르보의 베르나르에게 열렬한 지지를 받았다. 카스티야에서는 1150년대에 시토회 수도사들이 기사단 분파인 칼라트라바 기사단을 직접 창설했고, 12세기 말에는 튜튼 기사단이 설립되었다. 이들은 단지 가장 유명한 기사단일 뿐이며, 성지 순례자를 보호하기 위해 훨씬 더 많은 기사단이 번창했다.

잉글랜드와 웨일스의 수치를 보면, 수도회의 팽창 규모를 명확하게 볼 수 있다. 1100년에는 수녀원 15개를 포함해 최대 148개의 수도원이 있었다. 1135년에서 54년까지, 단 20년 동안 수도원 숫자는 193개에서 307개로 늘어났는데, 1년에 6개씩 늘어난 셈이다. 1216년에는 700여 개의 수도원이 있었으며, 그 밖에도 구호 기사단과 성전 기사단에 속한 수도원이 따로 60에서 70여 개 있었다.[6] 수도사와 신부 수사, 수녀의 수는 심지어 더 큰 규모로 늘어나 2,000명에서 1만 2,000명으로 늘어났다. 이 수치를 근거로 전체 유럽의 수치를 추정하면, 12세기 말 서구 기독교 세계에는 8,000에서 1만여 개에 달하는 수도원과 약 20만 명의 수도사, 수녀, 신부 수사들이 있었을 것이다. 그러나 이 시기 잉글랜드와 웨일스가 기독교 세계의 변방으로서 상대적으로 인구가 적었다는 점을 고려하면, 1200년도의 실제 종교인 남녀와 수도원 수는 훨씬 더 많았음이 명백하다.

어째서 이런 일이 생겼을까? 왜 사람들은 엄청난 재산을 기부해가며 새로운 수도원을 지원하게 되었을까? 이들의 동기를 이해하려면 우리는 연옥에 대한 교리의 등장을 살펴볼 필요가 있다. 즉 죽은 자의 영혼이 곧바로 천국이나 지옥으로 가는 것이 아니라 영혼이 머무는 영적 보금자리인 연옥에서 한동안 머물다가 천국이나 지옥 한쪽으로 간다는 로마 가톨릭의 믿음이 그것이다. 이 교리가 생기기 전에 영주와 귀부인들은 자신들이 베푼 선행의 결과로 죽어서 자신들의 영혼이 곧바로 천국으로 가길 바라며 수도원을 세웠다. 천국에 가지 못하면 지옥에서 남은 영생을 보내게 될 테니 말이다. 그러나 12세기 중반 무렵, 영혼이 천국에 가느냐 지옥에 가느냐는 더욱더 복잡미묘한 문제가 되었다. 영혼은 정확히 언제 지옥행을 선고받는 것일까? 죽은 바로 그 순간? 아니면 죽은 자를 위한 기도가 천국으로 이끌어줄 수 있는 것일까? 신학자들은 기도를 통한 구원이라는 고대의 사상을 상세히 설명했으며, 사후 기도가 고인에게 진정으로 도움이 될 수 있다고 편리하게 결정했다. 1150년대에 피에르 롱바르는 기도가 적당히 악한 자의 고통을 줄여주고, 그럭저럭 선한 자에게는 낙원을 향한 여정을 도움으로써 양쪽 다 도울 수 있다고 선언했다.[5] 사람들은 영혼이 곧바로 천국이나 지옥으로 가지 않는다고 믿기 시작했다. 1200년경, 연옥에 관한 정교한 교리가 확립되었다. 점점 더 많은 사람들이 수도원과 예배당에 재산을 기부하면서 사후에 자신들을 위한 기도가 영원한 행복으로 이끌어주길 바랐다.

어쩌면 여러분은 '폐쇄된 공동체에 고립되어 바깥세상과 단절되어 있던 수도사와 수녀들이 대체 어떻게 서양 역사상의 중대한 발전이 될 수 있단 말인가?'라고 생각할지도 모른다. 그렇지만 우리는 연결성의 관점에서 12세기를 바라볼 필요가 있다. 오늘날 웹을 통한 경이로운 상호 소통의 세계를 살아가는 우리는 선조들이 정보를 얻고 견해를 전달하는 방식이 지금과는 전혀 다르다고 믿는다. 현대에는 이전 세대가 상상조차 하지 못했던 정보 저장망과 정보 전송망이 존재한다. 그런데 수도회가 이와 비슷한 연결망을 제공했다. 수도회 연결망은 수도회가 속한 은둔 세계와 교구 사제들과 법원 서기들, 정치 주교들이 속한 세속 세계가 거미줄처럼 얽힌, 기독교 세계의 상호 연결망이었다. 아이슬란드에서 포르투갈까지, 폴란드에서 예루살렘까지, 수도사와 신부 수사, 사제들은 왕국의 국경을 넘나들며 지식을 전파하고 광범위한 논의에 참여했다. 이들은 교황 그레고리오 7세가 앞선 세기에 교회의 정통 언어로 정한 라틴어를 공용어로 삼아 유용하게 활용했다. 마치 오늘날 '표준 범용 문서 생성 언어'를 국제적으로 유용하게 쓰듯이 말이다.

기독교 세계에 널리 퍼진 수도회 연결망은 단순히 지식을 퍼뜨리는 데서 그치지 않고 지식을 만들어냈다. 수도원이 수행한 역할을 떠올려 보면 쉽게 이해할 수 있을 것이다. 건축에는 숙련된 석공과 조각가, 목수가 필요했으므로 수도회는 12세기에 설계와 건축, 구조 공학과 예술 부문의 주요 후원자였다. 수도원에는 글을 읽을 줄 아는 수도사와 신부 수사가 필요했으므로, 수도회는 읽고 쓰는 능력을 전파했다. 몇몇 수도회는 선행의 하나로, 혹은 자금을 모으기 위해 회랑 바깥에 남자아이들(때로는 여자아이들)을 교육하는 학교를 세웠다. 수도원 도서관에서는 이전 시대 작가들의 작품을 보존하고 새로운 책을 제작하여 정보를 저장하고 보급했다. 가령 노르망디에 있는 벡 수도원은 12세기 초에 164권의 장서를 보유하고 있었으며, 1164년에 유증을 받아 113권을 더 얻었다. 벡 수도원은 수업료를 내는 학생을 위한 학교도 열었다. 연대기 작가 오르데리쿠스Ordericus는 "벡 수도원의 수도사는 거의 모두 철학자처럼 보였다. 그곳에서 가장 적게 배운 이조차도 실속 없는 문법학자들에게 무언가를 가르칠 정도였다"라고 묘사했다.[6] 수도원은 흔히 대성당에 딸린 시설로 세워졌는데, 이런 경우 수도사들은 왕실 행정실의 서신에 회신하는 역할을 맡았으며, 덕분에 기록보관소를 세우고 연대기를 만들 수 있었다. 수도사들은 직접 유럽 전역의 수도원을 오가며 소식을 전했다. 수도원 정원에서는 약용 식물을 재배했으며, 의무실이 있는 수도원에서는 어느 정도의 의술을 펼쳤다. 몇몇 수도회는 유럽 대륙 전역에 자신들의 기술을 유통하여 물레방아, 중重쟁기, 더 나은 포도 재배술을 확산시켰다. 그럼으로써 새로이 개간한 땅을 활용하는 데 도움을 주었다.

물론 유럽의 모든 수도원에 훌륭한 문헌이 가득한 도서관이 있었던 것은 아니며, 모든 수도원에 학교가 있었던 것도 아니다. 그러나 훌륭한 도서관과 학교를 모두 갖춘 수도원이 많았다. "도서관이 없는 수도원은 무기고가 없는 성과 같다"라는 말이 당시에 유행할 정도였다.[7] 수도원은 눈을 뜨게 하고 정신을 가르쳤다. 또 학교에 다니는 젊은이들에게 수도원 도서관에서만이 아니라 더 먼 곳에서 더 깊은 지식을 배우도록 격려했다.

지적 르네상스

만약 중세 역사가들과 단어 연상 게임을 한다면, 그들은 '12세기'라는 단어에 분명 '르네상스'라고 답할 것이다. 이 르네상스는 14세기 중반에서 16세기 사이의 이탈리아 르네상스와는 관련이 없다. 1927년 미국의 중세학자 찰스 호머 해스킨스Charles Homer Haskins 가 밝혀낸, 그보다 더 이른 시기에 일어난 현상이다. 해스킨스는 12세기에 학술 분야에서 전례 없는 부흥이 있었음을 증명했다. 우리 연구에서는 두 가지가 특히 중요하다. 첫째, 피에르 아벨라르의 선구적 사고방식이 등장하고 아리스토텔레스의 작품을 재해석하면서 변증법이 탄생한 것이다. 둘째는 풍부한 아랍어 번역본이 들어오면서 고대 세계의 지식을 상당 부분 회복했다는 점이다.

피에르 아벨라르는, 검을 휘두르기 전에 먼저 읽는 법을 배우도록 가르친 브르타뉴 기사의 장남이었다. 아벨라르는 6세기에 보에티우스가 쓴 번역본으로 전해진 아리스토텔레스의 몇 안 되는 작품에서 영감을 받아 논리학을 빠르게 발전시켰다. 곧 아벨라르는 "오직 언어라는 무기만을 휘두르게 되었다". 그러나 이것이 아벨라르를 평화주의자로 만들지는 못했다. 아벨라르의 말은 대부분의 사람이 휘두르는 검보다 더 날카롭고 위험했다. 아벨라르는 파리에 있는 생빅토르 의전 수도회 학교에서 샹포의 기욤에게 사사했지만, 곧 토론에서 스승을 무찌른다. 학자로서 아벨라르의 명성은 빠르게 퍼졌다. 1115년에는 노트르담 대성당의 학교에서 그의 강연을 듣기 위해 모여든 수백 명의 청중 앞에서 열변을 토했다. 그는 당대 학계에 선풍을 일으켰다.

아벨라르의 명성이 절정에 달한 순간이었다. 그가 대성당의 동료 신부 수사였던 풀베르투스Fulbert의 조카 엘로이즈와 사랑에 빠진 것은. 아벨라르는 엘로이즈를 유혹했고, 엘로이즈는 임신했다. 풀베르투스는 이 사실을 받아들이지 못했다. 그는 야만적이게도 아벨라르를 거세했다. 치욕을 당한 아벨라르는 파리 북부의 생드니 수도원으로 피신했다. 이곳에서 그는 동료 수도사들의 반감을 사지 않았을 때 첫 번째 신학 저작으로 성 삼위일체에 관한 책을 썼다. 불행히도 이 때문에 아벨라르는 1121년에 수아송의 지역 종교 회의에서 이단 혐의로 고소당한다. 유죄를 선고받고 책을 불태우라는 명령을 받은 아벨라르는 은둔자가 되기로 마음먹었다. 그는 파라클레 수도원을 설립하고 세상에서 벗어났다. 그러나 세상은 그에게서 벗어나려 하지 않았다. 얼마 지나지 않아 학생들이 파라클레 수도원 주변에 천막을 쳤다. 처음 이단으로 몰린 지 20년 후, 60대 초가 된 아벨라르는 그의 위험한 가르침을 짓밟으려 했던 클레르보의 베르나르에게 강경하게 맞선다. 자신의 오명을 씻고자 했던 아벨라르의 선동으로, 두 위대한 웅변가를 위한 토론의 장이 상스에 마련되었다. 그러나 토론회 전날 밤, 베르나르는 공의회를 구성하는 주교들에게 남몰래 연설했다. 그 일이 있고 나서 아벨라르는 심지어 자신의 변호조차 거부했다. 그는 또다시 이단죄로 유죄 판결을 받았고, 이듬해 클뤼니 수도원장의 보호 아래 사망했다.

아벨라르가 그토록 많은 교회 사람들을 격분하게 한 것은 단순히 그가 호전적인 성품을 지녔다거나 신부 수사의 조카딸을 유혹했기 때문도, 그가 아리스토텔레스의 논리학을 응용했기 때문도 아니었다. 바로 그가 논리학과 변증법에서 높은 성취를 이루었기 때문이었고, 이러한 형태의 추론을 활용하여 신앙 문제를 연구했기 때문이었다. 그 당시의 여론은, 추론하는 것은 괜찮지만 추론을 종교에 적용해서는 안 된다는 것이었다. 아벨라르는 이 편견에 대담히 맞섰다. 저서 『긍정과 부정Sic et non』에서 아벨라르는 교회 교부들의 저작들에서 나타난 158개의 명백한 모순을 조사하고, 각 모순을 두 개의 상반된 관점에서 바라보면서 논란의 여지가 있는 수많은 급진적 논점을 끌어냈다. 예를 들어 『긍정과 부정』의 첫 번째 원리는 "믿음은 이성으로 만들어진다. 그리고 믿음은 이성으로 만들어지지 않는다"이다. 논리가 믿음을 뒷받침하는지 깎아내리는지를 고민하면서 아벨라르는 "믿음이 없으면 이해도 없다"는 성경 금언에 정면으로 도전한다. 우리 눈에는 아벨라르의 접근 방식이 명료해 보인다. 우리는 우리 생각이 합리적이라고 믿는 경향이 있기 때문이다. 이는 반대로 말하면 우리에게는 신앙에 근거하여 무언가가 합리적이라고 주장하는 사람을 비방하는 경향이 있다는 말이다. 그러나 아벨라르가 살던 시대에는 믿음이 곧 이해를 향한 길이었다. "의심은 탐구로 이어지고, 탐구는 진리로 이어진다"는 금언을 남긴 이가 바로 아벨라르였다. 그리고 아벨라르는 논리를 종교에 적용하는 것에 '신학theology'이라는 이름을 붙였다.[8]

『긍정과 부정』은 아벨라르가 얼마나 대담무쌍했는지를, 그리고 그가 신학을 정설의 경계 너머 멀리까지 밀고 나갈 준비가 얼마나 잘 되어 있었는지를 보여준다. 아벨라르는 변증법을 활용하여 질문을 두 가지 상반된 관점에서 살펴보면서 그 사이에 존재하는 모순을 찾아내고 해결하려고 시도했다. 그리고 그렇게 함으로써 최초의 질문에 더 정확하게 답하려 했다. 그러나 이 과정에서 아벨라르는 당시로서는 위험하다고밖에 말할 수 없는 생각들을 가정으로 삼았다. 예를 들어 "신은 모든 것을 알 수 있다"라는 명제를 내세울 때, 아벨라르는 하느님이 모든 것을 알지는 '못할' 가능성도 있다고 암시했다. 비슷하게, "신에게는 모든 일이 가능하나, 모든 일이 가능하지는 않다"라는 명제를 제시했다. 12세기에 하느님이 전능하지 않을 수도 있다고 암시하는 것은 스캔들을 일으킬 만한 일이었다. 『긍정과 부정』에는 심지어 "신이 악의 원인이나 창조자일 수도 있으나 아닐 수도 있다"라는 명제까지 있다. 일반적으로 아벨라르는 클레르보의 베르나르처럼 일방적으로 신은 완전무결하다는 편에 서지 않았다. 그는 사람들이 스스로 결론 내릴 수 있도록 문제를 공개했다. 실제로 아벨라르는 '모든' 견해는, 심지어 존경받는 교부들의 견해조차도 그저 의견일 뿐이며, 그러므로 틀릴 수 있다고 주장했다. 이것은 신학 저술가들이 이단에 손을 댄 것이 아닌지 늘 의심하던 수많은 동시대인이 보기에 너무 과한 합리주의였다. 그러나 아벨라르는 여기서 멈추지 않았다. 전통주의자들은 하느님의 삼위일체가 분리될 수 있는지 혹은 그렇지 않은지의 문제를 신비적 연합을 운운하며 얼버무렸고, 아벨라르는 전통주의자들을 경멸했다. 아벨라르는 하느님 아버지께서 아들 예수 그리스도와 같은 존재일 수도 있다고 가정하는 것은 우스꽝스러운 일이라고 주장했다. 대체 어떻게 무언가가 자기 자신을 낳을 수 있단 말인가? 논평가 대부분이 중세 신학을 형성한 교부들의 상반된 견해를 조율하고자 했을 때, 아벨라르는 교부들의 차이점을 이용하기로 했다.

윤리학에 관해서도 아벨라르는 위험한 사고방식을 옹호했다. 그는 잘못에 대한 책임을 따질 때 의도가 가장 중요하다고 주장했다. 간단히 말해 우발적으로 잘못을 저지른 사람은 의도적으로 잘못을 저지른 사람보다 그 죄가 덜하다는 것이다. 이 사람의 (가벼운) 죄는 범죄를 저지르려는 의도가 아니라 태만함에 기반을 두고 있기 때문이다. 실제로 어떤 상황에서는 의도가 유죄와 무죄를 가르는 '유일한' 요소가 될 수도 있다. 만약 출생 시 헤어진 남매가 그 사실을 모른 채 훗날 다시 만나 결혼하고 자녀를 가졌다면, 이들이 근친상간 죄를 범했음이 명백하지만 자신도 모르는 사이에 저지른 범죄이므로 처벌해서는 안 된다. 문제는 이 관점에 따르면, 모든 범죄를 같은 방식으로 처벌할 경우 영주와 주교, 판사 중 누군가는 부당한 판결을 한 셈이 된다는 것이다. 아벨라르는 교회가 간접적으로 공포한 도덕규범에 도전했다. 그것도 아주 직접적으로. 예를 들어 아벨라르는 부부 사이의 성관계든 혼외정사든 성교의 즐거움은 똑같다고 판단했다. 그러므로 (교회의 가르침대로) 혼외정사가 주는 즐거움이 죄악이라면, 부부 사이의 성관계가 주는 즐거움 역시 죄악이다. 결혼 행위가 이 죄악을 씻어주지 못하기 때문이다. 그러나 부부 사이의 성교는 종족 번식에 필수적인데, 하느님이 인류가 죄를 범하지 않고서는 생존할 수 없게 만드셨을 리가 있겠는가? 그러므로 혼외정사는 죄악이라는 가르침에는 분명 의심의 여지가 있다. 아벨라르는 예수 그리스도를 십자가에 못 박은 이들에게 죄가 없다는, 더욱더 논란이 되는 주장마저 했다. 그들은 그리스도가 신이라는 사실을 알 방법이 없었고, 그들이 옳다고 믿는 행동을 했다는 것이다. 이쯤 되면 그가 왜 곤경에 처했는지를 알 수 있을 것이다.

　　새로운 진리를 찾는 사람은 아벨라르만이 아니었다. 남유럽 전역의 학자들은 종래의 믿음과 달리 고대 세계에서 전해 내려온 지식의 보고가 로마제국과 함께 사라진 것이 아니라 스페인과 북아프리카의 아랍 도서관에 남아 있었다는 사실을 점차 알게 되었다. 레콩키스타를 통해 서서히 무슬림으로부터 영토를 탈환하면서 다시금 먼 과거의 문학과 지식을 접할 수 있게 되었다. 1085년에는 톨레도가, 1118년에는 사라고사가 기독교도의 손에 함락되었다. 곧 유럽 전역에서 온 소규모 번역가들이 스페인과 프랑스 남부의 도시에서 아랍 문학에 숨겨진 진리를 찾아 헤매는 작업을 벌였다. 보물이 가득한 무덤을 뒤지는 수많은 도굴꾼 무리와 함께 말이다. 잉글랜드 학자인 바스의 애덜라드와 케튼의 로버트Robert of Ketton, 체스터의 로버트, 이탈리아 학자인 크레모나의 제라드와 티볼리의 플라톤, 오스트리아 학자인 카린티아의 헤르만Hermann of Carinthia, 저지대 국가 학자인 브뤼허의 루돌프Rudolf of Bruges 등이 작업에 참여했으며, 그 밖에도 수많은 스페인계 유대인들이 작업을 도왔다. 이들은 톨레도 주교 레이몽과 타라조나 주교 미카엘의 후원을 받아 전 도서관의 철학, 천문학, 지리학, 의학, 수학 저서를 번역했다. 앞서 살펴보았듯 일단 이 문헌들을 라틴어로 번역하기만 하면 서구 전역의 학자들이 필사본을 만들어 읽어볼 수 있었다. 번역가들은 기독교 세계에 고대 세계의 사상과 함께 위대한 이슬람 수학자들의 작품을 전해주었다. 1126년, 바스의 아델라르는 알 콰리즈미의 저서 『지즈 알신딘드Zij al-Sindhind』를 번역하여 아랍어 숫자와 소수점, 삼각법을 서구에 소개한다. 1145년, 체스터의 로버트는 동 저자의 저서 『복원과 대비의 계산Kitab al-Jabr wa-l-Muqabala』을 『복원과 대비에 대한 책Liber algebrae et almucabola』이라는 제목의 라틴어 저서로 번역하여 '대수학'이라는 용어와 2차방정식 푸는 법을 소개했다. 번역가 가운데 으뜸은 크레모나의 제라드였는데, 그는 1187년 사망할 때까지 최소 71권의 고대 문헌을 라틴어로 번역했다. 제라드의 번역서에는 프톨레마이오스의 『알마게스트』, 에우클레이데스의 『원론』, 테오도시우스의 『구면 기하학Spherics』, 아리스토텔레스, 아비센나, 히포크라테스의 여러 철학서와 의학서 등등이 있다.[9]

번역가들은 스페인과 남프랑스의 도시들에서 열심히 일했다. 더불어 오랫동안 잃어버렸던 문헌들을 유럽 학자들이 이용할 수 있게 해준 다른 두 곳의 중심지가 있었다. 콘스탄티노폴리스에는 수많은 고전 작품이 원형 그대로인 그리스어 형태로 남아 있었다. 1136년, 콘스탄티노폴리스에서 베네치아의 자코모Giacomo da Venezia 는 아리스토텔레스의 『분석론 후서Analytica Posteriora』를 번역한 뒤 『신 논리New Logic』라고 이름 붙였다. 수 세기 전 보에티우스가 번역한 『구 논리Old Logic』와 구분하기 위해서였다. 노르만족이 다스리는 시칠리아 왕국에서는 비잔티움 제국이 시칠리아를 지배하던 시절에 남긴 그리스어 두루마리들이 발견되었다. 또한 무슬림이 시칠리아를 지배하던 시절에 남긴 아랍어 서적들도 발견되었다. 시칠리아의 지적인 왕인 루제루 2세와 그 아들 구기에르무 1세를 기쁘게 하려고 팔레르모의 궁정 번역가들은 플라톤의 『메논』과 『파이돈』, 아리스토텔레스의 『기상학Meteorologica』, 프톨레마이오스의 『광학Optics』과 『알마게스트』, 그리고 에우클레이데스가 남긴 여러 저작의 라틴어 판본을 제공했다. 이 번역가들은 무함마드 알 이드리시의 위대한 지리학 개요서도 번역했는데, 이 책에는 아이슬란드에서 아시아와 북아프리카에 이르는 세계 지도가 포함되어 있었다.

이 모든 발견이 정말로 기독교 세계 전체에 변화를 주었을까? 대체 어떻게 12세기의 지적인 진보가 프랑스 중부의 소작농에게 영향을 줄 수 있단 말인가? 아마 그 영향은 직접적이지 않았을 것이며, 몇 제곱킬로미터의 땅을 개간하여 더 많은 가족을 먹여 살리는 능력만큼 큰 영향을 주지도 못했을 것이다. 그러나 모든 변화가 전체 인구에 즉시 직접적인 영향을 주었을 것이라는 생각은 비현실적인 동시에 단순한 생각이다. 이것은 마치 아인슈타인의 특수 상대성 이론이 동시대 공장 노동자에게 무슨 영향을 주었냐고 묻는 격이다. 처음 발표된 1905년에는 별 영향을 주지 않았을지도 모르지만, 이 이론은 1945년에 폭발적인 영향을 미치며 온 세상을 뒤흔들고 제2차 세계대전에 종말을 고하게 했다. 12세기 지적 르네상스의 경우, 아리스토텔레스의 새로운 논리는 사회에 서서히 스며들었고, 사회 전체에 영향을 주었다. 이는 지식에 대한 새로운 접근법으로 이어졌다. 그리고 여태껏 점점 더 큰 백과사전을 편찬하려고만 한 사람들에게, 지식에서 중요한 것은 단순히 더 많은 사실을 축적하는 것이 아니라 사실의 질 역시 양과 마찬가지로 중요하다는 사실을 가르쳐주었다. 1136년에 아벨라르의 강연에 참석했으며 결국 샤르트르의 주교가 된 솔즈베리의 존과 같은 저술가들은 새로운 추론 방법에 깊은 영향을 받은 당대의 여러 지식인 가운데 한 명일 뿐이었다. 그의 가장 유명한 논평 가운데 하나를 바꾸어 표현하면 이렇다. "순례지 세 곳에서 세례자 요한의 머리를 유물로 가지고 있다고 주장하는 것은 하나도 중요하지 않다. 중요한 것은 어떤 교회가 '진짜' 요한의 머리를 가지고 있느냐다." 우리가 12세기에 번역된 무슬림 수학자들에게 얼마나 큰 빚을 지고 있는지 알고 싶다면, 오늘날 우리가 쓰는 숫자가 아랍 숫자라는 사실을 떠올리면 된다. 로마 숫자를 써서 곱셈이나 나눗셈을 해본 적 있는가? 어떻게 하면 로마 숫자를 써서 $\pi(3.1415926536\cdots)$에 어떤 수를 곱할 수 있을지 고민해본 적 있는가? 더 중요한 사실은, 아랍어 논문을 번역하기 전에는 숫자 0에 대한 개념이 없었다는 사실이다. 0은 후대에 끝도 없이 많은 수학적 사고를 쏟아낸 거대한 구멍이다. 새로운 지식에 대한 탐구는 들판에서 일하는 소작농에게는 머나면 일이었을지도 모르고, 거리의 행인에게는 서서히 스며들었을지도 모르지만, 이것이 없었더라면 유럽의 미래는 분명 크게 달랐을 것이다.

의학

의학은 12세기의 여러 학문 가운데 사람들에게 직접적인 영향을 미친 분야였다. 당연히 의학 자체는 새로운 것이 아니었다. 고대 세계에는 의사가 있었으며, 고대의 의학 관념은 수 세기에 걸쳐 다양한 형태로 전해졌다. 앵글로색슨족에겐 『의학서Bald's Leechbook』가 있었고, 유럽 대륙 각지에도 의학서가 존재했으며, 약초 역시 어디서나 구할 수 있었다. 라바누스 마우루스는 자신의 백과사전에 의학에 관한 장을 포함시켰으며, 7세기 작가 세비야의 이시도르는 2세기 의사 갈레노스가 쓴 10여 편의 글을 자신의 학문 개요서에 삽입했다. 그러나 체계적으로 정리된 의학 문헌 전집은 없었다. 내과 의사는 매우 적었으며, 외과 의사도 마찬가지였다. 그리고 공식적인 의학 교육도 없었다. 게다가 의료 개입은 하느님이 행하는 일을 무효로 만드는 일이라는 믿음까지 있었다. 투르의 그레고리우스 같은 중세 초기의 기독교 저술가들은 의사들이 하느님의 판결을 바꾸려고 한다면서 의술이 부도덕한 행위임을 강조했다. 그레고리오는 의술의 도움을 받으려고 한, 벌 받아 마땅한 남녀들의 사례와 의사의 치료 실패 후 성유를 발라 기적적으로 치유된 사람들의 사례를 들었다. 클레르보의 베르나르가 "의사들과 상담하고 약을 먹는 행위는 비종교적인 행동이며 정결하지 않은 행위이다"라고 진술한 점에서 볼 때, 12세기 초에는 이러한 견해가 만연했음이 명백하다.[10]

베르나르의 견해는 명백히 가혹해 보인다. 그러나 10세기와 11세기에 채택된 의학 전략들 가운데 일부를 들여다보면, 베르나르가 왜 그런 태도를 보였는지 더 잘 이해할 수 있다. 당시 의학에서는 미신이 아주 중요한 역할을 했다. 예를 들어 약 조제법에는 흔히 동물의 배설물이나 신체 부위가 포함되어 있었으며, 약을 쓸 때는 주문과 부적을 함께 써야 했다. 앵글로색슨족의 『의학서』에서 발췌한 사례를 보면 쉽게 이해할 수 있을 것이다.

암 치료법: 염소의 담즙과 꿀을 같은 비율로 섞은 뒤 상처에 바른다. 대체 치료법: 신선한 개의 머리를 불에 태운 뒤 그 재를 상처에 바른다. 그래도 상처가 아물지 않으면 남성의 똥을 완전히 말린 뒤 비벼서 가루로 만들어 상처에 바른다. 이렇게 해도 환자를 치료할 수 없다면 그 어떤 방법으로도 치료할 수 없다.[11]

따라서 베르나르가 의학을 "정결하지 않은 행위"라고 말한 데는 마땅한 이유가 있었다.

12세기가 의학에 기여한 점은 지식을 체계화하고, 더 과학적인 방법론을 도입하고, 의학 기술과 수술 기술을 가르치고, 무엇보다도 여태껏 의학에 만연해 있던 미신을 근절한 것이다. 비록 의학 전집에는 여전히 점성술적 요소가 많이 남아 있었지만, 이제는 점성술마저도 체계화되고 과학적으로 취급되면서 이전 시기에 의학적 치료의 특징이었던 주문과 부적이 과학으로 대체되었다.

또한 12세기에는 수도원에서 자체적으로 의학 지식의 진보가 이루어지기도 했다. 대 수녀원장 빙엔의 힐데가르트가 관련 내용을 정리해 만든 조제법 모음집보다 이를 잘 보여주는 사례는 없을 것이다. 비록 이 업적이 그녀의 음악적 업적만큼 유명하지는 않지만 말이다. 그러나 서구에 들어온 새로운 기법들은 대부분 아랍 세계에서 왔다. 고대 그리스의 의사 히포크라테스와 갈레노스의 저서, 아비센나와 라제스, 알부카시스, 요하니티우스 같은 영향력 있는 아랍 의사들의 저서도 아랍 세계를 통해 들어왔다. '의학의 아버지' 히포크라테스는 기원전 5세기 의사이며, 의학 전집을 쓴 것으로 유명하다. 현재까지도 새로이 의사 자격을 취득한 의사들은 수정된 형태의 히포크라테스 선서를 한다. 2세기에 살았던 갈레노스는 인체의 기본 성분이 흑담즙, 황담즙, 혈액, 점액의 네 가지 체액이라는 히포크라테스의 사체액설을 계승해 방대한 체계를 만들었다. 그에 따르면 네 가지 체액을 균형 있게 유지해야만 건강을 유지할 수 있다. 그의 저작 가운데 17권가량은 11세기에 라틴어로 번역되었지만, 12세기에 10여 권이 더 번역되었다.[12] 11세기 이슬람 학자 아비센나는 갈레노스와 히포크라테스의 연구를 받아들이고 통합하여 5권 분량의 의학 백과사전을 만든 뒤 『의학 경전Al-Qanun Fi Al-Tibb』이라는 제목을 붙인 인물이다. 『의학 경전』은 크레모나의 제라드가 번역했는데, 이 책은 명성 높은 몽펠리에 의과대학에서 1650년까지 기초 의학 교재로 쓰이면서 가장 오래 사용된 의학 교육서가 되었다. 라제스는 10세기에 사망한 페르시아 의사로, 『만수

르에게 바치는 의학서Kitab Al-Mansouri Fi Al Tibb와 『의학총서Al-Hawi』라는 중요한 의학 백과사전과 특정 질병에 관한 저작, 갈레노스에 관한 전반적인 비평 등 수많은 의학 서적을 저술했다. 알부카시스는 수술 분야에서 저명한 아랍인 작가였다. 요하니티우스는 갈레노스의 저작 129권을 아랍어로 번역해 후세에 전했다. 뿐만 아니라 요하니티우스는 고대 의사들의 저작에 관한 권위 있는 입문서를 썼는데, 이 책은 라틴어로 『이사고게Isagoge』라고 번역되었다.

의학 번역은 의학 교육의 체계적 발전과 맞물렸다. 1100년경, 이탈리아 남부 도시 살레르노는 이미 의학 교육으로 명성을 떨치고 있었다. 살레르노 주교 알파누스가 11세기의 주요 의학 논문을 다수 번역한 인물인 아프리카의 콘스탄티누스의 저작을 튀니지로부터 들여온 덕분이었다. 12세기 전반기에 살레르노에서는 의학도를 위한 강의 계획서가 만들어졌다. 강의 계획서는 아티셀라Articella라 불렸는데, 여기에는 요하니티우스의 『이사고게』, 히포크라테스의 『잠언집Aphorisms』과 『예후진단Prognostics』, 테오필루스의 『소변에 관하여De Urinis』, 필라레투스Philaretus의 『맥박에 관하여On pulses』가 포함되었으며, 1190년에 갈레노스의 『의술Tegni』이 추가되었다. 살레르노에서 의사 자격을 얻은 사람은 유럽 왕실에서 보수가 높은 일자리를 구할 수 있었다. 그러나 소 영주들 또한 궁정에 있는 의사 덕을 볼 수 있었다. 솔즈베리의 존은 의사들에게는 "가난한 자는 신경 쓰지 말라와 부자의 돈을 거부하지 말라는 단 두 가지 금언만이 있다"라고 선언했다.[13] 얼마 지나지 않아 살레르노에서는 덜 부유한 사람들을 위한 건강 유지법, 즉 식이요법을 고안해 학생들에게 가르쳤고, 이를 시와 경구의 형태로 대중에 유포했다. 그러므로 1100년에는 질병을 이해하고 치료하는 일을 책임질 만큼 의학에 정통한 사람이 거의 없었던 반면, 1200년에는 인체의 건강을 관장하는 체계를 이해하고 있다고 공언하는 전문 의사들이 있었다. 이들은 치료를 받을 만큼 부유한 소수의 사람들을 치료했다. 의사들은 소수였지만, 그 수는 점차 늘어갔다.

의학이 발전하면서 외과의들의 기술도 발전했다. 12세기 초, 서양식 수술이란 방혈放血을 하고, 뜨거운 다리미로 썩은 살을 소작하고, 부은 곳을 배액하고, 붕대로 부러진 팔다리를 묶고, 상처와 화상을 약초로 감싸고, 괴저나 암이 생긴 팔다리를 절단하는 수준에 불과했다. 의학 발전에서 매우 중요한 사건은 기독교인들이 성지에서 유대인과 무슬림을 만난 일이었다. 온갖 종교와 국적의 의사들이 병사와 순례자들을 보살폈기 때문이다. 다리에 종기가 난 기사와 열로 고통받는 여인을 치료한 시리아인 의사에 관한 유명한 일화가 있다. 시리아인 의사가 기사의 다리에 작은 습포제를 대자 상처가 아물기 시작했다. 시리아인 의사의 (주로 식이요법을 통한) 보살핌으로 여인 역시 회복하고 있었다. 하지만 시리아인 의사가 이들을 돕고 있다는 사실을 용납할 수 없었던 한 기독교도 의사가 대신 치료에 나섰다. 기독교도 의사는 기사에게 한 다리로 살 것인지 두 다리로 죽을 것인지 물었다. 환자에게서 당연한 대답을 들은 기독교도 의사는 도끼를 가져오라고 외쳤다. 의사가 기사의 다리를 절단하기 위해 도끼를 두 차례 휘두르자 "뼈에서 골수가 흘러내리며 환자가 즉시 사망했다." 여인도 기독교도 의사의 처방에 따라 이전의 식습관으로 돌아가자 다시금 열이 오르며 몸이 아프기 시작했다. 환자의 상태가 악화되는 것을 본 기독교도 의사는 여인의 머리에 뼈가 드러날 정도로 십자가 모양의 상처를 낸 뒤 그곳에 소금을 문질렀다. 전혀 놀랍지 않게도, 여인 역시 치료가 끝나고 얼마 지나지 않아 사망했다.[14] 이 사건의 진실이 무엇이든 간에 무슬림 의사와 기독교도 의사들이 같은 환자를 돌봤던 성지에서는 더 체계적인 무슬림 의사들의 치료 방식이 깊은 인상을 남겼다.

수술 역시 교육을 통해 발전했다. 1170년경에는 라제스와 알부카시스, 아비센나의 번역본이 모여 외과술 전집이 되었다. 특히 알부카시스는 여러 저서에서 수술 집도에 필요한 도구를 보여주었는데, 덕분에 외과의들은 단순히 상처를 붕대로 감고 팔다리를 절단하는 수준 이상의 일을 할 수 있게 되었다. 이 무렵 수술은 특수한 기술로 취급받았으며, 살레르노뿐만 아니라 이탈리아 북부에서도 수술 강의가 열렸는데, 특히 로저 푸르가르디Roger Frugardi의 강의가 유명했다. 그의 제자 귀도 아렌티노Guido Aretino가 수정한, 프루가르디의 저서 『수술 연습Practica chirurgiae』에서 프루가르디는 서양 작가 가운데 처음으로 외과학을 체계적이고 과학적으로 제시했다.

의학의 세 번째 분야인 약학 역시 12세기에 남유럽에서 연구되기 시작했다. 어떤 조제법은 고대부터 계속해서 처방되었다. 예를 들어 콜키쿰(사프란)은 수 세기 동안 통풍 완화에 도움이 된다고 알려져 있었다. 그러나 이전 세기의 약초 의학서에 실린 치료법 가운데 효과적인 치료법은 비교적 적었다. 이번에도 상황을 바꾼 것은 박식한 아랍 사람들이었다. 크레모나의 제라드가 번역한 아비센나의 『의학 경전』은 특히 약학 이론을 잘 제시했는데, 이 책은 치료제로 약초뿐만 아니라 광물도 다루었다. 우리는 오늘날에도 '알코올', '알칼리', '알케미(연금술)', '엘릭서(묘약)' 같은 아랍어 단어를 사용하는데, 이는 아랍어가 과학 상식에 얼마나 깊은 영향을 미쳤는지 보여준다. 1200년경, 라틴어 작가들은 그들 자신의 약전藥典

을 편찬하고 있었다. 『니콜로 약전Antidotarium Nicolai』도 이때쯤 나왔는데, 아마도 살레르노에서 편찬되었을 것이다. 이 책에는 미신과 주문, 부적에 관한 내용이 일절 없으며, 오직 질병에 대한 의학적 대처만 기술되어 있다. 그리고 이 약전의 많은 부분이 아랍어 문헌의 번역본에서 온 것이었기 때문에 다른 의학 문헌과 마찬가지로 기독교 교리로부터 비교적 자유로웠다.

이 책 전체를 통해 살펴보겠지만, 서구 사회의 의료화는 수많은 단계를 거쳐 이루어졌다. 1100년에는 유럽에 의사가 매우 적었으나 1200년경에는 질병이나 부상의 고통을 줄여줄 전문 기술을 지니고 있거나 그러한 지식을 알고 있을 만한 의사 수백 명이 있었다. 물론 전체 인구 가운데 오직 극소수만이 그들의 진료비를 감당할 수 있었을 것이다. 그럼에도 12세기는 육체적 구원을 찾는 사람들이 신보다 인간을 더 신뢰하기 시작한 때이며, 기도나 주문에 의존하는 대신 체계적인 의학 전략을 수립한 시기이다. 종합해볼 때, 의학 분야에서 나타난 변화들은 이 책에서 고려하는 가장 심오한 변화 가운데 하나로 간주해야 마땅하다.

법치주의

이전 세기, 유럽 전역의 법은 누더기에 가까웠다. 일부 이탈리아 도시국가들은 로마법으로 알려진 로마제국 옛 민법의 변질된 판본을 보존하고 있었다. 다른 국가들은 롬바르드족의 봉건법을 채택했다. 유럽 북부에서는 옛 프랑크 부족법과 게르만 부족법이 계속해서 쓰였다. 성문법 같은 것은 없었고 국제법은 더더욱 없었다.

게다가 법전은 지역에 따라 상당한 차이가 있었다. 법이지만 서면 형태로 배포되지 않았으므로 법을 실제로 읽어볼 수 있는 사람은 드물었고, 판사들 역시 자신의 기억력과 주관에 의존했다. 1066년에서 1071년에 잉글랜드가 정복되었을 때, 노르만 봉건법을 반영하여 바뀐 잉글랜드 법은 일부에 불과했으며, 일부 오래된 '법령dooms'과 앵글로색슨족의 관습은 그대로 유지되었다. 일부 지역에서는 배심원단을 선정해 사건을 심리했지만, 다른 지역에서는 피고가 시련을 겪어야만 했다. 이런 시련 재판에는 결박된 채로 강에 던져지는 물의 심판이나 시뻘겋게 달아오른 쇳덩이를 나르는 불의 심판, 싸움을 통한 결투 재판 등이 있었다. 결투 재판은 가령 토지 소유권 분쟁 같은 법률 사건으로 양측이 대립할 때 쓰이기도 했다. 심지어 교회를 관장하는 교회법도 지역마다 달랐다. 지역 주교들이 자신의 교구에 적용해야 한다고 생각한 규제 모음집을 저마다 작성했기 때문이다. 상황이 이 지경이었으니 당연히 제대로 된 법 연구는 이루어지지 않았다. 한마디로 당시에는 법학이 존재하지 않았다.

11세기 말, 이탈리아 북부에서 상황이 변하기 시작했다. 도시국가 사이에서 장거리 무역을 하려면 탄탄하고 표준화된 형태의 법이 필요했기 때문이다. 1076년, 옛 로마제국의 가장 뛰어난 법률서들을 요약한『학설휘찬Pandekten』사본이 볼로냐에서 다시금 모습을 드러냈다.『학설휘찬』은 6세기 비잔티움 제국 황제 유스티니아누스의 명령으로 로마의 판례법 및 학설을 집대성하여 편찬한 법서적『로마법 대전Corpus Juris Civilis』의 일부분이었다. 얼마 지나지 않아『로마법 대전』전체가 발견되면서 그에 관한 연구가 이루어졌다. 12세기 초, 볼로냐의 뛰어난 법학자인 이르네리우스는 일련의 주석과 논평을 통해 자신의 학생들에게 『로마법 대전』의 각 부분이 담고 있는 의미를 설명했다. 여기에 더해 이르네리우스는 총서 『법의 미묘함에 관한 질문들Quaestiones de juris subtilitatibus』을 썼고, 사법 당국의 명백한 모순에 관한 토론을 장려했다. 그다음 세대에서는 역사가들에게 '주석자들Glossators'이라고 알려진 집단이 이르네리우스의 연구를 이어나가고, 『학설휘찬』을 12세기 사회에 알맞도록 끊임없이 개정했다. 그 결과 볼로냐 법대는 명성과 영향력을 얻었다. 1155년, 신성로마제국 황제는 볼로냐 법대가 황제의 보호를 받는다는 칙령을 내렸다. 이르네리우스의 유산은 볼로냐를 법 연구의 중심지로 확립했을 뿐만 아니라 지중해 전역과 신성로마제국 남부에서 법학의 부흥을 불러왔다. 12세기가 끝날 무렵에는 로마법이 유럽 대륙의 국제법이 되기 시작했다.

　1140년경, 볼로냐에서 강의를 했음이 거의 확실한 그라티아누스라는 수도사가 교회의 통치를 받는 신민들에게 적용되는 법이었던 교회법(카논Canon)의 완벽에 가까운 모음집을 편찬했다. 이 모음집의 정식 명칭은 『부조화하는 교회법의 조화Concordia discordantium Canonum』였지만 더 대중적으로는 『교령집Decretum』이라 불렸다. 『교령집』은 유럽에서 유통되는 주요 교회법 모음집 사이의 차이를 조정하려는 시도였다. 그라티아누스는 『긍정과 부정』에서 처음 모습을 보인, 피에르 아벨라르식 변증법을 채택했다. 차이를 열거한 뒤 각 해석을 지지하는 근거와 부정하는 근거를 내놓는 식이었다. 곧 『교령집』은 교회법에 관한 권위 있는 서적으로 널리 받아들여졌다. 그 영향력은 1159년에서 1181년까지 교황으로 재임한, 알렉산데르 3세로 대표되는 교황들의 교령이나 종교법에 의해 더욱더 확대되기 시작했다. 기독교 세계 전체에서 『교령집』의 중요성은 아무리 강조해도 지나치지 않다. 이제 하나의 공통된 법이 전체 교회와 그에 속한 모든 사람들을 통치했기 때문이다. 교회법은 성직자만 관련된 법이 아니었다. 성직 매매 금지나 결혼 금지 같은 성직자에 관한 규정이나 죄를 지은 성직자에 대한 처벌과 관련된 법인 동시에 전체 기독교인의 도덕적 행동을 규제하는 법이었다. 교회법은 성행위, 금전 관계와 직업 관계, 뇌물 수수와 위조, 세례와 결혼, 장례, 축일과 유언장 작성, 맹세 서약까지 수많은 일을 규제했다. 교회법에 속하지 않는 사람은 아무도 없었다.

로마법과 교회법에 이어 12세기에는 법과 명령이 결합한 개념인 법령이 도입되었다. 이 또한 교황이 영향을 준 결과였다. 교황이 국가 지도자처럼 교령을 발표함으로써 '신민'들에 대한 법을 규정한다면, 왕들 역시 똑같이 못할 이유가 뭐란 말인가?

프리드리히 바르바로사 황제는 1152년부터 평화 유지 법령을 공표했으며, 프랑스의 왕들과 플랑드르의 백작들도 12세기 말경에 비슷한 법령을 공표했다. 그러자 한 가지 특이한 결과가 이어졌다. 그것은 바로 사형이 더 흔하게 집행되었다는 것이다. 사형이 주는 메시지는 간단했다. 법을 따르거나, 죽거나.

잉글랜드는 다른 길을 택했다. 1143년 캔터베리 대주교는 로마법 전문가였던 바카리우스를 잉글랜드로 데려왔지만, 스티븐 왕은 새로운 법이 왕의 특권을 위협한다고 여겨 바카리우스의 입을 막아버렸다. 그래서 잉글랜드에서는 노르만족의 법으로 보완한 옛 앵글로색슨족의 법과 관습이 유지되었다. 그러나 얼마 지나지 않아 잉글랜드 법은 변하기 시작했다. 다음 왕인 헨리 2세가 왕립평의회의 행정 행위를 통해 잉글랜드 법을 쇄신했기 때문이다. 1164년, 클래런던 헌장은 세속 재판소와 교회 재판소가 각각 담당하는 영역을 정의했다. 2년 뒤, 클래런던 조례가 제정되었다. 클래런던 조례에 따라 각 주의 장관들은 1154년 헨리 2세가 즉위한 이후로 누가 살인, 강도, 절도를 저질렀고 누가 그들을 숨겨주고 있는지 조사해야만 했다. 각 영주들이 지닌 특권이나 지역 관습과 상관 없이 가해자들은 체포되었으며, 배심원단이 선정되었고, 피고인들은 강제로 물의 심판을 받아야 했다. 이로써 역사상 처음으로 잉글랜드 전체에서 일어난 범죄를 보고하기 위해 배심원단이 소집되었다. 왕실 판사들은 전국을 돌며 순회 재판소에서 사건에 대한 판결을 내렸다. 1176년 노샘프턴 순회 재판소에서 헨리 2세는 주 장관들에게 앞으로는 위조와 모조, 방화 등을 저지른 범죄자들도 색출해 처벌하라고 명령했다. 또한 그는 판사들이 왕국의 6개 '순회 재판구circuit'를 돌며 지방 당국이 체포한 모든 흉악범을 재판하게 하는, 현대 순회 판사들의 기원이 되는 제도를 마련했다. 국왕을 대변하는 왕실 재산 관리인은 죄인의 재산을 몰수했다. 12세기 말에는 주 장관들이 각 주의 법원을 주재했다. 장원과 촌락을 다스리는 영주들이 과거에 그러했듯이 말이다. 웨스트민스터에는 법 집행을 위한 중앙 재판소가 있었으며, 민간인들은 이곳에서 서로 법적 조치를 취할 수 있었다. 이 사법 혁명의 영향을 받아 글랜빌의 라눌프Ranulph de Glanvill는 1188년경에 「잉글랜드 왕국의 법과 관습에 관한 논문Tractatus de legibus et consuetudinibus regni Anglie」을 썼다. 이 논문은 훗날 잉글랜드의 관습법이 될 법이자 최종적으로는 미국과 캐나다, 호주와 뉴질랜드 법의 토대가 될 법에 관한 첫 번째 연구였다.

결론

12세기의 중요한 변화에 대한 질문은 인간의 역사 인식이 얼마나 상대적인지를 적나라하게 드러낸다. 만약 12세기 사람에게 그 시대에 일어난 가장 중요한 사건이 무엇인지 묻는다면, 아마도 1187년에 살라딘에게 예루살렘을 빼앗긴 일이라고 답할 것이다. 이는 기독교인과 하느님의 관계에서 기념비적인 사건이었다. 하느님이 항상 기독교의 대의를 지지할 것이라 믿었던 사람들의 자신감이 크게 흔들렸기 때문이다. 그러나 우리 관점에서 보면 예루살렘 상실과 그에 따른 제3차 십자군 원정의 중요성은 제한적이다. 그 시대의 기술적 발견 대부분도 마찬가지다. 12세기에 알렉산더 네캄이 서양 최초로 자기 나침반을 묘사했으므로, 어쩌면 항해자들이 12세기부터 자기 나침반과 아스트롤라베*를 사용하기 시작했을지도 모르지만 지리학적으로 대단한 발견은 아직 이루어지지 않았다. 그리고 이런 도구들은 아주 제한적으로만 사용되었다.

앞서 언급한 다섯 가지 주요 변화—인구 증가, 수도회 연결망의 확장, 지적 르네상스, 의학, 법치주의—를 검토해보면, 첫 번째 변화가 다른 모든 변화를 뒷받침했다는 사실에 의심의 여지가 없다. 1200년에 땅을 일구던 평범한 남녀들의 삶은 법이 성문화되고 엄격하게 적용되었다는 점에서 1100년에 살았던 선조들의 삶과는 명백히 달랐다. 휴대 전화를 인류 역사상 가장 중요한 변화 가운데 하나로 생각하는 사람들은 과연 그것이 법과 질서의 적용만큼 중요한 변화인지 숙고하게 될 것이다. 법 없는 사회에서 살아가는 것

* astrolabe. 고대의 천문 관측 기구.

과 휴대 전화 없이 살아가는 것 사이에서 하나를 골라야 한다면 여러분은 무엇을 고르겠는가? 그러나 나는 법과 질서가 아무리 중요하다고 해도 그 중요성이 인구 증가에 미치지는 못한다고 생각한다. 가장 기본적인 수준에서 1200년의 삶은 1100년의 삶과는 달랐다. 1200년의 사람들은 더 많은 땅과 잉여 농산물을 가지고 있었으므로, 자녀를 한 해 더 먹여 살릴 가능성이 높아졌기 때문이다.

변화의 주체

12세기의 주요 변화를 혼자서 일으킨 인물은 없다. 인구 증가는 기온 상승과 농업 기술의 확산 덕분이지 어떤 통치자의 정책 때문이 아니었다. 헨리 1세와 헨리 2세는 모두 잉글랜드에서 법을 적용하는 데 큰 영향을 주었지만, 유럽 전체를 고려하면 그 중요성은 제한적이었다. 이르네리우스가 법 교육의 발전과 법학을 다시 도입하는 데 중요한 역할을 했지만, 그는 수많은 법학 교사 가운데 으뜸이었을 뿐이다. 지적 르네상스를 이끈 아랍어 문헌 번역가들에게도 같은 말을 할 수 있다. 크레모나의 제라드는 번역한 책의 수와 중요성 측면에서 다른 번역가보다 월등히 뛰어났지만, 결국 그는 번역 작업을 수행한 많은 사람 가운데 한 명일 뿐이었다. 그가 없었다고 해도 12세기의 지적 발전은 그대로 이루어졌을 것이다. 그라티아누스는 본질적으로 편찬가였다. 만약 그 시점에 그라티아누스가 『교령집』을 편찬하지 않았더라도 교회는 다른 누군가의 교회법 모음집을 채택했을 것이다. 그리고 변화의 주체로 아리스토텔레스를 지목하는 것은 솔깃한 일이긴 하지만, 아마도 불성실한 행위가 될 것이다. 만약 아리스토텔레스의 저서를 찾아내고 그 중 요성을 깨달은 12세기 학자들이 없었더라면 아리스토텔레스의 저 작들은 아랍 도서관에 처박혀 있었을 것이고, 결국 그 어떤 영향도 주지 못했을 테니 말이다.

변화의 주체가 될 가장 유력한 후보는 12세기 초에 살았던 두 위대한 경쟁자들이다. 클레르보의 베르나르는 수천 명의 사람들에 게 십자가를 지고 제2차 십자군에 참가하도록 고무했다. 그는 또 다른 수천 사람을 시토회에 참여하도록 이끌었고, 교황 선출에 영 향을 주었으며, 내가 '수도회 연결망'이라 부른 연결망의 발전에 도움을 주었다. 그러나 궁극적으로 제2차 십자군 원정은 헛된 일 이었으며, 많은 왕들이 베르나르가 지지한 교황 인노첸시오 2세를 인정하지 않았다. 피에르 아벨라르의 합리주의를 물리치려고 시도 하는 과정에서 베르나르는 자신이 변화의 주체가 아니라 그 정반 대라는 사실을 드러냈다. 다름 아닌 그가 지적 발전과 사회적 발전 에 단호히 제동을 걸었기 때문이다. 그러므로 이제 각광을 받는 사 람은 총명하지만 성급하고 난해하며 거만한 피에르 아벨라르다. 아벨라르의 합리성은 진정으로 참신했으며, 누군가 다른 사람이 똑같은 생각을 했으리라고 믿기 어렵다. 클레르보의 베르나르가 '멍텅구리학stultilogia'라고 불렀던 아벨라르의 신학이 진정한 영향 력을 발휘한 것은 토마스 아퀴나스가 합리주의를 더 발전시킨 다 음 세기지만, 12세기에도 아벨라르의 영향력은 강력했다. 그라티 아누스는 『교령집』을 쓰면서 아벨라르의 변증술을 채택했다. 이제 모든 대학은 신학부를 설립했으며, 베르나르가 옹호한 의심하지 않는 믿음보다는 아벨라르의 논법을 받아들였다. 만약 오늘날의 대학들이 베르나르를 모범으로 삼아 심지어 자기 모순적인 지혜조차도 의문을 제기하지 않고 받아들인다고 생각해보라. 아리스토텔레스를 12세기 학자들 사이에서 저명한 철학자로 만든 것은 아벨라르의 영향력이었다. 아벨라르는 신학과 윤리학, 비판적인 사유 방법을 발전시켰고 그라티아누스의 『교령집』에 영향을 줌으로써 기독교 세계 전체의 도덕률에 간접적인 영향을 주었다. 내가 보기에는 피에르 아벨라르야말로 12세기 변화의 주역에 걸맞은 듯하다.

1201 –
1300

13세기

1227년, 슈타이어마르크(현대에는 오스트리아에 속한다) 출신의 기사 울리히 폰 리히텐슈타인은 금발 머리를 두 갈래로 길게 땋아 비너스 여신으로 분장하고 마상 창 시합joust을 위한 순회 여행에 나섰다. 이탈리아에서 보헤미아까지 리히텐슈타인은 어디에 가든 만나는 모든 사람에게 마상 시합을 제안했다. 그는 잠재적 적수에게 만약 자신을 세 번 물리친다면 금반지를 주겠다고 약속했으며, 자신이 이긴다면 귀부인에게 경의를 표하는 의미로 사방에 절을 해야 한다고 요구했다. 자신의 기록에 따르면 리히텐슈타인은 단 한 달 만에 무려 307개의 마상 창을 부러뜨렸다고 한다. 순회 여행 중에 그는 몇 가지 불행한 사고를 당한다. 가령 여인이 사는 탑에 침입하고자 밧줄을 묶은 바구니에 몸을 실은 채 방 창문으로 올라가다가 높은 곳에서 떨어지는 식으로 말이다. 이러한 사고에도 불구하고 리히텐슈타인은 13년 뒤에 똑같은 모험을 반복한다. 1240년, 40세가 된 리히텐슈타인은 이번에는 아서왕으로 분장하고 여섯 명의 동료들과 함께 마상 창 시합 원정에 나섰으며, '마상 창을 부러뜨린' 사람에게는 자신들과 함께 원탁에 참여하는 것을 허락했다. 만년에 그는 기사도적 사랑courtly love의 쇠퇴를 한탄하는 이야기를 썼다. 적이 휘두른 철퇴에 투구를 맞아 이빨이 부서지는 소리에 익숙했던 12세기 기사들의 생사를 건 치열한 사투는, 당대 사람들이 열중했던 것들을 우스갯거리로 삼는 듯한 리히텐슈타인의 쾌활한 이야기와 극명한 대비를 이룬다.

이처럼 자기 자신을 조롱하고, 돈키호테처럼 행동하며, 무예가 출중하면서도 낭만적이었던 인물은 새로운 방향으로 나아가던 유럽 문화를 상징하는 듯하다. 울리히 폰 리히텐슈타인은 13세기 음유시인들이 연주한 하프와 플루트의 달콤한 소리와 〈다니엘의 극Play of Daniel〉(보베 대성당에서 쓰인 일종의 종교 뮤지컬)의 익살스러운 유머와 유럽 전역의 성당을 익살스럽게 장식한 가고일 석상과 미제리코드*를 떠올리게 한다. 다른 기록에 따르면 울리히는 책임감 있고 효율적인 지역 행정관으로 유명했지만 그의 분장에는 도발적이고 체제 전복적인 무언가가 있다. 우리는 13세기를 밝고 즐거움이 가득한 여름으로 볼 수 있을 것이다. 당시의 유명한 잉글랜드 민요 〈여름이 계속되는 동안 즐기세Miri it is while summer y-last〉와 〈여름이 찾아왔네Sumer is i-coming in〉에서 드러나듯 낙관주의로 가득한 시대 말이다. 그러나 우리는 13세기 초 결코 타협하지 않는 인물인

● misericord. 중세 유럽 성당에는 신부 수사들이 앉는 성직자용 의자stall가 있었는데, 이 의자의 아래쪽에는 좌석에서 일어난 성직자들이 몰래 몸을 기댈 수 있는 미제리코드, 즉 자비라는 이름의 장치가 있었다고 한다. 미제리코드는 성직자의 엉덩이 아래에 깔리는 장치였으므로, 여기에 감히 성경의 일화를 조각할 수는 없었고, 그 대신 익살스러운 그림을 조각했다고 한다.

인노첸시오 3세가 교황으로 재위한 1198년부터 1216년까지의 기간이 교황의 권력이 절정에 달한 시기임을 유념해야 한다. 바로 이 세기에 최소 여섯 차례의 십자군 원정이 이루어졌다. 그중에는 인노첸시오 3세의 설교로 시작되었지만 돈에 굶주린 베네치아인들의 주도로 결국에는 같은 기독교도의 도시 콘스탄티노폴리스를 공격한 것으로 끝난, 악명높은 제4차 십자군 원정도 있다. 인노첸시오 3세가 스페인에서 전쟁을 재개하라고 촉구하자 아라곤, 나바라, 카스티야, 포르투갈 왕국은 1212년 라스 나바스 데 톨로사 전투에서 무와히드 왕조를 무찌르고자 연합했다. 1236년에 코르도바가, 1248년에 세비야가 기독교 군대에 함락되면서 1294년경 이베리아 반도는 그라나다만 빼고 모조리 기독교도의 손에 들어왔다.

또한 인노첸시오 3세는 독일과 덴마크군이 유럽의 마지막 이교도들을 개종하고자 리보니아와 에스토니아로 파견되었을 때 리보니아 십자군 원정을 정당화하는 칙서를 발표했다. 시몽 드 몽포르가 정의로운 기독교도 군대를 이끌고 프랑스 남서부에서 수천 명의 알비파(혹은 카타리파나 순수파) 이단자들을 학살했을 때, 이 알비 십자군의 배후에 있던 교황도 바로 인노첸시오 3세였다. 드 몽포르는 1209년에 베지에의 전체 인구를 몰살했는데, 이때 그와 동행한 교황의 특사는 알비파 이단자와 무고한 가톨릭 신자들을 구분하느라 애먹을 필요 없이 모두 죽이라고 말했다고 한다. 특사가 드 몽포르에게 "하느님께서 직접 판단하실 겁니다"라고 조언했다는 것이다. 이제 내가 마지막으로 언급할 사건은, 마지막이지만 매우 중요하다. 13세기, 칭기즈칸의 몽골군은 세계 최악의 집단 학살 행위로 분류되는 끔찍한 잔학 행위를 저질렀다. 칭기즈칸이 정확히 얼마나 많은 사람을 학살했는지는 모르지만, 여러 추정치에 따르면 그는 3,000만 명에 달하는 사람을 죽였다. 전 세계 인구가 4억이 채 되지 않던 시기에 말이다.

13세기에는 심지어 오락거리조차도 피비린내를 풍겼다. 고귀한 가문에 속하는 휘황찬란한 기사들이 화려한 마상 창 시합장에서 대결을 벌였고 우승자는 큰 명예를 얻었다. 그러나 명예의 대가란 때때로 죽음이 될 수도 있었다. 일부 역사학자들은 마상 창 시합이 현대의 럭비나 미식축구와 유사하다고 암시하지만 솔직히 부적절한 말이다. 예를 들어 홀란트의 지배 가문에 무슨 일이 일어났는지 살펴보자. 1223년 홀란트 백작이 마상 창 시합 중에 사망했다. 백작의 아들이자 후계자 역시 1234년에 똑같은 이유로 사망했다. 그리고 조카의 섭정을 보던, 백작의 작은아들 역시 1238년에 마상 창 시합 중에 사망한다. 만약 3대에 걸쳐 럭비 경기장에서 죽은 유럽 지배자 가문이 있다면 마상 창 시합과 럭비를 비교하는 것이 타당할지도 모르겠지만, 13세기 마상 창 시합은 현대의 그 어떤 오락거리와 비교해도 훨씬 더 위험했다. 울리히가 아서왕으로 분장하고 여행을 떠난 지 1년이 지난 1241년, 독일 노이스에서 열린 마상 창 시합 한 경기에서만 80명이 넘는 기사가 죽었다.[1] 살펴볼수록 13세기는 한 경망스러운 기사의 모험담과 여름이 다가오는 것을 기뻐하는 유쾌한 노래들, 여장을 한 채 벌인 대결들과는 어울리지 않는, 유혈이 낭자한 시기였음을 알 수 있다.

그러나 한 걸음 물러서서 살펴보면, 이처럼 양립하기 어려운 극단적인 차이들이 더 큰 사회 현상을 책받침처럼 떠받치고 있음을 알 수 있다. 기사 숭배, 즉 기사도는 지난 12세기 3분기에 문장학이 창시된 이후로 쭉 상승세를 이어왔다. 울리히의 작문 방식은 아서왕 이야기의 전통을 따르는 기사도 로맨스 장르를 따랐지만,

아키텐 공작 기욤William이 개척하고 12세기 말 베르나르트 드 벤타
돈Bernart de Ventadorn의 작품에서 절정에 달한 자전적 음유시와도 공
통점이 있다. 문화적 스펙트럼의 다른 한쪽 끝에서는 기독교인에
게 무슬림에 맞서 싸우라고 명령하는 교회의 힘이 약해지고 있었
다. 신성로마제국 황제 프리드리히 2세는 제6차 십자군 원정을 이
끌면서, 이 원정을 다른 종교의 신도들을 죽일 기회로 보지 않았
다. 그는 한평생 궁정에서 무슬림 지식인들을 접대했으며, 사실 교
황보다 무슬림 지식인들을 더 높이 평가했다. 또 예루살렘을 기독
교의 지배하에 돌려놓기 위해 협상을 벌였으며, 무슬림과 싸우는
대신 매수하는 편을 택했다. 그래서 제1차 십자군이 시작된 이후
제6차 십자군 원정은 예루살렘을 기독교도의 손에 돌려준다는 목
적을 달성한 유일한 원정이 되었다. 예루살렘은 1244년까지 기독
교 영토로 남았으며, 제1차 십자군 원정과 대조적으로 아무도 피
를 흘리지 않았다.

　　1271년에서 1272년까지 이루어진 제9차 십자군 원정은 십자
군 왕국을 되찾기 위한 서방 최후의 군사 원정이었다. 1291년 기
독교도의 마지막 거점이었던 아크레를 상실하면서 십자군 정신은
그저 수사적 표현에 지나지 않게 되었다. 그러므로 울리히는 여행
의 인기 상승과 세속적인 로맨스의 부흥이, 십자군 열정의 쇠퇴와
봉건 제도의 약화와 맞물리는 시기에 글을 쓰고 있었다. 울리히를
독특한 사람으로 만든 것은 분명 그의 유별나게 경박스러운 이야
기와 기다랗게 땋은 금발 머리였다. 그러나 울리히의 진정으로 놀
라운 점은 그가 자유인이었으며, 스스로 운명을 선택했고, 자신의
꿈을 이루는 과정을 자신의 언어로 표현했다는 점이다.

상업

우리는 지난 장에서 유럽 인구가 1050년 이래로 꾸준히 증가했음을 살펴보았다. 13세기 말, 유럽 인구는 1억 1,000만 명을 넘어섰다. 1225~1226년, 1224년, 1258년, 1270~1271년에 일어난 광범위한 기근조차 전체 인구 성장을 크게 줄이지는 못했다. 인구 수치로 미루어볼 때, 잉글랜드에서 인구가 가장 빠르게 증가한 시기는 1200년경으로, 이 시기에는 연간 0.83퍼센트씩 인구가 성장했다. 이 성장세는 1220년대까지 계속되었으며, 이때 잉글랜드 인구는 400만 명에 달했다. 그 이후로는 인구 성장세가 연평균 0.25퍼센트로 둔화되었으며, 1290년경에 450만 명에 달하면서 절정에 달했다. 잉글랜드 일부 지역에는 이 사실을 뒷받침하는 독자적인 증거가 있다. 윈체스터 주교는 서머싯 톤턴에 있는 자신의 장원에서 12세가 넘는 남성에게 관례에 따라 두당 1페니의 인두세를 부과했는데, 인두세 자료에 따르면 톤턴 장원에 사는 남성 수는 1209년 612명에서 1311년 1,488명으로 늘어나 연간 0.85퍼센트 증가했다.[2]

이 모든 이야기는 아주 긍정적으로 들린다. 더 많은 아이들이 살아남아 가정을 꾸릴 테니 말이다. 그러나 잉글랜드의 인구는 잠재적 한도에 다다르고 있었다. 개간이 2세기에 걸쳐 이어졌지만 사용 가능한 땅에는 전부 소유주가 있었다. 당시 주택은 주로 목재로 지어졌으므로 영주들은 숲이 모조리 농지로 바뀌는 것을 허용할 수 없었다. 토지 부족이 인구 증가에 제동을 걸기 시작했다. 다시 한번, 가난한 사람들은 많은 아이들을 먹여 살리기에는 식량이 모자라는 처지가 되었다. 가족 수가 늘어나면서 가난한 사람들의 1인당 부는 감소했다. 고기를 먹는 부자들이 문제를 더 악화시켰다. 인구 부양의 측면에서 축산업은 매우 비효율적이기 때문이다. 농경지가 될 수도 있는 땅이 소 떼나 양 떼를 위한 목초지로 유지되었다. 필연적인 결과로 농촌 지역에서 늘어날 수 있는 인구의 최대치는 줄어들었으며, 땅이 없는 소작농들은 생계를 꾸리고자 시장도시로 이주했다.

도시는 13세기의 큰 화젯거리였다. 도시에는 길드와 학교, 상업 회관, 고딕 양식의 아치형 교회, 높은 성벽과 거대한 대문이 있었기 때문이다. 13세기 이탈리아 북부와 플랑드르에서는 인구의 대략 18퍼센트가 주민이 1만 명 이상인 공동체에서 살았다. 그러나 프랑스에서는 도시 인구의 비율이 훨씬 낮았다. 그리고 잉글랜드 전체를 둘러봐도 인구 1만 명이 넘는 도시는 네다섯 개에 불과했고 스코틀랜드나 웨일스, 스칸디나비아반도에는 아예 없었다. 사실 13세기에 북유럽 전역에 세워진 시장도시들은 대부분 규모가 작았으며, 영주들이 상인들을 끌어들이고자 시장 광장 주변에 설치한 마을에 불과했다. 그러나 이러한 시장도시들 역시 도시화의 관점에서 이해해야 한다. 상업 중심지로서 도시의 중요성은 거주민의 수뿐만 아니라 물건을 사고팔기 위해 시장에 찾아오는 사람들의 수에 달려 있기 때문이다.

13세기, 잉글랜드에는 300여 개의 기존 시장이 있었고 1,400여 개의 시장이 새로 들어섰다. 새로운 시장이 전부 뿌리를 내린 것은 아니었다. 사실 대다수 시장은 실패했다. 그러나 새로 설립된 시장 가운데 345개는 1600년까지 번성했으며, 이는 1600년대에 존재하던 시장 675개의 절반이 넘는 숫자였다.[3] 그러므로 13세기는 잉글랜드가 영구적으로 시장 기반 경제로 전환된 시기였다. 비슷한 도시화 과정이 유럽 전역에서 진행되고 있었다. 예를 들어 베스트팔렌의 도시 수는 1180년 이전에 6개에 불과했지만 1300년에는 138개에 달했다.[4] 전체적으로 보면 유럽의 도시 수는 10세기 100여 개에 불과했으며 그나마도 절반 이상이 이탈리아에 있었는데, 1300년에는 그 수가 무려 5,000여 개로 늘어났다.[5] 12세기 유럽 영주들은 영적인 이득을 위해 수도원을 설립한 반면, 13세기 영주들은 지갑을 채우기 위해 시장을 설립했다.

새로운 시장은 부유한 영주들을 더욱 부유하게 만들었을 뿐만 아니라 더 많은 사회적 혜택을 가져다주었다. 13세기 말 잉글랜드에서는 인구가 드문 지역을 제외하면 어딜 가나 반경 11킬로미터 이내에 시장도시가 있었다. 평균 거리는 4.8킬로미터로, 걸어서 약 1시간이면 가는 거리였다. 시장이 일주일에 한 번 열리는지, 두 번 열리는지, 매일 열리는지는 도시마다 달랐지만, 사람들은 도시에 와서 잉여 농작물을 팔거나 신선한 농작물을 살 수 있었다. 소

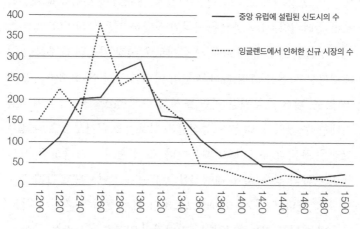

중앙 유럽에 설립된 신도시의 수와 잉글랜드에서 인허한 신규 시장의 수,
단위: 20년, 기간: 1200-1500년[6]

와 염소, 양은 산 채로 시장 광장에 운반되었으며, 닭과 거위를 비롯한 가금류는 나무 우리에 넣어 짐말에 싣고 왔고, 베이컨 조각들은 수레에 싣고 왔다. 시장에서 사람들은 벨트 버클이나 가죽 지갑, 칼, 국자, 냄비, 못, 말굽, 등자처럼 만들기 어렵거나 생산 시 경제성이 떨어지는 물품을 소량으로 살 수도 있었다. 시장에서는 생선과 치즈를 구할 수도 있었는데, 이는 아주 중요한 단백질 공급원이었다. 교회에서는 일주일 중 3일 동안, 그리고 대림절과 사순절 기간 내내 육류 섭취를 금지했기 때문이다. 어떤 사람들은 달걀이나 장어 등 딱 하나의 상품만을 시장에 내다 팔아서 부자가 되었다. 또 어떤 사람은 다람쥐와 산토끼, 토끼, 고양이, 여우를 덫으로 잡아 그 가죽을 상인에게 팔았으며, 그러면 상인들은 시장에서 예복에 털 장식을 달려는 도시 사람들에게 가죽을 팔았다. 1년 내내 곡식을 모으고 사과와 배, 견과류를 정성껏 보관해두었다가 곡물값이 오르는 늦은 계절에 팔려는 사람도 있었다. 시장은 유럽 전역의 지역 공동체가 그 지역의 자원을 모아 필요한 사람에게 제공하도록 장려했다. 물론 물건을 사려면 상당한 비용이 들었다.

잉글랜드에서 1,400여 개의 새로운 시장 가운데 대부분이 실패했다는 사실은 그리 놀라운 일이 아니다. 근처에 경쟁하는 도시가 없고, 넓은 배후지를 지닌 도시는 크게 성장하여 지역 무역을 지배할 수 있었다. 더 많은 농산물과 상품들을 끌어모으고 더 많은 고객을 유치할 수 있었기 때문이다. 그러나 서로 가까운 곳에 있는 도시들의 경우, 같은 내륙지를 공유해야만 했으므로 크게 성장할 수 없었다. 역사가 페르낭 브로델이 세계 경제의 '기본 원칙들' 가운데 하나로 정의했다시피, "지배적인 자본주의 도시는 항상 중심지에 있는 법이다."[7] 따라서 번창하는 시장도시란, 가장 가까운 이웃 도시가 대략 20킬로미터 위치에 있고, 배후지의 중심지에 있는 도시였다. 이 원칙은 더 큰 도시에도 적용되었다. 다양한 재화와 서비스를 제공하고, 법원이나 변호사 등의 행정 기관이나 전문가를 갖춘 도시들은 훨씬 더 먼 곳의 사람들까지 끌어당겼다. 가장 크고 번성한 도시들은 드넓은 배후지가 사방으로 무려 50~60킬로미터에 걸쳐 뻗어 있는 내륙 도시들이었다. 설령 이런 도시가 항구 도시라고 하더라도, 브로델의 법칙은 깨지지 않는다. 왜냐하면 이런 항구 도시는 육지에서는 내륙 무역의 중심지인 동시에 해상에서는 국제 무역의 중심지 역할을 했기 때문이다. 런던이 경제적으로 엄청나게 성장한 것은 단지 잉글랜드 안에서 지리적 입지가 좋았기 때문이 아니라, 런던이 국제 무역의 중심지였던 덕분이다. 런던은 급부상하는 저지대 지역(특히 플랑드르)과의 무역 중심지였고, 신성로마제국의 한자 동맹*의 상인들이 이용하는 주 항구였다. 따라서 발트해 국가들과 라인 지역, 북해 지역의 교역 도시들과 모두 연결되어 있었다.

북유럽에서 국제 무역을 주도한 주요 상품은 양모였다. 엄청난 양의 양모가 잉글랜드에서 브뤼허와 겐트 같은 플랑드르 도시로 들어갔다. 유럽 북부에 양모 무역망이 있었다면 남부에는 제노바와 베네치아, 피렌체 같은 이탈리아 북부의 무역 도시들이 있었다. 이탈리아 무역 도시들의 주요 상품은 실크와 향신료였다. 이탈리아 상인들은 무역용 실크와 향신료를 콘스탄티노폴리스에서 사오거나, 직접 아시아로 가서 구해온 뒤 지중해 전역에서 무역을 했

---

* Hanseatic League. 중세 중기에 북해와 발트해 연안의 여러 독일 도시가 결성한 상업 동맹.

다. 베네치아는 동방과 지중해 상업에서 지배적인 위치에 있는 도시였다. 마치 런던과 브뤼허가 양모와 옷감 무역의 주요 중심지였던 것처럼 말이다. 실크와 향신료는 우선 지중해에서 제노바로 운반된 뒤, 프랑스가 있는 북쪽으로, 특히 프랑스의 거래 중심지인 샹파뉴 지역으로 운반되었다. 4개의 도시 라니쉬르마른과 바르쉬르오브, 프로방스, 트루아에서는 6개의 정기시定期市, fair가 열렸다. 각 정기시는 두 달씩 계속되었으며, 북유럽과 남유럽 사이에서 주기적이고 영속적인 국제 무역이 일어나는 데 기여했다. 이러한 정기시는 엄청나게 먼 곳까지 영향을 미쳤다. 발트해 연안 도시 뤼베크나 스페인의 지중해 연안 도시인 발렌시아와 대서양 연안 도시인 산티아고 데 콤포스텔라, 독일 남부의 아우크스부르크 같은 도시에서 상인과 상품이 몰려들었다. 심지어 로마와 팔레스타인 상인들도 정기시에 참여하고자 여행했다.[8]

샹파뉴 지역에서 열린 정기시들은 13세기에 처음 열린 것이 아니라 12세기 말에 확실히 자리를 잡았지만 그 영향력은 1200년 이후에 절정에 달했다. 유럽의 무역을 커다란 나무에 비유한다면, 그 뿌리는 이탈리아 북부와 프랑스 남부이며, 샹파뉴는 커다란 나무줄기라 할 수 있다. 1300년에는 샹파뉴를 기점으로 런던과 파리, 브뤼허와 뤼베크를 향해 큰 가지가 뻗어나갔으며, 잉글랜드 북부와 브르타뉴, 노르망디, 플랑드르, 덴마크, 독일, 폴란드로도 뻗어나갔다. 그리고 이러한 가지로부터 수많은 잔가지가 뻗어 나왔으며, 이 잔가지에서 꽃이 만개하고 가지가 휠 정도로 많은 결실을 맺었다. 이 결실은 바로 수많은 작은 시장이었다. 덕분에 대부분의 도시에서는 연간 최소 1회 정기시가 열렸다. 잉글랜드에는 1200년에 이미 존재했던 146개의 정기시에 1,500여 개의 새로운 정기시

가 추가되었다.⁹ 시장과 마찬가지로 모든 정기시가 살아남지는 못
했지만 많은 수가 살아남았다. 매주 열리는 시장이 있는 도시 대다
수에서는 최소한 여름에 한 번 이상 정기시가 열렸으며, 상당수 도
시에서는 1년에 두 차례 이상 열렸다. 정기시는 보통 3일간 열렸는
데, 거래할 물건이 거의 없거나 아예 없는 사람들에게도 큰 구경거
리였다. 정기시가 열리면 단검 곡예사와 음악가들이 공연을 펼쳤
다. 군중들이 모여들고 사업하는 지인들이 만나 소식을 주고받았
다. 희귀한 상품들이 소매와 도매로 판매되었다. 큰 정기시에서는
속을 가라앉히는 효능이 있어 부자들이 자주 찾는 석류와 통증 완
화에 필요한 아편을 구매할 수 있었다. 이 국제 무역망을 통해 오
렌지와 레몬이 북유럽에 유통되었다. 설탕과 정향, 후추, 실크, 약
품, 카펫도 마찬가지였다. 이러한 사치품들은 1200년에는 북유럽
에 거의 알려지지 않은 물품들이었지만, 1300년에는 고가일지언
정 도시나 큰 마을에서 흔히 구할 수 있는 물품이 되었다.

　거래량이 늘면서 물물교환을 하던 옛 시절은 종말을 맞았다.
시장에서 모든 물건을 물물교환해야 한다면 대체 어떻게 장사를
할 수 있겠는가. 신규 주화가 대량으로 필요했다. 정부는 조폐국을
개혁하고 확대하고, 규모가 작은 지역 조폐소와 개인 조폐소를 폐
쇄했다. 이 덕에 정부는 화폐 공급을 더 효과적으로 통제할 수 있
었다. 1200년 기독교 세계에서 쓰인 주요 화폐는 라틴어로 '데나
리우스denarius'라는 문구가 적힌 페니였다(파운드, 실링, 펜스를 뜻하
는 기호 £sd의 d가 바로 페니를 뜻한다).• 페니는 프랑스에서는 드니에

• 1971년 영국 화폐 개혁 이전에는 1파운드=20실링, 1실링=12펜스였다. 펜스는
　페니의 복수형이다.

denier라 불렸으며, 이탈리아에서는 데나리denari, 스페인에서는 디네로dinero, 포르투갈에서는 지녜이루dinheiro, 헝가리에서는 데너르denar, 저지대에서는 페닝언penningen, 독일에서는 페니게pfennige라 불렸다. 그러나 페니는 화폐가 예외일 뿐 보편이 아니었던 국가의 잔재였다. 샹파뉴 정기시가 열리던 시대에는 주화가 대량으로 필요한 거래도 종종 이루어졌는데, 이때 상인 입장에서 은화는 실용적이지 못한 거래 수단이었다. 가령 제노바의 상인이 알프스 너머로 데나리 은화를 가득 실은 자루를 쉽게 운반할 수 있겠는가? 당시 유통되던 금화는 비잔티움 제국의 노미스마nomisma 단 하나뿐이었는데 그 공급량이 부족해 일부 왕국은 은화와 금화로 고액권을 주조하기 시작했다. 베네치아인들은 1200년경부터 '두꺼운 페니thick penny'라는 뜻의 그로소grosso 은화를 생산했다. 이탈리아의 브린디시는 1232년부터 금화를 주조하기 시작했다. 피렌체는 1252년에 최초로 피오리노 도로fiorino d'oro 금화를 주조했으며, 제노바는 그다음 해부터 제노비노genovino 금화를 주조했다. 잉글랜드에서는 헨리 3세가 20펜스의 가치가 있는 '황금 페니'를 시험 삼아 주조해보았지만, 이 금화는 대부분 녹아 없어졌다. 금화의 액면가보다 주조에 쓰인 금의 가치가 더 높았기 때문이다. 1280년대에는 그 유명한 베네치아 두카트ducat가 처음으로 주조되었다. 프랑스와 로마는 13세기 후반기에 각자 고액 은화를 발행했으며, 저지대에서는 액면가가 높은 은화 그로첸groten을 만들었다. 이 그로첸이라는 이름은 널리 퍼져 독일에서는 그로셴groschen이 되었으며, 잉글랜드에서는 에드워드 1세가 1279년에 새로 발행한 동전 가운데 4펜스 가치의 '그로트groat'가 포함되어 있었다. 가치가 낮은 주화도 주조되었다. 예전에는 페니를 이등분하여 하프 페니를 만들고 4등분하여 파딩을 만드는 식이었지만, 이제는 그 가치에 해당하는 전용 주화가 만들어졌다. 1300년경 유럽 전역에서 화폐는 사업에 필요한 보편적인 방식이 되었으며, 상당수 지역에서는 오직 돈으로만 거래를 할 수 있게 되었다.

샹파뉴 정기시에 참여하는 사람들에게는 심지어 고액권 주화가 든 주머니조차 무거운 짐이자 골칫거리였다. 상인들은 거래가 성사될 때마다 매번 금화나 은화를 주고받는 대신에 누가 누구에게 얼마를 빚졌는지 기록하기 시작했다. 그리고 정기시가 끝나면 자리에 앉아 쉬면서 금액을 정산하고 빚을 갚았다. 바로 그때 상인들은 모든 거래를 주화로 하지 않아도 된다는 사실을 깨달았다. 특정한 회사가 특정한 일자에 특정한 금액을 지급하기로 약조하는 증서인 환어음을 발행하고, 이 환어음을 거래 수단으로 쓰면 거래 당사자들이 직접 돈을 주고받지 않고도 거래를 할 수 있으며, 환어음을 받은 상인은 환전상을 통해 환어음을 돈으로 바꾸면 된다는 사실을 깨달았던 것이다. 이것이 바로 은행업의 기원이다. 환전상들은 믿을 만한 상인에게 융자나 신용을 제공하기 시작했다. 환전상들은 '방카banca'라 불리는 의자에 앉아 일했는데, 여기에서 '뱅크bank'라는 말이 나왔다. 은행들은 신용과 환어음 말고도 복식부기를 처음 소개했다. 복식부기란, 수입과 지출을 대변과 차변에 별도로 기록한 뒤 대변 금액과 차변 금액의 합을 동일하게 맞추는 회계 처리 방식이다. 그리고 어쩌면 은행이 1300년경에 운송 중인 상품에 보험을 제공하는 수단을 발명했을지도 모른다. 다음 세기가 되면 무역상이 선적한 상품을 은행이 보증했다는 기록이 있기 때문이다. 당시의 유명한 은행에는 루카의 리치아르디Ricciardi, 시에나의 본시뇨리Bonsignori, 피렌체의 프레스코발디Frescobaldi, 부오나코르시Buonaccorsi, 스칼리Scali, 바르디Bardi, 아차이우올리Acciaiuoli, 페루치 Peruzzi 등이 있었다. 이런 대형 은행들은 국제적인 규모로 사업을 벌였다. 예를 들어 프레스코발디와 리치아르디는 모두 13세기에 잉글랜드의 에드워드 1세에게 돈을 빌려주었다. 앞서 언급한 대로 유럽의 무역을 커다란 나무에 빗댄다면, 은행의 독창성은 나무의 수액이 잘 흐르게 하는 데 크게 공헌했다. 다음번에 지갑에서 신용 카드를 꺼낼 때는 잠시 13세기 상인들을 떠올려 보자.

교육

1200년경은 역사 기록의 분수령이 된 시기였다. 현재까지 남아 있는 체계적인 기록물 가운데 잉글랜드의 리처드 1세(재위 1189~1199) 와 프랑스의 존엄왕 필리프 2세(재위 1180~1223)의 재위 시기 이전에 작성된 것은 거의 없다. 잉글랜드에는 1200년 이전에 쓰인 주교 등록부나 지역 장원 관련 문서가 없다. 1130년부터 작성한, 잉글랜드 왕과 봉신들 사이의 대출과 채무에 관한 기록인 재무 명부 pipe rolls를 제외하면, 정기적으로 작성된 왕실 장부 역시 없다. 12세기부터 도시의 기록을 관리하기 시작한 이탈리아 도시국가들의 역사를 제외하고, 1200년 이전의 유럽 역사를 쓰려면 왕실 편지나 허가서 같은 종잇조각들, 사적으로 쓴 연대기, 수도원 공문서 기록보관실에 사본으로 남은 증서 따위에 의존해야 한다.

1190년대 이후 상황이 바뀌기 시작했다. 갑자기 기록물이 폭발적으로 늘어났다. 프랑스에서는 존엄왕 필리프가 상서국에 명령을 내려 왕실 사업에 관한 포괄적인 기록을 보존하는 증서고인 보물고를 왕궁 안에 짓게 했다. 잉글랜드 정부도 비슷한 정책을 채택했다. 왕의 이름으로 발송한 모든 편지와 헌장의 사본을 명부에 기록해 신중하게 보관했는데, 왕의 재위기 동안 1년에 최소한 하나의 명부를 작성했다. 이 두루마리 가운데 상당수가 살아남았다. '확정 명부Confirmation Rolls'에는 1189년 이후에 왕이 사실임을 확정한 오래전에 쓰인 헌장들의 내용이 모두 들어 있으며, '헌장 명부Charter Roll'에는 1199년 이후에 새로 나온 헌장의 내용이 모두 담겨 있다. 또한 1199년부터는 '부담금 명부Fine Roll'도 작성되었는데 어떤 사람이 직위, 특권, 자유, 후견인 지위 등을 받는 대가로 국왕에게 얼마를 부담금으로 내놓을 수 있는지를 기록한 명부였다. 만약 국왕이 직위나 특권 등을 하사하기로 하면 특허장letters patent 혹은 개봉된 문서letters open를 발송한 뒤 '특허 명부Patent Roll'에 사본을 기록했는데, 1201년 이후의 특허 명부가 현재까지 남아 있다. 또 국왕이 토지나 금전을 하사하기로 하면 밀봉된 문서letters close를 발송하고 '밀봉 명부Close Roll'에 기록했는데, 1204년 이후의 밀봉 명부가 현재까지 남아 있다. 헨리 3세(재위 1216~1272)의 통치 초기부터 사후 조사 보고서Inquisition Post Mortem가 작성되었는데, 이 보고서는 왕에게 토지를 임차한 채 사망한 모든 사람의 토지 소유 실태에 관한 조사 결과였다. 1300년경에는 '조약 명부Treaty Roll'와 '법규 명부Statute Roll', 왕실의 상환 기록인 '해방 명부Liberate Roll', 교황과 주고받은 서신을 기록한 '로마 명부Roman Roll'와 타국과 주고받은 서신을 기록한 '스코틀랜드 명부Scotch Roll', '노르만 명부Norman Roll', '가스코뉴 명부Gascon Roll', '웨일스 명부Welsh Roll' 등 수많은 명부가 있었다. 이러한 명부들은 거대한 기록의 아주 일부에 불과하다. 재무부 기록 가운데는 왕실 재산과 보석류 목록을 비롯해 왕실의 일일 지출 계좌도 있다. 잉글랜드 전역에서 토지 소유에 관한 조사가 이루어졌는데, 봉신이나 왕실 임차인들에게서 봉건 상납금을 거두거나 신민들에게서 임시세를 거둘 목적이었다. 그 결과 『봉토 명부Liber Feodorum』(1198~1292)나 『봉건 상납금Feudal Aids』(1284) 같은 책이 작성되었다. 1279년 에드워드 1세는 왕실 영지가 계속해서 잠식되지 않게 하려고 어떤 왕실 장원이 영주들에게 하사되었는지 조사하라고 명령했다. 13세기에 걸쳐 각국의 중앙 정부가 '기억 대신 기록'에 의지하는 변화가 일어났다.[10]

　기록 혁명은 중앙 정부에만 국한되지 않았다. 유럽 전역의 교구에서 주교들이 자신들의 행위를 주교 등록부에 기록하기 시작했다. 대부호와 고위 성직자들도 기록을 남겼다. 앞서 언급한 윈체스터 주교령의 재무 기록을 보면 방대한 주교령의 1209년도 지출, 대출, 부담금 및 기타 수입에 관한 자료를 주교에게 상세히 보고하고 있다. 장원의 영주들도 장원 명부를 작성하여 어떤 소작인이 어떤 토지를 점유하고 있으며, 언제까지 점유할 수 있는지, 그리고 부담금을 얼마나 내야 하는지 기록하기 시작했다. 장원 서기들은 봉건적 봉사로서 소작농들이 영주를 위해 생산한 농작물과 축산물을 기록하는 장부를 작성했다. 장원에서 어떤 법과 관습을 따라야 하는지 정의한 관습법집custumal이 이 시기에 최초로 만들어졌다. 관습법집에는 가령 영주가 추수기에 일꾼들에게 아침 식사비를 제공해야 하는지, 일꾼들이 영주의 땅에서 땔감을 모아도 되는지 등등이 적혀 있었다. 이탈리아 밖에서 최초로 체계적인 시민 기록을 남기기 시작한 것은 이 시기부터였다. 마을의 자유민 명부와 재판 기록, 도시의 관습법집이 이 시기부터 기록되었다. 도시만이 아니라 변방의 시골 장원에 이르기까지, 그리고 세속적인 삶뿐만 아니라 종교적인 삶에서도 기록물이 체계적으로 만들어지고 보관되기 시작했다.

기록물의 급증은 마땅한 의문을 불러일으킨다. 글을 읽고 쓸 줄 아는 사람들이 갑자기 어디서 나왔을까? 만약 1300년까지 모든 수도사와 성직자가 글을 배웠다고 가정한다면, 그리고 장원마다 서기가 있었다고 가정한다면, 아마도 잉글랜드에서만 4만 명가량의 남성이 읽고 쓰는 법을 배웠을 것이다. 어떤 사람들은 수도원에서 글을 익혔을 테고 다른 사람들, 특히 귀족들은 개인 교사를 두었을 것이다. 귀족 계급에서는 귀족의 품위를 지키기 위해 문해력을 기르는 전통이 있었다. 피에르 아벨라르와 그 형제들이 이 전통을 보여주는 예다. 1179년, 제3차 라테란 공의회는 모든 대성당에 학교를 운영하라고 명령했으며, 1215년 인노첸시오 3세가 주재한 제4차 라테란 공의회는 더 강화된 명령을 내렸다. 제4차 라테란 공의회는 여전히 학교가 없는 대성당에 학교를 세우고 마을 아이들에게 라틴어로 읽고 쓰는 법을 가르치라고 명령했을 뿐만 아니라 기독교 세계의 모든 성당에 여유 자금이 있으면 학교를 세우라고 명령했다. 사실상 모든 마을에 학교가 있어야 한다고 규정한 셈이었다.

교육 열풍을 주도한 진정한 힘은 바로 읽고 쓸 줄 아는 남성의 수요가 급증한 것이었다. 이 시기 유럽 전역에서 인구와 경제가 급격히 성장하면서 영주와 지주들은 자신들의 전통적인 권리가 위협받고 있다고 느꼈다. 무언가를 적어 기록으로 남기는 것은 훗날 법정에서 토지 소유권과 자산 향유권을 뒷받침해줄 정보를 보존하는 수단이었다. 만약 여러분이 13세기에 토지나 독점 사업권을 구매했다면, 어떤 방식으로든 소유권을 기록으로 남기고 싶어 할 것이다. 여러분이 마을에서 장사를 한다면 다른 상인과 합의할 때마다 공증인이 상업계약서를 작성해주길 바랄 것이다. 인노첸시오 3세의 공의회를 계기로 설립된 성당 학교를 사람들이 가득 채웠던 것은 이렇듯 기록 보관에 대한 수요가 늘어났기 때문이다. 단 10여 개의 학교만으로도 큰 차이를 만들 수 있다. 불과 몇 년이면 스승 한 사람이 수백 명의 젊은이들에게 읽고 쓰는 법을 가르칠 수 있으니 말이다.

문해력은 13세기 교육 혁명의 한 측면에 불과했다. 또 다른 측면은 지난 세기의 지적 발전을 토대로 대학들이 설립된 것이었다. 가령 볼로냐 대학교의 기원은 이르네리우스의 법학 학교로 거슬러 올라간다. 아벨라르가 강의를 하던 시절에 파리에 있던 학교가 실은 '대학'이었다는 주장이 종종 들린다. 살레르노 대학교 측은 12세기 당시 살레르노시가 의학 서적을 복사하고 배포하는 역할을 했으므로, 자신들의 기원이 12세기까지 거슬러 올라간다고 주장한다. 그러나 12세기에는 대학이라는 개념이 아직 개발 중인 단계였다. 아벨라르의 제자들은 아벨라르가 어디에 가든 그 뒤를 쫓았다. 파리를 떠난 아벨라르가 믈룅이나 코르베유, 파라클레 수도원으로 향하면 제자들도 그와 함께 갔다. 제자들에게 중요한 것은 스승이지 학교가 아니었다. 13세기 초 대학의 발전은 사뭇 다른 형태의 교육을 가능하게 했다. 교육 기관에 의한 교육이었다. 각 교육 기관에는 일련의 시험과 기준, 행동 규칙이 있었고 저마다 중시하는 사회적 가치가 있었다.

상급 교육 기관을 뜻하는 대학조합(우니베르시타스univérsĭtas)이라는 말은, 교황의 특사 로베르 드 쿠송Robert de Courçon이 1215년에 파리 대학의 분쟁을 해결하기 위해 발표한 교령에서 처음 쓰였다. 초기 대학에서는 분쟁이 흔히 일어났다. 케임브리지 대학교는 1208년 옥스퍼드 대학의 거의 모든 구성원이 동맹 파업한 결과로 설립되었다. 그러나 이런 껄끄러운 문제에도 불구하고 1250년경 대학은 유럽에서 교육 생활의 한 부분으로 확고히 자리잡았다. 문학 석사 학위를 얻기 위해 학생들은 7가지 교양 과목, 즉 문법·수사학·논리학으로 구성된 '삼학과三學科, trivium'와 산술·기하학·천문학·음악으로 구성된 '사학과四學科, quadrivium'를 공부해야만 했다. 1230년대부터, 문학 석사 학위를 지닌 졸업자에게는 다른 자격 없이도 어디서나 강의를 할 권리가 있었다. 만약 이들이 법학, 의학, 신학 같은 과목을 전공하고 싶다면 상급 학부에서 공부해야만 했다. 1300년경, 스페인의 세비야와 살라망카·레리다, 포르투갈의 리스본(훗날 코임브라로 이전), 잉글랜드의 옥스퍼드와 케임브리지, 프랑스의 툴루즈와 몽펠리에·앙제, 이탈리아의 베르첼리·볼로냐·비첸차·파도바·피아첸차·레조·아레초·시에나·나폴리·살레르노에서는 대학이 확실하게 자리잡았다. 이 무렵에는 성직자가 교회에서 높은 지위에 오르고자 대학에서 문학 석사 학위를 따는 것이 보편적인 일이 되었다. 토론을 하고, 학식을 쌓고, 지식을 얻는 방법이 공식화되어 기독교 세계 전체에 체계적으로 배포되었다. 교육은 표준화되어 유럽의 모든 궁정에 도입되었으며, 수많은 교사들이 다음 세대의 서기와 학자들을 교육할 권한을 얻었다.

법적 책임

현대를 사는 우리는 읽고 쓸 줄 아는 사회가 당연히 더 우월한 사회라고 생각하지만, 1200년에는 교육의 가치가 지금보다 불확실했다. 어쨌든 교육에는 큰돈이 들었으니 말이다. 그리고 누군가에게 대신 무언가를 기록하게 하는 데 적지 않은 돈이 드는 상황에서 중앙 정부가 증서를 기록하여 보관한다면 여러분에게 그 증서의 사본이 대체 왜 필요하겠는가? 그 답은 법적 사안에 대해 신중히 접근하려는 태도가 널리 퍼진 데 있었다. 수도회 기관과 귀족 가문들은 왕실에서 온 헌장의 사본을 보관했다. 헌장에 적힌 조건에 관해 교부자와 논쟁이 벌어지거나 제3자가 이의를 제기할 때를 대비한 것이었다. 금융 장부가 탄생한 것도 비슷한 이유에서였다. 현존하는 중세 장부는 단순한 금융 문서 이상일 때가 많다. 장부에는 흔히 자금을 지출해야 하는 '이유'가 적혀 있었는데, 때로 작성자에게 책임을 물어야 할 경우가 있었기 때문이다. 윈체스터 주교령의 재무 기록을 예로 들면, 주교의 재무관은 주교에게 금고에 실제로 얼마가 남아 있는지 알리지 않고서도 금액을 기록할 수 있었고, 주교에게 빚진 사람의 미상환 부채를 재량으로 면제해줄 수 있었다. 한마디로 기록을 남기는 주된 이유는 주의와 불신, 확실성에 대한 욕구였다. 사람들이 기록을 남긴 이유는 서로에게 법적 책임을 묻고자 함이었다.

법적 책임 그 자체는 새로운 것이 아니었다. 수 세기 동안 왕들은 대관식에서 엄숙한 선서를 하거나 특정한 권리를 옹호하겠다고 약속해왔다. 어떤 남자들은 정기적으로 엄숙한 서약을 했다. 그러나 성유물 앞에서 한 서약과 법적으로 한 특정 약속에는 근본적인 차이가 있었다. 성유물 앞에서 한 맹세는 상대가 이행하지 않더라도 책임을 묻기 어렵다. 맹세가 깨졌는지 아닌지를 판단하는 주체가 하느님이기 때문이다. 그러나 국왕에게 받은 편지나 헌장이 있다면 왕에게 직접 법적 책임을 물을 수 있다. 과거에 통치자들은 백성들을 위해 법을 만들었지만, 이제 백성들은 그 법에 구속되지 않았다. 왕과 백성들 사이의 관계가 변하고 있었다. 1190년, 존엄왕 필리프는 전통적인 작위였던 '프랑크인의 왕' 대신 자신을 '프랑스 왕'이라 칭했다. 같은 시기, 이와 유사하게 리처드 1세 역시 자신을 '잉글랜드인의 왕' 대신 '잉글랜드 왕'이라 칭했다. 이 미묘한 변화는 무엇을 말하는 것일까? 왕이 외국인을 포함한 왕국의 모든 사람을 다스린다는 점과 왕이 자신의 추종자들만이 아니라 영토 안의 모든 사람을 위해 법을 만들었다는 점을 강조하려는 것이다. 또한 왕에게는 침입자로부터 왕국의 국경을 지킬 의무가 있으며, 왕이 왕국 안에 있는 교회와 외국인들을 책임져야 한다는 사실을 암시했다.

처음으로 신민들에게 법적 책임을 지게 된 사람은 신성로마제국 황제였다. 1160년대 프리드리히 바르바로사는 이탈리아 북부 대도시들을 직접 통치하고자 시도했다. 도시들이 저항하자 황제는 밀라노를 파괴했다. 이에 저항하여 이탈리아 도시들은 롬바르드 동맹을 결성하고 1176년 레냐노 전투에서 황제를 무찌른다. 이후 베네치아 조약(1177)과 콘스탄츠 조약(1183)을 통해 이탈리아 대도시들은 자치권을 확립하면서도 계속해서 신성로마제국의 일부로 남을 수 있었다. 황제는 억지로 자신의 신민들과 조약을 체결할 수밖에 없었고, 그 결과 신민들에게 법적 책임을 지게 되었다.

영어권에서는 잉글랜드의 존John 왕이 협상대로 내몰린 결과 마그나 카르타, 즉 '대헌장'이 탄생한 사건이 훨씬 더 유명하다. 존 왕은 노르망디를 방치했는데, 그 결과 노르망디는 1204년에 프랑스에 정복되고 만다. 이때 존 왕의 주요 귀족 대다수는 선조들에게 물려받은 노르망디 땅을 빼앗겼다. 게다가 존 왕은 스티븐 랭턴을 캔터베리 대주교로 임명하기를 거부했는데, 이는 교황 인노첸시오 3세와의 정면충돌로 이어졌다. 1208년, 교황은 잉글랜드 전역에 금지령을 내려 온 나라의 성직자들이 성당에서 예배를 드리거나 망자들을 매장하지 못하게 했다. 이듬해 교황이 존 왕을 파문하자 1213년 존 왕은 한발 물러섰다. 존 왕은 랭턴을 대주교로 받아들이는 데 동의했으며, 잉글랜드 왕위와 아일랜드 통치권을 인노첸시오 3세에게 양도했다. 그러자 인노첸시오 3세는 존 왕을 봉신으로 삼은 뒤 왕위와 통치권을 돌려주었다. 또한 존 왕은 교황에게 매년 1,000마르크(약 666파운드 13실링 4펜스)를 진상하는 데 동의했으며, 십자군 원정에 나서겠다고 약속했다.

교황의 지지를 얻은 존 왕은 적들에게 공세를 펼쳤다. 플랑드르 백작과 신성로마제국 황제와 연이어 동맹을 맺은 뒤 노르망디를 되찾고자 프랑스로 향했다. 그러나 존 왕의 전략이 대부분 그랬듯, 이것은 끔찍한 계획이었다. 그의 동맹군이 1214년 부뱅 전투에서 존엄왕 필리프의 프랑스군에 박살나면서, 존 왕은 빈손으로 잉글랜드에 돌아올 수밖에 없었다. 존왕은 어느 때보다도 인기가 없었고, 상당수 주요 영주들이 그에 대한 충성 맹세를 철회했다. 1215년 6월, 존 왕은 어쩔 수 없이 대헌장에 동의했다. 대헌장은 잉글랜드의 고대 법을 인정하고, 잉글랜드 국민과 교회를 위한 일련의 권리와 자유를 확립함으로써 왕권을 견제했다. 국왕이 헌장의 조건에 따르지 않을 경우 왕의 통치를 무효로 하기 위한 영주 평의회가 설립되었다.

이렇듯 봉건 신하들이 왕에게 책임을 물을 수 있다는 관념은 유럽 전역에서 달갑게 받아들여지지 않았다. 존 왕의 옛 적이었던 인노첸시오 3세는 자신이 느낀 공포를 가장 강경한 언어로 표현했다. 그는 대헌장이 "부끄럽고 비열할 뿐만 아니라 불법이고 부당한" 것이라고 선언한 뒤 다음과 같이 말했다.

우리는 이토록 수치스럽고 주제넘은 일을 그냥 묵과할 수 없다. 교황청의 명예가 실추되고, 왕의 권리가 손상되고, 잉글랜드 국민이 수치를 당하고, 십자군 원정을 위한 계획이 모두 크게 위태로워질 테니 말이다. (…) 우리는 이 합의를 전적으로 거부하고 비난한다. 우리는 국왕이 감히 파문의 위협 앞에서 이 합의를 지켜서는 안 되며, 남작들과 그 협력자들이 왕에게 합의를 지키라고 강요해서는 안 된다고 명령한다. 우리는 이 헌장이, 그리고 헌장을 확정하거나 헌장에 의해 만들어진 모든 약속과 보증 또한 무효이며 앞으로도 영원토록 유효하지 않다고 선언한다.[11]

교황의 항의는 아무 소용이 없었다. 1215년부터 잉글랜드의 왕들은 마음 내키는 대로 행동할 수 없었다. 대헌장은 향후 몇 년에 걸쳐 여러 형태로 발행되다가 1237년에 영구히 확정되었다. 1297년 에드워드 1세는 대헌장을 법령집에 올렸다.

대헌장에는 많은 판본이 있지만 그 핵심은 항상 두 가지로 요약된다. 첫째, "어떤 자유인도 체포되거나 투옥되거나, 권리나 재산을 박탈당하거나, 범죄자로 선언되거나, 추방당하거나, 지위를 박탈당하지 않는다. (…) 동등한 자유인들에 의한 적법한 판결이나 이 땅의 법에 의하지 않고서는." 둘째, "권리나 정의는 팔거나, 부정되거나, 지연될 수 없다." 이후 수 세기에 걸쳐 잉글랜드 왕들은 이 조항들을, 특히 왕이라 해도 법에 따르지 않고서는 누군가를 마음대로 감금할 수 없다는 조항을 계속해서 유념해야만 했다. 물론 왕들은 계속해서 자기 마음대로 사람을 가뒀지만, 이때 이후로 부당하게 투옥된 사람의 지지자들은 대헌장을 언급하며 왕이 불법 행위를 저지른 폭군이라고 비난할 수 있었다.

대부분의 다른 유럽 왕국에는 대헌장 같은 것이 없었다. 그렇다고 해서 각국이 대헌장의 영향을 받지 않았다는 말은 아니다. 18세기 프랑스 혁명이 일어났을 때, 유럽 각국은 직접 공포 시대를 겪지 않았음에도 사건의 중요성을 인식할 수 있었다. 대헌장을 본 다른 나라의 시선도 마찬가지였다. 여러 나라에서 의회가 설립되었다. 이는 왕에게 책임을 묻고, 왕의 의사 결정에 더 많은 신민을 참여시키려는 열망이 커졌다는 증거였다.

이전에 유럽 전역의 왕들은 왕국의 유력자와 고위 성직자들로 구성된 왕실 평의회의 조언에 따라 왕국을 통치했다. 예외적으로 스페인의 레온 왕국에서는 알폰소 9세가 1188년부터 영주와 성직자들뿐만 아니라 도시의 대표들도 궁정에 불러 자문을 구했다. 13세기에는 이런 일이 더 흔해졌다. 스코틀랜드 왕들은 1230년대부터 일단의 평민들을 소환해 의견을 들었다. 포르투갈 왕들은 1254년부터 도시 대표들을 궁정에 부르기 시작했다. 카탈루냐와 아라곤(각각 1218년, 1274년), 발렌시아(1283), 나바라(1300) 등 이베리아 반도에 있는, 입법과 조세를 담당하는 여러 의회에서도 이런 일이 일어났다. 프랑스에서는 삼부회가 1302년에 처음 소집되면서 비슷한 일이 일어났다. 삼부회 집회에서는 의원들과 변호사들이 법적 사건을 심의하고, 특허와 권리를 기록으로 남겼으며, 권력을 남용한 고위층의 책임을 물어야 할 경우 왕에게 탄원했다. 왕이 자문을 구한 사항에 대해 구체적인 논의도 이루어졌다. 그리고 왕이 전쟁을 벌이는 데 필요한 특별세를 승인해야 하는지에 관한 논의가 점점 더 많이 이루어졌다. 그러므로 대헌장은 군주권을 강제하는 데 그친 사건이 아니라, 백성들 사이에서 왕국 운영에 관한 발언권을 갖고자 하는 열망이 커졌음을 시사하는 사건이다.

대헌장 이후로 잉글랜드 의회는 특히 강력한 역할을 수행했다. 1258년, 시몽 드 몽포르는 헨리 3세에게 의회를 정기적으로 열게 하는 옥스퍼드 조례에 동의할 것을 강요했다(이 몽포르는 베지에에서 집단 학살을 주도한 인물 시몽 드 몽포르와 동명이인인 작은아들이다). 의회에는 영주와 고위 성직자뿐만 아니라 도시와 자치주의 선출된 대표들도 포함되었다. 왕들은 대개 군사 행동을 벌이려 할 때 특별세를 부과하려 했는데, 이때 이들 '평민common'들의 대표가 왕과 직접 대면해 특별세의 조건을 협상했다. 의회는 흔히 특별세를 승인하는 대가로 왕에게 새로운 법령에 동의해달라고 요청했다. 1297년 에드워드 1세가 이후로는 '반드시' 의회의 동의가 있어야만 이러한 특별세를 부과할 수 있다는 데 동의한 것은 입헌 분야에서 이루어진 엄청나게 중요한 발전이었다. 이는 의회가 전쟁에 필요한 재정 승인을 거부함으로써 사실상 국왕이 전쟁을 벌이는 것을 막을 수 있다는 의미였기 때문이다. 이 책의 첫 부분을 떠올려보자. 바이킹이 침략하던 시절, 평민들은 무력하기 그지없는 존재였다. 고작 300년 만에 사회가 얼마나 많이 발전했는지 알 수 있을 것이다.

탁발 수도사

가여운 피에트로 베르나도네를 떠올려 보자. 이탈리아 움브리아의 아시시 출신인 베르나도네는 근면하고 부유한 포목상으로 샹파뉴 정기시에 주기적으로 방문하면서 프랑스 애호가가 되었다. 한번은 여정 중에 프로방스의 저명한 가문 출신의 아내를 얻어 아시시로 데려가기도 했다. 훗날 프랑스에 대한 애정을 기념하기 위해 베르나도네는 아들 조반니Giovanni의 이름을 프랑스인을 뜻하는 프란치스코Francis(이탈리아어로는 프란체스코Francesco)로 바꿨다. 그러나 프란치스코는 실망스러운 아들이 되고 만다. 프란치스코는 처음에 상류층 생활을 하며 아버지의 재산을 친구들에게 흥청망청 썼다. 그후 아풀리아에서 군인이 되기로 결심했다가 20대 초반에 또다시 인생 진로를 바꾼다. 아시시 근처에 있는 다 허물어져 가는 산 다미안 교회를 재건하라는 환영을 본 프란치스코는 아버지 집에서 옷감을 뭉텅이로 가져가 내다 판 뒤 그 돈을 산 다미안 교회의 사제에게 갖다주었다. 그러나 사제가 훔친 물건을 팔아 마련한 돈은 받을 수 없다고 거절하자 프란치스코는 부끄러움을 느꼈다. 프란치스코가 무슨 짓을 저질렀는지 알게 된 아버지 베르나도네는 격노했다. 그는 아들의 행동을 시 당국에 보고했고, 아들에게 상속권을 포기하라고 강요했다.

　　프란치스코는 은둔자 생활을 하며 인근 교회를 수리하고 나병 환자들을 도왔다. 1208년 말 혹은 1209년 초, 프란치스코는 누군가 마태복음 10장 말씀을 낭독하는 것을 들었다. 그리스도가 제자들에게 촉구하는 내용이었다. "너희들은 가서 천국이 가까이 왔다고 전해라. 병든 자를 치료하고, 나병 환자를 깨끗이 하고, 죽은 자를 살리며, 악령을 몰아내되, 너희가 거저 받았으니 거저 주거라. 너희는 여행을 떠나며 지갑에 금도 은도 동도 챙기지 말고, 짐 보따리도 챙기지 말고, 겉옷을 두 벌 챙기지 말고, 신발과 지팡이를 챙기지 말지어다." 그 순간 프란치스코는 성경을 따르는 삶을 살기로 결심했다. 그는 아시시 주변에서 아무것도 소유하지 않고 속죄해야 한다고 설교하기 시작했다. 얼마 지나지 않아 그는 로마를 방문해 인노첸시오 3세에게 자신이 환영으로 본 형제회frere에 관해 설명했는데, 이 형제회라는 말에서 아무것도 소유하지 않은 채로 살아가는 수도사를 뜻하는 탁발 수도사(혹은 형제 수도사, friar)라는 말이 나왔다. 큰 감명을 받은 교황은 프란치스코를 축복했다. 그렇게 프란치스코회가 탄생했다. 프란치스코회 혹은 작은 형제회 Order of Friars Minor는 회색 수도사회라고도 불렸는데, 탁발 수도사들이 회색 수도복을 입었기 때문이다.

도미니코 데 구스만은 스페인 북부 칼라루에가에서 부모님 속을 덜 썩이면서 자랐다. 도미니코의 부모 역시 부유했다. 도미니코는 "명문 태생gentle birth"으로 묘사되었는데, 이는 12세기 스페인에서 전사 가문 출신임을 뜻했다. 그러나 구스만의 가족은 모두 신앙심이 깊었다. 팔렌시아에서 수학하던 도미니코는 기근이 스페인을 덮치자 책과 소유물을 팔아 가난한 사람들을 도왔다. 그는 무슬림의 노예가 된 사람들의 자유를 되찾아 주기 위해 직접 노동을 하겠다고 두 번이나 제안했다. 행동을 통해 신앙심을 보이려는 도미니코의 의지는 많은 사람들에게 영감을 주었으며, 오스마 대성당의 아우구스티노회는 도미니코를 기꺼이 신부 수사로 맞이했다.

1203년, 오스마 주교의 외교 사절단에 참여해 덴마크를 방문했을 때 도미니코는 30대 초반의 나이였다. 돌아오는 길에 그는 교황 인노첸시오 3세를 찾아가 동유럽에 선교사로 가는 것을 허락해 달라고 요청하기로 마음먹었다. 그러나 교황은 도미니코에게 프랑스 남서부의 이단자들을 처리하는 더 시급한 임무를 맡겼다. 그래서 도미니코는 툴루즈 백작령에서 카타리파가 정통 가톨릭으로 돌아오도록 설득했다. 도미니코는 결혼을 죄악시하거나 육신의 부활을 받아들이지 않는 것과 같은 일부 카타리파의 신념에 큰 충격을 받았으나, 그와 동시에 그들의 청빈 서약에서 영감을 받았다. 1206년, 도미니코는 프루이유에 수도원을 세워 카타리파의 결혼 금지에 분개한 여성들과 첩 취급을 받던 여성들이 신앙생활을 할 수 있게 했다. 이후 수년 동안 도미니코는 이단 신앙에 반대하는 설교와 청빈 옹호에 중점을 둔 선교활동을 펼쳤다. 도미니코에게 주교직을 주려는 여러 번의 시도가 있었지만 그는 자신의 가장 중요한 사명은 설교자회를 설립하는 것이라며 거부했다. 1215년, 한 부유한 툴루즈 시민이 숫자가 늘어나는 도미니코의 추종자들에게 커다란 저택을 증여하면서 도미니코는 그 꿈을 이룰 수 있었다. 그해 말에 제4차 라테란 공의회에 참석하여 인노첸시오 3세를 배알한 도미니코는 새로운 수도회를 세우고 싶다는 뜻을 밝혔다. 그러나 인노첸시오 3세가 이를 승인하기 전에 선종했으므로, 후임 교황 호노리오 3세가 도미니코회를 공식적으로 축복했다. 도미니코회는 설교자회나 검은 수도사회라고도 불렸다.

회색 수도사회와 검은 수도사회는 놀랍도록 빠르게 퍼져 나갔다. 호노리오 3세는 도미니코회를 위해 교령을 배포하여 서구 기독교 세계에 효과적으로 홍보해주었으며, 성 프란치스코가 1223년에 쓴 프란치스코회 규정을 승인했다. 두 수도회가 성공을 거두었다는 말은 곧 다른 탁발 수도사회가 대열에 동참할 것이라는 의미였다. 1226년, 호노리오 3세는 가르멜회(백색 수도사회)를 승인했다. 후임 교황인 그레고리오 9세는 1231년에 아우구스티노 탁발 수도회를 승인한다. 성직자가 완전한 청빈과 순결, 순종의 서약을 한 뒤 지역사회에서 민중에게 설교한다는 발상은 대단히 매력적이었다. 탁발 수도사의 삶의 방식을 그리스도의 삶의 방식과 연관 지은 사람들 수천 명이 떼를 지어 탁발 수도회에 동참했다. 프란시스코회와 도미니코회에는 여성을 위한 분파도 있었다. 프란치스코회에는 1212년에 아시시의 클라라가 설립한, 세속과 격리된 수녀회인 클라라회가 있었고, 도미니코회에는 프루이유에 뿌리를 둔 여러 수녀회가 있었다. 또한 탁발 수도사들은 중요한 교육자로 인정받았다. 도미니코회의 탁발 수도사들은 파리 대학에서는 1217년부터, 볼로냐 대학에서는 1218년부터, 팔렌시아 대학과 몽펠리에 대학에서는 1220년부터, 옥스퍼드 대학에서는 1221년부터 강의를 했다. 프란치스코회도 이와 비슷하게 유럽 전역에 신학 학부를 설립했는데 파리 대학, 옥스퍼드 대학, 케임브리지 대학이 대표적이다.

탁발 수도사의 등장이 왜 중요한 것일까? 탁발 수도회는 종교와 세속으로 엄격하게 나누던 사회를 뛰어넘어 종교적 덕목과 세속적 유연성을 모두 갖춘 단체를 만들었다. 이들은 수도사와 똑같이 교육받았기에 읽고 쓸 줄 알았고, 국제어인 라틴어에 정통했다. 이들은 수도사처럼 훈련받았기에 계율을 지키고 교회 고위층의 명령에 따랐다. 이들은 명성과 믿음과 성실함을 갖춘, 신을 섬기는 사람이었다. 그러나 수도사나 다른 일반 성직자들과 달리 특정한 교회나 지역사회, 교구에 묶여 있지 않은 채로 자유롭게 떠돌아다녔다. 이들은 도시에서 사람들과 어울리며 살았고, 십일조나 봉급을 받지 않고도 기도를 해주고 성사聖事를 주었다. 이전 세기의 수도회들이 지식을 만들고, 보관하고, 전파하는 연결망을 구축했다면, 탁발 수도회는 이 연결망을 예전보다 더 깊고 빠르게 사회에 스며들게 했다. 탁발 수도사들은 세속적인 통치자들과 교회의 지도자들이 가장 선호하는 외교관이 되었다. 잘 교육받은 하느님의 사자로서 떠돌아다니며 사람들에게 다가가는 탁발 수도사들은 훌륭한 행정관이자 협상가였다. 또한 이들은 훌륭한 이단 심문관이기도 했다. 교황과 주교들은 점차 도미니코회에 의존하여 이단자들을 심문했으며, 심지어 1252년 이후에는 이단자들을 고문하기까지 했다.

탁발 수도사들은 교회가 시대에 따라 변화할 수 있다는 사실을 증명한다. 그들은 초기 기독교 특유의 겸손과 청빈의 정신을 유지하면서도 자유롭게 떠돌아다니고, 영주들뿐만 아니라 상인들에게도 설교하고, 새로운 신앙 문제를 해결하는 데 몰두했기 때문이다. 만약 가톨릭교회가 이 다재다능한 성직자 단체를 이용할 수 없었다면 이단은 걷잡을 수 없이 번져나갔을 것이 틀림없다. 아마 알비 십자군 외에도 잉글랜드 십자군이나 독일 십자군이 일어났을 것이며, 스페인 종교재판이 15세기보다 훨씬 전에 일어났을 것이다. 1215년 이후 3세기 동안 유럽에서는 이단 행위가 작고 국지적인 형태로만 일어났다. 탁발 수도회, 그중에서도 도미니코회는 교황이 이후 300년간 기독교 세계의 영적 권위를 확보하는 데 큰 역할을 한 것으로 보인다. 그리고 이것은 얕잡아 볼 만한 업적이 아니다.

마지막으로 우리는 탁발 수도사 개개인이 지적 영향을 주었음을 유념해야 한다. 탁발 수도회는 사적인 부는 도외시했으나 학문을 소중히 여겼으므로, 그 시대의 중요한 논쟁에 지적으로 참여하고 싶어 하는 수많은 비세속적인 사람들의 관심을 끌었다. 프란치스코회에는 위대한 신학자들이 여럿 있었는데, 헤일스의 알렉산더나 보나벤투라, 둔스 스코투스, 오컴의 윌리엄 같은 신학자들이 특히 유명하다. 그러나 지적으로 가장 중요한 13세기 프란치스코 수도사는 의심할 여지 없이 비범한 과학자이자 철학자였던 로저 베이컨이었다. 로저 베이컨은 옥스퍼드 대학과 파리 대학에서 아리스토텔레스를 주제로 강의했으며, 광학에 관한 그리스어와 아랍어 저작을 연구했고, 대학에 과학 교육을 도입해야 한다고 주장했다. 또한 과학 지식과 철학, 신학, 언어, 수학, 광학, 실험 과학에 관한 중요한 개론서를 썼다. 베이컨은 서양 최초로 화약을 묘사한 사람이자 최초로 안경에 관해 설명했으며, 얇은 구리판으로 만든 기구에 '액화液化'를 가득 채우면 날아갈 것이라는 이론을 세웠다. 그는 비범하고 열린 사고를 지닌, 축복받은 사람이었다. 베이컨은 가령 노잡이 없이 단 한 사람만 있어도 항해할 수 있는 거대한 배를 만들 수 있다고 믿었으며, 동물이 끌지 않아도 헤아릴 수 없는 속도로 움직이는 탈것을 발명할 수 있다고 생각했고, 인간이 '날아가는 새처럼' 기계를 타고 나아갈 수 있으리라 믿었으며, '교각이나 버팀목 없이도' 넓은 강을 건널 수 있는 현수교 제작이 가능하다고 믿었고, 잠수부가 특수 수중복을 입고 해저 탐사를 할 수 있다고 믿었다.

도미니코회에도 지적인 거물이 여럿 있었다. 신비주의자이자 신학자인 마이스터 에크하르트, 과학자이자 철학자, 신학자였으며 대★알베르투스라 불린 쾰른의 알베르트, 그리고 최고의 신학자인 토마스 아퀴나스가 있었다. 토마스 아퀴나스는 아벨라르를 따라 아리스토텔레스의 논리학을 종교에 적용했고, 아벨라르의 금언 "의심은 탐구로 이어지고, 탐구는 진리로 이어진다"를 "경이는 탐구로 이어지고, 탐구는 지식으로 이어진다"로 수정했다. 아벨라르는 하느님의 본질과 같은 것들은 합리적인 탐구를 넘어선다는 것을 받아들일 준비가 되어 있었지만, 아퀴나스는 모든 것이 조사와 합리화의 대상이 되어야 한다고 생각했다. 아퀴나스는 움직이는 모든 것은 다른 무언가에 의해 움직인 것이므로, 모든 연쇄작용을 일으킨 최초의 존재가 있을 수밖에 없다고 주장하며, 자연으로부터 하느님의 존재를 추론했다. 아퀴나스의 주장 가운데는 오늘날에도 주기적으로 반복되는 것이 있다. 그것은 바로, 세상이 질서를 드러내고 스스로 끊임없이 재생한다는 사실이 그 자체로 하느님이 지적 설계자 역할을 했다는 증거라는 점이다. 우리는 아퀴나스가 탁발 수도사가 되지 않았더라도 여전히 그가 자신을 중세의 가장 중요한 신학자로 만든 저작들을 썼으리라고 여길 수도 있다. 하지만 아퀴나스를 비롯한 수많은 사람들이 탁발 수도회의 자원과 연결망의 도움을 받아 학식을 쌓았으며, 탁발 수도회의 지적 호기심이 이들에게 더 큰 성취를 이루도록 영감을 주었다는 사실을 부정할 수는 없다.

여행

우리는 흔히 19세기에 철도가 등장하기 전에는 사람들이 먼 거리를 여행하지 않았다고 생각한다. 이러한 사고방식은 표면적으로는 우리의 가계도 때문이다. 19세기 중반 이전에 우리 조상들은 보

변화의 세기

통 같은 교구나 인접한 교구에 사는 사람들과 결혼했으니 말이다. 그러나 이 주장에는 명백한 허점이 있다. 오늘날 우리가 걸어서 먼 거리를 이동하지 않는다고 해서 과거에도 그러지 않았다는 이야 기는 아니기 때문이다. 그리고 확실한 지원과 상속을 받을 수 있다는 이유로 지역 공동체의 누군가와 결혼했다고 해도 이들이 절대 다른 어딘가로 가지 않았다는 의미는 아니기 때문이다.

이를 반박하는 주장도 자주 인용되지만 이 반박론에도 심각한 허점이 있기는 마찬가지다. 바다를 누빈 바이킹들, 바다를 건넌 색슨인들, 도로를 건설한 로마인 모두 먼 거리를 여행했다는 사실을 보여준다. 예를 들어 스톤헨지에서 발견된 청석은 현재 스톤헨지가 있는 곳에서 402킬로미터 떨어진 웨일스 남부의 프레셀리 힐스에서 왔다. 즉 사람들은 내킬 때 언제든 여행할 수 있었다. 그러면 이제 학자들은 "그래. '사람들'은 여행을 다닐 수 있었겠지. 그렇지만 오직 '일부' 사람만 여행할 수 있었잖아?"라는 질문에 답해야 한다. 13세기 이전에 사람들이 장거리 여행을 했다는 증거는 주로 정치적 영향력을 갖춘 개인이거나 로마군, 바이킹, 십자군처럼 보호받을 수 있는 집단에 국한되는 경향이 있다. 왕실 관리들은 어디를 가든 왕의 부하들에게 보호받았다. 많은 식솔을 거느린 대영주는 여행을 다닐 때 무장한 병사들을 다수 동원했다. 그러나 평범한 사람들은 장원 재판소와 가축 목장, 교회보다 먼 거리를 정기적으로 이동하지는 않았다. 11세기에 관한 장에서 봤다시피, 고향을 떠나 여행하는 것은 너무 위험했다. 그러니 여행을 하려면 위험을 무릅쓸 만한 타당한 이유가 있어야 했다.

그러나 13세기에는 여행을 할 타당한 이유가 있는 사람들이 '실제로' 많았다. 고향에서 멀리 떨어진 정기시와 큰 시장에 가거나, 왕에게 특허를 받거나, 중앙 법원에서 법적 판결을 받아야 하거나, 의회에 참가해야 하는 식으로 말이다. 내과의나 외과의에게 검진을 받고자 먼 길을 갈 수도 있었다. 대학에 입학하기 위해 유럽을 가로질러 가야 했고, 매주 학교까지 몇 킬로미터를 걸어가야 할 수도 있었다. 탁발 수도사에게는 여행이 소명의 일부였다. 13세기에는 성지 순례가 큰 인기를 끌었기 때문에 수천 명이 하루 정도 걸어서 인근 종교 명소를 방문했다. 기독교의 주요 성지 순례지인 산티아고 데 콤포스텔라, 로마, 예루살렘까지 먼 길을 여행하기도 했다. 이탈리아 상인들에게 해상 여행과 육상 여행은 둘 다 일상적인 일이었다. 베네치아 사람들은 지중해 전역에 교역소를 설립했고, 제노바인들은 크름반도에 요새화된 전초 기지를 설립했다. 또한 형법이 생기면서 더 많은 사람들이 여행을 하게 되었다. 판사들은 법을 집행하거나 조사하기 위해 먼 거리를 떠났다. 범죄자들은 재판이 열리는 도시로 끌려와야 했다. 사건을 심리하기로 서약한 배심원들은 재판이 어디서 열리든 그곳에 가야 했다. 그라티아누스 이후 부주교와 주교들이 사람들의 도덕적 삶을 감독해야 한다고 규정한 교회법 때문에 사람들은 감독 법원이나 부주교 법원에 참석해야만 했다. 사람들은 중혼이나 간통, 이단 같은 도덕적인 잘못 때문에 법원에 가기도 했지만, 유언 입증과 같은 일상적인 문제로도 법원에 가야 했다. 그리고 고향을 떠나 여행하는 사람이 많아지고 여행자들의 여행 거리가 늘어나면서 여행자들에게 고향에서 일어난 중요한 소식을 전해줄 전령들이 필요해졌다. 즉 여행이 더 많은 여행을 불렀다.

도로를 이용하는 사람이 늘어나면서 도로도 더 걷기 쉽게 변했다. 농노들은 장원에 속박되어 있어 영주의 허락 없이는 장원을 떠날 수 없었지만, 그들이 시장과 정기시에 찾아가기 시작하면서이 속박이 깨지기 시작했다. 여행자들을 위한 여관과 수도원 숙소들이 생겨났다. 나무 다리가 돌 다리로 재건되어 사람들이 안전하게 강을 건널 수 있게 되었다. 그리고 도로 양옆에 있는 덤불이 제거되면서 도적들은 더는 덤불에 매복할 수 없었다. 게다가 여행자증가는 곧 더 안전한 여행을 의미했다. 예를 들어 여관에 모인 여행자들은 공격을 받을 경우 무리를 지어 출발했다. 고향에서 멀리여행할수록 위험이 더 커지는 것은 분명했다. 그러나 상인들은 안심하고 다른 왕국을 지나갈 수 있었다. 앞서 논의했다시피 법이더 철저히 적용되었으므로, 이제 상인들은 최악의 상황이 닥쳐 여행 중에 강도나 폭행, 사기 등을 당했더라도 법적으로 대응할 수 있었다.

13세기의 여행을 제대로 이해하려면 극동으로의 여정을 살펴보아야 한다. 앞선 세기의 지리적 지식은 알렉산더 대왕의 인도 원정기나 플리니우스와 솔리누스를 비롯한 고대 지리학자들이 저술한 자연사natural history(박물학)에 담긴 지식에 국한되어 있었다. 헤리퍼드 세계 지도는 13세기 사람들의 세계에 관한 지식이 어떠했는지를 보여준다. 이 지도를 보면, 예루살렘 동쪽에는 홍해(모세가 건너간 부분이 표시되어 있다)와 티그리스강, 유프라테스강, 겐지스강외에는 별다른 것이 보이지 않는다. 대신 웬 기괴한 짐승들이 지도 동쪽 끝을 장식하고 있다. 그러나 이 지도는 그 매력적인 순진함 속에 동양의 위협에 대한 깊은 우려를 감추고 있다. 1230년대후반, 칭기즈칸의 아들 오고타이Ogedai 칸이 몽골군을 이끌고 러시아를 침략했다. 얼마 지나지 않아 오고타이 칸의 친족들이 독일,폴란드, 헝가리를 정복 대상에 포함시켰다. 1243년 새로 선출된 교황 인노첸시오 9세는 몽골군 지도자와 접촉해 그들을 기독교로 개종시키기로 결정했다. 2년 뒤 두 사절단이 파견되었는데, 하나는 프란치스코회 소속인 조반니 다 피안 델 카르피네Giovanni da Pian del Carpine가 이끌었고, 다른 하나는 도미니코회 소속인 크레모나의 아셀린Ascelin of Cremona이 이끌었다. 오고타이 칸의 아들 귀위크 칸이 사절단에게 한 대답은, 교황이 직접 와서 충성을 맹세하라는 것이었다. 교황은 당연히 이 요구를 거부했지만, 이후로도 두 차례나 사절단으로 도미니코회 탁발 수도사인 롱쥐모의 앙드레와 프란치스코회의 뤼브룩의 기욤을 파견했다. 1254년, 기욤은 몽골의 수도인 카라코람에 들어섰다. 그런데, 그곳에는 이미 헝가리 태생의 잉글랜드 남성과 헝가리 태생의 프랑스 여성, 노르만인 주교의 조카가 정착해 있었다. 이는 기록에 남지 않은 장거리 여행이 이루어졌으며, 우리가 이에 관해 거의 알지 못한다는 사실을 암시한다.[12]

이로부터 10년 후, 베네치아 상인 니콜로 폴로와 마페오 폴로 형제는 극동을 향한 첫 번째 대탐험에 나섰다. 그리고 두 번째 탐험 때는 니콜로의 아들 마르코 폴로를 데려갔다. 그러나 13세기의 가장 중요한 탐험은 아마도 프란치스코회의 탁발 수도사 조반니 드 몬테코르비노Giovanni de Montecorvino의 탐험일 것이다. 몬테코르비노는 1289년에 중국의 정복자 쿠빌라이 칸에게 사절로 파견되어 쿠빌라이 칸이 사망한 직후인 1294년에 베이징에 도착했다. 그는 베이징에 남아 중국인을 기독교로 개종시키기 시작했고, 1307년에 최초의 베이징 대주교가 되었다.

13세기는 여행이 대다수 사람들에게 보편화한 세기일 뿐만 아니라, 기독교 여행자들이 여태껏 고대의 전설로만 전해지던 장소에 실제로 도달한 시대였다. 1300년경 기독교 세계의 최외곽 전초 기지들은, 서쪽으로는 그린란드의 가르다르에서 동쪽으로는 중국의 베이징까지 8,700킬로미터 가까이 떨어져 있었다. 두 전초 기지 모두 영구히 지속되지는 못했다. 14세기에는 베이징에서 기독교인들이 쫓겨났으며, 15세기 초에는 기상 악화로 가르다르에서도 사라졌다. 그러나 서구인의 머릿속에서는 동방에 관한 관념이 영구적으로 변했다. 이 사실은 마르코 폴로의 『동방견문록』에 아주 잘 드러난다. 마르코 폴로가 감옥에서 동료 죄수에게 옮겨 적게 한 『동방견문록』은 중국과 인도네시아 도시들의 엄청난 인구와 부에 관한 놀라운 정보를 담고 있었다. 마르코 폴로는 중국과 인도네시아의 관습을 생생히 묘사했는데, 기독교인들은 서방과는 너무 다른 이들의 관습에 열광했다. 이러한 이야기가 유럽의 시장과 정기시에서 점점 더 자주 볼 수 있는 비단과 향신료를 동반하면서 사람들은 완전히 새로운 방식으로 아시아와 세계에 관해 궁금해하기 시작했다. 한때 사람들은 극동이 용과 괴물로 가득한 위험천만한 지역이라고 생각했고, 그곳에 가는 것을 어리석은 일로 여겼다. 그러나 이제 사람들은 동방이 엄청난 부를 간직한 곳이며, 베이징에 이미 대주교가 자리잡고 있다는 사실을 알게 되었으므로, 동방을 향한 여정은 대단히 매혹적인 일이 되었다.

결론

무역 면에서 일어난 변화는 의심의 여지 없이 13세기에 일어난 커다란 변화 가운데 하나였다. 모든 사람들이 다 한 걸음씩 세계를 향해 나아갔다. 소작농은 도시 시장에 더 익숙해졌고, 시장도시의 시민은 도시에 더 자주 방문했으며, 대도시에서 온 부유한 상인들은 더 자주 더 멀리, 심지어 국제 정기시까지 여행을 다녔다. 이러한 변화를 보면 나는 어떤 상상이 떠오른다. 한 초라한 남자가 오두막에서 나무 그릇을 깎고 있다. 갑자기 누군가 문을 두드린다. 남자가 문을 열자 웬 상인이 문 앞에 서 있다. 상인은 남자에게 은화를 줄 테니 그릇을 넘기라고 한다. 첫 번째 상인 뒤로 또 다른 상인이 나타난다. 두 번째 상인은 염소를 끌고 왔는데 우리의 초라한 남자에게 염소를 줄 테니 방금 번 은화를 달라고 한다. 두 번째 상인 뒤에는 세 번째 상인이 있다. 남자가 평생 깎아온 나무 그릇보다 훨씬 더 매력적인 금속 그릇을 손에 들고 있다. 이제 상인은 남자에게 금속 그릇과 염소를 바꾸자고 제안한다. 순식간에 초라한 남자 주변이 물건을 사고팔려는 사람들로 넘쳐난다. 전에는 고요만이 존재하던 곳에 이제는 군중과 소음이 들끓는다. 그곳에 설교자의 목소리가 울려퍼진다. 영리를 추구하는 삶을 포기하고 청빈과 금욕의 길을 따르라는 목소리다. 서기관도 등장한다. 서기관은 남자에게 남자가 장원에서 누릴 수 있는 권리가 담긴 목록을 준 뒤, 겨울을 대비해 비축한 옥수수에 관해 이야기한다. 바깥세상은 이렇게 남자의 삶을 아주 분명하게 침범했으며, 남자의 삶에 계속해서 머무를 것이다.

진정으로 놀라운 점은 이런 변화가 어디서에나 일어났다는 사실이다. 심지어 모어턴에서도 모든 사람의 삶이 영향을 받았다. 1207년에는 성당에 인접한 영주의 영지에 시장 광장이 세워졌고, 시장 광장 외곽에는 자치구가 소유한 건물이 10여 개에 불과했다. 지금 내가 사는 오래된 주택은 한때 이 시장 광장의 남쪽 경계에 해당하는 길가에 서 있다. 1290년대에는 이 집에 모어턴의 애덤Adam de Moreton 사제가 거주했는데, 분명 하인과 함께 노점 사이를 거닐며 계란과 고기, 옷감과 양초를 샀을 것이다. 장날에는 주변 마을에서 사람들이 찾아왔을 것이고, 여기서 닷새간 정기시가 열릴 때나 성 마르가리타 축제날에는 더 먼 곳에서 사람들이 왔을 것이다. 시장에서는 탁발 수도사들이 설교를 했을 것이다. 1300년경, 30킬로미터 떨어진 성 마리 교회의 교구 목사로 임명된 모어턴의 애덤은 이 집을 동네 사람인 헨리 수터에게 팔았다. 수터는 아마도 문맹이었을 테지만, 그의 가문은 후손들이 1525년에 이 집을 팔 때까지 부동산 매매 증서를 소중히 보관했다. 12세기였다면 부동산 거래 증서가 보관되기는커녕 아예 작성조차 되지 않았을 텐데 말이다.

인접한 도콤베 장원과 마찬가지로(도콤베 장원의 법원 기록은 현재까지 남아 있다), 모어턴의 장원 법원에서도 1280년대부터 소송 절차를 법원 기록으로 남기기 시작했다. 부도덕한 범죄를 저지른 모어턴 사람들은 38킬로미터 떨어진 토트네스로 가서 부주교 법원에 참석해야 했는데, 결백을 입증하려면 증인을 여럿 대동해야 했다. 중죄를 저지른 사람은 엑서터성으로 강제 연행된 뒤 재판이 열리길 기다렸다. 엑서터 주교는 최근에 벌어들인 양모 무역 수익금으로 재건축한 성당에 제단을 봉헌한 주교 관구를 돌며 교민들을 방문했을 것이다. 뤼브룩의 기욤이나 마르코 폴로에 관한 이야기를 들어본 사람이 아무도 없는, 모어턴처럼 조용하고 외진 곳에서도 일상은 영원히 바뀌었다.

변화의 주체

만약 이 책이 세계사 서적이었다면, 13세기 변화의 주체가 누구였느냐는 의심의 여지가 없다. 중국부터 카스피해까지의 피바다 위에 떠 있는 칭기즈칸의 명성은 타의 추종을 불허한다. 칭기즈칸은 동유럽에 엄청난 손상을 입혔으며, 그의 아들과 손자들은 계속해서 동유럽을 짓밟았다. 이로써 사상 최초로 동방과 서방 사이에 직접적인 연결고리가 만들어졌다. 칭기즈칸이 일으킨 대학살로 동방은 서방을 대상으로 새로운 무역을 주도할 능력을 상실했다. 그러므로 칭기즈칸은 무심코 기독교 세계의 지평을 넓혀주었을 뿐만 아니라 기독교인 상인들에게 새로운 기회를 주었다. 그러나 서구의 변화에 관한 이야기에서 칭기즈칸은 지엽적인 인물에 불과하다. 유럽의 심장부에는 로타리오 데이 콘티Lotario dei Conti 혹은 교황 인노첸시오 3세로 알려진 더 영향력 있는 인물이 있었다.

인노첸시오 3세는 기독교 세계 전체에서 지위 고하를 막론한 모든 통치자와 결정권자에게 영향을 미친 마지막 교황들 가운데 한 명이다. 인노첸시오 3세는 위로는 잉글랜드의 존 왕에게 강경한 태도를 취했을 뿐만 아니라, 유럽의 여러 왕실 결혼을 강제로 무효화하고, 교령 '존경스러움Venerabilem'●을 내려 마침내 교황과 신성로마제국 황제의 관계를 확립했다. 그리고 아래로는 자신이 영적으로 다스리는 대중의 성향을 이해했다. 그가 아시시의 프란치스코를 받아들인 것은 이 사실을 잘 드러낸다. 인노첸시오 3세가 만약 이 가난한 남자를 아무짝에도 쓸모없는 자라고 판단했다면,

●　'우리의 존경스러운 형제들에게Venerabilem fratrem nostrum'의 줄임말.

프란치스코를 내쫓아버림으로써 열성적인 설교자 집단을 이단자로 낙인찍었을 것이다. 만약 그런 일이 일어났다면 가톨릭교회는 이후에 가장 강력한 도구 가운데 하나로 성장할 프란치스코회 탁발 수도사들을 잃었을 것이다. 인노첸시오 3세가 도미니코 데 구스만을 격려한 일에도 비슷한 말을 할 수 있다. 도미니코는 본래 유럽의 변경 지대에서 이교도들을 개종하려고 했었다. 도미니코에게 이단자들을 바른 길로 인도하라고 지시함으로써 검은 수도사들에게 핵심 목표 중 하나를 준 사람이 바로 인노첸시오 3세였다. 그는 스페인 왕들에게 레콩키스타에서 서로 협력하라고 촉구함으로써 나바스 데 톨로사 전투를 승리로 이끌었는데, 이는 13세기가 끝날 무렵까지 스페인 대부분 지역을 재정복하는 결과로 이어진 결정적 승리였다. 기독교 세계의 모든 대형 성당에서 읽고 쓰는 법을 가르치게 한 인노첸시오 3세의 결정은 문해력 확산을 더욱더 빠르게 했다. 의심의 여지 없이 인노첸시오 3세는 13세기의 가장 영향력 있는 기독교인이었다. 한편 그는 어떤 측면에서는 매우 보수적이었다. 대헌장에 대한 비난에서 드러났듯, 그는 절대 왕권이 침식되는 것에 반대했다. 그러나 우리가 클레르보의 베르나르의 사례에서 이미 보았듯, 그리고 내가 이 책의 끝머리에서 다시금 언급하겠지만, 변화에 저항하려는 굳은 결의가 결과적으로는 변화를 일으킬 수도 있다. 인노첸시오 3세가 카타리파 사태에서 수행한 역할은 이 점을 잘 보여준다. 인노첸시오 3세는 카타리파로 대표되는 이단자들에게 강경하게 대응함으로써 가톨릭교회의 패권을 유지했으나, 이는 결국 종교재판으로 이어졌다. 따라서 이 모든 이유를 근거로, 인노첸시오 3세는 대적할 자가 없는 13세기의 변화의 주체다.

1301 –
1400

14세기

중세 사람들은 사회사社會史가 무엇인지 알지 못했다. 예술가들은 스테인드글라스 창문이나 조각상, 채색 원고에 성경이나 로마 시대의 장면을 묘사할 때, 중세 사람들이 중세 옷을 입고 중세 집에 살고 중세 선박을 타는 모습으로 묘사했다. 그러면 1300년에 학식이 아주 뛰어나고 상상력이 풍부한 수도사가 수도원 회랑에서 구할 수 있는 모든 역사적 자료를 찾아서 읽어봤다고 가정해보자. 의심의 여지 없이 이 수도사는 인류가 지난 3세기 동안 운이 좋았다고 믿었을 것이다. 혹은 지극히 종교적이었던 이 시대의 사고에 맞게 하느님께서 기독교 세계를 잘 이끌어주셨다고 믿었을 것이다. 경제적으로 서유럽은 나날이 강성해졌다. 인구가 엄청나게 증가했다. 이제 도시는 방어 체계가 잘 갖춰져 사람들이 습격의 두려움에 떠는 것은 옛일이 되었으며, 시골 지역도 더는 위험하지 않았다. 이 수도사는 마땅히 교회가 이러한 발전을 일으키고 촉진한 주체라고 여겼을 것이다. 교회는 기독교 세계의 국경을 넓히고, 기독교 세계 안에서 전쟁을 벌이는 세력들을 진정시키고, 기독교인의 폭력을 기독교 세계 변방과 그 너머에 있는 목표에 집중시킴으로써 평화의 대행자 역할을 했다. 교회는 많은 사람들에게 읽고 쓰는 법을 가르쳤다. 기독교인들이 따라야 할 도덕률을 만들었으며, 법원이 도덕률을 어긴 이를 처벌하도록 권장했다. 이 가상의 수도사는 하느님이 가능한 모든 방법을 총동원해서 기독교 세계 전체의 안녕을 위해 행동하신다고 확신할 수 있었을 것이다. 물론 백 년 뒤였다면 그렇게 확신하지 못했을 테지만 말이다.

1300년경, 상황은 이미 변하고 있었다. 13세기의 마지막 10년간 흉작이 계속되면서 프랑스 북부와 저지대 국가에서 심각한 식량 부족이 발생했다. 1309년, 과도한 강우량 때문에 유럽 전역에서 심각한 기근이 일어났다. 그 뒤로 상황은 점점 더 악화되었다. 물론 과거에도 여러 차례 기근이 있었지만 높은 작물 수확률 덕분에 인구는 늘 빠르게 회복되었다. 그러나 이제 이런 일은 당연한 일이 아니었다. 수십 년에 걸친 집중 재배로 토양의 질소가 꾸준히 고갈되면서 밭을 잠시 휴경하는 것만으로는 다시 비옥하게 만들 수 없었다. 1200년에는 밀 수확률이 6:1에 달해 씨앗을 뿌리면 여섯 배의 작물을 수확할 수 있었으나 1300년에는 2:1까지 떨어졌고, 보리와 호밀의 수확률은 4:1에서 2:1로 떨어졌다.[1] 토지 생산성이 크게 떨어지면 인구가 빠르게 회복될 수 없다. 한 소작농이 10만 제곱미터의 땅에서 농사를 짓는다고 생각해보자(14세기 잉글랜드의 장원 소작농을 기준으로 넓은 소작지에 속한다). 그리고 작년에 풍작이 든 덕분에 옥수수가 충분한 한 농부가 밭에 50부셸(약 36리터)의 옥수수를 심을 수 있었고 5:1의 수확률을 거두었다고 가정해보자. 농부는 10만 제곱미터 땅에서 총 250부셸의 옥수수를 수확했다. 그해 말, 내년에도 5:1의 수확률을 낼 수 있다고 확신한 농부는 옥수수 250부셸 가운데 50부셸을 종자로 남겨두고, 50부셸은 가축 사료로 남겨두고, 자신과 가족을 위해서는 75부셸을 남긴 뒤, 남은 75부셸을 시장에 내다 팔았다.[2] 그러나 내년 작황이 좋지 않아 수확률이 3:1에 불과하다면 농부의 옥수수 수확량은 150부셸에 불과하게 된다. 이러면 시장에 가서 팔 옥수수 따위는 없을 것이다. 자기 자신과 가족, 가축을 먹여 살리고 나면 농부에게는 고작 25부셸만 남을 텐데, 이는 내년 농사에 필요한 옥수수의 절반에 불과하니 말이다. 그러면 설령 내후년에 풍년이 들어 수확률이 5:1이 되더라도 가족과 가축을 간신히 먹여 살리고 나면 다음 해에 종자로 쓸 옥수수가 전혀 남지 않게 된다.

현실은 위의 예시 속 상황보다 더 어려웠다. 소작농 대부분은 10만 제곱미터 미만의 토지에서 농사를 지었고, 수확률은 3:1에도 미치지 못했다. 기상 악화가 준 피해는 3년 농사 중 한 해의 수확량이 약간 안 좋은 수준이 아니었다. 사람들은 수천 명씩 굶어 죽었다. 이른 서리나 늦서리로 수확에 완전히 실패하기도 했고, 이 시기에 평균 기온이 감소하면서 특히 고지대에서 더 심각했기 때문이다. 잇따른 수확 실패는 재앙과 다름없었다. 유럽 인구는 1315년에서 1319년까지 심각한 기근이 발생하기 전에도 이미 감소하고 있었다. 인구의 10퍼센트가 자연이 준 시련 때문에 사망한 것으로 추정되는데, 이는 기독교 세계 전역에서 1,000만 명 이상의 사람이 굶어 죽었거나 영양 결핍으로 인한 질병으로 죽었음을 의미한다.[3] 이것은 3세기 동안 거의 중단되지 않고 이어진 인구 성장과 상업 성장이 끝났음을 알리는 사건이었다.

그러나 이런 상황들은 이후에 일어날 사태에 비하면 아무것도 아니었다.

흑사병

흑사병이 얼마나 충격적인 사건이었는지 말로 설명하기는 어렵다. 내가 14세기 잉글랜드를 주제로 강의하면서 1348년에서 1349년에 일어난 이 사태가 얼마나 큰 재앙이었는지 강조하면, 꼭 누군가가 제1차 세계대전만큼 끔찍하거나 영국 대공습Blitz처럼 두려운 일은 아니었다고 주장하곤 한다. 그러면 나는 제1차 세계대전 당시 4년간 영국인 사망률이 1.55퍼센트였다고 설명한다. 즉 매년 평균 0.4퍼센트의 영국인이 사망했다는 의미다. 그러나 흑사병은 7개월 넘게 계속되면서 온 나라를 파도처럼 휩쓸었고 잉글랜드 인구의 약 45퍼센트를 죽음으로 몰아넣었다. 연간으로 따지면 사망률이 77퍼센트에 달한 셈이다.[4] 즉 1348~1349년의 사망률은 제1차 세계대전 당시보다 200배나 높았다. 혹은 흑사병을 제2차 세계대전 당시의 원자폭탄과 비교해 설명할 수도 있다. 일본에 떨어진 원자폭탄은 하나당 일본 전체 인구의 0.1퍼센트에 해당하는 약 7만 명의 사람을 죽였다. 그러므로 흑사병의 강력한 살상력을 따라가려면 일본에 원자폭탄을 2발이 아니라 450발을 떨어뜨려야 한다. 즉 '매일매일' 다른 도시에 2발씩 7개월에 걸쳐 떨어뜨려야 한다는 말이다. 만약 이런 일이 벌어졌다면 이것이 인류 역사상 최악의 재난임을 누구도 의심치 않을 것이다. 그러나 흑사병 창궐은 너무도 옛날에 있었던 일인지라, 그리고 우리는 당시 희생자들과 문화적으로 완전히 동떨어져 있는지라, 이토록 엄청난 규모의 죽음을 제대로 이해할 수 없다. 우리는 14세기에 전멸해버린 수많은 지역 공동체의 운명보다 제1차 세계대전에서 애지중지하던 아들을 잃은 부모의 트라우마에 더 쉽게 공감한다.

동물원성 감염병인 페스트는 인류 역사상 여러 차례 크게 유행했는데, 흑사병은 제2차 페스트 범유행 초기에 일어난 사건이었다. 흑사병은 희생자의 사타구니와 겨드랑이에 림프샘이 검게 부풀어오른 멍울인 가래톳이 생겨서, 흑사병은 흔히 가래톳 페스트bubonic plague라 불렸다. 흑사병의 병원체는 바실루스bacillus 세균인 '이에르시니아 페스티스Yersinia pestis'인데, 대개 설치류에 기생하는 벼룩이 옮기지만 사람 벼룩human flea도 옮길 수 있다. 특정한 상황에서는 감염된 희생자의 호흡을 통해서도 전파될 수 있다. 현대적 견해로는 흑사병이 진행되어 폐렴이 발생하면 희생자가 날숨으로 바실루스 세균을 내뱉고 이것이 공기 감염을 일으키면서 사람 간 직접 전파가 일어난다는 것이다. 이러한 형태의 페스트는 가래톳 페스트가 아니라 훨씬 더 위험한 폐 페스트Pneumonic plague로 분류된다.

최초의 페스트 범유행은 이로부터 800년 전인 541년에 발생했다. 흑사병의 전신인 이 페스트는 6세기 내내 병독성을 유지했지만 시간이 흐르면서 점차 약해졌다. 그리고 760년대에 마침내 사라졌다. 1347년, 근 600년간 유럽에서 페스트를 본 사람은 아무도 없었다. 그래서 누구도 페스트의 재출현에 대비하지 못했다. 재출현한 페스트는 1331년 중국에서 처음 발병 사례가 기록되었다. 페스트는 실크 로드를 여행한 상인들과 함께 1347년에 크름반도에 도달했다. 크름반도의 페스트 감염자들은 콘스탄티노폴리스로 향하는 제노바 선박에 탑승했다. 콘스탄티노폴리스에서 시칠리아로, 그리스로, 이집트로, 북아프리카로, 시리아로, 그리고 성지로 흑사병이 퍼져나갔다. 1347년 말에는 가장 위험한 폐 페스트의 형태로, 기독교 세계의 상업 중심지인 무역 도시 베네치아와 피사, 제노바에 당도했다. 페스트가 퍼진 도시에서는 순식간에 시체 더미가 쌓여갔다. 사망률은 보통 40퍼센트를 넘었다.

흑사병에 대한 소식은 흑사병보다 더 빨리 퍼졌다. 사전 경고를 받은 도시들은 여행자를 막기 위해 성문을 닫았지만, 음식과 물자 공급을 위해 때때로 성문을 열 수밖에 없었고, 이때 벼룩처럼 작은 무언가를 막아낼 방법은 없었다. 흑사병은 누구에게도 자비를 베풀지 않았다. 부자, 빈자, 여자, 아이, 기독교인, 무슬림 모두가 죽어 나갔다. 튀니지에서는 이븐 할둔이 "마치 세상 속 존재의 목소리가 사라지고 싶다고 청하자 (…) 세상이 그 부름에 응답한 것 같았다"라고 적었다. 아뇰로 디 투라는 시에나에서 겪은 일을 이렇게 묘사했다.

죽음은 5월에 시작되었다. 잔인하고 끔찍한 죽음이었다. 그 잔인함과 무자비함에 관해 어디서부터 말해야 할지 모르겠다. 아버지가 아이를 버리고, 아내가 남편을 버리고, 형제가 형제를 버렸다. 이 병이 숨결과 눈빛을 통해 전염되는 듯했기 때문이다. 살아남은 가족들은 죽은 가족의 시체를 최선을 다해 도랑으로 끌고 왔다. 사제도 없었고, 예배도 없었다. (…) 그리고 나는 내 다섯 아이를 내 손으로 직접 묻었다. (…) 너무도 많은 이들이 죽어서 모두가 다 세상의 종말이 도래했다고 여겼다.

피렌체는 유럽에서 가장 심각한 피해를 본 도시 가운데 하나였는데, 전체 인구의 약 60퍼센트가 사망했다. 한 목격자는 이렇게 증언했다.

　　시민들에게는 죽은 자의 시신을 나르는 일 말고는 할 일이 거의 없었다. 많은 이들이 고해성사를 하지 못하거나 종부성사를 받지 못하고 죽었다. 많은 이들이 자살했고, 많은 이들이 굶어 죽었다. (…) 성당마다 아주 깊은 구덩이를 팠다. 지하수면에 닿을 정도였다. 간밤에 죽은 가난한 사람들이 무더기로 쌓이면 시체를 그 구덩이에 빠뜨렸다. 아침이 되면 구덩이에 수많은 시체가 쌓여 있다. 그러면 사람들이 삽을 가져와 시체 위에 흙을 덮었다. 다음 날이 되면 그 흙 위에 또 다른 이들의 시체가 쌓여 있었다. 그러면 그 시체 위에 새로이 흙을 덮었다. 이런 일이 계속 반복되었다. 꼭 파스타와 치즈를 겹겹이 쌓아 만든 라자냐 같았다.[5]

　　시인 조반니 보카치오는 망자를 처리하는 방식에 큰 충격을 받았다. 보카치오는 "사람들은 망자의 시신을 직접 집 밖으로 끌어내 문 앞에 두었다. 순회하는 사람들이 볼 수 있게 하기 위해서였다. 이것은 이웃 사람 대다수의 일반적인 관행이었는데, 부패한 시체로부터 전염될 두려움에 떨면서도 망자에 대한 동정심에서 우러나온 행동이었다"라고 기록했다.[6] 피렌체의 작가 조반니 빌라니는 흑사병의 희생자가 되었다. 그의 연대기에 적힌 마지막 말은 "그리고 흑사병이 계속되었다. …까지"였다. 빌라니가 날짜를 채 기입하기도 전에 흑사병의 검은 손이 그의 입을 틀어막았다.

　　1348년 1월, 흑사병이 프랑스의 항구 도시 마르세유에 도달했다. 흑사병은 마르세유에서 북으로는 프랑스 전역으로 퍼져나갔고 서로는 스페인으로 퍼져나갔다. 흑사병의 맹위는 수그러들지 않았다. 페르피냥에서는 공증인 125명 가운데 80명이 사망했고, 이발 외과의barber-surgeon 18명 가운데 16명이 사망했으며, 의사 9명 가운데 8명이 사망했다.[7] 페르피냥에서 번성하던 대부업은 완전히 기능을 상실했다. 교황 클레멘스 5세 이후로 교황들의 거처였던 프랑스의 아비뇽에서는 추기경 3분의 1이 선종했다. 랑그도크와 프로방스에서는 인구 절반이 사라졌다. 그럼에도 흑사병은 계속해서 사방으로 퍼져나갔다. 부르고뉴의 지브리는 특이하게도 1334년부터 교구 등록부를 작성한 곳이었는데, 연평균 23건이었던 시신 매장 수가 단 넉 달 만에 626건으로 치솟았다. 이는 사망률이 50퍼센트가량이었음을 시사한다. 잉글랜드에서는 모든 교구에서 성직자의 40퍼센트 이상이 사망했으며, 엑서터 교구는 절반이 넘는 성직자를 잃었다.[8] 시골인 우스터셔에서 소작농의 평균 사망률은 42퍼센트에 달했는데, 이 평범해 보이는 수치 안에는 사망률이 19퍼센트였던 하틀베리 같은 운 좋은 장소와 사망률이 무려 80퍼센트에 달한 애스턴 장원처럼 끔찍한 피해를 본 지역이 숨어 있었다. 잉글랜드의 2대 대도시인 런던과 노리치는 둘 다 사망률이 40퍼센트 정도였다. 1349년 7월 초, 노르웨이의 항구 도시 베르겐에서 표류 중인 런던발 선박이 발견되었다. 조사관들이 승선했을 때는 이미 모든 선원이 사망한 채였다. 조사관들은 잔뜩 겁에 질려 배에서 철수한 뒤 해안으로 돌아왔다. 그러나 때는 이미 늦었다. 한 조사관이 흑사병에 걸린 것이다. 그렇게 흑사병은 노르웨이에도 당도했다.[9]

흑사병으로 대체 얼마나 많은 사람이 죽었을까? 교황청 관료들은 기독교인 2,400만 명이 사망했다고 계산했는데, 이 숫자가 전체 기독교인의 3분의 1에 해당한다고 여겼다. 최신 연구에 따르면 사망률은 이보다 훨씬 높게 나온다. 프랑스 대부분의 지역에서 인구 60퍼센트가 사망했고, 잉글랜드에서는 사망률이 60퍼센트

를 살짝 넘겼을 가능성이 있으며, 카탈루냐와 나바라에서는 60퍼
센트, 이탈리아에서는 50에서 60퍼센트가 사망했다.[10] 대규모 사
망은 명백히 사람들에게 트라우마를 남겼다. 사제와 하인, 요리
사, 목동, 수확 일꾼, 어린아이들의 엄마 등 일상생활에서 필수적
인 역할을 맡던 사람들이 일상에서 사라졌기 때문이다. 1340년에
는 1316~1319년의 대기근보다 사망률이 높은 사건은커녕 비슷한
사건도 상상조차 하지 못했다. 그러나 1347년 이후로 유럽 사람들
은 죽을 준비가 되어 있었다. 사실 유럽인들은 계속해서 죽을 준
비를 해야 했다. 흑사병은 이 범유행 전염병의 첫 번째 파동에 불
과했기 때문이다. 이 전염병은 1361~1362년, 1369년, 1374~1375에
돌아왔으며, 이후 3세기 동안 평균 8년에서 12년마다 돌아왔다. 이
후의 유행은 첫 번째 유행만큼 심각하지는 않았지만, 여전히 수백
만 명의 사람들을 죽였다. 예를 들어 1361~1362년의 유행은 1년
도 채 안 되는 시간 동안 잉글랜드에서 또다시 인구의 10퍼센트를
없애버렸다. 한 세기 뒤인 1478~1480년에 대유행이 다시 일어나
면서 이번에도 비슷하게 10에서 15퍼센트에 달하는 인구를 앗아
갔다. 흑사병 발생으로부터 300년이 지났음에도, 페스트는 여전
히 중간 규모 도시의 거주민 15퍼센트를 죽일 수 있었으며, 대도시
에서는 상황이 더 심각했다. 1563년에는 20퍼센트가 넘는 런던 인
구가 사망했다. 1576년 베네치아, 1649년 세비야, 1656년 나폴리,
1720~1721년 마르세유에서는 사망률이 심지어 이보다 더 높았다.
그러므로 14세기는 공포가 휩쓸고 간 세기였다. 사람들은 매일 밤
마다 오늘이 이 세상에서 보내는 마지막 날일 수 있다고 생각하며
잠자리에 들었다.

그러나 이 책의 맥락에서 볼 때, 14세기의 가장 중요한 특징은

페스트가 맹위를 떨친 것이 아니다. 더 중요한 것은 사회가 무너지지 않았다는 사실이다. 인구의 절반 이상이 죽었음에도 사람들은 재산 소유권을 내던지지도, 파종과 수확을 멈추지도 않았다. 일부 지역에서는 법과 질서가 붕괴했지만 오래가지 않았다. 피렌체에서는 베치니becchini라 불린 무덤 도굴꾼들이 빈집을 털고, 두려워서 집에 틀어박힌 사람들의 돈을 갈취하고, 무방비 상태의 여성들을 등쳐먹었지만, 무법 상태는 고작 몇 주밖에 지속되지 않았다. 수많은 고위 성직자와 권력자들이 흑사병으로 죽었지만 이들은 빠르게 교체되었다. 그리고 유럽의 통치자들은 의연한 태도를 취했다. 잉글랜드에서는 에드워드 3세가 흑사병이 창궐한 프랑스로 여행을 떠날 것이라 공언했고, 실제로 잠시나마 프랑스에 방문했다.

또한 에드워드 3세는 잉글랜드가 흑사병으로 고통받고 있던 1349년 4월에 윈저에서 많은 참가자들이 참여한 마상 창 시합을 열었으며, 가터 기사단 창단을 완료했다. 그의 메시지는 간단했다. 하느님이 자신을 지켜주신다는 것이었다. 게다가 그는 백성들에게 자신이 신의 선택을 받았다고 확신한다는 것을 과시하기로 결심했다. 자신의 딸 중 한 명이 이미 희생자가 되었다는 사실을 고려하면 퍽 용감한 태도였다.

세속적으로도 종교적으로도 가장 중요한 문제는 흑사병의 장기적인 영향이었다. 중세 사회는 유난히 경직되어 있었으며, 하느님이 인간에게 지위를 부여한다고 여겼다. 장원 영주는 전투에서 부하들을 이끌고 싸우도록 길러진 사람이었다. 제화공은 제화공일 뿐 그 이상도 이하도 아니었다. 영주에게 땅 3만 제곱미터를 받은 부자유 소작농은 부자유 소작농일 뿐이었다. 이들이 각자의 역할을 떠맡았던 것은, 하느님이 그 역할을 맡겼기 때문이었다. 그러나 인구 급감은 이 경직된 구조에 큰 균열을 일으켰다. 가장 심각한 문제는 극심한 인력 부족이었다. 가족을 잃은 노동자들은 더는 예속된 삶을 받아들일 필요가 없었다. 잃을 것이라곤 아무것도 없던 그들로서는 가까운 도시에 가서 자신의 노동력을 팔면 그만이었다. 굶주리는 아이들을 둔 소작농은 더는 영주가 주는 한 줌의 땅에서 경작하는 것에 만족할 필요가 없었다. 이웃 지주가 일꾼들에게 더 좋은 임금을 제시했으니 말이다. 만약 영주가 소작농을 계속 붙잡아 두려면 더 나은 임금과 더 넓은 땅을 주어야 했다.

흑사병만큼 중세 후기를 이전 시기와 명확히 구분 짓는 것은 없다. 비록 이 장의 시작부에서 언급한 대기근으로 13세기의 낙관주의는 1347년 한참 전에 무너지긴 했지만, 이제 흑사병 때문에 사람들은 자신들이 이 지구상에서 어떤 위치를 차지하고 있는지조차 혼란스러워했다. 어떤 사람들은 자기 마을 사람들이 사실상 전멸했다는 사실을 받아들여야 했고, 마땅히 신께 어째서 우리 마을 사람들을 이리도 잔혹하게 대하셨냐고 물었다. 바로 옆 마을의 사망자가 훨씬 더 적은 상황이라면 더더욱 그랬다. 하느님이 이토록 고통스럽고 무시무시한 병으로 요람 속 아기들을 죽이는데, 과연 하느님이 인류를 위해 최선을 다한다고 할 수 있을까? 사회의 취약한 부분을 부수는, 페스트를 겪으며 사람들은 질병의 원인이 무엇인지에 관한 깊은 의문을 품게 되었다. 1294년부터 1303년까지 재위했던 보니파시오 8세의 즉위 이후 이어진 교황청의 쇠퇴를 많은 이들이 숙고하기 시작했다. 그의 재위기부터 교회 고위층들은 점점 더 부패하고 부당하게 이익을 취하기 시작했다. 교황들이 세속 군주인 프랑스 왕의 영향 아래에 놓이면서, 기독교인의 눈에는 교황의 위상이 찬란했던 과거의 희미한 그림자로 전락한 것처럼 보였다. 사람들은 로마 교회가 그들을 올바른 방향으로 이끌고 있는지 의심하기 시작했다. 어떤 이들은 흑사병이 종교 지도자들이 타락한 죄로 신께서 전 인류에게 내린 징벌일지도 모른다고 의심했다.

또한 흑사병은 죽음에 대한 사람들의 인식을 바꾸었다. 어쩌면 여러분은 죽음이 인간의 삶에서 몇 안 되는 변치 않는 것 가운데 하나라고 생각할지도 모르지만, 죽음은 실제로는 매우 급격한 변화의 대상이다. 죽음은 그 자체로는 존재하지 않는다. 죽음은 실체를 가지고 있지 않다. 그러므로 죽음은 오직 살아 있는 자들의 마음속에서만 의미를 지닌다. 사람들은 죽음이 생명의 부재라 믿었으며, 죽음 뒤에도 다른 형태의 삶이 있다고 믿었다. 사후 세계에 관한 믿음에 변화가 일어났다. 14세기 유럽 전역은 죽음과 밀접히 연관되어 있었다. 문학 작품은 악마와 연옥, 사후 세계로 물들었다. 종교 회화와 조각에서는 해골 모티프가 점점 더 많이 사용되었다. 잉글랜드에서는 종교 분파인 롤라드파가 더 치열하고 더 영적인 삶의 방식을 옹호했다. 14세기 말, 롤라드파에 속한 기사와 고위 성직자들의 유언장에 유언자 자신의 육신이 얼마나 혐오스럽고 죄스러운 것인지가 점차 강조되기 시작했다. '메멘토 모리 Memento mori', 즉 '그대가 반드시 죽는다는 사실을 기억하라'는 문구가 석관에 새겨져 성당과 대성당에 안치되었다. 우리는 모두 언젠가 죽고 우리 육신은 썩어 문드러질 것임을 상기하는 의미였다. 예배당과 종교 시설, 다리와 학교, 빈민 구호소, 여행자 병원을 위한 기부금이 늘어났다. 이렇듯 개인적인 경건한 행위와 자기혐오가 담긴 표현에서 우리는 더 심오한 무언가를 찾아낼 수 있다. 그것은 바로 하느님의 눈에 자신들이 어떻게 보일지 불안해했다는 것이다. 만약 하느님이 인류를 완전히 멸망시키기로 결정했다면 어떻게 한단 말인가? 1348년 이후, 사람들은 인류가 실제로 멸망할 가능성이 있다고 여겼다.

그러나 일부 살아남은 이들에게 흑사병은 기회로 가득한 세상을 열어주었다. 앞서 살펴보았듯, 수혜자들 가운데는 본래 장원에서 벌던 돈보다 더 비싼 값에 자신의 노동력을 팔 수 있다는 사실을 알게 된 소작농들도 있었다. 잉글랜드와 프랑스에서는 자유 시장이 임금을 좌우하는 것을 금하는 법안이 통과되었지만 사실상 유명무실했다. 소작농들은 자신의 노동이 주인에게 큰 가치가 있다는 사실을 깨닫고, 영주에게 전보다 더 존엄한 대우를 요구했다. 제대로 된 대접을 해주지 않으면 반란을 일으켰다. 농민들은 이전에는 반란을 일으키려는 마음을 거의 드러내지 않았지만, 흑사병의 결과로 자존감을 얻게 되었다. 이는 파리에서 일어난 자크리의 난(1358), 피렌체에서 일어난 촘피의 난(1378), 잉글랜드 농민 반란(1381) 같은 수많은 봉기로 이어졌다. 실제로 전 역사를 통틀어 봐도 대량 사망이 고용인과 피고용인 모두에게, 남녀 노동자의 중요성이 커졌음을 자각하게 한 것은 매우 놀라운 일이다.

이전에는 결코 전염병과 연관되지 않았던 사회의 여러 측면들이 이제는 큰 영향을 받았다. 결혼 권리가 그 좋은 예다. 1332년, 도콤베에 사는 스몰리지의 아그네스라는 여성 보증인이 모어턴의 자유인인 로저 더 시어먼과 결혼하기를 원했다. 이 요청은 도콤베 장원의 주인인 캔터베리 수도원장에게 전달되었다. 캔터베리 수도원장은 이 요청을 거부했다. 이 결혼을 승인하면 아그네스에게 장원에서 일할 의무가 사라지기 때문이었다. 그러나 1332년에 농노제가 여전히 사람들의 삶과 행복을 좌우했던 반면, 1400년경에는 서유럽 거의 모든 곳에서 농노제가 무너졌다. 부자유 소작농들이 영주에게 지불해야 했던 소작료는 1374~1375년에 있었던 제4차 페스트 범유행 이후로 줄어들었다. 땅은 충분한데 소작농이 부족했기 때문이었다. 큰돈을 빌린 영주들 가운데 일부는 빚더미에 올라 진취적인 도시 사람들에게 장원을 임대하거나 팔아야 할 처지에 놓였다. 스몰리지의 아그네스 같은 여성들은 이제 영주에게 부담금을 내고 자신이 고른 사람과 자유롭게 결혼할 수 있게 되었다. 노동자들을 토지에 묶어두었던 봉건적 구속은 재정적 의무로 대체되었다. 강요된 충성심을 돈이 대신했다. 시골에서는 자본주의가 봉건주의를 대체하기 시작했으며, 도시에서는 자본주의가 이미 완승을 거둔 뒤였다.

이 책에서는 흑사병으로 인한 몇몇 주요 변화만을 다룰 수 있다. 그럼에도 이 책의 목적에 맞춰 이 시기를 평가해보자면, 1347년에서 1352년까지의 기간은 아마도 우리 역사의 형성에서 가장 중요한 시기였을 것이다. 이 시기와 견줄 만한 시기는 틀림없이 두 차례의 세계대전뿐일 것이다. 두 세계대전 모두 급격한 사회 변화와 기술 변화를 동반했기 때문이다. 그러나 매분 매초 사람들이 불시에 고통스럽게 죽어 나가고 누구도 그 이유를 알지 못했던 시대를 떠올려 보면, 심지어 두 차례의 세계대전이라 한들 그 빛이 바랠 수밖에 없다.

투사체 전쟁

현대에 중세 성에 딸린 선물 가게를 방문한다면, 여러분은 중세 기사들이 기회만 되면 서로 공격하고 싶어 안달이 나 있었다는 인상을 받을지도 모른다. 동시대의 몇몇 자료가 이 관점을 뒷받침한다. 14세기 가스코뉴의 연대기들을 보면 계절 주기로 전투가 벌어졌음을 알 수 있다. 중세 아일랜드의 연대기들은 한 영주가 다른 영주의 소를 훔친 이야기나 전년도에 유사한 공격을 당해 보복으로 아들을 매복 살해했다는 이야기로 가득하다. 그러나 실제로는 두 나라의 군대가 전장에서 만나는 경우는 드물었다. 전쟁은 너무 위험한 사업이었기 때문이다. 군대는 대부분 꼭 필요할 때만 출전했는데, 이는 보통 왕이 자신의 군대가 적보다 아주 유리해서 절대 질리가 없다고 생각할 때였다. 적군이 장비를 제대로 갖추지 못했거나, 지쳤거나, 굶주렸거나, 숫자가 부족하거나, 병으로 고통받고 있거나, 사기가 떨어졌거나, 기습에 취약하다는 사실을 알게 되면 전투에 나서는 쪽으로 마음이 기울었다. 하지만 이런 정보가 있다해도 전면전이 일어난다는 보장은 없었다. 왕들은 모든 것이 자기자신의 생존에 달려 있다는 사실을 알았다. 전장에서 왕이 죽거나 포로로 잡히면 전투에 지는 것은 물론이고, 하느님이 적을 돕고 있다는 증거가 되면서 전쟁의 명분을 잃게 되기 때문이다. 사기가 저하되고 장비가 부족한 군대라도 운이 좋아 적의 지휘관을 죽이면 전투에서 승리할 수 있었다.

1300년에 정말로 중요한 것은 적보다 더 잘 무장하고 더 잘 훈련된, 그리고 더 많은 병사를 보유하는 것이었다. 따라서 11세기 이후로 기사들, 특히 기사들의 집단 돌격은 전투의 승패를 가르는 중요한 요소였다. 마상 창을 든 고도로 훈련된 기사들이 데스트리어destrier라 불린 특별히 크게 사육한 말을 타고 집단으로 대형을 이룬 뒤, 전장을 가로지르며 전력으로 돌격하면서 눈앞에 있는 모든 것을 쓸어버렸다. 기사들의 돌격은 마치 단단한 창날로 이루어진 거센 쓰나미처럼 엄청난 속도로 눈앞의 모든 것을 찢어발겼다. 기사들의 돌격 전술이 결정적이지 않았던 유일한 경우는 전략적인 실수로 역효과를 낳았을 때뿐이었다. 가령 돌격하던 기사들이 적을 너무 멀리까지 추격해 아군 보병과 단절되거나, 땅이 너무 축축해서 말의 속도가 느려지고 돌격이 그 기세를 잃을 때처럼 말이다. 그러나 13세기 말, 잉글랜드의 에드워드 1세에 맞선 웨일스군과 스코틀랜드군은 대규모 기병 돌격에 맞설 효과적인 방법을 찾아냈다. 그것은 바로 실트론Shiltron이라 불린, 창으로 무장한 병사들을 원형으로 배치해 서로의 등을 지켜주는 전술이었다. 실트론 전술을 쓸 때 병사들은 창대를 땅에 박아 고정한 뒤 창날을 원진 밖으로 기울였는데, 그러면 돌격하던 말이 창날에 찔리거나 피해갈 수밖에 없었다. 1314년 배녹번 전투에서 자칭 스코트인의 왕인 로버트 브루스는 부하들을 4.8미터 길이의 장창으로 무장시키고 실트론 진형으로 배치함으로써, 잉글랜드 기사단의 집단 돌격을 무력화했다. 습한 지면과 맞물려 이 전략은 성공했다. 잉글랜드 기사도의 꽃은 이제 돌격이 아니라 학살장에서 도망치기 위해 군마에 올라타야 할 처지가 되었다.

배녹번 전투는 스코트인의 결정적인 승리로 판가름났으나, 아이러니하게도 이 승리는 남은 14세기 동안 잉글랜드가 군사적 우위를 점하게 하는 단초가 되었다. 스코틀랜드에 땅을 소유한 잉글랜드 북부 영주들에게 복수심을 불러일으켰기 때문이다. 이 영주들 가운데 경험이 풍부한 군인이자 유능한 지휘관이었던 헨리 보몬트Henry Beaumont가 있었다. 또 다른 영주인 에드워드 발리올은 스코틀랜드의 왕위 요구자claimant였는데, 1329년에 로버트 브루스가 사망한 이후로 스코틀랜드 왕위에 대한 자신의 권리를 주장하려고 안달이 나 있었다. 1332년, 역사가들에게 '상속권 박탈자들The Disinherited'이라고 알려진 잉글랜드인 기사 무리를 이끌고 두 영주는 조상 대대로 물려받은 땅을 되찾고자 스코틀랜드에 들어섰다. 배녹번 전투에 참여한 적 있던 보몬트는 당시 잉글랜드군이 어떻게 해야 했는지 정확히 알고 있었다. 실트론 진형은 이동 속도가 느렸고, 빈약한 갑옷을 입은 병사들이 진형을 구성했기 때문에 궁병에 취약했다. 그래서 보몬트는 궁병 1,000명을 데려갔다.

스코틀랜드 파이프의 킹혼에 상륙한 상속권 박탈자들은 자신들이 대군에게 포위되었음을 깨달았다. 스코트인 연대기 작가는 이들이 마주한 적의 수가 4만 명이었다고 했으며, 잉글랜드인 연대기 작가는 3만이라고 했다.[11] 보몬트와 발리올은 궁병을 포함해도 총 병력이 채 3,000명이 되지 않았다. 1332년 8월 10일, 더플린 무어에서 10대 1로 수 차이가 벌어졌던 양측이 최후의 결전을 치렀다. 좌익과 우익에 동등한 수로 배치된 궁병들은 스코틀랜드군의 실트론 진형을 무너뜨렸을 뿐만 아니라, 진격하는 스코틀랜드군을 저지하며 좌우익 사이의 킬존kill zone(대량 살상 지대)에 가두었다. 스코틀랜드군은 후퇴할 수 없었다. 뒤에서 전진하는 아군이 자신들을 계속 앞으로 밀었기 때문이다. 이들이 할 수 있는 일이라고는 죽은 전우들의 시체 산 위로 기어 올라가 잉글랜드군의 치명적인 화살 앞에 스스로 몸을 드러내는 것뿐이었다. 북부의 연대기 작가는 이런 기록을 남겼다. "엄청나게 놀라운 일이 그날 일어났다. 이전에 있었던 그 어떤 전투에서도 듣지도 보지도 못한 일이었다. 그것은 바로 죽은 자들의 시체 더미가 지면으로부터 하늘 높이 쌓였다는 것이다. 시체 더미가 어찌나 높이 쌓였던지, 그 높이가 창

하나를 세운 것보다 더 높을 정도였다." 1332년에는 창의 길이가
4.8미터에 달했다는 사실을 잊지 말자.[12]

헨리 보몬트가 그날 사용한 전략은 현대전의 기본 원칙이 되
었다. "적군과 백병전이 벌어질 때까지 가만히 있지 말라. 적이 당
신 머리를 부수거나 배를 찌르기 전에 먼저 쏘아라." 이 전략의 핵
심은 투사 무기를 '대량'으로 사용함으로써 기관총과 같은 효과를
내는 것이다. 실트론 진형을 깨뜨리는 데는 궁수 수십 명만 있으면
충분할지 모르지만, 중무장한 기병대의 돌격을 막아내려면 반드
시 수천 명의 제대로 편성한 궁병대가 필요했다. 장궁長弓은 그 정
확도가 약 180미터 거리까지만 유지되고 그 절반 거리 안쪽에서만
갑옷을 관통할 수 있었지만, 선두에 선 적 기병들이 아군 궁병에게
가까이 접근했을 때 그들을 낙마시키는 전술을 사용하면 남은 모
든 목표물을 궁병 바로 앞, 즉 킬존 안에 가둘 수 있다. 각 궁수는
5초에 한 번꼴로 화살을 쏠 수 있었다. 즉 더플린 무어에서는 분당
1만 2,000발의 화살이 쏟아졌다는 의미다. 목표물을 직접 겨냥하
는 것은 중요하지 않았다. 잉글랜드군의 약 90미터 앞에 있는 땅에
집중 사격해 화살 폭풍을 일으키기만 하면 되었기 때문이다. 어떤
군대라 해도 이토록 치명적인 공격 앞에서 전진할 수는 없다. 헨리
보몬트가 이 모든 것을 사전에 계획했는지, 아니면 단지 운이 좋았
던 것인지는 알 수 없다. 어느 쪽이든 며칠 안에 보몬트가 승리했
다는 소식이 잉글랜드의 에드워드 3세의 귀에 들어갔다.

에드워드 3세가 태어났을 때, 그가 전쟁에서 승리할 것이라는
예언이 있었다. 더플린 무어 전투에서 승리했다는 소식은 에드워
드 3세에게 이 예언을 실현할 청사진을 주었다.[13] 1년도 채 지나지
않은 겨우 스무 살 나이에 에드워드 3세는 수는 많지 않지만 잘 무

장한 잉글랜드군을 이끌고 할리돈 언덕에서 스코틀랜드군을 상대로 배녹번 전투의 설욕을 씻었다. 이것은 시작에 불과했다. 1330년대 후반, 전쟁이 확대되면서 프랑스가 스코틀랜드 편에 섰을 때, 에드워드 3세는 바다와 육지 모두에서 장궁을 활용해 적을 무찔렀다. 가장 유명한 전투는, 에드워드 3세가 1346년에 의회의 권고에 따라 약 1만 5,000명의 군대를 이끌고 출항하여 프랑스에 상륙한 뒤 파리로 진군하면서 벌어졌다. 잉글랜드 같은 작은 나라의 왕이 기독교 세계에서 가장 강력한 국가인 프랑스의 군대와 대결한다는 것은 상상도 할 수 없는 일이었다. 그러나 1346년 8월 26일, 에드워드 3세는 크레시에서 프랑스군의 공격을 유도했다. 5,000명의 잉글랜드 궁병은 우선 적의 석궁병들을 쏘아 화살꽂이로 만든 뒤 프랑스 기사와 중기병men at arms을 학살했다. 에드워드 3세가 노르망디의 울퉁불퉁한 길 위로 힘들게 끌고 온 대포를 적의 병사들과 군마에게 발포하기 시작하면서 총알과 포탄이 프랑스군 전열에 쏟아졌다. 프랑스군은 용맹하게 싸웠지만 전멸했다.

크레시 전투는 더플린 무어와 할리돈 언덕에서 사용한 전략의 효과를 전 세계 사람들에게 보여주었다. 사람들은 병사들을 투사체 무기로 무장시키면 소수의 군대로도 다수의 적을 무찌를 수 있다는 사실을 알게 되었다. 게다가 이 전략을 사용하면 군인들의 부상 위험이 상대적으로 적기 때문에 계속해서 같은 전략을 사용할 수 있다는 장점도 있었다. 좋든 나쁘든, 이렇게 세계 군사 역사의 새로운 장이 열렸다.

에드워드 3세의 가장 큰 행운은 그가 다스리는 왕국에 좋은 궁수들이 가득했다는 것이다. 스코틀랜드군이 주기적으로 침공했기 때문에 잉글랜드 북부에서는 잘 훈련된 궁병이 집중 양성되었다.[14] 게다가 1290년에서 1320년 즈음에 기근의 영향으로 법과 질서가 부분적으로 붕괴하면서 많은 남성들이 자신들의 공동체를 방어하기 위해 직접 행동에 나섰다. 잉글랜드 북부 지역과 웨일스 변경 지방에서는 남자아이에게 어릴 적부터 장궁 쏘는 법을 익히게 하는 아주 긍정적인 전통이 생겼다. 다른 나라에서는 궁수를 천시한 반면 잉글랜드에서는 존중했다. 궁수 문화가 발달했다는 말은 화살을 대량으로 공급할 수 있다는 의미였다. 화살 300만 개가 필요하면 에드워드 3세는 그냥 화살을 모아오라고 명령만 내리면 끝이었다. 특별 주문을 넣거나 제작이 끝날 때까지 기다릴 필요가 없었다. 단일 부대로서 화살을 빠르게 발사하는 궁수들은 어떤 전투에서나 쓸 수 있는 에드워드 3세의 비장의 카드였다.

에드워드 3세는 이 행운을 당연하게 여기는 사람이 아니었다. 그는 활로 할 수 있는 일을 몇십 년 전에 중국에서 온 총포로도 할 수 있다는 사실을 깨달았다. 1340년대에 그는 런던탑에 화약을 생산하고 비축하라는 명령을 내렸으며, 1346년에는 연간 2톤의 화약을 생산했다. 에드워드 3세의 짧고 둥글납작한 대포는 최소 4분의 3마일의 사정거리를 가지고 있었다. 그는 또한 다수의 총신을 지닌 총포인 리볼데퀸을 개발하기도 했다. 1347년, 칼레 공성전에서 에드워드 3세는 성벽을 대포로 폭격했다. 길었던 통치기 후반에 에드워드 3세는 도버성과 칼레, 퀸버러에 최초의 대포 요새를 짓고 바다를 지키기 위한 대포를 설치했다. 14세기 말, 잉글랜드와 프랑스는 서로를 상대로 한 전쟁에서 모두 총포를 사용했다. 다른 유럽 국가 대부분도 마찬가지였다. 스톡홀름의 스웨덴 역사박물관에서 관람할 수 있는 로슐트 대포Loshult Gun는 14세기 초에 제작되었고, 모르코 대포Mörkö Gun는 1390년경에 만들어졌다. 14세기에 제작된 다른 대포들은 독일의 쾰른과 뉘른베르크, 프랑스의 파리와 프로방스, 이탈리아의 밀라노, 스위스의 베른 등지의 박물관에 소장되어 있다.

훗날 총포가 활보다 우월하다는 사실이 증명되었지만, 14세기 총포의 유효성을 과장해선 안 된다. 당시 총포의 주된 가치는 공성전에서 드러났다. 1405년, 대형 대포에서 일곱 번 포탄이 발사되자 워크워스성이 백기를 들었다. 얼마 지나지 않아 대형 대포에서 발사된 단 한 발의 포탄이 버릭의 컨스터블 타워를 무너뜨리자 스코틀랜드군은 어쩔 수 없이 항복했다. 그러므로 대포는 다른 형태의 공성 병기였을 뿐이다. 기독교 세계는 성에 거대한 바위를 발사해 성벽을 무너뜨리는 투석기 같은 기계에 친숙했다. 그러나 공성 병기는 느리고, 무겁고, 부정확했다. 그에 비해 수천 개의 장궁은 제작과 유지, 수송과 발사가 훨씬 더 쉬웠다. 그러므로 전쟁에 중요한 변화를 일으킨 주체는 장궁이었다. 헨리 5세가 명성 높은 증조부를 흉내내어 프랑스 땅에서 프랑스군과 교전을 벌였을 때, 아르플뢰르 공성전에서는 대포를 사용했으나 1415년 아쟁쿠르 전투에서는 프랑스 기병대를 막아내기 위해 장궁에 의지했다.

에드워드 3세는 장궁병을 대규모로 운용하는 것이 얼마나 효과적인지를 입증했고, 잉글랜드의 궁수들은 큰 자신감을 얻었다. 잉글랜드 궁수들은 제각각 고국을 떠나 더 먼 전장에서 전투에 참여했다. 1350년대와 1360년대 프랑스에서는 잉글랜드인 용병대와 탈영병 무리를 찾아볼 수 있었다. 존 호크우드 경을 비롯한 다른 이들은 이탈리아로 향했고, 자신들의 전투 기술을 활용해 그곳의 전쟁터에서 싸우며 부를 쌓았다. 1385년 알주바로타 전투에서는 소수의 잉글랜드인 궁병대가 포르투갈군을 도와 프랑스군 기병대를 막아냈다. 잉글랜드 본국에서는 이러한 군사적 이점을 이어가기 위해 모든 남성들에게 매주 창대에 화살을 쏘도록 강제했다. 장궁은 16세기 들어 머스킷•과 화승총, 권총 등의 총 기술이 발명되면서 쇠퇴하게 되었다. 물론 제2차 세계대전 당시에도 장궁으로 싸운 괴짜 잉글랜드인 장교 '매드 잭' 처칠 같은 예외가 있긴 하지만말이다. 그러나 군대를 운영할 때 근접해서 백병전을 벌이기보다는 멀리서 조직적으로 공격한다는 기본 원칙은 결코 사라지지 않았다. 백병전보다 원거리전을 중시하는 것은 고대 세계와 현대 세계를 구분하는 가장 중요한 차이 가운데 하나다.

민족주의

우리는 대부분 민족주의를 현대 세계와 연관 짓는다. 대부분의 역사학자들도 마찬가지다. 민족주의가 20세기의 가장 큰 잔학 행위들 가운데 일부에 동기를 부여하는 요소로 쓰였기 때문이다. 흔히들 중세 군주들은 민족이 아닌 왕국을 다스렸다고 말한다. 하지만 민족주의란 개념의 뿌리는 중세시대에 있으며, 이는 14세기에 강력하게 그 모습을 드러냈다. 더 구체적으로 이야기하면, 당시에는 민족주의가 세 가지 형태로 나타났다. 우선 민족주의는 정체성의 표현이었다. 고향에서 먼 곳으로 떠났거나 여러 나라 사람들 사이에 섞여 있으면 자신이 어떤 민족이라는 식으로 집단적으로 묘사했다. 둘째, 교회의 관점에서 '민족'이라는 용어는 기독교 세계의

• musket. 양손으로 조작하는 전장식前裝式 소총.

특정 지역에서 온 고위 성직자 집단을 나타냈다. 마지막으로 정치적 맥락에서는 왕과 백성들이 특정 지역이나 귀족 집단, 왕실만의 이익을 위해서가 아니라 공통의 이익을 추구하고자 연합할 때 민족이라는 용어를 쓰기 시작했다. 이 세 가지 유형의 민족주의는 이후에 계속해서 세계를 형성해온 강력한 힘을 집합적으로 나타내게 된다.

13세기부터 정기적인 여행과 국제 무역이 늘어나면서 해외에 사는 사람도 많아졌다. 당연히 이들은 같은 언어를 쓰고, 같은 충성심을 공유하며, 자신들의 관습과 농담을 이해하는 사람들과 함께 지내기를 원했다. 독일과 발트해 지역의 무역 도시 연합인 한자 동맹의 상인들이 외국 항구에 거주지를 만들 때, 상인들은 '민족' 별로 뭉쳤고 '민족'으로 지칭되었다. 이와 비슷하게 유명한 국제 대학에서도 같은 나라의 대학생들이 끼리끼리 어울렸다. 14세기 초, 파리 대학에는 프랑스인, 노르만인, 피카르디인, 잉글랜드인 등 4개의 주요 '민족'이 있었다. 어떤 국경 도시에서는 한 왕국 사람들이 '민족'이라는 말을 써서 자신과 다른 왕국에서 온 친구들을 구분했다. 가령 1305년 국경 도시인 버릭에 거주하는 잉글랜드 '민족' 시민들은 에드워드 1세에게 스코틀랜드 '민족'에 속하는 시민들을 추방해달라고 탄원했다. 그러므로 민족성은 동료를 정의할 때뿐만 아니라 암묵적으로 적을 정의할 때도 사용되었다.

1274년부터 가톨릭교회의 세계 공의회에 참석한 여러 대주교와 주교들도 '민족' 별로 모여 논의하고 투표하기 시작했다. 빈 공의회(1311~1312)에서 대주교와 주교들은 독일인, 스페인인, 데인인, 이탈리아인, 잉글랜드인, 프랑스인, 아일랜드인, 스코틀랜드인의 8개 민족으로 나누어서 모였다. 이러한 종교적 민족은 정치적 왕국과는 직접적인 관련이 없었다. 1311년에는 아직 스페인 왕국이 없었으며, 마찬가지로 독일 민족에는 수많은 국가에서 온 고위 성직자들이 포함되어 있었기 때문이다. 이러한 맥락에서 보면 민족성의 개념은 서로 같은 세속 군주에게 충성한다기보다는 같은 문화와 언어를 공유하고 함께 여행을 다니는 것과 더 밀접한 관련이 있었다. 1336년 베네딕토 12세는 종교적 민족을 프랑스인, 이탈리아인, 스페인인, 독일인 등 4개로 줄였다(잉글랜드인은 독일인으로 배정되었다).[15] 그러나 에드워드 3세가 프랑스를 상대로 승리를 거두면서 잉글랜드의 국제적 지위가 상승하자 고위 성직자들은 피사세계 공의회(1409)에서 잉글랜드인, 독일인, 프랑스인, 이탈리아인, 스페인인 등 5개 민족을 인정했다. 콘스탄츠 세계 공의회(1415)에서는 '무엇이 민족을 구성하는가'라는 질문이 열띤 토론의 대상이되었다. 프랑스인들은 체코인과 독일인이 독일 민족의 일부이듯, 잉글랜드인 또한 독일인 집단에 포함되어야 한다고 주장했다. 잉글랜드인들은 자신들의 주장을 뒷받침하기 위해 터무니없는 거짓말을 하며 독립을 확고히 지켰다. 가령 잉글랜드인들은 브리튼섬에 110여 개의 교구가 있으며, 오크니 제도(노르웨이의 지배를 받지만 종교적으로는 잉글랜드 민족에 속하는)에는 60여 개의 섬이 있는데 이 섬들을 다 합치면 프랑스보다도 크다고 주장했다.[16]

　　종교적 민족주의가 이토록 뜨거운 논의의 대상이 된 것은 이 논의가 정치적으로 중요해졌기 때문이다. 잉글랜드와 스코틀랜드, 프랑스의 왕들에게는 지지자 기반을 확장해야 할 필요성이 점점 더 늘어났으므로, 충성은 어떤 종류든 왕들에게 귀중했다. 예를 들어 1302년 프랑스 왕 필리프 4세와 교황 보니파시오 8세 사이에 논쟁이 벌어졌을 때, 보니파시오 8세는 교령 '거룩한 하나의 교회

Unam Sanctam'를 발행하면서 자기 자신이 종교뿐만 아니라 세속적으로도 전체 기독교 세계의 지배자가 될 수도 있다고 위협했다. 이에 대한 대응으로 필리프 4세는 최초로 프랑스 삼부회를 소집하기로 결정했다. 프랑스 왕에게 직접 충성을 맹세한 사람이든, 아니면 브르타뉴 공작이나 부르고뉴 공작처럼 준※자치를 누리는 공작들의 봉신이든 간에, 프랑스의 모든 종교적 민족의 영주와 성직자, 주요 도시의 대표자들이 삼부회 회의에 찾아왔다. 만약 모든 종교적 민족들의 협조를 얻어 이들이 왕의 대의를 지지해준다면 왕의 권위는 크게 강화될 것이다. 마찬가지로 교회 공의회에서 잉글랜드인 대표들이 민족으로 인정받게 된다면, 잉글랜드인은 프랑스인과 동등한 발언권을 가지고 이 전통적인 적들에 저항할 수 있었다.

잉글랜드에서는 에드워드 3세가 국내외의 다양한 목적을 위해 민족적 이해관계를 활용했다. 그는 스코틀랜드를 상대로, 나중에는 프랑스를 상대로 지속적인 전쟁을 벌이는 것이 민족적 이익에 도움이 된다는 것을 깨달았다. 그렇게 함으로써 가장 강력한 잉글랜드 영주들이 서로 싸우지 못하게 할 수 있었기 때문이다. 그렇게 함으로써 에드워드 3세는 수십 년 동안 지속적으로 국내 평화를 유지했다. 추가 세금이 부과되었음에도 의회는 이 정책을 승인했고, 프랑스에서 전쟁을 벌이는 왕을 지지했다. 왕들은 민족 의식을 고취함으로써 세금을 내는 사람들의 단결심을 고취할 수 있었다. 나라 한쪽 끝에 있는 사람들이 다른 쪽 끝에 있는 사람들을 지키기 위해 세금을 냈기 때문이다. 어느 지역 출신이든 잉글랜드인을 정의하는 것은 프랑스인과 스코틀랜드인에 대한 적대감이었고, 잉글랜드의 국왕뿐만 아니라 문화적이거나 지리적으로 잉글랜드에 속하는 모든 것에 대한 열렬한 충성심이었다. 프랑스인과 스코틀랜드인도 이와 유사하게 잉글랜드인에게 강한 적대감을 품은 민족으로 정의되었다.

또한 정치적 민족주의는 왕과 교황의 관계에 영향을 받았다. 1305년 필리프 4세는 프랑스인이 교황으로 선출되도록 선거를 조작해 클레멘스 5세가 교황이 되었다. 로마 여론은 클레멘스 5세에게 대단히 적대적이었다. 결국 클레멘스 5세는 1309년에 교황청을 아비뇽으로 이전해버렸다. 그렇게 교황청은 실질적으로 프랑스에 속한 기관이 되었다. 1378년까지 클레멘스 5세의 후임 교황 6명 전부와 서임된 추기경 134명 가운데 111명이 프랑스인이었다. 필연적으로 가톨릭교회는 프랑스와 잉글랜드의 정치적 갈등에 말려들게 되었다. 에드워드 3세가 프랑스인을 상대로 승리를 거둔 뒤 잉글랜드에서는 이런 경멸조 농담이 떠돌았다. "이제 프랑스인이 교황이 되고 잉글랜드인이 예수님이 되었으니, 이제 곧 교황과 예수님 중 누가 더 큰 일을 할 것인지 보게 되겠네."[17] 에드워드 3세는 잉글랜드에 교황 서임권과 세금 징수를 제한하는 법을 도입함으로써 교황의 권위를 더욱더 손상시켰다. 여기에 덧붙여 그는 프랑스에 부모 수도원을 둔 수도원들의 수익을 몰수했다. 잉글랜드 시인들은 1330년대부터 프랑스인에 관한 독설적인 노래를 짓기 시작했다. 가령 로렌스 미노Laurence Minot는 "프랑스여, 너는 계집애 같고, 위선적이고, 힘밖에 모르고, 살쾡이 같고, 독사 같고, 여우 같고, 늑대 같고, 메데이아 같고, 교활하고, 세이렌 같고, 잔인하고, 쓰라리고, 거만하구나. 네 안은 쓰디쓴 담즙으로 가득하구나"라는 가사를 썼다.[18]

한때 잉글랜드의 고위층들이 잉글랜드와 프랑스를 오가며 자신들이 소유한 장원을 방문하던 시절이 있었음을 생각해보면, 이것은 실로 엄청난 변화였다. 또한 교황이 로마의 주교로서 성 베드로의 후계자라는 관념과도 동떨어진 것이었다. 1378년 그레고리오 11세가 교황청을 다시 로마로 옮긴 후, 교황직으로 인한 국가 간 긴장은 심화되었다. 얼마 뒤 그레고리오 11세가 선종하자 로마에서는 후임 교황으로 이탈리아인이 선출되었으나, 아비뇽에 남아 있던 프랑스 추기경들은 프랑스인을 대립 교황으로 내세웠다. 이제 두 교황이 기독교 세계에 군림했다. 잉글랜드인과 독일인, 이탈리아인들은 로마에 있는 교황을 지지한 반면, 프랑스인과 스페인계 민족들, 스코틀랜드인들은 아비뇽에 있는 프랑스인 교황을 지지했다. 이 분열을 끝내기 위해 1415년에 소집한 콘스탄츠 공의회에서 종교적 사안만큼 많은 시간을 할애해 '무엇이 민족을 구성하는가'를 주제로 논쟁한 것은 놀라운 일이 아니었다.

다른 곳에서는 민족적 이익을 위한 충성심이 다양한 형태로 나타났다. 독일에서는 신성로마제국 황제의 역할과 권력이 제국에 대한 더 높은 차원의 의무를 의미했다. 그러나 실제로는 직속 영주나 군주에 대한 충성이 우선시되었다. 이베리아 반도에는 다양한 문화가 혼재하고 있어서 포르투갈 왕국과 카스티야-레온 왕국, 아라곤 왕국에서는 각각 왕에게 충성을 하는 방식이 확연히 달랐다. 스칸디나비아반도의 왕국들은 무역 연합인 칼마르 동맹을 형성해 평화롭게 공존했다. 칼마르 동맹은 덴마크 왕국과 스웨덴 왕국(핀란드 포함), 노르웨이 왕국(아이슬란드, 그린란드, 페로스 제도, 셰틀랜드 제도, 오크니 제도 포함)으로 이루어져 있었다. 이런 곳에서는 민족주의가 이웃 나라에 대한 강렬한 적대심이 아니라 우애를 의미했다. 물론 이탈리아에서는 상황이 달랐다. 이탈리아 도시국가들과 귀족들은 12세기부터 구엘프파와 기벨린파라는 두 파벌로 나뉘어 있었는데, 전자는 교황을 지지하고 후자는 신성로마제국 황제를 지지했다. 14세기에 기벨린파가 패배한 뒤로 구엘프파는 흑구엘프파Black Guelphs와 백구엘프파White Guelphs로 분열되어 서로 대립했다. 결국 이탈리아 사람들은 이탈리아 전체가 아니라 자신들이 속한 도시국가나 나폴리 왕국이나 시칠리아 왕국에 충성을 바쳤으며, 여기서 더 나아간다 해도 구엘프파나 기벨린파의 대의에 충성하는 정도였다. 19세기가 되기 전까지 이탈리아 민족주의는 큰 힘을 얻지 못했다.

비록 민족주의의 음영과 정도에는 차이가 있었지만, 14세기에는 민족적 이익이 기독교 세계의 단결이나 교황의 권한보다 명백히 더 중요해졌다. 1300년에는 부유한 사람들이 세속적으로는 자신들의 영주에게 충성을 바쳤고, 종교적으로는 주교에게, 나아가 교황에게 충성을 바쳤다. 1400년에는 상황이 더는 그리 단순하지 않았다. 충성심이 지역과 민족을 따르게 되었던 것이다. 종교, 과세 제도, 의회 제도, 언어, 법, 관습이 모두 민족이라는 개념에 녹아들었다. 그러므로 사람들은 자신의 왕에게 맞서는 동시에 자기 민족에 충성을 다할 수 있었다. 실제로 14세기 잉글랜드에서는 민족적 우선순위에 따라 의회에 의해 두 왕이 폐위되었다. 1327년에 에드워드 2세가, 1399년에는 리처드 2세가 폐위되었던 것이다. 장수했던 에드워드 3세의 말년에는 그를 폐위하자는 이야기가 나왔고, 다음 세기 초에는 헨리 4세를 폐위하려는 시도도 일어났다. 비록 1300년 이전에도 유럽의 군주들이 종종 경쟁자에게 왕위를 빼앗기긴 했지만, 세습 군주가 민족의 이익을 위해 행동하지 않았다는 이유로 자기 국민에 의해 폐위당하는 일은 매우 드물었다(1247년 포르투갈의 산초 2세가 폐위당한 것은 매우 예외적인 일이다).

그러나 14세기에는 상황이 바뀌었다. 교황에 대한 충성심의 경우, 1400년경에 사람들은 민족적 이익에 따라 두 교황 모두는 아닐지언정, 둘 중 한 명의 권위를 의심했다. 잉글랜드의 신학자 존 위클리프는 이 적절한 시기에 전체 교회의 계급 구조가 지닌 약점을 숙고한 뒤, 교황이 아니라 그리스도에게 직접 복종해야 한다고 주장했다. 이것은 인노첸시오 3세의 목소리가 기독교 세계에 천둥번개처럼 울려퍼지며 심지어 왕들마저 벌벌 떨게 했던 이전 세기와는 확연히 다른 변화였다.

지역어

우리는 우리가 사는 동안 모든 것이 그 어느 때보다 빠르게 변한다고 생각하는 경향이 있다. 전자기기에 관해서는 이것이 사실일지도 모르지만, 우리가 말하고 쓰는 방식은 최근에 변화 속도가 느려졌다. 지난 200년간 언어가 거의 변하지 않은 덕분에, 오늘날 영어권에서는 수백만 명의 사람들이 제인 오스틴의 작품을 읽고 즐길수 있다. 400년이 넘는 세월이 흐른 지금, 우리는 셰익스피어의 작품을 대부분 이해할 수 있다. 비록 여기저기서 몇몇 단어의 의미가 바뀌었고, 일부 문법은 무척 어렵게 느껴지긴 하지만 말이다. 그러나 중세에는 언어가 급속도로 바뀌었다. 여러분은 제프리 초서가 14세기 후반에 쓴『캔터베리 이야기』를 상당 부분 이해할 수 있을지도 모르지만, 이보다 한 세기 전에 쓰인 시를 이해하는 것은 거의 불가능하다. 프랑스어도 사정은 마찬가지다. 14세기 초에 어형 변화declension(격 변화) 체계가 사라지면서 고대 프랑스어 혹은 오

일어가 중세 프랑스어로 급격히 변화했기 때문이다. 독일어도 중세 고지 독일어가 근대어로 바뀌면서 크게 변했다. 이후에는 인쇄술이 단어와 구문을 안정화하고 각 언어의 표준을 정해주었지만, 16세기 이전에는 인쇄술이 널리 보급되지 않아 언어 표준이 없었으므로 세대가 지날 때마다 언어가 바뀌었다. 당연한 이야기지만 무언가가 표준화되면 그것이 수 세기에 걸쳐 지속될 가능성이 훨씬 더 커진다. 그것이 측정 단위든 우리가 쓰는 언어든 말이다.

그러나 이 책의 맥락에서 볼 때, 지역어vernacular language에서 중요한 것은 언어 안에서 내적 변화가 일어났다는 점이 아니라 그 쓰임새, 말하자면 언어의 외적 역사에서 변화가 일어났다는 점이다. 유럽 각지의 지역어들은 14세기 초에 이미 오래된 언어였다. 고대어로 쓰인, 현존하는 가장 오래된 문서는 프랑스어의 경우 9세기에 작성되었으며, 앵글로색슨어로는 7세기에, 슬라브어로는 10세기 후반에 작성되었다. 노르웨이어와 아이슬란드어로 쓰인 현존하는 가장 오래된 글은 12세기에 쓰였으며, 스웨덴어와 덴마크어로는 13세기에 쓰였다. 그러나 유럽 전체를 통틀어 보면 기록을 남기고 격조 높은 문학 작품을 쓸 때 가장 널리 사용된 언어는 바로 라틴어였다. 12세기와 13세기에 귀족 계급에 속하는 음유시인들이 갈리시아-포르투갈어나 옥시탄어, 프로방스어 같은 남유럽의 지역어로 수천 편의 시를 썼지만, 이런 시는 대부분 유흥을 위한 시였고 평범한 사람들의 삶에 그다지 영향을 주지 못했다. 마찬가지로 독일의 음유시인인 민네징어Minnesinger들도 지역어로 유흥시를 썼다. 1300년경(비록 카스티야에서는 조금 더 일찍 일어났지만) 이후로 유럽에서는 각지의 지역어가 우리가 앞서 접한 형태의 민족주의와 결합했고, 통치자들은 지역어를 왕국의 주 언어로 간주했다. 라틴어는 점점 더 학문과 교회에서만 쓰는 언어로 축소되었다. 교황의 영향력이 약해지고 민족적 이익이 중요해지면서, 유럽 전역에서 민족 공통어의 중요성이 커졌다.

이 시기의 영어 문헌에서는 민족적 자긍심과 지역어가 결합하기 시작한 증거가 분명하게 드러난다. 1346년, 추가 과세에 대한 의회의 지지를 확보하기 위해 1338년에 쓰인 프랑코-노르만 침공 계획서가 의원들에게 제시되었다. 이 계획서는 프랑스인과 노르만인이 연합하여 세운 잉글랜드 침공 계획이자, "잉글랜드 전 민족과 언어를 파괴하고 무너뜨리기 위한 (…) 명령서"로 묘사되었다. 이것은 주목할 만한 진술이었다. 1300년에는 귀족과 상류층 계급이 영어를 거의 사용조차 하지 않았는데, 고작 40년 만에 영어의 보존이 잉글랜드 민족이 살아남는 데 꼭 필요한 일로 제시되었으니 말이다. 1362년, 잉글랜드 국왕은 영어로 탄원할 권리를 인정했으며, 영어를 '나라의 언어'로 인정하는 것을 골자로 한 소송절차법Statute of Pleadings을 승인했다. 얼마 지나지 않아 왕의 장관은 의회를 열 때 영어로 연설하기 시작했다. 1382년에는 다른 의회 기록이 민족적 이익과 영어를 연결했다.

이성이나 판단력을 지닌 사람이라면 누구나 명백히 알 수 있듯, 이 왕국이 지금처럼 안팎으로 큰 위험에 처한 적은 없었다. 하느님께서 이 땅에 은혜를 내리지 않으시고, 이 나라 사람들이 죽기 살기로 스스로를 지키려 하지 않는다면, 이 왕국은 정복당하고 적들에게 굴복하게 될 것이다. 부디 그런 일이 생기지 않기를. 그런 일이 생긴다면 잉글랜드 민족과 언어는 완전히 소멸할 것이다. 그러니 이제 우리에게 남은 것은 항복하거나 스스로를 지키거나 두 가지 선택뿐이다.[19]

변화의 세기

14세기가 끝날 무렵, 영어는 지배적인 언어가 되었고, 왕족 대부분은 영어를 사용했다. 에드워드 3세는 영어로 몇 가지 금언을 썼다. 헨리 4세는 1399년에 영어로 대관 선서를 했다. 앞서 언급했다시피 존 위클리프와 그의 지지자들은 사람들에게 교황이 아니라 그리스도에게 직접 충성하도록 장려했는데, 이를 위해서는 성경을 영어로 읽을 수 있게 하는 것이 최우선 사항이었다. 제프리 초서는 형식 면에서는 프랑스어 시를 따랐으나 영어로 작품을 썼고 영어로 의사를 표현했다. 14세기에는 영어의 개화가 국가적 자긍심을 고취하는 요소였다.

유럽의 다른 왕국들도 비슷한 길을 걸었다. 14세기가 시작될 무렵에는 포르투갈과 갈리시아가 같은 언어인 갈리시아-포르투갈어를 사용했다. 갈리시아-포르투갈어는 음유시인들이 가장 선호하는 언어 가운데 하나였다. 그러나 이 생동감 있는 지역어는 14세기 중간에 포르투갈 사람과 갈리시아 사람이 각자의 길을 가면서 분리되었다. 13세기 후반 카스티야어는 현명왕 알폰소 10세의 개인적인 영향을 받아 톨레도에서 표준화되었다. 알폰소 10세는 법, 역사, 천문학, 지리학에 관한 수많은 저술을 의뢰했는데, 카스티야 사람이 읽을 수 있도록 꼭 카스티야어로 써야 한다고 고집했다. 그가 시작한 일은 14세기에도 계속되어 그의 조카인 비예나 대공 후안 마누엘Juan Manuel의 작품과 '스페인의 초서'라 불린 후안 루이스의 작품이 결실을 맺었다. 14세기가 끝날 무렵, 카스티야어는 갈리시아-포르투갈어를 밀어내고 시인들이 서정시를 지을 때 가장 선호하는 이베리아 반도의 언어가 되었다. 그리고 페드로 로페스 데 아얄라Pedro López de Ayala 같은 귀족이 연대기와 풍자 문학, 매 부리기에 관한 책을 포함한 수많은 작품을 쓸 때 사용한 언어이

기도 하다. 아라곤어 역시 이와 유사하다. 아라곤어를 표준화하고 국어로 쓰려는 시도가 이루어졌다. 구호 기사단의 기사단장이었던 후안 페르난데스 데 에레디아는 아라곤 문학 전집을 만들어 14세기 후반에 아라곤어의 황금기를 일으켰다.

고대 프랑스어는 1300년에 이미 명망 있는 언어였다. 마르코 폴로의 놀라운 여행기는 베네치아어가 아니라 프랑스어로 쓰였다. 그런데도 고대 프랑스어 역시 그 중요성 면에서 상당한 변화가 있었다. 고대 프랑스어는 프랑스 바깥에서는 영어나 이탈리아어, 카스티야어 같은 다른 지역어에 자리를 내주었지만, 프랑스 안에서는 20~30여 개의 지방 사투리를 서서히 없애가며 프랑스의 국어로 자리매김했다. 14세기의 연대기 작가이자 시인인 장 프루아사르는 프랑스 북부에서 마지막으로 피카르디 방언을 사용한 저명한 작가였다. 14세기 말 무렵, 중세 프랑스어는 옥시탄어와 프로방스어가 쓰이던 지역으로 퍼져나갔다. 신성로마제국의 도시와 마을에서는 편지와 유언장, 연대기가 독일어로 쓰이는 빈도가 늘어났다. 슬라브어 가운데서는 폴란드어와 체코어를 쓰는 사람들이 최초로 문학 작품을 만들었다. 헝가리어 저작 역시 14세기에 처음으로 모습을 드러냈다. 유럽 전역의 교육과 저술 분야에서 라틴어가 지역어로 바뀌는 커다란 언어적 변화가 일어났다. 이 변화는 대개 민족적 자긍심으로 무장한 채 군주의 후원을 받았다.

이탈리아에 관해서 말하자면, 이탈리아는 중세 유럽에 관한 일반화가 거의 통용되지 않는 나라였다. 다른 지역에서는 지역어의 발달이 민족주의의 부흥에 수반되는 일이었지만, 이탈리아만큼은 예외였다. 이탈리아어는 라틴어로부터 늦은 시기에 분리되었다. 의심의 여지 없이 이탈리아가 라틴어의 발상지였고, 로마 교회의 영향력이 가장 강한 곳이었기 때문이다. 순수하게 이탈리아 지역어로만 쓰인 문서 가운데 현존하는 가장 오래된 문서는 그 기원이 960년대로 거슬러 올라가지만, 이탈리아어가 1200년 이전에 쓰인 예는 드물다. 13세기의 많은 이탈리아 시인들은 시를 쓸 때 프로방스어를 택했고, 이탈리아어 대신 프랑스어로 글을 쓴 이들은 마르코 폴로의 대필자만이 아니었다. 단테의 스승인 브루네토 라티니도 똑같이 했다. 단테가 저술한 신생 지역어 연구서인 『속어론De Vulgari Eloquentia』에는 1300년경 이탈리아에서 쓰인 온갖 종류의 로망스어가 기록되어 있다(아이러니하게도 단테는 이 책의 제목을 라틴어로 적었다). 단테의 위대한 작품인 『신곡』은 그의 고향 피렌체의 언어인 토스카나어로 썼다. 이 작품은 이탈리아 전역에서 너무도 엄청난 경의를 불러일으켰기에 출판되자마자 이탈리아 문화의 기준이 되었으며, 지역어로 어떤 위업을 이룰 수 있는지를 증명했다. 수많은 피렌체 작가들이 단테의 이탈리아어 형태의 토스카나어를 사용해 문화적 지평을 넓히는 데 도전했다. 피렌체인 조반니 빌라니는 연대기를 지역어로 썼는데 책에서 단테에게 헌사를 바쳤다. 단테가 사망한 직후 조반니 보카치오는 최초로 단테의 전기를 썼으며, 이것은 당연히 이탈리아어로 썼다. 그리고 얼마 후에는 페트라르카가 이탈리아어로 시를 짓는 영속적인 방식을 고안했다. 1400년경에는 유럽의 다른 곳과 마찬가지로 이탈리아에서도 민중의 언어인 지역어가 가장 선호되는 언어가 되었다. 이제 유럽에서는 부유한 사람이든 가난한 사람이든, 글을 아는 사람이든 모르는 사람이든, 모두가 지역어를 썼다.

결론

내가 선정한 14세기의 네 가지 주요 변화 가운데 두 가지는 죽음과 비극으로 물들어 있다. 그러나 흑사병과 전쟁의 먹구름 아래에는 반짝이는 작은 것들이 많았다. 14세기가 시작될 무렵, 이탈리아에서는 조토가 인간의 고통과 고난을 표현하는 생생한 초상화를 그렸다. 조토는 최초로 농도 변화와 원근법을 활용한 화가였다. 14세기가 끝날 무렵에는 유럽 전역에서 이탈리아 예술품에 대한 수요가 있었는데, 제단 뒤나 위에 설치하는 그림이나 조각, 병풍인 제단화가 특히 인기를 끌었다. 더 평범한 수준에서는 1330년대에 잉글랜드 궁정과 프랑스 궁정에서 단추를 사용했다. 옷을 어깨에 걸치거나 묶는 대신 우아하게 인체에 맞춰 재단할 수 있게 되었다. 현재 파리 중세 박물관에 전시된, 미누치오 다 시에나_{Minucchio da Siena}가 아비뇽에서 제작한 '황금 장미'는 금속 공예 기술이 얼마나 정교하게 발달했는지 보여준다. 문화적인 관점에서 14세기는 빛나는 시대였다. 유럽 각지의 궁정에는 에나멜 도료를 입힌 황금 잔이 넘쳐났고, 왕과 신하들은 넋을 잃고 음유시인들의 노래에 빠져들었으며, 여태까지 쓰인 가장 훌륭한 시들 가운데 몇 편이 이 시기에 탄생했다. 그러나 이 책은 예술 걸작보다는 사회 전체를 다뤘다. 조토의 예술 작품을 본 소작농은 극히 드물기 때문이다. 절대다수의 사람에게 14세기의 특징은 기근과 전염병, 전쟁과 정복이었다. 묵시록의 네 기사, 질병과 전쟁, 기근과 죽음이 한꺼번에 몰려와 도시와 마을에 들이닥쳤고 사람들은 모두 벌벌 떨었다. 귀족들의 빛나는 보물과 눈부신 튜닉은 우리에게 중세 시대의 세련미를 떠올리게 하지만, 14세기 사람들은 문화 발전과 지상의 즐거움보다는 죽음에 가까운 것들에 더 관심이 많았다.

변화의 주체

흑사병은 14세기에 누구보다도, 무엇보다도 많은 변화를 몰고왔다. 하지만 그 누구보다 의식적으로 세상을 바꾼 사람을 뽑아야 한다면 바로 잉글랜드의 에드워드 3세일 것이다.

에드워드 3세는 이 책에서 '변화의 주체'로 간주한 유일한 왕이지만, 오늘날에는 그 이름이 거의 잊혀졌다. BBC가 2002년에 '가장 위대한 영국인 100인'에 대한 여론조사를 했을 때, 훨씬 덜 중요한 군주들이 100인에 들었음에도 에드워드 3세는 선정되지 못했다. 이것은 그의 평판이 극도로 떨어졌음을 말해준다. 웨스트민스터 성당에 있는 그의 묘비에는 "잉글랜드의 자랑, 왕중지화王中之花 ─ 과거의 왕들 가운데 꽃과 같은 왕, 미래의 왕을 위한 본보기, 자비로운 왕, 백성들에게 평화를 가져온 자 (…) 패배하지 않은 전사, 제2의 마카베오"라고 적혀 있다. 그가 죽은 지 300년이 지난 뒤, 케임브리지의 한 학자는 그를 일컬어 "아마도 세계 역사상 가장 위대한 왕 가운데 한 명"이라고 했다.[20] 오늘날 에드워드 3세가 홀대받는 이유는 시간이 흐르면서 우선순위가 변했기 때문이며, 우리가 점점 더 많은 것을 당연시하기 때문이다. 오늘날 영어가 어떻게 잉글랜드 민족의 언어가 되었는지, 기사 계급이 아닌 보통 사람들이 어떻게 전장을 지배할 수 있었는지 생각하는 사람은 거의 없으니 말이다. 게다가 에드워드 3세의 업적은 우리가 기념하고 싶어 하는 종류의 업적이 아니다. 그는 유럽의 전쟁터에서 투사 무기의 유효성을 증명했으며, 당대 누구보다 호전적인 민족주의를 실천했다. 그러나 에드워드 3세를 공정하게 평가하려면 14세기의 민족주의는 지금의 민족주의와는 크게 달랐다는 점을 유념해야만 한다. 왕과 의회가 서로 협상해야 하는 국가를 만드는 것은 중세시대에는 눈에 띄게 계몽된 계획이었으며, 이는 후대의 절대 군주제보다 시기상으로 앞선 것이었다. 여러분이 에드워드 3세를 존경하든 말든 간에, 그는 14세기의 변화의 주체로 지목되어야 한다. 그는 전법의 발전에 기여했고, 잉글랜드와 프랑스의 민족주의에 자극을 주었으며, 지역어 발전을 촉진했고, 후에 현대 군사 역사학자들이 "아마도 유럽 역사상 가장 중요한 전쟁"이라고 일컬은 100년 전쟁을 시작했기 때문이다.[21]

1401 –
1500

15세기

책의 첫머리에서 인용한 "인쇄, 화약, 나침반. 이 셋은 전 세계의 면모와 정세를 바꾸어놓았다"라는 프랜시스 베이컨의 말이 기억나는가? 베이컨이 언급한 세 가지 변화의 촉매제는 모두 15세기에 발명되었다. 1455년, 요하네스 구텐베르크가 라틴어 성경을 제작하면서 인쇄술이 서양에 대대적으로 소개되었다. 화약 자체는 알려진 지 100년이 넘었지만, 대포 주조술이 상당히 정교하게 발전했다. 가령 1464년에 청동으로 주조한 다르다넬스 대포는 무게가 1만 6,800킬로그램에 길이가 5.18미터였으며, 직경 63센티미터 포탄을 1.6킬로미터 넘게 발포할 수 있었다. 1453년에 튀르크인들은 이런 대포를 사용해 콘스탄티노폴리스 성벽을 무너뜨렸다. 이와 비슷하게 나침반도 15세기에 탐험가들이 대서양과 인도양을 횡단할 때 진가를 발휘했다. 마지막으로, 비록 프랜시스 베이컨이 언급하지는 못했지만, 르네상스 시대에는 인간의 의식과 사고 면에서 심오하고 동적인 변화를 일으킨 작은 사건도 있었다. 표면적으로 볼 때 15세기는 지난 천 년 동안 가장 큰 변화가 일어난 세기라 부르기에 손색이 없다.

그러나 15세기의 압도적인 특징은 바로 전쟁이다. 오스만 제국이 부상하며 기독교 세계에 몇 차례 맹렬한 타격을 가했다. 한때는 위대했던 비잔티움 제국의 수도 콘스탄티노폴리스는 튀르크인들에게 함락되었고, 최후의 황제는 병사들과 함께 필사적으로 콘스탄티노폴리스를 방어하다 죽었다. 또한 튀르크군은 세르비아, 알바니아, 보스니아, 불가리아와 그리스의 상당수 지역을 점령했으며, 제노바의 흑해 무역 기지들과 베네치아의 지중해에 있는 수많은 소유지에 들이닥쳤다. 이탈리아인들에게 이런 손실은 걱정거리 가운데 하나일 뿐이었다. 15세기는 콘도티에로condottiero들의 황금기였다. 용병 전쟁 대장인 콘도티에로들은 어떤 도시에든 자신들의 서비스를 팔았으며, 이탈리아에는 콘도티에로를 찾는 수요가 넘쳐났다. 1405년에 파도바는 베네치아에 패배했고, 같은 해 피렌체는 피사를 정복했다. 베네치아는 밀라노와 21년간 전쟁을 벌였고, 이 전쟁은 1454년이 되어서야 끝났다. 제노바는 1464년에 밀라노 군대 앞에 무릎을 꿇었다. 피렌체와 밀라노의 오랜 대립이 1440년에 마침내 끝나면서, 피렌체인들은 나폴리와 베네치아와의 전쟁에 집중할 수 있었다. 나폴리인들은 1413년에 로마를 약탈했다. 1490년대에는 프랑스가 이탈리아를 침공하여 피렌체인들을 무찔렀으며, 나폴리를 공격하러 가는 도중에 로마를 점령했다. 서로 끝도 없이 싸우고 싶어 하는 이탈리아 도시들을 묘사하다 보면 헛웃음이 나올 지경이다.

그러나 이탈리아가 특이하다고는 할 수 없다. 15세기에는 유럽의 모든 국가가 전쟁을 겪었으며, 상당수 국가는 내전으로 나라가 분열되면서 가장 고귀하지 않고 가장 절망적인 형태의 분쟁을 겪었다. 1400년과 마찬가지로 1500년에도 잉글랜드를 다스린 왕의 이름은 헨리였다. 헨리 4세는 리처드 2세에게서 무력으로 왕위를 찬탈한 뒤 그를 죽였고, 마찬가지로 이름이 헨리였던 아들에게 왕위를 넘기기 전까지 수많은 반란에 시달렸다. 이 두 차례의 왕위 계승 사이에 수많은 유혈 사태가 벌어졌다. 헨리 4세는 반왕파 웨일스 영주인 오와인 글린두르와 지속적인 갈등을 겪었다. 헨리 5세는 왕조의 정통성을 증명하기 위해 1415년에 프랑스와의 전쟁을 맹렬히 재개했다. 1422년에 헨리 5세가 사망한 뒤, 그의 후계자들은 자신에게 프랑스와 잉글랜드 왕좌 모두에 권리가 있음을 반복적인 승리를 통해 증명해야만 했다. 실로 독이 든 성배라 할 만하다! 1453년에 마침내 잉글랜드인들이 프랑스에서 쫓겨났지만, 전쟁은 프랑스에서 잉글랜드로 장소만 바뀌었을 뿐 계속되었다.[1] 이 대립 국면은 장미전쟁이라 불렸는데, 1455년부터 1487년 스토크 전투까지 간헐적으로 계속되었다. 잉글랜드에 땅을 소유한 가문들은 거의 모두 장미전쟁에서 땅이나 사람을 잃었다.

스페인에서도 온갖 종류의 군사 투쟁을 볼 수 있다. 1419년부터 1443년까지 한자 동맹과의 전쟁이 있었고, 1440년대 중반에는 내전이 벌어졌으며, 1475년부터 1479년까지는 스페인 계승 전쟁이 벌어졌다. 그 뒤에는 10년에 걸친 그라나다 침공이 있었고, 1492년 그라나다 침공이 끝나면서 레콩키스타가 마무리되었다. 네덜란드 역시 1438년부터 1441년까지 한자 동맹과 싸웠고 1470년에서 1474년까지, 그리고 1481년에서 1483년까지 두 차례 내전을 겪었다. 동유럽의 경우, 리투아니아에서 1431년부터 1435년까지 계승 문제로 인한 내전이 벌어졌고, 1466년에는 튜튼 기사단이 마침내 폴란드군에 의해 무너졌다. 헝가리와 동맹군들은 1444년 바르나 전투에서 패배할 때까지 튀르크군에 맞서 싸웠으며, 보헤미아에서는 1419년에서 1434년까지 얀 후스 추종자들에 대한 네 차례의 십자군 전쟁이 있었고, 1468년에서 1478년까지 보헤미아와 헝가리가 10년에 걸친 전쟁을 치렀다는 사실도 빼놓을 수 없다. 그리고 이것은 군사적인 측면에서 빙산의 일각일 뿐이다. 이 밖에도 수많은 지역적이고 덜 중요한 대립이 있었다.

여러분은 15세기에 유럽이 더 평화로웠다면 어떤 일이 벌어졌을지 궁금해할 수밖에 없을 것이다. 더 큰 변화가 일어났을까? 아니면 더 작은 변화가 일어났을까? 사실 우리는 여기서 심오한 역사적 질문과 마주하게 된다. 현대 세계에서는 분쟁이 기술 진보를 가속한다는 사실이 자명하다. 각국이 서로 경쟁할 뿐만 아니라 분쟁이 사회 발전에 긍정적인 영향을 미칠 수도 있기 때문이다. 그러나 15세기에도 분쟁이 기술 진보에 도움이 되었을까? 이탈리아에서 일어난 전쟁들은 르네상스 예술가들에게 풍부한 기회를 제공했다. 화가들은 서로 경쟁하는 가문들과 도시국가들 사이에서 벌어진 프로파간다 전쟁에서 그림 실력을 발휘했다. 성벽과 교량을 건설하는 기술자들도 마찬가지로 더 큰 힘과 기술을 얻었다. 그러나 이와 동시에 군국화는 예술가와 과학자, 작가들을 위한 후원금을 줄였다. 폭력과 불확실성은 무역을 억제했다. 그럼으로써 육지와 해상의 적들에게 생계를 위협받는 도시와 항구의 활력도 떨어뜨렸다. 실제로 여러 도시의 규모가 작아졌다. 구텐베르크와 콜럼버스의 세기에, 결과적으로 전쟁은 어떤 면에서는 변화를 촉발시켰고 다른 면에서는 변화를 억눌렀다고 말하는 편이 옳을 것이다.

대항해 시대

지난 천 년간 있었던 가장 심오한 변화 가운데 하나는 서구가 유럽이라는 경계 너머로 확장되었다는 것이다. 프랜시스 베이컨의 주장에도 불구하고, 이런 일을 가능케 한 것은 나침반이 아니었다. 나침반은 우리가 앞서 12세기에 관한 장에서 살펴보았듯이 발명된 지 200년이 넘었으나 여태껏 별 영향을 미치지 못했다. 14세기 초에 항해자들이 카나리아 제도에 당도했고 교황이 '행운의 섬의 군주'(카나리아 제도는 당시 행운의 섬이라 불렸다)를 임명했다는 소식이 유럽 전역으로 퍼져나갔지만 이 발견이 다른 항해로 이어지지는 않았다. 흔히 그렇듯 중요한 것은 기술 혁신이 아니라 탐험에 대한 정치적 의지와 돈이었으며, 이 둘은 흔히 서로 뒤엉켰다. 기술은 그저 정치적 의지와 돈이 결합해 생긴 강렬한 야망을 실현할 수 있게 했을 뿐이다.

새로운 대륙을 찾으려는 갑작스러운 열망의 뒤편에는 중요한 요소가 있었다. 그것은 바로 해외 왕국의 엄청난 부를 묘사한 책의 사본이 유통되었다는 것이다. 엄청난 인구가 사는 대도시와 이색적인 문화, 엄청난 보물 이야기로 가득한 마르코 폴로의 작품은 큰 인기를 끌었다. 똑같이 보물로 가득한, 그 내용의 거의 전부가 허구인 『맨더빌 여행기』가 14세기에 집필되어 널리 읽혔다. 이러한 이야기가 되풀이되었으니, 수많은 가난한 선원들이 수평선 너머로 항해하는 것을 곧 부를 얻는 길로 받아들였을 것임이 틀림없다. 1406년, 자코모 데 스카르페리아Giacomo de Scarperia가 2세기에 그리스어로 집필된 프톨레마이오스의 『지리학Geography』을 8권 분량으로 라틴어로 번역했다. 그러면서 여태껏 알려진 세계의 경계 너머에 무엇이 있는지, 그리고 어떻게 하면 위도와 경도를 이용해 그 위치를 체계적으로 표시할 수 있는지에 관한 논쟁이 촉발되었다. 그러나 탐험은 너무 위험한 일이었으며, 안락의자에 앉아 『지리학』을 읽을 수 있는 사람은 대개 선구적인 탐험에 나설 수 있는 사람들이 아니었다. 사회 속 모험가들은 호기심이 아니라 황금에 따라 움직였다. 그러나 끝없는 호기심과 매년 탐험 원정대에게 장비를 갖추어줄 정도의 재력을 동시에 갖춘, 한 고등 교육을 받은 왕자가 부에 굶주린 선원들과 만났을 때 세상이 바뀌었다.

문제의 왕자는 포르투갈 국왕 주앙 1세John I의 셋째아들이자, 샤를마뉴 대제 이후로 기독교 세계에서 가장 기사도적인 왕으로 이름 높았던 잉글랜드 국왕 에드워드 3세의 증손자였던 항해왕자 엔히크(1394~1460)다. 1415년, 자신의 영광을 위해 젊은 엔히크는 아버지를 설득해 대군을 이끌고 항해에 나섰다. 그는 지브롤터 반대편에 있는, 북아프리카 대륙 끝자락에 있는 전략 요충지 세우타 항구를 포위했다. 원정은 성공적이었다. 세우타는 함락당했고, 포르투갈은 현재의 모로코에 해당하는 곳에 첫 교두보를 마련했다. 그러나 이것은 시작에 불과했다. 1419년부터 항해왕자 엔히크는 매년 함대를 파견해 아프리카 탐험에 나섰다. 탐험대는 안개와 격렬한 파도, 거센 해류로 악명 높았던, 사하라 서부 해안의 보자도르곶을 넘어가지 못하고 번번이 실패했다. 선원들은 보자도르곶 너머로 나아가면 아랍인들이 '암흑의 녹색 바다Green Sea of Darkness'라 부른 바다가 자신들의 배를 침몰시킬 거라고 주장했다.[2] 실상은 사막 해안을 따라 수 킬로미터를 항해했던 선원들이 목숨 걸고 더 앞으로 나아갈 이유를 찾아내지 못했다는 것이지만 말이다. 그러나 1434년에 항해왕자 엔히크 휘하의 선장 가운데 한 명이었던 질 이

아느스Gil Eanes가 마침내 보자도르곶을 돈 뒤 귀환했다. 이로써 케케묵은 '암흑의 녹색 바다'라는 변명이 더는 먹히지 않게 되었다.

1441년부터 1443년까지 두 선장 아폰수 곤살베스와 누누 트리스타우가 각각 사하라 해안이 끝나는 블랑코곶에 도달했다. 이들이 귀환하면서 아프리카 탐험의 새로운 지평이 열렸다. 흑인 노예와 사금을 가지고 돌아왔기 때문이다. 눈앞에 부가 들이닥치자 대서양에 도사린 위험과 공포는 모두 수증기처럼 사라졌다. 1455년, 항해왕자 엔히크가 베네치아의 항해자 카다모스토를 고용해 기니해안으로 항해를 떠나게 함으로써 탐험의 지평은 남쪽으로 더 넓어졌다. 그 무렵부터 포르투갈인들은 아프리카의 이 지역에서 말과 노예를 교환하기 시작했다. 교환율이 궁금한 분을 위해 첨언하자면, 말 한 마리당 노예 아홉에서 열 명 정도로 거래가 이루어졌다. 이 무역을 촉진하기 위해 포르투갈의 조선업자들은 전통적인 함선 설계를 대서양에 맞게 조정했고, 이전에 건조한 어떤 선박보다도 역풍을 비스듬히 맞아가며 전진하는 데 능한 함선인, 큰 삼각돛을 단 캐러벨caravel을 생산했다. 포르투갈 왕실은 아프리카 남부탐험으로 얻은 수익의 5분의 1과 항해를 허가할 수 있는 독점권을 엔히크에게 줌으로써 탐험의 기세를 잃지 않게 했다. 뿐만 아니라 노예무역을 포함한 탐험 사업의 하청권까지 부여했다.

포르투갈 제국은 기사도와 열성적인 십자군 전쟁의 산물일지도 모르지만, 항해왕자 엔히크가 사망한 1460년대에는 이익에 따라 움직이는 나라가 되어 있었다. 더 많은 돈을 벌어들일수록 탐험대 지도자들은 후원자들을 더 쉽게 설득해 항해 자금을 조달할 수 있었고, 더 야심차게 남쪽으로 항해할 수 있었다. 1470년대 초에는 아프리카 대륙의 겨드랑이에 해당하는 곳에서 상투메섬과 프린시

폐섬이 발견되었다. 1482년에는 국왕 주앙 2세가 황금 해안에 있는 엘미나에 요새를 지으라고 명령했다. 그 지역에서 포르투갈인의 이익을 보호하고 유지하기 위해서였다. 이 요새는 포르투갈인들이 해상 제국을 운영하기 위해 건설한 수많은 요새나 재외 상관 가운데 최초로 건설된 것이었다. 2년 뒤, 왕은 전문가 모임에 태양의 위치를 추정해 위도를 계산하는 최선의 방법을 알아내라고 의뢰했다. 1485년에는 디오고 캉이 콩고강 어귀인 크로스곶에 도달했다. 1488년에는 바르톨로메우 디아스가 아프리카 본토에서 '멀어지는' 방향으로 남서쪽으로 항해하면 남서풍을 이용해 희망봉 부근까지 더 빠르게 갈 수 있다는 사실을 발견했다. 그렇게 포르투갈인들은 인도양으로 가는 길을 발견했다.

위대한 발견에는 전염성이 있었다. 다른 사람들을 탐험에 나서게끔 부추긴 것이다. 주앙 2세는 육상으로는 카이로에, 해상으로는 인도 캘리컷에 사절단을 보내 현지 향신료 상인들과 거래하는 방법을 배우게 했다. 물론 그의 의도는 여태껏 방해받지 않고 인도양을 횡단해온 아랍 선원들로부터 향신료 무역에 대한 통제권을 빼앗아 향신료 무역을 지배하는 것이었다. 1497년에는 바스쿠 다가마가 함선 네 척을 이끌고 출항하여 희망봉을 돌아 인도까지 곧장 항해했다. 그리고 1499년에 이 함대 가운데 두 척이 포르투갈에 무사히 귀환했다. 다가마의 여정에 관한 소식을 듣고 주앙 2세의 후계자인 마누엘 1세는 13척의 함대를 파견시켰다. 이 함대는 페드루 카브랄이 지휘했고, 다가마의 항해사가 안내했다. 디아스가 11년 전에 발견한 남서풍을 이용하고자 했던 카브랄의 함대는 남대서양을 가로질러 서쪽으로 항해했다. 남서풍을 받는 대신 서쪽으로 너무 멀리 항해한 그의 함대는 결국 브라질 해안에 상륙해버렸다. 한때 아프리카 해안선을 따라 연간 몇 킬로미터씩 조금씩 앞으로 나아가던 탐험이 이제는 포르투갈에서 브라질로 향한 뒤 브라질에서 다시 남대서양을 건너 희망봉 주위를 지나 아프리카 동해안을 따라 인도양을 건너 인도 남부 캘리컷으로 이어지는 대규모 무역이 되었다. 항해왕자 엔히크가 부왕에게 포르투갈군으로 세우타항을 점령하여 아프리카의 교두보로 삼으라고 조언한 지 고작 85년이 지난 때였다.

포르투갈은 오랜 세월 동안 서구의 지리적 지식의 경계를 넓히는 유일한 해상 왕국이었으므로, 이탈리아 뱃사람들이 포르투갈 왕국을 섬기는 것은 당연했다. 1482년 크리스토퍼 콜럼버스라 불리는 제노바의 항해사가 주앙 2세에게 고용되어 엘미나를 향한 항해에 나섰다. 그러나 콜럼버스는 보기 드물게도 프톨레마이오스의 『지리학』을 실제로 읽은 탐험가였다. 1485년 그는 주앙 2세에게 한 가지 제안을 했다. 자신에게 배 3척과 충분한 보급품, 대양 제독 작위, 콜럼버스가 발견한 땅을 통치할 권리를 준다면 중국에 닿을 때까지 포르투갈에서 '서쪽으로' 항해하겠다는 것이었다. 콜럼버스는 이 거리를 4,800킬로미터 미만으로 계산했다. 콜럼버스가 중국이 이렇게 가깝다고 생각한 이유는, 실제로는 4만 킬로미터인 지구의 둘레를 엄청나게 과소평가하여 2만 8,900킬로미터이라고 여겼던 프톨레마이오스의 견해를 따랐기 때문이었다.[3] 주앙 2세는 콜럼버스의 제안을 자신의 자문관들에게 검토하게 했다. 자문관들은 프톨레마이오스의 계산에 결함이 있기 때문에 중국이 콜럼버스가 상상한 것보다 훨씬 멀리 있음을 잘 알고 있었다. 이들은 왕에게 이 야심찬 제노바인 선장의 제안을 거절하라고 조언했다. 콜럼버스는 이에 굴하지 않고 카스티야에서 후원자를 찾았다. 이사벨 여왕도 마찬가지로 자문관들에게 의견을 구했는데, 카스티야 자문관들 역시 포르투갈 자문관들의 의견에 동의했다. 콜럼버스의 고국인 제노바와 베네치아의 총독, 잉글랜드의 헨리 7세도 모두 그의 제안을 거절했다.

지금 보면 이 모든 사건이 조금 어처구니없게 느껴지겠지만, 사실 학자들이 옳았다. 프톨레마이오스는 오류를 범했고, 제노바인 선장은 야망에 완전히 사로잡혀 그 사실을 바로 보지 못했다. 그러나 콜럼버스의 결의는 굳건했다. 그는 포르투갈로 돌아왔고, 주앙 2세에게 또다시 정중하지만 단호하게 거절당한다. 이 무렵 콜럼버스는 바르톨로메우 디아스가 희망봉을 거쳐 인도로 가는 항로를 찾았다는 사실을 알았다. 그래서 어느 때보다도 절박한 심정으로 카스티야에 돌아왔다. 1492년, 카스티야의 이사벨 여왕과 그의 부군 아라곤의 페르난도는 막 그라나다를 정복해 레콩키스타를 완수한 상태였다. 이 성공으로 의기양양했던 두 사람은 해지는 곳을 향해 출항한 콜럼버스가 다시는 모습을 드러내지 않을 것이라 여기며 그의 제안을 받아들였다.

1492년 10월 12일, 콜럼버스는 바하마에 도착했다. 그는 쿠바와 히스파니올라섬(오늘날에는 아이티와 도미니카 공화국으로 나뉘었다)에 방문했으며, 히스파니올라섬에 요새를 짓고 주둔군 39명을 남겼다. 1493년 3월 4일, 폭풍우를 헤쳐온 콜럼버스는 리스본에 들러 배를 수리했는데, 이는 의심의 여지 없이 포르투갈의 전문가들이 틀렸음을 기쁜 마음으로 입증하기 위해서였다. 그는 자신이 마르코 폴로의 이야기로 전설이 된 극동에 다녀왔다고 확신했다. 자축감에 불탄 콜럼버스는 페르난도와 이사벨에게 공개 서한을 보내 두 사람과 기독교 세계 전체에 자신의 대발견을 알렸고, 자신이 발견한 섬의 부를 과장했으며, 스페인의 왕과 여왕에게 다음번 탐험대를 위한 자금을 내달라고 촉구했다. 결국 그의 가장 큰 관심사는 자기 자신의 부였던 셈이다. 넓은 영토를 정복하려 들지 않았던 포르투갈 개척자들과 달리, 콜럼버스는 자신만의 사적인 제국을 쟁취하는 일에 착수했다.

그해 말, 돌아가고자 하는 그의 소원이 이루어지면서 콜럼버스는 17척의 함선과 1,200명의 정착민, 군인과 함께 부를 찾아 출항했다. 히스파니올라로 돌아온 콜럼버스는 그가 세운 요새가 폐허가 되었으며 주둔군이 원주민에게 살해당한 것을 알았다. 그는 즉시 끝없는 보복에 나섰다. 콜럼버스의 통치는 광산에서의 강제노동, 가족의 붕괴, 노예화, 고문, 사형, 질병을 통한 원주민의 조직적인 파괴로 특징지을 수 있다. 훗날 신세계 원주민들의 '권리의 수호자'가 된 바르톨로메 데 라스카사스는 콜럼버스의 잔학 행위로 본래 300만 명에 달했던 히스파니올라 인구가 1508년에 6만 명으로 줄었다고 기술했다. 이는 원주민 사망률이 15년간 95퍼센트에 달했다는 이야기다. 콜럼버스의 두 번째 항해에 따라온 사람들은 콜럼버스의 파괴성을 용납하고 싶어 하지 않았다. 그들은 콜럼버스가 약속한 부를 찾지 못했기 때문이다. 1500년경, 콜럼버스가 폭정을 저지르고 있다는 소식이 스페인에 전해지면서 콜럼버스는 즉시 총독직에서 해임되었다.

콜럼버스의 행동은 충격적이다. 그러나 탐험대를 이끌고 최초로 대서양을 횡단한 남자가 무자비하게 원주민을 착취한 것은 그리 놀라운 일이 아닐지도 모른다. 초창기 탐험가들이 바다에서 궁핍과 고통, 위험을 감내한 것은 결코 그러고 싶어서가 아니었다. 오직 탐욕 때문이었다. 황금에 대한 욕망이 큰 사람일수록 더 큰 위험을 감수할 준비가 되어 있었다. 그리고 콜럼버스는 그들 가운데 가장 큰 위험을 감수한 사람이었다. 만약 콜럼버스와 부하들이 폭풍을 만나 익사하기 전에 무언가 귀중한 것을 찾아냈다면, 그들은 어떻게든 그것을 가져가려고 했을 것이며, 그 과정에서 방해하는 사람들을 고문하고 죽인 뒤 그냥 닻을 올려 떠났을 공산이 크다. 일부 역사학자들은 이베리아 반도 왕국들의 해외 진출을 레콩키스타의 연장선으로 보기도 하는데, 그럴 만한 이유가 있던 셈이다. 그러나 크리스토퍼 콜럼버스는 12세기의 십자군보다는 11세기 초의 바이킹과 공통점이 더 많은 사람이었다.

콜럼버스의 첫 번째 항해의 중요성은 엄청났다. 그는 항상 자신이 아시아 땅의 일부를 발견했다고 주장했지만, 더 통찰력 있는 사람들은 콜럼버스가 완전히 새로운 대륙을 발견했다는 사실을 깨닫고, 이 대륙을 '신세계New World'라 불렀다. 신세계 발견은 수많은 변화를 일으킨 촉매제였다. 토르데시야스 조약(1494)에서 스페인과 포르투갈은 이 신세계를 분할했는데, 포르투갈은 아조레스 제도 서쪽으로 370레구아légua˙ 떨어진 경계선을 기준으로 오른편에 위치한, 기독교 세계 밖에 있는 모든 땅의 권리를 갖게 되었다. 1500년에 브라질에 닿을 때까지 서쪽으로 항해하기로 한 카브랄의 결정은 콜럼버스가 서쪽에서 육지를 발견했다는 사실에 영감을 받았음이 틀림없었다. 잉글랜드에서도 헨리 7세가 1497년에

● 370레구아가 정확히 몇 킬로미터이냐는 2022년 현재까지도 저자별로(최소 1,550킬로미터부터 최대 2,300킬로미터까지) 논란이 분분한 주제다. 당시에는 다양한 단위가 모두 레구아로 총칭되었기 때문이다. 그렇지만 당시 해상에서 쓰던 레구아는 스페인에서는 약 5.9킬로미터였고, 포르투갈에서는 약 5.56킬로미터였다고 하니, 370레구아는 대략 2,050킬로미터 혹은 2,200킬로미터 정도의 거리로 보는 편이 타당할 듯하다.

뉴펀들랜드섬 발견을 이끌었던 베네치아인 항해사 존 캐벗의 항해를 후원했다. 동쪽에서 아랍인과 베네치아인들이 향신료 무역을 지배하던 시기는 이제 그 끝이 머지않았다. 1500년이 되자 유럽 상인들은 후추와 계피, 실크를 포르투갈 해로를 통해 유럽까지 대량으로 운송하는 편이 베네치아가 통제하는 육로를 통해 소규모로 운송하는 것보다 비용이 적게 든다는 사실을 깨달았다. 그 결과로 이루어진 상선에 대한 투자는 경제력의 균형에 변화를 가져왔다. 과거에 세계의 끝자락이었던 포르투갈과 스페인은 이제 세계의 중심이 되었다. 우리가 앞서 살펴봤다시피, "지배적인 자본주의 도시는 항상 무역 지대의 중심에 존재하는 법이다". 두 나라의 주요 가문과 상인들은 부유해졌다. 그리고 국제 상업에서 해상 이동이 중요해지면서 잉글랜드와 프랑스, 네덜란드의 항구가 베네치아나 제노바의 항구보다 훨씬 더 활동하기에 좋은 곳이 되었다.

그러나 콜럼버스의 발견에서 가장 중요한 점은, 알 가치가 있는 모든 지식은 이미 그리스인과 로마인이 발견했다는 신화를 콜럼버스가 깨뜨렸다는 것이다. 이러한 관점은 12세기 초 샤르트르의 베르나르의 견해로 요약된다. 베르나르는 중세 사상가들이 고대 세계의 사상가들보다 더 멀리 볼 수 있다고 주장했는데, 그것은 중세 사상가들이 더 잘나서가 아니었다. 이는 오히려 중세 사상가들이 "거인의 어깨 위에 선 난장이이기 때문이다. 우리는 고대 사상가들보다 더 많은 것을 인지하고 있지만, 우리 시력이 더 날카롭거나 우리 위상이 더 높아서가 아니라 거대한 고대 사상가들이 우리를 더 높은 곳에 올려준 덕분이었다".

12세기의 고대 문헌에 대한 갈망은 고대의 지혜가 어떻게 중세 사상을 뒷받침했는지 잘 보여준다. 고대의 지혜는 15세기에도 계속해서 마찬가지 역할을 했다. 아리스토텔레스는 그의 변증술과 과학적 지식 덕분에 여전히 다른 모든 철학자보다 우월했다. 의학 서적의 으뜸은 여전히 갈레노스였고, 천문학과 지리학 서적의 으뜸은 여전히 프톨레마이오스였다. 일부 중세인들도 독창적으로 사고할 수 있었지만, 콜럼버스의 발견은 기독교 세계 전체에 고전 학문이 절대적이 아니라는 사실을 분명히 보여주었다. 콜럼버스와 캐벗과 카브랄의 발견은 프톨레마이오스의 권위를 산산조각내 버렸다. 대체 어떻게 고대 세계의 가장 위대한 지리학자라는 사람이 한 대륙을 통째로 놓칠 수 있단 말인가? 아무리 다른 분야라 해도 이런 오류를 범한 사람의 말을 대체 어떻게 믿을 수 있단 말인가? 따라서 15세기의 마지막 10년에 나타난 것은 인지 혁명이라 부르기에 손색이 없다. 기존의 지식에 얽매이지 않는, 세계에 관한 완전히 새로운 사고관이 갑자기 생겨나 기존 지식의 한계를 넘어서게끔 강요했으니 말이다.

시간 측정

14세기 초에 기계식 시계가 발명되었다는 말을 들으면, 아마 여러분은 이 발명으로 콜럼버스의 항해 한참 전에 사람들이 고대 사상의 한계에 관심을 두었을지도 모른다고 생각할 것이다. 이런 시간 측정 도구는 인류 역사의 분수령을 예고했다. 그러나 시계가 사람들 대다수의 일상을 침범하기 시작했을 무렵에는 시계가 없던 시절도 있었다는 사실을 기억하는 사람이 별로 없었다. 셰익스피어는 작품 『맥베스』(설정상 11세기), 『존 왕』(설정상 13세기 초), 『심벨린』

(설정상 로마의 브리튼섬 정복 전), 『트로일러스와 크리세이드』(설정상 고대 그리스)에서 시계를 언급하거나 몇 '시o'clock'라는 표현을 썼다. 그의 연극 『줄리어스 시저』에는 심지어 소리로 고대 로마의 시간을 알리라는 무대 지시문까지 있었다. 셰익스피어는 고대 세계에는 기계 시계가 없었다는 사실을 몰랐거나, 그 사실을 중요하게 여기지 않았음이 틀림없다.

기계식 시계에 관한 최초의 언급은 1271년에 나온 글에 나타난다. 이 글에는 시계 제작자들이 매일 한 바퀴씩 도는 바퀴를 만들려고 시도했으나 "일을 완벽하게 처리하지는 못했다"라고 적혀 있다.[4] 60년 뒤, 이 문제는 해결되었다. 성 알바누스 수도원 원장 월링포드의 리처드Richard of Wallingford는 1332년 에드워드 3세가 그를 방문했을 때 기계식 천문 시계를 개발하고 있었다.[5] 이 시계는 시간뿐만 아니라 태양, 달, 별의 움직임까지 나타냈으며, 런던 브리지의 만조 시간도 알려주었다. 1335년, 밀라노의 성 고타르도 성당에 기계식 24시간 시계가 설치되었다. 1344년에는 야코포 데 돈디Jacopo de Dondi가 파도바의 카피타노 궁전 첨탑에 천문 시계를 설치했다. 4년 뒤에는 그의 아들 조반니가 가장 유명한 중세 시계가 될, 7면체 시계 '아스트라리움astrarium'을 제작하기 시작했다. 아스트라리움에는 24시간뿐만 아니라 달과 수성, 금성, 화성, 목성, 토성 등 5개의 유명한 행성을 나타내는 7개의 문자반이 있었다. 아스트라리움이 완성된 1368년경에는 제노바나 피렌체, 볼로냐, 페라라 같은 이탈리아 도시들과 웨스트민스터, 윈저, 퀸버러, 킹스 랭글리 등의 궁전에 규칙적으로 울리는 공공 시계가 있었다. 프랑스의 샤를 5세는 1370년 파리 왕궁에 설치한 매시간 울리는 시계가 너무도 마음에 들어, 도시의 모든 교회에 왕궁 시계가 울리는 소리에

따라 시간을 알리라고 명령했으며, 생폴 호텔과 뱅센 성에 두 개를 더 설치했다.[6]

이러한 참고 자료들로 볼 때 기계식 시계가 15세기 이전에 발명되었음이 확실하지만, 1400년 이전에는 시골과 소도시의 노동자들 대다수가 시간을 알리는 종소리를 들어본 적이 없었을 것이다. 제프리 초서가 『파슨 이야기The Parson's Tale』의 서문에서 "시간은 10시였다ten of the clokke"라고 적긴 했다('clokke'는 'clock'과 동의어다). 하지만 여기서 화자는 자신이 시계를 보고 시간을 말한 것이 아니라 시간을 짐작했음을 시인했다. 『법률가 이야기The Sergeant-at- law's Tale』에서는 1386년에 사람들이 흔히 시간을 추측하던 방법을 자세히 묘사했는데, 태양이 하늘을 얼마만큼 가로질러 갔는지 살펴보거나 나무 길이와 나무 그림자 길이의 비율이 어떻게 되는지 따져보는 식이었다. 초서가 살던 시대에 시계가 시간을 알려주는 기본적인 수단이었다고는 도저히 말할 수 없다. 시계의 영향은 15세기의 변화를 통해 더 잘 묘사할 수 있다.

시계의 수요가 늘어나면서 생산도 늘어났고, 금속 가공 기술이 향상되었으며, 시계 디자인이 다양해졌다. 알려진 14세기 시계들은 모두 탑 시계나 천문 장치였지만, 1400년경에는 휴대용 시계가 등장하기 직전이었다. 프랑스의 왕 샤를 5세는 1377년에 휴대 시계orloge portative를 갖고 있었으며, 미래의 잉글랜드 왕 헨리 6세는 1390년에 바구니에 담아 운반할 수 있는 시계를 가지고 있었다.[7] 1422년에 사망할 당시, 헨리 5세의 소지품 중에는 침실 시계가 있었으며, 1430년경에는 부르고뉴 공작 선량공 필리프를 위해 스프링으로 작동하는 시계가 제작되었는데 지금까지도 남아 있다. 발전 속도가 어찌나 빨랐던지 1488년에는 밀라노 공작이 소리로 시간을 알리는 펜던트 시계 3개를 주문할 정도였다.[8] 이와 동시에 시민회관과 공작 궁전에는 천문 시계가 추가되었고, 교구 교회와 장원 영주의 저택에는 기계 시계가 설치되었다. 1493년으로부터 얼마 지나지 않았을 무렵, 콘월 코트힐에 있는 에지쿰베Edgcumbe 가문 저택 예배당에는 가장자리에 탈진기*가 달린 가정 시계가 설치되었다. 이 시계는 오늘날까지도 그 자리에서 종소리를 울리며 시간을 알리고 있다.

그래서 뭐가 어쨌단 말인가? 사람들이 시간을 어떻게 알았느냐가 뭐가 중요하단 말인가? 사실 이것은 매우 중요한 문제였다. 기계식 시계의 사용은 태양이 하늘을 가로지르는 길을 12등분한 뒤 시간이 얼마나 지났는지 추정하던 제프리 초서식 시간 측정 방식을 크게 개선했다. 태양을 이용한 시간 계산법에는 두 가지 문제가 있었다. 첫째로, 이 계산법은 명백히 부정확할 때가 많았다. 둘째로, 이 계산법에 따르면 시간의 단위가 변했다. 여름철 한낮의 '한 시간'은 겨울철 한낮의 '한 시간'보다 최대 2배까지 길 수 있었는데, 12등분할 한낮의 길이가 두 배 가까이 길었기 때문이다. 그런데 기계 시계가 시간의 단위를 표준화해주었으므로, 이제 시계의 아홉 번째 시간을 9시라고 명시할 필요가 생겼다. 오늘날 우리가 그러듯이 말이다.

위에서 언급했다시피, 많은 중세 시계들은 천문 시계였다. 태양과 달, 별을 정확하게 관측하려면 시간을 정확히 계산해야 했다. 21세기를 사는 우리는 점성술을 그다지 신뢰하지 않을지 모르지만, 1600년 이전에는 의학, 지리학, 과학 분야의 수많은 업적이 하

* escapement. 톱니의 회전 속도를 고르게 하는 장치.

늘의 움직임에 대한 정확한 지식에 의존했다. 그리고 시계는 이 업무를 크게 전문화했다. 시간의 표준화가 과학 실험에 대단히 중요했다는 점은 말할 필요도 없다. 또한 시계는 시간의 사회적, 경제적 쓰임새도 조정했다. 이제 사람들은 특정한 시간에 만날 수 있었고, 근무 시간 및 영업 시간을 구체적으로 정할 수 있었다. 사람들은 직장 생활을 더 효율적으로 계획할 수 있었다. 이러한 이유로 기계 시계는 중세의 위대한 발명품 가운데 하나로 인정받을 만하며, 시계의 보급은 15세기의 가장 중요한 변화 가운데 하나였다.

시계의 전파가 중대한 변화임을 나타내는 또 다른, 더 미묘한 측면이 있다. 그것은 바로 시간이 세속화되었다는 것이다. 중세에는 시간이 교회의 지배를 받았다. 세상이 존재하는 이유는 하느님이 창조했기 때문이고, 시간이 존재하는 이유는 하느님이 천지창조 과정에서 사물의 움직임을 창조했기 때문이다. 그러므로 시간은 창조의 한 부분으로서 신성한 공간을 채우고 있었다. 시간에는 이렇듯 신학적 개념 말고도 더 실용적인 개념이 있었다. 시간의 주기가 1년인 것은 신성한 설계의 일환으로 여겨졌다. 하느님이 파종을 위한 시간과 수확을 위한 시간, 양 떼를 방목하는 시간 등등을 정해두었다는 것이다. 이 신성한 한 해 동안 특정한 날들, 즉 대림절과 사순절은 단식을 해야 하는 날이었고, 나머지 날들은 잔치를 벌이는 날이었다. 어떤 날들은 성인의 날로 추앙되었다. 그리고 일 년 내내 특정한 시간은 성무聖務에 할당된 시간이었다. 제1시과Prime, 제9시과None, 종도Compline, 조과Matin처럼 말이다. 시간은 그 자체로 신성한 것이었을 뿐만 아니라 세분화한 시간 역시 영적인 의미를 지니고 있었다. 교회는 매일 교회 종을 울림으로써 마을에 시간을 알리고, 신도들에게 기도 시간을 알리며, 망자의 죽음을 알리는 등 시간에 관한 인식을 통제했다.

　이 모든 이유로 시간은 우리가 알고 있는 단순한 시간이 아니라 하느님이 주신 선물이었다. 그러므로 중세 교회는 기독교인들이 다른 사람에게 빌려준 돈에 이자를 받는 것을 허용하지 않았다. 시간은 하느님에 속한 것이었고, 그 어떤 기독교인에게도 하느님의 소유물을 팔 권리는 없기 때문이다. 그러나 시간이 점점 더 인간이 만든 기계의 측정 대상이 되어가면서 종교와 연관된 신비성을 어느 정도 잃어버렸다. 시간은 천지창조의 자유로운 한 부분이 아니라 인간의 통제하에 있는, 시계 제작자들이 길들인 무언가로 여겨졌다. 가장 중요한 것은, 이제 인간이 만든 기계가 언제 종을 울리고 예배를 해야 하는지 교회에 지시했다는 점이다. 거리와 무게, 부피 단위는 여전히 장소마다 달랐지만, 시간은 현지 관습이나 교회 당국에 우선하는, 최초의 국제적으로 표준화된 측정 단위가 되었다.

개인주의

광택이 나는 금속 거울과 흑요석 거울은 고대 시절부터 존재해왔다. 그래서 역사가들은 흔히 유리 거울의 도입을 마치 오래된 테마의 변주곡처럼 대수롭지 않게 여겼다. 그러나 유리 거울의 발명은 커다란 변화였다. 사람들이 처음으로 자기 자신을 제대로 볼 수 있었기 때문이다. 이제 사람들은 자신의 고유한 특징과 표정을 정확히 볼 수 있었다. 구리나 청동으로 된 광택 나는 금속 거울은 빛을 겨우 20퍼센트 남짓 반사하여 유리 거울보다 비효율적이었다.

설령 은 거울이라고 해도 의미 있는 수준의 반사를 일으키려면 표면이 아주 매끄러워야 했다. 게다가 금속 거울은 엄청나게 비쌌다. 대부분의 중세 사람들은 자신의 얼굴을 흐릿하고 어두운 물웅덩이에 비친 형태로만 보았을 것이다.

볼록 유리 거울은 1300년경에 베네치아인이 발명한 물건인데, 아마도 최초의 안경에 사용된 유리 렌즈(1280년대의 발명품)의 발전과 관련이 있을 것이다. 14세기 후반에는 북유럽에서도 유리 거울을 찾아볼 수 있었다. 미래의 잉글랜드 왕 헨리 4세는 1387년에 깨진 거울의 유리를 교체하기 위해 6펜스를 냈다.[9] 4년 뒤 프로이센을 여행하는 동안 헨리 4세는 직접 사용하기 위해 '파리산 거울 두 개'를 파운드화로 1파운드 3실링 8펜스에 해당하는 돈을 주고 샀다.[10] 그의 아들 헨리 5세는 1422년에 사망할 당시 침실에 거울 3개를 가지고 있었는데, 이 가운데 2개의 가격을 합치면 1파운드 3실링 2펜스였다.[11] 유리 거울은 여전히 평범한 농민이나 상인이 사기에는 너무 비싼 물건이었지만, 1500년경에 부유한 도시 상인들은 손에 넣을 수 있었다. 이런 관점에서 보면, 가처분 소득을 가진 개인은 1400년경의 조상들과는 크게 달랐다. 그는 거울에 비친 자신의 모습을 볼 수 있었고, 따라서 자신이 세상에 어떻게 비치는지 알았다.

사람들이 자신의 고유한 모습을 감상할 줄 알게 되면서 특히 저지대 국가와 이탈리아에서 초상화 의뢰가 대폭 늘어났다. 현존하는 14세기 유화들은 대부분 종교적 성향을 띤 그림이지만, 초상화는 얼마 안 되는 예외 중 하나다. 15세기에 초상화가 유행하면서 초상화는 비종교 예술을 지배하기 시작했다. 중요한 인물들은 점점 더 많이 예술가들에게 초상화를 의뢰했고, 이에 따라 더 많은 사람들이 초상화를 감상하기 시작했으며, 이는 점점 더 많은 사람들이 자신의 초상화를 갖고 싶어 하는 결과로 이어졌다. 초상화는 '나를 봐!'라며 관객을 끌어들였다. 초상화의 모델은 지위가 높은 부유한 남자나 좋은 집안의 여자임을 암시했다. 초상화를 보며 사람들은 초상화 속 인물에 관해 이야기했고, 그 인물은 화제의 중심이 되었다.

14세기의 가장 유명한 그림 중 하나는 얀 반에이크가 1434년에 브뤼허에서 그린 〈아르놀피니 부부의 초상〉이다. 이 그림의 뒤쪽 벽에 걸린 둥근 볼록 거울은 예술가에게 피사체의 뒷모습을 비춰준다. 만약 반에이크가 전년에 그린 〈터번을 두른 남자의 초상〉의 모델이 화가 자신이라면(그럴 가능성이 크다), 반에이크가 이 시기에 평면 거울을 가지고 있었다는 말이 된다. (곧 자세히 살펴보겠지만) 브루넬레스키의 유명한 원근법 실험을 통해 당시 피렌체에서는 평면 거울이 유통되었다는 사실을 알 수 있다. 반에이크 이후, 15세기 후반 이탈리아와 네덜란드에는 자화상이 많았다. 뒤러는 자화상을 상당수 그렸다. 그 절정은 1500년에 28세의 나이로 그린, 예수 그리스도의 이미지를 모방한 자화상이다. 뒤러의 자기 성찰은 17세기 렘브란트의 자기 성찰에 견줄 만하다. 이런 예술가들의 손을 통해 거울은 다른 사람들이 자신을 어떻게 보는지 탐구할 수 있게 한 도구였다. 지금까지 다른 사람의 초상만 그려온 예술가들은 이제 자기 자신을 그림 속에 넣을 수 있었다. 자화상은 예술가들이 자신의 본성에 관한 단서를 찾고자, 자신의 얼굴을 놓고 벌인 열띤 심문이었다. 예술가의 자화상을 본 사람들은 잠시 멈춰 서서 자기 자신의 정체성에 관해 고민하지 않을 수 없었다.

이 모든 일은 단순히 매력적인 그림의 탄생에서 멈추지 않았다. 거울에 비친 자기 자신의 모습을 보는 행위나 초상화에 묘사됨으로써 주목의 대상이 되는 행위는 사람들이 자기 자신을 다른 방식으로 생각하게끔 부추겼다. 사람들은 자기 자신을 고유한 존재로 여기기 시작했다. 이전에는 개인의 정체성에 영향을 주는 요인이 주변 사람들과의 상호작용과 그가 평생에 걸쳐 얻은 종교적 통찰력으로 국한되었다. 따라서 오늘날 우리가 생각하는 개성이란 존재하지 않았으며, 사람들은 가족이나 장원, 교구 같은 집단과의 관계나 신과의 관계를 통해서만 자신의 정체성을 이해했다. 때때로 개인은 자신에 관한 글을 써서 군중들 사이에서 눈에 띄었다. 자서전『나의 불행한 이야기Historia Calamitatum』를 쓴 피에르 아벨라르나 자신의 모험담에서 주연을 맡았던 울리히 폰 리히텐슈타인Ulrich von Liechtenstein처럼 말이다. 그러나 보통 사람들은 자기 자신을 공동체의 한 부분으로만 여겼다. 이것이 중세에 추방과 유배가 그토록 가혹한 형벌이었던 이유다. 고향에서 쫓겨난 상인은 자신에게 정체성을 부여한 모든 것을 잃은 셈이었다. 생계를 꾸릴 수도, 돈을 빌릴 수도, 상품을 거래할 수도 없었을 것이다. 자신을 옹호해주고 신체적, 사회적, 경제적으로 보호해줄 사람들의 신뢰도 잃었을 것이다. 법원에서 그가 결백하다고 탄원해주거나 과거에 선행을 베풀었다고 주장해줄 사람이 아무도 남지 않았을 것이며, 한때 속했던 교회 길드나 종교 단체로부터도 더는 영적 보호를 받지 못했을 것이다. 15세기에는 이러한 공동체적 정체성이 무너졌다기보다는, 사람들이 공동체에 대한 충성심과는 별개로 자기 자신의 고유한 특성을 인식하기 시작했다. 이로써 오래된 집단적 정체성에 새로운 개인적 자존감이 겹쳐졌다.

이 새로운 개인주의에는 종교적 측면도 있었다. 중세 자서전은 보통 저자 자신에 관한 이야기가 아니라 저자와 하느님의 관계에 관한 이야기였다. 마찬가지로 중세 초기의 성인전聖人傳은 하느님의 길을 걷는 남녀에 관한 전형적인 교훈 문학이었다. 심지어 14세기에도 자신이 속한 수도원의 연대기를 쓰는 수도사나 도시에 관한 글을 쓰는 시민들은 이야기에 신을 포함시켰는데, 이런 이야기의 중요한 요소는 공동체 그 자체가 아니라 공동체와 신과의 관계였기 때문이다. 14세기가 끝나갈 무렵 사람들이 자신을 공동체의 개별 구성원으로 여기기 시작하면서, 자기 자신과 신의 개인적인 관계를 강조하기 시작했다. 이런 변화는 종교 후원에 반영되었다. 만약 1340년대에 어떤 부자가 자신의 영혼을 위해 미사곡을 불러줄 예배당을 지었다면, 그는 예배당 내부를 〈동방 박사의 경배〉 같은 종교적 그림으로 장식했을 것이다. 그러나 1400년에 이 예배당 설립자의 후손이 예배당 내부를 개장한다면, 그는 자기 자신을 동방 박사 가운데 한 명으로 그리게 했을 것이다. 만약 이런 일이 15세기 후반에 일어났다면, 예배당에는 후원자의 초상화만 전시되었을 것이다. 화가가 그림에 묘사한 신앙의 상징물들이 후원자가 보이고자 하는 신앙심을 충분히 표현하고 있다고 여겼기 때문이다.

또한 개인주의는 사람들이 자기 자신을 표현하는 방법을 확대했다. 서로 편지를 쓸 때도 개인적인 성향이 점점 더 두드러지게 되었다. 이전에 편지를 쓰는 사람들은 형식과 절차에 제한을 두었다. 이제는 자신에 관해 이야기하고 개인적인 생각과 감정을 드러내는 경향이 점점 두드러졌다. 15세기에는 이런 자전적인 글이 많이 쓰였는데, 그 예로 영어로 쓰인 『마저리 켐프 서』나 카스티야어로 쓰인 『레오노르 로페즈 데 코르도바의 회고록Las Memorias de

Leonora López de Córdoba』, 이탈리아어로 쓰인 로렌초 기베르티의 『주해서I Commentarii』 등을 들 수 있다. 스토너Stonor, 플럼턴Plumpton, 패스턴Paston, 셀리Cely 등 최초의 영어 편지집 가운데 4개 역시 그 기원이 15세기로 거슬러 올라간다. 평범한 사람들도 출생 시간과 날짜를 기록하기 시작했다. 점성술을 이용해 자신의 건강과 운수를 알아보고 싶었기 때문이다. 이 새로운 자기 인식은 사생활에 대한 더 큰 욕구로 이어졌다. 이전 세기에 주택 소유자와 그 가족들은 집 전체를 공유했으며, 흔히 하인들과 같은 홀에서 먹고 잤다. 이제 사람들은 홀에서 벗어나 자기 자신과 손님을 위한 개인 방을 만들기 시작했다. 역사의 많은 변화와 마찬가지로, 사람들은 대부분 자신이 얼마나 중요한 일을 하고 있는지 알지 못했다. 그럼에도 자기 자신을 단지 공동체의 구성원이 아니라 한 개인으로 보는 시각은 중세에서 근대로의 변화를 나타내는 중대한 변화였다.

사실주의와 르네상스 자연주의

어떤 면에서 볼 때 사실주의는 개인주의의 부상과 관련되어 있다. 사실주의와 개인주의는 사람들이 어떤 방식으로 주변 환경을 대하는지에 대한 새로운 접근법을 구체화한 것이다. 그리고 둘 다 인류와 하느님의 관계가 아니라 인간 자체에 큰 관심을 기울인다. 그러나 개인주의가 자기 성찰을 통해 자기 이해와 자기 존중을 얻는 것이라면, 사실주의는 세상과 세상 만물의 복잡성을 설명하기 위해 학자와 예술가들이 세상 만물을 거울에 비추어 보는 것이라 할 수 있다.

르네상스 미술의 자연주의를 보면 새로운 사고방식이 나타나고 있다는 신호를 포착할 수 있다. 로렌초 기베르티가 1401년부터 1422년까지 제작한 피렌체의 세례당 문 조각상은 사실적인 묘사와 과감한 원근법으로 경이로움을 안겨준다. 이보다 한 단계 더 나아간 것은 1420년경 브루넬레스키의 유명한 광학 실험이었다. 브루넬레스키는 세례당을 그린 자신의 그림과 커다란 평면 거울을 가지고 (둘 다 구멍이 뚫려 있다) 실제 세례당 건물 앞으로 갔다. 그런 뒤 한 손으로는 그림을 들어 실제 세례당 건물을 향하게 하고, 다른 한 손으로는 거울을 들어 거울에 그림이 비치게 했다. 두 구멍 사이로 보이는 실제 세례당 건물과 거울에 비친 세례당 그림의 모습을 비교하면서 원근법을 지배하는 기하학 법칙을 알아낼 수 있었고, 덕분에 1세기 전에 조토가 처음 시도한 선 원근법을 크게 개선할 수 있었다. 15세기의 두 번째 분기부터 피렌체 화가들은 건물을 어떻게 표현해야 할지 추정할 필요가 없었다. 이들은 건물이 관객에게 '사실적으로' 보이게끔 체계적인 법칙을 적용할 수 있었다. 이와 동시에 사실주의는 종교 미술에도 영향을 주기 시작했다. 로베르 캉팽과 로히어르 판 데르 베이던 같은 북유럽 화가들은 종교적 장면들을 화려하게 묘사한 대형 그림을 그리기 시작했는데, 더는 등장인물의 머리에 헤일로halo(후광)를 묘사하지 않았다. 기를란다요나 다빈치 같은 이탈리아 화가들 역시 등장인물의 머리에서 헤일로를 벗겨버렸으며, 다른 화가들은 헤일로를 아주 얇은, 거의 보이지 않는 빛의 고리로만 묘사했다. 이런 미술적 변화가 사소해 보일지도 모르지만, 남녀를 상징적으로 표현하던 것에서 사실적으로 묘사하는 것으로 우선순위가 바뀌었음을 드러낸다.

자연주의적 표현은 누드화에서 더욱 뚜렷이 드러났다. 르네상스 시대의 나체 묘사와 달리, 중세 시대의 나체 묘사는 에로틱한 내용을 담고 있지 않았다. 벌거벗거나 반쯤 벌거벗은 채로 십자가에 못 박힌 예수 그리스도는 에로틱한 인물이 아니라 자신의 취약성을 드러낸 인물이었다. 성경 시편의 여백에 그려진 엉덩이로 나팔을 부는 어릿광대 그림들은 식자층 독자들의 성적 욕구를 자극하기 위해서가 아니라, 인류의 자만심을 조롱하거나 독자를 웃기기 위해 삽입한 것이었다. 마찬가지로 발가벗은 아담과 이브의 초상화에서 강조된 것은 에로틱함이 아니라 부끄러움이었다. 그러나 15세기에는 옷을 벗은 사람을 에로틱하게 표현한 누드화가 등장했다. 1440년대에는 도나텔로가 구약성서의 등장인물인 다비드 David(다윗)를 모자와 신발만 빼고 벌거벗은 모습으로 묘사했다. 관능적이거나 육체적인 면을 전혀 드러내지 않던 이전 시기의 조각과 회화 속 점잖은 인물들과 완전히 대조되는 방식으로, 육체를 면밀히 살펴볼 수 있게 했다. 게다가 도나텔로의 조각상은 벽감이나 여타 건축학적 지지 장치가 필요 없는 환조였다. 다비드상의 나체는 당당하고 도전적이다. 다비드상은 고대 세계의 베누스상들을 떠올리게 한다. 도나텔로가 기술 면에서 고대 어떤 조각가와도 견줄 만하다는 사실을 드러낼 뿐만 아니라, 신이 창조한 자연 상태의 남자가 대중의 관심과 감탄을 받기에 적합한 대상이라는 사실을 보여준다.

15세기가 끝날 무렵, 남성 누드는 다빈치의 〈비트루비우스적 인간〉이나 미켈란젤로의 〈다비드〉(1504)까지 온갖 작품에 일상적으로 등장했다. 여성 누드는 상대적으로 드물었지만 보티첼리의 〈비너스의 탄생〉(1484)에 처음 등장했으며, 한스 멤링의 〈이브〉(1485~1490)와 미켈란젤로가 〈그리스도의 매장〉(1500)을 준비하면서 그린 그림 가운데 하나, 조르조네의 매혹적인 〈잠자는 비너스〉(1508) 등에 등장했다. 16세기 초, 조반니 벨리니와 티치아노의 손에 의해, 에로틱한 여성 누드는 그 자체로 예술의 한 형태가 되었다. 화가나 조각가들은 신체를 전라로 묘사했을 뿐만 아니라, 사람의 감정도 이전보다 더 노골적인 방식으로 적나라하게 묘사하기 시작했다. 이는 미켈란젤로의 〈피에타〉(1498~1499)나 〈반항하는 노예〉(1513)에서 드러난다. 이제 인류는 하느님의 자비나 분노를 살 뿐인 미천한 존재로 묘사되는 대신, 그 자체로 진지한 연구에 적합한 대상이 되었다.

또한 르네상스 인문주의는 고전적인 교육 모델을 제공함으로써 인간의 내적 삶에 관한 연구를 촉진했다. 이전 세기에는 라틴어의 영향력이 감소하고 젊은 학자들이 오직 학문 분야에서 — 문법 강사나 신학 연구자, 의사, 변호사 등으로서 — 맡은 역할만 수행하도록 가르치는 대학 교과 과정이 대부분이었다. 이제는 고대 세계의 교육 표준에 대한 진가를 알아보는 사람들이 생기면서 반발이 일어났다. 옛 대학의 삼학과三學科, trivium는 스투디아 후마니타티스studia humanitatis, 즉 인문학으로 대체되었다. 스투디아 후마니타티스에서는 논리학이 더는 역할을 하지 않았으며, 문법과 웅변술에 역사학과 윤리학, 시학을 접목하는 것을 좋은 교육의 핵심 요소로 여겼다. 그리스어 역시 고대 세계의 지혜를 드러내는 수단으로서 부활했다. 피렌체에서 1440년대에 코시모 데 메디치가 설립하고 인문주의자 마르실리오 피치노가 교장으로 취임한 신식 교육 기관은 플라톤식 아카데미를 교육 모델로 채택했다. 그리고 1453년에 콘스탄티노폴리스가 함락된 후 그리스어를 쓰는 수많은 학자들이 이탈리아에 찾아오면서 그리스어를 공부할 더 큰 동력이 생겼다. 무엇보다 중요한 것은 인문학과 과학 사이에 경계가 없는 스투디아 후마니타티스가 고대 문헌을 맹목적으로 따르길 강요하며 학생들을 제약하기보다는 학문적 지평을 넓히는 열린 교육을 제공했다는 것이다. 스투디아 후마니타티스는 중세 연구의 핵심적인 미덕 위에 세워졌다. 바로 자연 현상을 하느님의 천지창조의 한 측면으로 여김으로써, 모든 것이 가능하지만 모든 일에는 이유가 있다고 보는 관점이었다. 이 관점에 따라 자연 현상을 관찰하고 설명했다.

여러분은 이 새로운 사실주의와 자연주의가 정말로 큰 변화에 해당하는지 의문을 품을지도 모른다. 단지 세상을 표현하는 한 방법을 다른 방법으로 대체한 것에 불과하지 않은가? 그리고 르네상스 인문주의자들이 관심을 기울인 '내적 사실주의'는 단순히 교육적 우선순위를 바꾸는 것에 불과하지 않은가? 따지고 보면 사물을 깊이 이해한다고 해서 꼭 심오한 결과가 나타난다는 법은 없으니 말이다. 흔히 궁극의 르네상스인이자 서양이 배출한 최고의 지성이라 불리는 레오나르도 다빈치를 생각해보자. 공정하게 말하자면 이 책이 다루는 주제로 볼 때 다빈치는 전혀 중요한 인물이 아니다. 오히려 말이 끄는 쟁기를 시험해본 15세기 농부들이 다빈치보다 유럽인의 삶에 더 큰 영향을 미쳤다. 후세기 사람들을 깜짝 놀라게 하고 즐겁게 해줄 다빈치의 천재성은 대부분 그의 수첩 속에 뭉쳐진 채로 감춰져 있었다. 다빈치의 그림들 대부분은 오래가지 못했다. 그는 새롭고, 전에 시도되지 않고, 검증되지 않은 혼합 물감이나 채료에 매료된 사람이었는데, 이런 화합물 가운데 다수가 금세 분해되었기 때문이다. 그러나 레오나르도 다빈치가 '상징하는 것들'은 다른 면에서 볼 때 대단히 중요하다. 다빈치는 대학

교육을 받지 않았음에도 근육이 어떻게 움직이는지부터 새가 어떻게 나는지까지 다양한 주제에 마음을 쏟을 수 있었다.

15세기에 등장한 레오나르도 다빈치는 분명 유일무이한 천재지만, 15세기에는 천재성 면에서는 다빈치만 못할지언정 호기심 면에서는 그와 대등한 수백 명의 작은 천재들이 있었다. 이들 가운데 몇몇이 수비학numerology, 점성술적 예언, 천사학, 꿈 해석 같은 일견 기이한 연구 분야에서 실험을 진행했다는 사실도 중요하다. 오늘날 이런 것들이 우리 눈에 비과학적으로 보이는 이유는, 이런 분야를 과학적으로 연구하려고 시도했던 르네상스 시대의 호기심 많은 사람들이 결국 막다른 골목에 다다른 덕분이다. 따라서 현실의 본질을 찾아내고 묘사하려는 15세기의 시도는 신세계를 향한 항해에 필적할 만한 것이다. 두 가지 모두 기존의 가정을 깨뜨리고 미지의 것을 조사함으로써 발견을 이루어냈다. 그 발견이 바다 정반대편에 있는 무언가든, 날아가는 새의 날갯짓이든 말이다. 간단히 말해 15세기는 서양 사람들이 추상적인 하느님의 불가사의함에 관한 집단 연구를 중단하고, 하느님을 이해하려면 천지창조를 연구해야 한다는 결론에 도달한 시기였다.

결론

몇몇 독자들은 내가 인쇄술을 15세기의 커다란 변화로 강조하지 않았다는 사실에 놀랄지도 모른다. 인쇄기의 중요성을 깎아내리려는 것이 아니다. 인쇄기는 아마도 지난 천 년 동안 있었던 가장 중요한 발명품이기 때문이다. 그러나 인쇄기 역시 그것이 발명된 세기보다는 다른 세기에 더 큰 영향을 미친 발명품 가운데 하나다. 사실 요하네스 구텐베르크가 1455년 마인츠에서 인쇄한 성경은 라틴어로 쓰여 있었기에 대다수 사람들은 읽을 수 없었다.[12] 게다가 1500년 이전에 출판된 책 대부분은 너무 비싸서, 테두리가 넓고 글자를 꼼꼼하게 배치한 훌륭한 표준 필사본 가격에 맞먹을 정도였다. 인쇄된 책을 살 여유가 있는 사람들이 전부 읽을 줄 아는 것은 아니었고, 읽을 줄 아는 사람들 가운데 다수는 책을 살 형편이 안되었다. 문맹인 사람들 대다수는 책에 전혀 관심이 없었고 말이다. 그러므로 요하네스 구텐베르크는 나침반의 발명자보다 세상을 더 많이 바꾸지 못했다. 인쇄술에서 비롯된 큰 변화들은 다음 세기에 구텐베르크의 발명품을 더 널리 보급한 다른 사람들에 의해 이루어졌다.

15세기의 가장 중요한 변화는 '발견'이라는 단어로 요약할 수 있다. 세계와 자아의 발견 말이다. 자아 인식의 측면에서 일어난 미묘한 변화는 대부분 주목받지 못했지만, 콜럼버스의 신대륙 발견은 가시적이고 보편적인 화두였다. 1492년부터 1500년까지 불과 8년 만에 유럽의 항해사들이 북아메리카와 남아메리카라는 두 개의 새로운 대륙을 발견하고 아시아로 가는 해로를 발견한 것은 실로 놀라운 일이다. 게다가 이런 발견은 남아프리카의 절반을 탐험한 직후에 이루어졌다. 아침에 눈을 뜨니 라디오에서 탐험가들이 엄청난 부가 가득한 세 개의 대륙을 발견했다는 뉴스가 나오고 있다고 상상해보자. 여러분은 이런 비교가 터무니없다고 느끼겠지만, 생각만큼 터무니없지는 않다. 포르투갈 왕과 카스티야 왕, 잉글랜드 왕에게 콜럼버스의 제안을 거절하라고 조언한 학자들 역시 우리와 마찬가지로 그런 곳이 존재할 리 없다고 확신했기 때문이다. 학자들은 완전히 틀렸지만, 자신들의 실수를 대단히 빠르게 만회했다. 콜럼버스가 서쪽으로 항해한 해인 1492년에 세계를 3차원으로 지도화한 최초의 지구본이 제작되었다.[13]

변화의 주체

앞선 내용을 살펴보면 15세기의 개인 가운데 누가 서양에 가장 큰 영향을 미쳤는지는 명백하다. 그러나 우리는 단지 콜럼버스가 수많은 발견을 한 항해자들 가운데 한 사람이었음을 유념해야 한다. 잉글랜드 뱃사람들은 15세기의 첫 10년 동안 주기적으로 아이슬란드 해역으로 항해해 대구를 낚았다. 그린란드는 1409년 이후까지 기독교 세계의 일부로 남아 있었으며, 일부 뱃사람들은 광대한 대서양을 횡단하는 방법을 알았다. 브리스틀 사람들은 신화 속 '브라질 섬'을 찾기 위해 1480년과 1481년에 각각 해양 탐사를 진행했다. 그리고 존 캐벗이 1496년과 1497년에 브리스틀에서 항해를 떠난 주요 이유 가운데 하나는 브리스틀 선원들이 콜럼버스보다 먼저 대서양을 가로질러 육지를 발견했기 때문인 듯하다.[14] 게다가 캐벗이 아메리카 해안을 따라 남쪽 멀리까지 갔다는 흥미로운 증거도 있는데, 이 증거대로라면 베네치아인과 잉글랜드인으로 이루어진 캐벗의 탐험대가 포르투갈인들보다 먼저 남아메리카를 발견한 셈이다. 진실이 무엇이든 간에 1480년대와 1490년대에는 발견 정신이 충만했다. 그리고 콜럼버스는 이 점에서 선구적인 역할을 했다. 그러나 콜럼버스의 탁월한 자기 홍보 능력과 훗날 얻은 명성 때문에 그의 역할을 부풀려서는 안 된다. 포르투갈의 항해왕자 엔히크와 주앙 2세 모두 콜럼버스보다 더 끈질기고 단호했으며, 유럽 확장을 위한 정치적·경제적 추진력을 제공했다는 점에서 인정받아야 마땅하다. 콜럼버스는 탐험 후원자를 구하기 위해 유럽의 군주들을 7년간 괴롭혔지만, 항해왕자 엔히크는 항해자들을 설득해 보자도르곶 너머로 항해하게 하는 데만 장장 15년이 걸렸다. 주앙 2세의 해상 무역 왕국이라는 비전과 요새화된 재외 상관은 포르투갈이라는 작은 나라가 넓은 영토를 직접 지배하는 영토 제국territorial empire을 운영하지 않고서도 인도에 기반을 마련할 수 있게 해주었다. 엔히크와 주앙 2세가 둘 다 변화의 주체로 여길 만한 인물이라고 말하는 것은 솔깃해 보인다.

그러나 결론적으로 흑사병 이후 유럽을 강타한 가장 큰 청천벽력은 바로 콜럼버스의 발견이었다. 스페인을 거대한 해외 제국의 길로 이끈 것은 바로 통치권을 얻고 싶어 했던 콜럼버스의 야망이었다. 오늘날 스페인어가 중국어에 이어 세계에서 두 번째로 널리 쓰이는 언어가 된 것은 콜럼버스 덕분이다. 그리고 전 유럽에 콜럼버스의 이름이 울려퍼지게 한 것은 바로 그의 자기 홍보 능력 덕분이었다. 그리고 사람들이 불현듯 "고대의 위대한 작가들이 대륙 두 개에 관해 전혀 알지 못했다면 그들은 또 무엇을 놓쳤을까?"라는 심오한 질문을 하게 만든 사람도 바로 콜럼버스였다.

1501 –
1600

16세기

현대식 계산으로 16세기는 1501년 1월 1일에 시작되었다. 당시에는 계산이 이런 식으로 이루어지지 않았다. 여러분이 제노바나 헝가리, 노르웨이, 폴란드에 살지 않았다면 말이다. 베네치아에서는 신년이 1501년 3월 1일에 시작되었다. 잉글랜드와 피렌체, 나폴리, 피사에서는 3월 25일이었다. 플랑드르에서는 부활절이 새해 첫날이어서 매년 바뀌었다. 러시아에서는 9월 1일에, 밀라노와 파도바, 로마, 여러 독일 나라에서는 12월 25일에 한 해가 시작되었다. 가장 헷갈리게 하는 나라는 바로 프랑스였다. 프랑스에서는 지역 교구에 따라 신년이 크리스마스, 3월 1일, 3월 25일, 부활절 넷 중 하나에 시작되었다. 1564년에 1567년부터 시행되는 루시용 칙령Édit de Roussillon이 발표된 후에야 새해 시작이 1월 1일로 표준화되었다. 만약 여러분이 과거에는 현재보다 삶이 더 단순했다고 생각한다면, 이 달력 기준을 보고 다시 생각해보기를 바란다.

그러나 새해 첫날을 언제로 정할지 합의했다고 한들 복잡한

변화의 세기

상황이 해결되었을까? 앞서 언급한 새해 첫날에 관한 관례는 모두 고대 로마의 율리우스력에 기초하고 있었다. 그런데 율리우스력에 따른 한 해의 길이는 지구가 태양을 도는 궤도에 의해 결정되는 실제 한 해의 길이보다 짧았으므로, 12개월마다 10분 이상 차이가 벌어지게 되었다. 1년에 10분이 그리 대단치 않아 보이겠지만, 16세기 즈음에 이르면 그리스도가 탄생한 해의 성탄절과 10일이나 차이가 나는 지경이 되었다. 그래서 1582년에 교황 그레고리오 13세는 근본적인 해결책을 제시했다. 그것은 바로 이 10일을 달력에서 빼버리고, 종전과 같이 4년마다 한 번씩 윤년을 두되, 100으로 나눌 수 있지만 400으로 나뉘어 떨어지지 않는 해는 예외적으로 윤년에서 제외하여 평년으로 한다는 것이었다. 이것이 바로 오늘날에도 널리 쓰이는 그레고리력이다. 이에 따르면 400년마다 3일이 줄어들게 된다. 대부분의 가톨릭교회는 1582년 10월 4일 목요일부터 그레고리력을 받아들였다. 그래서 그다음 날은 10월 15일 금요일이 되었다. 개신교 국가들은 대부분 18세기까지 계속해서 율리우스력을 썼으므로, 당연히 이 조치는 완전히 새로운 날짜 격차를 만들게 되었다. 잉글랜드와 피렌체는 모두 1583년 3월 25일에 새해를 축하했지만, 피렌체는 잉글랜드보다 10일 먼저 새해를 축하했다. 근대 초에 유럽이 얼마나 복잡하게 변화했는지 알 수 있는 일이다. 심지어 우리가 당연시하는 일상적인 사안에서조차 말이다.

그레고리력 도입은 16세기에 일상생활 면에서 일어난 수천 가지 변화 가운데 하나일 뿐이다. 1500년에는 오직 극히 부유한 사람들만이 마차를 타고 여행했지만, 1600년에는 "세계는 바퀴로 달린다"는 말이 일반 사람들 사이에 돌았으며, 교통사고의 위험에 대해 불평하는 것이 어느 정도 타당한 일이 되었다. 중세에는 주택에 버팀 다리가 있는 탁자와 작업대 두어 개, 침대, 상자, 식기 등등이 드문드문 갖춰진 수준이었지만, 16세기에는 이와 대조적으로 주택 안에 커튼, 장식 천, 카펫, 쿠션, 찬장, 의자 같은 나무 가구와 천 가구들이 차고 넘쳤다. 식사 시간에 관해 이야기하자면, 1501년 북유럽에서는 아침을 먹는 사람이 거의 없었다. 중세식 하루 두 끼의 식사 주기가 지속되었기 때문이다. 사람들은 오전 11시경에 정찬 dinner을 먹었고, 오후 5시경에 만찬supper을 먹었다. 그러나 점점 더 많은 사람들이 도시로 이주하고 생계를 위해 다른 도시 사람들을 위한 장시간 노동에 종사하기 시작하면서 만찬 시간이 늦춰져 저녁 식사가 되었다. 이에 따라 하루의 주된 식사였던 정찬을 원래보다 두 시간가량 늦게 먹게 되었는데, 이것이 점심 식사가 되었다. 그러자 점심 시간까지 버틸 수 있도록 이른 시간에 먹는 식사인 아침 식사가 등장했다. 학교 역시 이러한 변화를 도왔다. 긴 수업을 버티려면 아침 식사를 해야 했는데 학교에 가는 남자아이들이 점점 더 늘어났기 때문이다. 그래서 1600년경 도시에서는 아침 식사가 아주 흔한 일이 되었다.

게다가 16세기에는 인구가 오랜 침체기를 지나며 다시 증가했다. 사람들은 인구가 너무 많다고 불평하기 시작했다. 1600년경에는 거울 혹은 보는 유리looking glass를 노동자의 하루 임금 절반만 내면 살 수 있게 되면서, 개인주의로의 전환이 계속되었다. 점점 더 많은 사람들이 공동체에서 일어난 사건을 개인적인 경험이나 성찰과 함께 엮어 연대기로 만들기 시작하면서, 우리가 익히 알고 있는 개인용 다이어리가 개발되었다. 부유한 사람들은 점점 더 많이 자신들의 초상화를 주문했다. 그래서 우리는 16세기의 부유한 신사 숙녀가 어떤 모습인지 비교적 쉽게 말할 수 있는 반면, 중세에 살았던 이들의 면면을 알기는 사실상 불가능하다. 부유한 사람들은 집 창문을 흔히 유리를 사용해 실내에서 선조들보다 훨씬 더 많은 햇볕을 즐길 수 있었다. 이전 세기에는 대부분 채소나 약초, 약물을 재배한다는 실용적인 목적으로 정원을 만들었지만, 16세기 사람들은 분수와 고전적인 조각상이 딸린, 정형화된 형태의 휴양용 정원을 짓고 가꾸기 시작했다. 많은 도시 사람들이 선조들보다 훨씬 덜 힘든 삶을 살았다. 생활양식의 선택은 연회장의 대화 주제이자 상담 안내서의 주제가 되었다.

물론 사회 밑바닥에 속한 사람들은 이야기가 달랐다. 셰익스피어의 초창기 연극이 처음 상연되었을 당시, 잉글랜드에서는 1594년에서 1597년까지 이어진 대기근으로 사람들 수천 명이 굶어 죽었다. 그러나 덜 부유한 사람들의 생활양식도 변했다. 윌리엄 해리슨William Harrison의 『잉글랜드 묘사Description of England』(1577)에 따르면 평민들의 생활수준은 근 몇 년간 세 가지 측면에서 크게 향상되었다. 첫째, 도시에서 굴뚝이 엄청나게 전파되었다. 그다지 흥미롭게 들리지 않을지도 모르지만, 이전까지 보온을 위해 홀 중앙에서 불을 피워야 했던 사람들에게는 큰 발전이었다. 굴뚝이 없던 시절에는 불에서 나오는 연기 때문에 옷에서 탄내가 나고, 눈에서 눈물이 나며, 집의 기둥과 서까래와 벽뿐만 아니라 사람들의 폐 안쪽까지 새카맣게 변했기 때문이다. 둘째로, 보통 사람들도 이제 베개와 린넨 시트가 딸린 털 부스러기 침대flock bed에서 잠을 잤다. 이전에는 바닥에서 짚으로 만든 매트리스에 누워 담요를 덮고 통나무를 베개 삼아 자야 했다. 셋째, 전에는 사실상 모든 식기가 나무로 제작되었던 반면, 이제 대다수 사람들이 백랍pewter 접시에 음식을 담아 백랍 숟가락으로 먹고 커다란 백랍 잔으로 음료를 마셨다.

1600년경에는 사람들 대부분이 아마 여러분이 익히 알고 있음직한 일과를 따랐다. 사람들은 아침에 일어나면 얼굴과 손을 씻고 이를 닦았다. 아침을 먹고 8시경에 학교나 직장에 갔다. 정오 무렵에는 점심을 먹고, 귀가하면 금속 칼과 숟가락으로 접시에 담긴 저녁을 먹고, 불가에서 몸을 녹였다. 부드러운 베개에 머리를 괸 채로 시트를 덮은 매트리스가 제대로 놓인 침대에 누워 휴식을 취했다. 만약 여러분의 주된 관심사가 일상생활이라면 지난 천 년 동안 가장 크게 발전한 세기는 16세기라고 결론 내릴 수 있을 것이다. 그렇지만 16세기에는 더 심오한 성격의 변화도 있었다.

책 인쇄와 문해력

16세기가 시작될 무렵 유럽에는 약 250대의 인쇄기가 있었는데, 그때까지 2만 7,000여 개의 판본을 인쇄한 것으로 추정된다. 만약 모든 판본이 500부씩 인쇄되었다면, 고작 8,400만 명의 인구에 무려 1,300만 권의 책이 유통되었을지도 모른다.[1] 인상적인 수치이기는 하지만, 이런 수치가 성립하려면 전후 사정이 맞아야 한다. 전체 인구의 15퍼센트가 책을 소유했던 것은 분명 아니었다. 읽고 쓸 줄 모르는 90퍼센트의 사람들은 말할 것도 없고, 문해력을 갖춘 사람들도 대부분 인쇄된 책을 가지고 있지 않았다. 책은 대부분 라틴어로 인쇄되었으며 거의 신학 서적이었기 때문에 그 매력이 현저히 떨어졌다. 반면에 책을 수집하는 부유한 사람들은 여러 권 소유했을 가능성이 컸다. 1500년에 책 1,000만 권이 여전히 남아 있었다고 한다면, 이를 소유한 이들은 아마 50만 명가량이었을 것이고, 그 가운데 다수는 기관이었을 것이다. 유럽 인구의 1퍼센트 미만만이 책을 소유하고 있었다고 해도 과언이 아니다. 1500년에 인기를 끈 대중 매체는 여전히 시장과 설교단이었지 인쇄된 글이 아니었다.

상황을 바꾼 주요 사건은 바로 성경이 현지어로 출판된 것이었다. 사람들이 직접 읽고 싶어 안달이 난 책은 성경 말고는 없었다. 사람들은 사제의 개입 없이 개인적으로 하느님의 말씀을 공부하고 싶어 했다. 성경을 공부함으로써 지상에서는 하느님뿐만 아니라 동료 기독교인들 사이에서 평판을 높이고, 사후에는 천국에 갈 확률을 높이고자 했기 때문이다. 또한 사람들은 가족과 친구들을 위해 성경을 이해하고 싶어 했다. 그들에게 어떻게 하면 경건한 삶을 살 수 있는지 조언하고자 했기 때문이다. 그러므로 성경은 궁극의 자기계발서였다. 중세 시대에도 지역어 성경이 존재했으며, 그 가운데 일부는 기야르 드 물랭Guyart des Moulins이 쓴 프랑스어 성경 『역사 성서Bible Historiale』나 피터 왈도가 쓴 프로방스어 성경, 존 위클리프가 쓴 영어 성경처럼 상당한 영향력을 갖고 있었다. 그러나 이런 지역어 성경은 필사본으로만 구할 수 있었으므로 희귀하고 비쌌다. 인쇄술은 훨씬 많은 사람들이 극히 적은 비용으로 성경을 구할 수 있게 해주었다. 그럼에도 변화를 일으킨 것은 인쇄술 그 자체가 아니라 지역어로 성경을 인쇄한 것이었다. 오직 극소수의 사람만이 받았던 필수 교육을 받지 않고는 라틴어로 읽는 법을 배우는 것은 불가능에 가까웠기 때문이다. 지역어 성경은 많은 사람들에게 하느님의 말씀을 공부할 기회를 주었을 뿐 아니라 읽는 법을 배울 수 있게 했다. 그러므로 지배적인 대중 매체였던 설교단

과 시장에 도전하고 궁극적으로 유럽을 문맹 사회에서 벗어나게
한 것은, 인쇄기와 지역어 사용, 성경의 영적 중요성이라는 세 가
지 요소의 결합이었다.

　　나라마다 각기 다른 시기에 지역어 성경이 인쇄되었다.
1466년에 요하네스 멘텔린Johannes Mentelin이 번역 성경을 출판했을
때, 가장 먼저 번역본을 받은 것은 독일어권 국가들이었다. 1471년
에는 베네치아에서 니콜로 말레미Niccolò Malemi가 최초의 이탈리
아어 성경을 출판했으며, 1488년에는 최초의 체코어 성경이 출
판되었다. 1476년 리옹에서는 프랑스어 신약성서가 등장했으며,
1487년에는 장 드 렐리Jean de Rély가 드 물랭의 『역사 성서』의 인쇄본
을 생산했다. 초기 판본은 『라틴 불가타Latin Vulgate』 성경을 번역한
것이었으며, 그리스어 성경 번역은 1516년 로테르담의 인문학자
데시데리위스 에라스뮈스가 신약성서의 그리스어 판본을 생산한
이후에야 이루어졌다. 마르틴 루터는 에라스뮈스의 그리스어 판본
을 기반으로 1522년에 독일어판 신약성서를 완성했으며, 1534년
출판된 독일어판 구약성서의 번역에도 협력했다. 새로운 프랑스
어 성서가 1523년(신약성서)과 1528년(구약성서)에 생산되었다. 윌
리엄 틴들은 에라스뮈스의 신약성서를 영어로 번역한 뒤 1526년
에 보름스에서 출판했는데, 번역어 선택을 놓고 당국과 문제가 생
겼고, 결국 1536년에 고의적인 이단 번역 행위로 화형당했다. 이
무렵 틴들은 구약성서 번역의 절반가량만을 완료한 상태였는데,
1537년에 존 로저스John Rogers가 이 작업을 마무리했다. 마일스 커
버데일이 최초로 영어판 성경전서를 출판한 직후였다. 1539년, 잉
글랜드 정부는 지역어 성경인 『대성경Great Bible』의 출판을 허가하
면서, 모든 교구에서 대성경의 사본을 이용할 수 있어야 한다고 주

장했다. 덴마크인과 노르웨이인들은 1524년에 자국어 신약성서를 갖게 되었고, 1550년에 성경전서를 갖게 되었다. 스웨덴어 사용자들은 1526년과 1541년에 각각 신약성서와 구약성서를 갖게 되었고, 스페인어 사용자들은 1543년과 1569년에, 폴란드어 사용자들은 1554년과 1563년에, 웨일스어 사용자들은 1563년과 1588년에 자국어 신약성서와 구약성서를 갖게 되었다. 미카엘 아그리콜라가 1548년에 신약성서를 출판하면서 핀란드인들은 문자로 된 핀란드 문학의 시작을 목도했다. 비록 포르투갈인과 러시아인들은 18세기까지 자국어 성경전서를 기다려야 했지만, 1600년경에는 유럽에 지역어 성경을 갖고 있지 않은 지역 공동체가 거의 없었다.

사람들이 모국어로 성경 공부를 하기 시작하면서 읽는 법을 배우는 사람 수가 급증한 사실은 대단히 중요하다. 1530년경 이전에 잉글랜드에서 출판된 책 가운데 절반가량은 영어로 나머지는 라틴어로 출판되었지만, 1530년대에는 영어로 출판된 책의 비율이 76퍼센트로 치솟았다. 1539년에 『대성경』이 출판된 이후로 이 비율은 80퍼센트를 넘어섰다. 이것은 눈덩이 효과를 일으켰다. 더 많은 책들, 특히 성경이 지역어로 출판되면서 더 많은 사람들이 읽는 법을 배웠고, 새로운 책에 대한 수요도 더욱 늘어났다. 잉글랜드에서는 16세기의 첫 10년 동안 400권이 조금 넘었던 책 생산량이 16세기의 마지막 10년 동안에는 4,000권 이상으로 증가했다. 1550년에는 한 이탈리아인 작가가 책이 너무 많아서 책 제목을 읽을 시간조차 없다고 불평할 정도였다.[2] 게다가 각각의 책들은 더 자주 읽혔다. 라틴어 책은 책마다 부유한 소유자가 있었다. 이들은 라틴어 책을 도서관에 보관하며 고등 교육을 받은 믿을 만한 친구들하고만 공유했다. 반면 지역어 서적은 여러 사람이 서로 돌려보며 수차례씩 읽었다.

수많은 지식을 책의 형태로 얻을 수 있게 되면서, 독서의 가치는 누가 봐도 명백해졌다. 학교 수가 급증했다. 대학이 꽃을 피웠다. 인쇄는 정보를 주고받는 자연스러운 수단이 되었다. 인쇄는 과학 이론을 습득하거나 전파하고자 하는 사람들에게 특히 이로웠다. 인쇄술이 없던 시기에는 흔히 과학서가 다루는 개념을 이해하지 못하는 필경사들이 일일이 손으로 옮겨 적다 보니 수많은 오류가 있었다. 그래서 과학 사상의 확산은 느릴 뿐만 아니라 결함이 생긴 채 이루어졌다. 인쇄술은 과학 사상을 더 빠르고 더 정확하게 전파할 수 있게 해줬고, 그 결과 유럽 과학계는 같은 시기에 서로의 혁신과 비판을 고려하는 단일 집단에 훨씬 더 가까워졌다. 덕분에 과학자들은 이전 시기 과학자들보다 훨씬 더 큰 영향력을 갖게 되었다. 니콜라우스 코페르니쿠스의 저서『천구의 회전에 관하여De Revolutionibus Orbium Coelestium』는 1543년에 출판되었는데, 이 책의 사본이 널리 퍼졌다는 것은 수많은 천문학자가 코페르니쿠스의 발견을 주제로 논의했다는 사실을 의미한다. 게다가 교회 당국은 지구를 우주의 중심으로 놓는 우주론을 의심의 여지 없는 진리로 유지하고 싶어 했음에도 이 책을 억압하지는 못했다.

과학 분야에서 몇 가지 중요한 진전이 나타날 수 있게 한 것은 가동 활자를 쓰는 인쇄기만이 아니었다. 이미지를 생산하는 능력 역시 이 못지않게 중요했다. 1542년, 레온하르트 푹스Leonhart Fuchs는 식물의 역사에 관한 주목할 만한 해설서『식물의 역사에 관하여De Historia Stirpium Comentarii Insignes』를 출판했는데, 이 책은 웅장하고 아름다운 삽화를 담고 있었다. 전문 화가들로 구성된 팀이 인쇄판에 그림을 새긴 뒤 저자의 설명에 맞게 일일이 손으로 색칠한 삽화였다. 약초 의학서가 수 세기 동안 존재했지만 이전까지는 식물을 이토록 과학적으로 다루거나 제대로 묘사한 적이 없었을 뿐만 아니라, 그 어떤 과학 서적도 이토록 훌륭한 품질로 대량 생산된 적이 없었다. 이듬해 출간된 안드레아스 베살리우스Andreas Vesalius의 『인체의 구조에 대하여De Humani Corporis Fabrica』에서는 인쇄된 삽화의 중요성이 더욱더 컸다. 1300년, 교황 보니파시오 8세는 시체의 절단을 금지했다. 그 결과, 1315년경에 몬디노 데 루치Mondino de Luzzi가 갈레노스와 아랍인 저자들의 저작에 크게 의존하여 쓴 『몬디노 해부학Anatomia Mundini』이 중세 후기 전체에 걸쳐 기초 해부학 서적으로 남게 되었다. 『몬디노 해부학』의 인쇄본은 1478년에 등장한 뒤로 40여 개의 판본으로 인쇄되면서 갈레노스의 해부학 사상을 영속시켰다.[3] 갈레노스의 사상은 당연히 완벽과는 거리가 멀었다. 고대 세계에도 인체 해부는 사람들의 눈살을 찌푸리게 하는 일이었으므로, 갈레노스는 대부분 동물 해부를 기반으로 삼았다. 따라서 심각한 해부학적 오류가 수 세기 동안 지속되었다. 대부분의 의과대학에서 매년 조각낼 수 있는 시체는 교수형을 당한 몇몇 범죄자들 시체뿐이었고, 해부는 실험보다는 의례를 위한 것에 가까웠다. 드물게 의학적 해부가 이루어지는 경우, 외과 의사들이 필요한 절개를 하는 동안 내과 의사들은 몬디노가 쓴 갈레노스식 해부서에서 관련 부분을 읽었다. 해부를 참관하던 의대생들은 심장에 심실이 세 개 있고 간에는 소엽이 다섯 개 있다는 말을 들었는데, 당시 해부실에서는 학생들이 이 말에 의문을 제기할 정도로 장기에 가까이 갈 수 없었다. 그래서 학생들 앞에서 진행하는 해부는 사실상 학생들을 오도하는 교사들의 권위를 강화하는 역할만 했을 뿐이다. 베살리우스의 책은 이런 일들을 일소하고 해부학에 관한 과학적 연구를 소개했다. 삽화를 세심하게 새긴 여러 인쇄판이 다양한 자세의 해부된 인체를 보여주며 골격과 근육의 형태를 드러냈다. 이러한 이미지들은 해부학 자체에 대한 태도를 바꾸었고, 교회의 해부 금지령에도 불구하고 저명한 외과 의사들이 선구적인 해부학 연구에 참여하게 되었다.

건축학과 지리학, 천문학 역시 그림 인쇄로 엄청난 덕을 봤다. 비트루비우스를 비롯한 고전시대 건축가들의 건축 원리를 묘사한 안드레아 팔라디오의 『건축4서』(1570)는 이탈리아어로만 출판되었지만 전 유럽에 큰 영향을 미쳤다. 또한 그림 복사 기술의 진보 덕분에 1570년 아브라함 오르텔리우스는 메르카토르 도법을 이용한 최초의 근대적 지도책을 제작할 수 있었다. 튀코 브라헤의 저서 『새로운 별에 관하여De Nova Stella』는 1573년에 출판되었는데, 이 책에는 작년에 하늘 어디에서 초신성이 보였는지 나타내는 도표가 들어 있었다. 그가 1598년에 출간한 『천체 운동론Astronomiae Instauratae Mechanica』은 브라헤의 천문대에 있는 기구를 상세히 묘사하여 그가 어떻게 그토록 정확하게 하늘을 관측할 수 있었는지, 다른 사람들이 어떻게 그의 연구를 이어갈 수 있는지를 보여주었다. 따라서 인쇄술은 기술 전파뿐만 아니라 과학 발전의 촉매 역할을 했다.

앞서 언급한 인쇄 혁명에 관한 요점은 명백할 것이다. 이보다 덜 명백한 것은 인쇄 혁명이 미친 사회적 영향이었다. 인쇄된 이야기가 퍼져나가면서 문해력을 갖춘 사람이 늘어나자 글의 중요성은 더욱 강조되었다. 이는 결국 왕과 신민들 사이의 관계를 변화시켰다. 이제 정부는 국경 안에 사는 모든 사람에 관한 정보를 수집하려고 애썼다. 유럽의 거의 모든 나라가 세례, 결혼, 장례 기록을 남기기 시작했다. 잉글랜드는 1537년부터 그렇게 하기 시작했다.

프랑스는 1539년부터 모든 세례에 관한 기록을 남기기 시작했고, 1579년부터 모든 결혼과 장례에 관한 기록을 남겼다. 독일에서는 1520년대부터 소수의 개별 교구들이 등록부를 보관했고, 1540년대부터는 체계적으로 등록부를 보관했다. 포르투갈에서는 1520년대에 이미 교구 12개당 1개꼴로 등록부를 보관했다. 1563년에 열린 트리엔트 공의회는 모든 교구에 세례, 결혼, 장례를 기록하도록 권고했고, 아직 기록으로 남기지 않던 대부분의 가톨릭 국가들은 30년 안에 이 권고를 따랐다. 가령 이탈리아에서는 1595년에 전국에서 교구 등록부를 찾아볼 수 있었다.

등록부는 빙산의 일각에 불과했다. 잉글랜드에서는 국가가 엄청난 양의 서면 자료를 요구했다. 모든 자치주 법원은 분기별 회의 기록을 보관해야만 했다. 교회 법원은 검인 증서grant of probate를 보관해야 했으며, 판결을 내리는 데 쓰인 수백만 부의 유언장, 목록, 장부 사본을 보관해야 했다. 교회는 학교 교사, 외과 의사, 내과 의사, 조산사들을 검사하고 면허를 부여했다. 치안 판사들은 1552년부터 여관 주인과 식당 주인에게 허가를 내줬다. 각 교구별로도 검사관들이 도로 유지 보수에 지출한 돈을 기록해야만 했다. 교구 위원Churchwarden들은 교구 기금에 관한 장부를 작성해야 했고, 민생 위원overseer of the poor들도 마찬가지로 지출에 관한 장부를 작성했다. 지역 민병대 조직자들은 해안 수비를 위해 훈련받은 병사들 기록을 보관했고, 이 시간제 병사들의 임금과 보급품 비용을 충당하기 위해 지역사회에 부과한 지방세를 기록으로 남겼다.

정부는 두루마리에 연속해서 기록을 남기는 중세식 방식에서 벗어나 왕국의 특정한 행정을 담당하는 별도의 부서를 만들었다. 16세기가 끝날 무렵에는 이런 부서들이 통계 자료를 수집하기 시작하면서 전염병의 희생자 수, 각 주에 있는 여관과 선술집 수, 개인이 낸 세금 기록을 등을 평가했다. 정부는 또한 특정한 서적의 출판을 억압했다. 런던 밖에서 예외적으로 인쇄가 허용된 곳은 단 두 곳의 대학 출판사뿐이었고, 모든 출판물은 수도에 있는 출판업조합사무소Stationers' Hall에 등록되어야 했는데, 덕분에 왕실 관리들은 인쇄되는 모든 것을 감시할 수 있었고, 왕실 이익에 반하는 것은 무엇이든 검열할 수 있었다. 국가가 새로운 문자 문화를 통제하고 국민을 감시하기 위해 문화를 이용한 것은 전에 없던 일이었다. 오늘날 우리에게는 이러한 국가의 개입이 당연할지도 모르지만, 신민에 관한 기록을 남기지 않던 1500년에서 국가가 세밀하게 기록을 관리하는 1600년으로의 도약은 엄청난 변화였다.

지역어 인쇄가 낳은 또 다른 덜 명백한 사회적 결과는 사회 속 여성의 지위 변화였다. 중세 시대에는 극히 소수의 여자아이만 읽는 법을 배웠다. 만약 어떤 여성이 글을 쓸 줄 안다고 해도 독자의 절대 다수는 남성이었다. 이들은 그녀가 쓴 내용이 마음에 들지 않을 경우 원고를 없애버림으로써 손쉽게 그녀를 침묵시킬 수 있었다. 그러나 인쇄는 그럴 수 없었다. 책의 복사본이 충분히 인쇄된 경우, 여성 작가의 적들이 그녀의 작품을 완전히 없애버리는 것은 거의 불가능했다. 또한 책은 독자를 차별하지 않았다. 수많은 교사들이 여학생을 가르치는 일을 고려조차 하지 않았던 반면, 책은 읽는 사람이 남자든 여자든 개의치 않았다. 똑똑한 여성들은 자신들 역시 남성들처럼 책으로 배울 수 있다는 사실을 빠르게 깨달았다. 게다가 여성들에게는 읽는 법을 배우고 싶어 할 특별한 이유가 있었다. 수 세기 동안 여성들은 그들이 법적으로, 생물학적으로, 영적으로, 사회적으로 남성보다 열등하며, 그 이유는 이브가

에덴동산에서 아담에게 사과를 주었기 때문이라는 말을 들어왔다. 이제 여성들은 독서를 통해 스스로 배울 수 있었고, 성서의 이야기를 스스로 해석할 수 있었고, 성적 불평등에 관한 자신들의 견해를 표현할 수 있었다. 게다가 여성들은 자신들의 견해를 인쇄할수 있었고, 자신들의 말이 글을 아는 다른 여성들의 눈과 마음에 닿을 것이라고 확신했다. 잉글랜드에서는 16세기에 걸쳐 문해력을 갖춘 남성의 비율이 10퍼센트에서 25퍼센트로 두 배 이상 증가했는데, 같은 시기에 문해력을 갖춘 여성의 비율이 1퍼센트 미만에서 약 10퍼센트로 상대적으로 더 많이 증가한 것은 놀라운 일이아니었다.[4]

많은 여성들이 편견의 근거를 이해하는 데에서 만족하지 않고 남녀 사이의 불균형을 바로잡으려 시도했다. 이탈리아에서는 툴리아 다라고나가 『사랑의 무한함에 관한 대화A Dialogue on the Infinity of Love』(1547)를 쓰면서 성적 욕망은 도덕적으로 잘못이 아니며, 성행위와 여성을 원죄와 관련짓는 것은 부도덕하고 여성 혐오적이라고 주장했다. 가스파라 스탐파(1554년 사망)는 연인에게 버림받은뒤 열정적이고 감동적인 일련의 서정시를 썼는데, 시에는 어느 정도의 문학적 기술과 소수의 남자들만이 논쟁을 벌일 만한 재치가드러나 있다. 남녀 관계는 16세기의 마지막 10년 동안 이탈리아에서 화제가 되었는데, 몇몇 똑똑한 여성들이 인정머리 없는 남성 작가들의 주장에 답했다. 루크레치아 마리넬라는 『여성의 고귀함과탁월함, 그리고 남성의 결함과 악함The Nobility and Excellence of Women, and the Defects and Vices of Men』(1600)에서 과거의 여성 혐오적 작가들을 강력하게 반박했다. 모데라타 폰테의 저서 『여성의 진가』(1600)에서는 일곱 명의 베네치아 여성들이 왜 남자와의 결혼이 여성에게 불행을 가져다줄 수밖에 없는지, 그리고 독신으로 살면 얼마나 더 잘 살 수 있을지에 관해 논의한다.

잉글랜드에서도 비슷한 논쟁이 벌어졌다. 이사벨라 휘트니Isabella Whitney는 『최근 운율에 맞춰 쓴 편지의 사본, 숙녀가 불충한 연인에게The Copy of a Letter, Lately Written in Meter, by a Gentlewoman to Her Unconstant Lover』(1567)에서 다소 단순한 시구이기는 하지만 마음 깊이 느낀 씁쓸함을 표현했다. 그녀는 잉글랜드에서 시집을 출판한 최초의 여성 시인이 되었다. 제인 앵거Jane Anger는 1589년에 출판한 『여성 보호Protection for Women』에서 "우리 여자들처럼 심하게 학대받고, 중상모략 당하고, 비판받고, 부당한 대우를 받는 사람이 있는가?"라고 물으며 멋지게 분통을 터뜨렸다. 비범한 인물이었던 에밀리아 라니어Emilia Lanier는 수많은 사람들의 생각을 대변한 그녀의 시 〈여성을 지키기 위한 이브의 사과Eve's apology for the defence of women〉(1611)에서 에덴동산에서 일어난 사과 사건은 아담의 잘못이라는 판단을 내렸다. 하느님은 아담이 이브를 책임지도록 더 강하게 만들었고 아담은 책임을 다하지 못했건만 이것이 왜 전적으로 이브의 잘못이란 말인가? 잉글랜드와 이탈리아에서는 교육받은 여성들이 고전 서적의 번역본을 생산하기 시작했다. 1613년, 포크랜드의 자작부인 엘리자베스 케리는 여성이 쓴 최초의 영어 연극인 『메리엄의 비극』을 출판했다.

이 모든 것은 거대한 파도의 물마루일 뿐이었다. 출판되었든 출판되지 않았든 여성들은 엄청나게 많은 편지와 일기, 회고록, 조리법을 썼다. 세기가 끝날 무렵에는 여성이 여성을 위해 쓴 저렴한 자기계발서들이 수천 명에 의해 인쇄되고 재인쇄되어 숙련 노동자의 하루 임금보다 적은 가격으로 팔렸다. 이런 자기계발서들은 여성의 정체성을 찾게 해주고 점점 뚜렷해지던 여성의 개성을 더욱 강하게 해주었다. 그러므로 인쇄술은 여성과 지식이, 그리고 암묵적으로 여성과 남성이 완전히 새로운 관계를 맺게 한 촉매제였다.

종교개혁

종교개혁이 독일어권 국가인 작센에서 시작된 것은 놀라운 일이 아니다. 1517년까지 50년 넘게 독일어 성경이 있었으며, 다양한 독일어 성경 판본으로 많은 사람들이 하느님의 말씀을 개인적으로 읽고 토론했다. 독일인들의 걱정은 커져만 갔다. 그들이 보기에 성경에 나타나는 초기 교회의 모습과 당시 로마 가톨릭교회의 모습은 크게 달랐기 때문이다. 예를 들어 16세기 초에는 면죄부 판매자에게 돈을 내면 지은 죄의 일부 또는 전부를 면제해주는 한 장의 종이를 살 수 있었다. 교회에 돈을 많이 낼수록 용서받을 수 있는 죄의 범위가 넓어졌다. 그러나 성경에서는 이러한 행위의 근거를 찾아볼 수 없었다. 종이 한 장을 산다고 해서 '정말로' 죄를 용서받을 수 있단 말인가? 어떤 사람들은 부도덕한 성직자들이 성경 구절 가운데 자기들 입맛에 맞는 구절을 취사선택하고 껄끄러운 구절은 숨긴다고 의심하기 시작했다. 그리고 성경에서 전혀 찾아볼 수 없는 교회의 모습들은 어떻게 이해한단 말인가? 성서에는 십일조에 관한 애매모호한 언급 외에는 교구 성직자의 봉급에 관해 아무런 언급도 없었다. 수도원이나 교회 지주에 관한 얘기도 없었다. 교회의 전체 위계 구조는 그리스도의 가르침에 근거한 것이 아니었다. 묵주와 결혼 반지, 찬송가집과 제의 같은 종교용품들은 대체 어디서 나왔단 말인가? 이러한 것들은 지상에서 하느님의 말씀에 따라 살도록 인도한다는 종교의 진정한 목적에 비추어 볼 때 불필요해 보였다.

이런 맥락에서 나온 신학적 우려가 비텐베르크 대학의 수도사이자 신학 박사였던 마르틴 루터를 움직이게 했다. 면죄부 판매자들의 궁극적인 목적은 로마에 있는 성 베드로 대성당의 건축비를 충당하는 것이었다. 이들은 이 사실을 제대로 알지 못하는 무고한 시민들에게 종이 한 장 가격으로 막대한 금액을 요구했다. 이에 격분한 루터는 교황의 행위가 정당한지 논하기 시작했다. 이야기에 따르면 루터는 1517년 10월 31일에 95개의 논문 목록을 비텐베르크 성당 문에 못 박았다고 한다. 이 95개의 논문에서 루터는 면죄부 판매가 본질적으로 돈을 모으기 위한 교황의 술책에 불과하다고 주장했다. 루터는 교황에게는 교황 자신이 부과한 형벌 외에 다른 어떤 형벌도 면제할 권한이 없다고 주장했다. 죄를 용서하거나 연옥에 있는 죽은 사람들의 영혼이 어떤 운명에 처하느냐는 하느님에게 달려 있다는 것이었다. 루터는 교황의 권위에 대한 몇 가지 날카로운 질문을 던졌다. 만약 교황에게 정말로 연옥에서 영혼을 구원할 힘이 있다면, 왜 교황은 모든 죄인의 영혼을 해방하지 않고 연옥에서 고통받게 내버려 둔단 말인가? 왜 사람들이 말년의 친척들을 위해서도 미사를 치러야 한단 말인가? 무엇보다도, 교황은 그토록 부유하면서 어째서 자기가 원하는 새로운 교회를 자기 돈으로 짓지 않는단 말인가?

1517년 이전에도 가톨릭교회의 권위에 대한 수많은 도전이 있었다. 13세기의 카타리파나 13세기 말의 롤라드파, 15세기 초의 얀 후스가 그랬다. 그러나 루터의 맹공격은 엄청나게 효과적이었는데, 그가 전 유럽 사람들의 생각을 정확하게 표현했기 때문이었다. 게다가 중세의 이단자들과 달리, 루터의 견해는 인쇄기의 힘을 빌려 널리 유포되었다. 루터가 이단자로 선포된 1520년에 루터는 존경받고 인기 있는 인물이었고, 사람들은 신앙과 예배를 루터의 가르침에 맞게 조정하기 시작했다. 가톨릭교회를 내부적으로 개혁하려는 시도로 시작되었던 것이 순식간에 전체 교회 구조와 기독교 세계의 통합을 깨뜨렸다. 다양한 신념을 지닌 개혁자들이 자신의 영적 목적과 그다지 영적이지 않은 목적에 맞게 교회를 다시 설계하려고 노력했다. 울리히 츠빙글리, 장 칼뱅, 필리프 멜란히톤, 토마스 뮌처 모두 다양한 가르침으로, 특히 유아 세례를 용인할 수 있는지, 미사 중 성체聖體에 실제로 그리스도가 존재하는지 아니면 단지 그리스도를 기념하는 것인지 등에 관한 가르침으로 지지자들을 매료시켰다. 1524년에 최초로 루터교를 국교로 채택한 정치 지도자 헤센의 필리프는 심지어 일부다처제를 다시 도입하는 데 루터의 지지를 얻으려 노력했는데, 두 번째 아내를 들이고자 하는 욕망의 발로였다. 1530년에는 종교개혁이 독일어권 국가들의 국경선을 넘어 브리튼 제도와 저지대 국가들, 스칸디나비아반도와 동유럽으로 전파되었다. 교황청과의 관계 단절이 이어졌다. 잉글랜드에서는 헨리 8세가 1534년에 수장령Act of Supremacy으로 로마 교회와 결별을 확정했고, 덴마크인들은 1536년 루터교를 지지하며 공식적으로 가톨릭교회와 관계를 끊었다. 심지어 통치자가 가톨릭교회에 등을 돌리지 않는 나라들에서도 개신교 개혁자들의 수가 급증했다.

이것이 왜 그렇게 중요한 사건이었을까? 대답은 그가 누구이고 어디에 사느냐에 다라 크게 달라졌다. 개신교도들은 가톨릭교회의 억압으로부터 큰 해방감을 느꼈다. 자유를 구속하는 관행과 낡은 법과 규칙이 폐지되었다. 개신교 국가의 시민들은 면죄부나 그와 유사한 교황세 명목으로 로마에 큰돈을 내지 않아도 된다는 사실을 기뻐했다. 더는 미사 때 먹는 빵이 그리스도의 실제 몸이 된다고 믿는 척하지 않아도 되었다. 이는 일부 사람들의 양심의 가책을 덜어주었다. 죽어서 연옥에 가는 것을 두려워하지 않아도 된다는 것은 분명 더 많은 사람들에게 비슷한 안도감을 주었을 것이다. 그러나 종교개혁에는 좋지 않은 점도 있었다. 교회에 지불하는 돈의 상당수가 더는 로마로 가지 않았음에도 이런 지불금이 사라지지 않았으며, 교황 대신 세속 영주와 부동산 소유주들에게 지급되었다. 이것은 새로운 도덕적 의문을 불러일으켰다. 장원 영주나 대학에 십일조를 내는 것이 과연 옳은 일인가? 오래된 의식의 폐지로 많은 사람들이 생계를 잃었다. 성지 순례자들을 손님으로 받은 여관 주인, 부자들에게 훌륭한 장례식을 치러주던 장의사 같은 사람들이 직업을 잃었기 때문이다. 더 깊은 차원에서도 어느 정도의 방향 상실과 혼란이 있었다. 종교가, 현대에 과학이라 불리는 자연철학과 얽혀 있었기 때문이다. 그래서 종교를 의심하는 사람들은 과학도 의심하기 시작했다. 이 문제를 여러분 자신의 믿음의 관점에서 생각해보자. 여러분이 무엇을 믿든 여러분은 '무언가'를 믿는다. 그것이 신의 존재든, 다른 창조적인 힘이든, 화학적 결합이 일으킨 무작위적인 사건이든, 혹은 완전히 다른 무언가든 말이다. 여러분에게는 세상 만물이 어떻게 생겨났는지에 관한 나름의 생각이 있다. 이 생각은 여러분이 믿기로 '선택'한 생각이 아니라 여러분이 직접 눈으로 본 증거와 문화적 배경, 다른 사람들의 말과 생각을 이해한 바에 근거한 가장 진실에 가까운 생각이다. 이제 여러분의 믿음에 대해 세상 사람들 절반이 무기를 들고 일어나 단호하게 부정한다고 상상해보자. 그러면 여러분은 세상에 관해 이해한 바를 의심하기 시작하거나, 진실이라 믿는 것을 더욱더 강력하게 고수하는 결과로 나타날 가능성이 크다.

종교개혁이 분열을 일으켰음은 의심의 여지가 없다. 그러나 단지 개신교도들이 가톨릭교도를 적대적으로 대한 문제가 아니었음을 이해해야 한다. 실제로 '개신교Protestant'라는 용어가 무엇을 암시하는지 정확히 알기란 어려웠다. 그러나 사람들은 자신이 지상에서 추구한 것이 영원불멸한 영혼의 운명에 영향을 줄 것이라 확신했다. 취리히(1524), 코펜하겐(1530), 잉글랜드(1540, 1559), 네덜란드(1566)에서 성상 파괴운동이 맹위를 떨쳤다. 급진적 개신교도들은 기쁘게 성인들의 조각상을 부수고, 제단 위의 십자가를 불태우고, 교회를 장식한 종말이나 최후의 심판 그림들에 하얀 덧칠을 했다. 일부 사람들은 이에 열광했지만 다른 이들은 크게 동요했다. 거짓된 면죄부 때문에 교황에게 돈을 내야 하는 현실에 분개한다고 해서, 성인들의 사당이 박살나고 성유물이 풍비박산 나는 모습을 보고 싶어 한다는 의미는 아니었다. 연옥 문제는 특히 골치 아픈 주제였다. 과거에 조상들의 영혼을 위해 충실히 기도하던 사람들은 이제 조상들의 영혼이 천국이나 지옥으로 직행했을 테니 조상들의 영혼을 위해 할 수 있는 일은 아무것도 없다는 말을 들었다. 개신교 국가의 정부에서는 기부자들의 영혼을 위해 설립된 탁발 수도원과 예배당, 수도원을 전부 폐쇄하고 매각해버렸다. 많은 사람들이 큰 고민에 빠졌다. 국왕이 가족 매장지를 몰수해 부유한 상인들에게 팔아 철거하거나 안락한 별장으로 개조했기 때문이다. 조상들이 땅과 재산을 후대에, 즉 자신들에게 물려주는 대신 교회에 자유 헌납한 것은 이 꼴을 보기 위해서가 아니었기 때문이다.

11세기에 유럽 전역에서 평화를 촉진하기 위해 많은 일을 했던 교회가 이제는 스스로 분열을 향해 나아갔다. 각국은 개신교냐 가톨릭이냐에 따라 서로 대립했으며, 국가 안에서는 종교 파벌들이 내전을 벌이며 사람들을 위협했다. "지옥으로 향하는 길은 선의로 포장되어 있다"는 옛 속담을 이보다 잘 보여주는 예는 없었다. 루터는 그저 교회의 타락을 막고 싶었을 뿐이며, 누가 봐도 칭찬받아 마땅한 일이었다. 그러나 루터가 촉발한 것은 유럽에서 100년 넘게 지속된 전쟁, 향후 300년간 이어진 정부 주도의 종교적 소수자에 대한 박해, 어떤 곳에서는 오늘날까지도 이어진 종교적 편협함이었다. 16세기의 갈등은 그저 보기만 해도 정신이 번쩍 들게 한다. 첫 번째 싸움은 1524~1525년에 루터와 토마스 뮌처의 가르침에서 영감을 받은 사회 봉기인 독일 농민 전쟁이었다. 개신교를 믿든 가톨릭을 믿든 독일 군주들은 독일 농민 전쟁을 잔혹하게 진압했는데, 이어진 잔인한 박해는 이후에 일어날 사건들이 피로 얼룩질 것임을 예고했다. 잉글랜드에서는 은총의 순례(1536)와 기도서 반란(1549)이 일어나면서 가톨릭교도들이 대량 학살당했으며, 저지대 국가에서 벌어진 학살(1566)과 파리에서 벌어진 성 바르톨로메오 축일의 학살(1572)에서는 개신교 교도들이 대량 학살당했다.

16세기 후반부에 민족국가들 사이에서 나타난 폭력적인 갈등은 종교적 의혹으로 더욱 심화되었다. 타국 요원들의 간첩 행위에 대한 우려가 널리 퍼지면서 각국 정부는 자국민을 감시하기 시작했다. 한때 새로 들어오는 사람들에게 문을 활짝 열었던 도시들은 이제 피난민을 개신교 거주 지역이나 가톨릭 거주 지역에 따로 머물게 했다. 소수 교파에 속하는 사람은 행동의 자유가 제한되었으며 무거운 세금을 부과받았다. 잉글랜드 함대와 스페인 함대가 공해상에서 만났을 때, 종교가 다르다는 이유로 양국은 서로를 적으로 여겼고 상대에게 발포하는 것이 정당하다고 간주했다. 지금껏 정치적 목적의 고문을 거부해왔던 잉글랜드에서는 정부가 억지로 가톨릭 신자들의 입을 열고자 극심한 고통을 주기 시작했다. 스페인에서는 개신교를 근절하기 위해 종교재판이 확대되었다. 트리엔트 공의회는 가톨릭교회의 적법성과 정통성을 재확인했으며, 성직자들의 기강 강화와 이단 문학 금지를 골자로 한 일련의 내부 개혁을 통해 가톨릭교회의 부흥을 꾀했다. 새로 설립된 예수회는 특히 복음을 전하고, 교회를 더 도덕적으로 관리하고, 이단 척결을 장려했다. 16세기가 흘러가면서 천주교와 개신교 사이의 골은 더욱더 깊어졌으며, 정치적 차이와 종교적 차이가 폭발적으로 뒤섞이면서 천국으로 향하는 길뿐만 아니라 지상에 사는 사람들의 행복까지 위협했다.

　　종교개혁은 교회의 정치적 권위에 엄청난 타격을 주었다. 고위 성직자들은 수 세기에 걸쳐 통치자에 대한 일종의 비공식적 반대자로서, 때로는 조언하고 때로는 제지해왔다. 잉글랜드에서 가장 유명한 예는 12세기 캔터베리 대주교였던 토머스 베킷인데, 그는 헨리 2세에게 반대하다가 결국 목숨으로 그 대가를 치렀다.[5] 대부분의 국가에서 고위 성직자들은 귀족, 평민과 함께 왕국을 이루는 계급 가운데 하나로서 정부에서 중요한 역할을 맡아왔다. 13세기 프랑스에서는 귀족 12명 가운데 6명이 고위 성직자였다. 중세 독일에서는 독일 왕을 선출하는 7명의 대선제후 가운데 3명이 대주교였는데, 독일 왕은 흔히 후에 신성로마제국 황제로 즉위하는 중요한 자리였다. 이제 여러 곳에서 가톨릭교회의 패권과 함께 교회 지도자들의 권위가 무너져 내렸다. 1559년, 사망한 가톨릭교도 여왕 메리 1세에게 서임받은 잉글랜드 주교들은, 미사 집전을 금하고 교황에 대한 충성을 금지하는 엘리자베스 1세의 종교적 결정을 받아들이지 않았다. 그러자 엘리자베스 1세는 이들을 주교직에서 해임했으며, 자신에게 복종을 맹세하고 서임받는 즉시 교회 소유의 귀중한 토지를 자신에게 넘기는 데 동의한 성직자들에게 주교직을 내렸다. 이런 성직자들은 군주를 제지할 수 있는 입장이 아니었다. 1529년 이전에 정부에서 가장 높은 지위인 재상직에 오른 사람은 거의 모두 주교나 대주교였다. 메리 1세는 1553년에서 1558년까지의 짧은 재위 기간 동안 세 명의 고위 성직자를 연이어 임명했지만, 그녀가 죽은 뒤로 잉글랜드 국새가 성직자의 손에 들어가는 일은 두 번 다시 없었다.

프랑스 같은 가톨릭 국가에서는 고위 성직자들이 여전히 권위 있는 직책에 임명되었다. 17세기의 리슐리외 추기경이나 마자랭 추기경처럼 고위 성직자로서도 정치인으로서도 모두 유명한 사례가 있었지만, 이제 고위 성직자들은 정부에 책임을 물을 수 있는 위치에 있는 것이 아니라 국가의 종이었다. 따라서 종교개혁은 왕권을 제약하던 중요한 걸림돌을 완전히 없애버렸다. 무엇보다 중요한 사실은 종교개혁이 세속적 힘과 신성한 권위를 결합하게 함으로써 "그의 국가, 그의 종교cuius regio, eius religio"라는 라틴어 격언처럼, 왕과 여왕들에게 국가 교회의 수장 자리를 주었다는 것이다. 이것이 바로 독일의 루터교 국가들과 신성로마제국 황제이자 스페인 국왕인 카를 5세 사이의 적대 관계를 종식시킨, 1555년에 체결된 아우크스부르크 화의의 결론이었다. 즉 통치자의 신앙이 곧 국가의 공식 종교여야 했다. 이것은 결코 루터가 의도한 일이 아니었다. 오히려 전혀 예측하지 못한 일이었다. 루터는 자신도 모르는 사이에 왕에게 절대적인 권력을 부여해버렸다. 왕의 절대 권력을 부정하는 사람은 반역자나 이단자로 몰렸다.

소형 화기

프랜시스 베이컨이 1620년에 총포가 "전 세계의 면모와 정세를 변화시켰다"고 선언했을 때, 그가 언급한 것은 15세기의 대포가 아니었다. 15세기 대포는 주로 성과 도시의 성벽을 파괴하는 데 쓰였다. 이것은 중세 공성 병기의 정교한 버전이었으므로, 개인적인 싸움보다는 대규모 분쟁에서 특히 중요했다. 방어적 건축물의 발전을 보면 대포가 얼마나 중요했는지 알 수 있다. 1500년경 이탈리아의 군사 기술자들은 성형 요새星形要塞, trace italienne를 시험해보기 시작했다. 성형 요새란 매우 두껍고 경사진 성벽을 지닌 다각형 별 모양의 요새로, 적의 포탄에 견딜 수 있는 보루를 제공할 뿐 아니라 적이 공격해올 수 있는 모든 지점을 수비 측의 대포로 막을 수 있었다. 그러나 여러 면에서 커다란 총포와 성형 요새는 성벽과 공성 병기가 맞서는 중세식 경합이 계속되었음을 나타냈다. 중요한 변화를 일으킨 것은 휴대용 병기였다. 1500년경의 휴대형 총포란 크고 다루기 어려운 소형 대포로, 신속하고 정확하게 쏘기는커녕 혼자서는 들기도 힘든 물건이었다. 설령 혼자서 소형 대포를 쏠 수 있는 사람이 있다 해도, 포탄을 장전하고 대포를 조준하고 화약에 불을 붙이는 동안에 적이 들이닥쳤을 것이다. 그러므로 기존의 구식 기술이 여전히 거의 모든 면에서 이점이 많았다. 석궁병 부대는 초기형 아퀴버스*로 무장한 부대보다 더 싸고, 훈련도 더 쉽고, 더 빠르게 이동시킬 수 있는 부대였다. 게다가 정확성 면에서도 석궁이 더 뛰어났다. 아퀴버스 총은 생산 가격과 사격 속도, 휴대성 면에서 잉글랜드 장궁의 상대가 되지 못했다. 만약 1500년경에 100명의 포수가 100명의 궁수들과 맞닥뜨렸다면 그 결과는 불 보듯 뻔했다. 아퀴바스 포수들이 일제 사격을 한 번 가해 제멋대로 날아가는 총탄으로 소수의 궁수들을 처치하고 나면, 궁수들이 순식간에 남은 포수들을 살육했을 것이다. 16세기에는 이러한 불균형이 역전되었다. 만약 1600년경에 포수 부대와 궁수 부대가 맞닥뜨렸다면, 겁을 집어먹고 몸을 숨길 곳을 찾아 도망가는 쪽은 궁수들이었을 것이다.

총이 새로이 우위에 선 것은 몇몇 기술 혁신 덕분이었다. 특정 구경의 총기에 표준화된 탄환을 도입해 대량의 탄환을 저렴하게 발사하고, 병사들끼리 탄환을 공유할 수 있게 되었다. 휠락wheel lock(바퀴식 방아쇠)의 발사 장치 도입으로 비용은 많이 들었지만 기다란 화승을 태울 필요 없이 권총과 장총을 효율적으로 발사할 수 있었다. 1584년에는 오라녜 공 빌럼William이 권총으로 암살당한 최초의 국가원수가 되었고, 16세기가 끝날 무렵 스페인군과 네덜란드군이 대립했을 때는 양측 모두 절반이 넘는 보병이 휴대용 장총으로 무장한 상태였다.[6] 16세기가 시작될 무렵 유럽의 지상전을 지배했던 스위스 용병들은 파비아 전투(1525)로 대표되는 일련의 패배를 당한 뒤 점점 더 머스킷 총에 의지해 싸워야 했다. 소형 화기firearm의 중요성이 커졌음을 보여주는 또 다른 징후는 전신 갑옷이

•   15세기에서 17세기에 걸쳐 사용된 원시적인 전장식 화기.

전장에서 자취를 감추었다는 것이다. 이제 유럽 병사들 대부분은 흉갑과 등갑, 투구만 입고 싸웠다. 무거운 판금 갑옷은 움직임과 시야, 청각에 제약이 많아 이점보다는 약점으로 작용했다. 또한 값비싼 판금 갑옷을 살 형편이 되는 사람은 귀족 지휘관들뿐이어서, 판금 갑옷을 입으면 상대편에게 집중 사격을 당하기 딱 좋았다. 그리고 최고의 판금 갑옷이라 해도 근거리에서 발사한 아퀴버스 총알은 막지 못했다.

일부 역사가들은 1560년부터 1660년까지의 기간 동안 '군사 혁명'이 있었다고 말한다. 이 역사가들은 16세기에 총기로 무장한 보병 대군을 뒷받침하기 위해 과세 제도와 의회 대표제가 도입되었으며, 이것이 결과적으로 근대 국가 발전을 뒷받침했다고 주장한다.[7] 그러나 실제로 군사 기술과 전략은 수 세기 동안 계속해서 변화해왔다. 적어도 8세기 초에 기사단 중심의 전투를 가능하게 한 등자가 개발된 이래로 말이다. 그러므로 지난 1,200년 동안 몇 차례 간헐적인 군사 '혁명'이 있었다기보다는 지난 1,200년 전체를 군사 혁명기로 묘사하는 편이 더 이치에 맞는다.[8] 게다가 이 시기의 '군사 혁명' 개념은 스웨덴과 덴마크의 역사 연구에서 비롯되었다. 그러나 투사체 무기를 사용하는 대규모 보병과 이를 뒷받침하는 과세 제도와 의회 대표제의 혁신적인 조합은 200년 전에 이미 잉글랜드에서 이루어진 일이다.[9] 그렇지만 16세기 총기의 발전이 귀족들이 지배하던 기사도 세계에서 일어난 커다란 변화라는 사실에는 의심의 여지가 없다.

1500년과 1600년의 전쟁터에서 왕들이 어떠했을지 생각해보면, 이 기간에 일어난 변화를 제대로 알아볼 수 있다. 두 시기 모두 왕들의 목숨은 가장 중요했다. 왕이 전사하면 그 전투에서 패배할 것은 자명하고, 전체 전쟁에서도 패배할 가능성이 컸다. 그럼에도 중세 시대에는 왕이 직접 군대를 지휘하는 것이 중요했는데, 왕이 전장에 모습을 드러냄으로써 '왕의 승리가 하느님의 판결'이라는 사실을 가장 효과적으로 입증할 수 있었기 때문이다. 1500년에 왕이 전쟁터에서 죽을 위험을 줄이려면 갑옷을 입은 채 적 궁수들의 살상 범위 밖에 머물렀을 것이다. 설령 왕이 돌격해 근접전을 벌인다 해도 적의 석궁병이 왕을 콕 집어서 공격하거나 먼 거리에서 왕의 갑옷을 관통시킬 가능성은 희박했으며, 호위병들은 적의 기사들이 왕에게 너무 가까이 접근하지 못하도록 보호할 수 있었다. 그런데 1600년에 왕이 싸움터에 뛰어들었다면 누군가가 근거리에서 총으로 왕을 쏠 위험이 있었다. 멀리서 전투를 지켜본다 해도 대담한 머스킷 총병의 총격을 받을 가능성이 커졌다. 16세기가 흐르면서 전쟁터는 더욱더 위험한 장소가 되었다. 총기가 전쟁터를 연기와 공포와 혼란으로 가득 찬, 몸서리치게 하는 곳으로 만들면서, 전쟁터는 모든 것이 뒤죽박죽되는 곳이 되었다. 평민들은 자신도 모르는 사이에 귀족이나 심지어 왕을 총으로 쏠 수도 있었다. 그러므로 총기가 출현하면서 왕들은 전쟁터에서 물러나 경험이 풍부한 전문 군인에게 지휘권을 맡기게 되었다. 1500년까지는 왕이 직접 군대를 지휘하는 것은 이상한 일이 아니었다. 잉글랜드의 리처드 3세는 1485년에 보스워스 전투에서 싸우다 전사했고, 루이 12세와 프랑수아 1세는 각각 1498년과 1525년에 전장에서 포로로 잡혔으며, 스코틀랜드의 제임스 4세는 1513년에 플로든에서 군대를 지휘하다 사망했으며, 포르투갈의 세바스티앙 1세는 1578년에 모로코의 크사르 엘케비르에서 비명횡사했다. 그러나 1600년 이후로 나라를 통치하는 군주는 전쟁에 직접 나서더라도 전장의 끄트머리에 머물렀을 뿐, 적에게 더 가까이 다가가는 일은 극히 드물었다. 여기에는 파급 효과가 있었다. 직접 군대를 이끌고 출정한 중세 왕은 원정이 잘못되었을 때 달리 비난할 사람이 없었다. 전쟁의 결과는 하느님이 왕에게 내린 판결이었기 때문이다. 그러나 왕이 신임하는 장군이 패배했다면 왕이 하느님의 지지를 받지 못한다는 의미는 아니었다. 왕은 그냥 장군이 무능하다고 비난하면 그만이었다. 사람들은 점차 군사적 패배가 하느님의 판결을 나타낸다는 사상을 거부했다. 전투는 훨씬 더 세속적인 문제가 되었다.

총기는 사회 전반에 영향을 미쳤다. 에드워드 3세가 선구적으로 대규모 장궁병을 활용하면서 맞수들의 우위를 점한 것은 고유한 이점이었다. 소형 화기는 이 우위를 갈기갈기 찢어발겼다. 병사들은 어린 시절부터 아쿼버스 총이나 머스킷 총 훈련을 받을 필요가 없었다. 훈련은 몇 주면 끝났다. 따라서 수가 더 많고 더 좋은 장비를 갖춘 군대가 다시금 전장을 지배하기 시작했는데, 동시에 병사 수는 다다익선이라는 옛 교전 규칙을 부활시켰다. 1470년대에 프랑스와 스페인의 군대는 각각 4만 명과 2만 명이었다. 1590년경, 프랑스가 유지한 군대는 8만 명이었고, 스페인은 20만 명에 이르렀다.[10] 17세기 초에는 군대 규모가 심지어 더 커지면서 네덜란드군은 10만 명, 스페인군은 30만 명, 프랑스군은 15만 명이 되었다.[11] 유럽 전역에서 왕과 군주들은 백성들에게 무거운 세금을 부과했다. 군사적 목적을 이룰 대규모 군대를 파병하기 위해서는 무기를 사들이고 군대를 훈련해야 했기 때문이다. 침략 위험에 대처해야 하는 정부들은 기존의 민간 방위보다 더 나은 방식이 필요하다는 사실을 깨달았다. 봉수대가 경고하면 칼이나 쇠갈고리를 집어 들고 집결하는 옛 방식이 더는 통하지 않았기 때문이다. 이제 훈련을 받고 소형 화기를 지급받은 민병대가 조직되었다. 화약 창고가 체계적으로 건설되어 민병대를 지원했다. 항구 입구를 보호하기 위해 낮고 넓은 성벽을 가진 성형 요새가 건설되었다. 광범위한 세금을 부과하고 거대한 군대를 소집할 수 있는 큰 나라들은 작은 나라들을 지도에서 지워버릴 수 있었으므로, 작은 나라들은 스스로를 지킬 준비를 해야 했다. 그 결과 유럽 대륙 전체에서 군비 경쟁이 일어났다. 이제 전쟁은 더는 가끔 (혹은 자주) 일어나는 사건이 아니었다. 각국 정부는 숨을 돌리는 짧은 평화기에 방어를 강화하고 다음번 전쟁을 준비하기 시작했다. 전쟁 대비는 수십만 명의 사람들에게 일상생활의 한 부분이 되어갔다.

총포의 발전은 유럽 대륙을 넘어서까지 영향을 미쳤다. 유럽 국가들이 세계의 바다를 제패하고 16세기 후반에 새로운 지역으로 진출할 수 있었던 것은 총포 덕분이었다. 우리는 이 점을 구체적으로 살펴볼 필요가 있다. 스페인이 남아메리카를 정복할 수 있었던 것은 총기 덕분이 아니었다. 그것은 남아메리카의 토착 예언과 미신, 지역 내전, 천연두를 비롯해 원주민의 돌 곤봉과 단거리 활과 화살로는 톨레도산 강철로 제작한 무기와 갑옷을 상대할 수 없었다는 점 등 여러 요인이 결합된 결과였다. 그러나 스페인이 신대륙을 오가는 배를 보호하기 위해 대포에 의존했다는 점은 분명하다. 잉글랜드와 모로코의 뱃사람들은 금과 은을 적재한, 무장이 허술한 선박만을 열심히 약탈했기 때문이다. 그래서 더 나은 휴대용 무기를 개발하기 위한 경쟁과 이에 맞먹는 해군 군비 경쟁이 일어났다. 자신들의 해상 제국을 위해 포르투갈은 스페인보다 총포에 훨씬 더 크게 의존했다. 16세기에 포르투갈인 작가 디오고 두 코투Diogo do Couto가 지적했다시피, 인도양과 극동에 있는 코투의 동포들은 자신들이 사용하는 것만큼이나 정교한 무기를 지닌 적과 싸워야만 했다.[12] 포르투갈인들은 자신들이 건설한 교역소나 '재외 상관'을 요새와 대포, 소형 화기로 방어해야 했다. 이런 식으로 1500년에는 세계의 그 어떤 바다도 통제하지 못했던 유럽 국가들이 1600년에는 세계의 모든 바다를 지배했다. 그에 따라 유럽 국가들은 전 세계의 장거리 국제 무역을 지배하기 시작했다. 유럽 국가들이 심각하게 분열되어 있었음에도 말이다. 그리고 해상에서의 막강한 화력 덕분에 유럽 국가들은 20세기에도 계속해서 바다를 지배할 수 있었다.

사적 폭력의 감소

권총의 개발은 살인율 증가로 이어졌을까? 실제로는 정반대 결과가 나타났다. 중세 시대에 폭력은 생활의 일부였고 고질적인 문제였다. 살인율은 보통 인구 10만 명당 40에서 45명꼴이었지만, 때때로 훨씬 더 높이 올라갔다. 1340년대 옥스퍼드 대학 도시에서는 살인율이 10만 명당 110명에 달했는데, 이 수치는 청부 살인이 극에 달했던 미국 서부 시대의 가장 위험한 도시 도지 시티의 살인율과 별반 차이가 없는 수치다.[13] 폭력이 전적으로 사전 계획하에 일어나는 경우는 드물었다. 여자를 놓고 벌어지는 싸움과 선술집에서 일어나는 다툼은 흔했다. 이 주제를 전공한 역사학자 마누엘 아이즈너Manuel Eisner는 1278년에 런던에서 벌어진 145건의 살인 가운데 두 건은 체스를 하다 일어났다는 기록을 남겼다.[14] 그러나 15세기가 되자 살인율이 줄어들기 시작했으며, 16세기에는 갑자기 절반으로 뚝 떨어졌다. 다음 도표에서 알 수 있듯, 평균 살인율은 1500년부터 1900년까지 100년마다 약 50퍼센트씩 지속적으로 눈에 띄게 감소했다.

극적인 살인율 감소는 의아스럽다. 왜 이런 일이 일어났을까? 대체 무엇 때문에 유럽 사람들은 서로 죽이는 일을 멈추게 되었을까? 여기에는 두 가지 전통적인 설명이 있다. 첫 번째 설명은 독일의 사회역사학자 노르베르트 엘리아스의 연구에 근거한 것인데, 엘리아스는 저서『문명화 과정』에서 근대 초기에 새로운 사회 규칙이 받아들여지고 예절에 관한 관심이 커지면서 사람들의 과격한 행동이 길들여졌다고 상정했다. 한때 평민들 사이에서 일어난 공격보다 훨씬 더 흔했던 귀족적 폭력aristocratic violence은 이제 '신사'의 이름 아래 결투나 그와 유사한 행동 규범 앞에 무릎을 꿇었다. 신흥 도시 계급은 스스로를 문명화하고, 폭력을 혐오하는 종교적 삶을 자랑스러워했으며, 교회 안에서 도덕을 설파하는 식으로 노동자들을 통제하기 시작했다. 엘리아스에 따르면, 이렇게 점차 모든 사람들이 문명화된 행동 규범을 받아들이게 되었다. 두 번째 전통적 설명은 단순히 정부가 범죄자들을 더 효율적으로 처벌할 수 있게 되면서 교수대의 억제력을 통해 폭력적인 범죄가 줄었다는 것이다.

수년 전, 심리학자 스티븐 핑커는『우리 본성의 선한 천사』(2011)에서 이 질문을 놓고 씨름했다. 핑커는 '문명화 과정' 이론을 대체로 받아들이면서 문명화 과정이 두 가지 근본적인 원인 때문에 촉발되었다고 암시했다. 이 두 원인은 바로 '경제 혁명'(핑커의 경제 혁명은 사람들이 서로 거래하면서 이익을 누리는 것을 의미한다)과 '국

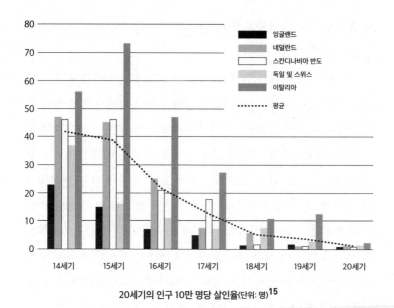

20세기의 인구 10만 명당 살인율(단위: 명)[15]

가 권력의 증대'였다.[16] 핑커의 말을 빌려 전자를 표현하자면, "만약 여러분이 누군가와 잉여물을 거래하거나 호의를 주고받는 사이가 된다면, 거래 상대는 순식간에 여러분에게 죽어 있을 때보다 살아 있을 때 더 가치 있는 사람이 된다."[17] 핑커의 저서는 수많은 흥미로운 요점을 짚어냈지만, 자세히 살펴보면 근대 초기의 폭력 감소에 관한 설명에는 결함이 있다. 이러한 형태의 '경제 혁명'에 가까운 무언가가 13세기에 이미 일어났다. 실제로 잉글랜드와 독일에서 살인율이 가장 급격히 감소한 16세기와 17세기에 두 나라의 1인당 소득은 정체되거나 떨어지는 중이었다. 인구 대비 국내총생산GDP은 잉글랜드에서 6퍼센트가량 떨어졌으며, 독일에서는 무려 3분의 1이 폭락했다.[18] 잉글랜드의 국내총생산 감소는 실질소득이 거의 절반으로 감소한 노동자 계층에서 특히 심하게 나타

났다.[19] 16세기와 17세기의 사적 폭력 감소와 경제는 아무런 상관
관계가 없다.

핑커는 또한 다른 전통적인 설명인 '국가 권력의 증대'를 강조
했다. 그는 단순히 국가가 사람들을 교수형에 처하려는 의지가 늘
어났다고 주장하는 대신, 강력하게 중앙집권화된 국가가 귀족과
기사 집단의 싸움을 멈추게 하고 문명화 과정을 시작했다고 주장
했다. 핑커는 "한 남자의 성공은 이제 그 지역에서 가장 무시무시
한 기사가 되는 것이 아니라, 왕의 궁정에 찾아가 왕과 왕의 측근
들의 환심을 사는 데 달려 있었다"라고 말했다.[20] 그러나 영주들은
수 세기 동안이나 왕의 환심을 사려고 애쓰는 동시에 자신의 영지
에서 농민들을 공포에 떨게 했다. 전자가 후자를 중단시키지 않았
던 것이다. 게다가 앞 도표에서 볼 수 있듯, 품위 있는 궁정 행실의
본고장이었던 르네상스 이탈리아에서는 이 시기에 살인이 증가했
다. 핑커는 폭력이 줄어든 이유로 국가 권력의 증대를 꼽았다는 점
에서 옳았지만, 폭력 감소를 일으킨 국가의 방식에 관한 설명에서
는 오류를 보였다. 당시 무슨 일이 일어났는지 이해하려면, 전통적
인 설명을 넘어 사람들이 어떻게 그리고 어째서 국가의 힘을 받아
들였는지 질문할 필요가 있다.

다음과 같이 가정해보자. 여러분에게는 훌륭한 사과가 자라
는 멋진 과수원이 있다. 사과가 어찌나 좋은지 이웃들이 주기적으
로 훔쳐갈 정도다. 얼마 뒤 더는 도둑질을 묵과할 수 없다고 생각
한 여러분은 도둑질하는 이웃을 붙잡아 몽둥이찜질을 하기 시작한
다. 도둑들은 대부분 단념했지만 일부는 끝까지 도둑질을 계속한
다. 그래서 여러분은 숨어서 기다리다가 다음에 오는 도둑의 머리
를 벽돌로 내려치기로 결심한다. 이 소식을 전해들은 도둑들은 두

려워하며 마침내 사과 도둑질을 멈춘다. 이 이야기는 폭력에 관해 무엇을 말해주는가? 만약 여러분이 도둑질을 묵과한다면, 범죄가 일어날지언정 폭력 행위는 일어나지 않게 된다. 여러분이 도둑들에게 제한적인 제재를 가한다면, 범죄와 폭력 행위가 둘 다 일어나게 된다. 벽돌로 도둑의 머리를 내려치겠다고 위협한다면? 그제야 마침내 범죄와 폭력 행위가 멈추게 된다. 핑커에 따르면, 우리는 이 최종 단계를 비폭력 단계로 분류해야 한다. 누구도 다른 사람을 때리지 않았으니 말이다. 그러나 폭력을 가하겠다는 '위협'이 사라진다면 다시금 도둑질이 일어날 것이다. 즉 폭력은 뒤로 미루어졌을 뿐 여전히 존재한다. 이것이 바로 16세기에 일어난 일이다. 폭력 행위가 줄어들고, 폭력이 '잠재적 폭력'으로 형태가 바뀌었다.

핑커는 잠재적 폭력을 고려하지 않았다. 핑커의 주장은 모든 형태의 폭력이 인류사에 걸쳐 줄어들었다는 것이다. 핑커의 의견은 지난 몇 년 동안 많은 지지를 받았다. 최근의 검토 논평에 따르면 "전반적으로 전쟁과 폭력은 최근에 (…) 그리고 역사 전체를 통틀어 점진적으로 줄어들어 왔다. 많은 학자들이 동시에 그리고 서로 독립적으로 이에 '대체로 동의한다'".[21] 만약 폭력을 다른 모든 형태의 물리력으로부터 분리하고, 오직 실제로 행사되는 물리력만 폭력이라고 정의한다면 이 판단은 타당하다. 그러나 앞서 언급한 과수원 이야기가 보여주듯, 폭력을 물리력이 행사된 형태로만 보는 것은 그림의 절반만 보는 것과 같다. 사람들이 서로 공격을 자제할 때 무슨 일이 일어날지 알아보려면 모든 형태의 물리력을 고려해야 한다.

잠재적인 형태일 때 물리력은 한 당국에서 다른 당국으로, 가령 공격을 받은 피해자에서 사법 체계로 옮겨갈 수 있다. 공격적인 사람의 폭력적인 행동을 막기 위해 피해자는 자신의 보복할 권리를 국가와 같은 강력한 기관에 넘겨 더 무시무시한 복수를 행할 수 있다. 만약 피해자 대신 복수해줄 국가가 없다면 잠재적 가해자는 두려워할 것이 없다. 가해자는 마음껏 폭력적으로 행동할 수 있다. 대단히 폭력적이었던 원시 사회나 무덤 도굴꾼들이 약탈과 강도질을 저지르고도 처벌받지 않았던, 흑사병이 창궐했던 시기의 피렌체를 보면 이를 잘 알 수 있다. 그러나 폭력의 빚debt of violence을 국가가 피해자 대신 떠맡은 곳에서는 국가가 폭력적인 박해자를, 설령 그가 힘 있고 부유한 사람이라 해도 짓밟을 수 있다. 이것이 바로 영주들이 소작인을 학대하거나 두려움에 떨게 하는 일이 점차 사라진 이유다. 이는 영주들이 궁정에서 왕과 그의 측근들의 비위를 맞추려 했다는 핑커의 주장과는 무관하다. 오히려 영주들이 법을 어기면 자신들조차 국가에 의해 처벌받을 수 있다는 두려움이 커졌기 때문이다. 나머지 사회에도 똑같은 이치가 적용된다. 국가가 폭력범을 처벌할 준비가 되어 있을 때, 사람들은 폭력을 사용하기 전에 한 번 더 생각했다.

그렇다면 16세기에 무엇이 정부에게 기꺼이 행동하도록 만들었을까? 전통적인 설명에서는 단지 범법자들을 교수형에 처하려는 국가의 의지가 커졌다고 말하지만 이는 사실이 아니었다. 12세기 이래로 절도나 기타 흉악 범죄를 저지른 수많은 범죄자가 교수형에 처해졌다. 이런 현상을 일으킨 것은 오히려 우리가 앞서 논의한 문해력 증가, 바로 글을 읽고 쓸 줄 아는 사람이 늘어났기 때문이다. 글은 중앙집권화된 국가와 현장 관리들 사이의 의사소통을 원활하게 했다. 앞서 보았듯, 수많은 문서가 작성되었다. 가장 중요한 것은 한 지역에 있는 모든 사람들의 기록이 보관되었다는 점이다. 수십 년이 흐르면서 피해자들은 국가가 법과 질서를 책임질 것임을 점점 더 믿게 되었다. 한때 사람들은 억울한 일을 당하면 명예를 지키기 위해 허리춤에서 칼을 빼들었지만, 이제는 "복수를 위해 목숨을 걸고 싶진 않으니 보안관을 불러 법으로 정의를 구현하자"고 생각했다. 억울한 일을 당한 사람은 크게 세 가지 이유로 복수를 국가의 손에 맡겼다. 첫째, 법체계가 점점 더 효율적으로 발전하면서 이에 대한 신뢰가 커졌다. 둘째, 법체계가 자신들보다 더 강력하며 보복에 더 낫다는 사실이 퍼져나갔다. 셋째, 직접 가해자를 죽여 법을 어기거나 피의 복수가 이어지는 것을 두려워하기 시작했다. 이와 동시에 법체계의 효율성 증가는 범죄자에 대한 억제력으로 작용했다. 범인이 체포될 가능성이 커졌기 때문이다. 노상강도가 되고자 했던 사람은 이제 "내가 붙잡히면 나한테 당한 한심한 놈이 아니라 국가가 나서서 내게 복수할 것이다"라고 여겼다. 그러므로 사회 차원의 의사소통 개선과 법체계의 효율성 증대는 피해자의 보복 충동과 잠재적 범죄자의 살인 충동에 동시에 제동을 걸었다.

그러나 이것을 사적인 폭력이 줄어들게 한 유일하고 근본적 원인으로 꼽는 것은 지나치게 단순한 시각이다. 개인주의의 고취 역시 '문명화 과정'이 일어나게 한 필수 요소 가운데 하나였다. 16세기 후반에 일기를 써서 내적 삶을 표현하는 사람들이 늘어났다는 사실은 사람들의 자의식이 강화되었음을 보여준다. 자의식이 커지고 자신의 고통을 더 중요하게 여기면서 사람들은 점점 더 타인의 고통에도 눈을 뜨게 되었다. 중세 작가의 작품보다 셰익스피어와 다른 16세기 작가들 작품에서 타인에 대한 감정 이입을 훨씬 더 많이 찾아볼 수 있다. 그와 동시에 개인주의와 자기 인식은 사회적 자존감의 본질을 서서히 변화시키고 있었다. 1340년 옥스퍼드의 높은 살인율을 떠올려 보자. 살인율이 높았던 이유 가운데 일부는, 도지 시티에서 그랬듯, 옥스퍼드에는 허리띠에 칼을 찬 수많은 젊고 야심찬 남자들이 있었고 이들 곁에서 부추기는 수많은 친구가 있었기 때문이다. 윌리엄 해리슨이 그의 저서 『잉글랜드 묘사』에서 런던의 거의 모든 젊은이들이 고집스럽게 단검을 들고 다닌다고 논평한 점에서 드러나듯, 1577년에도 칼은 여전히 젊은이들의 허리띠에 매달려 있었다. 그러나 해리슨은 이들의 관행을 아주 못마땅하게 여겼다. 이제 인격이 훌륭한 사람이라면 불만이 있어도 마땅히 법을 찾아야 한다고 여겼다. 여기에 더해 엘리자베스 치하 초창기의 잉글랜드 청교도 사회는 종교적 이유로 폭력적 행위를 못마땅하게 여겼는데, 이런 풍조는 단검으로 무장한 젊은이들이 마을을 거닐며 느꼈을 자신감을 더욱더 떨어뜨렸다. 한때는 직접 복수에 나선 사람이 어느 정도 존중을 받았지만 이제는 폭력을 하찮게 여기는 사람이 더 큰 존경을 받았다.

마지막으로 우리가 유념해야 할 사실이 있다. 국가가 언제나 그래왔듯, 사적인 폭력을 전쟁 등의 공적 사업으로 전환함으로써 계속해서 직접적으로 줄여왔다는 점이다. 중세 왕들은 십자군 전쟁이나 이웃 왕국과의 전쟁을 일으키는 식으로 신하들의 폭력적인 성향을 외부의 적에게 집중시켜 왕국 안의 파벌들을 통제했다. 현대에도 같은 현상을 찾아볼 수 있다. 가령 20세기 중반에 제2차 세계대전이 발발했을 때 미국 안에서는 살인이 눈에 띄게 줄었다.[22] 즉 정부는 젊은 남자들의 파괴적인 에너지를 사회적으로 존경받는 일에 쓰게 함으로써 살인율을 줄일 수 있다. 그러므로 권총과 대규모 군대가 출현한 16세기에 사적 폭력이 줄어든 것은 완전히 역설적인 일은 아니었다. 국가가 공적 목적을 위해 사적 물리력을 끌어들임으로써 일종의 교화력을 행사했기 때문이다.

유럽 열강의 설립

콜럼버스의 첫 번째 항해 이후 수십 년 동안 유럽 탐험가들은 엄청난 면적의 땅을 지도로 만들었다. 토르데시야스 조약으로 스페인과 포르투갈은 미지의 세계를 분할했다. 양국은 조금도 시간을 낭비하지 않고 각자의 이익을 극대화하려 했다. 1502년, 콜럼버스는 네 번째 항해에서 중앙아메리카의 동부 해안을 탐험했다. 같은 해인 1502년과 1504년에 피렌체의 은행가인 아메리고 베스푸치와 곤살루 코엘류는 포르투갈을 위해 두 차례의 브라질 탐험 원정에 나섰고 해안을 따라 리우데자네이루까지 항해했다. 1513년에는 바스코 누녜스 데 발보아가 중앙아메리카를 횡단하여 태평양을 발견했다. 이때 포르투갈은 동쪽으로 탐험을 계속해 1507년에는 모리셔스에, 1511년에는 말라카에, 1513년에는 중국에 도달했다. 이 세계적 경쟁에서 뒤처지지 않기 위해 필사적이었던 스페인은 포르투갈인 선장 페르디난드 마젤란과 배 5척, 선원 270명을 파견해 서쪽에서 중국으로 향하는 항로를 찾게 했다. 마젤란 함대는 남아메리카 남단을 발견한 뒤 그곳을 경유하여 태평양을 횡단했다. 그리고 마침내 필리핀 제도에 도착했다. 마젤란을 비롯한 선원 대부분이 항해 중에 사망했지만, 1522년 후안 세바스티안 엘카노의 지휘하에 18명의 선원이 삐거덕거리는 배 한 척을 타고 귀환했다. 한때 대서양 건너편에 무엇이 있는지도 몰랐던 유럽 선원들이 불과

30년 만에 세계를 일주한 것이다.

발견의 속도는 줄어들지 않았다. 실제로 한 발견이 다른 발견으로 이어졌다. 엘카노가 스페인에 귀환하기 전에 에르난 코르테스가 아즈텍 제국을 멸망시켰다. 곧 잉카 제국도 그 뒤를 이었다. 1536년, 스페인 식민지로서 부에노스아이레스가 설립되었다. 1552년 스페인 역사학자 프란시스코 로페스 데 고마라는 "모든 것이 횡단되고, 모든 것이 알려졌다"라고 선언했다.[23] 1570년경 아브라함 오르텔리우스가 최초의 근대적 지도책을 만들었을 때, 실제로 북아메리카와 남아메리카의 윤곽이 알려져 있었으며, 남아메리카 대륙과 북아메리카 동부 해안의 경우 내륙 지역에 관해서도 자세히 알려져 있었다. 오르텔리우스의 지도책에서 유럽과 아시아, 아프리카는 오늘날 우리가 생각하는 모습과 흡사하게 나타나 있었다. 여태껏 발견되지 않은 유일한 대륙은 호주와 남극뿐이었다. 오르텔리우스의 지도에는 티에라 델 푸에고가 남극 대륙의 북쪽 끝이라는 가정에 근거한 가상의 호주 대륙이 포함되어 있었지만, 얼마 지나지 않은 1606년에 진짜 호주가 발견되었다. 그러므로 16세기는 의심의 여지 없이 유럽이 여태껏 알려지지 않았던 세계의 대부분을 발견한 시대였다.

이것이 서양인의 삶에 미친 변화는 거대했다. 우선 기독교 세계의 지리적 경계가 크게 넓어졌다. 이전에는 비교적 명확한 국경선이 존재했으며, 이 지점을 넘어가면 가톨릭교회는 아무런 영향력을 행사하지 않았다. 여행자들은 기독교인 통치자들과 달리 국가에 대한 충성이나 의무가 없는 지배자들의 통치를 받아들여야 했다. 대서양 횡단은 1500년에 일어났지만, 새로이 발견한 땅들이 기독교 세계의 영향권에 들어오는 데는 수십 년이 걸렸다. 그러나 1600년, 라틴아메리카는 유럽의 지배를 받았다. 라틴아메리카는 유럽인 총독이 있고, 유럽 언어를 사용하며, 금과 상품을 유럽으로 직접 운송하는 곳이 되었다. 비록 아프리카와 극동에서는 영토의 통치권이 지역 통치자들의 손에 남아 있었지만, 포르투갈은 수많은 나라와 교역할 수 있었다. 스페인 역시 국제 무역 제국을 세웠다. 그들은 라틴아메리카에서 은을 실은 뒤 1571년에 발견한 필리핀의 마닐라를 경유하여 중국으로 직접 운송했다. 한때 베네치아인들은 전 세계를 자신들의 시장으로 찾아오게 만들었지만, 이제 스페인과 포르투갈이 전 세계를 자신들의 시장으로 만들었다.

그 결과로 나타난 사회적·경제적 변화는 스페인과 포르투갈에만 국한되지 않았다. 대량의 금과 은이 라틴아메리카에서 스페인 재무부로, 스페인 재무부에서 전체 유럽 경제로 유입되면서 사상 처음으로 유럽에서 장기 인플레이션이 나타났다. 1545년에 스페인이 포토시 은광을 발견한 후 여기에서 창출된 부는 그 유명한 엘도라도 이야기에 나오는 부와 맞먹을 정도였다. 당연히 이런 이야기와 발견들은 더 많은 탐험가와 정복자들에게 부를 찾아 나서도록 부추겼다. 잉글랜드인 탐험가들이 스페인 경쟁자들의 뒤를 따랐다. 플리머스의 존 호킨스는 아프리카에서 흑인 노예들을 사거나 붙잡은 뒤, 히스파니올라에서 스페인인에게 금과 은으로 교환하고 잉글랜드로 돌아오는 삼각 원정을 세 차례 이끌었다. 호킨스의 세 번째 원정에 동행한 프랜시스 드레이크는 1577년에서 1580년까지 함대를 지휘하여 두 번째로 세계를 일주했으며, 토머스 캐번디시는 1585년에서 1588년에 세 번째로 세계를 일주했다. 드레이크와 캐번디시 모두 엄청난 부를 안고 고국에 돌아왔다. 그러나 이들은 반쯤 국가에 소속된 사략 선원privateer부터 명백한 도적과 무자비한 해적에 이르기까지, 부를 찾아 헤매는 수많은 사람들 가운데 가장 성공한 사람일 뿐이었다. 16세기 말에는 프랑스와 네덜란드도 포르투갈과 스페인, 잉글랜드의 뒤를 쫓아 세계의 자원을 착취하고자 했다.

탐험가들은 금과 은뿐만 아니라 자신들이 발견한 나라에서 찾아낸 수많은 동식물 표본을 가지고 돌아왔다. 유럽에 새로 들어온 눈에 띄는 식품은 칠면조나 감자, 고추, 토마토, 옥수수, 코코아였고, 바닐라나 올스파이스, 칠리 페퍼 같은 향신료도 들어왔다. 브라질우드나 코치닐처럼 전에는 얻기가 거의 불가능했던 염료들과 고무와 면화도 유럽에 모습을 드러냈다. 담배를 피우지 않던 유럽인들에게 담배의 전래는 천연 작물을 소비하는 완전히 새로운 방식을 선보였다. 중세에 막대한 비용을 들여가며 수입하던 정향, 계피, 후추, 육두구, 설탕 같은 향신료들이 이제는 유럽에 쏟아져 들어오면서 향신료 가격이 급락했다. 실크나 코코넛, 가지 같은 동방에서 온 다른 수입품들도 사정이 비슷했다. 1577년에 윌리엄 해리슨은 "인도, 아메리카, 타프로반(스리랑카), 카나리아 제도를 비롯한 세계 각지로부터 매일같이 들어오는 수많은 기이한 약초와 식물, 일년생 과일들"을 보며 놀라움을 표했다. 왕과 귀족들, 부유한 상인들은 머나먼 지역에서 온 이국적인 물건들 — 북미 원주민이 만든 카누나 인도인이 제작한 단도, 중국제 도자기, 아랍제 악기 같은 — 을 수집한 뒤 손님들을 즐겁게 하려고 집에 전시했다. 상인들은 다른 인종 사람들도 유럽에 데려왔다. 아메리카 원주민들은 진기한 물건 취급을 받았다. 사하라 이남 아프리카 사람들은 노예로 거래되었다. 노예무역을 선도한 국가는 포르투갈이었지만, 잉글랜드와 스페인도 노예무역에 참여했다. 잉글랜드 여왕 엘리자베스 1세는 1560년대에 존 호킨스 경의 노예 원정에 자금을 댔다. 11세기에 정복왕 윌리엄이 야만적인 행위라며 금지한 노예무역을 16세기의 잉글랜드 왕위 계승자가 지원했다는 사실은 아이러니한 일이다.

결론

16세기에는 사람들이 언제, 무엇을 먹느냐가 바뀌었다. 또 무엇을 읽느냐가 바뀌었으며, 수많은 사람이 시골에서 도시로 이주했다. 북유럽에서는 일련의 새로운 가정용 편의용품들이 집집마다 들어왔으며, 살해당할 가능성이 크게 줄어들었다. 16세기에는 인류의 가장 큰 관심사들 가운데 일부가 다음과 같은 질문으로 표면화되었다. 인체의 내부는 어떻게 생겼는가? 우주 속 지구의 위치는 어디인가? 창조된 천지의 규모가 어떻게 이전에 생각했던 것보다 이토록 클 수 있는가? 영혼을 구하려면 무엇을 해야 하는가? 16세기의 지배적인 변화를 규명하는 과정에서 나는 두 가지 강력한 후보를 찾아냈다. 하나는 읽고 쓸 줄 아는 사회로의 전환이고, 다른 하나는 세계의 확장이다. 둘 중 무엇이 1600년의 서구와 1500년의 서구를 구분짓는 더 중요한 요소였는지 판별하는 것은 거의 불가능하다. 이 딜레마는 16세가 얼마나 놀라운 세기였는지를 단적으로 보여준다.

이곳 모어턴햄스테드에서 무슨 변화가 일어났는지 살펴보는 유익한 시간을 가져보면, 앞서 언급한 16세기의 변화가 유럽 어디에서나 일어났다는 사실을 알 수 있다. 교구 문서는 당연히 작성되었으며, 모어턴과 모어턴 주민에 관한 자료는 엑서터와 런던에 보관되었다. 모어턴에 최초로 인쇄된 책이 들어온 것은 16세기일 가능성이 크다. 총기 역시 아마 16세기에 처음 이곳에 왔을 것이다. 이 지역의 민병대는 완전히 재편성되었으며, 1569년의 소집 명부를 보면 이 지역 사람들이 장총으로 무장했음이 드러난다. 종교 면에서 보면, 헨리 8세가 잉글랜드를 로마 가톨릭교회로부터 떼어냈을 때 잉글랜드 사회를 가득 채웠던 공포는 1549년의 기도서 반란으로 이어졌다. 기도서 반란은 모어턴에서 22킬로미터 떨어진 샘퍼드 코트니에서 시작되었으며 일련의 전투에서 5,000명이 넘는 사망자가 나오면서 절정에 달했다. 두 개의 해안과 맞닿은 데번주의 수많은 사람들이 존 호킨스나 프랜시스 드레이크, 리처드 그렌빌과 같은 데번 출신 함장들과 함께 아프리카와 신세계를 향해 항해를 떠났다. 그리고 이국적인 동식물과 함께 부자들 집에서 시동이나 하인으로 일할 흑인 노예들을 데리고 귀환했다. 잉글랜드의 이 지역 가정에는 굴뚝과 유리창도 도입되었음이 분명하다. 지금 내가 사는 집에서 스토닝 일가는 거실에 이웃에게 뽐낼 만한 외부 굴뚝이 딸린, 상당한 크기의 벽난로를 지었다. 중간 문설주의 흔적이 남아 있는 창문에는 한때 납땜한 유리창이 끼워져 있었을 것이며, 이는 스토닝 가족이 안락하게 지냈음을 보여준다.

이 모든 변화에도 불구하고, 아마도 가장 중요한 발전은 사회가 변하고 있다는 깨달음 그 자체였을 것이다. 지난 세기 동안 사람들은 전쟁이나 기근, 역병이 주변 환경을 바꿀 때 이 변화가 일시적이라는 사실을 알고 있었다. 이런 사건들은 잠시 일어났다 끝나는 사건이었다. 그러나 16세기가 끝날 무렵, 사람들은 과거를 돌이켜 보며 삶이 근본적으로 변화했으며 다시는 전과 같아질 수 없음을 깨달았다. 신세계를 발견하기 전으로 돌아갈 수는 없었다. 매년 사람들의 관심을 끄는 새로운 책과 발견들이 쏟아졌다. 유럽 북부에서는 폐허가 된 수도원을 보며 이제 수도원의 시대가 끝났음을 깨달았다. 성벽이 대포에 취약하다는 사실이 드러나면서 수많은 성이 버려졌는데, 사람들은 이를 보고 기사도의 시대 역시 끝났음을 알았다. 도시와 주들은 자신들의 흥망성쇠를 역사로 남기기 시작했다. 역사학자들은 먼 과거에 쓰인 연대기의 단편적인 자료를 그대로 적는 대신, 광범위한 문서를 종합하여 과거를 논리적으로 분석하기 시작했다. 그렇게 진정한 의미의 역사 집필이 시작되었다. 중요한 것은 16세기에 엄청난 변화가 있었을 뿐만 아니라, 사람들이 사상 처음으로 변화가 일어나고 있다는 사실을 깨달았다는 점이다. 변화에 대한 인식은 중세인과 근대인의 사고방식을 구분짓는 또 다른 중요한 차이점이다.

변화의 주체

16세기에는 누구나 이름을 알 만한 인물이 넘쳐난다. 16세기는 레오나르도 다빈치가 1503년에 세계에서 가장 유명한 그림인 〈모나리자〉를 그리는 모습을 목도했다. 그다음 해, 미켈란젤로는 아마세계에서 가장 유명한 조각상일 〈다비드〉를 조각했다. 우리는 마젤란과 코르테스, 코페르니쿠스, 에라스뮈스, 브라헤, 베이컨, 베살리우스와 만났지만 이 시대는 노스트라다무스와 마키아벨리, 파라켈수스의 시대이기도 하다. 갈릴레오와 셰익스피어는 모두 1564년에 태어났으며 인생 가운데 36년을 16세기에 살았다. 앞서 언급한 다섯 가지 주요 변화 가운데 네 가지는 개인의 영향으로 볼수 없는 반면, 한 가지 변화는 가능하다. 교회의 분열은 마르틴 루터와 밀접한 관계가 있다. 게다가 루터는 단순히 종교개혁을 시작한 데서 그친 것이 아니라 설교와 찬송, 번역과 신학 저술, 편지를 통해서, 그리고 직접 본보기를 보임으로써 — 가령 결혼을 하고 가정을 꾸린 최초의 사제 가운데 한 사람이 되는 식으로 — 종교개혁을 구체화했다. 루터가 유일한 개신교 개혁자는 아니지만, 전체 인구의 상당수를 사로잡을 만큼 명확하고 탄탄하며 폭넓은 신학 체계를 갖춘 개신교 개혁자가 달리 있었는지는 의문이다. 그토록 많은 세속 지도자들을 설득하여 대의에 동참하게 할 만한 개신교 개혁자들이 달리 있었는지는 더더욱 의심스럽다. 확실한 것은 루터가 1517년에 취한 태도가 지난 천 년 동안 가장 극적인 종교적 격변을 일으켰다는 사실이다. 그러한 이유로 루터는 16세기의 변화의 주역이라는 칭호를 받을 자격이 있다.

17세기는 우리에게 커다란 역설을 제시한다. 한편으로 17세기는 흑사병 이후로 삶이 가장 비참한 시기였다. 기근으로 수백만 명이 죽었다. 여러 나라가 내부 갈등으로 황폐해졌다. 독일 일부 지역에서는 30년 전쟁으로 사망률이 50퍼센트가 넘었다. 프롱드의 난(1648~1653)으로 프랑스에서는 시민 수백만 명이 사망했다. 잉글랜드는 1643년에서 1651년까지 지속된 내전으로 분열되었다. 몇몇 국가들은 지상과 해상에서 격렬한 분쟁에 휩쓸렸다. 그러나 이 모든 대립과 파괴에도 불구하고 오늘날 대부분의 유럽 국가는 17세기를 '황금기'로 여긴다. 스페인의 황금기는 1492년 레콩키스타가 끝나면서 시작되었으며, 1648년에 30년 전쟁이 끝날 때까지 계속되었다고 일컫는다. 잉글랜드에서는 스페인 무적함대 격파(1588)부터 셰익스피어 사망(1616)까지의 기간이 '황금기'로 묘사한다. 네덜란드 황금기와 프랑스 황금기는 17세기 기간과 거의 같다고 여겨진다. 이 나라들은 모두 최고 수준의 문화적·예술적 성취를 이

변화의 세기

루었다. 프랑스에서는 베르사유 궁전, 푸생과 클로드 로랭의 그림, 몰리에르 연극이 탄생했다. 스페인은 벨라스케스와 무리요, 엘 그레코의 그림과 세르반테스와 로페 데 베가의 문학 작품을 뽐냈다. 네덜란드에서는 렘브란트와 프란스 할스, 페르메르를 비롯한 수많은 장르 화가를 찾아볼 수 있다. 로마에서는 바로크 양식이 절정에 달했으며, 카라바조가 명암 대비 화법으로 걸작을 그렸다. 세계적 위기와 문화적 개화開花라는 이 있음직하지 않은 조합은 오슨 웰스의 〈제3의 사나이〉에 나오는 유명한 대사를 떠올리게 한다. "이탈리아는 보르지아 가문이 통치한 30년 동안 전쟁과 테러, 살인, 유혈 사태를 겪었지만 미켈란젤로와 레오나르도 다빈치, 그리고 르네상스를 배출했지. 형제애가 살아 숨쉬는 곳이었고 500년 동안 민주주의와 평화를 누렸던 스위스에서는 뭘 만든 줄 알아? 뻐꾸기 시계야." 스위스가 "500년 동안 민주주의와 평화를 누렸다"는 말은 사실과 거리가 멀지만, 전쟁과 문화적 성취가 동시에 일어날 수 있다는 웰스의 논점은 실제로 17세기에 적용할 수 있다.

아마 고난의 전후맥락을 고려해보면 이 역설을 이해하기 시작할 수 있을 것이다. 부유한 사람들은 굴뚝과 유리창, 편안한 가구가 있는 집에서 살았을 것이며, 영양실조 상태였던 조상들보다 더 잘 먹었을지도 모르지만, 17세기 파리의 출생 시 기대수명은 23세에 불과했다. 만약 여러분이 제네바 중산층 집안의 자식으로 태어났다면, 아들이면 30세 정도까지, 딸이면 35세 정도까지 살았을 것이다. 잉글랜드의 출생 시 기대수명은 30년 동안 상당히 일정하게 유지되었는데, 가장 나쁜 해인 1658년에는 최저치인 24.7세를 기록했고, 가장 좋은 해인 1605년에는 최고치인 35.3세를 기록했다. 이것은 때때로 40세를 넘어갔으며 30세 아래로 내려가는 일이

거의 없던, 이전 세기의 출생 시 기대수명에 비해 상당히 낮은 수치였다.[1]

이 암담한 예측치들의 배경에는 기후 변화라는 근본 요인이 있었다. 지난 40년 동안 역사가들은 17세기를 '작은 빙하기'라고 불렀지만, 최근에서야 우리는 날씨의 영향을 제대로 이해하기 시작했다. 12세기에 관한 장에서 보았듯, 평균 기온이 섭씨 0.5도 떨어지면 첫 서리가 평년보다 열흘 빨리 오고, 마지막 서리가 평년보다 열흘 늦게 오면서 전체 수확을 완전히 망치게 된다.[2] 평균 기온이 약간만 내려가도 특히 고도가 높은 지역에서는 연속적으로 수확에 실패할 위험이 극적으로 증가한다. 게다가 폭우가 내리면서 농작물 수가 반토막에서 3분의 1토막 나는 피해를 볼 수도 있다. 14세기에서 보았듯, 수확에 완전히 실패하지 않더라도 농부에게는 시장에 내다 팔 잉여 농산물이 전혀 없을 수 있다. 5:1이었던 수확률이 3:1이 되는 것만으로도 농부에겐 남는 것이 없을 테니 말이다. 이런 일이 일어나는 것이 과잉 경작으로 토양에 질소가 부족해졌기 때문인지, 아니면 춥고 습한 여름 때문인지는 그다지 중요한 문제가 아니었다. 만약 농부가 수확한 옥수수의 70퍼센트를 가족과 가축을 먹이고 내년 파종을 위해 남겨두어야 한다면, 수확량이 단 한 번만 30퍼센트 감소해도 농부에게는 내다 팔 옥수수가 전혀 남지 않게 된다. 이것은 연쇄 작용을 일으켰다. 가장 가까운 시장도시에 사는 사람들은 곡물 부족에 허덕였다. 얼마 안 되는 곡물을 놓고 사람들이 경쟁하기 시작하면서 빵값이 올라갔다. 식비로 더 많은 돈을 써야 했으므로 가구나 도구, 장신구 같은 필수적이지 않은 물건에 돈을 덜 쓰게 되었다. 수요가 줄어들면 가격이 내려갔으므로, 이런 물건을 만드는 장인들은 식량에 더 많은 돈을 써야 하는 바로 그 순간에 생활고에 시달렸다. 최종적으로 먹이사슬의 밑바닥에 있는 사람들은 쇠약해지고 병에 걸려 죽어갔다. 수확량이 50퍼센트로 줄어드는 흉작이 단 한 번만 일어나도 이토록 치명적인 결과로 이어졌다. 그러므로 연속적인 수확 실패는 수천 명의 목숨을 앗아갔으며, 이는 농부와 농부 가족에게조차 예외가 아니었다. 먹거나 내년에 심을 곡물이 아무것도 남지 않았을 테니 말이다. 서리가 심하게 내리지 않더라도, 여름철 평균 기온이 섭씨 2도 내려가면 작물의 30에서 50퍼센트가 몰살당한다. 이것이 바로 1640년대 북유럽에서 일어났던 일이다.[3]

기상 악화가 불러온 결과는 끔찍했다. 1637년 한 프랑스인 논평가는 이렇게 말했다. "후세 사람들은 믿지 못할 것이다. 사람들은 정원과 들판에 있는 풀을 먹고 살았으며, 심지어 동물의 사체를 찾아 헤맸다. 길은 죽은 사람들로 포장되어 갔다. (…) 결국 식인이 일어났다." 불행히도 이 논평가의 말은 틀렸다. 후세 사람들은 이 이야기를 쉽게 믿었다. 1651년 생캉탱에 있던 한 관찰자는 이렇게 적었다. "주민들이 구제할 수 없었던 병자 450명 가운데 200명이 마을에서 쫓겨났다. 우리는 이들이 길가에 쓰러져 하나둘씩 죽어가는 모습을 지켜보았다." 이로부터 10년 뒤, 또 다른 프랑스인이 "늑대가 사는 목초지가 기독교인의 밥줄이 되었다. 말이나 당나귀, 다른 동물들의 사체가 발견되면 사람들은 썩은 살로 배를 채웠다".[4] 프랑스는 1692년에 혹한을 겪은 뒤 연이어 1693년에서 1694년에 대기근을 겪었다. 그 결과 전체 인구 2,200만 명 가운데 약 130만 명이 사망했다. 1695년에서 1696년의 겨울 동안 노르웨이인의 10퍼센트와 스코틀랜드인의 15퍼센트가 사망했다. 1696에서 1697년의 기근 동안 핀란드 인구의 3분의 1과 스웨덴 인구의 10분의 1이 굶주림에 시달렸다.

식량 부족 외에도 사람들은 질병 양상의 변화와도 싸워야 했다. 유럽의 대도시에서 수차례 끔찍한 역병이 발생했다. 밀라노에서는 1629년에, 베네치아에서는 1630년에, 세비야에서는 1647년에, 오슬로에서는 1654년에, 나폴리와 제노바에서는 1656년에, 빈에서는 1679년에 재앙과도 같은 역병이 일어났다. 런던에서는 1603년, 1625년, 1665년에, 암스테르담에서는 1624년, 1636년, 1655년, 1663년, 1664년에 연이어 대규모 역병이 발생했다. 과거에는 애들이 앓는 병으로 여겨졌던 천연두는 1630년경부터 훨씬 더 치명적인 질병이 되었고, 어른과 어린이들이 모두 두 번째로 두려워하는 병이 되었다. 기아와 질병이 대규모로 나타나면서, 사람들의 삶에서 죽음의 중요성이 훨씬 더 커졌다. 죽음이 어린 형제자매와 부모, 자녀들을 앗아가자 사람들은 하느님의 의중에 더욱더 초점을 맞췄다.

기근과 질병의 배경을 이해하는 것은 17세기의 역설과 더불어 이런 일들이 있었음에도 17세기가 황금기로 불린 이유를 설명하는 데 어느 정도 도움이 된다. 17세기 사람들은 분명 끔찍한 고통을 겪었지만, 훗날 사람들의 기억 속에 남은 것은 고통 그 자체가 아니라 사람들이 고통에서 벗어나기 위해 한 일이었다. 17세기 사람들은 무슨 일이든 할 준비가 되어 있었다. 농사를 짓는 것으로는 굶주린 가족을 먹여 살릴 수 없던 사람들은 조상 대대로 물려받은 땅을 떠나 도시로 이주했다. 매년 약 6,000명이 런던으로 왔다. 수많은 사람들이 이주하면서 1700년에는 미국 식민지 인구가 25만 명을 돌파했다. 스코틀랜드에서는 성인 남성 인구의 5분의 1이 조국을 등졌고, 이들 가운데 상당수가 더 나은 삶을 찾아 폴란드로 향했다. 약 25만 명의 포르투갈인이 고향을 떠나 포르투갈 제국의 다른 곳에서 부를 일구려 했다.[5] 수많은 프랑스인과 스페인인들은 전쟁을 벗으로 삼았다. 1690년대에 루이 14세의 군대에 속했던 25만 명의 병사들은 어린 시절에 성장이 멈춰 키가 고작 170센티미터밖에 되지 않았다. 이들은 빵이 늘 부족했던 파리로 돌아가지 않아도 된다는 사실에 기뻐하며, 라인란트의 모든 도시를 파괴했을 것이 틀림없다.[6] 네덜란드의 '황금기'는 스페인과 벌인 80년 전쟁에서 거둔 승리뿐만 아니라 네덜란드 제국의 엄청난 부 때문이다.

이 모든 나라에서 나타난 극심한 빈부 격차 역시 문화적 성취를 향상시켰다. 빈부 격차는 사업가와 건축가, 작가, 음악가를 비롯한 모든 사람들 사이에 경쟁이 일어나게 함으로써 커다란 보물들을 유산으로 남겼다. 공허한 눈빛을 한 굶주린 사람들과 점잔 빼며 미소 짓는 신흥 부르주아 계급에 둘러싸여 있던 17세기 예술가들은 동정심과 경멸심을 느낄 수밖에 없었다. 17세기의 삶이 얼마나 치열했는지는 후대에도 전해졌다. 살아남고 출세하기 위해 모두가 고군분투하는 세상에서 탁월한 능력을 지닌 사람들은 자신의 능력을 최대한 활용할 수밖에 없었다. 17세기 잉글랜드 시인 앤드루 마블의 유명한 말을 바꾸어 말하면, 17세기 사람들은 자신들에게 '세상과 시간'이 충분하지 않음을 알았다. 17세기 사람들은 어떻게든 기회를 잡고, 혁신하고, 실험함으로써 스스로를 구제해야 했다.

과학 혁명

이전 세기에 학자들은 존경받는 고대 작가들의 책에서 읽은 것이 항상 진실은 아니라는 사실을 깨달았다. 갈레노스의 해부학 서적과 실제 인체 구조가 다르다는 사실이 이미 알려져 있었고, 고대 지리학자들의 지리서에 결함이 있다는 사실도 마찬가지였다. 두 학문은 모두 기나긴 실험 과정을 거친 뒤에야 고대 지식에 한계가 있음을 발견할 수 있었다. 대륙을 오가는 항해사들은 과학적 발견에 기여했다. 바다에서 위치와 방향, 속도를 알아내기 위해서는 더 정교한 수학적 방법이 필요했기 때문이다. 이들이 탐험 과정에서 이전에 알려지지 않았던 신대륙의 식물들을 발견하자 식물학자들은 세계의 식물에 관해 새로 연구할 수밖에 없었다. 이러한 발견들은 새로운 과학적 질문을 제기했다. 그저 고대 권위자들의 말을 인용하던 사람들과는 대조적으로, 사물의 본질을 이해하는 데 진정으로 관심을 기울였던 사람들은 얼마 지나지 않아 과학적 방법론이라 인정받게 된 방식을 받아들이기 시작했다. 이들은 연구 질문을 가정한 뒤, 이 질문에 답할 수 있는 가설을 세우고, 여기에 필요한 적절한 자료를 찾아내고 검정한 뒤, 원 가설이 불충분하다고 판명되면 폐기하고 새로운 가설을 세웠다. 이는 프랜시스 베이컨이 1620년에 그의 저서 『노붐 오르가눔』에서 간략히 설명한 연구 모형이다. 이 무렵에는 이미 유럽 대륙의 자연철학자들 대부분이 이 연구 모형을 채택하고 있었다. 역사학자들은 일반적으로 이 변화를 과학 혁명이라 부른다.

사람들에게 새로운 생각을 하게 만드는 그 모든 관찰 가능한 현상들 가운데 가장 많은 관심을 받고 혁신적인 연구 방법을 적용하게 한 것은 바로 별이었다. 튀코 브라헤가 1572년에 목격한 그 유명한 '신성nova'은 지구의 대기권에 진입하지 않았다. 그에 따라 신성은 창공에 새로이 등장한, 움직일 수 있는 천체라는 견해가 생겨났다. 이런 현상은 별들이 지구와 다른 행성 주위에서 결정질 구조crystalline structure를 이루고 있다는 아리스토텔레스의 가르침에 정면으로 반하는 것이었다. 브라헤는 실험실을 새로 지은 뒤 하늘의 형태를 설명하고자 모든 별을 기록하기 시작했다. 1601년 브라헤가 사망하기 직전에 독일의 젊은 천문학자이자 수학자인 요하네스 케플러가 합류했는데, 케플러 역시 1604년에 자신의 '신성'을 발견했다. 케플러는 브라헤의 자료를 활용해 행성 운동 법칙 두 가지를 공식화한 뒤 『신천문학Astronomia Nova』(1609)에 포함시켜 출판했다. 케플러의 행성 운동 법칙은 검증된 이론이었다. 화성의 움직임에 관한 자료 덕분에 케플러는 화성이 타원 궤도를 따라 움직인다는 사실을 밝혀냈으며, 이윽고 화성이 미래에 어떻게 움직일지 알 수 있었다. 행성의 움직임은 한때 경이와 신앙의 영역에 속했으나, 이제 과학적 지식과 이해의 문제가 되었다.

케플러의 원고가 인쇄되는 동안, 네덜란드의 도시 미델뷔르흐에서 한스 리퍼세이가 천체를 3배 확대해 볼 수 있는 망원경을 제작했다. 1608년, 리퍼세이는 특허 등록을 했다. 리퍼세이의 발명품에 관한 소식은 금세 해외로 퍼졌다. 이듬해 잉글랜드에서는 토머스 해리엇이 망원경을 만들어 달의 표면을 관측했다. 이탈리아에서는 갈릴레오가 영상을 33배 확대할 수 있는 망원경을 만든 뒤 이것으로 목성의 가장 큰 달 4개를 관측했다. 갈릴레오는 관측 결과를 1610년에 『별 세계의 전령Sidereus Nuncius』에 실었다. 이것은 적절한 제목이었다. 이 망원경들은 인간이 여태껏 꿈꿨던 것보다 훨씬 더 먼 곳에 있는 광경과 지식을 가져다주는 배와도 같았다. 케플러는 갈릴레오에게 합류하여 목성의 달을 탐험했으며, 1611년에 더 개선된 망원경을 제작했고, 같은 해에 자신이 발견한 바를 출판했다. 케플러는 1627년에 자신과 브라헤가 측정한 천 개가 넘는 천체의 개요서인『루돌프 표Rudolphine Tables』를 만들었다. 다른 천문학자들은 루돌프 표를 통해 과연 행성들이 케플러의 주장대로 태양 주위를 공전하는지 살펴볼 수 있었다.

17세기의 남은 기간에 폭발적인 양의 천문학적 실험과 시도가 이어졌다. 천문대가 레이던(1633), 그단스크(1641), 코펜하겐(1637~1642), 파리(1667~1671), 그리니치(1675~1676)에 건설되었다. 요하네스 헤벨리우스는 굴절 망원경을 실험하면서 망원경의 길이가 길어질수록 더 자세히 볼 수 있다는 사실을 깨달았다. 1647년, 헤벨리우스는 사물을 50배 확대해 볼 수 있는 3.6미터 길이의 망원경을 제작했다. 그리고 1673년에는 나무관으로 둘러싼 45미터 길이의 망원경을 제작했다. 이 경이로운 물건은 특별히 실용적이지는 않았지만 천문학자들이 망원경의 길이를 얼마든지 늘일 준비가 되어 있었음을 잘 보여준다. 이 망원경은 야외에서만 사용할 수 있었고, 높이가 27미터인 장대에 밧줄로 매달려 있었으며, 산들바람만 불어도 흔들렸다. 망원경을 개선하려면 천재가 필요했다. 그리고 그 천재는 바로 아이작 뉴턴이었다. 뉴턴은 1688년에 반사 망원경을 발명했는데, 길이가 고작 1피트에 불과했음에도 사물을 40배나 확대할 수 있었다. 이러한 망원경을 마음껏 사용할 수 있게 되면서 17세기 천문학자들은 우주를 체계적으로 탐험하기 시작했다. 이들 가운데 상당수는 오늘날까지도 유명한 인물로 남았다. 파리 천문대를 세우는 것을 돕고 토성의 달을 발견한 제노바의 조반니

카시니, 잉글랜드 최초의 왕실 천문학자이자 브라헤보다 세 배나 많은 별을 목록으로 만든 존 플램스티드, 렌즈와 망원경을 연구해 최초로 토성의 고리를 제대로 관측하는 데 성공하고 지구와 태양 사이의 거리를 지구 반지름의 2만 4,000배로 측정한 — 오차가 고작 2.3퍼센트에 불과했다 — 박식한 네덜란드인 크리스티안 하위헌스 등이 대표적이다.

그래서 뭐가 어떻단 말인가? 우주는 지구의 삶에 아무 영향도 미치지 않는데, 천문학적 발전이 실질적으로 무슨 가치가 있단 말인가? 사실 17세기가 시작될 무렵 사람들은 대부분 별들이 지상에서의 삶에 '실제로' 직접적인 영향을 미친다고 믿었다. 점성술은 단순히 자신의 천궁도horoscope를 보고 싶어서 안달난 사람들이 믿는 미신이 아니었다. 사람들은 별들이 자연에 있는 다른 모든 것들과 연결되어 있다고 믿었다. 누군가 병에 걸리면 내과 의사들은 언제부터 아팠느냐고 물었다. 그래야만 그때 어떤 행성이 떠오르고 있었는지 알 수 있었기 때문이다. 비슷하게 외과 의사는 별들이 특정한 형태를 취할 때는 방혈을 하라고 권했다. 유럽 군주들의 궁정에는 공식 점성가들이 있었다. 심지어 자연철학자들도 점성술을 진지하게 여겼다. 케플러가 처음 별을 연구한 이유 중에는 천궁도로 운세를 더 정확하게 점치려는 열망도 있었다. 그러므로 별을 바라보던 구세계가 천문 관측이라는 신과학과 충돌했을 때 그 파장은 엄청났다. 이제 사람들은 별들을 인간의 운명과 고난을 관장하는 반쯤 마법적인 존재가 아니라, 정해진 궤도를 따라 움직이는 구체로 보게 되었다. 사람들은 달이 바위가 산처럼 쌓여 있는 척박한 돌덩이임을 볼 수 있었다. 그렇다면 이것이 어떻게 사람들의 건강과 안위에 영향을 미쳤을까? 일부 사람들은 더 먼 행성에 자신들

같은 사람이 살고 있는지 궁금해하기 시작했다. 하느님이 다른 세계에서도 천지창조를 하셨을까? 별들이 결정체 구조로 고정되어 있지 않다는 사실이 분명한데, 아리스토텔레스는 또 무엇을 잘못 알았을까? 별들 저편에 있어야 할 천국은 대체 어디에 있는 것일까? 우리가 천문학적 발전에 관해 '그래서 뭐?'라고 물을 수 있다는 사실 그 자체가 1600년 이래로 과학적 이해가 크게 진보했다는 사실을 드러낸다.

천문학은 다른 분야에서도 과학적 연구가 이루어지게끔 박차를 가했다. 별에 관심이 많았던 잉글랜드의 의사 윌리엄 길버트는 『자석에 관하여De Magnete』(1600)에서 우주는 진공이며, 전기electricitas는 힘이며, 지구는 매일 중심축을 중심으로 자전하는, 강철로 된 핵을 지닌 거대한 자석이라고 상정했다. 이탈리아의 갈릴레오는 밤하늘만큼이나 지구의 물리 법칙에도 관심이 많았다. 그는 젊은 시절에 피사 대성당에서 샹들리에의 흔들림을 관찰한 뒤, 설령 추가 왔다갔다하는 거리가 짧아지더라도 진자 운동에는 똑같은 시간이 걸린다는 기록을 남긴 것으로 유명하다. 진자의 특성에 관한 연구 덕분에 훗날 그는 진자 시계를 고안하게 되었다. 갈릴레오가 고안한 진자 시계는 실제로 제작된 적이 없었으나, 이 발상은 크리스티안 하위헌스에게 전해졌다. 하위헌스는 1656년에 최초로 진자 시계를 제작했다. 기존의 어떤 시계보다도 훨씬 더 정확했던 진자 시계는 이후 300년 동안 시계의 귀감이 되었다. 1675년에 잉글랜드의 자연철학자 로버트 훅은 진자 시계로 중력을 측정할 수 있을지도 모른다는 이론을 제시했다. 이에 부응하여 이론 검증에 필요한 실험이 수행되면서, 1671년에 장 리셰르Jean Richer가 훅의 이론이 옳음을 증명했다. 하위헌스 또한 독일의 수학자이자 철학자이자 최초로 기계식 계산기를 고안한 인물이자 아이작 뉴턴과 동시에 미적분법을 개발한 인물인 고트프리트 빌헬름 라이프니츠와 함께 일했다.

이들은 박학다식했다. 이들 가운데 상당수는 광학, 물리학, 수학뿐만 아니라 화학, 생물학, 식물학에도 관심을 두었다. 로버트 보일은 1675년에 전기력이 진공을 통해 전달될 수 있음을 증명하여 윌리엄 길버트의 전기에 관한 연구를 확장했으며, 기체 실험으로 기체의 부피는 압력에 반비례한다는 '보일의 법칙'을 발견했다. 망원경의 발전은 곧 현미경의 발전이었다. 갈릴레오는 리퍼세이와 그의 동료 자하리아스 얀센Zacharias Jansen의 발상을 받아들여 더 개량된 형태의 현미경을 개발했는데 갈릴레오는 이를 '작은 눈'이라 불렀다. 로버트 훅은 『마이크로그래피아Micrographia』(1665)에서 크게 확대한 식물 '세포'(혹은 그렇게 불렀다)를 묘사했다. 네덜란드인 미생물학자 안톤 판 레이우엔훅은 미생물학 분야의 탐구에서 타의 추종을 불허했다. 최대 200배로 확대 가능한 현미경을 사용해 레벤후크는 박테리아와 정자 세포, 혈액 세포, 선충, 조류algae, 기생충을 발견했다. 이전에는 일부 작은 생물들이 자신의 형태를 복제함으로써 자기 복제한다고 여겼지만, 이제 가장 작은 생명체조차 성적 재생산을 할 수 있다는 사실이 분명해졌다. 확대 렌즈의 적용은 인류의 자연 세계에 대한 이해에 엄청난 변화를 가져왔다.

과학 지식에 관한 이 모든 선구적 연구들은 아이작 뉴턴의 『자연철학의 수학적 원리Philosophiae Naturalis Principia Mathematica』(1687)에서 절정에 달했다. 널리 받아들여지기까지 약간의 시간이 걸렸지만, 이 책은 훗날 사상 최고의 과학적 업적 가운데 하나로 칭송받았다. 책에서 뉴턴은 중력 이론의 개요를 설명했으며 — 전설에 따르면, 사과가 머리에 떨어졌을 때 뉴턴의 머릿속에 처음으로 이 이론이 떠올랐다고 한다 — 무엇이 행성의 궤도를 유지하게 하는지에 관한 토론으로 끝을 맺었다. 이 책이 중력을 계산할 수 있는 비율을 제공한 덕분에 중력을 질적으로 이해할 수 있었을 뿐만 아니라 양적으로도 연구할 수 있게 되었다. 이 책은 행성과 태양의 상대적 밀도를 측정하는 법을 제공했으며, 코페르니쿠스의 지동설이 옳음을 확인해주었고, 달의 움직임과 지구의 조수가 어떻게 달의 영향을 받는지 설명했으며, 어째서 혜성이 각자의 경로를 따르는지 서술했다. 그리고 이 책에는 뉴턴의 유명한 3가지 운동 법칙이 포함되어 있었다. 뉴턴이 1670년대에 시작해서 1704년에 출판한 광학에 관한 연구와 함께, 그의 발견들은 아리스토텔레스의 자연 세계에 관한 잘못된 추론들을 대다수 뒤집었으며, 자연 현상을 실험하는 보다 엄격한 틀을 제공했다.

앞서 언급한 연구들이 그토록 중요한 이유는 자연철학자들 사이에 연구 결과가 빠르게 공유되면서, 학자들이 다른 학자들의 지식 위에 새로운 지식을 쌓아올릴 수 있었다는 점 때문이다. 극소수의 예외를 제외하면 이런 발견들은 반쯤 은둔한 신비주의자들이 자신의 연구를 사본으로 만들어 소리 소문 없이 과학 기록 보관소에 처박아 두는 발견과는 전혀 달랐다. 이런 발견들의 출판 행렬이 이어졌으며, 유럽 전역에서 사람들의 입에 오르내렸다. 교육받은 사람이라면 마땅히 최신 과학 토론에 관한 지식을 갖추어야 한다고 여겼다. 백과사전에는 최근의 과학적 발견이 반영되어야 한다고 여겼다. 훅의 『마이크로그래피아』가 보여주듯, 작은 생물체를 얇게 절단한 그림 모음집이 베스트셀러가 될 수 있었다. 또한 당대의 선도적인 자연철학자들이 수많은 국가 과학 단체를 설립했다. 베네치아에서는 1603년에 린체이 아카데미Accademia dei Lincei가 설립되었는데, 그 회원 가운데는 갈릴레오도 있었다. 레오폴디나Leopoldina 과학 아카데미의 전신인 자연과학 아카데미Academia Naturae Curiosorum는 1652년에 한 자연철학자 단체가 설립했으며, 1677년에 제국 공인 기관이 되었다. 런던 왕립학회는 1660년에 설립되었으며, 1662년에 처음으로 왕실 인가를 받았다. 프랑스에서는 루이 14세가 1666년에 과학 아카데미Académie des Sciences를 설립했다. 이런 학회들은 회원과 여타 가입자들에게 새로운 발견에 관한 정기 간행물을 배포하기 시작했다. 1665년에는 런던 왕립학회의 학술지 『철학 회보Philosophical Transactions』가 처음 등장했으며, 1670년에는 레오폴디나의 『정기 간행물Ephemeriden』이 처음 출판되었다. 사람들은 발견해야 할 것이 무한히 많다고 생각했으며, 몇 차례의 주요 발견 이후에는 새로운 발견이 저절로 확고한 지위를 얻지는 못한다는 사실이 명백해졌다. 이후로 과학 지식은 영원히 유동적인 상태가 되었다.

과학적 발견이 당시의 철학에 큰 영향을 미쳤다는 사실은 두말할 필요도 없다. 우선 과학적 방법론에는 실증적 속성이 있었다. 경험론이 자연 현상의 원인과 의미를 성서에 따라 해석하는 신학 기반 과학의 관뚜껑에 못을 박았음을 깨달은 사람은 프랜시스 베이컨뿐만이 아니었다. 이성만으로도 지식을 얻을 수 있다는 철학인 합리론의 대두 역시 못지않게 중요했다. 이러한 사고방식을 드러낸, 오늘날 가장 유명한 인물은 "나는 생각한다. 고로 존재한다"라는 연역적 명제로 널리 알려진 르네 데카르트였다. 그러나 데카르트나 라이프니츠 같은 후기 합리론자들은 철학자일 뿐만 아니라 과학자였다. 그러므로 과학적 연구를 실제로 수행하는 사람과 과학적 지식을 얻고 검증하는 과정을 공식화하는 사람 사이에는 긴밀한 연결 고리가 남아 있었다. 이는 경험론과 합리론 사이의 연결을 유지하는 데 도움이 되었다. 사람들은 당연히 합리적인 수단으로 얻은 지식을 경험적으로 검증해보고 싶어 했기 때문이다. 주요 사상가 가운데 합리론을 자신의 상상력과 함께 마음껏 날아가게 한 사람은 극히 드물었다. 크리스티안 하위헌스는 그의 마지막 저서인 『우주 이론Cosmotheoros』의 일부를 할애하여, 목성과 토성의 생존 환경이 어떨지, 그곳에 물이나 식물, 나무나 동물이 있을지, 목성인과 토성인이 과연 집에서 살지 등을 논의했다. 하위헌스는 목성인과 토성인이 집에서 살 것이라 추론했다. 300여 년이 넘는 시간 동안 이루어진 연구에 비추어 볼 때, 하위헌스의 결론은 자신의 합리주의에 의문을 제기하는 것으로 보인다. 그럼에도 당시에는 자격이 있는 사람들이 과학적 문제에 관해 추측하는 것이 허용되었으며, 이들의 추측을 상대적으로 자격을 덜 갖춘 사람들이 믿는 것은 합리적인 일이었다.

이것은 우리를 가장 난해한 문제로 인도한다. 커다란 변화는 새로운 지식 그 자체만이 아니었다. 새로운 지식을 판단하는 권위를 지닌 주체가 변한 것 역시 크나큰 변화였다. 중세에는 교회 지도자들과 지역사회의 민간전승자들이 이러한 권위를 누렸지만, 16세기 중반부터는 자연철학자들이 그 자리를 차지했다. 갈릴레오의 예를 살펴보자. 1613년, 갈릴레오는 토스카나 공작부인으로부터 코페르니쿠스의 지동설 이론을 설명하는 편지를 작성해달라는 요청에 응했다. 그리고 이 편지가 출판되면서 갈릴레오는 1616년에 로마 종교재판소에 회부되었다. 그리고 태양 중심의 우주에 관한 이야기는 터무니없을 뿐만 아니라 이단적이며, 지구가 매일 회전한다는 생각도 터무니없다는 통보를 받았다. 이때 갈릴레오는 경고만 받고 풀려났지만, 1633년에 또다시 지동설을 가르친 혐의로 기소되었을 때는 교황 우르바노 8세에게 종신형을 선고받았다. 그러나 고작 몇십 년 만에 과학적 문제에 대한 교황의 의견은 중요하지 않게 되었다. 사람들은 신학자가 아니라 학술 논문의 저자들에게 자문을 구했다. 이것이야말로 진정한 과학 혁명이었다. 1633년에는 과학적 문제에 대해 여전히 교황이 권위를 행사했지만, 1670년에는 오직 과학계만이 권위를 인정받았다.

과학에 권위를 빼앗긴 종교가 과학에 반감을 품었다는 사실은 흔히 이때부터 종교와 과학이 각자의 갈 길을 가기 시작했다는 주장의 증거로 받아들여진다. 이 주장은 근본적으로 잘못되었다. 위대한 과학적 발견을 한 거의 모든 사람이 신실한 사람들이었기 때문이다. 이들은 자신들의 집단적 노력을 하느님의 천지창조의 본질에 관한 끊임없는 탐구라고 여겼다. 프랜시스 베이컨은 무신론을 경멸조로 비판하는 소논문을 썼으며, 라이프니츠는 『신정론Théodicée』에서 기독교 신앙과 과학 철학의 조화를 시도하면서 하느님이 "가능한 모든 세계 가운데 최선의 세계"를 창조했다고 주장했다. 아이작 뉴턴 역시 경건한 사람이었는데, 뉴턴은 성경에서 과학적 진리 — 지구 종말 예언을 포함한 — 를 찾는 데 일생을 보냈다. 종교적 목표 의식과 과학적 연구의 결합은 17세기의 자극적인 칵테일이었는데, 여기서 종교적 차원을 과소평가해서는 안 된다. 이는 과학 실험을 통해 천지창조를 이해하려던 사람들이, 미신은 거짓일 뿐만 아니라 사악한 것이라 여기며 미신과 열심히 맞서 싸운 사람들이었다는 점에서 특히 그렇다. 수 세기 동안 종교와 미신은 서로 일치했지만, 이제 종교는 과학과 힘을 합쳐 비종교적인 믿음을 몰아내고 전 유럽 사람들에게 신성한 진리를 가르치고자 했다.

과학 지식은 곧 일상생활에 스며들기 시작했다. 집 굴뚝에 고양이를 묻는 것과 같은 미신적 관습이 중단되었다. 사람들은 동물의 유해나 배설물을 가루로 만든 약의 사용을 중단하고, 대신 효능을 입증할 수 있는 약을 찾았다. 가장 흥미로운 점은 사람들이 마술에 관한 믿음을 잃었다는 것이다. 16세기에는 잉글랜드와 웨일스에서 마녀 수십 명이 교수형에 처해졌으며, 다른 곳에서는 마녀 수백 명이 화형에 처해졌다(주술을 세속적인 죄로 여겨 교수형으로 처벌한 국가는 잉글랜드와 웨일스, 그리고 훗날의 미국뿐이었다. 다른 나라에서는 이를 이단으로 보고 마녀를 화형에 처했다). 그러나 17세기 초에는 마녀로 몰려 죽은 사람 수가 수천 명으로 치솟았는데, 이 현상은 1620년대 후반에 독일에서 극심한 마녀 박해가 일어나면서 더욱 두드러졌다. 가장 악명 높은 마녀 박해는 밤베르크의 주교후가 마녀의 집에 사람들을 감금한 뒤 체계적으로 고문해 마녀 행위뿐 아니라 연루된 사람들까지 자백하게 만든 것이었다. 희생자들은 장대에 매달려 화형에 처해지거나, 주교후에게 모든 재산을 넘겨준 경우에는 참수되었다. 유럽 전역에서 수만 명이 끔찍하게 고문받고 살해당했다. 그러나 구조적인 마녀 박해는 17세기 후반에 완전히 무너졌다. 프랑스의 마지막 마녀 화형식은 1679년에 벌어졌다(희생자는 페론 고기용·Péronne Goguillon과 그녀의 딸이었다). 잉글랜드에서는 1682년에 비드포드 마녀들이 교수형에 처해진 것을 끝으로, 더는 주술로 인한 교수형이 벌어지지 않았다. 미국에서는 1692년의 세일럼 마녀 재판을 끝으로 더는 마녀라는 이유로 사람을 교수형에 처하지 않았다. 주술로 인한 마지막 대량 처형은 1697년 스코틀랜드에서 이루어졌다(페이즐리 마녀 재판).

사람들이 더는 마술을 믿지 않게 된 것은 과학 혁명 때문일까? 한 학자는 이렇게 말했다. "아이작 뉴턴이 1687년에 『자연철학의 수학적 원리』에서 밝힌 천체의 움직임에 관한 생각이 정확히 어떻게 판사들의 마음을 돌렸는지 알기는 어렵다. 판사들은 마녀로 몰린 사람에게 유죄 판결을 전보다 덜 내렸다. 그리고 뉴턴의 생각이 대체 어떻게 마을 사람들이 서로를 마녀로 고발하는 것을 자제하게 했는지 알아내기는 더더욱 어렵다."[7] 뉴턴의 『자연철학의 수학적 원리』가 출간되었을 때 이 책을 이해할 수 있으리라 여겨진 사람이 전체 유럽에서 단 일곱 명에 불과했다는 사실은 이 학자의 논점에 신빙성을 더한다. 만약 과학 지식이 실제로 미신과 마술에 대한 믿음을 쇠퇴하게 했다면, 대체 어떻게 이런 일이 일어난 것일까?

그 답은 애초에 사람들이 마술을 믿게 된 이유에 있다. 마녀는 수 세기 동안 유럽 문화의 특색이었지만, 15세기 말부터 마술이 이단과 관련되기 시작하면서 교회 법정에 서는 마녀가 늘어나게 되었다. 법원 심리가 자주 열릴수록 마녀에 관한 이야기가 점점 더 널리 퍼졌다. 이 소식은 사람들에게 잠재적 위험을 경고하는 선전물 역할을 했다. 물론 수많은 마녀 고발의 동기는 여성 혐오나 명백한 증오였다. 하지만 마술이 실존한다는 생각은, 자연에 설명할 수 없고 보이지 않는 힘이 존재한다는 믿음과 함께 점점 더 커졌다. 태양 중심 우주관과 전기의 발견, 여타 과학적 이해의 변화로 사람들은 눈에 보이지 않는 수많은 것이 실제로 존재한다고 믿게 되었다. 존 디 같은 수학자들은 여전히 연금술과 점성술을 지지할 수 있었으며, 심지어 교령회 실험에 천사의 의도를 이해할 수 있는 잠재력이 있다고 보았다. 누군들 진정으로 무엇을 믿어야 할지 알 수 있었겠는가? 수많은 발견은 자신들이 여전히 세계를 전혀 이해하지 못하고 있다고 의심하게 했다. 그러면서 공포감이 커졌고 끝내 사람들의 마음을 완전히 사로잡았다. 그러나 17세기 중반, 과학계는 사회적 의구심을 진정시키고 새로운 균형 상태를 만들었다. 앞서 살펴보았듯, 행성이 인간의 운명을 주관하는 존재가 아니라 예측 가능한 방식으로 태양 주위를 도는 존재라는 지식이 정설로 인정되면서 비로소 미신이 줄어들었다. 왕실 인가를 받은 과학 단체들은 지난 세기 초부터 부재했던 안정을 제공했다. 사람들은 스스로 뉴턴의 『자연철학의 수학적 원리』를 이해하지 못하더라도, 뉴턴과 다른 왕립학회회원들이 그 책을 이해했으며 자신들을 불안하게 했던 우주의 수많은 현상을 이들이 설명할 수 있다고 자신했다. 이 새로이 얻은 자신감에 힘입어 사람들은 마술에 관한 경험적 증거가 전혀 없다는 사실을 어렵지 않게 해석할 수 있었다. 피할 수 없는 결론은 심지어 자백한 마녀들조차 아무 이유 없이 화형이나 교수형에 처해졌다는 것이었다.

의학 혁명

17세기에 이루어진 의학적 발견들은 많은 면에서 과학 혁명의 일부분이었다. 그러나 의학적 발견이 미친 영향은 매우 컸다. 의학 지식과 관련되지 않은 사람은 없었다. 늦든 이르든 건강 문제는 누구에게나 생겼기 때문이다. 의학적 문제에서 의사를 믿느냐, 종교 지도자를 믿느냐는 사회적 문제였을 뿐만 아니라 개인적 신념의 문제이기도 했다. 여러분은 무엇을 진정으로 믿는가? 만약 여러분이나 친족이 병에 걸렸다면 의학적 도움을 구할 것인가, 아니면 기도를 할 것인가?

앞서 살펴봤다시피, 외과 의사와 내과 의사, 약사들은 중세 시대부터 존재해왔으며, 의사 수련은 12세기부터 이루어졌다. 그러므로 여러분은 병에 걸린 사람들이 내과 의사를 찾거나, 부상당한 사람들이 외과 의사를 찾았을 것이라 생각할지도 모른다. 그러나 그렇게 간단하지 않았다. 잉글랜드의 유언 공증 장부는 사람들이 상처를 입거나 병에 걸려 죽게 되었을 때 무슨 일을 했는지 정확히 보여준다. 사람들은 대부분 의학적 도움을 구하고 의료비를 내는 대신 자신의 영혼을 위해 사제를 찾았다. 자신을 돌봐줄 가족이 없는 환자는 현지 간호사를 고용했다. 간호사들은 환자의 고통을 덜어주고, 옷과 침구를 청소하고, 요리를 해주었다. 1600년에는 죽음이 임박한, 적당히 부유한 사람들 가운데서 의료 전문가에게

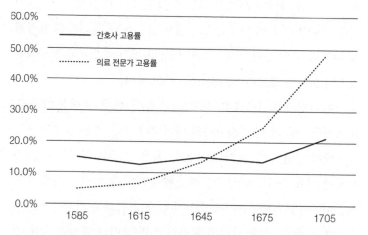

이스트 켄트 지역에서 죽음에 임박해 100-200파운드의 동산을 소유한 사람들 가운데
의료 전문가나 간호사에게 의료비를 지출한 비율[8]

돈을 낸 사람이 15명 가운데 1명꼴에 불과했음이 밝혀졌다. 그러나 1700년에는 이 비율이 절반으로 늘어났다.

앞의 도표는 현재까지 증거 자료가 가장 잘 남아 있는 지역을 나타내지만, 버크셔와 웨스트 서식스 지역에서 나온 다른 일련의 자료를 보면 잉글랜드 남부의 다른 지역에서도 간호에서 전문 의학으로 전환이 일어났다. 또 다른 연구는 이 무렵에는 잉글랜드 전역의 부자들이 훨씬 더 주기적으로 의료비를 지급했다는 사실을 보여준다.[9] 심지어 17세기까지도 마차로 갈 수 없는 외진 지역이었던 모어턴햄스테드에조차 개원한 의사가 있었다. 조슈아 스미스Joshua Smith는 1662년에 의사 면허를 취득하면서 마을 최초로 자격을 갖춘 의사가 되었다.[10] 흥미롭게도 어떤 사람의 재산과 그가 받을 수 있는 의학적 도움의 질에는 분명한 상관이 있었지만, 200파운드 이상의 동산을 소유한 부유한 사람들 가운데 주기적으로 의료 상담을 받는 비율은 앞의 도표에 나타난 수치보다 약간 높은 수준에 불과했다. 반대쪽 극단에 있는, 의료비를 낼 수 없는 가난한 사람들 가운데 일부는 교구에서 고용한 내과 의사의 보살핌을 받았다. 1700년에는 대부분의 사람이 어떤 식으로든 전문적인 의학의 도움을 받고자 했다고 보는 편이 옳다.

이러한 변화는 의학 자체의 본질이 변했기 때문이었다. 1600년에 누군가 병에 걸렸다면 어머니나 아내, 혹은 간호사가 그 지역에서 구할 수 있는 약초나 동물, 혹은 그 밖의 것들로 만든 치료제나 치유 음식으로 환자를 치료했을 것이다. 그래도 차도가 없으면 내과 의사나 교구 사제를 불렀을 것이다. 내과 의사는 시간제 의사였을 수도 있다. 의사는 환자의 소변 색이나 환자가 병에 걸렸을 때 별의 위치가 어떠했느냐에 따라 값비싼 치료법을 처방했을 수 있다. 그러나 도표가 보여주듯, 1600년에는 죽어가는 사람의 90퍼센트 이상이 사제를 찾았다. 죽어가는 사람에게 필요한 것은 오직 치유자이신 하느님뿐이었다. 최소한 많은 사람이 그렇게 믿었다. 중요한 것은 몸의 회복이 아니라 고통을 통해 영혼을 구원하는 것, 이른바 '좋은 죽음'을 맞이하는 것이었다.

17세기가 흘러가면서 변화가 일어났다. 사람들은 점점 더 사제'와' 의사를 둘 다 찾게 되었다. 변화를 일으킨 근본 원인은 의학적 접근법이 더욱 엄격해졌다는 점이었다. 의사들은 더는 갈레노스의 저서를 공부하지 않았으며, 인체를 대할 때 훨씬 더 과학적인 접근법을 썼다. 윌리엄 하비는 1628년에 자신의 혈액순환론을 담은 『심장의 운동에 관하여De Motu Cordis』를 출판했는데, 인체의 이해를 돕는 기념비적인 책이었다. 그러나 진정한 변화의 촉매제는 1541년에 죽은 한 거만한 스위스인 천재였다. 그의 이름은 필리푸스 아우레올루스 테오프라스투스 봄바스투스 폰 호엔하임 Philippus Aureolus Theophrastus Bombastus von Hohenheim이지만, 흔히 파라켈수스Paracelsus로 알려졌다. 16세기 초, 파라켈수스는 유럽을 여행하며 점성술과 의술을 펼쳤고, 당시 널리 받아들여지던 가르침과 직접적으로 반대되는 여러 문헌을 출판했으며, 병의 치료를 위한 광물성 약재와 화합물 사용을 옹호했다. 1590년 무렵에는 파라켈수스의 사상이 유럽 대륙 전체에서 자리잡기 시작했다. 유럽 전역에서 점점 더 많은 약재상들이 광물성 약재와 천연 약물을 비축했다. 의사들은 '닥터'라고 불리기 시작했다. 마치 의사면 모두 박사 학위를 가지고 있기라도 하다는 듯 말이다. 이는 사람들이 의사들의 전문 지식을 신뢰하기 시작했다는 분명한 신호였다. 의사들 가운데 다수가 작은 시장도시에 정착한 덕분에 1650년에는 거의 모든 사람들이 쉽게 의사를 찾아갈 수 있었다. 그러므로 상대적으로 소수인 전문 의사들이 거대한 의학적 수요를 떠받쳤다고 할 수 있다. 의사들은 점성학적 관찰이나 미신, 환자의 피 맛이나 소변 색에 따른 복합적인 처방을 내는 대신 특정 질병에 효과적인 약을 처방함으로써 수가 급격히 늘어나는 환자들에 대처했다.

죽어가는 남녀가 의사와 신부를 모두 찾았다는 사실을 유념해야 한다. 의사에 대한 믿음이 늘어났다고 해서 하느님에 대한 믿음이 줄어든 것은 아니었다. 실제로 하느님에 대한 믿음은 17세기 의학 혁명에서 큰 부분을 차지했다. 면허를 지닌 내과 의사와 외과 의사들은 자신들이 하느님의 치유력을 전달하기에 마땅한 사람임을 증명하기 위해 도덕성 검사를 받아야 했다. 게다가 머나먼 곳에서 점점 더 많은 이국적인 동식물이 발견되면서 하느님이 세상을 창조하실 때 세상 모든 질병에 치유제를 만드셨다는 철학이 생겨났다. 1608년, 롱리트의 토머스 틴Thomas Thynne 경의 아내 마리아 틴Maria Thynne은 병든 남편에게 이런 편지를 썼다. "우리는 양심상 가능한 한 오래 삶을 유지해야 합니다. 비록 하느님께서 기적을 행하실 수 있고 실제로 행하시지만, 우리는 기적을 기반으로 삼아서는 안 됩니다. 하느님께서 인간을 위해 약초를 만드셨기 때문입니다."[11] 인류 역사상 최대의 살인마인 말라리아의 특효약 기나나무 껍질이 17세기 초에 페루에서 발견되면서 이 믿음은 사실임이 증명된 듯했다. 그리고 소화 장애 치료제인 석류나 통풍 치료제인 콜키쿰 크로커스 같은 천연 약들도 있었다. 수많은 질병에 대한 치료제가 자연에 존재한다는 것은 너무 큰 우연처럼 보였다. 그렇기에 환자를 치료한 의사도, 약 자체도 종교와 관련되어 있었다. 의사가 처방한 치료제를 먹는 것은 분명 기도와는 달랐지만, 여전히 자신을 하느님의 손에 맡기는 행위였다.

그러므로 의학 혁명을 주제로 논의할 때는 당시 사람들이 갑자기 기도 대신 약에 의존하기 시작했다는 식으로 생각해서는 안 된다. 의학과 신앙은 서서히 점진적으로 단절되었다. 기도만을 믿고 의지하던 단계에서 기도하는 동시에 독실한 의사에게 치료를 받는 단계로, 그다음에는 도덕적으로 올바른 의사가 하느님의 치유력을 전달하는 매개자로서 온갖 종류의 치료제를 처방하는 단계로, 최종적으로는 의사가 종교와 상관 없이 약을 처방하는 단계로 전환되었던 것이다. 사람들이 동시에 한 단계에서 다음 단계로 넘어가지는 않았다. 1700년에도 여전히 의사보다 기도를 더 신뢰하는 사람들이 있었다. 그러나 이 무렵에는 대다수 사람들이 의료 전문가에게 몸을 맡길 준비가 되어 있었다. 인류의 안녕이 하느님에게서 의료 전문가의 손으로 이전된 것은 사회가 경험한 가장 심오한 혁명 가운데 하나였다. 이전까지 수없이 많은 사람들이 건강 회복을 염원하며 성당과 예배당, 교회와 성지를 세우고, 병자들을 위해 성지 순례를 떠나고, 성인들과 성유물에 기도를 드렸음을 떠올려 보면 말이다.[12] 사실 의학 혁명은, 극도로 종교적이고 집단적 사고를 했던 중세 유럽인들이 양심적이고 개인적인 근대 유럽인으로 변화하는 가장 중요한 과정 가운데 하나였다.

세계의 정착

세계 지도를 보면 유럽 바깥의 수많은 지역들이 잉글랜드와 네덜란드, 프랑스, 스페인의 지명을 따서 명명되었음을 확인할 수 있다.

뉴욕(옛 뉴암스테르담), 뉴햄프셔, 뉴잉글랜드, 뉴런던(현 버뮤다), 뉴홀란드(현 호주), 뉴질랜드는 모두 실제 지역과 지명 사이에 거의 아무런 상관도 없다. 북아메리카 동부 해안의 여러 지역도 마찬가지다. 보스턴, 요크타운, 플리머스, 뉴저지, 도버, 더럼은 극히 일부의 예시에 불과하다. 그리고 프랑스와 잉글랜드 통치자들의 이름을 딴 지명도 있다. 가령 루이 14세의 이름을 딴 루이지애나나 제임스 1세의 이름을 딴 제임스타운, 찰스 1세의 이름을 딴 캐롤라이나와 찰스타운(매사추세츠주), 찰스 2세의 이름을 딴 찰스턴(사우스캐롤라이나주), 윌리엄 3세의 이름을 딴 윌리엄스버그, 메리 2세의 이름을 딴 메릴랜드가 그렇다. 앞서 언급한 모든 지명은 17세기에 명명되었다. 16세기에 유럽인들이 북아메리카 대륙을 발견했고, 17세기에 유럽인들은 북아메리카 각지에 이름을 붙이고 정착하고 법률 문서로 소유권을 주장하고 울타리를 세운 뒤 장총으로 땅을 지켰다.

1603년 사망할 당시 잉글랜드의 엘리자베스 1세는 브리튼 제도 이외에는 어떤 곳도 통치하지 못했다. 유일한 예외는 주민들이 아메리카 원주민들에게 모두 죽거나 포로로 잡힌, 버지니아에 있는 실패한 정착지 로어노크와 1497년에 최초로 영유권을 주장한 뒤 1583년에 다시 영유권을 주장했지만 아직 거주민이 한 명도 없는 뉴펀들랜드뿐이었다. 후임 왕인 제임스 1세는 1606년에 런던 버지니아 회사에 헌장을 내려 첫 번째 영구적인 정착지인 제임스타운을 설립했다. 1609년, 제임스타운 정착지에 보급품 지원 임무를 맡은 함대가 버뮤다 해안에서 침몰하면서 생존자들이 그곳에 제2의 잉글랜드 식민지인 세인트조지스를 세웠다. 1611년에는 제임스 왕의 장남인 헨리 왕자의 이름을 따 버지니아에 헨리코시市가 세워졌다. 담배 농사는 1616년 이래로 곤궁한 정착지 버지니아의 대들보 역할을 했는데, 심지어 1622년에 북미 원주민들의 손에 대량 학살이 일어난 뒤에도 마찬가지였다. 이 무렵 브리스틀 상인들이 뉴펀들랜드 여러 곳에 정착했으며, 필그림 파더스로 알려진 잉글랜드에서 온 청교도 이주자들이 플리머스 식민지를 설립했다. 버지니아의 담배 수출량은 빠르게 증가하여 1628년에는 250톤 이상의 담배가 잉글랜드로 운송되었다. 같은 해, 또 다른 잉글랜드인 정착민 집단이 매사추세츠만灣 식민지를 건설했다. 이 지역에서는 금이 나오지 않았지만 모피 덫사냥과 농사, 담배로 좋은 삶을 영위할 수 있었다.

또한 신대륙에서는 유럽의 구속에서 벗어나 어느 정도 자유롭게 살 수 있었다. 1650년경, 미국 동부 해안에 있는 자치 공동체에는 5만 명이 넘는 유럽인 정착자들이 살았으며, 담배를 수확하기 위해 구매한 흑인 노예 1,600여 명도 있었다. 1700년에 유럽인 정착자 수는 25만 명 이상으로 늘어났으며, 노예는 2만 7,000명을 넘어섰다.[13] 자유를 꿈꾸던 사람들에게 결정적이었던 것은, 광대한 땅을 이용할 수 있다는 점이었다. 1663년에 여덟 명의 잉글랜드인 식민지 영주Lord Proprietor들에게 주어진 캐롤라이나주는 대서양에서 태평양까지 뻗어 있는, 250만 제곱킬로미터가 넘는 땅이었다. 이는 잉글랜드의 약 20배에 달하는 크기다. 비록 대부분의 지역을 정착민들이 차지하지는 못했지만, 1700년까지 북아메리카 동부 해안 약 19만 제곱킬로미터가 정착민들의 통제하에 있었다.[14] 허드슨만 남부와 뉴펀들랜드에서는 심지어 더 넓은 지역의 영유권을 주장했다. 17세기 말 무렵, 북미 식민지에는 하버드 대학(1636년 설립)과 윌리엄앤드메리 대학(1693년 설립)이라는 두 곳의 고등교육 기관이 있었는데, 이는 잉글랜드 본토에 있는 대학의 수와 같았다.

북아메리카를 기회와 자유의 땅으로 보는 국가는 잉글랜드만
이 아니었다. 1614년 암스테르담에 설립된 뉴네덜란드 회사는 네
덜란드 공화국의 삼부회로부터 3년 기한의 무역권이 부여된 헌장
을 받았다. 뉴네덜란드 회사는 오늘날의 캐나다와 모피 무역을 해
서 이익을 얻고자 했다. 이 회사의 후신인 네덜란드 서인도 회사는
1621년에 헌장을 받아 북아메리카 모피 무역을 계속해서 확대했
고, 아프리카 서해안에서 북극에 이르기까지 대서양 전역에서 이
권 사업을 벌일 수 있는 권리 또한 가지고 있었다. 곧 네덜란드 서
인도 회사는 아메리카의 델라웨어강과 아프리카의 황금 해안, 그
리고 서인도 제도에서 영토를 차지했다. 국내의 정치 문제 때문에
네덜란드인들은 북아메리카 영토 방어에 많은 투자를 하지 못했
고, 결국 1664년에 잉글랜드에 항복했다. 이때 스페인은 플로리다
와 뉴멕시코에 대한 지배력을 강화하고 텍사스에 발을 들여놓았
다. 일련의 프랑스 회사들이 캐나다 동부 대부분을 차지했는데, 여
기에는 뉴펀들랜드 일부와 오대호 주변 지역, 미시시피강과 루이
지애나로 곧장 이어지는 중심 지대가 포함되어 있었다. 중앙아메
리카와 라틴아메리카에 있는 스페인과 포르투갈의 영토를 더해보
면, 1700년경 유럽 국가들이 유럽보다 아메리카에서 지배한 영토
가 훨씬 넓었다는 사실을 알 수 있다. 호러스 그릴리Horace Greeley•가
친지에게 "젊은이여, 서쪽으로 가게나"라고 조언하기 훨씬 전부터
유럽인의 마음속에는 더 나은 삶을 찾아 서쪽을 향해 확장한다는
원칙이 자리잡고 있었다.

• 1811~1872. 미국 언론사상 최고의 논설기자로 평가받은 언론인.

변화의 세기

젊은 유럽 남성에게는 선택권이 있었다. 이들은 북아메리카나 남아메리카에서 새로운 삶을 시작할 수도 있었고, 무역상에 합류해 동방으로 항해를 떠날 수도 있었다. 동방 무역으로 가장 큰이익을 본 나라는 네덜란드였다. 네덜란드 공화국과 여타 6개 주로 이루어진 연합 주로, 전체 인구가 약 150만 명에 불과했음에도 포르투갈 제국에 큰 충격을 가했다. 성공의 주역은 1602년에 설립된 네덜란드 동인도 회사였다. 1603년에 네덜란드 동인도 회사는 극동에 있는 자바에 최초의 상설 교역소를 세웠다. 1605년에는 향료 제도를 점령했다. 1611년에는 바타비아(오늘날의 자카르타)에 동방 본부를 설립했으며, 이곳에서 총독이 비단과 향신료 무역을 지배할 체계를 세웠다. 포르투갈은 브라질과 아프리카에서는 몇몇 항구를 장악했지만, 극동에서는 마카오와 소순다 제도, 고아 같은 몇 안 되는 교역소만 간신히 유지하고 있었다. 포르투갈의 항구를 점령하면서 네덜란드는 당시까지 탐험되지 않은 세계의 대부분을 발견했다. 네덜란드인들은 1606년에는 호주를, 1642년부터 1644년까지는 태즈메이니아와 뉴질랜드, 통가, 피지를 발견했다. 1652년에는 함선에 물자를 공급하기 위해 남아프리카에 식민지를 세우기도 했다. 네덜란드 제국의 판도가 최대에 달했던 1688년, 한 프랑스인 관찰자는 네덜란드인들이 운항 중인 선박이 6,000척에 달한다고 계산했다. 돛대가 하나만 달린 소형 선박은 제외한 계산이다. 1649년, 포르투갈 예수회에서는 네덜란드가 운영하는 함선 수가 1만 4,000척에 달한다고 했으며, 네덜란드 함선이 포르투갈 함선보다 더 크다는 말을 덧붙였다.[15] 현대 역사가들은 1660년대 네덜란드 함대의 총 톤수가 약 60만 톤에 달했다는 점에 일반적으로 동의하는데, 이는 유럽 나머지 지역 함대의 총 톤수와 맞먹는다.

마지막으로 우리는 1600년에 설립된 영국 동인도 회사를 중심으로 한 잉글랜드의 동방 진출을 살펴보아야 한다. 1612년까지 9개의 수익성 있는 무역 원정대가 잉글랜드로 돌아왔으며, 같은 해 영국 동인도 회사는 봄베이 북부에 있는 수라트에 무역 기지를 건설했다. 얼마 후 붙임성 있는 잉글랜드 외교관 토머스 로 경이 동인도 회사가 인도 내륙에서 무역할 수 있는 권리를 확보했으며, 현명하게도 무역상의 이득을 위해 무력을 사용하는 행위를 엄금했다. 영국 동인도 회사는 인도네시아에서 네덜란드인들과 사업상 불편한 관계를 유지했는데, 1623년에 다수의 잉글랜드인이 네덜란드 공화국에 대한 반역 행위로 처형당한 뒤로 더욱 불편한 관계가 되었다. 1661년에 포르투갈이 브라간사의 카타리나 왕녀의 지참금으로 잉글랜드 왕실에 봄베이를 이양한 것은 예상치 못한 일이었다. 이로써 잉글랜드는 인도에 첫 번째 영토를 갖게 되었으며, 봄베이는 곧 영국 동인도 회사의 본부가 되었다. 연이어 발행된 왕실 헌장으로 동인도 회사는 인도에서 다양한 권리를 부여받았는데, 여기에는 자체 주화 발행권과 잉글랜드 신민에 대한 사법권, 현지 통치자들과 협정을 맺을 권리 등이 포함되었다. 자바섬 반탐에 있던 잉글랜드 교역소가 함락된 후, 영국 동인도 회사는 인도네시아에서 네덜란드와 경쟁하는 것을 포기하고 인도 무역에 집중하여 면직물(캘리코calico)과 향신료, 실크, 인디고 염료, 초석(화약용)을 본국으로 들여왔다. 1684년에 동인도 회사는 인도에서 84만 파운드에 구매한 상품을 유럽에서 400만 파운드에 판매했다.[16]

　현대 독자들은 이 식민 통치기를 잊고 싶어 할지도 모르지만, 식민 통치기가 유럽을 포함한 세계의 판도를 탈바꿈시켰음은 부정할 수 없는 사실이다. 우선 1580년부터 1640년까지 동군연합同君

聯合으로 묶여 있던 스페인과 포르투갈은 다섯 대륙에 식민지가 있는 세계 최초의 '해가 지지 않는 제국'이었다. 이렇게 광범위한 연결망이 형성되면서 기술 발전이 유럽의 경계를 훨씬 넘어서까지 확산되었다. 네덜란드와 포르투갈은 스페인, 프랑스, 영국, 덴마크뿐만 아니라 각지의 현지 통치자들을 끌어들인 채로 라틴아메리카와 인도, 아프리카, 극동, 대서양, 태평양, 인도양 등지에서 서로에 대항하여 군사 작전을 펼쳤다. 이는 최초의 세계적 전쟁이었다. 17세기의 식민지 확장은 특히 인도, 서인도 제도, 캐나다에 영토를 확보함으로써 훗날의 대영제국의 기초를 확립했다. 하지만 식민지가 인구 증가의 압력을 완화해줄 안전장치를 제공했다는 점 역시 대단히 중요하다. 16세기 동안 유럽 인구는 3분의 1 이상 증가하여 약 1억 1,100만 명이 되었다. 이로써 유럽 대륙의 인구밀도는 1300년만큼 높아졌다. 유럽 정부 가운데 먹여 살릴 인구가 늘어날 상황에 대비한 나라는 없었으므로, 유럽에는 곧 폭력이 만연했다. 농사를 망쳐 절박해진 사람들은 교수형의 위험을 무릅쓰고 가축이나 빵을 훔쳤다. 프랑스에서는 영주들이 영지에 폭정 수준으로 권력을 휘두르기 시작했다. 이탈리아와 스페인에서는 봉건 영주들이 도적 떼를 이끌었다. 유럽 전역에서 혁명과 반란이 일어났다. 러시아에서는 1606년부터 1607년까지 볼로트니코프 봉기가 일어났고, 헝가리에서는 1614년에 도저 반란Dózsa insurrection이 일어났으며, 상上 오스트리아에서는 1626년에 대규모 민란이 일어났고, 잉글랜드에서는 1643년부터 1649년까지 내전이 있었다. 프랑스에서는 1647년부터 1648년까지는 나폴리 혁명이 있었고, 1648년부터 1653년까지 프롱드의 난이 일어났다. 여기에 더해 여러 나라에서 가톨릭교도나 개신교도, 소수 유대민족이 박해를 받았다. 그렇기에 신대륙으로 항해하여 기근이나 종교적 박해의 두려움 없이 자치 공동체에서 자유롭게 살아가는 것은 대단히 매력적인 일이었다. 비록 이 시점까지는 실제로 이주한 사람 수가 얼마 되지 않았지만, 신대륙으로 이주한다는 생각은 사람들의 마음에 강력한 영향을 미쳤다. 다음 두 세기 동안 인구 압력이 더욱 심화되면서 유럽인 수백만 명이 신대륙으로 몰려갔고, 훗날 자신들이 떠나온 사회에 필적하게 될 사회를 건설하기 시작했다.

사회 계약

아프리카와 아메리카에 존재하던, 겉보기에 덜 세련된 토착 문화는 유럽 지식인들에게 새롭고 중요한 질문을 제기했다. 정형화된 결혼, 지폐, 토지 소유권이 없는 사회는 인류가 한때 '에덴동산'에서 원시적인 형태로 살았다는 성경 이야기를 뒷받침하는 듯했다. 유럽인들은 유럽 사회를 돌아보며 — 그리고 총포와 인쇄된 책, 지난 100년 동안 과학과 항해 분야에서 이룬 업적을 보며 — 자신들이 인류 본연의 상태에서 얼마나 빨리 벗어나고 있는지 깨달았다. 무엇보다도, 발달한 것과 원시적인 것을 나란히 놓고 보면서 유럽 철학자들은 법과 도덕 문제를 재고하기 시작했다. 인류 전체를 지배했던 자연 법칙은 무엇이었을까? 인류는 대체 어떻게 남녀가 각자 개인적 욕구를 따르던 자연 상태에서, 사회적 합의에 동의하는 도덕적인 상태로 발전했을까?

　토머스 홉스는 이 주제의 첫 번째 중요한 논평자였다. 저서 『리바이어던』(1651)에서 홉스는 사회가 하느님의 개입이 아니라 전적으로 인간의 상호작용으로 출현했다고 주장했다. 홉스는 자연 상태에서 인간은 자연권을 가지고 있지만 야만 상태로 살았다는 이론을 세웠다. 세월이 흐르면서 사람들은 상호 이익을 위해 자연권 일부를 타협하여 다른 사람들과 합의를 맺었다. 예를 들어 한 무리의 남자들은 서로 죽일 권리를 포기하는 대신 외부인에게서 서로를 지켜주기로 합의할 수 있다. 상호 동의에 대한 이해는 사회적 계약을 형성하며, 사회적 계약은 결국 국가나 정치적 단체를 이루는 것에 대한 철학적 정당성을 제공한다. 홉스는 국가에는 군주정, 민주정, 귀족정의 세 가지 종류만 있으며, 이 가운데 군주정이 최고라고 주장했다. 오직 강력한 중앙집권적 정부인 '리바이어던'만이 평화를 지키고, 시민 통합을 유지하고, 개인과 재산을 보호할 수 있다는 것이었다. 이 이유에서 군주에 반기를 드는 반란은, 군주가 백성들의 이익에 반하는 행동을 한다 해도 절대 정당화될 수 없는 행위였다. 나아가 그 어떤 측면에서든 종교가 국가보다 큰 권위가 있다는 주장은 용납할 수 없으므로 개인의 영적 통찰력이 군주의 지위나 민법에 맞서서는 안 되었다.

홉스의 동시대인들은 홉스와는 생각이 사뭇 달랐는데, 특히 어떤 정부가 이상적인지, 사람들이 통치자에게 어디까지 책임을 물을 수 있는지에 관한 생각이 달랐다. 그러나 거의 모두가 사람에게 자연권이 있다는 데에는 동의했다. 자연권이라는 개념은 급진주의자들의 관심을 끌었다. 급진주의자들은 정부 관료와 지주들이 평민의 자연권을 남용하고 있다고 항의했다. 또한 자연권은 다른 철학자들의 관심을 끌었다. 이들 가운데 가장 저명한 인물인 존 로크는 『통치론』(1689~1690)에서 자연권 사상을 더욱 발전시켰다. 로크는 모든 인간은 자연 상태에서 평등하며 세 가지 자연권을 누린다고 주장했다. 자연권 가운데 으뜸은 생명권이며, 둘째는 첫 번째 권리와 상충하지 않는 한 무엇이든 할 수 있는 권리인 자유권이고, 셋째는 첫 번째와 두 번째 권리를 침해하지 않는 한 자신의 재산을 향유할 수 있는 권리인 재산권이다. 로크는 군주정이 반드시 최고의 정부 형태라는 데 동의하지 않았으며, 심지어 군주가 신민의 권리를 보호하지 않는다면 신민에게 군주를 폐위시킬 권리가 있다고 제시했다. 실제로 로크는 그 근래 이 원칙을 제정한 잉글랜드의 명예혁명(1688)을 칭송했다. 로크는 명예혁명의 뒤를 이어 제정된, 왕권을 제한하는 권리장전(1689) 역시 긍정적으로 평가했다. 권리장전이 제정된 후 군주는 더는 법이나 의회 활동에 개입할 수 없었다. 이제 군주는 의회의 승인 없이 자신의 군대를 징집하거나 세금을 부과할 수 없었으며, 잔인하거나 이례적인 형벌을 사용하거나 승인할 수 없었다. 그러나 로크는 개인의 종교적 식견이 사회 계약을 무시할 수 없다고 주장하며 홉스를 따랐다. 로크가 보기에 종교적 불관용은 개인의 자유에 대한 침해였다. 그리고 누구도 어떤 믿음이 진실이고 어떤 믿음이 거짓인지 증명할 수 없었으므로, 종교적 불관용의 근거는 이치에 맞지 않았다.

이러한 방식으로 신대륙 발견은 유럽인들에게 신이 점지한 위계 질서에서 벗어나 사고하도록 자극했다. 즉 부자와 빈자, 가톨릭교도와 개신교도를 가리지 않고 모든 사람에게 자유를 상상하게 했다. 아이러니는 유럽인들이 한편으로 자유에 관한 사상을 발전시키면서 한편으로는 아프리카와 아메리카에서 원주민들을 강제로 노예화함으로써 자유를 없애느라 바빴다는 것이다. 이러한 비극에도 불구하고 신대륙의 번영에 관한 이야기는 유럽에서의 삶에 신선하고 자유주의적인 비전을 제시했다. 이는 결국 18세기와

19세기에 북아메리카와 남아메리카로 다시금 수출될 사상을 태어나게 했으며, 북아메리카와 남아메리카가 영국과 스페인의 식민지 통치자들에 대항하여 자유를 쟁취하는 투쟁을 촉발했다.

중산층의 발흥

1709년에 베네치아의 화가 마르코 리치Marco Ricci는 런던 헤이마켓에 있는 퀸즈 극장 연습실에서 오페라 리허설이 열리는 모습을 세 편의 그림으로 남겼다. 이 그림들은 한 세기 전의 런던 생활과 비교할 때 놀랍도록 변모한 세계를 보여준다. 1600년에는 세 그림에서 살펴볼 수 있는 것들 가운데 어느 것도 그림에 묘사되지 않았다. 그림 속 가수들은 최신 유행의 옷을 입고 있는데, 한 세기 전의 주름 옷깃ruff은 보이지 않고 긴 곱슬머리 가발이 눈에 띈다. 연습실 벽에는 초상화와 풍경화가 줄지어 걸려 있다. 프랑스 화가 클로드 로랭(1600~1682)의 출세 이전에 화가들은 종교적인 장면을 묘사하지 않는 한 풍경을 그리지 않았으며, 벽에 그림을 거는 사람도 거의 없었다. 1600년의 런던에는 심지어 오페라 자체가 존재하지 않았다. 최초의 오페라는 1597년에 피렌체에서 공연되었으며, 헨리 퍼셀이 최초의 영어 오페라를 쓴 것은 1680년대에 이르러서였다. 리치의 세 그림 가운데 하나는 그날의 가장 중요한 이탈리아인 카스트라토였던 일 니콜리니Il Niccolini의 모습이 보이는데, 이는 다른 발전이 있었음을 암시한다. 1600년에는 가수들이 국제 투어를 다니지 않았으며, 성인이 되어서도 고음을 유지할 수 있게끔 소년들을 거세하는 사람들이 없었기 때문이다. 청중이 의자에 앉아 있다는 점 또한 비교적 근래에 일어난 일이었는데, 한 세기 전에는 개인 의자가 상대적으로 흔치 않았기 때문이다. 그림 가운데 하나에는 심지어 도자기 컵과 컵 받침을 들고 선 채 차를 마시는 관객도 등장한다. 마지막으로 1600년에는 리치의 회화처럼 실내 풍경 — 신화나 전설과 무관한 — 을 대상으로 삼은 그림을 찾아볼 수 없었다. 리치의 그림은 변화한 사람들과 변화한 취향, 변화한 생각으로 가득한, 변화한 세상에 관해 이야기한다.

이 모든 변화의 근원에는 부르주아 계급의 출현이 있었다. 극동에서 유럽으로 들어오는 모든 비단과 향신료를 사들이는 사람은 가난한 사람이 아니라 새로이 등장한, 취향의 결정권자인 부유한 중산층이었다. 수 세기 동안 중산층 수는 증가해왔는데, 주된 이유는 도시의 상인들이 물건을 매매하여 이윤을 남기는 식으로 돈을 벌어들였기 때문이다. 하지만 이전까지는 눈에 띄는 사회 계층으로서의 '상위 중산 계급'은 존재하지 않았다. 상류층이나 귀족층 수준의 재산을 모은 상인은 재산을 처분하여 지방에 대규모 토지를 매입했는데, 이로써 사실상 상류층 반열에 들게 되었다. 16세기 잉글랜드에서 가장 큰 부를 얻는 방법은 변호사나 관료가 되는 것이었지만, 성공한 소수의 반열에 든 사람은 여전히 부동산을 사들임으로써 성공의 최후를 장식했다. 그러나 1600년 이후로 중산층 도시 사람들의 부는 극적으로 증가했다. 선구적인 통계학자인 그레고리 킹의 추정에 따르면, 1695년 잉글랜드에는 성직자나 군장교를 제외하고서도 귀족 계급과 고위 사제 계급, 가문 문장을 지닌 상류 젠트리gentry 계급 외에 1만 명의 사람이 국가의 녹봉을 받고 있었는데 이들의 수입을 합치면 연간 180만 파운드에 달했다. 게다가 국제 상인 1만 명의 연 수입은 합계 240만 파운드였으며,

변호사 1만 명의 연 수입은 합계 140만 파운드였고, 젠트리 가운데 문장을 패용할 자격이 없는 1만 2,000명의 연 수입은 합계 290만 파운드에 달했다. 당시 잉글랜드의 연간 총수입은 4,350만 파운드였으므로, 상위 중산 계급의 수입은 전체의 거의 5분의 1에 달했다. 이는 귀족 계급과 문장을 패용할 수 있는 젠트리 계급의 수입을 합친 것보다 약 3배나 많은 액수였다.[17]

이들이 모두 귀족 행세를 할 수 없었다는 점은 분명하다. 그러나 상위 중산층은 어떤 식으로든 자신들의 높은 사회적 위치를 강조하려 애썼다. 이들은 최신 유행에 맞춰 옷을 입었으며 대중 앞에 모습을 드러내려고 최선을 다했다. 연극이나 오페라를 보러 다녔으며 사교 활동을 하기 위해 마차를 타고 여행을 다녔다. 이들은 자택에 최신식 물건을 가능한 한 최대한 갖추어 두려고 했다. 커다란 유리창, 그림과 장식용 판화, 악기, 나무나 상아로 판과 기물을 조각한 보드 게임, 서적, 금테 거울, 카펫, 쿠션, 커튼, 장식 천, 수놓은 식탁보, 정교한 은촛대, 괘종시계, 베네치아산 와인잔, 극동에서 수입한 도자기, 가문 문장을 새긴 광택 나는 백랍 그릇, 정교하게 조각하고 깎고 상감 세공을 한 가구들을 최대한 자택에 갖춰놓았다. 또한 이들은 자신들의 교육 수준에 자부심이 있었으며, 견문을 넓히기 위해 널리 여행을 다녔다. 상위 중산 계급 가운데 상당수는 고대 이집트나 신대륙 같은 곳에서 들여온, 먼 이국이나 고대의 삶의 모습을 보여주는 기묘한 물건들로 '호기심의 방'을 꾸며놓았다. 이들은 먹고 마시는 것에도 심취했다. 17세기는 차와 커피, 초콜릿, 레모네이드, 오렌지 주스 같은 음료는 물론 브랜디나 아쿠아비트, 더치 진 같은 증류주가 도입된 시기였다. 상위 중산층은 프랑스에서 새로이 등장한 샤토 라투르나 샤토 라피트, 샤토 마고,

샤토 오브리옹 같은 고급 와인에 맛을 들이기 시작했다. 1663년에 런던의 유명한 일기작가diarist 새뮤얼 피프스는 샤토 오브리옹을 맛보고 그 맛을 기록으로 남겼다. 스파클링 샴페인 또한 이 시기에 런던과 파리 사회에 소개되었다.[18]

여러 면에서 볼 때, 현대적인 삶의 모형을 만든 것은 바로 이 도시 계층이었다. 이들은 넓디넓은 홀이 아니라 더 수수한 규모의 주택에 거주했다. 1666년에 있었던 대화재Great Fire 사건 이후에 런던에 건설된 3층짜리 벽돌 테라스 하우스*는 향후 250년 동안 도시 건축의 청사진을 제공했다. 이런 테라스 하우스는 거실과 식사실, 침실로 이루어졌다. 더 작고 효율적인 벽난로를 사용했으며, 난방용으로 석탄을 쓰는 집이 점점 더 늘어났다. 주방은 지난 세기까지 별도의 건물에 있었지만 이제는 식탁에서 멀지 않은 실내에 배치해 식기나 주방 도구를 세척하거나 식자재를 손질할 수 있게 했다. 17세기의 이상은 모든 것이 질서정연해야 한다는 것이었다. 네덜란드 화가들이 그린 풍속화를 보면, 평범한 사람들이 이용하는 선술집의 어두컴컴한 실내와 뒤틀리고 기울어진 낡은 나무판들, 허물어진 벽난로와 흙탕물이 고인 바닥, 깨진 질그릇과 그 안에 있는 낡고 해진 옷을 입은 사람들과 부유한 중산층 가족이 사는 주택의 밝고 깨끗하고 말끔한 실내가 극명한 대비를 이룬다.

이 네덜란드 화가들의 그림에는 한 가지 특이한 점이 있다. 부르주아 계급에 속하는 사람들은 흔히 심각하고 걱정스러운 표정으로 묘사된 반면, 웃는 얼굴로 묘사된 사람들은 대부분 코가 새빨갛게 될 때까지 취한 가난한 사람들이라는 것이다. 어쩌면 부르주

* Terraced house. 서로 벽을 공유하는 단독 주택을 나란히 건설한 집합 주택.

아 계급 사람들은 거래에 관해 걱정하거나 집무실에서 업무 부담을 느꼈을지도 모른다. 혹은 신뢰감 있는 사람으로 묘사되길 원했을지도 모른다. 사회적 신분 상승은 따지고 보면 진지한 사업이었으니까. 그리고 이들이 오르려던 신분 사다리는 엄청나게 높았다. 17세기 잉글랜드와 네덜란드, 프랑스의 부르주아들은 귀족처럼 40명이 넘는 하인을 식솔로 거느리며 귀족을 흉내내야 한다는 압박감에 시달리지는 않았다. 그러나 부르주아들은 사회적으로 우월한 귀족들을 그 밖의 거의 모든 부분에서 모방했다. 가문 문장을 사용할 자격이 있다고 주장하는 부르주아 가문이 점점 더 늘어갔다. 점점 더 많은 부르주아 가문이 아들을 대학에 보내 학위를 받게 했다. 이들은 다른 형태로도 위엄을 얻으려 했다. 1650년, 한 프랑스인 관찰자는 "이 세기 전까지는 비서나 변호사, 공증인, 무역상의 아내들이 자기 자신을 '마담Madame'이라 칭한 전례가 없었다"라고 적었다.**19** 잉글랜드에서는 자신을 '미스터Mister'라 부르라고 요구하는 남자들과 '미스트레스Mistress' 호칭을 요구하는 여자들이 늘어났으며, 1660년대부터는 '미스Miss'를 요구하는 미혼 여성이 늘어났다. 그리고 새로운 유행은 점점 사회 관습상 꼭 필요한 것이 되었다. 오스만 제국이 루이 14세에게 대사를 파견했던 1669년에는 튀르키예 문물이 급유행을 탔다. 모두가 커피를 마시고, 튀르키예 소설을 읽고, 터번을 쓰고, 양탄자와 쿠션 더미에 몸을 뉘었다. 이어지는 몇 세기 동안 '존스네 따라잡기keeping up with the Joneses'•에 목을 맨 수많은 사람이 바로 이 시기부터 등장했다. 프랑스의 극작가 몰리에르는 1670년에 출세 지향적인 중산층에 대한 통렬한 풍

●　이웃이나 지인에게 뒤처지지 않으려 허세를 부리는 행위.

자극을 썼다. 몰리에르의 「서민귀족」은 포목상의 아들 무슈 주르 뎅Jourdain에 관한 이야기다. 주르뎅은 귀족으로 인정받기 위해 무 엇이든 다 하는 사람으로, 그 과정에서 자신을 웃음거리로 만든다.

중산 계급이 한순간에 완성된 형태로 등장했다고 생각해서는 곤란하다. 여러 면에서 볼 때, 17세기 후반의 소비주의는 18세기와 19세기에 더 대규모로 일어난 사회적 이동의 서막에 불과했다. 그 러나 17세기에는 유럽 사회 구조의 허리 부분이 부풀어 올랐다. 그 것도 엄격한 사회적 통제라는 허리띠가 있었음에도 감출 수 없을 정도로 부풀어 올랐다.

결론

17세기가 고대와 근대 세계를 나누는 문턱이라고 말하는 것은 솔 깃한 일이다. 사람들의 행복에 대한 희망이 신에게서 다른 인간에 게로 옮겨간 시기이기 때문이다. 홉스의 사회계약론에서 전쟁 수 행 방식에 이르기까지 모든 면에서 17세기는 세속적 물질주의를 향한 변화가 이루어지는 시기였다. 이전 세기에는 전투의 결과가 하느님의 뜻이라고 여겼으나, 17세기에는 전투의 결과가 지휘관이 그날 활용할 수 있는 자원으로 전투를 얼마나 잘 혹은 잘못 수행했 는지에 따라 결정된다고 여겼다. 다른 측면에서도 17세기는 미신 의 급격한 감소와 그에 상응하는 과학적 합리성의 부상, 폭력의 지 속적 감소를 통해 근대 세계의 시작을 알린 듯하다.

그렇다고 해서 17세기에 일어난 새로운 일들이 모두 근대화 를 향한 점진적인 진행을 나타낸 것은 아니다. 신학 개혁과 도덕적 개혁에 대한 열정으로 시작된 잉글랜드와 미국의 청교도주의는 이제 엄청난 불공정을 키우고 있었다. 1636년, 매사추세츠만 식민지의 청교도 목회자 존 코튼은 여성이 생리하는 동안 성관계를 가진 부부를 사형에 처해야 한다는 모범 법을 만들었다.[20] 1650년 5월 잉글랜드에서는 혼외 성관계에 사형을 부과하는 간통법Adultery Act을 통과시켰다. 간통죄로 유죄 판결을 받은 데번 지역의 여성 수잔 바운티 이야기는 실로 충격적이다. 수잔의 아이가 태어나자 당국은 수잔에게 단 몇 분간 아이를 안아보게 한 뒤 아이를 데려가고 교수형에 처했다. 그런데 불과 6년 뒤, 유부남이면서 6명의 정부와 최소 8명의 사생아를 둔 찰스 2세가 잉글랜드 왕위에 올랐다. 참으로 혼란스러운 이야기다. 1692년부터 1693년까지 세일럼 마녀 재판에서 19명이 교수형을 당하고, 한 사람이 변론을 거부해 압사당했다는 이야기는 심지어 이보다 더 우리를 어지럽게 한다. 그리고 이제 기근과 불공정으로 일어난 수많은 내전과 혁명, 봉기를 떠올려 보자. 과학적 사고와 자연권, 고상한 부르주아 계급이 등장했음에도 불구하고, 진실은 근대 세계가 그리 쉽게 태어나지 않았다는 것이다. 근대 세계는 핏덩이 갓난아기처럼 발길질하고 울부짖으며 존재하기 위해 몸부림쳤다. 세계에 대한 이성적인 접근법이 17세기의 가장 큰 업적으로 느껴진다면, 우리는 이 시기에 수만 명이 유럽 전역의 마녀의 집과 화형대, 교수대에서 목숨을 잃었다는 사실을 유념할 필요가 있다.

변화의 주체

17세기의 변화의 주체에는 갈릴레오와 아이작 뉴턴, 존 로크라는 세 명의 주요 경쟁자가 있다. 그러나 우리는 윌리엄 하비와 크리스티안 하위헌스, 안톤 판 레이우엔훅 같은 그 밖의 인물들도 고려해야만 한다. 이들 여섯 명 가운데 근대 세계를 형성하는 데 가장 공이 크다고 여겨지는 인물은 보통 뉴턴이다. 그러나 우리는 사람들이 뉴턴의 연구를 받아들이는 데 시간이 걸렸다는 점을 살펴보았다. 각 세기의 변화의 주체를 선정하는 것은 어떤 인물이 이후 세기에 얼마나 오랫동안 영향을 미쳤는지를 부각하려는 것이 아니다. 만약 선정 기준이 그랬다면 12세기의 유력 후보는 피에르 아벨라르가 아니라 아리스토텔레스가 되었을 것이다. 그러므로 나는 갈릴레오를 으뜸으로 꼽는다. 갈릴레오는 과학적 방법론을 대중화했을 뿐만 아니라 기구 제작, 기초 물리학, 시간 기록, 천문학 분야를 선도했다. 지식 분야에서 계속 권위자 행세를 하려 들던 교회에 맞서 갈릴레오는 당대의, 아니 어느 시기의 누구보다도 강하게 도전했다. 자유를 희생하면서까지 자신의 과학적 발견에 깊은 믿음을 표현한 갈릴레오는 일련의 과학적 사실 이상의 것을 옹호했다. 그것은 진리 그 자체였다.

1701 –
1800

18세기

1738년, '집시들의 왕'이라 자칭하는 데번셔의 범죄자이자 악당이자 부랑배인 뱀필드 무어 카루Bampfylde Moore Carew가 부랑죄로 체포되었다. 카루는 조난당한 선원 행세를 하며 여행자들에게 돈을 구걸하다가 체포되었다. 판사는 재판에서 카루에게 어느 곳에 가봤는지 밝히라고 요구했고, "덴마크와 스웨덴, 러시아, 프랑스, 스페인, 포르투갈, 캐나다, 아일랜드"라는 답을 들은 뒤, 카루를 아메리카의 메릴랜드로 추방하라는 판결을 내렸다. 카루는 판사에게 자신을 '메릴랜드Merryland'•로 보내줘서 고맙다고 답한 뒤, 신대륙에 도착하자마자 즉시 탈옥함으로써 감옥에서 여생을 보낼 것이라는 모두의 예상을 뒤집었다. 하지만 곧 붙잡혀 무거운 철제 구속구를 차는 신세가 되었다. 그러나 이에 굴하지 않고 카루는 다시 탈출했으며, 자신의 구속구를 톱으로 잘라준 아메리카 원주민들과 친구

•   메릴랜드를 메릴랜드(즉 즐거움의 땅)로 이해한 것.

가 되었다. 그 뒤 집시들의 왕은 도보로 뉴욕을 향해 떠났고, 사기를 치며 구걸하고 다니다가 뱃삯 대신 배에서 일하며 몰래 잉글랜드로 돌아왔다. 귀국한 지 얼마 되지 않아, 오랫동안 병을 앓던 아내를 품에 안은 채 엑서터 부두를 거닐던 카루는 자신을 신대륙으로 이송했던 배의 선장과 맞닥뜨렸다. 불편한 순간이 뒤따랐다. 법에 따르면 이송선에서 탈출한 자는 교수형에 처해졌기 때문이다. 선장은 카루를 밀고했을까? 당연히 그랬다. 그러나 카루는 운이 좋았다. 교수형을 당하는 대신에 다시 한번 '메릴랜드'로 보내졌다. 두말하면 잔소리로, 그는 또다시 탈출했고 수많은 모험을 거치며 집으로 돌아왔다. 1745년, 52세라는 고령에 카루는 회고록을 구술했고, 이 책은 전국적인 베스트셀러가 되었다. 100년이 지난 뒤에도 잉글랜드 사람들은 카루를 로빈 후드에 빗대며 "악명 높은 데번셔의 방랑자이자 개 도둑"에 관해 이야기했다.

카루는 '검은 수염'이라는 별명으로 유명한 해적 에드워드 티치, 찰스 존슨Charles Johnson의 『가장 악명 높은 해적들의 강도와 살인의 일반 역사A General History of the Robberies and Murders of the Most Notorious Pyrates』(1724)에 수많은 약탈 행위 및 기타 중범죄를 저지른 흉악범으로 기록된 '해적왕' 헨리 에브리 같은 18세기 인물들과 같은 범주에 속하는 인물이다. 노상강도 딕 터핀 또한 영웅시된 악당의 범주에 넣을 수 있을 것이다. 터핀의 삶에 관한 이야기는 그가 처형된 1739년 직후에 출판되었다. 이런 범죄자들 수백 명이 18세기의 싸구려 문학 작품들과 엄청난 인기를 끈 존 게이의 풍자극 〈거지 오페라The Beggar's Opera〉(1728) 같은 극작품에서 추앙받았다. 범죄자들이 추앙받았다는 사실은 우리를 의아하게 한다. 따지고 보면 18세기는 계몽주의와 정치 경제, 과학 실험의 세기였지 않은가?

18세기는 우아함과 조화, 질서의 시대였다. 비발디와 바흐, 헨델, 하이든, 모차르트가 활동한 음악의 시대였고, 로코코 건축의 시대였으며, 조지 헤플화이트와 토머스 치펀데일, 토머스 셰러턴이 제작한 가구의 시대였고, 위대한 조경사 케이퍼빌리티 브라운과 험프리 렙턴의 시대였으며, 카노바의 정교한 조각품의 시대였고, 베네치아의 화가 카날레토와 과르디의 시대였으며, 프랑스의 화가 와토와 프라고나르, 부셰의 시대였다. 심지어 마침내 잉글랜드에서도 조슈아 레이놀즈, 토머스 게인즈버러, 조지프 라이트, 조지 스터브스, 조지 롬니, 윌리엄 호가스 같은 국제적으로 중요한 화가를 배출하는 데 성공한 세기였다.

　무엇보다도 17세기는 미국, 산업, 프랑스로 대표되는 혁명의 시대였다. 하지만 18세기에 범죄자들이 유명인 지위를 얻은 것은 사실 생각보다 이상한 일이 아니었다. 사회 부적응자와 배척받는 사람들, 방탕한 사람과 전통적인 시각에 반기를 드는 사람들을 현대 사회는 아주 유사한 방식으로 옹호하지 않는가? 존 게이에게도 후계자들이 있다. 범죄 소설은 가장 인기 있는 장르 가운데 하나가 되었으며, 마피아 같은 실제 범죄 조직에 관한 영화를 수백만 명의 관객이 시청한다. 카루나 검은 수염, 에브리, 터핀에 관한 이야기는 18세기 대중에게 인기를 끌었다. 대중은 이들이 대변하는 흥미진진한 모험과 자유를 동경했다. 사실 18세기에 담긴 모순에는 어느 정도 현대적인 특징이 있다. 그것은 바로 질서와 규제가 낭만적 충동, 즉 벗어나고자 하는 욕망과 결합했다는 것이다. 이러한 특징은 섹스와 범죄부터 종교와 오페라까지, 삶의 대부분에 적용되었다. 오롯이 상황에 따라 짜거나 시거나, 달콤쌉쓸하거나, 순전히 쓴맛만 났던 이전 세기와 비교해, 18세기는 특별한 거품이 올라간

톡 쏘는 맛이 나는 세기였다. 인간의 비극이 쌓인 진창 위에 현란한 불꽃놀이의 폭죽 소리와 현악 사중주단의 연주 소리가 울려퍼지는 맛이라고나 할까.

운송과 통신

18세기 말에 군용 수기 신호가 도입되기 전까지, 정보의 전달 속도는 사람들이 얼마나 빨리 이동할 수 있느냐에 달려 있었다. 여기에는 여러 요인이 영향을 미쳤다. 매년 그맘때쯤 낮이 얼마나 긴가? 도로 상태는 어떤가?(이 또한 계절의 영향을 받았다), 전갈을 보내는 사람이 얼마나 부유했는가?(여행 도중 지치지 않은 새로운 말을 몇 마리나 대여할 수 있느냐에 영향을 주었다), 그리고 마지막으로 목적지가 얼마나 먼가? 등이 말이다. 목적지까지 도로 상태가 좋으면 기수는 말을 수차례 갈아타며 엄청난 속도로 여행할 수 있었다. 한여름이라면 하루에 최대 190킬로미터를 여행할 수 있었다. 그러나 1700년에는 상태가 좋은 도로가 드물었다. 목적지가 모어턴 같은 시골 벽지라면 겨울철의 수렁이나 도로에 널린 바위 때문에 전령이 하루를 꼬박 달려도 겨우 30킬로미터 정도밖에 이동할 수 없었다. 내가 아는 한 1800년 이전 수 세기 동안 하루에 가장 먼 거리를 이동했던 전령은 1603년 3월에 스코틀랜드의 제임스 6세에게 잉글랜드 엘리자베스 1세의 죽음을 알린 로버트 케리 경Sir Robert Carey이었다. 로버트 경은 리치먼드에서 에든버러까지 638킬로미터를 3일 안에 주파했는데, 첫째 날에는 260킬로미터, 둘째 날에는 218킬로미터를 달렸다. 그 전해, 리처드 보일은 1월이라 도로 상태가 좋지 않았음에도 불구하고 코크에서 런던까지 단 이틀 만에, 더블린과 브리스틀 사이에 있는 바다를 건너 목적지에 도착했다.[1] 분명한 사실은, 대부분의 장거리 여행자들은 절대 이에 근접한 속도로 여행할 수 없었으며, 여름철에 운이 좋아야 하루에 48킬로미터 정도 이동할 수 있었다는 것이다.

17세기 후반에 유럽의 운송망을 개선하기 위한 최초의 진지한 시도가 있었다. 우선 충격 흡수 장치가 달린 마차가 개발되었고 신형 경량 역마차가 제작되었다. 더 중요한 것은 각국 정부가 고속도로 상태를 개선했다는 점이다. 잉글랜드에서는 해당 지역 사람들에게 도로 유지 책임을 지우던 낡은 법률을 폐지하고, 도로 이용자가 유지비 명목으로 통행료를 내야 한다는 원칙을 세웠다. 특정 도로의 건설과 유지를 위한 유료 도로 신탁turnpike trust을 설립하기 위해서는 의회의 승인이 필요했다. 의회가 유료도로법Turnpike Act의 형태로 이를 승인한 뒤로, 유료 도로 신탁은 고속도로의 해당 구간에서 통행료 징수 독점권을 갖게 되었으며, 모든 재원을 도로 유지에 사용할 수 있게 되었다. 1750년에는 잉글랜드에 약 150개의 유료 도로 신탁이 있었는데, 이 신탁들은 잉글랜드 남동부와 중부 대부분에 대한 접근성을 크게 향상시켰다. 18세기 중엽에 갑자기 도로 건설에 관한 관심이 폭발적으로 증가했다. 1750년부터 1800년 사이에 550개가 넘는 새로운 유료 도로 신탁이 설립되었으며, 잉글랜드 나머지 지역이 수레바퀴 앞에 문을 활짝 열었다. 1770년에 유료도로법으로 엑서터에서 모어턴햄스테드로 가는 새로운 도로가 건설되었으며, 그 직후 최초의 바퀴 달린 탈것들이 모어턴에 도착했다. 10년 뒤에는 다트무어를 가로지르는 도로가 생겼다. 1799년에는 모어턴의 여관 '하얀 수사슴White Hart'이 황야에서 유람 여행을 할 수 있도록 관광객들에게 마차를 대여해준다는 광고를 냈다. 잉글랜드 내전 동안, 페어팩스Fairfax 장군의 군대가 이 외딴 마을로 바퀴 달린 대포를 끌고 오려 했지만 끝내 실패했던 1646년과 비교해볼 때 장족의 발전을 이뤘다고 할 수 있다.

이러한 발전에서 가장 중요한 점은 정보 전달 속도의 향상이었다. 잉글랜드의 우편 제도는 16세기부터 존재해왔지만, 런던에서 아일랜드, 플리머스, 도버, 에든버러로 가는 단 네 가지 경로의 업무만 담당했다. 1696년에 엑서터에서 브리스틀로 가는 우편 서비스가 생기면서 국토횡단 노선이 추가되었고, 1735년에는 랭커셔에서 남서부로, 1740년에는 브리스틀에서 솔즈베리로 가는 우편 서비스가 연이어 시작되었다.[2] 런던 중심부에서 마차들이 쏟아져 나오기 시작하자 더는 런던에 직접 가서 편지를 부칠 필요가 없었다. 이는 소식의 전달 속도가 빨라지는 결과를 낳았다. 자갈이 깔린 유료 도로는 런던을 향해서도 정보를 빠르게 전달해주었다. 신기록을 수립한 사람은 잉글랜드 함대가 트라팔가르 해전에서 프랑스 함대를 격파했다는 소식을 간직한 채 1805년 11월 4일에 팔머스에 상륙한 존 리처즈 라페노티에르John Richards Lapenotière 대위였다. 라페노티에르 대위는 런던 해군성까지 436킬로미터의 여정을 37시간 만에 주파했다. 그는 말을 21번 갈아탔고, 46파운드 19실링 1페니를 경비로 썼다.

보통 사람들도 도로의 질적 차이를 느꼈다. 16세기에는 플리머스에서 런던까지 346킬로미터를 여행하는 데 일주일이 꼬박 걸릴 수도 있었다. 그런데 19세기 초에 마차업체들은 지역 신문에 32시간 안에 도착할 수 있다는 광고를 경쟁적으로 실었다. 평균 시속으로 치면 10.7킬로미터였다는 이야긴데, 이는 라페노티에르 대위가 달성한 평균 시속 11.7킬로미터와 큰 차이가 나지 않는 속도였다.[3] 또한 이런 역마차 여행은 100년 전보다 비용 면에서도 훨씬 저렴해졌다. 1750년 이전에 플리머스에서 런던으로 여행을 다니던 요먼•들은 자신의 숙박비와 경비는 물론 자기 말의 마구간 이용료와 사료 값까지 자비로 내야만 했다. 일주일간 여행한다면 상당한 금액이었다. 이후 50년에 걸쳐 여행 비용은 내려가고, 편안함은 늘어나고, 속도는 빨라졌다. 1800년에 여행자들을 런던으로 순식간에 실어 나르던 역마차 회사들은 자신들의 '놀랍도록 저렴한 가격'을 홍보했다. 역마차의 설계 또한 개선되었는데, 특히 1787년에 존 베산트John Besant의 전매특허품인 우편마차가 도입된 이후에 크게 개선되었다. 역마차는 쉬지 않고 이동했기 때문에 매일 밤 여관에 방을 잡을 필요가 없었으며, 말 대여료는 마차에 탄 여러 탑승자들이 분담할 수 있었다.

프랑스에서는 여행이 말 그대로 변모했다. 기술자 피에르 마리 제롬 트레자게Pierre-Marie-Jérôme Trésaguet가 작은 자갈로 포장한 오목한 자동 배수 도로를 건설하면서 역마차 여행의 질은 크게 향상되었다. 프랑스의 진보적 장관이었던 안 로베르 자크 튀르고는 1775년에 주 단위의 우편마차 서비스를 개편하여, 전국에 정보가 유통되는 데 걸리는 시간을 줄였다. 1765년에는 파리에서 마르세유로 연락을 전하는 데 12일이, 툴루즈로 보내는 데 15일이 걸렸으나, 1780년에는 두 곳 모두 8일 안에 연락을 취할 수 있게 되었다.[4] 프랑스처럼 큰 나라의 행정부로서는 실로 중대한 개선이었다. 문제가 생겼다는 소식이 수도에 도착하는 데 8일이 걸린다는 말은,

---

• yeoman. 중산층 자영농 계급.

수도에서 지시사항을 전달하는 데에도 8일이 걸린다는 의미다. 즉 툴루즈와의 정보 전달 시간이 양방향으로 줄어들기 때문에 해결책이 무려 2주 이상 빠르게 전달되었던 것이다.

정보의 확산은 18세기의 또 다른 중요한 발명품인 신문에 의해 촉진되었다. 이전 세기에도 때때로 신문이 배포되었지만, 정기적으로 발행되는 경우는 거의 없었다. 1631년에는 프랑스어 신문《가제트 드 프랑스Gazette de France》가, 1661년에는 스페인어 신문《라 가제타La Gazeta》가, 1664년에는 이탈리아어 신문《가제타 디 만토바Gazetta di Mantova》가, 1665년에는 영어 신문《런던 가제트London Gazette》(전前 옥스퍼드 가제트Oxford Gazette)가 창간되었는데, 이 신문들은 모두 주간지였다. 1701년에는 영국 최초의 지역 신문인《노리치 포스트The Norwich Post》가 등장했으며, 이듬해에는 최초의 일간지《데일리 쿠란트The Daily Courant》가 런던의 신문 가판대에 올랐다. 그 뒤로 대서양 양안에서 신문 창간이 빠르게 늘어났다. 1704년 신대륙 최초의 정기 발행 신문인《보스턴 뉴스레터Boston News-Letter》가 등장했다. 1775년 무렵에는 아메리카 식민지에서 42개의 신문이 유통되고 있었다.《뉴욕 저널New York Journal》과《필라델피아 이브닝 포스트Philadelphia Evening Post》를 포함한 몇몇 신문은 독립을 위한 투쟁에서 영국에 대항하여 매우 적극적으로 독립을 지지했다. 미국을 방문한 한 프랑스인은 "신문이 없었다면 미국 독립 혁명은 결코 성공하지 못했을 것"이라고 평했다. 1800년경, 미국에는 주간지 178개와 일간지 24개가 있었다. 프랑스 혁명에서는 언론의 중요성이 이보다 더 컸던 것으로 드러났는데, 1789년의 하반기 6개월 동안 250개가 넘는 신문이 창간될 정도였다.[5] 당연한 말이지만 이 신문들은 새롭게 개선된 도로 체계를 통해 독자들에게 전달되었다. 인쇄와 운송이 결합하면서 이전 세기에는 느리고 불규칙하게 전해졌던 소식들이 이제는 급류처럼 흘러들어 왔다. 18세기는 정부와 국민 사이의 대규모 소통이 심지어 산간벽지에서도 이루어지기 시작한 세기였다. 가령 트라팔가르 해전 소식은 1805년 11월 7일에 모어턴햄스테드에 전해졌는데, 라페노티에르 대위가 11월 4일에 지나간 마을인 크로컨웰에서 전해진 소식이었다. 라페노티에르 대위는 11월 6일 《런던 가제트》가 인쇄될 무렵 런던에 도착했는데, 6일 자 《런던 가제트》는 11월 9일에 모어턴에 배달되었다. 그러므로 정부 발표 후 삼사일 이내에 영국 제도 전체에 소식이 전해질 수 있었다는 뜻이다. 일부 외딴곳에서는 왕이 죽은 지 몇 주가 지나도 그 소식을 몰랐던 이전 세기와 비교하면, 정보 전달 속도가 몰라보게 빨라졌다고 할 수 있다.[6]

신규 도로가 여행의 질을 높였다면, 수로는 화물 운송의 질을 높여주었다. 1600년에 프랑스로 상품을 안전하게 운송하는 가장 쉬운 방법은 루아르강과 센강, 손강, 론강을 이용하는 것이었다. 문제는 어느 시점에는 한 강에서 다른 강으로 화물을 옮겨야 하는데, 그것이 쉬운 일이 아니었다는 사실이다. 1642년에는 센강과 루아르강을 잇는 브리아르 운하가 완공되었다. 브리아르 운하는 길이 56킬로미터에 수문 40개를 갖추고 있었으며, 수심이 39미터에서 81미터를 오갔다. 또 이보다 더 야심찬 계획이었던, 지중해와 대서양을 잇는 241킬로미터 길이의 미디 운하는 1666년부터 1681년에 걸쳐 건설되었다. 독일에서는 오데르강, 엘베강, 베저강이 모두 18세기 초에 운하로 연결되었다. 잉글랜드에서는 기술자 제임스 브린들리가 1761년에 개통된 브리지워터 운하의 건설을 감독했다. 브리지워터 운하는 미디 운하에 감명받은 브리지워터 공작의 의뢰로 건설되었다. 브리지워터 공작은 수로를 이용해 워슬리에서 맨체스터로 석탄을 운송하면 큰 이점이 있다는 사실을 깨달았다. 브리지워터 운하의 성공은 향후 50년 동안 잉글랜드에 총 6,400킬로미터의 운하를 건설하는 데 촉매제가 되었다. 산업 확장에 필요한 연료를 수송하는 값싼 운송 수단은 유럽 경제 발전에 대단히 중요했던 것으로 밝혀졌다. 1784년에 상트르 운하가 개통되면서 센강과 손강이 연결되었으며, 이에 따라 자연히 론강도 연결되었다. 상트르 운하 덕분에 루앙과 파리, 영국 해협에서 무거운 화물을 직접 지중해로 운송할 수 있게 되었다.

여러분이 놀랄지 모르지만 항공의 기원 또한 18세기에 있었다. 수천 년 동안 날고자 시도했던 사람들이 마침내 성공한 것이다. 1783년 11월 21일, 조제프 미셸 몽골피에와 자크 에티엔 몽골피에 형제가 파리에서 최초로 유인 비행을 개시했다. 종이와 마대자루로 만든 열기구 바구니에 탄 용감한 사람들은 필라트르 드 로지에Pilatre de Rozier와 마르키스 다란데스Marquis d'Arlandes였다. 열흘 뒤에는 자크 샤를과 니콜라 루이 로베르Nicolas-Louis Robert가 파리에서 최초로 유인 수소 풍선 비행 분야를 개척했다. 부착식 날개를 매단 채 중세 교회 첨탑 위에서 몸을 던진 수많은 사람이 공중에서 허우적대다가 땅에 처박혀 죽었다. 적어도 13세기 로저 베이컨의 시대 이래로 수많은 자연철학자들이 새처럼 날 수 있는 장치를 고안해왔다. 새처럼 하늘을 날 수 있다는 그들의 믿음은, 비록 그들이 상상했던 방식은 아니었으나 마침내 사실로 입증되었다.

이제 온 유럽이 열기구에 열광했다. 용감한 비행사들의 이름이 유럽 대륙 전역에 빠르게 퍼져나갔다. 영국에서는 제임스 타이틀러가 1784년 8월에 에든버러에서 처음으로 비행했으며, 한 달 뒤에는 빈첸초 루나르디가 런던 상공을 비행했다. 1784년 10월에는 장 피에르 블랑샤르가 수소 기구를 타고 잉글랜드 남부를 가로지르며 112킬로미터를 여행했다. 이러한 비행에 관해 보도한《런던 매거진》의 편집자는 열기구 열풍에 대단히 회의적인 반응을 보이며 다음과 같이 결론 내렸다.

> 이러한 구경거리가 한가하고 게으른 일부 사회에 얼마나 큰 만족감을 줄지는 모르겠지만, 사업하는 사람들에게는 매우 심각한 손실을 입힌다. 이 온갖 끔찍한 모양의 어설픈 '연기 주머니smoke-bag'들이 처음부터 끝까지 얼마나 많은 시간을 낭비하게 했을지 가늠하기 어렵다.[7]

얼마 뒤인 1785년 1월 7일, 블랑샤르는 미국인 후원자 존 제프리스John Jefferies 박사와 함께 영국 해협을 가로지르며 비행했는데, 이때 고도 1,371미터에 도달했다. 2시간 반 뒤, 열기구에서 자신들을 제외한 모든 것을 집어던진 두 사람은 칼레 상공을 날아갔다. 이것은 놀라운 업적이었다. 1월 11일, 블랑샤르가 파리에 도착하자 "끔찍한 모양의 어설픈 연기 주머니"에 관한 이야기는 온데간데없었다. 오히려 보도에 따르면 다음과 같은 일이 일어났다.

> 블랑샤르가 파리에 도착하자 꼭 승전보가 도착한 것만 같은 일이 일어났다. 깃발이 나부끼고, 축포가 발사되고, 종이 울렸으며, 치안 판사들이 줄지어 블랑샤르를 만나러 가서 블랑샤르와 그의 동료에게 황금 상자에 든 명예시민 훈장을 건넸다. 블랑샤르는 곧 베르사유 궁전에서 국왕을 알현했으며, 국왕은 (…) 우리의 대담한 모험가에게 1만 2,000리브르(525파운드)의 포상금과 1,200리브르(52파운드 10실링)의 연금을 하사했다.[8]

유럽과 미국에서 수백 건의 열기구 시연이 열렸다. 1797년 앙드레 자크 가르느랭이 열기구에서 긴급대피용으로 사용할 선구적인 접이식 실크 낙하산을 발명해 대중을 놀라게 하며 새로운 열풍을 일으켰다. 그러나《런던 매거진》의 편집자가 그리 틀린 말을 한 것은 아니었다. 열기구 비행에는 실용적인 용도가 전혀 없었으며, 거의 전적으로 관객을 위한 구경거리나 박람회장의 신기한 물건으로만 남았다. 수십 세기에 걸쳐 비행을 꿈꿔온 인류가 이 새로운 발명품으로 할 수 있었던 일이 고작 그것을 올려다보며 넋을 잃는 것뿐이었다는 사실은 실로 엄청난 아이러니라 할 만하다.

농업 혁명

지금까지 이 책을 읽어온 독자라면 이제 우리 선조들이 직면했던 가장 큰 도전은 불안정하고 불충분한 식량 공급이었다는 사실을 잘 알 것이다. 18세기는 비록 이 문제를 해결하지는 못했지만, 곡식과 가축의 생산량을 증가시키고, 기아에 대한 두려움을 없애는 데 큰 도움을 준 농업 경영이 크게 발전한 세기였다.

전통적인 견해에 따르면, 농업 혁명은 잉글랜드에서 소수의 영리한 혁신가들이 시작했다고 한다. 이들 가운데 농기계 발명가 제스로 툴Jethro Tull은 1733년에 출간한 저서『마경농법馬耕農法, Horse-hoeing Husbandry』에서 처음으로 파종기 같은 농기계를 소개한 인물이다. 툴과 동시대 사람이었던 타운센드 경Lord Townshend은 '노펙식 윤작법'의 선구자였는데, 노펙식 윤작법이란 농지에서 순무와 클로버, 밀과 보리 농사를 돌려 짓는 방식이었다. 그래서 타운센드

경은 '순무 타운센드'라는 별명으로 불렸다. 로버트 베이크웰과 찰스 콜링스Charles Collings, 로버트 콜링스Robert Collings 형제는 가축의 선택 교배selective breeding를 권장했다. 이 모든 것을 합쳐보면 진보적인 지주들이 솔선수범해 발전해 나가는 아름다운 그림이 나온다. 전통적인 견해가 보여주는 이 그림은, 현대 역사학자들이 보기에 예뻐도 너무 예쁘다는 문제가 있다. 한 현대 역사학자에 따르면, "극도로 진실을 오도하는 캐리커처"다. 그는 베이크웰과 타운센드 경의 공로를 일축한다. 베이크웰의 가축 품종 가운데 하나가 모조리 죽어 나갔으며, 타운센드 경은 순무를 써서 토양을 비옥하게 만드는 방식을 직접 소개하지 않은 것이 분명하다는 것이다. 이 역사학자는 또 다른 유명한 농업 개혁자인 레스터 백작 토머스 코크를 그저 "(특히 자기 자신의 업적에 대한) 엄청난 선전가"일 뿐이라며 무시한다.[9]

농업 개혁가들이 과거에 과분한 찬사를 받았던 것이 사실일지도 모르지만, 현대 수정주의 역사가들의 판단보다는 더 많은 찬사를 받을 자격이 있다. 우선 오랫동안 확립된 농업 관행을 전국적으로 변화시키려 할 때 꼭 필요한 사람들이 바로 '엄청난 선전가'들이었다. 그리고 제스로 툴의 책은, 편집자들이 1762년에 4판 서문에서 인정했다시피 농부들이 앞다투어 농작물 파종기를 주문하게 하지는 못했지만 기계를 통한 개선이 '가능'하다는 사실은 깨닫게 해주었다. '순무' 타운센드가 노퍽에 순무를 소개했다는 주장은 과장일지도 모른다. 하지만 왕국 귀족들에게 이렇게 간단한 방법으로 토지를 개선할 수 있다는 사실을 알리고, 지주와 농부 계급 모두에 새로운 농사 관행을 전파하는 데 도움을 준 훌륭한 선전이었다. 한마디로 농업 혁명은 수많은 농업 개혁자들 덕분에 일어났다. 농업이 수익성 높은 사업이 될 수 있다고 깨닫게 해주었기 때문이다. 로버트 베이크웰의 우량 양이나 콜링스 형제의 우량 소를 이러한 관점에서 살펴보면, 이들이 개량한 품종 가운데 하나가 멸종한 것은 전혀 중요한 이야기가 아니다. 품종 개량 면에서 이들이 이룬 진보는 큰 변화를 만들지 못했다. 하지만 노아의 방주가 마른 땅에 도착했던 시절과 같은 크기와 모습으로 가축들이 남아 있을 이유가 있을까? 농부들이 이 사실을 깨달은 것 자체가 큰 변화를 만들었다. 더 크고, 더 살이 많고, 더 비싸게 팔리는 양을 만들 수 있는데, 무엇 때문에 고기도 얼마 안 나오는 궁둥이가 삐쩍 마른 양을 기르겠는가? 베이크웰이 그의 우량 양의 임대료로 80기니(84파운드) 이상을 부르기 시작하자 이 소식은 온 농장 공동체에서 화제가 되었다. 농법 개선을 알리는 이 얼마나 경탄할 만한 홍보란 말인가!

16세기의 탐험가들과 17세기의 자연철학자들처럼, 18세기의 농업 개혁가들도 자신의 발견을 다른 사람들과 공유했다. 사실 농업 개혁가들은 자신의 발견을 뽐냈다. 그런데 대체 왜 자신의 영업 비밀을 공개했을까? 그것은 이들 중 많은 이가 스스로를 과학자로 여겼으며, 상당수가 왕립학회 회원으로 선출되었기 때문이다. 여러분은 무역을 해서 번 돈으로 시골 땅을 산 몇몇 사람들이 젠트리 지주 계층 사이에서 더 쉽게 자리를 잡기 위해 농법 개선에 힘썼을지도 모른다고 의혹의 시선을 보낼지도 모른다. 사업가 출신 지주인 존 모티머John Mortimer(이 책의 저자 이언 모티머와는 무관하다)는 이런 측면에서 언급할 만한 농업 개선자다. 그는 에식스에 땅을 산 뒤 땅을 개선하는 작업에 착수했다. 1705년 12월, 모티머는 타운센드 경보다 다섯 달 먼저 왕립학회의 석학회원으로 선출되었다. 그의 두 권짜리 저서 『농사의 모든 기술, 토지를 관리하고 개선하는 방법 The Whole Art of Husbandry or the Way of Managing and Improving Land』은 1707년에 처음 모습을 드러냈는데, 1716년에는 4판이 인쇄되었다. 모티머는 농사 개선 방안에 관한 수많은 의견을 제시했는데, 그 가운데는 순무가 소를 위한 겨울철 작물로서 유용하다거나, 클로버가 토양에 좋다거나, 혼합 농업의 전반적인 효율이 어떻다거나 하는 것 등이 있었다.[10] 모티머는 감자를 기르기 쉬운 작물로 추천했는데, 특히 돼지 사육용 작물로 홍보했다. 그는 분뇨와 클로버, 호밀풀을 활용해 각 주에서 토지를 개선할 수 있는 최선의 방법에 관해 자세히 설명했다. 모티머처럼 체계적이고 과학적 사고방식을 갖춘 지주들은 개인적으로 알아낸 발견을 수많은 다른 지주와 농부들에게 전파함으로써 농업 혁명이 일어나는 데 일조했다.

농업 개혁가들의 공로를 마땅히 더 많이 인정해야 하는 또 다른 이유는 이들이 농업에 사업의 개념을 도입했다는 것이다. 여태까지 땅은 안정적인 수입원이긴 했지만 땅으로 큰돈을 벌기는 불가능했다. 땅은 다른 곳에서 얻은 부를 공고히 하는 수단에 가까웠다. 그러나 농업 개혁가 지주들은 이제 토지의 수익성이 개선되기를 원했고, 이를 위해 자신들의 땅에 기꺼이 투자할 준비가 되어 있었다. 이들은 단순한 호사가가 아니었다. 잉글랜드 남동부 저지대에 있는 롬니 습지를 생각해보자. 수 세기 동안 롬니 습지는 모기 번식지에 불과했고, 인근 사람들은 말라리아에 시달렸다. 그러나 이 지역 지주들은 축축하고 병균이 득실거리는 죽음의 덫을 잉글랜드에서 가장 비옥한 목초지로 바꾸기 시작했다. 지주들은 인근 주민들을 말라리아로부터 구하기 위해서가 아니라 이익을 얻기 위해서 이런 사업을 벌였다. 다른 지주들이 '순무' 타운센드의 노퍽식 윤작법을 시험해본 것은 수확량이 늘지도 모른다는 기대 때문이었다. 노퍽식 윤작법으로 농사를 지으면 더는 예전처럼 토양의 고갈된 영양소를 복구하기 위해 땅을 휴경할 필요가 없었다. 이제 클로버가 토양에 질산염을 첨가해주었을 뿐 아니라 훌륭한 소먹이가 되어주었고, 순무도 클로버와 비슷하게 겨우내 가축 사료를 제공해주었다. 18세기 말에 요먼들이 새로운 형태의 쟁기를 받아들인 것 역시 이윤 추구가 동기였다.[11] 무언가를 하게 하는 최고의 동기 부여 수단이 늘 돈은 아닐지도 모르지만, 18세기에 돈은 '더 많은 식량'이라는 어디서나 환영받는 결과를 불러왔다.

소작농들은 파운드와 실링, 펜스뿐만 아니라 안전성도 이익으로 여겼다. 이런 점에서 소박한 먹을거리였던 감자가 점점 더 중요한 역할을 하기 시작했다. 감자는 17세기 후반에 잉글랜드 북서부 지역의 노동자들을 위한 주요 작물이 된 뒤 18세기 후반까지 서서히 남쪽으로 전파되었다. 모어턴 인근 논밭에서 감자는 그 자체로 영양을 제공해주었을 뿐만 아니라, 토양을 분해하고 옥수수가 뿌리 내릴 길을 내는 용도로 쓰였다. 감자는 곡물 수확이 실패할 때 훌륭한 보험이 되어주었다. 또 싸고 재배하기도 쉬웠으며 밀의 2.5배에 달하는 칼로리를 제공했다. 최저 소득을 벌면서, 늘어나는 식구들을 부양하려고 고군분투하는 사람들에게 감자는 개발할 가치가 있는 혁신적인 작물이었다.[12]

농업 개혁가들이 만든 신농법의 중요성은 특정 개혁가의 명성이 아니라 이후의 농업 생산량으로 판단해야 마땅하다. 중세 잉글랜드에서는 4만 2,000제곱킬로미터의 농지에서 연간 4,950만 부셸의 밀이 생산되었는데, 1800년에는 4만 6,000제곱킬로미터 농지에서 연간 1억 4,000만 부셸의 밀을 생산했다.[13] 게다가 잉글랜드

땅이 먹여 살리는 소와 양, 돼지의 수도 각각 133퍼센트, 33퍼센트, 50퍼센트 증가한 상태였다. 심지어 이 가축들은 중세 시절의 가축들보다 훨씬 더 컸다. 중세에 평균 76킬로그램의 고기를 제공했던 소는 이제 평균 272킬로그램을 제공했고, 10킬로그램을 제공했던 양은 이제 31킬로그램을 제공했으며, 29킬로그램을 제공했던 돼지는 이제 45킬로그램을 제공했다.[14] 부산물인 양털과 가죽 생산량도 늘어났으며, 늘어난 가축 분뇨 또한 토양으로 되돌아가 농사 순환에 도움을 주었다. 선택 교배된 가축은 더 빨리 자랐으므로, 더 빠른 속도로 더 많은 고기를 생산했다. 이제 모든 지역 전시회에서 가장 크게 자란 소와 돼지, 양에게 상을 주었다. 지주들이 제작을 의뢰한 그림을 보면 이들이 상을 탄 가축을, 자신들의 교배 결과물을 얼마나 자랑스러워했는지 잘 드러난다. 게다가 생산성 증대를 열망하는 지주들이 공유지에 울타리를 치는 인클로저 운동을 주도하면서 농사의 효율성은 더욱더 올라갔다. 그 결과 늘어난 식량 공급량 덕분에 18세기 동안 잉글랜드 인구는 521만 명에서 867만 명으로 80퍼센트가량 증가했다.

농업 혁명은 잉글랜드에만 국한된 일이 아니었다. 농업 개혁가들은 유럽 전역에 있었으며, 유럽 인구는 이전에 볼 수 없던 규모로 증가했다. 이것은 단순히 식량이 증가해 혹독한 겨울 동안 살아남을 수 있었기 때문만은 아니었다. 식생활이 개선되면서 수많은 여자아이들이 그 덕을 보았다. 초경을 시작하는 나이가 내려가면서 여성은 더 많은 자녀를 낳을 수 있었다.[15] 프랑스, 이탈리아, 스페인, 포르투갈, 덴마크에서는 인구가 3분의 1가량 증가하였으며, 스웨덴과 노르웨이에서는 3분의 2가량, 아일랜드에서는 무려 90퍼센트 가까이 늘어났다. 유럽 대륙 전체 인구는 1억 2,500만 명에서 1억 9,500만 명으로 50퍼센트 이상 증가했는데, 이는 과거 어느 때보다도 큰 증가치였다. 이 사례는 아이디어와 가치관을 공유함으로써 지주와 소작농이 공동의 길로 나아갈 수 있음을 잘 보여준다. 지주에게는 부를 향한 길이었고, 소작농에게는 굶주림에서 벗어나는 길이었다.

계몽 자유주의

임마누엘 칸트는 계몽을 관습과 도그마에서 벗어나 스스로 생각하는 능력이라고 설명했다. 정의가 이토록 광범위함을 고려할 때, 계몽이란 용어가 엄청나게 가변적인 용어로 취급되어온 것은 그다지 놀랄 만한 일이 아니다. 사람들은 흔히 마녀 화형을 일삼던 칠흑 같던 17세기 세상과 제인 오스틴의 소설 속 경쾌하고 우아한 세상을 구별 짓는 모든 변화의 동의어로 계몽주의라는 말을 쓴다. 정치 경제학의 부상이나 미신의 쇠퇴와 마찬가지로, 계몽주의는 사람들이 과학 개념과 합리주의 이론에 무심코 쏟은 지적 양동이었다. 일반적인 의미에서 볼 때, 계몽주의는 17세기 초에 프랜시스 베이컨과 갈릴레오가 시작했으며, 진행 과정 내내 과학 혁명과 통합되었고, 1815년에 나폴레옹이 몰락한 후에야 끝이 났다. 이는 우리가 다루기에 너무 모호한 정의이자 너무 긴 기간임이 명백하다. 그러므로 이 책의 취지에 맞게끔 계몽주의의 주요 요소로 일컬어지는 두 가지 지적 변화인 자유주의와 경제 이론을 따로 다룰 예정이다.

　계몽주의의 심장은 파리에서 드니 디드로와 장 바티스트 르

롱 달랑베르가 편집한 28권짜리 『백과전서Encyclopédie』였다. 1752년부터 1771년까지 20년 가까운 세월 동안 출판된 이 작품은 마치 영원한 불꽃과도 같았고, 천재들은 그 주변을 훨훨 날아다니는 나비들과 같았다. 이 나비들 가운데는 몽테스키외, 볼테르, 장 자크 루소, 튀르고, 그리고 혼자서 『백과전서』 전체 분량의 4분의 1 이상을 쓴 루이 드 조쿠르Louis de Jaucourt 등이 있었다. 그러나 전체 『백과전서』는 부분의 합보다 훨씬 더 큰 무엇이었다. 이 책은 마법, 미신, 종교에 의지하지 않고 오직 이성을 통해 인간과 자연 세계와의 관계를 재정립하려는 시도였다. 『백과전서』의 편집자들은 모든 지식을 기억, 이성, 상상의 3가지 유형으로 구분함으로써, 신의 뜻이나 영적 중재 같은 사안이 끼어들 여지가 없는 분류법을 만들었다. 편집자들의 목적은 『백과전서』 전체에서 반복적으로 등장한 하나의 주제 제목으로 요약할 수 있었는데, 그것은 바로 '이해'였다.

편집자와 투고자들의 포부를 뒷받침한 것은 자기 영속적self-perpetuating 사회 진보라는 개념이었다. 튀르고는 1750년에 자신의 저서 『인간 정신의 연속적 진보에 관한 철학적 논평Philosophical Review of the Successive Advances of the Human Mind 』에서 이 개념을 설명했다. 튀르고는 하느님이 우주의 '원동자prime mover'라는 자연신론적 전제에서 출발했는데, 하느님이 우주의 원동자라는 개념은 본래 토마스 아퀴나스가 13세기에 하느님의 존재를 증명하면서 제시한 개념이다. 계몽주의의 언어로 표현하자면, 위대한 시계공인 하느님은 세상을 움직이게 한 뒤 그대로 내버려 두었다. 서서히 자연 상태에서 벗어난 인류는 수렵 채집, 목축, 농업의 3단계를 거쳐 4단계이자 최종 단계인 상업을 향해 나아가고 있다. 그리고 농업과 제조업 부문에서 점점 더 많은 잉여 생산물을 창출하는 능력은 이 과정에서 다음 단계로의 전환을 촉진해왔다. 인류가 기존의 지식 체계에 끊임없이 새로운 지식을 더하고 있다는 사실은, 튀르고에게 이것이 진정으로 '진보'라는 증거였다. 튀르고는 사물을 조사하는 것이 인간의 본성이므로 인류는 영원토록 진보할 것이라고 추론했다.

진보는 정치 역사에도 적용될 수 있다. 몽테스키외와 볼테르, 루소는 모두 1688년부터 1689년 사이에 잉글랜드에서 자리잡은 입헌군주제에 큰 영향을 받았다. 잉글랜드에서 정치적 망명자로 3년 간 지내면서 볼테르는 영어를 배우고 잉글랜드에 큰 애정을 품게 되었다. 그는 조너선 스위프트의 『통 이야기』(1704)에 관한 편지에서 자신이 "잉글랜드인의 대담함을 어찌나 사랑하는지!", 그리고 "자기 생각을 말하는 사람을 어찌나 사랑하는지" 선언했다.[16] 자신에게는 불행하게도 볼테르는 잉글랜드식 정부 이론에 대단히 우호적이었던 반면 프랑스식 절대 군주제에 극렬히 반대했다. 그가 프랑스로 돌아온 뒤 프랑스 왕실의 교수형 집행인은 볼테르의 저서 『철학 서간Lettres Philosophiques』(1734)의 사본을 불태워버렸다. 낌새를 챈 볼테르는 두 번째로 파리를 떠났다. 이후 볼테르는 지적인 반체제파이자 반역자라는 평판을 얻게 되었다. 1740년대 이후에 사료 편찬관으로서 왕실 관료로 복무했는데도 말이다. 볼테르는 1759년에 소설 『캉디드』에서 라이프니츠의 『신정론』에 담긴 낙관적인 철학을 풍자하고 교회와 정부를 모두 비판했는데, 이 소설은 경이적인 성공을 거두었다. 그리고 1760년부터는 국가의 탄압을 받은 여러 희생자들의 원인을 파악하고, 국가에 의해 부당하게 고문당하고 살해당한 사람들을 변호하는 수필과 소책자를 출판했다. 국가의 극악무도한 일들이 『캉디드』가 거둔 경이적인 성공과 결합하면서, 볼테르는 자유의 투사이자 국가적 유명인사가 되었다.

볼테르의 동시대인인 장 자크 루소는 사회 불평등을 심지어 이보다 더 날카롭게 비판했다. 이전 세기의 홉스나 로크와 마찬가지로, 루소는 그의 저서 『인간 불평등 기원론』(1754)에서 자연 상태의 인간을 논의의 시작점으로 삼았다. 자연 상태의 인간은 도덕을 이해할 능력이 없으므로 악할 수밖에 없다고 보았던 홉스와 달리, 루소는 자연 상태의 인간이 도덕적이지도 부도덕하지도 않지만 본질적으로 선한다고 보았는데, 자연 상태에는 인간 사회에서 생겨난 여러 악이 존재하지 않기 때문이었다. 루소의 자연인에게는 증오를 표현할 언어가 없었다. 자연인이 관심을 둔 것은 오로지 자기 보존과 충분한 식량 확보, 수면, 여성과의 교제뿐이었다. 자연인은 죽음을 이해하지 못한다. 그렇기에 루소의 자연인은 현대 독자들에게 무사태평한 친구라는 인상을 준다. 그러나 역경 앞에서 자연인은 악천후와 야수의 위협으로부터 자신뿐만 아니라 동료들을 보호해야만 했다. 루소는 이렇게 결론 내린다.

> 한 사람이 다른 사람의 도움을 필요로 하기 시작한 순간, 한 사람이 두 사람 몫의 식량을 가지는 것이 유익하다는 사실을 깨달은 순간, 평등은 사라졌으며, 소유 개념이 도입되었고, 노동은 피할 수 없는 것이 되었으며, 광대한 숲은 드넓은 들판이 되었고, 인간은 그 들판을 피땀으로 적셔야만 했으며, 곧 들판에서 굴종과 불행이 싹터 농작물과 함께 자라는 모습을 보게 되었다.[17]

그의 가장 영향력 있는 저서인 『사회 계약론』(1762)에서 루소는 사회 안에서의 자유의 한도를 이해하는 작업에 착수했다. 이 책은 다음의 유명한 대사로 시작한다. "인간은 자유롭게 태어나지만 어디를 가나 쇠사슬에 묶여 있다. 자신을 다른 사람들의 주인으로 여기는 사람은 그들보다 더한 노예 상태에 머무르게 된다." 루소는 국가가 개인의 자유를 과도하게 억압하는 것은 부당하다고 계속해서 주장한다. 국가가 합법적이려면 반드시 두 가지 요소를 갖춰야 한다. 모든 국민을 대표하여 일반 의지를 표현하고 법을 고안하는 '주권主權', 이러한 일반 의지와 법을 집행하는 독립된 기관인 '정부'가 그것이다. 루소에게는 국민이 그저 국가에 의해 대표되는 것이 아니라, 스스로 국가 정부에 참여하는 것이 중요했다. 개인은 국가가 요구하면 그것이 무엇이든 아무런 이의 없이 즉시 이행해야 하지만, 일반 의지의 지지를 받지 못하는 요구는 정당한 요구가 될 수 없었다. 그리고 재산 소유권은 국가가 명백한 소유자에게 권리로 다시 부여하는 것이었다. 『사회 계약론』은 엄청난 영향을 미쳤다. 루소와 볼테르의 저서는 자유주의와 민주주의를 옹호하는 지적 논거를 제공했으며, 그에 따라 프랑스 혁명을 옹호하는 가장 강력한 이론적 정당성을 부여했다. 1778년, 볼테르는 5월 30일에, 루소는 7월 2일에 서로 사상적으로 잘 어울렸던 두 작가는 몇 주 간격을 두고 사망했다.

계몽주의 사회 이론의 요점은 사회가 반대 의견에 더 너그러워져야 한다는 것이다. 우리는 18세기 초에 소수 종교 박해가 계속해서 늘어나고 있었다는 점을 유념해야 한다. 루이 14세는 1685년에 프랑스 개신교도들이 자유롭게 예배할 수 있게 허용한 낭트 칙령(1598)을 폐지했다. 위그노 교회는 모조리 철거되었고 위그노 학교는 모두 문을 닫았으며, 수십만 명이 추방당했다. 1689년에는 국교를 신봉하지 않는 잉글랜드인 개신교도들에게 개신교 예배당에서 예배하는 것을 허용한 관용법Toleration Act이 선포되었지만, 바로 같은 해에 그 뒤를 따른 것은 가톨릭교도에 대한 일련의 가혹한 조치들이었다. 가톨릭교도들은 런던에서 10마일 이내에 거주할 수 없도록 강제됐다. 1700년에는 잉글랜드에서 더 많은 반가톨릭 조항이 통과되었다. 그러나 18세기 중반에 볼테르와 루소, 튀르고의 주장이 프랑스에서 대중적 지지를 얻자 상황이 바뀌기 시작했다. 1787년, 루이 16세가 마침내 모든 프랑스인의 종교적 자유를 인정했다. 4년 뒤, 영국 전역에서 가톨릭교도의 종교 행위가 허가되었다. 가톨릭교도들은 여전히 관료로 일할 수도, 대학에 다닐 수도 없었지만 변화는 시작되었다.

자유주의가 점차 사회에 스며들고 있었음을 보여주는 또 다른 지표는 혼외 성관계에 대한 태도 변화였다. 1660년 잉글랜드 왕정 복고 당시 간통자를 사형에 처하는 법률이 폐지되었지만, 부정한 성행위에 대한 기소는 18세기까지 계속되었다. 간통자와 매춘부는 런던에서 공개적으로 매질을 당했으며, 도시 곳곳에서 조리돌림을 당했고, 거주 교구의 '감시 대상 명단'에 이름이 실리며 망신을 당했다. 일요일마다 성직자들은 교회에서 죄인들의 이름을 낭독한 뒤, 성적 죄를 지었음을 자백하게 했다. 이런 죄인 가운데 일부는 판사에게 고된 노역을 선고받기도 했다. 18세기의 첫 10년 동안, 런던의 도덕 단속을 위해 설립된 여러 협회에는 1,000건이 넘는 고발이 접수되었다.[18] 그러나 분노는 점차 가라앉았다. 이런 협회들이 수도 런던의 성장과 기하급수적으로 커지는 런던의 성욕에 제대로 대응하지 못했을 뿐만 아니라, 오직 가난한 사람들만 간통죄로 고발당하는 현실을 사람들이 부당하다고 여기기 시작했기 때문이다.[19] 게다가 자유에 관한 사상이 논쟁에 기름을 부었다. 매춘부가 호객 행위를 했다고 체포해도 되는가? 그렇지 않다. 호객 행위는 위법 행위가 아니므로 매춘부를 구금하면 대헌장의 조항을 위반하게 된다. 그러면 간통은 어떤가? 간통은 자연법에 위배되는 것이며, 관용의 한도를 넘어서는가? 아니면 간통은 그저 교회법을 위반하는 죄에 불과하며, 따라서 계몽주의자들이 자유방임laissez-faire, 즉 그대로 내버려 두라고 말할 만한 것인가? 로크 본인은 남성이 한 명 이상의 여성과 혼외관계로 자녀를 두는 것이 자연법에 어긋나지 않는다고 생각했지만, 이 의견을 공공연하게 밝히지는 않았다. 이 논쟁은 스코틀랜드인 철학자 데이비드 흄의 『인간 본성에 관한 논고』(1739~1740)에서 가장 깔끔하게 해결되었다. 흄은 책에서 성욕은 욕구이며 "욕구의 제한은 자연적이지 않다"라고 언급했다.[20] 실제로 사회의 근간은 바로 출산이지 않은가.

1750년경, 남성과 여성이 사적인 공간에서 자신들의 몸으로 원하는 행위를 할 자유가 있다는 생각이 널리 지지받기 시작했다. 잉글랜드에서 1748년에서 1749년에 출판된 소설들을 살펴보면 문학적으로 이 원칙을 환기하는 모습을 볼 수 있다. 새뮤얼 리처드슨의 『클러리사』와 헨리 필딩의 『톰 존스』는 모두 혼외관계에서의 성적 주제를 다루었다. 같은 해에 존 클레랜드의 『패니 힐』도 출판되었는데, 이 책은 수간을 제외하고 거의 모든 성행위가 등장하는 명백한 포르노 소설이었다. 프랑스에서는 1740년 이후로 부셰의 그림이 이와 비슷한 시각적 자극을 제공했다. 벌거벗은 채로 도발적인 포즈를 취한 젊고 예쁜 여성들을 담은, 뻔뻔스러울 정도로 에로틱한 그림이었다. 육체의 즐거움을 실제로 얻고자 했던 사람들에게는 지난 2세기보다 더 노골적으로 변한 매춘이 기다리고 있었다. 1757년부터 상류층 거주지인 웨스트엔드오브런던에서 일하는 모든 좋은 창녀, 나쁜 창녀, 진짜 나쁜 창녀의 이름과 이들의 서비스 목록을 실은 안내 책자 『해리스의 코벤트 가든 레이디 목록 Harris's List of Covent Garden Ladies』이 발행되었다. 찰스 2세와 루이 14세는 정부를 두는 왕실 전통을 너무도 충실히 따랐으며, 영국 해협 양쪽의 수많은 귀족들 역시 마찬가지였고, 섹스를 또 하나의 일상적인 것으로 여기던 신흥 중산층도 기꺼이 받아들였다. 성적 행위에 관해 말하자면, 남유럽 국가들은 항상 좀 더 세련된 구석이 있었다. 가톨릭 도시국가인 베네치아는 부정한 정사에 늘 관대한 편이었지만, 18세기에는 더 자유분방하게 변했다고 봐도 무방할 것이다. 무려 자코모 카사노바를 배출했으니 말이다.

퍼져나가는 인도주의 안에서도 자유주의 사상을 찾아볼 수 있었다. 러시아의 엘리자베타 여제는 1744년에 사형제를 폐지했는데, 이는 러시아인 대부분의 반감을 샀다.[21] 이탈리아에서는 체사레 베카리아가 『범죄와 형벌』(1764)을 출판했는데, 이 책에서 베카리아는 국가가 생명을 앗아갈 정당한 명분이란 결코 없으며, 종신형이 훨씬 더 나은 범죄 억제 효과가 있다고 주장했다. 이에 따라 토스카나 대공 레오폴트 2세도 1786년에 사형을 폐지했다. 1766년에는 볼테르가 베카리아의 저서를 프랑스어판으로 내놓았고, 1767년에는 영어판이 출판되었다. 심지어 사형제를 유지하던 나라들도 사법 살인의 빈도를 줄였다. 암스테르담의 사형 집행률은 6분의 1로 줄었으며, 런던에서는 약 3분의 1로 줄었다.[22]

계몽 자유주의의 효과는 법적 잔혹 행위의 측면에서 더욱더 두드러지게 나타났다. 고통스러운 형벌과 공적인 고문은, 가해자의 사악함을 비난하기보다 국가의 횡포에 대해 더 많은 이야기를 하게 했다. 잉글랜드 권리장전에 포함된 '잔혹하고 유별난 형벌' 금지 조항은 손이나 팔다리를 자르는 관습적인 형벌을 폐지한다는 의미였다. 1775년부터는 죄인에게 구속틀을 사용하는 빈도가 줄었으며, 비슷한 시기부터 여성을 채찍질하는 형벌이 중단되었고, 1779년에는 낙인형이 벌금형으로 대체되었다. 1784년은 잉글랜드에서 여성이 소역죄●로 화형당한 마지막 해가 되었으며, 1789년은 여성이 대역죄로 비슷한 최후를 맞이한 마지막 해가 되었다. 1791년에는 마침내 화형이 폐지되었는데, 그 훨씬 전부터 처형인들은 화형대에 불이 붙는 순간 화형당하는 여성을 목 졸라 죽이는 자비를 베풀어왔다. 인도주의적 우려 때문에 비공식적인 합의가 있었기 때문이다. 범죄를 저지른 일부 여성은 그토록 끔찍한 처벌을 받을 정도는 아니라는 이유만으로 무죄 판결을 받기도 했다. 같은 이유로 교수형을 면한 남자도 많았다. 잉글랜드에서는 죄인을 교수대로 보내는 대신 미국(1776년 이전까지)이나 호주(1787년 이후부터)로 이송하는 경우가 늘어났다. 수감 그 자체를 잔인하고 모욕적인 처벌로 여겼던 존 하워드John Howard는 1770년대에 영국의 감옥 개혁을 위한 캠페인을 벌였다. 프랑스에서도 잔혹성이 줄어들었다. 1750년은 상호 합의된 동성애 행위를 저지른 죄로 프랑스인 남성이 산 채로 화형당한 마지막 해가 되었으며, 1783년은 프랑스인 남성이 남성을 강간한 죄로 화형당한 마지막 해가 되었다. 심지어 1791년 프랑스에서는 사형제를 전면 폐지하려는 움직임까지 있었다. 불행히도 혁명 프랑스를 보다 관용적인 국가로 만들려는 열망은 얼마 지나지 않아 사라졌다. 그러나 전체적으로 고려했을 때, 프랑스 혁명의 잔혹성은 인도주의의 끝이 아니라 일반적 경향에서 벗어난 예외로 보는 편이 타당하다.

● petty treason, 小逆罪. 남편이나 고용주를 살해한 죄.

경제 이론

18세기 후반까지 대부분의 유럽 국가들은 대체로 중상주의라는 딱지를 붙일 수 있는 일련의 경제 원칙을 따랐다. 중상주의의 근본 사상은, 세상의 부가 한정되어 있으므로 자국이 더 많은 부를 축적할수록 경쟁국의 부가 줄어든다는 것이다. 그러므로 정부는 무역 흑자를 유지할 방법을 모색해야 했다. 이는 강력한 외세의 가용 자금을 제한하는 동시에 자국민의 무역 활동으로 이득을 봄으로써 자국을 부유하게 하는 행위이기 때문이다. 장관들은 가령 동인도 무역 독점권과 같은 독점권이나 독점 사업권을 만든 뒤, 이 권리를 회사에 주거나 판매했으며, 회사들은 이렇게 얻은 독점권으로 이익을 추구했다. 국내 무역의 경우에도 장관들은 통행료나 관세를 부과하는 방식으로 국가의 부를 늘리고자 했다. 중상주의 체계는 프랑스에서 절정에 달했다. 1683년에 사망하기 전까지 중상주의자 장 바티스트 콜베르는 거대한 관료 집단을 주도해 세금과 벌금을 꼼꼼히 받아내는 데 여념이 없었고, 규제를 통해 모든 무역을 효과적으로 쥐어 짜냈다. 얼마 지나지 않아 사람들은 이러한 규제 중심의 경제 정책에 비판의 목소리를 내기 시작했다. 1690년대에 벨레스바트 경seigneur de Belesbat은 프랑스가 네덜란드의 무역 독점권을 차지하려면 네덜란드와 전쟁을 벌이는 데 귀중한 자원을 쓸 것이 아니라 네덜란드와 상업적으로 경쟁해야 한다고 주장했다. 이것은 성공의 발판을 국가의 통제보다 자유와 민간 투자라고 보았다는 점에서 새롭고도 급진적인 접근법이었다. 부아기유베르 경도 비슷하게 자유무역과 정부 규제 제한을 주장했다. 그러나 중상주의는 굳건했다. 대다수의 정치 지도자는 자유무

변화의 세기

역 장려 정책을 통해 경제 성장을 추구한다는 생각을 받아들일 수 없었다.

마침내 18세기 초가 되자 중상주의라는 견고한 성벽에 금이 가기 시작했다. 그 원인 중 하나는 지폐 제조를 통한 화폐 공급의 확대였다. 또 다른 원인은 경제에 유통되는 화폐가 늘어나면 모두에게 좋다는 통화팽창론의 등장이었다. 이 둘의 조합은 극적인 결과를 불러왔다. 스코틀랜드인 통화팽창론자 존 로는 프랑스의 국가 부채 상환에 책임을 지는 조건으로 1716년에 프랑스 중앙은행의 총재로 임명되었다. 아메리카에 새로이 설립된 미시시피 회사•의 수장이었던 존 로는 이 지위를 활용해 신대륙에서 주인을 기다리고 있는 광대한 토지를 담보로 지폐인 은행권banknote을 발행했다. 이런 방식으로 존 로는 경제에 돈이 넘쳐나게 했는데, 결과적으로 정부의 국가 부채 상환에 도움이 될 것이라 기대했기 때문이다. 투자자들이 보유한 금액이 너무 고액이었기 때문에 이들을 가리키는 '백만장자millionaire'라는 단어가 새로이 등장할 정도였다.[23] 그러나 이 현금화가 불가능한 자산에 기반을 둔 계획은 흔들리지 않는 신뢰와 무한한 순진함에 의존한다는 점에서 망할 수밖에 없는 운명이었다. 로가 세운 체계는 1720년에 붕괴했다. 같은 해에 비슷한 주식 기반 체계였던 잉글랜드의 남해 회사가 무너졌다. 이러한 사건들의 즉각적인 결과는 투기자들을 잔뜩 겁먹게 했지만, 다른 한편으로는 경제 이론이 피해를 제한하는 역할을 수행할 수 있음을 사람들에게 일깨워주었다. 경제에 어떤 일이 일어나고 있

● 18세기 초에 북미 식민지 건설을 위해서 미시시피강 주변을 개발하고자 했던 프랑스가 설립한 무역 회사.

는지 이해하는 것은 더욱더 중요해졌다.

경제학에 대한 관심이 커지면서 통계학의 위상도 동반 상승했다. 1600년경, 잉글랜드 정부는 페스트 발생의 영향을 계량화하기 위해 런던과 인근 지역의 사망자 수와 원인에 대한 자료를 수집하기 시작했다. 이 수치는 매년 발행되었는데, 존 그랜트는 이를 활용해 최초의 통계 분석 연구인 『사망자 통계표에 관한 자연적·정치적 관찰 Natural and Political Observations Made upon the Bills of Mortality』을 내놓았다. 같은 시기, 과거 토머스 홉스의 개인 비서였던 정부 장관 윌리엄 페티 경은 그가 개척한 정치산술 political arithmetic 분야에서 몇 편의 경제학 논문을 썼다. 페티는 이를 '숫자, 무게, 측정값'에 근거를 둔 주장이라 불렀다. 그는 국민 소득을 설명하기 시작했을 뿐만 아니라, 화폐 공급량과 화폐 가격의 관계를 설명하는 화폐 수량설 quantity theory of money의 초기 단계에 해당하는 이론을 개발했다. 페티는 특정 액수의 화폐가 지닌 경제적 잠재력이 얼마인지 확립하려고 했는데, 결국 화폐가 지닌 경제적 잠재력은 화폐가 얼마나 빠르게 주인을 바꾸느냐에 달려 있다는 결론을 내렸다. 페티의 통계적 방법론이 모두를 납득시킨 것은 아니었다. 조너선 스위프트는 『겸손한 제안』에서 페티식 방법론을 풍자한 것으로 유명하다. 페티식 계산법에 따르면 아일랜드의 가난한 사람들이 연간 10만 명의 잉여 자식을 사육한 뒤, 애들을 잡아먹는 부자들에게 판매함으로써 먹고사는 데 충분한 돈을 벌 수 있다고 스위프트는 풍자했다. 그럼에도 페티는 수학적 접근법을 받아들임으로써 — 천문학자들이 행성의 미래 위치를 계산할 수 있듯 — 영민한 경제학자들이 국가 번영으로 향하는 길을 계산할 수 있다고 주장했다.

1696년, 통계학자 그레고리 킹은 국가의 부를 계급과 지역별로 놀랍도록 정확하고 상세하게 정리한 통계 자료를 작성함으로써 한 걸음 더 나아갔다. 찰스 대버넌트의 『무역 수지에 관한 소론Essay upon the balance of trade』(1699)에 이 자료의 일부가 실려 있다. 킹의 통계 자료는 국가의 부를 설명하기 위한 최초의 진지한 시도로 기록되었다.

　　그리고 이제 계몽주의 시대의 첫 번째 주요 경제학자가 마침내 이 무대에 들어선다. 리처드 캉티용은 태생적으로는 아일랜드인이었으며 천성적으로는 이단아였다. 파리에서 존 로의 계획에 참여한 캉티용은 터무니없이 과대평가된 미시시피 회사의 주식을 사고파는 일을 했다. 그러나 로가 큰 실수를 범한 반면, 캉티용은 교묘한 수를 두었다. 캉티용은 통화팽창론의 끝이 무엇인지 이해하고 있었으므로, 피할 수 없는 추락 전에 비밀리에 자신의 은행권을 교환했다. 그렇게 캉티용은 돈을 잃지 않은 극소수의 '백만장자' 중 한 명이 되었다. 후에 캉티용은 런던에서 살았는데, 1738년에 살해당하기 전에 최초의 제대로 된 경제학 논문으로 여겨지는 「일반 상업 본질 소론An Essay on the Nature of Commerce in General」을 썼다. 이 논문은 1755년에 출판될 때까지 오랫동안 필사본 형태로 유통되었다. 캉티용은 부아기유베르의 추상적 개념을 받아들였다. 경제학자가 일련의 실험 기준을 정하고 '다른 모든 조건을 동일하게' 유지한 채, 일종의 이론적 실험실에서 단일 요인을 검증하는 방식이었다. 캉티용은 재화의 가격이 어떻게 결정되는지에 관한 이론을 개발했으며, 이 이론에서 핵심 요인은 생산 비용이 아니라 그 재화의 수요라고 주장했다. 이는 현대 '수요 공급 법칙'의 전신에 해당하는 이론이었다. 캉티용은 기업가가 시장의 위험을 감수하는 중요한 역할을 한다는 견해를 확립했으며, 이자는 위험에 대한 보상이라는 이론을 세웠다. 캉티용은 페티 경이 발전시킨 화폐 수량설을 더욱 발전시켰다. 이 과정에서 캉티용은 오랫동안 유럽 경제를 꽁꽁 묶었던 중상주의의 밧줄을 끊기 시작했다.

마침내 프랑스에서 캉티용의 저서가 출판되면서 그의 사상은 신세대 프랑스인 사상가들에게 큰 영향을 주었다. 그 결과 역사에 중농주의Physiocracy라는 이름으로 남은 최초의 경제 '학파'가 탄생했다. 의학박사 프랑수아 케네가 이끄는 중농주의 경제학자들은 정부가 사업에 개입하는 것을 반대하며 자유무역과 자유방임을 열렬히 설파했다. 그들은 중농주의 경제 이론을 로크의 자연권 개념과 연관지으면서 세상에는 단 하나의 세금만 있어야 한다고 주장했다. 그것은 바로 중농학파가 모든 부의 원천이라 믿었던 토지에 대한 세금이었다. 중농주의 경제학자들이 특히 신뢰하는 자료는, 케네 박사가 1758년에 전체 경제가 어떻게 작동하는지 보여주고자 작성한 복잡한 수학적 도표인 『경제표Tableau Economique』였다. 훗날 프랑스 혁명을 이끈 인물 가운데 한 사람이 되는 미라보 백작은 『경제표』를 글쓰기와 화폐와 더불어 세계 역사상 가장 위대한 발명 3선 가운데 하나로 꼽았다. 대다수 사람들은 『경제표』가 대단히 난해하다는 사실을 깨달았다. 그러나 경제가 체계적으로 연구할 수 있는 대상이라는 생각이 강화되었다. 중농주의 원칙을 받아들인 통치자 가운데는 바덴 공국의 변경백 카를 프리드리히Carl Friedrich와 토스카나 대공 레오폴트 2세가 있었다. 정부 장관들이 진지한 고려 없이 경제에 손을 대던 시절과 비교하면 실로 엄청난 변화라고 할 만하다. 이제는 전문 경제학자들이 유럽 정부들의 자문에 응하고 있었으니 말이다.

애덤 스미스는 자유시장 경제학의 성서를 쓴 사람이자, 중상주의의 관뚜껑에 못을 박은 사람이다. 애덤 스미스는 캉티용의 저서를 읽고 중농주의 경제학자들을 만났다. 또한 그는 화폐 수량설에 대해 책을 쓴 데이비드 흄의 친구이기도 했다. 애덤 스미스의 대표작『국부의 형성과 그 본질에 관한 연구An inquiry into the nature and causes of the wealth of nations』(1776), 즉『국부론』은 한 세기의 경제 사상을 훌륭히 요약한 대작이다.『국부론』에서 애덤 스미스는 노동 분업과 그 이점, 화폐의 용도, 가격 수준, 금리와 인건비, 경제 진보의 본질, 신대륙 식민지의 경제적 영향, 다양한 정치 경제 체제 등을 논했다. 결정적으로 애덤 스미스는 국가가 상인들의 이기심을 경계할 필요가 없다고 주장했는데, 상인들이 부자가 됨으로써 국가의 부를 증가시킨다는 이유에서였다. 그는 자유무역에 찬성하는 주장을 분명하게 펼쳤다. 높은 수입 관세는 밀수를 부추기며, 관세를 낮추면 차와 술을 밀수할 가치가 없어진다는 주장이었다. 또한 부를 축적한다는 낡은 관점이 순전히 잘못되었다는 사실을 보여주었다. 국가가 막대한 양의 금괴를 쌓아둔 채 아무것도 하지 않으면 어떤 이익도 볼 수 없기 때문이다. 애덤 스미스의 저서는 즉각적인 성공을 거두었다. 가장 중요한 것은,『국부론』이 정치인들의 관심을 끌었다는 것이다. 당시 총리였던 노스 경은 조세 및 아일랜드와의 자유무역에 관한 스미스의 주장을 받아들였다. 그의 후임자 소小 윌리엄 피트는 자유무역을 전폭적으로 수용했으며, 1786년 프랑스와 협정을 맺음으로써 스미스의 비전을 실현했다.

그러나 18세기의 새로운 경제 사상은 정치 경제에만 국한된 것이 아니라 사적 이익에 관한 것이기도 했다. 농업 혁명에 관한 부분에서 살펴보았듯, 사람들은 더 높은 수익률을 위해 토지에 투자하기 시작했다. 이러한 투자에서 자본 문제는 대단히 중요한 사안이었다. 사업가들이 땅을 사거나 늪지에서 물을 빼는 등 토지 개선에 들어가는 비용을 지불하려면 어디선가 돈을 빌려야 했기 때문이다. 그러므로 18세기에는 은행업이 발흥했다. 1750년 잉글랜드에는 약 12개의 개인 은행private bank이 있었다. 이 수는 1784년에 120여 개, 1793년에 280여 개로 늘어났다.[24] 1800년경에는 엑서터 한 곳에만 개인 은행 5개가 있었으며, 모어턴햄스테드와 여타 지역 사람들에게 돈을 빌려주었다.[25] 이는 잉글랜드 남서부에서 화폐가 거의 쓰이지 않았던 이 책의 시작부와 극명한 대조를 이룬다. 이 은행들이 제공한 대출은 존 로의 화폐 팽창적 은행권 발행보다 통화 공급량에 훨씬 더 큰 영향을 주었다. 만약 다수의 예금자가 은행에 1,000파운드를 예금하면, 은행은 정책에 따라 예금의 10퍼센트를 지급준비금으로 보유하고 남은 900파운드를 대출해주었다. 만약 대출자가 이 900파운드를 투자해 공장 건물을 구매하고 공장 판매자가 대금을 다른 은행에 맡겼다면, 그리고 다른 은행도 10퍼센트의 지급준비율 정책을 따른다면, 두 번째 은행은 총 810파운드를 대출해줄 수 있다. 두 차례의 예금과 대출 과정을 거치자 본래 1,000파운드였던 돈이 이제 서류상으로 2,710파운드의 가치를 지니게 된 것이다. 이런 방식으로 은행은 자본이 성공적으로 쓰이게 했으며, 엄청나게 많은 수의 농업 개발 및 산업 개발 현장에 자금을 조달함으로써 국가의 부를 크게 늘려주었다.

18세기의 가장 중요한 사상가 가운데 한 명을 언급하지 않은 채로 경제 이론에 관한 부분을 매듭짓는 것은 적절치 않을 것이다. 토머스 로버트 맬서스는 애덤 스미스와 데이비드 흄의 저서에 큰 영향을 받은 잉글랜드인 성직자였다. 튀르고 같은 계몽주의 작가들이나, 인류의 진보는 결코 멈추지 않으리라는 믿음을 신봉한 윌리엄 고드윈 같은 잉글랜드인의 맹목적인 낙관주의에 반발하여, 맬서스는 새로운 경제학 원리를 모든 사회의 중심에 있는 가장 근본적인 물음에 적용했다. 그것은 바로 "모든 사람이 먹기에 충분한 식량이 있을까?"였다. 맬서스는 그의 중요한 연구 『인구론An Essay on the Principle of Population』(1798)의 초판에서 다음 사실을 지적한다. 역사를 통틀어 볼 때 사회의 상당 부분은 극심한 가난에서 벗어날 수 없었으며, 이는 오늘날에도 마찬가지다. 그런데 계몽주의 낙관론자들은 이런 현상이 어째서 과거의 일이 되었는지, 혹은 이런 현상을 어떻게 완화할 수 있는지를 설명하지 못한다. 맬서스는 다음과 같이 적었다.

> 나는 인간과 사회가 완벽해질 수 있다는 몇몇 추측을 아주 즐겁게 읽었다. 나는 이런 추론들이 보여주는 매혹적인 풍경에 마음이 따뜻해지고 큰 기쁨을 느꼈다. 나는 그러한 행복한 발전을 간절히 기원한다. 그러나 내게는 이를 가로막고 있는 엄청난, 그리고 극복할 수 없는 어려움이 보인다.

맬서스는 인구는 기하급수적으로 증가하지만 식량 공급은 산술적으로만 증가한다고 보았다. 그러므로 증가하는 인구를 부양할 수 없는 것은 기근기에만 국한된 일이 아니다. 맬서스는 설령 인구가 700만 명이고 식량이 부족하지 않은 나라가 있다고 해도, 결국 식량을 750만 명 혹은 800만 명이 나눠 먹게 될 때까지 이 나라의 인구가 증가할 것이라고 설명했다. 그러면 수요로 인해 식량 가격이 상승하겠지만, 인구 증가로 인한 노동 과잉 공급으로 가난한 노동자들이 제공하는 노동의 가치는 줄어들게 된다. 즉 사회의 일부는 자연적인 인구 증가 과정에서 식량을 빼앗긴다. 그러나 현실에서는 특정한 억제 요인들이 인구 증가를 제한한다. 과거를 돌이켜보며 맬서스는 과도했던 인구가 대개 기아, 질병, 폭력으로 감소했음을 관찰했다. 또한 결혼 지연, 산아 제한, 독신, 낙태를 포함해 인구 증가를 제한하는 여러 예방 조치를 취할 수도 있다. 어떻게 설명하든 계몽주의 진보주의자들은 자아도취에 빠져 있었다. 맬서스는, 사회는 진보적인 경향이 있으므로 사회 구성원들의 생활수준이 계속해서 향상될 것이라는 이들의 주장은 사실과 거리가 멀며, 실상은 오히려 정반대라고 주장했다.

당시에도 이후에도 맬서스의 말을 달가워하지 않는 수많은 사람이 있었다. 심지어 오늘날에도 회의론자들은 맬서스의 이름만 들어도 극도로 부정적인 반응을 보인다. 맬서스는 당시에 인신공격을 당했으며 무정하다는 비난을 받았다. 진보를 믿었던 사람들은 맬서스를 진보의 길을 가로막는 장애물이자, 파멸의 복음을 전하는 설교자로 오인했다. 이들은 엉뚱한 사람에게 화풀이를 했다. 당연한 말이지만 경기 침체가 일어난 것은 비관주의적 경제학자들의 잘못이 아니었다. 오히려 이들이 준 피해는 낙관론자들이 준 피해보다 훨씬 적었다. 또한 맬서스는 결코 무정한 사람이 아니었다. 그는 이익에 몰두하기보다는 가난한 사람들의 곤경에 진심으로 관심을 둔, 지극히 보기 드문 경제학자였다. 진보가 소수만이 아니라 모두를 위한 것이 되게 하려면 빈곤의 덫poverty trap을 완화해야 한다는 맬서스의 주장은 지극히 옳았다. 맬서스의 암울한 예측이 실현되지 않은 것은 예측 자체가 잘못되었기 때문이 아니다. 발명가와 기업가들이 화석 연료를 이용하고, 토양을 비옥하게 하고, 식량을 운송하는 더 나은 방법을 찾아냄으로써 방정식에 새로운 요소를 들여왔기 때문이다. 공교롭게도 맬서스의 예측이 실현되지 않게 막아주는 요소들이 작동하려면 여전히 지속적인 화석 연료 공급이 필요하다. 결과적으로 맬서스는 경제 분야의 모든 저자들 가운데 가장 중요한 인물 중 한 명으로 남았다. 인구 증가와 경제 동향을 예측하려는 사람들은 맬서스의 이름과 '맬서스식 억제 Malthusian check'라는 개념을 자주 읊는다. 그러나 여기에서 이익에 가장 무관심하고 가난한 사람들에게 가장 관심이 많았던 18세기의 경제학자 맬서스는 경제 사상이 중상주의와 왕실 독점권의 시대로부터 얼마나 멀어졌는지를 상징적으로 보여준다.

산업 혁명

오늘날 사람들은 산업 혁명이 18세기 잉글랜드에서 시작되었다는 말을 널리 사실로 받아들인다. 그러나 놀랍게도 산업 혁명이라는 용어는 1799년 베를린에 주재하던 프랑스 외교관이 당시 '프랑스'에서 일어난 일을 묘사하기 위해 처음 만든 말이었다. 이 명백한 모순은 산업 '혁명'이 사실은 매우 점진적인 발전이었다는 사실로 설명할 수 있다. 산업 혁명은 처음에는 눈에 띄지 않는 혁명이었다. 그러나 잉글랜드 각지에서 지역적으로 시작된, 서로 상이한 기원을 가진 발전들은 아주 서서히 퍼져나가 끝내 유럽 전체에 큰 족적을 남겼다. 18세기 말이 되어서야 비로소 사람들은 이 발전의 혁명적 속성을 인식했다. 역사학자 에릭 홉스봄은 이렇게 말했다. 산업 혁명은 "시작이나 끝이 있는 에피소드가 아니었다. (…) 그 본질은, 혁명적 변화가 그 이후로 일반화된 것이다."[26]

오늘날 우리는 산업 혁명을 증기력steam power과 연관 짓는 경향이 있다. 그러나 증기는 변화의 한 부분일 뿐이었으며, 그것도 비교적 작은 부분에 불과했다. 1800년에는 산업과 광업 분야에서 고작 1,200여 대의 증기기관이 사용되었다. 물레방아가 이보다 훨씬더 많이 쓰였고 훨씬 더 많은 동력을 생산했다. 실제로 물은 산업혁명 후기인 1838년까지도 전체 영국 산업에서 동력의 3분의 1 이상을 제공했다.[27] 산업화를 일으킨 진정한 요인은 상업 경쟁이었다. 만약 어떤 공장 소유주가 경쟁자들을 이기고 싶다면, 생산비를 절감하고 활용 가능한 모든 자산을 최대한 활용해야 했다. 그리고수익 극대화를 위해 작업 방식을 바꾸고, 새로운 어려움에 적응하고, 사람과 기계와 건물에 투자해야만 했다. 이런 점에서 볼 때 산업 혁명과 농업 혁명은 동전의 양면이었다. 둘 다 작업 관행의 효율성을 높여 더 큰돈을 벌려는 욕망에서 비롯되었다.

산업 혁명의 근본 원인을 찾는 과정에서 우리는 두 개의 눈에띄는 신흥 시장을 발견하게 된다. 두 시장의 형성은, 하나는 면과모직물, 다른 하나는 석탄과 금속 가공물에 대한 수요 때문이었다. 이 두 재화의 에너지원을 살펴보면 처음에는 별개인 산업 혁명이었다가 후에 더 큰 산업 혁명의 일부로 통합되었다고 봐야 한다는점이 명백해진다. 최초의 면 공장은 1740년대에 건설되었으며 그동력원은 가축이나 물이었다. 1780년대 이전에는 증기기관을 사용하는 면 공장은 없었다. 그렇다면 어째서 18세기 전반에 걸쳐 석탄생산량이 그토록 많이 증가했을까? 어째서 깊디깊은 광산에서 물을 빼내는 데 — 1730년대에는 90미터 깊이 갱도에서 물을 뺐고, 20년 뒤에는 180미터 갱도에서 물을 뺐다 — 증기기관이 필요했던 것일까?[28] 어째서 1726년이라는 이른 시기에 더럼 카운티에서

타인사이드로 석탄을 운송하는 세계 최초의 철도교인 코지 아치가 건설되었을까?

그 대답은 1780년 이전에도 비록 소규모이긴 하지만 섬유 제조 이외의 산업에서 석탄 수요가 있었다는 것이다. 대장장이들과 주철 제조업자들은 석탄이 필요했다. 에일 양조업자와 비어 양조업자,* 진과 위스키 증류업자, 소금 제조업자, 벽돌, 타일, 유리 제조업자들도 마찬가지였다. 이런 제품을 제조하려면 고온이 필요했는데, 나무를 태우는 정도로는 온도가 부족했기 때문이다. 이런 산업에서는 전통적으로 숯을 사용했지만, 질 좋은 석탄은 숯보다 훨씬 나은 대안이었다. 심지어 석탄이 가격도 더 쌌다. 16세기 이후로 잉글랜드는 늘 땔감 부족에 시달렸기 때문이다. 목재는 집을 짓고 물품을 운송하고 가구나 대부분의 도구를 제작하는 데 필요했지만, 중세에 수많은 숲이 벌채되었다. 16세기 이후로는 빠르게 늘어나는 인구를 수용하기 위해 더 많은 숲이 벌채되었다. 나무가 부족해지자 사람들은 자연히 연료를 석탄에 의존했다. 벽돌 굴뚝이 딸린 집들은 빨래나 세척, 목욕에 필요한 물을 나무 대신 석탄을 써서 데웠다. 1700년이 되기 훨씬 전에 석탄은 런던의 주요 연료가 되었는데, 17세기 동안 런던 인구는 약 20만 명에서 70만 명으로 증가했다. 수도 런던에서 사용하는 석탄 대부분은 — 연간 33만 5,000촐드론(44만 3,875톤) 규모 — 뉴캐슬 산으로, 잉글랜드 동부 해안을 따라 운송되었다. 이는 끝없이 연료가 필요한 런던에 석탄을 공급하는 잘 확립된 경로였다. 1770년경, 석탄 수요는 두

• 영국에서는 15세기에 맥주에 홉을 첨가하기 시작하면서, 홉을 첨가한 맥주를 비어beer, 첨가하지 않은 맥주를 에일ale이라 부르며 엄격하게 구분했다고 한다.

배가 되었다. 런던시와 교외는 계속해서 성장했으며, 1800년경 런던 인구는 100만 명을 돌파했다. 같은 시기, 잉글랜드 나머지 지역의 연료도 석탄으로 전환되고 있었다. 잉글랜드의 총 석탄 생산량은 1700년에 약 260만 톤이었던 반면, 1800년에는 그 4배가 되었다. 가격도 점점 더 저렴해졌다. 다수의 노동집약적인 소규모 광산에서 소수의 대규모 채광 기업으로 전환되면서 채굴 비용이 감소했기 때문이다. 이러한 대형 광산의 소유주들은 바다와 강, 수로를 이용하는 효율적인 유통 체계를 구축하여, 석탄 1톤의 1마일당 운송비를 고작 1파딩(4분의 1페니) 수준으로 줄일 수 있었다.[29] 낮은 원가로 사람들은 더욱더 석탄에 의존하게 되었으며, 그렇게 이 순환은 계속되었다. 1850년경, 영국의 석탄 생산량은 연간 5,000만 톤 이상으로 증가했다.

19세기에 석탄 수요가 기하급수적으로 증가한 이유는 증기기관이 광범위하게 사용되기 시작하면서 수많은 다른 산업에서도 증기기관이 필수품이 되었기 때문이다. 그러나 18세기 대부분의 기간 동안, 증기기관은 광산 깊은 곳에서 물을 빼내는 데 쓰는, 석탄을 태워 더 많은 석탄을 생산하는 기계에 불과했다. 증기기관은 원래 사우스 데번의 모드베리 출신인 토머스 세이버리의 발명품이 시초였다고 한다. 그는 1698년에 "불의 추진력으로 작동하는, 물을 길어올리고 물방아millwork에서 온갖 작업을 수행할 수 있는 발명품"의 특허를 냈다. 이 설명을 보면 세이버리는 그의 기계가 단지 광업 분야만이 아니라 그보다 훨씬 광범위한 분야에 영향을 줄 것이라고 분명히 이해하고 있었으나, 저서 『광부의 친구The Miner's Friend』에서 이 기계의 주 용도는 광산에서 물을 빼내는 것이라고 강조했다. 1699년에 왕립학회에서 자신의 발명품을 시연하고, 같은 해 의회법에 의해 특허권 보호를 연장받은 세이버리에게는 이 특허가 자신을 부자로 만들어주기 일보 직전이라고 믿을 만한 이유가 있었다. 불행히도 그의 기계는 충분히 효율적이지 않았다. 그러나 마찬가지로 데번 출신인 토머스 뉴커먼이 만든 기계는 충분히 효율적이었다. 두 사람은 파트너십 체결에 동의했으며, 1712년에 마침내 뉴커먼이 더들리 인근의 코니그리 탄광에 세계 최초의, 상업적으로 활용 가능한 동시에 제대로 작동하는 증기기관을 설치했다.

뉴커먼의 발명품은 하룻밤 사이에 세상을 바꿔놓지 않았다. 이 장치를 설치하는 데는 막대한 비용이 들었고 엄청난 양의 석탄이 필요했다. 그렇지만 증기기관이 가장 필요했던 곳은 바로 깊은 탄광이었다. 질문은 단순했다. 증기기관이 말을 집단으로 운용하는 것보다 저렴한가? 처음에 증기기관은 말보다 고작 11퍼센트 저렴했을 뿐이지만, 일부 광산 소유주들이 증기기관에 투자하게 하는 데는 이 정도면 충분했다.[30] 광산이 깊을수록 절감되는 비용은 더욱 커졌다. 잉글랜드의 광산 수백 곳에 뉴커먼의 증기기관이 설치되었다. 또한 수출도 이루어져 1727년에 스웨덴에서 1대가 제작되었으며, 1740년경에는 빈, 독일의 카셀, 슬로바키아의 셈니츠, 벨기에 리에주 인근의 제메페-쉬르-뫼즈, 파리 인근 파시에 여러 대의 증기기관이 있었다.[31] 1750년경에는 증기력의 원가가 마력 대비 60퍼센트 수준으로 떨어졌으며, 1770년경에는 40퍼센트 수준으로 떨어져 마력 대비 시간당 1.5페니를 절감할 수 있었다. 이제 증기기관은 유럽 전역으로 빠르게 퍼져나갔으며, 이를 설치한 것은 모두 영국인 기술자들이었다. 1767년에 잉글랜드 북동부의 탄전을 관광한 기술자 존 스미턴은 최소 57개의 뉴커먼 증기기관이 작동 중인 모습을 보았다. 스미턴은 이 증기기관을 모두 합쳐도 총 출력이 1,200마력에 지나지 않는다고 기록했으며, 증기기관을 더 효율적으로 재설계하는 작업에 착수했다. 그러던 가운데 1775년 에는 매튜 볼턴과 제임스 와트가 파트너십을 체결했다. 와트가 발 명한 더 효율적인 증기기관의 잠재력을 이용하기 위해서였다. 와 트의 증기기관은 별도의 콘덴서를 사용함으로써 뉴커먼의 증기기 관보다 석탄을 75퍼센트나 적게 사용했으므로, 석탄을 무제한으 로 공급받을 수 없는 다른 산업계의 사업가들에게 매력적이었다. 존 윌킨슨은 1775년에 자신의 제철소에서 사용할 볼턴&와트 증기 기관을 주문했다. 리처드 아크라이트는 1780년대 초에 더비샤이어 윅스워스에 있는 자신의 면직 공장에 볼턴&와트 증기기관을 한 대 설치했다. 증기력 혁명이 공장 체제의 혁명과 결합하면서 오늘 날 우리가 생각하는 산업 혁명이 바로 이 시기에 탄생했다.

면직 공장의 발달은 옷감을 더 균일하고 저렴하게 제조할 수 있게 한 일련의 기술 혁신의 결과였다. 존 케이John Kay는 1733년에 베틀의 위압 장치인 북shuttle을 자동화한 발명품 '나는 북flying shuttle' 으로 특허를 받았다. 1740년대와 1750년대에 직공들은 나는 북을 널리 받아들였는데, 그 결과 직공들의 생산량은 두 배로 늘어났으 며 방적 수요는 더욱더 증가했다. 루이스 폴과 존 와이엇은 1741년 에 버밍엄에서 폴의 롤러 방적기를 사용하는 공장을 열었다. 이 공 장은 비록 4년 뒤에 문을 닫았지만, 리처드 아크라이트는 롤러를 이용한다는 폴의 발상을 수력 방적기에 적용해 1769년에 특허를 받았다. 아크라이트는 폴과 달리 영민한 사업가였다. 아크라이트 의 지도하에 면 방적기는 수익을 얻었으며, 그가 사망한 1792년에 아크라이트의 재산은 대략 50만 파운드에 달했다. 제인 오스틴의

변화의 세기

『오만과 편견』에 등장하는 다아시의 연 소득이 1만 파운드였고 빙리의 연 소득은 5,000파운드였다. 첫 번째 특허품에 대한 특허료를 낼 돈도 없었던 아크라이트로서는 나쁘지 않은 결과였다고 할 수 있다.[32] 아크라이트는 노팅엄, 크롬포드, 베이크웰, 마손, 웍스워스, 리튼, 로체스터, 맨체스터 등지에 기계화 체계를 갖춘 대규모 공장을 세우고 그곳에서 돈을 벌었다. 이 공장들은 하루 24시간 내내 가동되며 밤하늘을 산업의 불꽃으로 밝혔다. 자주 언급되다시피, 리처드 아크라이트는 '자동차 왕' 헨리 포드보다 훨씬 전에 생산 라인 공장을 만들었다. 비슷한 부를 축적한 또 다른 기업가는 그의 이름을 딴 고품질 도자기 공장의 설립자인 조사이어 웨지우드였다. 철저하고 신중한 사람이었던 웨지우드는 스탠퍼드셔 에트루리아에 공장 부지를 매입했다. 그곳에 건설이 예정되어 있던 수로를 이용해 공장에 원자재를 공급하고 완제품을 유통하기 위해서였다. 웨지우드는 최고의 재료를 고집했고, 작업장을 최대한 청결하게 유지했다. 직원 278명은 모두 엄격한 방식으로 선별한 전문가들이었다.[33] 웨지우드는 직원들의 충성심을 확실히 유지하기 위해 공장 단지에 직원용 숙소를 제공하고, 초기 형태의 질병 수당을 개발했다. 동시에 계속해서 완성품의 기대치를 높였다. 웨지우드가 잉글랜드의 샤를로테 왕비와 러시아의 예카테리나 대제에게서 대량 주문을 받았다는 사실은, '웨지우드의' 산업 혁명이 단순한 대량 생산을 넘어 완제품의 품질에까지 초점을 맞추었음을 뜻한다.

1780년대부터 영국에서 산업화가 착착 진행되면서 유럽 전역의 사업가들이 관심을 갖기 시작했다. 18세기 전반기에 면직 산업의 연간 성장률은 1.37퍼센트 정도였다. 1760년부터 1770년까지는

4.59퍼센트가 되었으며, 1770년대에는 6.2퍼센트에 달했고, 1780년 대에는 무려 12.76퍼센트로 치솟았다. 이러한 놀라운 생산량 변화는 거의 모든 산업 분야에서 일어났다. 영국의 연간 선철pig iron 생산량은 1760년에는 3만 톤에 불과했으나 1806년에는 24만 4,000톤으로 증가했다. 사람들은 앞다투어 부를 창출할 수 있는 혁신을 찾기 시작했다. 1700년부터 1709년까지 잉글랜드에서는 겨우 31개의 특허 출원서가 등록되었으나, 1800년부터 1809년까지는 최소 924건이 등록되었다.[34] 다음 세기에는 산업 분야에서 더 큰 변화가 일어났으며, 석탄 사용이 기하급수적으로 증가하고, 혁신이 늘어났다. 1890년대에 영국 특허청은 23만 8,000건 이상의 특허 출원서를 받았다. 그러나 18세기에 일어난 여러 산업 혁명들은 서로 결합하여 세상을 영구적으로 변화시키고 사람들에게 미래로 향하는 길을 보여주는 '콜럼버스 효과'를 일으켰다.

정치 혁명

앞서 살펴보았듯, 1688년에 잉글랜드에서 일어난 명예혁명은 유럽 전역의 사상가들에게 깊은 영향을 주었다. 국민의 대표인 의회가 왕을 축출하고 다른 왕을 선출할 수 있으며, 새로운 왕의 권력에 일련의 제재를 가할 수 있다는 생각은, 왕정이라는 개념 자체를 뒤흔드는 것이었다. 그러나 명예혁명은 군주와 의회의 관계와 정부와 국민의 관계에 주 초점을 맞췄을 뿐, 시민 개개인의 관계에는 큰 관심을 기울이지 않았다. 18세기 후반에 정치 혁명이 일어난 다음에야, 인간이 평등하다는 생각이 정식으로 표현되었으며 정치적인 힘을 얻게 되었다.

　　미국 독립혁명은 식민지 사람들이 정부에 자신들을 대표할 사람이 부족한 문제를 해결하기 위한 시도로 시작되었다. 선출된 국회의원들은 국왕에게 특별 과세를 허가해주는 대가로 국왕에게 의견을 전달하고 입법을 제안할 수 있었다. 이것이 잉글랜드에서 오랫동안 확립된 원칙이었다. 그런데 미국 식민지 사람들은 국왕에게 의견을 전달할 수도 없었을뿐더러 정부의 입법 계획에 아무런 영향력을 행사할 수 없었다. 이들은 영국 정부에 세금을 냈음에도 불구하고 국회 의사당에 대표를 보내지 못했다. 1689년의 권리장전에 비추어보았을 때, 이는 위헌이었다. 식민지에서 영국 의회에 앉을 하원의원을 선출한다는 생각은 종종 논의되었지만 비현실적이라는 이유로 늘 무시되었다. 영국은 1765년의 인지세법Stamp Act으로 미국 식민지 주민들에게만 추가적인 세금을 부과했는데, 식민지 주민들은 잉글랜드 국왕의 신민으로서 자신들의 권리가 침해당했다고 여기며 격렬하게 반발했다. 여기에 그치지 않고 영국은 1773년에 다세법Tea Act으로 아메리카에 들어오는 차에 세금을 부과하려 했으며(정작 차는 동인도 회사 창고에서 무관세로 들여왔다), 이 시도는 보스턴 차 사건이라는 폭력적인 저항에 직면했다. 화해 시도가 무산되면서 버지니아, 매사추세츠만, 메릴랜드, 펜실베이니아, 델라웨어, 사우스캐롤라이나, 노스캐롤라이나, 조지아, 뉴햄프셔, 코네티컷, 로드아일랜드의 13개 식민지가 자신들의 정부를 설립했다. 그런 다음 각 식민지는 스스로를 국가로 선포했으며, 함께 대륙 회의를 결성했다. 이 단체를 통해 이들은 1776년 7월 4일 영국으로부터 독립을 선언했다. 독립선언문은 이렇게 시작한다.

인류 역사에서 한 민족이 다른 민족과의 정치적 결합을 해체하고, 세계 여러 나라 사이에서 자연법과 자연의 신이 부여한 독립적이고 평등한 지위를 차지할 필요성이 생겼다. 우리는 인류의 신념에 대해 엄정하게 고려해보면서 독립을 요구하는 여러 명분을 선언할 수밖에 없다.

우리는 다음과 같은 사실을 자명한 진리로 받아들인다. 모든 사람은 평등하게 창조되었고, 창조주는 몇 가지 양도할 수 없는 권리를 부여했으며, 그 권리 중에는 생명과 자유와 행복의 추구가 있다. 이 권리를 지키기 위해 인류는 정부를 조직했으며, 이 정부의 정당한 권력은 인민의 동의에서 비롯된다. 어떤 형태의 정부든 이 목적을 파괴한다면 언제든 정부를 개혁하거나 폐지할 수 있다. 인민의 안전과 행복을 가장 효과적으로 가져올 수 있는, 그러한 원칙에 기초를 두고 그러한 형태로 기구를 갖춘 새로운 정부를 조직하는 것은 인민의 권리다.

영국 정부는 이에 동의하지 않았으며, 자신들의 뜻을 분명히 밝히기 위해 군대를 파견했다. 이에 따라 1783년 9월 3일에 파리 조약Treaty of Paris이 체결될 때까지 전쟁이 계속되었다. 파리 조약의 조건에 따라 영국은 이제 미합중국이라 자칭하는 과거의 식민지들에 미시시피강 동쪽과 오대호 남쪽의 땅을 전부 양도했다. 별도의 협정에 따라 플로리다 동부와 서부는 스페인에 양도했다.

이런 사건들은 물론 미국과 미국의 발전에 엄청나게 중요했지만, 다른 곳에서 가장 큰 반향을 일으킨 것은 미국 독립 혁명에 담긴 공화주의적 성격이었다. 유럽에서는 공화국들이 잉글랜드 연방(1649~1660)이나 코르시카 공화국(1755~1769)처럼 오래가지 못했거나, 이탈리아 도시국가들이나 스위스의 주(칸톤)처럼 소규모 국가로만 존재했다. 조지 워싱턴은 500만 명이 넘는 사람들 앞에서 대통령 취임 선서를 했는데, 이런 일은 유럽에서 전례가 없는 일이었다. 이는 서방 세계 전체에 영향을 미쳤는데, 독립을 위한 미국인들의 노력을 지지해온 프랑스에서 특히 그랬다.

　프랑스인들이 요구하는 평등은 다른 맥락과 의미를 가지고 있었다. 미국 독립선언서의 저자들은 자신들에게 잉글랜드인이 누리는 자유를 동등하게 누릴 권리가 있다는 믿음을 표현하기 위해 '평등'이라는 용어를 사용했다. 그러나 이 평등은 세금을 내는 시민에게만 적용되었다. 미국 건국의 아버지들Founding Fathers 가운데 대다수는 모든 미국인이 평등하다고 믿지 않았다. 노예는 여전히 재산으로 여겨졌으며, 1776년에도 재산을 향유할 자유가 평등한 지위를 누릴 노예의 권리보다 우선했다. 이른 시기에도 노예 해방을 주장하는 목소리가 일부 있기는 했다. 1780년에는 펜실베이니아주에서 점진적 노예제 폐지법Act for the Gradual Abolition of Slavery이 통과되면서, 노예의 자녀는 모두 자연인이라 선포되었다. 이에 따라 누구도 재산을 포기하도록 강요받지 않은 채 노예제가 한 세대에 걸쳐 서서히 사라지게 되었다. 그러나 주요 노예주였던 미국 남부의 주들은 이를 따라 하지 않았다. 1789년 프랑스에서는 자유에 대한 열망과 평등에 대한 열망 사이의 갈등이 훨씬 적었다. 자유를 요구하는 사람들은 자신들의 권리를 부정하는 사람들과 평등해지길 원했기 때문이다. 그러므로 먼 나라의 제국주의적 명령에 반발한 미국 독립혁명과 자국의 정치 구조에 반발한 프랑스 혁명은 본질적으로 다른 혁명이었다.

　모든 일의 시작은 재정 위기였다. 정부에 꼭 필요한 경제 개혁에 대한 승인을 얻고자 프랑스 왕은 175년 만에 처음으로 삼부회를 소집했다. 평민의 대표인 제3계급the Third Estate이 소집되었을 때,

이들은 스스로를 국민 의회National Assembly의 의원으로 임명하고, 귀족 계급과 사제 계급이 동의하든 안 하든 정부 개혁을 진행하겠다고 선언했다. 국왕은 이들을 막고자 회의장을 폐쇄해버렸다. 그래서 국민 의회 의원 577명은 1789년 6월 30일에 회의장 대신 테니스 코트에 모였다. 이들 가운데 단 한 명을 제외한 모든 의원이 루이 16세가 헌법 제정을 받아들일 때까지 국민 의회를 해산하지 않겠다고 서약했다. 2주 뒤인 1789년 7월 14일, 파리 시민들은 왕실 폭정의 상징이었던 파리의 바스티유 요새감옥을 습격하고 옥장을 살해했다. 유력 귀족들이 국외로 도피하기 시작했다. 수도에서 일어난 폭동은 시골 지역까지 번져나갔다. 왕과 정부에 헌법 제정을 강요하기 위한 시도로 시작되었던 것이 전면적인 혁명으로 바뀐 것이다.

1789년 8월, 미라보 백작이 '인간과 시민의 권리 선언Declaration of the Rights of Man and of the Citizen', 즉 '인권 선언'을 제출했다. 이 문서는 8월 26일에 국민 의회의 승인을 받았다. '인권 선언'의 많은 부분은 루소와 루소 이전의 여러 정치 사상가들의 지지를 받은 자연권 개념과 사회 계약론에서 도출되었으며, 당시 미국에서 있었던 논의에도 영향을 받았다. 17조로 이루어진 이 선언은 제1조 "인간은 권리에 있어 자유롭고 평등하게 태어나고 생존한다"로 시작한다. 제2조에서는 "모든 정치적 결사의 목적은 인간의 자연적이고 소멸될 수 없는 권리를 보전함에 있다. 그 권리란 자유, 재산, 안전, 그리고 압제에의 저항 등이다"라고 선언한다. 그러고 나서 제6조에서 "법은 보호를 부여하는 경우에도 처벌을 가하는 경우에도 모든 사람에게 동일한 것이어야 한다." 그리고 "모든 시민은 법 앞에 평등하므로 그 능력에 따라서, 그리고 덕성과 재능에 의한 차별 이외에는 평등하게 공적인 위계, 지위, 직무 등에 취임할 수 있다"라는 성명으로 나아간다. '인권 선언'으로 법을 위반하지 않는 한 구금되지 않을 자유, 종교적 억압으로부터의 자유, 언론의 자유, 사적 표현의 자유, 재산권 등이 보장되었다. 잔혹한 형벌이 금지되고, 유죄가 입증되기 전까지 용의자들에게 무죄 추정 원칙이 적용되었으며, 공무원의 의무가 정해졌다.

이후에 일어난 일들이 없었다면 프랑스 혁명은 계몽주의 정치 이론이 정점에 달한 사건에 지나지 않았을지도 모른다. 그러나 프랑스 혁명은 점차 폭력적으로 변해갔다. 1789년 10월 5일, 파리의 폭도들이 대포와 함께 베르사유 궁전으로 행진하여 왕족들을 강제로 수도로 돌아오게 했을 때부터, 혁명은 통제 불능 상태에 빠졌다. 1790년, 귀족 작위는 폐지되었고 성직자들은 법적으로 세속 정부의 권위에 종속되었다. 수많은 곳에서 법과 질서가 무너졌으며, 프랑스 전역에서 — 공식적이든 비공식적이든 — 대량 학살이 일어났다. 얼마 전까지만 해도 유럽에서 가장 강력했던 프랑스 왕권이 폐지되었다. 왕은 반역죄로 재판을 받은 뒤 처형되었다. 왕비 마리 앙투아네트를 포함한 수많은 귀족이 왕의 뒤를 이어 단두대로 끌려갔다. 교회는 토지를 몰수당했으며 노트르담 대성당은 새로이 이성 숭배교Cult of Reason에 봉헌되었다. 혁명적인 새로운 달력이 도입되었다. 1793년 8월, 공포 정치가 시작되었다. 9월 17일에 통과된 용의자법Law of Suspects의 광범위한 조항에 따라 수많은 사람이 체포되었다. 혁명이 무법 사태를 불러오면서 공포가 들불처럼 번져나갔다. 국가는 수십만 명을 체포해 투옥하고, 수만 명을 처형했다. 이들이 국민의 자유를 침해할 수 있다는 우려 때문이었다.

용의자법에 따른 폐해는 국가적 비극이지만, 이 때문에 핵심을 놓쳐서는 안 된다. 프랑스 혁명은 그저 '한' 혁명이 아니라 인간의 가치가 서로 평등하다는, 지난 천년기 동안 가장 널리 퍼진 사상 가운데 하나를 시험한 '유일무이한' 혁명이었다. 이 개념은 고대 세계는 물론 첫 번째 천년기에도 존재하지 않던 개념이었다. 이 사상은 본래 기독교 정서에서 비롯되었지만, 어떤 기독교 왕국도 이 사상을 실천하려고 애쓰지 않았다. 그럼에도 서구 사회는 수세기 동안 사회 평등이라는 보편적 방향을 향해 나아가고 있었다. '인권 선언'의 17개 조항에는 이 책에서 다루었던 각 세기의 변화들이 반영되어 있다. 제1조 "인간은 자유롭고 평등하게 태어나 생존한다"는 11세기의 노예제 폐지를 강조한다. 12세기의 법적 변화는 자유를 가로막는 유일한 제한은 법적 제한이어야만 하며, 법은 공공선을 지키기 위해 제정되어야 한다는 의견의 예고였다. 공무원이 자신의 행동에 책임을 져야 하며, 정부가 이유 없이 사람들을 구금해선 안 된다는 원칙은 법적 책임이 더 커지길 원하던 13세기의 염원을 반영한다. 시민과 국가의 능동적인 관계는 14세기의 민족주의와 의회 대표제의 윤곽을 드러낸다. 우리가 15세기에 처음 접한 바로 그 개인주의의 개념이 '인권 선언' 전체에 울려퍼지고 있다. 종교적 박해로부터의 자유를 약속하는 제10조는 16세기의 종교 분열을 인정하고 있다. 존 로크와 1689년의 잉글랜드 권리장전, 장 자크 루소의 『사회 계약론』에 담긴 사상이 모두 제2조에 표현된 자연권 개념에서 메아리치고 있다. 물론 이 모든 것을, '평등'에 걸맞은 사회의 지속적이고 중단 없는 행진으로 보는 것은 잘못일 것이다. 애초에 평등 그 자체가 흐릿한 개념이다. 평등은 특정한 가치 척도와 관련하여 정의하지 않는 한 실질적인 의미가 없는 말이다. 만약 그래프를 그려 평범한 사람의 권리와, 같은 사회에 속한 나머지 사람들의 권리를 세기별로 비교해본다면 일반적인 추세선은 S자를 늘린 형태와 유사하게 나타날 것이다. 이 추세선은 중세 시절의 노예제 폐지에서 시작하여, 흑사병이 창궐한 시기부터 18세기 초까지 아주 완만한 기울기로 서서히 증가할 것이며, 프랑스 혁명 발발을 기점으로 한 세기가 넘는 기간 동안 가장 가파른 기울기로 상승하다가, 평등 혹은 평등에 가까운 무언가를 성취한 20세기 중반이 되어서야 상승세가 꺾일 것이다.

프랑스 혁명의 결과로 프랑스 밖에서는 매우 다양한 일이 일어났다. 혁명 세력을 억제하기 위해 오스트리아와 프로이센은 1792년 4월에 프랑스에 전쟁을 선포했으며, 영국도 곧 이 분쟁에 휘말렸다. 공포 정치에서 드러난 극단주의와 폭력성, 부당성은 프랑스 혁명에 공감했던 다른 나라의 개혁가들을 뒷걸음질 치게 했다. 노동 계층까지 정치적 대표성을 넓히고자 했던 런던 통신협회 London Corresponding Society와 같은 조직들은 그러한 박애주의적 비전이 시기상조라는 사실을 받아들여야만 했다. 에드먼드 버크는 큰 성공을 거둔 저서 『프랑스 혁명에 관한 고찰』(1790)에서 프랑스 혁명을 비난했으며, 토머스 페인은 이보다 더 큰 성공을 거둔 저서 『인간의 권리 The Rights of Man』(1791)에서 버크의 저서에 강경하게 대응했다. 이처럼 프랑스 혁명에 대한 여론은 크게 분열되어 있었다. 프랑스 혁명이 여성의 권리 문제를 해결하거나 알리는 데 성공하지 못하자, 메리 울스턴크래프트는 저서 『여성의 권리 옹호』(1793)에서 여성의 사회적 지위에 관한 논쟁에 다시금 불을 붙였다. 그러므로 프랑스 혁명은 인간 평등의 그래프에서 그저 가파른 기울기로 상승세가 시작되는 '출발점'에 불과하다. 그러나 이 책에서 논의한 다른 수많은 발전과 마찬가지로 프랑스 혁명은 앞으로 나아갈 길을 보여주었으며, 사람들의 눈을 뜨게 하여 무엇이 가능한지 보여주었다. 만약 프랑스 혁명이 없었다면 다음 세기의 유럽인 사상가들이 사회에서 개인의 가치가 동등하다는 생각을 바탕으로 사회 개혁 문제에 접근했을 가능성은 매우 낮다. 또한 서구 세계에서 정치적 평등이 기본적인 도덕관이 되지도 못했을 것이다.

결론

유럽의 1800년도 조감도를 감상해보면, 여러분의 시력이 아무리 좋다 한들 유럽의 1200년도 조감도와 별다른 차이를 알아차리지는 못할 것이다. 도시 수가 늘어나고 그 규모도 더 커졌지만, 전체적으로 봤을 때 여러분이 보는 경치는 여전히 대부분 시골풍일 것이다. 설령 초점을 잉글랜드에 맞춘다고 해도 공장과 작업장의 점진적인 확산을 눈치채기는 쉽지 않을 것이다. 아마도 여기저기에 은빛 선처럼 보이는 수로들이나 이상하게 생긴 공장이나 광산이 눈길을 사로잡겠지만 말이다. 그러나 단연코 가장 명백한 변화는 잉글랜드 국토의 대부분이 인클로저enclosure되었다는 것이다. 잉글랜드 풍경은 더는 여러 소작농이 경작하는 작은 땅덩이 조각들을 누더기처럼 이어붙인 모습이 아니었다. 이제 농지에 작은 울타리를 치는 근대적 형태가 두드러지게 나타났다. 그러나 가장 큰 변화가 반드시 물리적으로 가장 눈에 띄는 흔적을 남기는 것은 아니다. 18세기의 비행이 그랬듯, 몇몇 위대한 발전은 생각보다 땅에 영향을 미치지 않았다.

하지만 이 농지들은 식량 공급과 '우리 조상들이 직면했던 가장 큰 난관'을 상징하기 때문에 마음에 새겨둘 만한 가치가 있다. 18세기에 인류와 환경, 하느님 사이의 관계가 완전히 뒤바뀐 것은 바로 이 난관에 대처하기 위해서였다. 중세 이래로 사람들은 이웃의 도덕적 행동을 엄격히 통제해왔다. 하느님이 지역사회의 부도덕함을 가령 흉작과 같은 방식으로 공동 처벌할 것이라는 믿음 때문이었다. 그러므로 이웃의 무분별한 행동을 외면하는 공동체 구성원 역시 유죄이며 벌을 받아 마땅하다고 여겼다. 그러나 1710년 이후 식량 공급이 증가하고 굶주리는 사람이 줄어들면서 하느님이 공동 처벌을 내릴지도 모른다는 두려움이나 그에 따른 사회적 훈계가 줄어들었다. 동시에 인간과 환경의 관계를 더 잘 이해하게 되면서 역경의 원인에서 신을 분리할 수 있었다. 1780년대에 프랑스에서 또다시 식량 비축분이 고갈되었을 때, 사람들은 하느님보다는 동료 시민들을 탓했다. 이렇게 판단해보면 18세기의 농업 변화는 인구를 증가하게 했고, 산업 혁명을 위한 노동력을 제공했을 뿐만 아니라 사회를 더 관용적이고, 더 관대하고, 덜 잔인하게 바꾸었다.

변화의 주체

18세기의 거대한 변화들 가운데 그 무엇도 어느 한 개인이 주도하지 않았다. 심지어 화학 분야의 진보도 앙투안 라부아지에 혼자 주도했다고 말할 정도는 아니다. 내가 여태까지 라부아지에의 이름을 언급하지 않았으므로, 18세기 변화의 주체로 그를 고려하지 않은 것처럼 보일 것이다. 하지만 18세기에 라부아지에는 아이작 뉴턴과 더불어 자연계에 대한 인간의 이해에 가장 큰 영향을 준 개인 가운데 한 명으로 보는 편이 타당하다. 그러나 라부아지에의 경력에는 신기하게도 그 시대의 어두운 기류가 투영되었다. 그는 '흙, 공기, 불, 물'이라는 아리스토텔레스식의 구식 원소 체계 대신에 원소를 식별하고 체계적으로 배열하는 데 앞장섰다. 화합물을 분해하여 구성 단위를 찾고 입자와 물질 사이의 관계를 정립했다. 이런 점에서 라부아지에는 사회를 작은 단위로 나누어 개인과 사회 사이의 관계를 이해하려 한 루소 같은 정치 사상가와 유사하다. 라부아지에는 연소와 산소에 관해 연구하면서 자연스럽게 호흡을 화학적인 과정으로서 연구하게 되었으며, 호흡이 실제로 기체 교환이고 느린 형태의 연소라는 사실을 증명했다. 이는 인체의 생명 활동에서 신비성을 제거하는 데 큰 도움이 되었으며, 이렇듯 생명 활동을 세속적으로 이해하는 것은 『백과전서』 편집자들의 정신에 지극히 걸맞은 일이었다. 라부아지에는 닫힌 계 안에서 화학 반응이 일어날 경우, 반응물의 질량과 결과물의 질량이 같다는 질량 보존의 법칙law of conservation of mass을 확립했다. 이러한 정량적 접근법은 국가의 부를 측정하려고 시도했던 동시대 경제학자들의 접근법을 연상시킨다. 이런 식으로 라부아지에의 연구는 콩도르세 후작이 1795년에 그의 저서 『인간 정신의 진보에 관한 역사적 개요Sketch for a Historical Picture of the Progress of the Human Spirit』에서 요약한 원칙에 무게를 실어준다. 바로 과학의 진보는 필연적으로 예술, 정치, 윤리의 진보를 이끈다는 것이다. 불행히도 라부아지에의 천재성도, 그리고 그의 업적과 사회 개혁자들의 업적 사이의 유사성도 그를 구하지는 못했다. 프랑스 혁명이라는 휘발 물질이, 라부아지에가 한때 프랑스 세금 징수업자로 일했다는 사실과 접촉하자 폭발적인 반응이 일어났기 때문이다. 1794년 5월 8일, 라부아지에는 50세의 나이로 단두대로 보내져 로베스피에르의 공포 정치의 희생자가 되었다. 계몽주의란 도그마에서 벗어나 스스로 생각하는 것이라는 칸트의 정의가 더는 적용되지 않기 시작한 지점이 있다면 바로 이때일 것이다.

그렇다면 변화의 주체는 과연 누구였을까? 18세기는 풍차가 발명된 이후 처음으로 새로운 형태의 동력원이 나타난 세기였으므로, 우리는 산업 혁명을 가능하게 한 기술자 가운데 한 명을 고려해야 한다. 이 논거에 따르면, 변화의 주체는 최초의 위대한 증기 기술자인 토머스 뉴커먼이 되어야 마땅하다. 비록 제임스 와트의 증기기관이 훨씬 더 효율적이었지만, 와트는 뉴커먼의 설계에 따라 제작된 증기기관 500여 대를 개조했을 뿐이다. 영국과 유럽에서 1,200여 대의 증기기관을 제작한 뉴커먼의 영향력이 훨씬 더 컸다고 할 수 있다. 게다가 뉴커먼은 증기력을 쓰는 편이 영리적 관점에서 유리하다는 사실을 보여주었는데, 이는 그 자체로 큰 업적이다. 그러나 앞서 언급했다시피, 1800년에는 공장과 작업장 대부분의 동력원은 여전히 수차waterwheel였다. 그렇다면 과연 증기기관이 18세기의 삶에 정말로 큰 변화를 일으켰다고 볼 수 있을까? 내가 보기에 1,200여 대의 증기기관이 수차를 대신한 것은 14세기에 대포가 공성병기를 대체한 것과 비슷한 변화다. 증기기관의 진정한 영향력은 미래가 되어서야 발휘되었다.

나는 18세기 사람들의 삶을 가장 많이 변화시킨 인물로 장 자크 루소를 제안하고 싶다. 루소의 글에는 오류가 가득할지도 모르지만 그의 사상은 관용, 자유, 평등을 부르짖는 요구에 영감을 주었다. 1789년에 재정 위기 사태가 혁명이 될 수 있었던 것은, 이러한 요구들이 결합한 결과였다. 그리고 프랑스 혁명이 왕과 영주부터 극빈층까지, 서양의 모든 사람에게 영향을 주었음은 그 누구도 부정할 수 없다.

1801 –
1900

19세기

여러분이 어디에서 이 책을 읽고 있든, 분명 손닿는 거리 안에 19세기의 발명품이 있을 것이다. 기차나 지하철을 타고 있다면 여러분이 타고 있는 교통수단의 기원은 19세기로 거슬러 올라간다. 이 말은 버스에도 똑같이 적용된다. 1830년대에는 파리, 베를린, 뉴욕, 런던, 맨체스터 모두에 첫 번째 버스 노선이 생겼다. 차에 탄 채로 이 책을 오디오 버전으로 듣고 있다면, 내연기관과 녹음 장치가 모두 19세기산임을 마음에 새기도록 하자. 만약 침대에 누워 있거나 비행기를 타고 있다면, 여러분은 1870년대에 새로이 개발된 전등의 힘을 빌려 이 책을 읽고 있을 것이다. 욕조에서 이 책을 읽으며 휴식을 취하고 있는가? 욕조 마개의 기원도 19세기로 거슬러 올라간다. 화장실도 마찬가지다. 참고로 대량 생산이 가능한 최초의 수세식 변기는 1851년 만국 박람회에서 전시되었다. 사실 '화장실bathroom'이라는 개념 자체가 19세기에 개발된 것이다. 최초로 언급된 화장실은, 1888년에 J. M. 베리가 쓴 소설 속 한 잉글랜드 가

정집에서 등장한다. "우리집 화장실 파이프가 터졌는데 정치가 다 무슨 소용이야?"라는 문장에서 말이다. 갑자기 삼천포로 빠져서 미안하다. 만약 여러분이 실제로 책을 읽고 있다면, 종이가 나무 펄프로 만들어졌으며, 나무 펄프는 1870년대에 리넨을 원료로 하는 고급지 래그 페이퍼rag paper(넝마지)의 값싼 대체품으로 개발되었다는 사실을 기억하자. 여러분이 영어권 세계에서 컴퓨터를 사용하고 있다면, 키보드 맨 윗줄에 있는 글자들이 'qwertyuiop' 순서로 배열되어 있을 것이다. 이 배치는 1871년에 출시된 타자기에서 유래했다. 손목시계를 차고 있거나, 청바지나 브래지어를 입고 있다면 여러분은 19세기 발명품과 직접 몸을 맞대고 있는 셈이다. 그러니 19세기에서 벗어나려면 정글 한복판에 가서 벌거벗고 서 있어야 할 것이다. 만약 여러분이 실제로 그런 상태로 이 책을 읽고 있다면 나는 깜짝 놀랄 것이다.

19세기는 발명의 세기였다. 심지어 20세기보다 더 많은 발명이 있었다. 지난 장의 끝자락에서 보았듯, 영국의 연평균 특허 출원 건수는 1890년대에 2만 3,826건이었는데, 1990년대에는 이 수치가 절반 넘게 떨어져 연평균 1만 602건이 되었다. 19세기에는 우리가 현대 세계와 연관 짓는 수많은 혁신이 일어났다. 우리가 이를 현대의 혁신이라 여기는 이유는, 현대에 19세기 발명품의 최신판이 판매되기 때문이다. 전기 토스터, 선풍기, 재봉틀, 주전자는 모두 19세기에 발명되었다. 1834년에는 노샘프턴 가스 컴퍼니의 제임스 샤프James Sharp 덕분에 최초의 가스레인지가 판매되기 시작했다. 집 밖에서는, 1807년 런던에 가스 가로등이 처음 설치되었다. 1823년 무렵에는 이 가스 가로등 4만 개가 수도 런던의 거리를 환하게 비추고 있었고, 유럽 도시들도 대부분 유사한 시스템을 설치하느라 바빴다. 1900년경에는 실내용 전기등과 가스등이 흔해졌다. 내가 이 책을 쓰기 시작한 모어턴햄스테드의 주택은 과거 화재가 일어난 뒤 1890년에 재건되었는데, 이때 현관 복도와 모든 주요 방의 벽에 가스등이 설치되었다. 우리는 인공 조명이 우리 삶에 엄청나게 큰 차이를 만들었음을 쉽게 간과하곤 한다. 사람들은 날이 저문 뒤에도 집 밖에서 더 안전하게 돌아다닐 수 있었고, 방 안에서도 촛불로 희미하게 보았던 모든 물건의 색과 형태를 선명하게 감상할 수 있었다. 그 밖에도 중요한 19세기 발명품들이 여럿 있다. 통조림은 1806년에 한 프랑스인이 나폴레옹의 군대에 보급하기 위해 발명한 것이다. 기관총은 미국 남북전쟁(1861~1865) 초기에 개발되었다. 카를 벤츠는 1886년에 삼륜차 '모터바겐'의 특허를 냈는데, 이 차가 바로 상용화된 최초의 자동차였다. 1895년에는 뤼미에르 형제가 리옹 거리에서 눈에 띄는 단편 영화를 만들기 시작했으며, 그다음 해에는 뉴욕과 뉴올리언스에서 세계 최초의 공공 영화관이 문을 열었다. 1805년에는 넬슨 제독이 적의 배에 뜨겁게 달아오른 금속 포탄을 발포했던 목선의 물 새는 갑판에서 사망한 반면, 1890년에는 폭발성 어뢰를 발사하는 전기 잠수함이 해상에 있었다.

그러나 앞선 장들에서 반복해서 보았듯, 발명은 변화의 동의어가 아니다. 제임스 샤프가 최선을 다했음에도 19세기 사람들 대부분은 요리할 때 가스가 아니라 계속 고체 연료를 썼다. 자동차와 영화가 일상의 일부가 되는 데는 시간이 걸렸다. 브래지어조차도 유행하는 데 제법 시간이 걸렸다. 사회에서 일어나는 더 큰 변화를 평가하려면, 그리고 서양인의 삶에 큰 변화를 불러온 발명품과 늘 해오던 일을 더 쉽게 하도록 해준 발명품을 구별하려면, 사물의 참신함 너머를 살펴보아야 한다.

인구 증가와 도시화

여러분은 우리가 이 책의 막바지를 향해 가고 있다고 생각할 것이다. 앞서 여덟 세기를 다루었으니, 이제 단 두 세기만 남았다고 말이다. 그러니 역사적 관점에서 보면 우리는 아직 절반도 채 오지 않았다는 말은 아마 여러분을 놀라게 할 것이다. 이러한 불일치가 나타나는 이유는, 역사가 곧 시간은 아니며 시간이 곧 역사는 아니기 때문이다. 역사는 과거 그 자체에 관한 학문이라기보다는 과거의 '사람들'에 관한 학문이다. 인간과 분리된 시간은 오직 과학자와 몽상가들에게만 중요한 문제다. 만약 여태껏 알려지지 않았던 무인도가 발견된다면, 이 섬에는 아무런 역사가 없을 것이다. 그리고 이 섬의 과거는 자연사, 식물학, 지질학 분야의 전문가들이 연구할 것이다. 우리는 인류가 남극의 중요성을 깨닫고 남극에 도달하기 위해 탐험하기 이전의 남극 역사에 관해서는 아무런 말을 할 수 없다. 역사는 한 종으로서나 개인으로서, 우리가 해온 일과 불가분의 관계에 있다. 그러므로 인구 6,000만 명이 살고 과거로부터 거대한 문화유산을 물려받은 이탈리아 같은 큰 나라는 적은 인구가 사는 작은 섬보다 훨씬 더 많은 역사를 가지고 있다. 작은 섬들을 무시하려는 것이 아니다. 그저 인구 6,000만 명이 사는 나라가 60명이 사는 섬보다 매일 100만 배나 많은 인적 경험이 생긴다는 사실을 말하려 한 것뿐이다. 또한 이탈리아에는 100만 배에 달하는 인적 교류와 100만 배 다양한 사회적 태도와 100만 배 더 많은 질병, 통증, 고통도 있을 것이다. 우리는 단순한 시간의 흐름이 아니라 '인간적 시간human time', 즉 하루나 1년이 나타내는 경험의 양을 고려해야만 한다.

　이러한 인간적 시간에 대한 체적 접근법 volumetric approach은 국가 간 비교뿐만 아니라 세기 간 비교에도 적용할 수 있다. 다음 원그래프는 1001년에서 2000년까지의 천년기 동안 세기별로 유럽 사람들이 살았던 하루, 즉 인일人日, person-days을 전부 합쳐 상대적인 수치로 나타낸 것이다. 만약 역사가 곧 시간이라면, 그래프는 36도로 균등하게 10등분되어야 마땅하다. 그러나 그래프에는 현격한 차이가 나타난다. 이 책의 첫 장에서 논의한 변화들을 지난 천년기 동안 실제로 경험한 사람은 전체 유럽 인구의 3퍼센트 정도라는 사실을 알 수 있다. 16세기의 그 모든 놀라운 변화들을 실제로 경험한 사람은 6퍼센트 미만이다. 그렇다고 해서 앞선 세기를 더 간략하게 다뤄야 한다는 말은 아니다. 앞선 세기의 엄청난 변화는 이후에 오는 모든 변화를 뒷받침하기 마련이니 말이다. 그러나 만약 가장 많은 수의 사람들에게 영향을 준 변화에 초점을 맞춘다면, 그 판결은 19세기와 20세기에 크게 치우칠 수밖에 없다. 사실 이 그래프는 미국, 호주, 캐나다, 남아프리카 공화국, 뉴질랜드 인구를 포함하고 있지 않기 때문에 서구의 현대적 경향이 상당히 과소평가되어 있다. 또한 이 그래프는 라틴아메리카, 인도, 극동의 서구화된 사람들도 고려하고 있지 않다. 전 세계적으로 보면, 역사의 약 3분의 1만이 천년기의 처음 일곱 세기에 속한다. 만약 어떤 변화의 중요성을 그 변화를 경험한 사람들 수에 따라 가중치를 두어 평가한다면, 우리는 이제 심각한 불평등 상태를 마주하게 된다.

　19세기에 모든 나라가 같은 속도로 인구 변화를 겪지는 않았

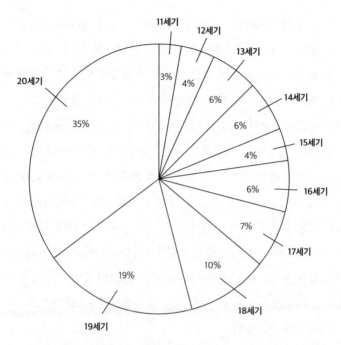

지난 천년기 동안 유럽에서 세기별로 쌓인 인적 경험의 비율(측정 기준: 인일person-days)

다. 프랑스 인구는 2,870만 명에서 4,070만 명으로 42퍼센트 증가했는데, 19세기는 1001년 이후로 프랑스에서 인구 성장률이 네 번째로 높았던 세기에 불과했다. 이탈리아의 인구 성장률은 훨씬 극적이었다. 1800년에 1,809만 명이었던 인구가 1900년에 3,297만 명으로 82퍼센트 증가해 사상 최대 규모였다. 스페인과 포르투갈 인구는 각각 75퍼센트와 86퍼센트로 비슷하게 성장했다. 독일 인구는 130퍼센트 증가했으며, 유럽에 속하는 러시아European Russia 인구는 181퍼센트 증가했다. 영국 제도의 인구는 전체적으로 봤을 때 153퍼센트 증가했지만, 이 수치는 산업 혁명의 요람이었던 잉글랜드 인구가 246퍼센트라는 충격적인 수치로 성장했다는 사실을 감추고 있다. 1세기 전만 해도 이런 현상은 상상도 할 수 없는 일이었다. 통계학자 그레고리 킹은 1695년에 영국에 관한 광범위한 계산을 하면서, 1900년에는 런던 인구가 100만 명을 돌파할 것이며, 2300년에는 영국이 1,080만 국민의 고국이 될 것으로 추정했다. 사실 런던과 런던 교외 지역의 인구는 1800년에 이미 100만 명에 도달했으며, 전체 영국 인구도 같은 해에 1,080만 명에 도달했다. 이는 킹의 예측보다 다섯 세기나 앞선 것이다. 그러나 이러한 인구 증가 폭은 신세계의 인구 증가 폭 앞에서는 빛이 바랜다. 아메리카 원주민을 제외하고 노예를 포함했을 때, 19세기에는 미국 인구가 1,335퍼센트 증가했으며, 캐나다 인구는 1,414퍼센트, 사람들이 새롭게 정착하기 시작한 호주 인구는 5,200명에서 376만 명으로, 7만 2,200퍼센트 증가했다.

인구 증가는 대부분 두 가지 주요 요인으로 이루어졌다. 바로 식량 공급량 증대와 운송 능력 향상이었다. 농업 혁명은 1800년에도 멈추지 않았다. 그 유산은 지속적인 농법 개선과 신형 기계에 대한 투자였다. 잉여 농산물과 육류 및 우유 생산량이 증가했다. 이러한 잉여 생산물을 저장하고 운송하는 새롭고 효율적인 방법이 유럽 전역에서 개발되었다. 1860년에 영국은 식량의 약 40퍼센트를 수출했다. 그러나 여전히 수천 명이 기근으로 목숨을 잃었다. 1811~1812년의 마드리드, 1845~1849년의 아일랜드, 1866~1868년의 핀란드에서 그랬듯이 말이다. 하지만 장거리 열차망이 도입된 이후 서유럽에서 평시에 식량이 부족한 일은 대부분 옛일이 되었다. 과거에는 사람들이 먹일 수 있는 만큼만 자녀를 낳았지만, 이제는 낳을 수 있는 만큼 낳을 수 있었다. 그리고 산모 사망률이 점차 감소하면서 부모당 자녀의 수 자체가 증가하고 있었다. 1700년에는 런던에서 출산 도중 사망한 여성의 숫자가 1만 명당 144명이었지만, 1800년에는 77명이 되었고, 1900년에는 42명까지 줄어들었다.[1]

이렇게 늘어난 사람들은 모두 생계를 유지할 방법을 찾아야 했다. 과거였다면 많은 이들이 농지에 고용되어 농업 생산량을 유지하는, 그들의 목숨이 달린 일을 맡았을 것이다. 그러나 농업 분야에서 일어난 급격한 변화로 농사를 짓는 데 필요한 사람 수는 점점 더 줄어들었다. 개선된 윤작 방식과 더 나은 쟁기와 증기 기기들 덕분에, 한때는 자기 가족을 간신히 먹여 살릴 만큼만 식량을 생산하던 농부들이 이제는 여러 가족을 먹여 살리기에 충분한 식량을 생산할 수 있었다. 1700년에는 대략 인구의 70퍼센트가 유럽 각지의 땅에서 일했다. 잉글랜드와 웨일스에서 이루어진 인구 조사에 따르면, 1801년에 농업에 종사한 인구는 전체의 18퍼센트에 불과했으며, 1901년에는 이 수치가 3.65퍼센트로 감소했다. 사람들은 더는 시골에서 생계를 유지할 수 없었다. 유럽 전역의 사람들이 마을과 농촌을 떠나 일거리를 제공하는 공장이 있는 도시와 소도시로 갔다. 미국과 캐나다에서도 같은 일이 일어났다. 19세기 후반기의 이민자들은 이미 땅 대부분에 주인이 있음을 깨달았다. 이들 역시 도시에 정착해야 했다.

대서양 양안에서 증가하는 인구를 어딘가에서 수용해야 했다. 도시에서는 기다랗게 늘어선 집합 주택 단지(테라스 하우스 단지)가 갑자기 등장했는데, 이런 현상은 특히 고도로 산업화하고 급격히 도시화한 영국의 도시에서 두드러졌다. 과거에 이토록 높은 도시 거주 비율을 경험해본 국가는, 1700년 당시 황금기가 끝나

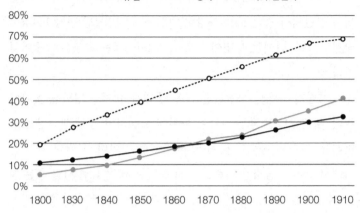

영국, 유럽, 및 기타 선진국(미국, 캐나다, 호주)에서 주민이
5,000명 이상인 도시에 거주하는 인구 비율[2]

가던 무렵의 네덜란드뿐이었다. 그러나 네덜란드의 도시 거주 인구 비율은 이제 떨어지고 있었다. 네덜란드에서는 석탄이 산출되지 않아 산업화가 더뎠기 때문이다. 1850년경, 영국은 네덜란드를 제치고 세계에서 가장 도시화한 대국이 되었다. 또 다른 전환점은 1870년으로, 이때부터 영국에서는 시골보다 도시에 더 많이 살았다. 그러나 이마저도 얼마나 큰 변화가 있었는지를 충분히 보여주지는 못한다. 1800년에는 잉글랜드 사람들 가운데 80퍼센트가 시골에 살았지만, 1900년에는 70퍼센트가 도시에 살았다. 급속도로 산업화한 벨기에나 독일 같은 국가들의 도시 거주 비율은 1900년에 각각 52.3퍼센트와 47.8퍼센트로 잉글랜드의 뒤를 맹추격했으며, 대규모로 확장 중인 미국 역시 35.9퍼센트로 크게 뒤처지지 않는 수준이었다.

성장하는 도시들은 음식과 음료뿐만 아니라 벽돌과 슬레이트, 원목 가구와 철제 도구, 석탄과 가스도 소비했다. 도시에 이를 공급하는 철도, 수도관, 선박, 마차와 말 같은 기반 시설을 갖추는 데도 막대한 양의 원자재가 필요했으며, 이 원자재 역시 제조하거나 어딘가에서 수송해와야 했다. 도시와 소도시들은 재화가 흘러가게 했는데, 재화가 원활히 흐르려면 기업가가 은행에서 돈을 빌려 더 큰 규모와 더 빠른 속도로 사용할 필요가 있었다. 그러나 이렇게 순환하는 경제의 일부가 되기 위해 시골에서 새로 온 사람들은 일자리를 찾아야 했다. 즉 (당시 초과 공급 상태였던) 노동자가 되거나 전문적인 장사를 해야 한다는 의미였다. 도시에 살며 일하는 사람이 너무 많았기 때문에 특정한 장사에 종사하는 사람들은 서로 경쟁해야 했고, 경쟁에는 혁신이 필요했다. 상인들은 경쟁자들을 이기려면 돈을 빌려 기계에 투자해야 한다는 사실을 알았다. 자신의 사업을 시작하지 않고 공장 노동자 대열에 합류한 사람들은, 아버지 세대가 배웠던 전반적인 기술을 익히는 대신 기계에서 특정 작업을 반복하는 능력만 익히기를 강요받았다. 이는 실질적으로 공장 노동자들을 탈숙련화시켜, 산업이라는 거대한 엔진의 톱니바퀴로 전락시키는 행위였다.

1800년에는 노동자 대다수가 새로운 가구가 필요할 때면 목재를 구매한 뒤 직접 조심스럽게 가공했지만, 1900년에는 대부분 백화점에 가서 공장제 가구를 구매했다. 이런 일이 전부 합쳐지면 팽창하는 순환 구조가 탄생한다. 인구 증가는 도시화를 부르고, 도시화는 산업과 운송을 성장하게 한다. 성장한 산업과 운송은 추가적인 인구 증가와 도시화, 전문화가 이루어지도록 뒷받침한다. 산업 혁명으로 인한 변화에 기하급수적인 인구 증가와 도시화가 더해지자, 석기 시대에 농사가 시작된 이래로 존재해온 인간과 땅 사이의 직접적인 관계가 종말을 맞았다. 경제학자 존 메이너드 케인스의 말을 바꾸어 표현하자면, 급격히 증가하는 인구 대다수에게 유럽에서의 삶의 문제는 더는 어떻게 살아남느냐가 아니라 어떻게 살아갈지 정하는 것이었다.

운송

기반이 되는 운송 시설의 적절한 성장이 없는 한, 도시와 소도시는 성장할 수 없다. 그러므로 19세기는 지난 장에서 논의한 도로와 수로 건설을 통한 운송 발전에 기반을 두고 있다. 19세기에는 새로운 수로들이 건설되었으며, 유료 도로 신탁들이 광범위한 연결망을 형성했고, 무엇보다도 철도가 출현했다.

사실 철로는 수 세기 동안 무거운 물건을 운반하는 데 쓰여왔다. 그중에서도 말이 끄는 화물 기차는 1800년이 되기 훨씬 전부터 철로를 이용해 석탄을 운송해왔다. 그러나 1804년에 리처드 트레비식이 웨일스 남부와 잉글랜드 북동부에 있는 여러 광산에서 최초로 증기기관의 힘을 철도 운송과 결합했다. 1812년에는 리즈 인근 탄광에서 쓸 증기기관차 살라망카Salamanca호가 건설되었으며, 1813년에는 윌리엄 헤들리William Hedley와 토머스 핵워스Thomas Hackworth가 뉴캐슬 인근 와일럼 탄광에서 쓸 증기기관차 퍼핑 빌리Puffing Billy호를 건설했다. 이어지는 10년 동안, 아버지가 와일럼에서 일했던 조지 스티븐슨은 석탄을 운송하는 산업용 증기기관차 다수를 제작했다. 1825년에 있었던 그 유명한 스톡턴-달링턴 철도 개통식에서 스티븐슨은 자신의 증기기관차 중 하나인 로코모션Locomotion호를 이용해 시속 38킬로미터로 승객이 가득 찬 객차를 끌었다. 스티븐슨이 제작한 증기기관차 가운데는 이보다 훨씬 더 유명한 로켓호도 있는데, 이 로켓호가 바로 1829년에 리버풀에서 맨체스터까지 56킬로미터를 질주하는 대회에서 우승한 기관차였다. 이 리버풀-맨체스터 노선은 1830년 9월 15일에 극적인 사건과 함께 개통되었다. 리버풀의 하원의원이자 최근에 국방부 장관직을 사임한 윌리엄 허스키슨William Huskisson이 부주의로 로켓호 앞에 넘어지면서 다리 한 쪽이 절단되고 심각한 출혈이 발생하는 열차 사고를 당한 것이었다. 스티븐슨은 시속 58킬로미터에 이르는 맹렬한 속도로 에클스를 향해 열차를 몰아, 죽어가던 하원의원을 치료받게 하려 했지만 슬프게도 허스키슨 씨는 철도업계의 순교자가 되고 말았다. 그의 죽음은 모든 국내외 모든 신문에 상세히 보도되었다. 그리고 이것은 모든 사람이 미래를 향한 문이 활짝 열리는 모습을 목도할 수 있었던 또 다른 '콜럼버스의 순간'이었다.

스티븐슨의 로켓호는 잉글랜드에서 철도 열풍을 일으켰다. 사람들 수천 명이 철도를 자기 지역으로 끌어들이기 위해 몰려들었다. 철도는 엄청나게 비싼 사업이었다. 철도 회사가 새로운 노선을 만들려면 의회의 인가를 받아야 했는데, 여기에만도 수천 파운드가 들어갈 수 있었다. 철도를 설치할 토지도 매입해야 했는데, 때로는 수백 명의 개별 소유주로부터 일일이 땅을 사야 했다. 게다가 철도 차량, 엔진, 기관 차고를 제작하고 역사驛舍를 건설해야 했으며, 기업 운영에 적합한 기술자와 행정 직원도 고용해야 한다. 그럼에도 철도라는 아이디어는 사람들을 고무시켰다. 마침내 완공되었을 때 철도는 기대했던 만큼 막대한 수익을 안겨주지는 못했지만 빠르고 저렴한, 장거리 교통수단을 제공했다. 영국 제도에 설치된 철도의 길이는 1840년에 2,410킬로미터였는데, 1850년에는 1만 655킬로미터가 되었으며, 1860년에는 1만 6,806킬로미터로 늘어났고, 1900년에는 영국 제도에 무려 3만 5,185킬로미터에 달하는 철도가 놓였다. 이용량으로 보면, 1838년에 승객 550만 명을 실어 날랐고, 1842년에는 2,450만 명을, 1845년에는 3,000만 명을 실어 날랐으며, 그 이후로 급격한 인기를 얻었다. 1844년에는 철도법이 생기면서 철도 운영자들은 삼등석 승객들이 마일당 1페니 이하의 가격으로 이용할 수 있는 열차를 모든 노선에 하루에 최소 1대씩 배치해야 했다. 1855년에는 매년 1억 1,100만 명이 철도를 이용했으며, 1900년에는 이 수가 11억 1,000만 명으로 늘어났다.[3]

철도가 세상을 바꾸었다는 말은 과언이 아니다. 미국의 첫 번째 여객 철도는 1830년에 개통되었다. 벨기에와 독일에서는 1835년, 캐나다에서는 1836년, 오스트리아와 러시아·프랑스·쿠바에서는 1837년, 이탈리아와 네덜란드·폴란드에서는 1839년에 첫 노선이 개통되었다. 1841년에는 스트라스부르와 바젤을 잇는 최초의 국제 철도 노선이 개통되었다. 1850년 파리에는 생라자르역(1837), 몽파르나스역(1840), 오스테를리츠역(1846), 북역(1846), 동역(1849), 리옹역(1849) 등 6곳의 중앙역이 있었다. 이 신기술로 가장 많은 이득을 본 것은 북아메리카의 광활한 지역에 사는 사람들이었다. 1835년까지 미국은 영국보다 두 배나 더 많은 철도를 깔았으며(서부의 조랑말 속달 우편 회사들은 이런 세상을 원치 않았을 것이다), 1869년에는 마침내 미국 동부 해안과 서부 해안이 연결되었다. 1900년에는 미국에 35만 킬로미터가 넘는 철도가 건설되었는데, 이는 대영제국, 독일, 러시아, 프랑스, 오스트리아-헝가리 제국에 건설된 철도를 다 합친 것과 비슷한 규모였다. 그러나 유럽은 양이

	1840	1860	1880	1900
프랑스	496	9,167	23,089	38,109
독일	469	11,089	33,838	51,678
벨기에	334	1,730	4,112	4,591
오스트리아-헝가리	144	4,543	18,507	36,330
러시아	27	1,626	22,865	53,234
이탈리아	20	2,404	9,290	16,429
네덜란드	17	335	1,846	2,776
스페인	0	1,917	7,490	13,214
스웨덴	0	527	5,876	11,303

1840년에서 1900년까지 유럽에서 사용된 철도 선로의 길이 [4] (단위: 마일)

아니라 멋으로 경쟁했다. 1883년부터 사람들은 오리엔트 특급을 타고 파리에서 콘스탄티노폴리스까지 유럽을 동서로 횡단할 수 있었다. 철도가 세계의 점들을 선으로 연결한 것이다.

　이러한 대규모 확장의 결과는 단순한 편의성 이상이었다. 철도는 사회에 어느 정도의 동질성을 가져왔다. 이전까지는 한 나라 안의 모든 시계가 같은 시간에 맞춰질 필요가 없었다. 리버풀의 오후 5시가 맨체스터의 오후 5시와 정확히 같지 않아도 문제가 되지 않았기 때문이다. 하지만 기차가 두 도시를 연결하고 단일한 시간표에 맞춰 운행되기 시작하자 전국의 시계들은 서로 합의를 봐야만 했다. 마찬가지로 철도 이전에는 여러 장소의 명칭에 표준화된 표기법이 없었으나, 이제 기차역의 표지판은 공식적 표기를 따라야 했다. 동질성은 건축에도 확대되었다. 철도가 등장하기 전에는 해당 지역에서 구할 수 있는 재료로 집을 지었다. 모어턴과 다트무어 지역에서는 화강암을 재료로 썼으며, 코츠월드에서는 석회석을, 서식스에서는 수석flint을, 켄트에서는 목재를 썼다. 하지만 철도 덕분에 값싸고 튼튼한 벽돌을 전국의 모든 마을로 운반할 수 있게 되면서 전통적인 건축재는 점차 쌓여만 갔다. 마찬가지로 지역적인 건축 양식을 제치고 표준화된 '근대' 양식이 채택되기 시작했다. 철도는 다른 식으로도 지역색을 없앴다. 옛날 옛적에는 장날이면 마을로 가는 길이 농부들로 가득 찼다. 도축업자들에게 팔 소와 양을 산 채로 끌고 가야 했기 때문이다. 그러나 1866년에 모어턴햄스테드에 철도가 들어선 뒤로 농부들은 가축을 기차역 가까운 곳에 있는 가축 시장으로 보내 중개상에게 팔았다. 그러면 중개상은 철도를 이용해 가축들을 훨씬 더 큰 도시인 뉴턴애버트로 운송했다. 시간이 흐르자 모어턴햄스테드 농부들은 중개상을 배제하고 직접 철도를 이용해 가축을 뉴턴애버트 도축장으로 보냈다. 그렇게 지역 시장은 문을 닫았다. 데번주에는 한때 70여 개의 작은 시장도시가 있었지만, 이제는 기차로 연결된 중간 규모 이상의 20여 개 도시에 상거래가 집중되었다.

오늘날 우리는 철도의 등장을 매우 긍정적인 시각으로 바라보며 놀라운 업적으로 여기지만, 철도가 불러온 '근대적 삶'이 당시 수많은 사람들에게는 정신적으로 엄청난 충격을 준 경험이었다는 사실 또한 잊어서는 안 된다. 자신들이 자란 농촌에서 멀리 떠나온 수많은 사람들은 도시에서 살아갈 준비가 되어 있지 않았다. 이들이 아는 문화는 주로 시골의 복합적이고 안정감을 주는 인간관계에 기반을 두었기 때문이다. 사람들 수천 명이 말 그대로 사회 구성원으로서 기능하는 능력을 잃어버렸다. 1845년에 잉글랜드의 모든 주는 정신병원을 열라는 요구를 받았다. 가족 차원에서 대처할 수 없는 친척들을 보낼 곳이 필요했기 때문이다. 이런 정신병원의 입원등록서를 읽다 보면 수백 건의 슬픈 사례를 만나게 된다. 정신병원에는 그저 멍하니 방구석을 바라보는 사람, 옷을 찢으며 종교적 생각을 울부짖는 여자, 도시에서 부자가 되는 황홀한 공상에 빠진 사람, 빅토리아 여왕과 간절히 육체관계를 갖고 싶어 하는 남자들이 있었다.[5] 제정신을 유지했던 사람들조차도 그들이 속한 공동체가 줄어들고 친구와 가족들이 멀어지는 모습을 보며 괴로워했다. 1850년에 약 40퍼센트였던 교회 출석률이 1900년에는 약 20퍼센트로 떨어졌다. 일부 시골 교회들은 문을 닫았으며, 교회와 함께 일부 시골 공동체 역시 사라졌다. 대도시와 도시들은 잉글랜드의 시골로부터 활력을 빨아들였는데, 철도가 바로 활력을 빨아들이는 빨대였다.

그러나 많은 사람들에게 기차는 기회로 가득한 세상을 열어주었다. 젊은 남녀들이 전국으로 쉽게 돌아다닐 수 있었고, 이들을 위한 호텔과 하숙집 수천 개가 생겨났다. 1850년 이전에 잉글랜드인 절대다수는 자신이 속한 지역사회나 이웃 교구 사람과 결혼했다. 그러나 1850년 이후 다른 주나 심지어 다른 나라 사람과 결혼하는 사람이 엄청나게 늘어났다. 가령 우리 가족을 살펴보면, 내 증조모 캐서린 테리는 철도로 인해 탄생한 신세대의 좋은 예시다. 내 고조모는 1832년에 서퍽주의 스토마켓에서 태어났는데, 증조모는 1863년 고조부의 교구인 켄트주의 우드처치에서 태어났다. 1883년에 증조모는 고조부와 함께 플리머스로 왔고, 그곳에서 내 증조부 존 프랭크 모티머를 만나 결혼한 뒤, 이후로 쭉 데번주에서 살았다. 적당한 수준의 재산을 가진 사람들은 생애 최초로 사업이나 재미, 휴양, 사랑을 위한 장거리 여행을 할 수 있게 되었다. 게다가 이들은 원하면 아무 때나 출생지로 돌아갈 수 있었다. 앞서 언급했던 플리머스에서 런던으로 향하는 346킬로미터의 여정을 살펴보면, 17세기에는 1주일이 걸렸고, 1822년에는 역마차로 32시간이 걸렸으나, 1883년에는 철도로 6시간이 약간 넘는 시간이면 끝나는 여정이 되었다. 내 증조모는 결혼한 지 얼마 안 되었을 때 한 여행에 관해 다음과 같은 짤막한 메모를 남겼다. "기차를 타고 플리머스에서 워털루까지 여행했다. 오후 4시 14분에 출발해서 밤 10시 반쯤 워털루에 도착했다."

증기력은 철도 외에 다른 방법으로도 여행을 개선시켰다. 윌리엄 사이밍턴이 1803년에 최초의 증기선을 만든 사람으로 널리 알려져 있고, 미국의 클러몬트호가 그다음 10년 동안 허드슨강에서 사람들을 싣고 다녔다. 하지만 1838년에 이점바드 킹덤 브루넬이 SS 그레이트 웨스턴SS Great Western호를 건조하기 전까지 증기선은 정기적인 원양 운송을 염두에 두고 설계되지 않았다. 그때까지 대서양을 횡단하는 배는 바람에 의존해야 했다. 바람이 불지 않거나 역풍이 불면 배를 움직일 수 없었다. 바람이 원하는 방향으로 불지 않으면 선장이 지그재그식 항해 기법인 태킹tacking을 쓸 수 있었지만 항해 속도는 끔찍하게 느렸다. 하지만 증기기관은 상황을 완전히 바꿔놓았다. 1843년, 브루넬의 SS 그레이트 브리튼SS Great Britain호가 출범했다. 이 배는 스크루 추진기로 움직이는 최초의 증기 철선이자 당시 세계에서 가장 큰 배였다. 비록 그레이트 브리튼호는 최종적으로 호주 항로에 투입되었지만, 혁신적인 함선 설계는 대서양 횡단 시간을 크게 단축시켰다. 1838년에 SS 그레이트 웨스턴호가 대서양을 횡단하는 데는 14.5일이 걸렸으나, 1855년에는 9.5일이 걸렸고, 1900년에는 5.5일이 걸렸다. 항해 기간이 짧아지고 수송선이 커지면서 대서양 횡단 여행 비용이 한결 저렴해졌고, 그 덕에 유럽 출신 이민자 수백만 명이 새 삶을 찾아 새로운 대륙으로 떠날 방법을 찾을 수 있었다. 1869년에 수에즈 운하가 개통되면서, 유럽에서 인도나 동아프리카로 가는 항로 역시 훨씬 빠르고 안전하고 저렴해졌다. 이러한 여행 분야의 발전은 『80일간의 세계일주』(1873)의 작가 쥘 베른의 상상력에 불을 지폈다. 이 책의 주인공인 필리어스 포그는 자신이 80일 이내에 세계를 일주하고 돌아올 수 있다고 런던 리폼 클럽의 친구들과 내기를 한 뒤, 천신만고 끝에 내기에서 승리한다. 그러나 소설이 출판되었을 때, 이 여행은 이미 현실에서 실현 가능했다. 인도의 철도와 증기선 노선이 연결되었기 때문이다. 1899년에 미국의 언론인 넬리 블라이가 단 72일만에 세계 일주 업적을 달성했다. 이전 세기에 배를 이용한 최초의 세계 일주에 3년이 걸렸던 것과는 하늘과 땅 차이였다.

19세기에는 도로를 이용한 운송에서도 혁명이 일어났다. 1769년에 프랑스인 니콜라 조제프 퀴뇨가 증기 자동차를 발명했지만 별다른 인기를 끌지 못했다. 19세기 초에는 철도에 맞먹는, 노상 증기차를 생산하려는 추가적인 시도가 있었지만, 차에 연료를 공급하려면 매번 지저분한 일을 해야 한다는 문제가 있었다. 증기마차를 직접 살 만큼 부유한 사람들은 석탄을 직접 삽으로 퍼내고 싶어 하지 않았다. 그러나 1860년경부터 여러 혁신 덕분에 실용적인 증기차가 대중의 눈에 띄기 시작했다. 증기 롤러가 발명되어 더 고르고 매끄러운 도로가 건설되었다. 견인 차량은 이런 도로를 이용해 목재와 같은 무거운 적재물을 운송할 수 있었다. 그리고 증기

트랙터와 증기 경운기가 등장하면서 말이 없어도 농사를 지을 수 있게 되었다.

진정한 도로 혁명은 증기가 아니라 인간의 근육에 의해 이루어졌다. 1860년대 초에 최초의 자전거인 벨로시페드velocipede가 등장했다. 자전거는 초기에 순전히 나무로 제작되었지만, 얼마 지나지 않아 금속 프레임과 고무 타이어가 사용되었다. 1869년에는 큰 앞바퀴에 매우 작은 뒷바퀴가 달린 페니파딩이 생산되기 시작했다. 사람들은 페니파딩이 상당히 위험하다고 여겼는데, 1885년에 존 켐프 스탈리가 선구적인 안전 자전거를 발명하면서 페니파딩은 시장에서 퇴출되었다. 1890년에는 체인 드라이브와 체인 가드, 브레이크 레버, 공기 주입 타이어도 등장했다. 수십만 명의 사람들에게 자전거는 곧 자유를 뜻했다. 말과 마구간 유지비를 쓰지 않고도 페달을 밟아가며 하루에 50에서 60킬로미터씩 기차가 가지 않는 곳으로 이동할 수 있었다. 혹은 자전거를 기차에 싣고 목적지에서 가장 가까운 기차역까지 간 뒤, 목적지까지 자전거를 타고 갈 수도 있었다. 자전거를 이용하면 남자든 여자든 혼자서도 큰 비용 부담 없이 수백 킬로미터 떨어진 목적지에 방문할 수 있었다. 여행의 자유라는 관점에서 볼 때, 가장 큰 변화가 있었던 세기는 20세기가 아니라 19세기였다.

통신

우리는 앞선 세기에서 통신과 운송이 얼마나 밀접하게 연결되어 있는지 살펴보았다. 소식을 전하는 사람이 직접 말을 타고 질주하지 않았을지는 모르지만, 어쨌든 '누군가'가 물리적으로 소식을 전달해야만 했다. 19세기에는 이 연결고리가 끊어졌다. 그러나 우리가 전기통신의 세상으로 나아가기 전에, 서신 발송 분야에서 일어난 구식 통신의 혁신을 먼저 살펴볼 필요가 있다.

1837년 1월, 실패한 학교장이자 하급 공무원인 롤런드 힐은 소논문 「우체국 개혁: 그 중요성과 실용성Post Office Reform: Its Importance and Practicability」을 영국 정부에 제출했다. 이 소논문에서 힐은 영국의 비효율적이고 비용이 많이 드는 우편 서비스를 공격했다. 우체국은 종이가 한 장이 아니라 두 장이면 두 배의 요금을 청구했고, 배달 거리가 멀면 요금을 인상했으며, 수령인에게 지불 책임을 지게 했다. 그리고 수령인들이 흔히 배달비 지불을 거부했기 때문에 편지 배달비는 다른 이용자에게 전가되곤 했다. 힐은 단일 체계를 사용하자고 제안했다. 편지 중량이 0.5온스 이내면 왕국 어디로 보내든 배달비를 1페니로 하고 발송자에게 내게 하는 방식이었다. 그리고 이 과정에서 우표를 지급 증명서로 쓰는 방식이었다. 여러분은 이것이 실로 훌륭한 발상이라 생각할 것이다. 대체 누가 이렇게 훌륭한 체계를 거부할 수 있겠는가? 그러나 우체국장인 윌리엄 리더 메이벌리William Leader Maberly가 바로 주요 반대자였다. 그는 사람들이 쉽고 저렴하게 편지를 주고받는 것보다 우체국 이윤에 더 관심이 많았다. 힐이 1차전에서 승리하며, 1페니 우편제를 도입하는 임무를 맡았다. 1840년에 세계 최초의 우표인 페니 블랙Penny Black이 판매되면서 수십만 명의 사람들이 우표를 사용하기 시작했다. 힐이 옳았음이 증명되었다. 1839년에는 3통에 불과했던 인구 1인당 연간 편지 발송 수가 1860년에는 19통으로 증가했다.[6] 그러나 메이벌리의 반격이 이어졌다. 편지 배달이 늘어났음에도 우체국이 적

자를 보기 시작하자 1843년에 힐은 일자리를 잃었다. 같은 해, 운 좋게도 취리히와 브라질이 힐의 발명품인 접착식 우표를 채택했다. 결국 1846년에 정권이 바뀌고 힐은 본래 지위로 복직했으며 국가적 영웅이 되었다.

힐이 어떻게 하면 우편으로 더 효율적인 의사소통을 할 수 있을지 고민하는 동안, 여러 발명가들은 원거리에서 메시지를 즉시 전송하는 계획을 구상하고 있었다. 1816년에는 프랜시스 로널즈가 최초의 전기 전신기를 발명했다. 해머스미스에 있는 자택 뒤뜰에서 로널즈는 8마일 떨어진 두 개의 전극을 전선으로 묶은 뒤, 전선으로 전기 신호인 전신을 전달하는 데 성공했다. 그가 발명한 전기 전신기는 전신을 알파벳 문자로 변환하는 수신기가 딸린 형태였다. 그러나 맑은 날에만 효과가 있었기 때문에 그는 전선을 유리관으로 감싸 지하에 매설하는 형태의 전신기를 개발한다. 원거리에서 즉시 연락을 취할 수 있다는 것이 얼마나 중대한 일인지 깨달은 로널즈는 해군성에 편지를 보내 전신기를 시연하겠다고 제안했다. 해군장관 존 배로John Barrow의 서명이 적힌 해군성의 답변은, 아마도 기술 역사상 가장 어리석은 실수였을 것이다. 배로는 "현재 어떤 종류의 전신도 전혀 필요하지 않다"고 선언했다.[7] 믿기 힘든 일이지만 해군성은 그들이 최근에 채택한 수기 신호 방식, 즉 사람들이 서로에게 깃발을 흔드는 방식이 더 우월하다고 믿었다. 인상적이게도 로널즈는 이 좌절을 딛고 일어섰다. 그는 1823년에 실험 보고서를 출판했고, 뒤이어 과학 기기의 판독 값을 자동으로 기록하는 장치를 개발하는 데 착수했다. 오랜 세월이 흘러 전신기가 확실히 자리잡았을 때, 로널즈는 전신기 발명가로 인정받기 위해 탄원서를 제출했다. 이 탄원서는 계속해서 무시되었으나, 1870년에 윌리엄 글래드스턴 총리가 사태의 부당함을 인정하고 로널즈의 노력을 치하하며 기사 작위를 하사했다.

전기 전신기는 1830년대 후반이 되어서야 실용적으로 사용되었다. 미국에서는 새뮤얼 모스와 알프레드 베일이 전신기를 개발한 뒤, 1838년에 처음으로 전보를 보냈다. 1861년에는 전신기가 미국의 동부 해안과 서부 해안을 연결했다. 이와는 별개로 잉글랜드 발명가들도 똑같은 혁명을 일으키고 있었다. 찰스 휘트스톤과 윌리엄 포더길 쿡은 전신기로 특허를 낸 뒤, 그레이트 웨스턴 철도사와 제휴하고 철로를 따라 선을 연결했다. 1843년에는 전신선이 패딩턴과 슬라우를 연결했다. 2년 뒤, 두 어린 자녀의 엄마인 사라 하트Sarah Hart가 슬라우 인근 솔트 힐에서 청산prussic acid에 중독되었다. 살인범은 침착하게 기차역으로 걸어가 런던행 기차에 탑승했다. 비명을 들은 이웃은 하트 부인이 죽어가는 것을 발견하고 도움을 청했다. 기차역으로 가해자를 따라온 E. T. 챔프니스E. T. Champnes 목사는 가해자가 기차에 타는 모습을 보고 철도 역장에게 패딩턴에 즉시 전보를 보내 다음과 같이 전하라고 지시했다.

솔트 힐에서 방금 살인 사건이 일어났음. 살인 용의자가 오후 7시 42분에 슬라우에서 출발하는 런던행 기차의 일등석 표를 가져간 것이 목격되었음. 용의자는 퀘이커 교도식 옷차림을 하고 있으며, 거의 발끝까지 내려오는 갈색 코트를 입고 있음. 그는 두 번째 일등칸의 마지막 객실에 타고 있음.

패딩턴에서 발견된 살인범은 뒤이어 합승마차를 타고 도주했으나 얼마 지나지 않아 체포되어 살인죄로 교수형에 처해졌다. 신문사들은 이 사건을 자세히 보도하면서, 전신기가 살인자를 체포하는 데 중요한 역할을 했다고 강조했다. 갑작스럽게, 사람들은 새로운 시대가 열렸다는 사실을 깨달았다. 군대는 수기 신호 체계를 가지고 있었지만, 깃발 흔드는 것을 어떻게 이 혁명적인 발명품과 비교할 수 있겠는가. 역사상 처음으로 일반 대중이 여행 속도보다 빠른 속도로 먼 거리에 메시지를 전송할 수 있게 되었다. 살인자들이 광범위한 법망을 피해 리버풀에서 뉴욕으로 배를 타고 갈 수 있을지언정, 1866년에 영구 해저 전선이 부설된 뒤로는 도착하자마자 대기하고 있던 법 당국에 체포당할 확률이 있었다. 1872년부터는 호주로도 전보를 보낼 수 있었고, 1876년부터는 뉴질랜드까지 전보를 보낼 수 있었다.

전신선이 확산되면서 이제 세계 거의 모든 도시나 마을로 정보를 즉시 전달할 수 있게 되었다. 전신국에서 누군가의 집까지 가는 마지막 몇 킬로미터는 여전히 우편배달부가 직접 가야 할지도 모르지만 이는 작은 지연에 불과했다. 정보를 매우 저렴하고 신속하게 전송할 수 있다는 사실은 개인과 기업, 경찰에게 분명한 이득을 주었다. 정부는 심지어 더 큰 이득을 보았다. 튀르고가 파리와 툴루즈 사이를 오가는 데 걸린 시간을 15일에서 8일로 줄였던 지난 세기를 돌이켜보자. 이제 그 거리에서는 정보 전달이 즉시 이루어졌다. 툴루즈에서 위기가 터지면 지방 관료들은 사안을 파리로 전달한 뒤 정부의 대응을 기다릴 수 있었다. 게다가 지방 관료들은 주기적으로 중앙 정부에 연락할 수 있었으며, 중앙 정부는 제대로 연락하지 않는 지방 관료에게 책임을 물을 수도 있었다. 이것은 세계 제국이었던 영국에게 특히 중요했다. 이제 수도 런던에서 인도 총독과 캐나다 주재 고등 판무관과 남호주 주재 총대표에게 직

변화의 세기

접 지시를 내릴 수 있게 된 것이다. 의회의 반대당과 신문사, 대중의 비판에 더 취약해지면서 정부는 직책에 임명된 사람이 정부 대신 올바른 결정을 내리리라고 믿기보다 직접 통치할 필요가 있다고 보았다.

1876년, 알렉산더 그레이엄 벨이 영국과 미국에서 '전신을 통한 대화talking by telegraph'로 특허를 따면서 상황은 한 걸음 더 진전되었다. 그해 3월, 벨은 화학 약품이 가득 찬 유리병을 쏟은 뒤, 기술 비서 토머스 왓슨에게 전화로 최초의 문장을 말했다. "왓슨 씨, 여기로 좀 오세요. 당신이 필요합니다!" 1878년에는 115마일의 전선을 통해 런던에서 노리치로 전화를 거는 데 성공했으며, 같은 해에 뉴헤이븐에서는 전화 안내서가 출판되었다. 2년 뒤 전화 회사는 250명의 가입자로 구성된 런던 전화번호부를 제작했다. 사업자가 감당할 수 없을 정도로 가입자 수가 증가하자 얼마 지나지 않아 전화번호가 개발되었다. 1886년에는 공중전화 부스가 세워졌는데, 3분당 2펜스의 통화료를 청구했다. 1900년 미국에는 인구 1,000명당 17.6대의 전화가 있었다.[8] 통신은 두 차례의 혁명을 겪었다. 첫 번째 혁명에서 전신기가 정보를 장거리로 즉시 전달했다면, 두 번째 혁명에서는 전화기가 양방향 교신을 가능하게 했다. 굴리엘모 마르코니Guglielmo Marconi는 1900년에 도버 해협을 통해 잉글랜드에서 프랑스로 무선 통신을 보냈으며, 1901년 말에는 대서양을 가로질러 신호를 보냈다. 1899년에는 등대선 이스트 굿윈East Goodwin호가 최초의 해상 SOS 메시지를 수신했는데, 그 결과 램스게이트의 구명정이 독일 선박 엘베호의 승무원을 구조할 수 있었다. 라페노티에르 대위가 트라팔가르 해전의 승전보를 전하기 위해 팔머스에서 런던까지 37시간 동안 말을 달렸던 때와 비교하면 실로 하늘과 땅 차이라 할 만하다.

공중 보건과 위생 관리

시대를 불문하고 도시에서 흔히 볼 수 있는 세 가지가 있다. 악취, 인구 과밀, 거지가 바로 그것이다. 이 셋 가운데 하나라도 없는 도시가 있다면, 그 도시는 자연적으로 성장한 도시가 아니라 어떤 자선가나 독재자의 변덕스러운 기분에 따라 설계되었다고 확신해도 좋다. 19세기 초 서양에는 깨끗한 도시가 없었다. 모든 도시가 악취를 풍겼고, 가난한 거주민이 눈에 띄게 많았다. 도시 거리도 악취를 풍겼지만, 빈민가 집들 앞에 놓인 오물통에서 뿜어져 나오는 악취는 더욱더 끔찍했다. 그 주변에는 질병이 만연했다. 가난이 질병을 낳고, 질병이 가난을 심화시키며, 도시의 빈민들을 불행의 소용돌이로 끌어당겼다. 1842년 베스날 그린 노동자들의 평균 사망 연령은 겨우 16세였으나, 런던 부유층의 평균 사망 연령은 45세였다.[9] 이 상황을 해결하기 위해 무언가 해야 했지만 사회는 완전히 무관심했다. 식자층 대부분이 생각한 가장 좋은 예방책은 녹음이 우거진 교외에 집을 사서 악취와 빈민가로부터 멀리 떨어지는 것이었다. 가난한 사람들이 스스로를 위해 삶의 방식을 바꿔야 하는 이유는 무엇이며 그 방법은 또 무엇일까? 이것은 대중의 관심사가 아니었다. 가난한 사람들이 어째서 더 많이 병에 걸리는지 밝혀내는 것 역시 의학적 우선순위가 아니었다. 파리 거리에 사는 가난한 사람들이 이웃 부르주아들보다 사망률이 50퍼센트나 높은 이유를 궁금해하던 한 프랑스 외과 의사는 그들이 부도덕하기 때문이라는 결론을 내렸다. 그들이 도덕적으로 행동하는 법을 배운다면 그들 자신과 자녀들이 더 오래 살 수 있을 거라고 보았다.[10] 도덕성 개선에 따른 건강 개선 효과에 회의적인 사람들은, 썩어가는 물질에서 뿜어져 나온 독기가 악취 나는 공기를 만들고 이 공기를 흡입하면 병에 걸린다는 옛 생각으로 되돌아가는 경향이 있었다. 이들이 보기에 가난한 사람들은 지저분하기 때문에 병에 걸렸다. 지롤라모 프라카스토로가 저서 『전염에 관하여De Contagione』(1546)에서 질병은 '병의 씨앗'으로 퍼진다고 제시했지만 사람들은 이를 무시했다.[11] 그리고 질병 예방에 관한 연구는 사실상 정체 상태였다.

하지만 백신 접종 분야에서는 예외적으로 질병 예방에 관한 큰 진전이 있었다. 1790년대에 내과의 에드워드 제너는 우유 짜는 일을 하던 여성 가운데서 우두*를 앓았던 여성이 천연두 면역을 가지고 있다는 사실에 주목했다. 1796년 5월 14일, 제너는 의도적으로 8살 소년 제임스 핍스의 팔에 우두를 앓는 여성에게서 채취한 우두농을 접종했다. 6주 뒤, 핍스는 이 소년에게 무시무시한 천연두 바이러스를 주입했다. 핍스는 천연두에 걸리지 않았다. 제너는 매우 기뻐하며 왕립학회를 설득해 자신의 연구 결과를 발표하려 했지만, 왕립학회는 증거가 너무 적다는 이유로 주저했다. 이에 따라 제너는 1798년에 추가 시험을 거쳐 같은 해에 「천연두 백신의 원인과 결과에 관한 연구An Inquiry into the Causes and Effects of the Variola Vaccina」로 시험 결과를 발표했다. 제너의 연구는 즉시 큰 관심을 끌었다. 그의 논문은 1803년까지 라틴어, 프랑스어, 독일어, 이탈리아어, 네덜란드어, 스페인어, 포르투갈어로 번역되었다. 스페인의 카

• 牛痘, cowpox. 소나 사람이 걸리는 천연두와 비슷한 질병.

를로스 4세는 자신의 자녀들에게 백신 접종을 받게 했으며, 왕실 의사인 프란시스코 데 발미스Francisco de Balmis와 고아원 출신 아이들 스무 명을 천연두가 발발한 콜롬비아로 보냈다. 대서양을 횡단하는 동안 우두 바이러스는 아이들을 번갈아 감염시키는 식으로 살아남았다. 이런 방법으로 데 발미스는 카리브해와 라틴아메리카에서 10만 명이 넘는 사람들에게 백신을 접종할 수 있었다. 출생 직후에 천연두 예방 접종을 의무화하는 국가가 점차 늘어났다. 정작 영국은 1853년이 되어서야 예방 접종을 의무화했지만 말이다. 그러나 다른 질병들은 여느 때와 마찬가지로 계속해서 사람들을 죽였다. 유럽과 신세계의 도시들은 점점 더 인구가 늘어났으며, 대개 희생자들이 차고 넘쳤다.

바로 이 의학적으로 불투명한 시기에 헝가리의 의사 이그나스 젬멜바이스가 등장했다. 1846년에 빈에 있던 두 곳의 무료 산부인과 진료소 가운데 하나에서 일하던 이그나스는 자신들을 다른 진료소로 보내달라고 간청하는 임산부들을 만났다. 이그나스의 진료소는 사망률이 10퍼센트 정도인 반면, 다른 진료소의 사망률은 2.5퍼센트로 훨씬 낮았기 때문이다. 그런데 누구도 그 이유를 몰랐다. 두 진료소는 모든 점에서 똑같았고 직원들만 달랐다. 게다가 이그나스의 진료소 직원들은 높은 자격 요건을 갖춘 의사들로 구성된 반면, 다른 진료소는 조산사들로만 구성되어 있었다. 그러다가 1847년 3월, 이그나스의 동료 의사 한 명이 한 학생의 실수로 부검 도중에 메스에 찔려 사망했다. 이그나스는 사망한 동료의 시신에서 병원에서 죽어가던 여자들의 증상과 유사한 증상이 나타난다는 사실을 알아차렸다. 이그나스는 부검 과정에서 '사체 입자cadaverous particle'가 시체에서 학생의 메스로 옮아갔으며, 이 사체 입자가 동료 의사를 죽였다는 이론을 제시했다. 이그나스는 조산사들의 보살핌을 받는 산모보다 적절한 자격을 갖춘 의료진의 산모가 더 많이 죽는 이유가 어쩌면 이것일지도 모른다고 생각했다. 부검을 진행하는 사람은 바로 자격을 갖춘 의료진들이었기 때문이다. 이에 따라 이그나스는 진료소 의료진들에게 염화 석회액으로 손을 씻으라는 지침을 내렸다. 거의 즉시 이그나스의 진료소 사망률은 다른 진료소와 같은 수준으로 떨어졌다.

큰 감명을 받은 이그나스의 학생들이 즉시 소식을 퍼뜨리기 시작했다. 그러나 손 씻기 지침에 대한 초기 반응은 부정적이었다. 의사들은 이것이 프라카스토로의 '병의 씨앗'과 같은 구시대적인 전염 이론을 떠올리게 한다고 선언했다. 어떤 의사들은 '사체 입자' 이론이 인체를 마법적으로 이해하려던 방식과 너무 유사하다고 우려했다. 마법은 과학의 적으로 여겨졌기 때문이다. 이그나스의 임용 기간이 끝난 뒤 계약이 갱신되지 않으면서 진료소는 다시금 예전의 불결하고 치명적인 방식으로 운영되기 시작했다. 이그나스는 다음 직장에서도 손 씻기와 수술 기구 소독을 통해 앞선 사례와 비슷한 수준으로 임산부 사망률을 낮췄다. 하지만 의료 기관에서는 여전히 이그나스의 권고를 거부했다. 결국 1861년에 이그나스는 책을 출판하여 자신의 연구 결과를 직접 설명했다. 그러나 책에 대한 혹평이 이어지면서 아무도 자신의 말을 듣지 않는다는 좌절감만 커졌을 뿐이었다. 겁에 질린 환자들을 돕는 것보다 자신들의 평판이 더 중요했던 의사들은 이그나스의 발견을 거부했다. 이를 인정하면 의사의 과실로 임산부가 죽은 셈이 되기 때문이었다. 그리고 이그나스는 이런 의사들의 반대에 더욱 집착하게 되었다. 그는 신경쇠약에 걸려 정신병원에 수용되었으며, 병원에서 경비병들에게 구타당하다가 1865년에 47세의 나이에 패혈증으로 사망했다. 루이 파스퇴르가 논문에서 이그나스 젬멜바이스의 '사체 입자' 이론이 본질적으로 옳았다는 사실을 증명한 것은 이로부터 20년 후였다.

젬멜바이스가 빈의 가난한 임산부들의 생명을 구하려고 노력하는 동안, 사회 개혁가 에드윈 채드윅은 런던 빈민들의 삶을 개선하는 데 헌신했다. 채드윅은 1848년에 공중보건법Public Health Act이 제정되는 데 큰 역할을 했다. 공중보건법은 각 도시가 보건위원회를 설립해 하수 처리와 급수 관리를 개선하고 빈민가의 주거 지역과 도회지 도축 시설의 위생 상태를 향상시키도록 장려하는 법이었다. 모두가 이것을 좋은 생각으로 여기지는 않았다.《타임스》지에 "모든 위생 개혁가들 가운데 콜레라가 최고"라고 천명하는 기사가 실릴 정도였다.[12] 그러나 채드윅이 내세운 대의는 1854년 콜레라 발발 당시에 뜻밖의 지원을 받았다. 런던의 내과의 존 스노가 신규 콜레라 확진자들의 사례를 표로 정리하다가 모든 확진자가 브로드 거리에 있는 우물에서 물을 긷는다는 사실을 발견하면서였다. 스노는 추가 감염을 막기 위해 일단 우물에서 손잡이를 떼어버렸는데, 후에 원인이 밝혀졌다. 우물에서 몇 미터 떨어진 곳에 콜레라균에 오염된 하수구가 있었던 것이다. 가장 중요한 것은, 콜레라가 사람 대 사람으로 직접 감염되거나 부패한 공기의 독소로 감염되는 것이 아니라 물에 의해 전파된다는 증거를 스노가 하원 특별위원회에 제출했다는 점이다. 스노가 내놓은 해결책은 도시의 배수 상태와 하수도를 개선하는 것이었다. 1858년 런던에서는 처리되지 않은 하수가 너무나도 지독한 악취를 풍기는 '대악취 Great Stink' 현상이 일어났다. 악취가 어찌나 심했던지 의회가 휴회를 선언할 정도였다. 정부는 조지프 바잘게트Joseph Bazalgette에게 수도 런던의 전체 하수도망을 다시 건설해달라고 의뢰했다. 이 작업은 1875년에야 끝났다. 같은 해, 두 번째 공중보건법이 통과되었다. 이 법에 따라 모든 신축 주택은 상수도와 하수도를 반드시 갖춰야 했으며, 모든 보건 의원회는 의무적으로 의료진을 고용해야 했다. 같은 시기, 파리를 재건축하고 있던 조르주 외젠 오스만은 대로 밑으로 새로운 하수 처리망을 완비했다. 도시가 인간의 오물 덩어리에 부식되는 것은 근대 도시에서 더는 허용되지 않았다.

실증 연구를 통해 콜레라가 물에 의해 전염된다는 사실은 증명했지만, 존 스노는 브로드 거리의 우물이 실제로 어떻게 콜레라를 전파하는지 밝혀낼 수 없었다. 1861년, 루이 파스퇴르가 최종적으로 그 해답으로 이어지는 길을 우연히 발견했다. 세균 배양용 페트리 접시에 육수를 담아 실험하던 파스퇴르는 공기에 노출된 육수는 단시간 내에 변질된 반면, 공기에 노출되지 않은 육수는 변질되지 않는다는 사실을 발견했다. 파스퇴르는 육수가 공기에 노출되더라도 미세한 먼지 필터로 페트리 접시를 감쌀 경우 곰팡이가 피거나 발효되지 않는다는 사실 또한 알아차렸다. 이에 따라 육수에 미생물이 생기는 것은, 육수 자체의 성질 때문이 아니라 공기 중에 있는 어떤 입자에 감염되기 때문이라는 결론을 도출했다. 이 주제를 다룬 파스퇴르의 논문은 또 다른 프랑스인 카지미르 다뱅 Casimir Davaine에게 영감을 주었다. 다뱅은 이전에 탄저병에 걸린 양의 피에서 어떤 균을 발견했는데, 이 균은 훗날 탄저균으로 밝혀졌다. 1863년 다뱅은 탄저병이 자신이 관찰한 미생물과 연관되어 있음을 보여주는 논문을 발표했다. 스코틀랜드에서도 외과의 조지프 리스터Joseph Lister가 파스퇴르의 연구가 지닌 잠재력을 알아차리고, 공기 중에 있는 입자가 환자의 상처에 감염을 일으키는 원인일지도 모른다고 의심하기 시작했다. 리스터는 괴저를 일으키는 미생물을 죽이기 위해 1865년부터 환부를 절개하거나 상처에 드레싱을 붙일 때 석탄산을 도포하기 시작했고, 긍정적인 결과를 얻었다. 독일에서는 로베르트 코흐가 다뱅이 발견한 균으로 실험을 진행하면서 탄저병의 병인을 연구했다. 코흐는 1876년에 미생물이 포자를 생성하며, 이 포자가 호흡기나 다른 경로를 통해 동물 혈관에 침투하면 혈액 안에서 증식해 결국 숙주를 죽인다는 이론을 확립한다. 계속해서 코흐는 1878년에는 패혈증을 일으키는 세균을 식별했으며, 1882년에는 역사상 가장 위대한 살인자 가운데 하나인 결핵의 원인균을 발견했다. 파스퇴르는 탄저균, 닭 콜레라, 광견병 예방 접종 시험을 했다. 1885년 7월 6일은 유명한 사건이 일어난 날이다. 파스퇴르가 이틀 전에 광견병에 걸린 개에게 물린 9살 소년 조셉 마이스터에게 광견병 백신을 접종한 것이다. 조셉은 살아남았다. 석 달 뒤에 광견병에 걸린 개로부터 다른 아이들을 보호하다가 물린 두 번째 소년도 살아남았다. 그렇게 파스퇴르가 세균설 Germ theory이라 부른 이론이 도래했다.

모든 의학적 발견은 어떤 식으로든 공중 보건과 관련된 사안이므로, 여기서 더 논의할 수 있는 의학 발전이 많이 있다. 커다란 의학 진보 가운데 하나는 1840년대에 도입된 마취제이다. 제왕절개의 성공적 정착 역시 커다란 진보였다. 19세기가 시작할 무렵 제왕절개는 최후의 수단이었으며 거의 항상 외상성 출혈과 산모의 죽음을 초래했다. 19세기 초, 의사들은 대개 태아 개두술 foetal craniotomy을 실행하여 산모의 생명을 보존하는 편을 선호했다. 태아 개두술이란, 태아의 두개골을 부수고 태아를 조각낸 뒤, 산모의 질을 통해 제거하는 수술이다. 1820년에 남아프리카에서 영국의 군의관 제임스 배리 James Barry가 집도한 제왕절개술은 산모와 아이가 모두 살아남은 극소수의 초창기 사례 가운데 하나다. 배리의 사후에 그가 사실 여자였으며 외과의 생활 내내 남장을 하고 남자 행세를 했음이 밝혀졌다. 1880년대부터는 제왕절개술이 더 주기적으로 이루어졌으며, 산모와 아이 모두에게 긍정적인 결과로 이어지는 경우가 점점 더 늘어났다. 19세기 동안, 유럽 전역에서 출생 시 기대수명이 약 30세에서 50세로 늘어났다. 이 점에서 볼 때, 앞서 언급한 의학적 발전들은 단순히 의학적 업적에 그치지 않는다. 19세기는 서구가 무엇이 대부분의 질병을 일으키는지 밝혀낸 시기였으며, 수많은 질병의 예방법과 치료법을 알아내고 감염을 제한하는 방법을 찾아낸 세기였다.

사진술

얼마 전 나는 한 텔레비전 프로그램에서 중세를 주제로 인터뷰를 했다. 얼마 후 한 사진 연구가가 내게 전화를 걸어 내가 언급한 특정 인물의 사진을 어디서 찾을 수 있는지 물었다. 내가 그 인물에 관한 사진은 존재하지 않는다고 답하자, 그녀는 그런 경우라면 그 인물에 관해 아예 언급하지 않는 편이 낫겠다고 했다. 이 작은 에피소드는 과거에 관한 우리의 집단적 의식과 전반적인 지식이 주로 시각적 자료에 의해 형성된다는 사실을 적나라하게 보여준다.

　역사적 이미지에는 계급 구조가 있다. 과거를 이해하는 우리의 능력은 여태까지 남아 있는 이미지의 수와 다양성, 범위와 밀접한 관련이 있기 때문이다. 중세 사람들보다는 16세기 사람들을 상상하기가 훨씬 쉬운데, 그 이유는 초상화를 통해 이들의 얼굴을 볼 수 있기 때문이다. 18세기는 초상화뿐만 아니라 거리나 실내 풍경화도 많이 남아 있어 16세기보다 훨씬 알아보기 쉽다. 그러나 이용 가능한 모든 역사적 이미지 가운데 가장 큰 영향력을 지닌 것은 바로 사진이다. 제1차 세계대전이 나폴레옹 전쟁보다 오늘날의 대중에게 훨씬 더 큰 의미를 지니는 핵심 이유 가운데 하나는, 1차대전 당시의 진창과 참호, 전선으로 나아가며 미소짓던 군인들의 모습을 사진으로 볼 수 있기 때문이다. 우리는 이 군인들이 향하던, 수많은 시체가 널브러진 전쟁터의 모습을 잘 알고 있다. 폴 카스텔노 Paul Castelnau가 오토크롬 기법으로 찍은, 푸른색 군복을 입은 프랑스인 병사가 참호 꼭대기에서 조심스럽게 적진을 염탐하는 사진이 잘 보여주듯, 제1차 세계대전 당시의 컬러 사진들은 매우 사실적이다. 그렇기에 이보다 앞선 시기에 일어난 전투를 묘사한 그림이나 조각보다 훨씬 큰 충격을 준다.

이 책에서 19세기의 사진을 중요한 변화의 하나로 논의하는 이유는, 역사적 사진이 훗날의 역사학자들에게 큰 가치를 지니고 있기 때문이 아니다. 그보다는 사진이 사회의 이미지를 개선하는 데 다른 어떤 형태의 삽화보다 더 큰 역할을 했기 때문이다. 15세기에 거울이 개인에게 해준 일을, 19세기에는 사진이 사회에게 해주었다고 봐도 무방하다. 이렇게 생각해보자. 만약 여러분이 나폴레옹 전쟁에서 부상당한 사람의 그림을 보았다면, 곧바로 화가가 그 사람을 묘사한 데는 특정한 이유가 있으리라고 생각할 것이다. 여러분은 모델이 거의 틀림없이 장교일 것이며, 화가가 그림을 그린 이유는 장교의 용감한 행동을 기리기 위해서라고 추측할 것이며, 그 추측은 십중팔구 맞을 것이다. 그림을 그리는 데는 상당한 시간이 소요되었을 테니, 그림은 그림이 묘사하는 '순간'이 지난 후에야 완성되었을 것이다. 우리의 영웅이 더는 고통으로 얼굴을 찡그리지 않고, 그의 상처에 붕대가 감긴 뒤에야 말이다. 그러니 여러분은 화가가 장교의 상처를 어디까지 드러내고 어디까지 숨길지 결정한 후 그림을 의도적으로 구성했다는 사실을 간파할 수 있을 것이다.

이와 대조적으로 100년 뒤, 제1차 세계대전 도중에 촬영된 몇몇 사진은 진짜 공포를 보여준다. 폐허가 된 집의 잔해 속에 널브러진 평범한 남녀의 훼손된 시체를, 포탄이 터지자 맹렬한 기세로 하늘로 치솟는 흙먼지를, 산부인과에 박격포탄이 떨어지면서 아이와 함께 몸의 절반이 날아간 반쯤 벌거벗은 산모를 보여준다.[13] 이 사진들은 죽음의 순간과 그 즉각적인 여파를 이미지로 보여준다. 사진은 그것이 무엇이든 렌즈 앞에 있는 물체를 드러낸다. 그것도 촬영자가 사진을 찍을 때 눈치채지 못한 세부사항까지도 모조리 드러낸다. 물론 사진에도 여전히 수많은 의도가 담겨 있고, 선전이나 홍보 목적으로 포즈를 취한 경우도 많았지만, 사람들은 카메라가 실제 장면을 포착한다고 믿게 되었다. 카메라 셔터가 번쩍하고 열리면 대상 자체가 이야기를 들려주었다. 대상은 더는 고상한 예술가의 상상력이나 기억을 통해 여과될 필요가 없었다.

사진술은 1820년대와 1830년대에 독립적으로 작업한 일련의 선구자들과 함께 시작되었다. 이들은 프랑스의 조제프 니세포르 니에프스와 루이 다게르, 잉글랜드의 헨리 폭스 탤벗, 브라질의 에르퀼 플로랑스Hercules Florence 등이었다. 1839년에 프랑스 정부가 세계를 위한 선물로 쓰고자 다게르의 작업물에 대한 권리를 사면서,

다게레오타이프daguerreotype는 유명한 사진술 양식이 되었다. 다게레오타이프는 질산은 코팅을 한 구리 건판에 사진을 인화하고 유리로 덮어 밀봉하는 방식이었는데, 결코 지갑에 쏙 들어가는 물건이 아니었다. 게다가 노출 시간도 길어서 만들기도 불편했다. 그럼에도 다게레오타이프는 엄청난 인기를 끌었다. 사상 처음으로, 초상화 의뢰를 꿈도 꾸지 못했던 사람들이 의자에 앉아 사진을 찍을 수 있게 되었다. 다게레오타이프의 뒤를 이어 1850년대 초에는 유리 건판을 사용하는 암브로타이프ambrotype가 나왔고, 1860년경에는 금속 받침판을 쓰는 틴타이프tintype가 암브로타이프를 계승했으며, 동일한 사진의 사본을 여러 장 인화할 수 있는 명함판 사진도 등장했다. 그리고 마지막에 등장한 이 명함판 사진은 지갑에 넣을 수 있는 물건이었다. 앞선 세기의 부유한 사람들이 사랑하는 사람들에게 줄 미니어처 초상화 제작을 위해 포즈를 취했듯, 많은 중산층 남녀들도 가족과 친지에게 사진을 나눠주기 위해 포즈를 취했다.

만약 사진 이미지를 출판할 능력이 없었다면 사진술의 발명은 중산층의 자만심만 한껏 높인 발명품에 불과했을 것이다. 이 점에서 볼 때 주요 발명품은 스튜디오에서 사진을 찍을 수 있게 한 다게르식 사진술이 아니라, 헨리 폭스 탤벗의 음화negative image를 만드는 기법이었다. 이 기법 덕분에 알부민 인화법이 가능했기 때문이다. 최초의 사진집인 폭스 탤벗의 『자연의 연필The Pencil of Nature』(1844년부터 1846년까지 6부작으로 출판됨)에는 탤벗 가문이 사는 레이콕 수도원과 여러 정물, 그리고 파리 대로와 오를레앙 다리 같은 명소의 복제 이미지가 담겨 있었다. 비록 당시까지는 고품질 사진을 대량 생산할 수는 없었지만, 한정판 식물학 전문서에는 판화뿐만 아니라 알부민 인화한 표본 사진 또한 삽입할 수 있었다. 때가 되자 기술 발전으로 사진을 인화한 판을 책에 삽입할 수 있게 되었는데, 사회과학 분야 역시 그 덕을 보았다. 1862년부터 1871년까지 극동 지역을 두루 여행한 존 톰슨John Thomson은 중국과 캄보디아의 풍경을 인쇄해 중국 거리의 풍경이 어떤지, 캄보디아의 대사원 앙코르 와트 유적이 정글에서 어떻게 모습을 드러내는지를 사상 최초로 잉글랜드 독자들에게 보여주었다. 아무리 상세한 글이라 한들 그 풍경을 이토록 생생히 고국의 독자에게 전달할 수는 없었을 것이다.

물론 이전에도 몇몇 여행자들이 방문했던 곳의 풍경을 믿을 수 없을 정도로 아름답고 세세한 강판화steel engraving — 윌리엄 헨리 바틀렛William Henry Bartlett의 이름이 떠오른다 — 로 만들었다. 하지만 이들이 만든 이미지는 여전히 예술적 과정을 거친 결과물일 뿐, 대상 자체에서 반사된 빛이 은으로 코팅한 금속 조각 위에 쏟아져 탄생한 결과물이 아니었다. 그렇기에 강판화는 사진처럼 '진실'하지는 못했다. 1840년대에 《일러스트레이티드 런던 뉴스Illustrated London News》가 대량으로 인쇄되었다는 사실이 보여주듯, 강철로 새긴 근대적 이미지에 대한 대중의 수요는 여전히 엄청났다. 하지만 이는 사람들이 뉴스 기사와 관련된 이미지를 얼마나 보고 싶어 했는지를 보여줄 뿐이다. 만약 사진을 볼 수 있었다면 훨씬 더 좋아했을 것이다. 어느덧 《일러스트레이티드 런던 뉴스》 같은 출판물에 사진이 포함되기 시작했다. 처음에는 원본 사진을 최대한 사실에 가깝게 모사하여 인쇄판에 새기는 방식이었으나, 1890년대에 기술이 발전하면서 사진 원본을 망점half-tone 기법으로 재현한 뒤 인쇄하는 방식으로 바뀌었다. 1880년대와 1890년대에는 제대로 된 여행 간행물 소리를 들으려면 반드시 사진판을 써서 정글과 폐허가 된 사원, 먼 곳의 이국적인 사람들을 묘사해야 했다. 이제 여행을 가고 여행 이야기를 하는 것만으로는 충분하지 않았다. 여행을 하면서 본 놀라운 것들을 독자들에게 반드시 '보여주어야만 했다.' 이렇게 집에서 안락의자에 앉아 세상을 여행하던 유럽 사람들은, 사진 이미지가 실린 여행 간행물을 통해 나머지 세계를 시각화하기 시작했다.

1900년까지 사진은 출판과 언론의 필수 요소가 되었다. 이미지를 제작하는 능력이 생김으로써 보는 이의 눈앞에 실제 장면을 보여줄 수 있게 되자, 그것이 점차 의무로 여겨지게 된 것이다. 1850년대에《일러스트레이티드 런던 뉴스》는 로저 펜튼이 찍은 크림 전쟁 사진을 인쇄판에 새겨 인쇄했다. 1860년대에는 매튜 B. 브래디가 미국 남북전쟁(1861~1865)의 경과를 기록하기 위해 소규모 사진작가 집단을 고용했다. 이들의 작품은 인쇄판에 새겨져《하퍼스 위클리Harper's Weekly》에 실렸다. 사건에 관해 스스로 이야기하는 이미지들이 생기자, 보도는 전투 장면을 자세히 묘사하는 식으로 점점 더 열기를 더해갔다. 또한 사진은 사회 변화에 대한 대중의 인식에도 영향을 주었다. 전쟁보다 덜 폭력적인 상황, 가령 사라져 가는 아메리카 원주민의 생활 방식이나 빈민가 사람들의 주거 환경과 같은 문제에 대해서였다. 실제로 사회 불평등과 사회적 박탈에 시달리는 사람들의 현실을 묘사하는 것은, 그 언론이 사진 중심이든 활자 위주든 간에 언론 모두의 공통 관심사였다. 언론인 헨리 메이휴Henry Mayhew는『런던의 노동자와 가난한 사람들London Labour and the London Poor』(1851)에서 글로써 런던 빈민들이 감내해야 하는 비위생적이고 힘겨운 환경을 인정사정없이 묘사했다. 존 톰슨은『런던의 거리의 삶Street Life in London』(1878)에서 이미지로써 불우한 사람들이 겨우겨우 생계를 이어나가는 모습을 보여주었다. 토머스 애넌Thomas Annan은 『글래스고의 오래된 골목길과 거리들The Old Closes and Streets of Glasgow』(1872)에서 당국에 의해 철거 예정이었던 도시 슬럼가의 특징을 사진으로 남겼다. 제이콥 리스Jacob Riis는 『세상의 절반은 어떻게 사는가How the Other Half Lives』(1890)에서 문자와 이미지를 결합하여, 7센트짜리 하숙집의 해먹과 뜨내기 일꾼들이 이용하는 지하실 잠자리까지 공동 숙소에 사는 뉴욕 극빈층 주민들의 삶을 보여주었다.

그렇게 사진은 증거와 진실에 대한 우리의 이해를 재정의했다. 사진은 예술가의 권위를 훼손했다. 예술가들이 만든 이미지는 카메라가 만든 것보다 눈에 띄게 주관적인 이야기를 전해주었기 때문이다. 이제 사람들은 목격한 순간을 직접 사진으로 찍어 수백만 명과 공유할 수 있었다. 사진 속 누군가가 찍히길 원했는지 아닌지는 점차 중요하지 않게 되었다. 범죄 현장에서는 불법 행위의 증거를 보존하기 위해 촬영이 이루어졌다. 교도소는 교도소 문을 넘어오는 모든 사람의 사진을 보관했다. 미국 국경 마을의 '현상 수배범' 포스터에는 법망에서 벗어난 탈주자들의 얼굴 사진이 실렸다. 경찰은 수천 장의 용의자 사진을 보관했다. 사진술이 발명되기 전에는 범죄자들을 오직 이름과 성별, 눈동자 색, 키로만 식별할 수 있었다. 키 180센티미터에 청회색 눈동자, 벗겨진 갈색 머리를 한 중년 남성이라는 정보만으로는 특정인이 바로 그 범죄자라는 사실을 증명할 방법이 없었다. 1850년대부터는 과학자들도 점차 사진을 이용하기 시작했는데, 특히 천문학자들은 1880년에 성운을, 1883년에는 육안으로 식별할 수 없는 물체를 촬영했다.

1900년경에는 이 거대한 전환이 거의 완료되었다. '진실'을 판가름하는 절차는, 1800년에는 전적으로 목격자들의 인식력과 말솜씨에 의지했지만, 이제는 객관적 증거에 중점을 두는 체계로 대체되었다. 이러한 전환에 사진의 공로는 작지 않았다.

사회 개혁

우리는 이 책에서 수많은 유형의 정부를 언급했지만 혁명 프랑스만 빼면 모든 정부에는 한 가지 공통점이 있었다. 사회 변화로부터 시민들을 보호하는 것을 자신들의 의무로 여겼다는 것이다. 이들 정부는 보수적이었다. 프랑스 혁명 이후 몇 해 동안, 각국 정부들은 정치 개혁을 더욱더 경계하게 되었고, 가급적 현상 유지를 위한 수단으로서만 정치 개혁을 허용하는 경향이 있었다. 1830년 11월, 영국의 총리 그레이 경Lord Grey은 의회에 선거법 개정 법안 Reform Bill을 제시하며 스스로를 다음과 같은 말로 정당화했다. "내 개정 법안의 원칙은 혁명이 일어날 필요가 없도록 예방하는 것이며 (…) 내 행동 원칙은 전복을 위한 개혁이 아니라 보존을 위한 개혁일 뿐, 그 이상도 그 이하도 아니다."[14] 1832년에 마침내 선거법 대개정법Great Reform Act이 통과되었으나 늘어난 유권자 수는 부유층 51만 6,000명에서 80만 9,000명에 불과했다. 당시 영국 인구는 1,330만 명에 달했다.[15] 민주주의 옹호자들이 더 많은 사람을 정치에 참여시키도록 유럽 국가들을 압박하려면 아직 시간이 더 필요했다.

1840년대 말에 큰 소요가 있었다. 1846년의 기근은 국제 금융 위기를 촉발했고, 이는 결국 광범위한 개혁 요구로 이어졌다. 혁명기 당시에 잠시 남성 보통 선거제가 도입되었던 프랑스에서는 이를 재도입해야 한다는 주장이 일었다. 1848년 2월에 파리에서 열릴 예정이었던 전국개혁연회를 국왕이 취소해버리자, 수천 명의 시위자들이 거리로 쏟아져 나왔다. 국민군과 군대마저 시위에 동참하자 프랑스 국왕은 도주했다. 혁명의 물결이 유럽 대륙을 휩쓸었다. 베를린, 빈, 부다페스트, 프라하, 로마를 비롯한 수많은 대도시에서 혁명이 일어났다. 그러나 이 모든 봉기는 진압되었다. 혁명가들의 업적 가운데 지속된 유일한 것은 프랑스에서 남성 보편 선거권이 복원된 것인 듯하다. 변화의 가장 강력한 옹호자였던 변호사, 의사, 은행가 등의 중산층 전문가 계급이 사리사욕에 따라 움직이면서 대중에 지나친 권력을 주는 것을 경계하는 것이 현실이었다. 전면적인 혁명이 일어나면 무정부 상태가 생길 위험이 있었는데, 중산 계급은 명백히 이 위험을 받아들일 각오가 되어 있지 않았다. 안정된 군주제는 최소한 중산 계급이 힘겹게 얻은 부와 지위를 계속 누릴 수 있도록 보장해주었기 때문이다.

그러나 한 가지 중요한 의미에서 볼 때, 1848년의 혁명들은 실패하지 않았다. 이들 혁명이 유럽 전역의 보수주의 세력에게 1789년의 사건(바스티유 감옥 습격 사건)이 프랑스뿐만 아니라 다른 곳에서도 반복될 수 있다는 사실을 강력하게 상기시켰기 때문이다. 만조가 해안에 바닷물의 흔적을 남기듯, 혁명의 물결은 다시 일어날지도 모르는 일을 영원토록 상기시키는 흔적을 남겼다. 1848년에 혁명이 일어나지 않았던 영국에서조차 개혁을 부르짖는 목소리가 커졌다. 급진적 단체들 가운데 가장 중요한 집단은 인민 헌장주의자Chartist들이었는데, 이들은 남성의 보통 선거권을 보장하는 인민

헌장의 채택을 요구하며 민중 운동을 벌였다. 1848년에는 카를 마르크스와 프리드리히 엥겔스가 『공산당 선언』을 출판하면서 혁명을 위한 새로운 지적 틀이 생겼다. 『공산당 선언』은 역사의 진행 과정에서 부르주아 계급과 프롤레타리아 계급 사이의 투쟁이 어떤 식으로 벌어지며, 공산주의 국가가 어떤 과정을 거쳐 설립될 수 있는지에 관한 마르크스의 비전을 간략하지만 영향력 있는 형태로 제시했다. 이 책은 부의 주요 원천은 토지가 아니라 노동자이므로, 생산 수단은 산업에 종사하는 프롤레타리아 계급이 공동으로 소유해야 한다는 생각을 전파했다. 1848년 이후로 많은 노동자들이 바스티유 요새감옥에 빗댈 수 있는 유럽 전역의 장소들을 쉽게 공격할 수 있는 곳으로 여기게 되었다.

　　1848년에 벌어진 사건들이 큰 영향을 미쳤음에도 불구하고, 19세기 전반기에 사회 개혁 면에서 가장 큰 진보를 일으킨 이들은 혁명가가 아니라 단일 쟁점 운동가single-issue campaigner들이었다. 잉글랜드에서는 에드윈 채드윅 같은 인물들이 가난한 사람의 생활 조건을 개선하는 데 헌신했다. 7대 샤프트베리 백작이었던 앤서니 애슐리 쿠퍼는 정신질환자를 치료하고 공장과 광산에 고용된 여성과 아이들의 처우를 개선하는 데 경력의 대부분을 바쳤다. 아일랜드인 대니얼 오코넬은 가톨릭 신자도 의원이 될 수 있게 허용한 1829년의 로마 가톨릭 구호법Roman Catholic Relief Act으로 영원히 이름을 남겼다. 불행히도 잔인함과 무시, 부당함을 바로잡으려는 수많은 계획들을 이 자리에서 언급하기에는 지면이 부족하다. 그러므로 19세기 사회 개혁의 4가지 핵심 측면인 노예 제도, 선거 대표성, 여성의 권리, 교육에 초점을 맞출 생각이다. 이 네 측면을 함께 살펴보면, 본래 사회 변화에 저항하던 정부들이 어쩌다 사회 변화를 적극적으로 장려하게 되었는지 알 수 있다.

　　우리는 마땅히 가장 오래되고 가장 큰 사회 문제인 노예 제도를 먼저 다루어야 한다. 계몽주의 사상은 노예제와 자연권이 서로 전적으로 대립한다는 사실을 보여주었다. 미국인들은 1776년에 외국 정부에 대한 의무에서 해방될 권리가 있다고 스스로 선언했음에도, 여전히 자국민들을 사슬에 묶어두었다. 1780년 흑인들은 새로이 독립한 미국 인구의 20퍼센트 이상을 차지했는데 대다수가 노예였다. 각 주 정부들을 곤란하게 했던 점은 — 그리고 각 주 정부들이 위선적 행동을 하게 한 이유는 — 노예가 사유재산이며, 미국 헌법이 사유재산을 향유할 권리를 보호한다는 것이었다. 중세의 노예제에서 계속되었던 재산과 자유 사이의 경쟁이 똑같이 반복된 셈이었다. 펜실베이니아주에서 노예의 자녀들을 해방시킴으로써 노예제를 점진적으로 폐지하자고 제안했지만 인간의 굴레, 즉 예속 상태의 완전한 종식을 요구하던 계몽주의 사상가와 개혁가들은 만족하지 못했다. 어쨌든 펜실베이니아주와 같은 전략을 채택한 주는 얼마 되지 않았다. 미국의 남부 주와 다른 대륙들에서는 남녀 모두 인간을 사고파는 데 안달이 난 상태였다. 결국 노예 문제에 대한 감정이 고조되기 시작했다. 영국에서는 1787년에 노예무역 폐지협회Society for the Abolition of the Slave Trade가 설립되었다. 혁명 프랑스는 1794년에 영토 전체에서 노예 제도를 폐지했다. 비록 1802년에 나폴레옹이 노예제를 다시 도입했지만 모든 징후는 곧 서양에서 노예제가 과거의 유산이 될 것임을 시사했다. 1807년에 영국과 미국이 모두 노예무역을 금지하면서 300년간 이어진 대서양 횡단 노예무역은 끝을 맞았다. 1811년에는 스페인이 영토 전체에서 노예제를 폐지했다. 윌리엄 윌버포스는 1791년에 영국 의회에 처음으로 노예무역 폐지를 위한 법안을 제출한 인물이다. 그의 거센 압박이 이어지면서 1833년에 마침내 영국이 통치하는 모든 땅에서 노예제가 폐지되었고 모든 노예가 즉시 해방되었다. 의회는 노예 소유주들에게 총 2,000만 파운드의 보상금을 지급하는 데 동의했다. 미국에서는 노예 문제가 1861년에 일어난 남북전쟁의 주원인이었다. 북부가 승리를 거두고, 에이브러햄 링컨이 재선에 성공한 데 이어, 1865년에 노예제가 미국 전역에서 폐지되었다. 이 로부터 4년 뒤 포르투갈이 모든 식민지에서 노예제를 폐지하면서, 서양에서 노예제를 공식 승인한 나라는 없었다.

선거 대표성은 유럽 국가 대부분에서 중산층 운동가들의 최우선 목표였다. 영국에서는 소수의 지주들이 별다른 반발 없이 자기 사람들을 하원에 심어놓던 관행이 1832년의 대개정법으로 끝이 났다. 그리고 그레이 공의 의도대로 권력 독점을 아주 약간 완화한 것만으로도 '혁명의 필요성'을 피할 수 있었다. 이 법은 상류 지주 계층에게 35년의 유예기간을 주었고, 19세기 후반에 이어진 2개의 법은 이 유예기간을 더 연장해주었다. 영국의 지주 계층은 자신들의 정치적 이점을 최대한 오랫동안 지켜냈다는 점에서만은 인정받을 만하다. 1884년에 이루어진 3차 선거법 개정 이후에도 전체 인구 2,440만 명 가운데 유권자 수는 약 500만 명밖에 되지 않았다. 다른 서양 국가들은 선거 대표성의 측면에서 볼 때 영국보다 앞서갔다. 1820년 미국의 백인 남성들은 로드아일랜드, 버지니아, 루이지애나를 제외한 모든 주에서 투표권을 가지고 있었다. 그리고 1870년에는 미국의 모든 남성이 피부색이나 출신 주와 무관하게 투표권을 얻었다. 비록 일부 남부 주에서는 백인들이 위협과 구타, 여타 수단을 동원해 흑인의 투표권을 제한했다는 사실을 유념해야 하지만 말이다. 앞서 살펴보았듯, 프랑스의 성인 남성은 모두 1848년에 다시 투표권을 얻었다. 1900년에는 스위스, 덴마크, 호주, 그리스, 스페인, 독일, 뉴질랜드, 노르웨이의 모든 남성이 투표권을 가지고 있었다. 비록 서양 국가 대부분이 남성 보통 선거제를 채택한 것은 다음 세기에 이르러서였지만 그 조짐은 진작부터 있었다.

그러면 여성의 투표권은 어땠을까? 영국에서는 1867년에 처음으로 의회에 여성 투표권을 위한 청원이 제출되었지만 기각되었다. 같은 시기에 프랑스 여성들에게 투표권 요구가 다시금 제기되었지만 마찬가지로 실망스러운 결과가 나왔다. 일부 국가는 여성에게 제한적 투표권을 주는 제도를 채택했다. 가령 스웨덴은 세금을 내는 독신 여성에게 지방 선거에서 투표할 권리를 주었다. 그러나 투표권을 모든 여성에게 확장한 최초의 국가는 1893년이 되어서야 등장했는데 바로 뉴질랜드였다. 1894년에는 남호주가 그 뒤를 이었고, 1902년에는 호주 나머지 지역이, 1907년에는 핀란드가, 1913년에는 노르웨이가 여성 보편 선거권을 보장했다. 유럽 국가 대다수는 제1차 세계대전 이후까지 여성에게 투표권을 부여하지 않았다.

19세기 입법자들의 눈에는 왜 여성들의 우선순위가 이토록 낮았을까? 한 가지 이유는, 정부가 여성들은 겁낼 필요가 없다고 여겼기 때문이다. 정부는 여성들이 떼지어 몰려나와 바리케이드를 치거나, 남성들이 아내와 딸의 투표권을 요구하며 대규모 시위에 나설 가능성은 거의 없다는 사실을 잘 알았다. 그러나 이보다 훨씬 더 중요한 이유는 서구 사회를 지배해온 성차별주의였다. 어디를 가든 여성과 남성은 법적으로 불평등한 위치에서 출발했다.

그러므로 여성의 권리를 대변하는 운동가들에게는 단순히 투표권을 얻는 것보다 더 중요한 우선순위가 있었다. 여성은 대학에 다니거나, 법률이나 의학에 종사하거나, 공직자가 될 수 없었다. 미국, 캐나다, 호주, 뉴질랜드 법의 기반이 된 잉글랜드 법에서 기혼 여성이 어떤 지위를 가지고 있었는지 한번 살펴보자. 잉글랜드 법에 따르면, 기혼 여성의 동산은 합법적으로 남편에게 속했으며, 여기에는 여성이 버는 돈도 포함되었다. 여성이 자신이 상속받은 집과 땅을 팔거나 임대하려면 남편의 허락을 받아야 했다. 여성은 남편의 동의가 없는 한 유언장도 작성할 수 없었다. 아내는 남편의 동의 없이 누군가를 집에 데려올 수조차 없었다. 반면 남편에게는 아내가 도망쳤을 때 아내의 친족 집에 들어가 아내를 다시 데려올 권리가 있었다. 아내를 죽이지 않는 한, 남자는 합법적으로 얼마든지 아내를 때릴 수 있었다. 아내는 법정에서 남편에게 유리하거나 불리한 증거를 제시할 수 없었고, 법적으로 남편에게서 떠날 수도 없었다. 잉글랜드 벽지에서는 평민들 사이에서 비공식적 형태의 이혼이 이루어지기는 했다. 이 이혼은 남편이 아내를 최고 입찰자에게 파는 방식이었는데, 아내들은 대개 페니나 실링 몇 푼에 팔려나갔다. 데번주에서는 이러한 아내 판매가 상당수 이루어졌다고 한다.[16] 사회가 남자에게 아내를 때리거나 심지어 팔 권리마저 있다고 여기는 상황에서, 많은 여성들이 여성의 투표권 부재를 부당한 일 가운데 최우선으로 여기지 않았음은 당연했다.

이를 다음과 같이 선언했던, 캐롤라인 노턴(혼전 성은 셰리던) 여사의 관점에서 살펴보자. "나는 권리를 요구하지 않는다. 내겐 권리가 없다. 오직 잘못만 있을 뿐."[17] 여러분은 캐롤라인을 운 좋은 여자로 여길지도 모른다. 그녀는 아름답고 쾌활했으며, 유명한 극작가인 할아버지 리처드 브린슬리 셰리던Richard Brinsley Sheridan에게 재치를 물려받았다. 그러나 1817년에 캐롤라인의 아버지가 남아프리카 공화국에서 사망했을 때, 캐롤라인은 9살에 불과했고 가족에게는 땡전 한 푼 없었다. 그 뒤 몇 년 동안 그녀는 햄프턴 코트 궁전의 '은혜와 호의grace and favour'● 아파트에서 어머니와 두 자매와 함께 살았다. 21살이 되어 결혼할 때가 되었지만 결혼지참금이 없었으므로 결혼 시장에서 캐롤라인의 전망은 그리 밝지 않았다. 그래서 캐롤라인은 유일한 구혼자, 명예로운 하원 의원 조지 노턴 George Norton의 구혼을 받아들였다. 결혼은 단순한 실패가 아니라 비극이었다. 신혼여행이 끝나고 얼마 지나지 않아 우둔한 남편은 부부싸움을 할 때 캐롤라인을 때리기 시작했다. 두 사람의 관계는 증오와 돈에 대한 논쟁이 특징이었다. 남편은 캐롤라인에게서 어린 자녀 셋을 떼어놓고 만나지 못하게 했는데, 얼마 지나지 않아 자녀 한 명이 죽었다. 캐롤라인의 어머니가 사망하면서 캐롤라인에게 남긴 소액의 유산은 남편이 가져갔는데, 그것이 그의 법적 권리였기 때문이다. 캐롤라인은 글쓰기를 위안으로 삼았으며, 여기에서 얼마간의 수입을 얻었지만 이 또한 남편의 호주머니 속으로 사라졌다. 두들겨 맞고, 공개적으로 망신당하고, 배척당하고, 자식을 빼앗기고, 자신을 불행하게 한 남자에게 노동의 결실마저 억지로 내주어야 했던 캐롤라인은 제도에 반대하는 목소리를 내기로 결심했다. 캐롤라인은 어머니에게서 어린 자녀를 떼어놓는 부당한 행위에 관한 일련의 소책자를 출판했으며, 1839년에 의회가 유아보호법Custody of Infants Act을 통과시킬 수밖에 없게끔 압력을 행사하

● 왕실이 무료로 종신 대여해준 무언가임을 뜻함.

는 데 성공했다. 유아보호법으로 어머니들은 자녀가 7살이 될 때까지 돌볼 권리를 얻게 되었다. 이 전장에서 승리한 캐롤라인은 이제 이혼 문제로 관심을 돌렸다.

그 당시 잉글랜드에서 정식으로 이혼하는 유일한 방법은 교회 법원에서 결혼 무효 선언을 받은 뒤 의회 조례에 따른 절차를 밟아 혼인을 취소하는 것뿐이었다. 이것은 오직 극소수의 부유층만 감당할 수 있는, 엄청난 비용이 드는 과정이었다. 잉글랜드에서는 1700년에서 1857년까지 연평균 2건의 이혼이 허가되었다. 노턴 부부는 이혼할 형편이 되지 않았을 뿐만 아니라, 남편으로서는 캐롤라인에게 자유를 주지 않는 편이 전적으로 유리했다. 1857년, 팔머스턴Palmerston 경은 훗날의 총리인 윌리엄 이워트 글래드스턴과 — 반노예주의자 윌버포스의 아들인 — 옥스퍼드 주교 새뮤얼 윌버포스의 반대에도 불구하고 혼인소송법Matrimonial Causes Act을 통과시켰는데, 이는 부분적으로 캐롤라인의 운동 덕분이었다. 이 법이 통과된 후로 결혼은 이혼 법정에서 갈라놓을 수 있는 세속적 계약이 되었다.

캐롤라인이 그 시작을 위해 애썼던, 여성의 고통 완화를 위한 운동은 곧 힘을 얻기 시작했다. 1870년, 의회에서 기혼여성 재산법 Married Women's Property Act이 통과되면서 아내들은 자기 재산을 소유하고 자기 임금을 가질 권리를 얻게 되었다. 1878년, 프랜시스 파워 코브Frances Power Cobbe는 잡지 《시사 평론Contemporary Review》에 이후에 전개될 일에 큰 영향을 미친 기사 '잉글랜드의 아내 고문Wife-Torture in England'을 실었다. 이 기사에서 프랜시스는, 노동 계층 남성들이 하찮은 이유로 아내를 주기적으로 폭행하고 심지어 죽이기까지 하는 비참한 현장을 글로 생생히 묘사했다. 이 기사는 큰 성공을 거두었다. 같은 해, 남편에게 육체적 학대를 당한 경우에 여성의 이혼을 허가하는 2차 혼인소송법이 통과되었다. 1900년까지 캐롤라인 노턴과 셀 수 없이 많은 여성이 겪어온 수많은 법적 부당함이 일소되었다.

영국이 겪은 일이 서구 세계가 겪은 전형적인 일이라고 말하는 것은 곤란하다. 미국의 주들은 대개 영국과 비슷한 수준으로 법을 통과시켰으므로, 미국 여성들은 1840년대에 재산 소유권을 얻었고, 1870년대에는 재산 소유권을 활용했으며, 남북전쟁 이후로는 이혼할 권리를 널리 인정받았다. 하지만 대부분의 가톨릭 국가들은 20세기가 될 때까지 이혼을 허가하지 않았다. 그럼에도 여성들은 어디서나 여성운동을 벌였다. 미국에서는 1850년부터 매년 전미 여성권리대회National Women's Rights convention가 개최되었다. 1865년에는 독일 여성총연합회General German Women's Association가 설립되었고, 같은 해 프랑스에서는 여성권리요구협회Society for the Demand for Women's Rights가 발족했다. 이듬해에는 미국 평등권협회American Equal Rights Association가 설립되어 인종과 종교, 성별과 무관하게 모든 미국인의 권리를 위한 운동을 벌였다. 1869년에는 엘리자베스 케이디 스탠턴과 수잔 B. 앤서니가 전국 여성참정권협회National Women Suffrage Association를 설립하여 미국 여성의 투표권을 분명하게 요구했다. 2년 뒤에는 한 여성 연합이 파리에서 여성의 평등한 권리를 강력히 요구하기 시작했다. 안나 마리아 모조니Anna Maria Mozoni는 1881년에 밀라노에서 여성이익증진연맹League for the Promotion of Women's Interests을 설립했다. 1888년, 전국여성참정권협회 회의장에서 세계여성단체협의회International Council of Women가 탄생했다. 바로 이 무렵부터 '페미니즘'이라는 단어가 사용되기 시작했다. 자유와 평등이라는 사상은, 지난 100여 년 동안 개혁가들을 고무시켰다. 개혁가들은 남성과 정부의 관계가 모든 면에서 바뀌기를 꿈꾸었다. 그리고 이제 여성들이 여성의 권리를 인정받기 위한 운동에서 자유와 평등을 주장하기 시작했다.

논쟁의 여지가 없다고는 할 수 없지만, 19세기에 여성들이 이룬 가장 큰 진전은 대학에 다니고 전문직에 종사할 자격을 얻은 것이라고 봐도 무방하다. 일부 여성은 16세기 후반에 내과의나 외과의 자격을 얻었지만, 17세기에는 여성들이 전문 영역에 종사하는 것을 사회적으로 오히려 더 용인하지 않았다.[18] 1800년에는 세계의 어떤 대학과 병원, 의과대학에서도 여학생을 받아들이지 않았다. 이 상황은 대단히 느리게 바뀌었다. 오하이오에 있는 신학 기관인 오벌린 대학은 1833년부터 여성의 수업 참여를 허용했고, 1837년부터 여성에게 학위를 수여했다. 고집불통 엘리자베스 블랙웰은 1847년에 뉴욕의 제네바 의과대학에 억지로 입학한 뒤 1849년에 졸업했다. 6년 뒤에는 아이오와 대학이 여성에게 문호를 개방하며 남녀공학 대학이 되었다. 1861년에는 37세의 언론인이었던 쥘리 빅투아르 도비에Julie-Victoire Daubié가 리옹에서 대학 입학 자격시험인 바칼로레아를 통과했다. 1864년과 1865년에는 두 명의 러시아인 여성이 취리히 대학교의 의과 입학시험에 통과했는데, 그중 한 명인 나데즈다 수슬로바Nadejda Souslova는 1867년 시험에서 자신의 박사학위 논문을 성공적으로 방어했다. 영국에서는 엘리자베스 개릿 앤더슨Elizabeth Garrett Anderson이 개인 교습을 받은 뒤, 1865년에 약제사협회의 공인 약사 면허시험에 통과했다. 그 뒤 그녀는 1874년에 소피 젝스 블레이크Sophie Jex-Blake가 설립한 런던 여자 의과대학에서 강의했다. 프랑스에서 최초로 박사학위를 받은 여성도 마찬가지로 1875년에 의학박사 학위를 취득했다. 그렇게 여성들은 주로 의학을 통해, 고등교육은 남성만을 위한 것이라는 장벽을 최초로 넘어서는 쾌거를 이루었다. 비록 1948년까지 여성에 대한 학위 수여를 거부했지만, 케임브리지 대학교는 이 대학에 속한 최초의 여대인 거턴 칼리지와 뉴넘 칼리지를 1869년과 1871년에 각각 설립했다. 1878년에는 유니버시티 칼리지 런던이 영국 대학 최초로 여성에게 학위를 수여했으며, 같은 해 옥스퍼드 대학교는 이 대학에 속한 최초의 여대인 레이디 마거릿 홀을 설립했다. 스웨덴과 핀란드 대학들은 1870년부터, 뉴질랜드 대학들은 1871년부터, 덴마크 대학들은 1875년부터, 이탈리아와 네덜란드 대학들은 1876년부터 여성의 입학을 허가했다. 1900년에는 여성들이 전체 영국 대학생의 16퍼센트를 차지했으며, 전체 스위스 대학생의 20퍼센트를 차지했다. 스위스의 여대생은 대부분 러시아에서 온 학생들이었다.[19]

이렇듯 여성들의 약진이 이어졌다고 해서 1900년대에 여성들이 전문가 사회에서 동등하게 받아들여졌다고 여겨서는 곤란하다. 엘리자베스 개럿 앤더슨에게 약사 면허를 내준 약제사협회는 이후로 다른 여성이 약사 자격을 얻는 것을 방지하기 위해 규칙을 개정했다. 영국 의사협회도 마찬가지로 규칙을 개정해, 이후 19년 동안 여성이 의사 대열에 합류하는 것을 금지했다. 여성 의사들에게는 수많은 병동과 직장의 문이 굳게 닫혀 있었다. 그렇기에 1903년의 노벨상 시상식은 대단히 중요한 순간이었다. 피에르 퀴리가 아내와 공동으로 방사능을 연구했음에도, 처음에 피에르 퀴리 혼자에게만 노벨상 수여를 제안했던 노벨위원회가 마리 퀴리의 이름을 제대로 수상자 명단에 추가했기 때문이다. 마리 퀴리는 1911년에 두 번째로 노벨상을 받았으며, 그렇게 노벨상을 두 번 받은 첫 번째 사람이 되었다. 여성의 교육이 사회 전반에 도움이 된다는 사실을 알리기에 이보다 더 나은 광고가 어디 있겠는가? 아이러니하게도 마리 퀴리가 파리 대학교를 나오고 그곳에서 남편을 만날 수 있었던 오직 단 하나의 이유는, 바로 고국 폴란드의 크라쿠프 대학교가 여학생 입학을 거부했기 때문이었다.

고등교육은 여성에게 꼭 필요한 시험대였지만, 이 시험대를 통과한 여성은 대부분 특권층 출신이었으며 훌륭한 기초 교육을 받았다는 점만은 짚고 넘어가야 한다. 많은 사람들에게 사회 개혁이란 학위를 딸 수 있느냐의 문제가 아니라, 깨끗한 물을 공급받을 수 있느냐, 충분한 음식을 얻을 수 있느냐, 읽고 쓰는 법을 배울 수 있느냐의 문제였다. 이런 사람들에게 교육은 중요하지 않았다. 이것이 바로 1800년에, 즉 글쓰기가 존재한 지 5,000년이 지난 무렵까지도 선진국 인구의 절반 이상이 문맹이었던 이유다.

의무 무상교육의 원형은 1717년에 프로이센의 프리드리히 빌헬름 1세가 확립하고 그의 아들 프리드리히 2세가 1763년에 더욱 발전시킨 교육 제도였다. 오스트리아-헝가리 제국은 1774년에 의무 무상교육 제도를 채택했다. 1843년에는 호러스 맨이 이 제도를 미국에 소개했으며, 1852년에는 맨이 교육감으로 일했던 매사추세츠주가 미국 최초로 의무 무상교육을 실시하는 주가 되었다. 스페인은 1857년에 미국의 전례를 따랐으며, 이탈리아도 1859년에 그 뒤를 따랐다. 잉글랜드와 웨일스에서는 1870년에 W. E. 포스터w. E. Forster가 교육법을 통과시키면서 전국적으로 교육위원회가 설립되었지만, 1880년이 되어서야 5세에서 10세 사이의 아동이 학교에 다니는 것이 의무화되었다. 프랑스에서는 쥘 페리가 1881년에 교육을 의무화하는 법안을 통과시켰다.

　그 결과, 인구 대부분이 문맹이었던 유럽과 미국 모두에서 단한 세대만에 읽고 쓸 줄 아는 사람이 인구 대다수를 차지하게 되었다. 1900년에도 남성의 36.1퍼센트와 여성의 18.2퍼센트만이 읽고쓸 줄 알았던 포르투갈처럼 이 흐름에 크게 뒤처진 일부 국가도 있었지만, 프랑스에서는 문해력을 갖춘 인구 비율이 18세기 후반 남성 47퍼센트와 여성 27퍼센트에서, 1900년에는 각각 86.5퍼센트와 80.6퍼센트로 상승했다. 영국의 경우는 1800년에 60퍼센트였던 남성 문해율이 1900년에는 97.5퍼센트로 상승했고, 여성 문해율은 45퍼센트에서 97.1퍼센트로 상승했다. 미국의 남녀 문해율은1900년에 각각 89.3퍼센트와 88.8퍼센트에 달했다. 이것은 놀라운발전이었으며, 세기가 바뀔 무렵에는 여성 문해율이 남성 문해율만큼이나 높아졌다는 점에서 특히 그렇다. 실제로 캐나다에서는읽고 쓸 줄 아는 여자(89.6퍼센트)가 남자(88.4퍼센트)보다 많았다.[20]교육의 확대가 없었더라면 법적, 도덕적, 재정적 면에서 성평등을실현하거나 전체 사회 구성원에게 평등한 기회를 제공하기는커녕, 성평등이나 기회의 평등이라는 생각 자체도 품을 수 없었을 것이다.

결론

19세기는 우리에게 압도적 변화의 물결을 선사한다. 한 세기라는 시간적 한계 안에서만 봐도 일련의 믿기 힘든 변화가 일어났다. 시골에서 도시로, 문맹에서 문해로, 농업에서 산업으로의 커다란 전환이 일어났다. 마차를 타고 여행하던 사람들이 이제는 시속 100마일로 철도를 질주하는 기차를 타고 여행했다. 영국에서 호주로 6개월 걸려 편지를 보내던 사람들이 이제는 전보로 한순간에 메시지를 보냈다. 맹목적인 성 편견이 가득하던 사회는 이제 여성이 능력을 길러 평등을 위한 운동을 벌이는 사회가 되었다. 일상의 변화가 너무도 급진적이었기 때문에 변화에 어떤 커다란 방향성이 있었다고 말하기는 어렵다. 만약 이 모든 요소를 아우를 수 있는 단 하나의 이미지가 있다고 한다면, 그것은 바로 증기였다. 기관차, 선박, 공장, 견인차 모두 증기의 힘으로 세상을 알아볼 수 없을 만큼 바꿔놓았다. 그러나 가장 지대한 영향을 미친 변화는 사회 개혁이었다. 즉 한 사람이 다른 사람과 동등한 가치를 지닌다는 인식이 사회적으로 널리 받아들여진 것이었다.

우리가 아직 논의하지 않은 한 가지 전환의 측면은, 바로 여가 시간 증가다. 더는 가족들을 먹여 살리고 입히느라 몸부림칠 필요가 없어지면서 사람들은 게임이나 취미를 위한 시간을 낼 수 있었다. 19세기 후반, 영국의 1인당 소득은 급상승했다. 낮 시간에 일을 쉬고 단체 스포츠 경기를 관람하러 가거나, 저녁 시간에 극장이나 음악당, 클래식 연주회장, 오페라극장을 찾는 남녀가 점점 더 늘어났다. 사람들은 소설을 읽고, 피아노를 치고, 자국은 물론 외국의 휴일까지도 즐겼다. 축구나 럭비, 크리켓으로 대표되는, 세계에서 큰 인기를 끄는 단체 스포츠의 상당수는 영국에서 개발되었다. 왜 그랬을까? 영국이 세계 각지를 통치했을 뿐만 아니라 영국 노동자들이 연고지를 떠나 다른 팀을 상대로 정기적인 경기를 치를 만큼 여가 시간이 충분한 최초의 노동자였기 때문이다. 1900년까지 서양 여러 지역에서 노동 계급이 공구를 내려놓고 공을 차기에 충분한 시간과 돈을 얻었다. 기근에 시달리던 이전 세기들을 되돌아보면 이것은 그 자체로 엄청난 일이었다.

변화의 주체

19세기는 다른 어떤 세기보다도 변화의 주체를 고르기가 어려운 세기다. 지난 몇 년 동안 정기적으로 이 문제를 논의한 결과, 10인의 최종 후보자 명단이 탄생했다. 명단에 이름을 올린 이들은 알렉산더 그레이엄 벨, 루이 다게르, 찰스 다윈, 토머스 에디슨, 마이클 패러데이, 지그문트 프로이트, 로베르트 코흐, 카를 마르크스, 제임스 클러크 맥스웰, 루이 파스퇴르다. 사람들은 대부분 경쟁에 초점을 맞춘다. 벨과 에디슨이 발명가로서 벌인 경쟁, 코흐와 파스퇴르가 의학 연구가로서 벌인 경쟁, 맥스웰과 패러데이가 과학자로서 벌인 경쟁에 집중하는 식이다. 다윈의 이름을 언급하면 이런 반응이 나오기 십상이다. "다윈이 사람들 사이에서 유명한 이유는 단지 그의 저서 『종의 기원On the Origin of Species』(1859)이 이후에 이어진 종교, 과학, 진화에 관한 토론의 중심이 되었기 때문일 뿐, 앨프리드 러셀 윌리스도 진화에 관한 비슷한 사상을 가지고 있었다." 다게르 역시 폭스 탤벗과 강력한 라이벌이었는데, 사진술의 발전이라는 측면에서는 탤벗이 더 큰 기여를 했다고 봐도 무방할 것이다. 수년 동안, 넘쳐나는 19세기 사상가들 가운데 누가 가장 중요한 인물이었는지에 관한 열띤 토론이 벌어졌다. 어찌나 열띤 토론이었는지 토론 중에 탁자를 주먹으로 쾅 내려치는 사람이 있을 정도였다.

내 견해로는, 가장 자격이 있는 두 후보는 찰스 다윈과 카를 마르크스다. 내가 다윈을 최종 후보로 고려하는 이유는 믿음의 문제와 관련되어 있다. 16세기에 관한 장에서 살펴보았듯, 우리에게는 그것이 무엇이든 간에 반드시 믿는 것이 있다. 신이 천지를 창조했다고 믿든, 원시 수프에서 우연히 화학반응이 일어나고 그로부터 종이 진화했다고 믿든, 우리는 반드시 무언가를 믿는다. 그러나 우리가 신의 뜻에 의해 존재한다고 믿는 것과 우리가 영적인 힘과 전혀 무관한 자연적 사건이 일어난 결과로 존재한다고 믿는 것은 근본적으로 다르다. 창조주에게는 믿음으로 기도할 수 있지만, 앞서 언급한 원시 수프에서 우연히 뒤죽박죽 섞인 화합물에 기도할 수는 없는 노릇 아닌가. 조물주가 인간에게 순종과 경배를 요구한다고 믿을 수는 있겠지만, 진화의 힘이 같은 것을 원한다고 믿을 수 있을까? 만약 영적인 힘에 기도함으로써 지상에서의 삶에 실질적인 영향을 줄 수 있다는 믿음을 깨뜨리는 데 다윈이 누구보다 크게 기여했다면, 우리는 다윈을 역사상 가장 큰 사회적 변화 가운데 하나임이 틀림없는 변화의 주체로서 인정해야 한다. 그러나 이점에서 다윈이 얼마나 큰 역할을 했느냐에는 논란의 여지가 많다. 『종의 기원』이 출판되기 9년 전인 1850년에 잉글랜드의 교회 참석률은 이미 40퍼센트로 떨어진 상태였다. 게다가 독자들은 창세기의 창조 이야기가 부정확하다고 해도 성경의 다른 부분, 특히 신약이 틀렸음을 입증하지는 않는다고 생각할 만큼 지적 수준이 높았다. 그러므로 우리는 다윈이 종교에 미친 영향은 17세기 의사들이 종교에 미친 영향과 비슷하다고 보아야 한다. 당시 사람들은 약이 병을 낫게 해주고 그것이 기적이 아니라고 해서, 약에 하느님의 손길이 닿지 않았다는 의미는 아니라고 받아들였다. 의학이나 자연선택 안에서 신의 손길을 느끼느냐 아니냐는, 단순히 어떤 과학 이론을 받아들이느냐 마느냐의 문제가 아니다. 그보다 훨씬 복잡한 문제인 개인적 신념에 달려 있다.

　그러므로 내가 선택한 19세기 변화의 주체는 바로 카를 마르크스다. 이것은 내가 역사를 계급 간 투쟁으로 보거나, 자본주의는 실패할 운명이며 '프롤레타리아' 계급이 반드시 성공할 수밖에 없다고 믿기 때문이 아니다. 이 책의 마지막 부분에서 분명하게 드러나겠지만, 나는 오히려 정반대로 생각한다. 그럼에도 마르크스는 산업 노동을 역사적 힘으로 개념화했다. 19세기 3분기부터 정치를 지배한, 노동자 계급 해방을 위한 대중 운동이 일어나는 데 큰 도움을 주었다. 마르크스의 사상은 단순한 철학 논평이나 경제 비평이 아니었다. 그의 사상은 실제로 일어난 혁명들을 뒷받침했다. 마르크스는 사회주의를 앞당겼는데, 조지 오웰이 말했듯, 사회주의에는 '계급 없는 사회'라는 신비한 숭배의 대상이 있었고, 사람들은 이를 위해 기꺼이 싸우다 죽을 준비가 되어 있었다.[21] 마르크스의 사상은 노동 정치 단체의 등장, 직장 내 폭동, 산업 내 갈등으로 이어졌으며, 이 셋이 결합하면서 사회복지 법률 제정을 촉발했다. 각국 정부가 사회복지 법률로 혁명의 물결을 잠재우고자 했기 때문이다. 역사를 경제 계급 간의 충돌로 보는 마르크스의 시각에는 설득력이 있었다. 비록 우리가 마르크스의 예측에 동의하지 않을 수는 있을지언정, 적어도 이 부분에서 그가 옳았음을 부정할 수는 없다. 사회적으로나 경제적으로나 우리는 사회 그 자체만큼이나 오래된 규칙에 매여 있다. 그리고 그 사실을 깨달은 것은, 1900년에 사람들이 사회를 바라보는 방식을 바꾸고 사회를 변화시키는 데 훨씬 더 큰 영향을 미쳤다. 인류가 창조되었는가 진화했는가라는 중요하지만 추상적인 물음보다 말이다.

1901 –
2000

20세기

20세기 초에 찍힌 내 증조부 존 프랭크 모티머의 사진을 보면, 오늘날 입는 것과 아주 유사한 비즈니스 정장을 입고 있다. 증조부를 떠올리며, 증조부는 사진이 없던 1800년의 자신의 증조부보다 나와 더 공통점이 많다는 생각이 들었다. 내 증조부는 국가 정부 선거와 지방 정부 선거에서 투표했다. 그는 젊은 시절 아이스 스케이트장에서 저녁 시간을 보냈고, 경마장에서 마권을 즐겨 샀으며, 취미로 우표를 수집했고, 다른 지역에 사는 내국인 여성과 결혼했으며, 그의 자녀들(1904~1908년생)은 테디베어와 인형을 가지고 놀았다. 그는 자전거와 축음기를 갖고 있었으며, 집에 전화와 실내조명, 상수도, 가스레인지를 갖추고 있었다. 당시로서는 드물게 회전하는 기계식 빨래통이 달린 세탁기도 있었는데, 가족 사업으로 염색과 천 세척을 했기 때문이다. 증조부의 고향인 플리머스에서는 밤마다 거리에 불이 켜지고 경찰이 순찰을 돌았다. 증조부는 아내 캐서린과 함께 철도와 배를 타고 해외로 휴가를 떠나곤 했고, 주말에는 다트

　　　　변화의 세기

무어에서 소풍을 즐겼다. 두 사람은 함께 많은 소설을 읽었고, 박물관을 방문했으며, 유명하고 세련된 사람들의 공개 강연에 참석했다. 증조부는 72세까지 사셨고, 증조모는 82세까지 사셨다. 당연한 말이지만 증조부의 삶과 내 삶에는 차이점이 있다. 나는 스케이트를 탈 줄 모른다. 교회에 가지도 않는다. 경마에 돈을 걸지도 않는다. 증조부의 우표 컬렉션에 새 우표를 추가하는 데 아무런 관심도 없다. 나는 천을 어떻게 염색하는지 전혀 모르며, 하인이 한 명도 없고, 내 자녀들은 어릴 적에 유모의 보살핌을 받지도 못했다. 하지만 그 밖의 면에서 볼 때, 우리의 삶은 비슷한 주제의 변주곡일 뿐이다. 나는 여가 활동으로 우표를 수집하기보다는 기타를 연주한다. 아이스링크에 가는 대신 영화관에 간다. 전보 대신 이메일을 보낸다. 일과 즐거움 사이에서, 해야 하는 일과 하고 싶은 일 사이에서, 자유와 책임 사이에서, 고독과 사교 사이에서, 교육과 경험 사이에서 균형을 잡아야 하는 것은 그때나 지금이나 별반 다를 바가 없다.

그렇다면 대체 20세기에는 진정으로 어떤 변화가 있었던 것일까? 무엇이 그렇게 많이 변했기에 그토록 많은 사람이 가장 많은 변화가 있었던 세기로, 20세기 외에 다른 세기를 상상조차 하지 못하는 것일까? 이것은 논란의 여지가 있는 문제다. 이런 이야기가 있다. 1960년대 초에 서머싯에서 은퇴한 농부들이 모여 그들이 사는 동안 발명된 물건 가운데 무엇이 농장 일에 가장 큰 변화를 가져왔는지 토론했다. 트랙터, 가축 트럭, 콤바인, 비료, 살충제, 전동식 양수기, 전기 철조망, 곡물 저장기 등이 거론되었다. 그러나 모두가 동의한 가장 큰 영향을 준 발명품은 바로 웰링턴 부츠[*]였다.[1] 이

- 무릎까지 올라오는 방수 고무장화.

렇듯 우리 삶을 바꾼 변화가 모두 가장 극적인 변화는 아니며, 가장 극적인 변화가 가장 위대한 업적임을 뜻하지도 않는다. 뿐만 아니라 20세기에 진정으로 큰 변화를 불러왔다고 여기는 것들은 안락함과 효율성, 속도와 사치스러움 측면에서 차이를 만든 것들이다.

이것은 놀랄 만한 일이 아니다. 앞서 보았다시피, 우리의 생존을 보장하는 가장 중요하고 근본적인 변화 가운데 상당수는 이미 수 세기 전에 일어났다. 사회에서 폭력이 가장 급격히 줄어든 때는 16세기와 17세기였고, 18세기 중반부터 사회는 비교적 안전했다. 잭 더 리퍼에 관한 이야기가 여러분에게 어떤 영향을 끼쳤을지는 모르겠지만 말이다. 사회 개혁과 관련하여 우리는 18세기에 관한 장의 끝부분에서, 평범한 사람의 권리와 나머지 사람들의 권리의 상대적 크기를 그래프로 나타내 세기별로 비교해보면 그 추세선이 'S자'를 늘린 형태로 나타난다는 사실을 살펴보았다. 서구의 많은 사회 변화는 비슷한 패턴을 따른다. 즉 초기에는 완만한 기울기로 상승하기 시작하다가, 중반부에는 기울기가 급격히 상승하고, 사회 변화가 사회 전반에 영향을 준 이후로는 기울기가 수평에 가깝게 줄어들면서 추가적인 변화가 불가능에 가까워지는 식이다. 이러한 발전들은 전체적으로 봤을 때, '문명화 곡선civilisation curve'이라 불러도 무방할 것이다. 만약 사회 안에서 균형 잡힌 식사를 할 수 있는 인구가 증가하는 비율이나, 도시에 사는 인구가 증가하는 비율, 자동차를 이용할 수 있는 성인 인구가 증가하는 비율을 그래프로 나타낸다면, 우리는 비슷한 문명화 곡선을 관찰할 수 있을 것이다. 다음의 시기별 철도 건설을 보여주는 그래프에서는 늘린 S자 형태가 분명하게 나타난다. 1920년대에 운행 거리가 정점에 달했지만, 20세기에 있었던 변화는 19세기의 변화와 비교하면 미미하다. 식량 공급량, 도시화, 문해율, 살인율 같은 부문에서도 이와 유사한 현상이 나타난다. 즉 문명화 곡선의 정점은 20세기에 도달하지만, 가장 가파른 증가량은 더 앞선 시기에 나타난다.

그렇다 해도 2000년에 7억 2,900만 명의 유럽 인구를 먹여 살리는 일은 1900년에 4억 2,200만 명을 먹여 살리는 일과는 전혀 다른 일이었다. 대서양 반대편에서 가족들과 떨어져 사는 것은 1900년에는 큰 걱정거리였지만, 2000년에는 비행기를 몇 시간 타면 해결되는 일이 되었다. 1900년 영국에서는 인종 차별 문제가 2000년의 영국에서보다 훨씬 덜 심각한 정치 문제였다. 1900년 당시에는 인종 차별로 직접적인 고통을 겪는 사람이 매우 적었을뿐더러 인종 차별에 반대하는 목소리를 내는 사람은 심지어 그보다 더 적었기 때문이다. 분명한 것은, 1940년까지 자기가 사는 나라에 원자폭탄이 떨어지는 경험을 하지 않은 것과 1962년 10월에 쿠

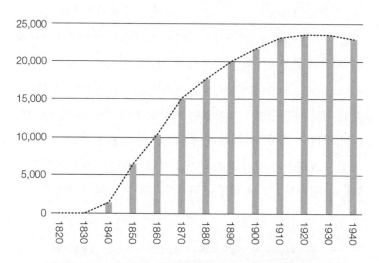

1825년부터 1940년까지 영국과 아일랜드에서 운행된 철도 선로의 길이 (단위: 마일)[2]

바 미사일 위기가 끝날 때까지 핵 분쟁을 경험하지 않은 것은 엄청나게 달랐다. 1940년 이전에는 원자폭탄이 존재하지도 않았지만, 1962년 10월까지는 핵전쟁이 일어날 무시무시한 가능성이 있었기 때문이다. 20세기를 다룬 장에서는 전후 상황이 중요하다. 우리가 살아가는 세상에 비하면 우리 삶은 그리 많이 변하지 않았다.

운송

이 책은 '서구'에 관한 책이다. 그리고 20세기에 '서구'는 엎질러진 잉크처럼 전 세계로 퍼져나갔다. 대부분의 국가는 서양의 문화를 받아들이게 되었다. 국제 운송망의 특성과 범위, 통합 정도가 크게 발전했기 때문이다. 내 증조부가 1900년에 내가 입는 정장과 비슷한 정장을 입었다는 사실은, 2000년에 뉴질랜드, 아르헨티나, 일본, 중국 사람들이 일상적으로 정장을 입는다는 사실에 비하면 대수롭지 않은 일이다. 20세기에 영어가 거의 변하지 않았다는 사실은, 영어가 세계에서 세 번째로 널리 쓰이는 언어이자 지구의 링구아 프랑카*가 되었다는 점에 비하면 사소한 일이다. 1800년에는 오롯이 지역 시장 규모에 머물렀던 시장들이 1900년까지 전국 규모로 성장했고, 20세기부터는 국제 시장이 등장했다. 1900년 이전에는 수요와 공급의 힘이 특정 국가들 사이에서만 영향을 미쳤으나, 2000년에는 전 세계에 영향을 미쳤다. 그리고 이러한 세계화의 근

• lingua franca. 서로 다른 모국어 사용자들 사이에서 의사소통을 위한 공통어로 사용되는 제3의 언어.

변화의 세기

간을 이루는 가장 큰 변화는 내연기관의 확산이었다.

1860년경에 에티엔 르누아르가 개발한 내연기관은 얼마 지나지 않아 3륜 오토바이에 사용되었다. 내연기관의 상업적 잠재력은 1886년에 카를 벤츠가 그의 부유한 아내 베르타에게 돈을 빌려 휘발유를 연료로 쓰는 3륜 자동차에 특허를 낸 순간 실현되었다. 카를은 훌륭한 엔지니어였을지는 모르지만 형편없는 세일즈맨이었다. 1888년 8월, 베르타는 남편이 마케팅 분야에서 보이는 약점을 어떻게든 해결해야겠다고 결심했다. 베르타는 카를에게 알리지 않은 채 카를의 차 한 대를 끌고 나왔다. 그런 뒤 104킬로미터 떨어진 포르츠하임에 있는 어머니를 방문하러 두 아이를 데리고 만하임에서 출발했다. 이 왕복 209킬로미터의 여행이 최초의 장거리 자동차 여행이었다. 사람들은 말 없는 차가 바퀴를 굴리며 길을 달리는 모습에 깜짝 놀랐다. 게다가 운전자가 여성임을 보고 더더욱 놀랐다. 이 여행에서 베르타는 스스로 정비사 역할도 해야 했다. 그녀는 머리핀으로 연료관을 청소하고, 구두 수선공을 불러 나무 브레이크에 가죽을 덧대 개선시켰다. 그러나 그럴 만한 가치가 있었다. 여행은 대성공이었다. 그녀의 여행은 이 새로운 발명품이 믿을 만하다는 사실을 입증했다. 1894년, 카를은 4륜 자동차 펠로Velo를 생산하고 판매하기 시작했다. 1900년까지 벤츠의 회사는 연간 500여 대의 자동차를 생산하는, 세계에서 가장 큰 자동차 제조사가 되었다.

초기 자동차업계의 성장은 놀라웠다. 1904년에 이미 영국 한 나라의 거리에만 자동차 8,000대, 버스와 장거리 버스 5,000대, 화물차 4,000대가 있었다. 영국에서는 1916년부터 1925년까지 오토바이가 자동차보다 더 많았지만(오토바이 15만 3,000대 대 자동차 14만

2,000대), 1925년 이후로는 개인 차량이 오토바이를 추월했다(자동
차 58만 대 대 오토바이 57만 2,000대). 제2차 세계대전 이후에는 자동
차 생산량이 더 빠른 속도로 증가했다. 2000년에는 영국 도로에 자
동차 2,320만 대와 오토바이 82만 5,000대가 있었다.[3]

　　물론 전 세계의 차량 소유자 수는 균등하지 않았으며, 20세기
초에는 더더욱 그랬다. 그러나 2000년이 될 때까지 차량 소유자 수
는 어디서나 증가했다. 1960년에 인구 1,000명당 자가용 수는 미국
에서 411대, 호주에서 266대, 프랑스에서 158대, 영국에서 137대에
달했으나, 이탈리아에서는 49대, 이스라엘에서는 25대, 일본에서
는 19대, 폴란드에서는 8대에 불과했다. 이와 비교 가능한 2002년
의 수치에 따르면, 미국에는 인구 1,000명당 자동차 812대가 있었
고, 호주에는 632대, 프랑스에는 576대, 영국에는 515대가 있었다.
다른 나라에서는 불균형이 바뀌었다. 2002년 이탈리아에는 인구
1,000명당 자동차 656대가 있었고, 일본에는 599대, 이스라엘에는
303대, 폴란드에는 370대가 있었다. 반면 세계의 비서구 지역에는
차량 수가 여전히 더 적었다. 2002년 인구 1,000명당 자동차 수는
중국 16대, 인도 17대, 파키스탄 12대에 불과했다. 전 세계적으로
차량 수는 지속적으로 증가하여 1960년에는 1억 2,200만 대였던
것이 2002년에는 8억 1,200만 대가 되었다.[4]

　　20세기에 운송 부분에서 일어난 또 다른 큰 변화는 항공 여
행의 출현이었다. 양력을 발생시키기 위해 가스나 뜨거운 공기를
사용하지 않는 중重항공기가 최초로 탄생할 수 있었던 것은 라이
트 형제의 결연한 노력 덕분이었다. 1899년부터 1902년까지 라이
트 형제는 비행의 활공 양상을 실험했고, 1903년 최초의 동력 비
행기 '플라이어Flyer'에 가솔린 기관과 수제 프로펠러를 장착했다.

1903년 12월 17일, 오빌 라이트는 120피트를 12초 만에 날아갔다. 이 문단의 시작부터 여기까지 읽는 데 걸리는 시간보다도 짧지만, 이 12초는 20세기의 가장 중요한 12초였다. 라이트 형제는 10년 동안 비행기 개발의 선봉에 섰고, 자신들이 개발한 비행기의 안정성을 향상시키기 위해 시험 과정에서 자주 위험을 무릅썼다. 1905년 말, 라이트 형제는 38킬로미터를 비행하는 데 성공했다. 1908년에는 심지어 승객을 태우고 비행했다. 1909년에는 프랑스에서 일련의 참가자들이 길게 줄을 섰다. 영국 해협을 최초로 횡단 비행하는 경쟁에 참여하기 위해서였다. 7월 25일 루이 블레리오가 우승 상금 1,000파운드를 차지했다.

제1차 세계대전 동안, 항공기가 적의 진격을 재빨리 정찰하고 적의 포병대와 해군 함정의 위치를 파악하는 가장 좋은 수단임이 밝혀지면서, 여러 정부에서는 항공기 개발에 많은 투자를 했다. 그러나 항공기는 여전히 신뢰할 수 없는 운송 수단이었다. 1차 세계대전이 끝날 때까지 항공기는 너무 작고 불안정해서 유효한 폭격을 가할 만한 무거운 폭발물을 실을 수 없었다. 전쟁이 끝난 후, 본래라면 폭격기가 되었을 항공기들은 장거리 우편 수송을 하게 되었다. 그리고 마침내 이 항공기들이 대서양이라는 거대한 장벽을 돌파했다. 1919년 6월 14일부터 15일까지, 존 앨콕과 아서 브라운은 개조한 비커스 비미Vickers Vimy 폭격기를 타고 뉴펀들랜드에서 아일랜드까지 직항했다. 이것은 또 다른 콜럼버스의 순간이었다. 사람들은 언젠가 자신들 역시 비행기를 타고 대륙 사이를 날아다니게 될 것이라고 생각했다. 실제로 같은 해, 최초의 민간 항공사들이 런던에서 파리로 승객을 태우고 오가는 사업을 시작했다. 각국 정부는 자국 항공사들을 후원했는데, 해외 항공사가 자국 상공을 지배하는 것이 위협적이라는 사실이 분명해지면서 특히 그랬다. 그러나 승객을 싣고 정기적으로 대서양을 횡단한 최초의 비행기는 경비행선이었던 독일의 체펠린Zeppelin이었다. 항공사가 미국과 유럽 사이의 정기 항공 노선을 제공한 것은 1939년이 되어서였다.

제2차 세계대전 동안 항공기 설계와 무선 통신, 레이더 분야에 기술 혁신이 일어나면서 비행의 안전성은 빠르게 증가했다. 미국 항공사 간의 경쟁은 항공기에 이윤을 창출해야 한다는 압박으로 이어졌다. 그 결과 1935년에 처음 출항한 21인승 상업 여객기 DC-3가 탄생했다. 이제 17시간이면 북아메리카 대륙을 횡단하고, 24시간이면 대서양을 횡단할 수 있었다. 항공 여행에 대한 수요는 극적으로 증가했다. 1937년에 8만 7,000회였던 영국 항공사들의 연간 비행 예정 횟수는 1967년에 34만 9,000회로 증가했다. 같은 시기 동안 항공기가 커지고 승객이 늘어나면서 탑승자 수는 24만 4,000명에서 1억 230만 명으로 증가했다.[5] 1970년대에는 320명 이상의 승객을 태울 수 있는 보잉 747 같은 '점보제트기'들이 등장하면서 비행에 대한 접근성이 훨씬 좋아졌다. 점점 더 많은 사람들이 가능한 한 가장 빠른 속도로 여행을 하고 싶어 했다. 이들은 국내선을 타고 출장을 가거나 국제선을 타고 이국적인 섬으로 여행을 떠났다. 또한 사람들은 전 세계에 상품과 자원을 더 빨리 보내고 싶어 했다. 따라서 편의를 위해서 여러 교통수단이 서로 연결되었다. 철도 노선이 항구와 공항으로 확대되었고, 공항이 주요 도시를 연결했으며, 주차장이 모든 곳에 들어섰다. 그 결과 오늘날 우리가 이용하는 것과 거의 똑같은 전 세계적인 운송망이 탄생했다.

이러한 변화의 결과는 엄청났다. 때로는 인상적이었고, 때로는 보기 흉했으며, 어떤 곳에서는 정신적 충격을 주기도 했다. 세계는 상업화되었고, 무역과 여행이 그물처럼 얽히면서 정치적 경계선은 계속해서 무뎌졌다. 서양 자본이 흘러들어 오면서 오래된 힘의 균형이 흔들렸고, 곧 다시 조정되어야 했다. 여태껏 자국이 지닌 석유나 우라늄 같은 자원에 엄청난 가치가 있다는 사실을 깨닫지 못했던 국가들은 이제 그 자원을 수출할 수 있었다. 전략적으로 중요한 운송로를 장악한 국가들은 자국의 위치를 활용할 수 있었다. 자원이 풍부하고 지리적으로 좋은 위치에 자리한 국가들의 부유한 계층은 국제적인 규모로 부유해졌다. 상대적으로 더 가난한 계층도 대개는 더 부유해졌는데, 사회 상류층들이 남아도는 돈을 해외뿐만 아니라 국내에서도 썼기 때문이다. 무역이 세계의 자원을 자유롭게 풀어놓으면서 대부분의 국가는 더욱더 번영했다.

　이 모든 운송망은 기계류를 더욱더 빠르고 효율적으로 수출할 수 있게 했다. 또 인공 비료와 살충제의 유통을 촉진했다. 그리

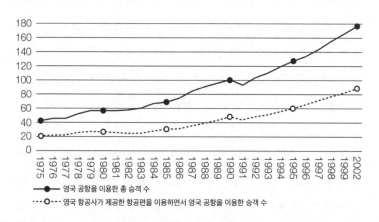

──●── 영국 공항을 이용한 총 승객 수

⋯⋯○⋯⋯ 영국 항공사가 제공한 항공편을 이용하면서 영국 공항을 이용한 승객 수

1975년에서 2000년까지 영국 공항을 통해 여행한 승객의 수(단위: 백만 명)[6]

고 잉여 농산물을 대량으로 시장으로 운송할 수 있게 했다. 농산물을 수입할 여력이 되는 나라에 수확 실패는 더는 심각한 문제가 아니었다. 이것이 세계 인구에 미친 영향은 실로 놀라웠다. 19세기에도 인구가 약 6억 7,900만 명 증가했지만, 그 가운데 45퍼센트는 선진국 인구가 증가한 것이었다.[7] 비유럽 세계 인구는 1200년부터 1500년까지 3억 700만 명에서 3억 5,600만 명 사이를 오가다가, 16세기가 되어서야 31퍼센트 증가했고, 17세기에는 18퍼센트, 18세기에는 37퍼센트, 19세기에는 60퍼센트 증가하다가 20세기에 갑자기 342퍼센트 급증했다. 트럭과 화물 트럭은 식량과 비료, 기계류를 유통하는 데 도움을 주었을 뿐만 아니라 의료 원조, 특히 항생제를 빠르게 운송함으로써 이 믿기 어려운 인구 증가를 뒷받침했다. 이런 식으로 운송은 세계의 부와 복지를 엄청나게 증가시켰다. 그러나 우리가 잊지 말아야 할 점은, 이러한 상호 연결성의 결과로 모두가 승자가 된 것은 아니었다는 사실이다. 식량 공급이 불안정한 나라들은 풍년이 들었을 때 식량을, 그것도 헐값에 수출하라는 유혹을 받았다. 그러나 이런 나라는 식량 위기가 찾아왔을 때가 문제를 겪는다. 돈이 없어서 그 지역의 식량 부족 현상을 반영한 국제 시장 가격으로는 필요한 물자를 살 수 없기 때문이다. 그래서 최빈국에 속하는 일부 국가는 여전히 식량 부족 현상과 기근을 겪었다. 그럼에도 여러 나라에서는 수확 실패에 대한 취약성을 줄이거나 아예 제거할 수 있었다. 전 세계적으로 보았을 때, 2000년에는 1900년에 비해 주기적으로 기아에 노출되는 인구 비율이 훨씬 낮아졌다. 절대적인 수로 보았을 때 굶주리는 인구가 늘어난 것은, 세계 인구가 16억 3,300만 명에서 60억 9,000만 명으로 급격히 증가했기 때문이다.

서구가 주도하는 세계 운송망의 변혁은 단순히 자본주의와 비즈니스 정장이 수출되는 것보다 훨씬 큰 결과를 불러왔다. 서방 세계 대부분은 자신들의 세속적이고, 민주적이고, 물질적이고, 평등주의적이고, 도덕적 자유주의의 가치들을 문명의 정점이자 정수로 여기며, 이를 나머지 세계에 부여하려고 노력했다. 개발도상국의 사업가와 정치인들은 서구의 관행을 받아들이거나, 적어도 그에 적응하는 것이 때때로 유리하다는 사실을 깨달았다. 급격한 현대화로 개발도상국 시민들은 어쩔 수 없이 — 19세기에 유럽과 미국에서 일어났던 것과 같은 — 기술 전문화 과정을 거쳐야만 했다. 그렇게 많은 비서구 국가들은 불과 수십 년 사이에 과학, 의료, 농업, 산업 분야에서 일어난 혁명들을 받아들이도록 강요받았다. 운송망이 넓어지면서 식량 생산량이 증가하고, 인구가 증가하며, 도시화가 심화되고, 문해율이 상승한 것은 우연이 아니다. 1900년에는 세계 인구의 13퍼센트만이 도시에 살았고, 대략 20퍼센트만이 읽고 쓸 줄 알았다. 2000년에는 인구 절반이 도시에 살았고, 70퍼센트가 넘는 사람이 문해력을 갖추고 있었다. 이제 전 세계가 운송망 연결과 자본이나 상품의 이동에 따라 형성된 시장에서 경쟁해야만 했다. 자본주의의 행진 앞에서 유일한 피난처는 정치적 장벽으로 경제 경쟁을 차단하는 국가와 지리적 장벽이 운송과 국제 무역의 발전을 저해하는 몇 안 되는 나라뿐이었다.

앞장에서 우리는 운송이 도시 성장에 필수인 이유를 짚어보았다. 도시가 성장하려면 도시 중심으로 음식과 다른 자원이 운송되어야 하고, 도시가 클수록 기계화된 운송 수단이 필요하다는 사실은 명백하다. 이에 따라 운송망 연결이 보행자, 정원, 자전거 도로, 개인 거주 공간보다 우선시되었고, 이는 환경에 극단적인 결과를 초래했다. 2000년에는 평생 대도시에서 거주하며, 영화나 텔레비전에서 보는 것이 아니면 시골의 모습을 실제로 본 적이 거의 없는 사람들이 많았다. 세계 인구의 절반이 소음 공해, 광공해, 대기 오염과 싸웠다. 모든 도시의 동맥인 다차선 도로를 과속 자동차와 화물차, 버스, 자전거, 오토바이, 트럭이 가득 채웠다. 대도시 사람들은 끊임없이 이런 환경에 시달려야 했다. 심지어 밤에도 운송은 도시의 밤 풍경을 지배했다. 아스팔트로 포장된 불모의 길과 적색과 녹색으로 점멸하는 현란한 불빛으로. 도시 속에서 평온함을 찾는 것은 힘겹고 헛된 일이다. 많은 대도시권 시민들은 조상들이 살던 시골과 비슷한 풍경이라도 보려면 한 시간 넘게 이동해야 했다. 어쩌면 그래서 많은 사람들이 시골에 신경 쓰지 않게 된 것일지도 모른다. 한때 에드윈 채드윅이 빈민가와 사회적 빈곤을 발견했던 도시에서, 2000년도 사람들은 일과 가정 모두에서 원하는 것을 찾았으며 떠날 이유를 찾지 못했다.

운송 체제는 도시의 배후지를 확장함으로써 도시 중심에 관심을 집중시킨다. 20세기에는 가장 매력적인 지역의 부동산 가격이 치솟았다. 사람들이 많이 찾는 지역에 최대한 많은 사람을 수용하기 위해 건축물들은 점점 더 높이 올라갔다. 이런 경향은 특히 상업지구에서 두드러졌다. 1900년에 세계에서 가장 높은 건물은 300미터인 파리의 에펠탑이었는데, 에펠탑은 주거용이 아닌 전시용 건물이었다. 거주 가능한 가장 높은 건물은 119미터인 뉴욕의 파크 로 빌딩이었다. 1931년에 가장 높은 사무실용 건물은 뉴욕 거리에 우뚝 솟은 381미터의 엠파이어 스테이트 빌딩이었는데, 이 건물 옥상에는 심지어 62미터에 달하는 유명한 전망대가 추가로 달려 있었다. 그리고 비슷한 높이의 수많은 건물들이 그 뒤를 따랐다. 2000년에는 쿠알라룸푸르에 있는 페트로나스 타워 꼭대기층(375미터)에서 지상을 내려다볼 수 있었다(엠파이어 스테이트 빌딩 86층의 전망대보다 조금 더 높고, 다른 수많은 고층 빌딩들보다 아주 약간 더 높은 수준이다). 1970년대에는 라데팡스의 상업지구에 90미터가 넘는 빌딩 수십 채가 건설되면서, 파리 서쪽의 스카이라인에 구멍이 숭숭 뚫렸다. 1900년에 영국에서 가장 높은 건물은 런던의 세인트 판크라스역에 있는 미들랜드 그랜드 호텔(80미터)이었는데, 2000년에는 이보다 다소 높은 런던의 원 캐나다 스퀘어(234미터)가 그 자리를 차지했다.

운송은 물리적 환경뿐만 아니라 사회적 관계도 변화시켰다. 지난 장에서 설명한 바와 같이, 철도로 인해 지역사회는 점차 분열되었다. 그리고 자동차는 지역사회를 더욱더 분열시켰다. 1945년에서 1960년 사이에 값싼 도로 운송 수단이 떠오르면서 수많은 지역 철도 노선이 사라졌다. 이에 따라 수천 개의 작은 마을은 시장도 없고 가까운 상업 중심지로 가는 철도도 없는 처지가 되었다. 시골 지역에 사는 많은 사람들은 어쩔 수 없이 더 고립된 채로 살아가거나 자동차에 의존해야 했다. 평생 고향밖에 모르고 살았던 노인들에게, 고향에서 사는 것은 점점 더 어려워졌다. 나이가 많아 운전을 할 수 없다는 이유로 노인들은 억지로 도시로 떠밀려 갈 수밖에 없었다. 같은 시기에 노인들의 손자들도 일자리를 찾기 위해 도시로 이주할 수밖에 없었다. 2000년에 서양 사람들은 대부분 모르는 사람들 사이에서 살았다. 한때는 집 주변 7~10제곱킬로미터 안에 사는 300여 명의 사람들을 모두 알고 지냈지만, 이제는 친족과 지인들조차 여러 마을과 도시, 다른 대륙에 흩어져 살았다.

상품 및 서비스 제공자와 고객 사이도 이와 비슷하게 소원해졌다. 작은 지역사회에서는 잠재적 고객들이 상인의 정보를 공유했으므로 상인이 무언가 잘못을 저지를 경우 평판이 떨어질 가능성이 컸다. 큰 마을과 도시에서는 물론 더 광범위한 공급자에게 의존할 수 있다는 장점이 있었다. 그러나 공급자와 고객과의 관계가 친밀하지도 않았고, 수많은 기업들이 경쟁사를 깎아내리는 데 몰두했으므로 이 장점이 꼭 최상의 서비스로 연결되지는 않았다. 이 점은 특히 보건 문제에서 극심하게 드러났다. 사람들이 함께 자라고 친족끼리 살았던 지역 공동체에서는 병약자에 대한 지원망이 도시보다 훨씬 더 강한 경향이 있었다. 도시에서는 제도적으로 조직된, 비싸고 인간미 없는 지역사회 지원이 이루어졌다.

마지막으로, 운송망 확대는 전 세계에 식량을 전달하고, 땅을 효율적으로 경작하기 위한 도구와 장비를 확산시켰을 뿐만 아니라, 농업 전문화로 이어졌다. 글로벌 운송망으로 농부들은 국제적으로 경쟁하게 되었다. 잉글랜드 사람들이 무엇 때문에 언덕투성이인 데번산 밀을 사겠는가? 캔자스에서 더 싼값에 들여올 수 있는데 말이다. 효율성 극대화를 위해 농부들은 농업 혁명 이후로 해왔던 혼합 농사를 재빨리 포기하고, 밀 하나만을 재배하거나 소 하나만을 사육하는 식으로 한 가지 생산물에만 집중했다. 미국에서는 1910년부터 1920년까지 트랙터가 대량 생산된 뒤로 집약농업이 일상화되었다. 프랑스에서는 많은 지역이 전적으로 와인 생산에만 매달렸다. 잉글랜드에서는 구릉지대의 농장들이 오롯이 육류 생산에만 집중했다. 2000년에는 모어턴햄스테드 행정 교구의 영역 31제곱킬로미터 전체에 경작지와 낙농장이 단 하나도 없었다. 농업이 여전히 두 번째로 많은 고용을 담당하는 산업이었는데도 말이다(1위는 관광업이었다). 모든 농장이 소고기와 양고기만을 생산했다. 역사상 처음으로 선진국 대부분은 식량의 완전한 자급자족을 아예 포기하고, 필요한 식품 중 일부를 해외 생산자에게서 더 싼 가격으로 수입했다. 1950년대에 영국에서 생산된 식량은 영국에서 소비한 식량의 40퍼센트 미만이었다.[8] 이것은 물론 국가 전체를 기준으로 한 수치다. 도시 지역은 자급자족이란 측면에서 전적으로 무능력하니 말이다. 1973년에 유럽연합에 가입했을 때에야 영국의 자급자족률은 70퍼센트 이상으로 회복되었다.

2000년까지 서구는 운송 기반 시설에 전적으로 의존하게 되었다. 나라의 식량을 생산하는 기계를 가동하려면, 그리고 식량을 분배하는 차량에 동력을 공급하려면 화석 연료가 필요했다. 이제 모든 국가의 운명은 10여 개(영국의 경우는 7개)의 정유 공장에서 휘발유와 디젤을 안정적으로 생산하는 데 달려 있다. 유익한 상상을 한번 해보자. 만약 지금 우리가 정유 공장을 잃게 된다면 무슨 일이 일어날까? 농업 혁명 이후로 식량 생산 부문에서 엄청난 개선이 이루어졌음에도 불구하고 만약 그런 일이 생긴다면 서양 인구 대다수는 200년 만에 처음으로 기아에 직면하게 될 것이다.

전쟁

20세기의 전쟁 수행 방식이 몰라보게 변했다는 것은 말할 필요도 없는 사실이다. 20세기가 시작될 무렵의 전쟁은 병사들이 "깔끔한 대열로 전진한 뒤 난장판 속에서 무더기로 죽어간다"는 전통적인 정의에 여전히 부합했다. 얼마 지나지 않아 탱크와 참호, 독가스, 철조망이 이 무더기의 크기와 형태를 뒤바꾸었다. 제2차 세계대전에서 전투기, 폭격기, 잠수함, 원자폭탄이 중요한 역할을 하면서 이 무더기의 모습은 더욱더 변했으며, 어떨 때는 아예 무더기가 남지 않기도 했다. 20세기 후반부에는 핵에 대한 공포가 만연했다. 핵전쟁이 터진다면 최상의 상황에서도 몇몇 도시가 완전히 증발해버릴 것이며, 최악의 상황에서는 전 세계 사람이 굶주림과 방사능 중독으로 서서히 죽어갈 것이라는 두려움이었다. 그러나 2000년에도 전쟁의 전통적인 요소들은 여전히 많이 남아 있었는데, 일부 내전에서는 차라리 순식간에 증발해버리는 편이 축복이라는 사실이 분명하게 드러났다. 구 유고슬라비아의 분쟁에서 자행된 잔학 행위들, 특히 민간인과 아동에 대한 강간과 성적 고문은 이전 세기의 극심한 잔학성이 수그러들지 않았음을 분명하게 보여주었다. 16세기의 사적 폭력 감소에 대해 살펴보았듯, 상위 권력 기구의 잠재적인 폭력은 사람들이 서로 공격하지 못하도록 강제하고 있다. 이를 제거하면 사람들은 다시금 더 공격적이고 비문명적인 상태로 되돌아가는 경향이 있다. 인류는 늘 잠재적으로 잔혹하며 비인간적이다.

그러나 이 책에서 중요한 것은 20세기에 전쟁 그 자체가 어떻게 변화했느냐가 아니라, 전쟁이 서구 사회를 어떻게 변화시켰느냐는 것이다. 여기서 우리는 흑사병의 영향과 마찬가지로, 수많은 변화를 전체적으로 살펴볼 필요가 있다. 전쟁으로 인한 기술적 성과 가운데는 민간인의 삶에 큰 영향을 미친 기술들도 있었다. 특히 제2차 세계대전은 컴퓨터, 제트 엔진, 종이 우유 팩, 레이더, 페니실린, 살충제 등의 여러 기술 개발에 직접적으로 기여했다. 독일의 V-2 로켓의 기반이 된 기술은 현대의 군용 미사일뿐만 아니라 우주 로켓 발사 기술과 현대의 천문학 발전으로도 이어졌다. 이렇게 전쟁으로 개발된 기술 가운데 일부 혹은 전부가, 전쟁이 없었더라도 시간이 충분히 흐르면 개발되었을까? 즉 전쟁으로 인해 이 기술들이 개발되었다기보다는 단지 시기가 앞당겨진 것뿐일까? 이는 논쟁의 여지가 있는 질문이다. 어쨌든 전쟁은 수많은 기술 발전이 동시에 빠른 속도로 일어나게 했으며, 이렇게 탄생한 기술들은 20세기 후반의 삶의 개선에 크게 기여했다. 큰 전쟁에는 당연히 사회적, 경제적 결과가 뒤따랐다. 국제 관계를 담당하는 기관을 설립하게 하는 등 국제 정치에도 영향을 주었다. 그러나 우리가 시작해야 하는 지점은 모든 변화 가운데 가장 중요한 변화, 즉 전쟁과 사회 사이의 근본적인 변화에 대해서이다.

1900년 이전에 전쟁은 보통 군수공장에서 일하는 사람 또는 전선이나 행군로, 보급로에 가까이 사는 시민들에게만 영향을 미쳤다. 제1차 세계대전에 참전한 국가들은 역사가들이 '전면전total war'이라 부른 전쟁의 출현을 목격했다. 전면전 하에서는 국가의 모든 자원이 전쟁에 투입되었다. 인적 자원은 군사 목표 달성을 위해 필요한 곳에 배치되었다. 국내 전선에서는 전쟁 지향적인 산업의 생산을 극대화하기 위해 사회적 장벽이 잠시 허물어졌다. 배급제가 도입되었고, 군 보급선의 효율성을 높이기 위해 운송 체계가 다시 세워졌다. 실제로 20세기 전쟁의 '전면성'은 이러한 사회경제적 준비보다 훨씬 더 발전했다. 항공의 발전으로 모든 사람이 잠재적인 목표물이 되었다. 제1차 세계대전 동안 체펠린의 공중 폭격으로 1,000명이 넘는 런던 시민이 사망했으며, 제2차 세계대전 동안에는 공습으로 2만 8,000명이 넘는 런던 시민이 목숨을 잃었다. 바르샤바, 로테르담, 그리고 독일의 여러 도시에 폭격이 쏟아지면서 수십만 명이 목숨을 잃고, 수백만 명이 생계를 잃었다. 폭격은 도시 중심부를 황무지로 만들었으며, 때로는 폭격이 일으킨 거대한 바람을 타고 화마가 사람과 동물, 국보를 가리지 않고 집어삼켰다. 영국 공군의 함부르크 공습과 드레스덴 공습은 특히 끔찍해서 1945년 8월에 히로시마와 나가사키에서 죽은 사람의 절반에 가까운 사람이 죽었다. 원자폭탄이 투하된 순간은 그 자체로 또 다른 '콜럼버스의 순간'이었다. 2년 뒤, 시카고의 핵 과학자들은 시카고에서 '지구 종말 시계Doomsday Clock'를 자정 7분 전으로 맞추면서, 인류의 기술이 인간을 지구상에서 멸종시킬 수 있음을 대중에게 널리 알리려 했다. 1953년에는 지구 종말 시계가 자정 2분 전에 맞춰졌다. 1962년 10월 쿠바 미사일 위기 당시에는 세계 정상들이 공개적으로 핵전쟁의 '나락abyss'에 관해 논의했다. 쿠바 미사일 위기 때 결국 발사 버튼이 눌러지지는 않았지만, 잠재적 폭력은 여전히 그곳에 있었다. 지구상의 모든 사람이 전쟁의 희생자가 될 위험에 처했다. 호전적인 나라나 그 주변국에 살지 않아도 이 위험에서 벗어날 수는 없었다.

전쟁이 점점 더 치명적으로 변해가는 것이야말로 인류 문명의 가장 큰 아이러니다. 예전에는 세상의 종말이라는 개념이 대홍수와 최후의 심판이라는 성경 이야기에서 영감을 얻었다. 성경이 멸종과 공포를 예언하고 과학이 예언의 실현 방법을 찾아냈다는 것은 대단히 아이러니한 일이었다. 세상에 관한 종교적 설명을 대체하고, 종교적 가르침을 훼손하는 데 흔히 쓰인 것이 바로 과학이었기 때문이다. 이보다 더한 아이러니는 과학자들이 민주적으로 선출된 지도자들의 요구에 부응하여 이 잠재적인 아마겟돈(지구 종말)을 의도적으로 고안했다는 사실이다. 절대군주적 권력과 사회 계급, 종교 교리가 결합하면서 수 세기에 걸쳐 수많은 전쟁과 잔학 행위가 일어났다. 하지만 그 가운데 무엇도 20세기의 민주주의와 과학의 연합처럼 인류를 완전히 말살시킬 위험이 된 적은 없었다. 무엇보다 가장 큰 아이러니는 서구 세계 대부분의 사람이 전쟁 규모가 확대되면서 이득을 봤다는 사실이다. 전쟁이 개인에게 새로운 가치를 부여했기 때문이다. 실제로, 특히 20세기 전반기에 일어난 전면전으로 수많은 사회 개혁과 경제 개혁이 일어나면서 서양 시민들의 정치 권력과 기회의 평등, 생활수준은 크게 향상되었다.

20세기가 시작될 무렵, 기회의 평등은 특히 여성에게 적절했다. 여성이 남성과 사회적, 경제적 평등을 이루려면 아직 갈 길이 멀었기 때문이다. 제1차 세계대전 동안 군수공장에서 일하면서 여성들은 이전보다 훨씬 더 큰 자유를 누릴 수 있었다. 많은 여성들이 처음으로 고용되어 홀로 생계를 꾸려나갔고, 남성 동반자 없이 자유롭게 여행을 다닐 수 있었다. 만약 전쟁터에서 남편이 돌아온다면(살아 돌아올 수나 있다면) 수없이 많은 부부싸움이 벌어질 테지만, 여성이 더 큰 자유를 얻었다는 사실은 부인하기 어려웠다. 여성 선거권에 대한 사회적 압력이 압도적으로 커졌다. 두 차례의 세계대전을 치르며 여성들과 아직 선거권을 갖지 못한 남성들에게 선거권을 확대하는 국가법이 차례로 제정되었다. 영국에서는 1918년에 선거권을 21세 이상의 모든 남성(전쟁터에서 싸웠다면 19세 이상)과 30세 이상의 기혼 여성, 부동산 소유자, 대학 졸업자에게 확대했다. 폴란드와 체코슬로바키아, 오스트리아, 헝가리에서는 같은 해에, 네덜란드에서는 1919년에, 미국과 캐나다에서는 1920년에 여성에게 선거권을 부여했다. 1928년에는 마침내 영국 정부가 여성에게 남성과 동등한 기준으로 선거권을 부여했다. 제2차 세계대전 동안 기여한 바를 인정받아 여성들은 1944년에서

1945년에 프랑스, 불가리아, 이탈리아, 일본에서, 1948년에는 벨기에에서 선거권을 얻었다. 남성과 여성의 정치적·경제적 독립성이 커진 것은 하인 계급의 쇠퇴를 예고했다. 한때 하인들을 집단으로 고용했던 대형 저택들은 문을 닫았고, 대개 다시는 문을 열지 않았다. 흑사병 이후에 노동력 부족으로 모든 노동자의 가치가 상승했듯, 전면전은 사회에 모든 성인이 쓰임새가 있다는 사실을 강제로 주지시켰다. 이것이 보편적인 자유로 이어지면서 사람들은 자유롭게 일하고, 돈 벌고, 투표하고, (여성들의 경우) 1900년 이전보다 더 독립적으로 살 수 있게 되었다.

전쟁이 불러온 또 다른 사회적 결과로는 제국주의, 군주제, 세습 권력에 적대적인 풍조가 널리 퍼졌다는 것이다. 20세기가 시작될 때에는 6개의 제국이 세계 대부분을 지배했다. 가장 큰 제국은 대영제국이었다. 캐나다와 호주, 뉴질랜드, 아프리카의 5분의 2, 인도, 영국령 기아나, 수많은 태평양 섬들이 대영제국에 속했다. 프랑스 제국은 북아프리카와 서아프리카의 거대한 땅덩이, 캄보디아에 덧붙여 인도, 중국, 태평양 등지에 있는 식민지들로 구성되어 있었다. 러시아 제국은 태평양에서 흑해까지 뻗어 있었다. 규모가 훨씬 작긴 했지만, 독일 제국도 아프리카와 태평양에 영토를 가지고 있었다. 오스트리아-헝가리 제국은 심장부인 오스트리아와 헝가리뿐만 아니라 보헤미아, 슬로베니아, 보스니아-헤르체고비나, 크로아티아, 슬로바키아를 영토로 가지고 있었고 폴란드, 우크라이나, 루마니아, 세르비아의 영토 일부도 가지고 있었다. 오스만 제국에는 튀르키예, 성지the Holy Land, 팔레스타인, 마케도니아, 그리스 북부, 알바니아가 속했다. 어떤 식으로든 이 모든 제국은 끝을 맞이했다. 러시아 제국은 1917년에 일어난 혁명으로 전복되었다. 독일 제국과 오스트리아-헝가리 제국, 오스만 제국은 제1차 세계대전의 여파로 해체되었다. 대영제국과 프랑스 제국은 모두 탈식민지화 과정을 거쳤는데, 양국이 제2차 세계대전으로 경제적 압박을 받으면서 탈식민지화가 가속되었다. 군주제에 관해 이야기하자면, 20세기 초에는 서구의 커다란 국가 가운데 세습 군주의 통치를 받지 않는 나라는 프랑스, 스위스, 미국뿐이었다. 비록 많은 나라가 입헌군주제를 채택했지만, 대부분의 군주와 여군주들은 여전히 정부에 막대한 영향력을 행사했다. 그러나 2000년에는 남아 있는 왕이 몇 명 없었다. 영국, 벨기에, 덴마크, 네덜란드, 노르웨이, 스웨덴에서는 왕실이 계속해서 왕위를 지켜냈으며, 스페인 왕실은 1975년 프랑코 장군이 죽은 뒤 복권되었다. 그러나 이런 국가에서도 왕실은 민주적으로 선출된 정부에 종속되었다. 귀족 권력 역시 거의 완전히 근절되었다. 심지어 영국 상원House of Lords(귀족원)조차도 2000년 3월 이후로는 주로 임명된 구성원들로 구성되었다.[9] 과거 13세기부터 시작되어 세습 군주에게 책임을 묻는 지난한 과정은 결국 세습 군주의 멸종으로 종말을 맞았다.

현대전의 거대한 규모와 끔찍한 양상은 미래의 분쟁 가능성을 제한하려는 국제법과 다국적 기구를 설립하려는 일련의 시도에 직접적으로 기여했다. 제1차 세계대전이 끝나기 전부터 영국, 프랑스, 미국의 자선가와 정치인들은 국제 중재와 공격적인 국가들에 대한 제재를 통해 분쟁을 제한하는 방법을 제시하고 있었다. 국제연맹 League of Nations은 1919년 베르사유 평화협정의 한 부분으로 설립되었다. 여러 가지 이유로 국제연맹은 실패로 끝났다. 국제연맹은 신생 공산주의 러시아를 배제했으며, 떠오르는 경제 초강대국 미국을 포함한 다른 여러 나라를 끌어들이는 데 실패했다. 연맹에 속한 모든 국가들이 거부권veto을 가지고 있었고 잠재적 동맹국에 조치를 취하기를 꺼렸기 때문에, 국제연맹에는 군대도 없고 권한도 거의 없었다. 국제연맹이 설립된 가장 큰 이유는 또 다른 세계대전을 막는 것이었으나, 1939년에 국제연맹에는 그럴 능력이 없다는 것이 증명되었다. 그러나 국제연맹이 20년 동안 존속하는 데 성공했고 그 과정에서 소기의 성과를 거두면서, 국제 관계를 제도화할 수 있다는 여론이 형성되었다. 국제연맹의 후신인 국제연합United Nations(UN)은 1945년 10월에 설립되었으며, 그 설립 목적 역시 주로 국제 분쟁의 재발 방지였다. 물론 UN은 실제로 이보다 훨씬 더 많은 활동을 해왔다. 전 세계 사람들의 사회적, 경제적 복지에도 관여했다. 또한 UN은 헤이그에 상설 국제 법원인 국제사법재판소를 두고 있다. 국제연맹이 세계 국가의 4분의 1 이상을 모을 수 없었던 반면에, UN에는 거의 모든 주권 국가가 속해 있다. 전쟁이 20세기에 세계를 더 가깝게 만들었다고 해도 좋을 정도다. 또한 전쟁의 여파로 1949년에 제네바 협약이 개정되면서 전쟁 지역에 있는 민간인, 의료진, 기타 비전투원은 물론 다치거나 병든 병사와 난파된 선원이 보호받게 되었다. 1864년에 처음 만들어진 제네바 협약은, 11세기에 있었던 하느님의 평화 운동과 하느님의 휴전 운동 이후로 국제적인 도덕규범을 통해 전쟁의 잔혹성을 제한하려던 최초의 대표적 시도다. 제네바 협약의 내용은 실로 흥미롭다. 인류의 평화에 대한 열망과 더불어 통제할 수 없을 듯한 폭력적 성향이 동시에 드러나기 때문이다.

기대수명

방금 살펴보았듯, 현대 전쟁과 사회의 관계는 아이러니로 가득 차 있다. 전쟁이 보건에 긍정적인 영향을 미쳤다는 사실은 이 아이러니를 특히 잘 보여주는 예시다. 총에 맞거나, 굶주리거나, 독가스에 질식하거나, 포격을 받거나, 불에 타거나, 산산조각이 난 사람들은 절대 그렇게 여기지 않았겠지만, 전쟁에는 건강한 인구가 필요했다. 건강한 인구만이 최전선에서 전투를 벌이고, 국내 전선에서 군수 공장과 철도를 운영하고, 식량을 생산할 수 있었기 때문이다. 제1차 세계대전 동안, 노동자의 건강을 위한 정부의 관리가 급격히 확대되었다. 노동 위생과 노동 안전이 심각한 안건으로 다뤄지면서 납 중독, 수은 중독, 탄저병이 우선 규제해야 할 질병이 되었고, 그 뒤를 규폐증*과 피부암 같은 질병이 뒤따랐다. 마찬가지로 1차 세계대전 동안, 구연산 나트륨, 헤파린과 같은 최초의 항응고제가 발견되면서 수혈 분야의 발전이 이루어졌고, 물을 정수하는 데 쓰는 리스터 염소 소독 팩chlorinating Lister pack의 대량 생산이 가능해졌다. 또 같은 시기에 최초로 암모니아가 산업 규모로 생산되기 시작하면서 인공 비료를 제조할 수 있게 되었다. 인공 비료는 처음에 독일이 군비를 갖추는 데 쓰였지만, 나중에는 전 세계를 먹여 살리는 데 쓰였다. 전쟁 신경증shell shock을 겪는 남성들을 위해 정부 당국은 피해자들의 정신 건강과 정신 치료를 위한 연구에 투자할 수밖에 없었다. 제2차 세계대전 동안에는 디데이D-Day라 일컬어진, 1944년의 노르망디 상륙작전을 준비하는 과정에서 최초의 항

●   silicosis. 규토 가루를 마셔서 걸리는 심각한 폐 질환.

생제 페니실린이 대량 생산되었다. 오늘날 우리는 이런 의학적 혁신을 당연하게 여기지만, 항생제가 도입되기 전에는 팔꿈치나 무릎이 까지는 것만으로도 패혈증에 걸릴 수 있었다는 사실을 명심해야 한다. 1944년부터 뇌수막염에서 임질까지 수많은 질병이 갑자기 치료 가능한 병이 되었다. 1928년 9월에는 알렉산더 플레밍이 작은 곰팡이를 찾아냈다. 그 곰팡이에서 페니실린을 개발하면서 그는 현대 세계의 가장 중요한 인명 구조자가 되었다.

두 차례의 세계대전 동안 엄청난 의학 발전이 이루어졌지만, 의학적·사회적 발전은 평시에도 멈추지 않았다. 서양 국가들은 많은 공공 보조금이 포함된 국가 의료 제도를 개발했다. 노약자를 위한 국가 연금 제도가 도입되어 고령자나 빈곤층도 국가의 도움을 받을 수 있게 했다. 실업수당과 장애수당 같은 사회 개혁은 20세기 빈곤층의 생활수준을 19세기보다 훨씬 더 높여주었다. 간호술, 조산술, 산부인과 수술이 다 함께 개선되면서 유아 사망률도 극적으로 감소했다. 영국에서는 1900년에 14퍼센트에 달했던 분만 중 사산율이, 1930년에는 6.3퍼센트로, 1997년에는 0.58퍼센트로 감소했다. 1931년에 3.2퍼센트였던 신생아 사망률은 2000년에 0.39퍼센트로 떨어졌다.[10] 이와 동시에 산모 사망률도 급감했다. 1900년에는 영국에서 분만 도중 산모 1만 명당 42명이 사망했고, 미국에서는 산모 1만 명당 80명이 사망했다. 2000년에 선진국에서는 분만 도중 사망하는 산모가 1만 명당 단 2명에 불과했다.

위의 그래프는 거의 모든 선진국에서 그대로 재현된다고 봐도 무방하다. 2000년에 호주, 캐나다, 프랑스, 그리스, 아이슬란드, 이탈리아, 일본, 뉴질랜드, 노르웨이, 싱가포르, 스페인, 스웨덴, 스위스에서 남성의 출생 시 기대수명은 모두 75세 이상이었다.

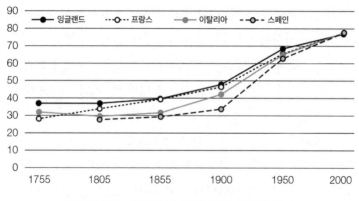

잉글랜드, 프랑스, 이탈리아, 스페인의 출생 시 기대수명(단위: 세)

영국에서는 남성의 출생 시 기대수명이 74.8세였으며, 미국에서는 73.9세였다. 여성의 출생 시 기대수명은 앞서 언급한 나라들뿐만 아니라 오스트리아, 벨기에, 핀란드, 독일 모두에서 80세 이상이었다. 그리고 영국에서는 79.9세였고, 미국에서는 79.5세였다.[11] 2000년에 선진국에서 태어난 아기들은 1900년에 선진국에서 태어난 아기들보다 거의 2배가량 오래 살 것으로 예측되었다. 물론 성인들이 얼마나 더 오래 살게 되었는지 평가할 때 20세기 초에 요절한 수많은 유아들이 왜곡 요인으로 작용하지만, 그럼에도 활동적인 삶은 눈에 띄게 늘어났다. 1900년에는 평균적인 20세 미국인의 기대여명이 42.8년이었지만 2000년에는 57.8년으로 늘어났다. 이는 곧 사람들이 15년 더 생산 활동을 할 수 있고, 모든 과학자와 의사, 성직자, 정치인, 학자들이 15년 더 경험을 쌓을 수 있다는 의미였다. 이로 인해 교육의 효익이 엄청나게 증가했다. 사람들이 은퇴할 때까지 살기 시작하면서 개인 생애의 말년에 해당하는 약 10퍼센트의 덜 생산적인 시기가 직업 활동에 지장을 주지 않게 되었다.[12] 1900년에 어떤 사람이 25살에 의사 자격을 땄다고 가정해보자. 이 의사의 기대수명은 62.8세이며, 삶의 마지막 10퍼센트 가량은 건강 악화로 일을 하지 못하거나 비상근으로만 일했을 것이므로, 의사로 활발히 활동할 기간은 대략 31.5년이라고 할 수 있다. 2000년에 어떤 사람이 25살에 의사 자격을 땄다면, 그는 70세가 될 때까지 추가로 14년을 더 상근으로 일할 수 있을 것이다. 이론의 여지는 있지만, 사람들에게 일찍 죽는다는 두려움을 덜어준 것이 훨씬 더 중요한 변화였다. 나이 56세에 건강한 삶 15년을 더 사는 것을 환영하지 않을 사람이 누가 있겠는가? 이러한 활동적인 삶의 연장을, 우리가 여태껏 다루어온 가장 중요한 변화 가운데 하나로 보는 것은 지극히 타당한 일이다.

매스컴

1901년에 발행된 《타임스》 같은 신문을 한 부 펼쳐보면, 곧바로 신문 1면에 헤드라인이 없다는 사실을 눈치챌 수 있을 것이다. 당시 신문 1면은 거의 작은 글씨로 인쇄한 광고들을 실었다. 아마 이것이 1면에 사진이 거의 없다는 사실보다도 더 여러분을 놀라게 할 것이다. 《데일리 메일 Daily Mail》 같은 인기 있는 영국 신문에는 더 풍부하고 다양한 글이 실리긴 했지만, 1면에 사진이 없고 광고만 가득한 것은 마찬가지였다. 1914년에 이 상황은 변하기 시작했다. 《데일리 텔레그래프 Daily Telegraph》의 1면은 여전히 작은 광고로 가득 차 있었지만, 다른 신문들은 주요 뉴스를 우선시하기 시작했다. "전운이 엄습하다"라는 헤드라인이 달린, 1914년 8월 2일 자 《글래스고 이브닝 타임스Glasgow Evening Times》는 거의 오늘날의 신문처럼 보인다. 그 아래 머리기사에는 이렇게 적혀 있다. "전쟁 선포. 독일에 막중한 책임 있음. 영국은 참전할 것인가? 금일 회의가 운명을 결정할 예정." 같은 시기 미국 신문에는 1면 헤드라인뿐만 아니라 망판half-tone 인쇄 사진도 실렸다. 신문이 대중의 눈길을 사로잡고 여론을 형성하는 형태로 전환되면서, 정치인들은 제1차 세계대전 동안 신문이 전달하는 메시지와 신문사의 기사 선정 및 발표 방식에 주의를 기울여야 했다. 언론인들은 정치 지도자들을 점점 더 많이 접하게 되었다. 정치인들이 재선되려면 신문사의 지지가 필요했을 뿐만 아니라 자신들의 정책과 의사 결정이 특정한 방식으로 보도되기를 원했기 때문이다. 권력과 언론 사이의 친밀하면서도 불편한 관계는 이렇게 시작되었다.

일반 대중을 대상으로 한 신문의 성장과 더불어 영화 산업은 유흥거리와 뉴스를 모두 제공했다. 영국에서는 19세기의 마지막 해에 최초로 영화가 상영되었는데, 영화는 박람회와 음악당에서 상영되면서 급속도로 인기를 얻었다. 1906년에는 런던 한 곳에서만 일일 영화 시청자 수가 약 4,000명에 달했다. 1907년에는 영국 최초로 전용 영화관이 건설되었으며, 한 해 동안 467편의 영화가 개봉되었다. 1909년에 영화법Cinematograph Act이 제정되면서 영화관을 건설하려면 지역 당국의 허가를 받아야 했지만, 그럼에도 영화관이 문을 여는 속도는 줄어들지 않았다. 1911년 말에는 인구 11만 2,030명이 사는 플리머스에 영화관이 최소 12개 있었고, 대부분 300명 이상의 관람객을 수용할 수 있었다.[13] 1910년에는 최초의 뉴스 영화newsreel가 상영되면서 전국 방방곡곡에 나라에서 일어나는 시사적인 일들을 이미지로 보여주었다. 1930년대에는 사람들이 엄청난 양의 정치적, 사회적, 도덕적 메시지에 노출되었다. 자막보다 훨씬 빠르게 정보를 전달할 수 있는 보이스오버voiceover 해설이 등장했기 때문이다. 1939년 영국에서는 매주 1,900만 명이 영화관을 방문했다. 관람객의 31퍼센트는 매주 한 번 영화관에 갔고, 13퍼센트는 일주일에 두 번, 3퍼센트는 세 번, 2퍼센트는 네 번 영화관에 갔으며, 한 번도 영화관에 가본 적 없는 사람은 인구의 12퍼센트에 불과했다.[14]

이것이 인상적으로 느껴진다면 다음 사실도 살펴보자. 제2차 세계대전 동안 영화 관람객 수는 3분의 2가량 증가했으며, 그 수가 정점에 달한 1946년에는 매주 3,150만 명이 극장에 갔다. 이는 영국의 모든 성인이 적어도 일주일에 한 번은 영화관에 갔다는 의미다. 장편 영화가 시작되기 전에는 흔히 단편 뉴스 영화가 먼저 상영되었다. 영국 방방곡곡에서 동시에 뉴스가 제공되는 것이다. 그러나 영화는 정보를 더 빠르고 폭넓게 전달하는 수단이었을 뿐만 아니라 수백만 명의 사람들이 곧바로 알아보는 국제 스타를 만들어내는 수단이기도 했다. 추종자들은 국제 스타들의 의견을 대단히 중요하게 여겼다. 대량으로 유통된 신문과 잡지, 영화는 주요 도덕적, 정치적 사안에 국가적 관심을 집중시켜주었으며 일련의 국가적 논쟁에서 국민을 하나로 묶어주었다. 20세기에 국가들이 어느 때보다 완전히 통합되었다고 한다면, 매스컴은 그 과정에서 중요한 역할을 수행했다.

국가적 통합을 한 단계 더 나아가게 한 발명품은 라디오와 텔레비전이었다. 1920년 미국에서 지역 라디오 방송국들이 선거 결과를 중계하기 시작하면서 라디오는 빠르게 뉴스를 전달하기 시작했다. 1922년에는 세계에서 가장 오래된 공영 방송 기관인 BBC

가 설립되었다. 1934년에는 라디오 방송에 더해 정규 텔레비전 방송을 추가했지만, 전쟁 중에는 (프랑스와 러시아에서 그랬듯이) 텔레비전 방송이 중단되었다. 1946년 영국에서는 1,000만이 넘는 가구가 라디오 수신 허가를 받았다. 그리고 2000년에는 2,330만 가구가 텔레비전과 라디오 프로그램의 수신 허가를 받았다.

1960년에는 서유럽의 모든 국가에 정규 텔레비전 방송이 있었고, 라틴아메리카와 동유럽의 여러 국가에서도 텔레비전 방송이 시작되었다. 비록 뉴스 보도가 실시간으로 이루어지거나 끊임없이 계속되지는 않았지만, 방송사는 진행 중이던 방송을 잠깐 멈추고 뉴스 속보를 보도할 수 있었으므로 중요한 정보를 거의 즉시 전국에 방송할 수 있었던 셈이다. 국가적 사건은 때때로 여러 채널에서 동시에 방송되었다. 수백만 명이 같은 연속극을 보고 줄거리에서 나타나는 도덕적 딜레마에 관해 이야기를 나누었다. 텔레비전 프로그램들은 모든 시청자들이 생각해보아야 할 문제들을 제기했다.

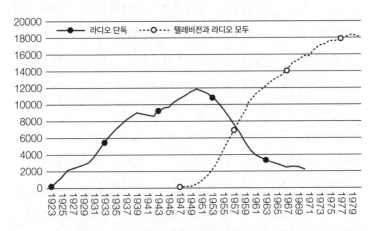

영국의 연간 라디오 및 텔레비전 수신료 납부자 수 (단위: 천 명)[15]

파업, 행진, 사회적 시위가 지속적으로 보도되며 전국적인 관심을 끌었다. 뉴스 보도뿐만 아니라 드라마를 통해 학교 내 괴롭힘, 동성애 혐오, 남녀 간 임금 불평등 같은 윤리적 문제들이 국가적 논쟁거리가 되었다. 백인만 사는 외딴 지역에서 자란 사람에게조차 텔레비전은 인종 차별이 심각한 피해를 주며, 사회를 분열시키고, 도덕적으로 잘못되었다는 메시지를 효과적으로 유포했다. 이렇게 전국적으로 여론을 모으는 것에 비한다면, 수도에서 하루 만에 기조를 세우는 것은 차선책에 불과했다. 그렇게 매스컴은 전국에서 사람들의 의식을 하나로 묶었다. 2000년에 도시에 살던 부유한 금융인은 1900년에 살았던 존경하는 선조님들보다, 시골 지역의 가난한 농부와 공통점이 훨씬 더 많았다.

20세기 말에는 마침내 인터넷을 정보, 교육, 유흥의 주요 원천으로 여기는 사람들이 점점 더 많아졌다. 그러나 우리는 디지털 시대가 예정보다 매우 늦게 도래했다는 사실을 유념해야만 한다. 어찌나 늦게 도착했던지, 2000년에 디지털 시대의 도래에 감명받은 사람은 많지 않았다. 인터넷은 1969년에 네 곳의 미국 대학에서 특별하게 고안한 컴퓨터를 서로 연결하면서 형성되었다. 수십 개의 연구 기관들이 인터넷망에 합류했지만, 1991년 8월에 출시된 팀 버너스 리의 월드 와이드 웹World Wide Web이 성장한 이후에야 인터넷이 대중 매체가 될 수 있다고 깨달았다. 인터넷이 엄청난 속도로 성장할 수 있었던 것은 이용료가 없었기 때문이다. 19세기에 철도가 등장했을 때와 마찬가지로 즉시 인터넷 사업 열풍이 불었다. 이런 사업들은 대부분 수익을 내는 데 실패했지만, 1995년 말에는 전 세계적으로 100만 개가 넘는 웹사이트가 활성화되어 있었다. 2000년 10월에는 3억 6,100만 명의 사람들이 인터넷을 이용했는데, 이는 전 세계 인구의 5.8퍼센트에 해당하는 숫자였다. 영국에서는 성인의 28퍼센트가 집에서 인터넷에 접속할 수 있었다.[16] 초창기 9년 동안 월드 와이드 웹은 엄청난 영향을 미쳤다. 신문, 영화, 라디오, 텔레비전이 20세기 초에 각 나라를 하나로 묶었던 것처럼 인터넷은 세계를 하나로 묶는 대중 매체가 되었다. 훗날에는 인터넷 쇼핑 때문에 번화가가 다 망할 것이라는 이야기가 나올 것이며, 인터넷이 형성한 정치적 연결망이 2010~2011년에 아랍의 봄*을 일으킬 테지만, 2000년의 인터넷에는 아직 그 정도의 영향력은 없었다. 그럼에도 사람들은 머지않은 미래에 인터넷이 세상을 어떻게 변화시킬지 알 수 있었다.

전기제품과 전자제품

이 책을 쓰는 동안 나와 우리 가족은 잠시 서퍽에 있는 오래된 오두막집에 머물렀다. 어느 날 밤, 폭풍 때문에 전기가 끊겼다. 이후 며칠 동안 전력 회사가 복구에 나섰지만 헛수고였다. 우리가 얼마나 전기에 의존하고 있는지 되새겨준 유익한 사건이었다. 오두막집에는 전기레인지만 있었기 때문에 우리는 아무것도 데울 수 없었고, 심지어 따뜻한 차 한잔 마시지 못했다. 주방 기구들은 모조리 쓸모없었다. 텔레비전과 라디오가 먹통이 되면서 즐길 거리와

---

* Arab Spring. 2010년 북아프리카 튀니지에서 촉발되어 아랍, 중동 국가 및 북아프리카 일대로 확산된 반정부 시위운동. 다양한 소셜미디어와 언론을 통해 튀니지의 혁명 성공 소식이 전 세계로 전해지자 혁명의 물결이 인근 중동 국가와 북아프리카의 독재 국가들로 확산되었다.

정보 획득 수단을 모조리 박탈당했고, 얼마 지나지 않아 노트북도 배터리가 떨어졌다. 진공청소기는 그냥 비싼 먼지통에 불과했다. 냉장고는 두 가지 의미 모두로 쿨함을 잃었다. 샤워를 할 수도 목욕을 할 수도 없었다. 식기세척기, 세탁기, 회전식 건조기가 모두 작동하지 않았다. 가장 고통스러웠던 것은 커피 머신도 작동을 멈추었다는 사실이다. 나는 전기면도기를 사용하지 않으며, 슬프게도 헤어드라이어가 필요 없는 사람이지만, 이 두 전자기기 역시 나를 저버리긴 마찬가지였을 것이다. 당연한 말이지만 불빛도 들어오지 않았다. 촛불을 켜고 이 책에 관한 생각을 정리하면서 나는 우리 삶의 전기화electrification에 관해 생각해보았다.

20세기 초에 일반적인 가전제품은 전구 단 하나뿐이었다. 하지만 여전히 수많은 사람이 가스등을 사용했기 때문에 전구마저도 소수의 가정에서만 볼 수 있었다. 그러나 제1차 세계대전 이후로 여러 회사에서 가정용 전기제품들이 급격히 쏟아져 나오더니 광고도 시작했다. 컴프턴앤드코가 1891년에 처음 생산한 전기 주전자는 1922년에 스완컴퍼니가 내부 발열 장치를 생산하면서부터 진가를 인정받기 시작했다.[17] 지난 장에서 언급했듯, 가스레인지는 19세기부터 있었지만 공급망을 연결해야 했기 때문에 대량으로 판매되지는 않았다. 그러나 20세기 초에 마을마다 전력망이 퍼져나가면서 신축 아파트와 주택 거주자들이 조리 기구를 가스레인지로 바꾸기 시작했다. 1930년대에는 주택 단지를 개발할 때 전기 공사가 이루어졌으며, 신축 주택에는 자랑스러운 새 집주인을 위한 전기레인지가 설치되었다. 1927년에는 상업적으로 성공한 최초의 냉장고가 시장에 출시되면서 음식을 이전보다 훨씬 더 오래 신선하게 보존할 수 있게 되었다. 이 시절에는 가전제품을 마케

변화의 세기

팅하는 대상이 전적으로 여성에 국한되었다. 오직 여성만이 요리, 청소, 집안일을 할 것이라고 여겼기 때문이다. 1935년 1월에 인쇄된 한 판매 카탈로그에서는 "모든 주부는 일거리를 줄여주는 매력적인 가정용 전자제품을 원한다"라는 문구와 함께 젊은 여성을 전면에 내세우고 있다. 이 카탈로그에는 전기 주전자 2종, 토스터, 다리미, 헤어드라이어, 직립식 진공청소기, 직립식 바닥청소기, 전기 조명 6종, 레인지, 세탁용 보일러, 자극기stimulator(운동 기구의 일종), 자동차 엔진 라디에이터(혹한기에 후드 아래에 넣어 엔진 손상을 방지하는 용도) 등의 전자제품이 실려 있었다.[18] 다른 전자제품들도 물밀듯이 밀려들어 왔다. 1970년에는 거의 모든 가정이 앞서 언급한 전자제품들과 오디오 및 텔레비전 관련 장치, 전동 드릴을 포함한 여러 전동 공구들, 전기 담요, 믹서기, 알람시계, 티 메이커, 잔디깎이 등 그 밖의 제품으로 가득 찼다.

일상 가전제품 대부분은 1970년대까지 믿을 만한 형태로 개량되었으며, 그 이후로는 아주 서서히 변했다. 하지만 1970년대부터 마이크로칩이 소비재 사이에 슬금슬금 들어오기 시작하면서 살 수 있는 전자기기의 종류에 변화가 생겼다. 새로이 등장한 전자기기 가운데 내가 어릴 적에 처음 마주한 기기는 바로 휴대용 계산기였다. 나는 1970년대 후반에 생애 처음으로 컴퓨터를 접했는데, 그로부터 10년도 채 되지 않아 학교에서 컴퓨터 사용이 의무화되었다. 학부생 시절 나는 1986년도 이후로 모든 과제를 워드 프로세서로 작업해서 제출해야 했다. 2000년에는 자동차 계기판부터 아이들 장난감까지 마이크로칩이 안 들어가는 곳이 없었다. 또한 마이크로칩은 사업장의 전기에 대한 의존도를 크게 높였다. 1960년대 사무실에서는 인쇄 전신 교환 장치인 텔렉스기telex machine와 타자기를 무더기로 찾을 수 있었을 것이다. 1970년대에는 복사기와 함께, 저장 장치로 카세트테이프를 사용하던 '구술기dictation machine' 와 팩스, 파쇄기, 휴대용 계산기가 보편화되었다. 1970년대 후반에는 컴퓨터도 널리 사용되었다. 2000년에 이르러서는 컴퓨터와 프린터, 스캐너가 필수품이 되었다. 정부와 기업들은 대부분 종이를 기반으로 한 구식 서류 정리 체제를 폐기했다. 그리고 인터넷이 출현하면서 데이터를 저장하고, 조작하고, 배포하는 새로운 체제가 등장했다.

여러분은 이 모든 것들이 비교적 큰 변화를 일으키지 못했다고 말할 수도 있다. 전자기기와 컴퓨터, 팩스는 우리에게 새로운 일을 하게 해주는 것이 아니라 기존에 하던 일을 더 빨리 하게 해주었을 뿐이라고 말이다. 전기 난로는 매일 아침 불을 붙여야 하는 석탄 난로보다 훨씬 빨리 켜졌지만 난방 효과에는 큰 차이가 없었다. 이메일은 보내는 데 하루가 아니라 몇 초가 걸린다는 점을 빼면 편지와 크게 다를 바가 없었다. 이것이 뭐가 그렇게 큰 변화란 말인가? 그러나 중요한 것은 바로 이 속도였다. 노동력을 절감해주는 여러 기기들 덕분에 가정과 사무실에서는 더 많은 시간을 작업 활동이나 생산 활동에 할애할 수 있었다. 정보를 거의 즉시 전송할 수 있게 되면서, 서류를 보내기 전에 사본을 만들 필요가 없어졌다. 자료를 데이터 집합체로 만들면 색인 카드로 정리할 때보다 자료 검색 시 훨씬 시간을 절약할 수 있었는데, 색인 카드를 작성한 전임자가 악필이라면 더더욱 그랬다. 20세기에 우리가 감당할 수 있는 지적 작업의 양과 종류가 대폭 늘어난 것은 주로 전자기기 덕분이었다.

촛불에 의지한 채로 서편의 오두막집에서 우두커니 앉아 있다 보니, 20세기에 전기에 대한 의존도가 커지면서 일어난 다른 일에는 무엇이 있을까 하는 생각이 들었다. 가정 안에서 우리는, 노동 계급이 19세기에 공장에서 겪은 탈숙련화와 비슷한 탈숙련화를 겪었다. 산업 혁명 이전에는 작업장에서 일하는 사람들이 판매용 제품뿐만 아니라 자신이 쓸 도구를 직접 만들었으며, 이것이 도제 생활의 한 부분이었다. 수레바퀴 장인은 대장장이에게 어떤 종류의 대패가 필요한지부터 수레바퀴 테두리에 맞는 쇠 타이어 제작법까지 모든 것을 가르칠 수 있었다. 남성 대부분은 집 대문과 덧문을 수리하거나 새 가구를 만드는 데 필요한 목공 기술을 배웠다. 그러나 생산 라인을 도입한 공장주들은 노동자들이 각자 맡은 기계만 잘 다루기를 원했다. 기계를 사용하는 데는 도구를 만드는 경험이 필요하지 않았으며, 기계를 사용하는 능력은 전수할 수 있는 기술이 아니었다. 그러므로 기계로 하는 노동에는 노동자들을 탈숙련화시키고 탈숙련된 상태로 머무르게 하는 효과가 있었다. 20세기 가정에서는 모든 사람에게 비슷한 일이 일어났다. 1900년에 주방을 담당하던 주부라면 누구나 석탄이나 땔감으로 가열한 오븐에 빵을 굽는 법을 알고 있었다. 그리고 밀가루를 체로 치고, 재료를 섞고, 빵 반죽을 만드는 법도 알고 있었다. 여러분은 전기 없이 콩소메 수프를 끓여본 적 있는가? 아니면 과일과 부드러운 사슴뿔 부스러기를 써서 젤리를 만들어본 적 있는가? 20세기에 걸쳐 우리는 가정 안에서 쓰던, 실용적이고 기본적인 지식을 대량으로 잃어버렸다. 가령 물을 대량으로 빠르게 끓일 수 있는 벽난로(이는 요리용 벽난로와는 달랐다)를 만드는 법이나 전기 다리미 없이 옷을 깔끔하게 다림질하는 법, 냉장고 없이 음식을 몇 달 동안 저장하는 법 등을 잊어버렸다. 전기에 대한 의존도가 높아지면서 나타난 가장 큰 결과는 전기 없이 살아가는 능력이 줄어들었다는 것이다.

말할 필요도 없이, 직장에서도 똑같은 일이 일어났다. 색인 카드 작성에서 데이터 저장으로의 전환은, 표면적으로는 손쉽게 되돌릴 수 있는 과정으로 보인다. 따지고 보면 색인 카드에 세상에서 가장 복잡한 기술이 쓰인 것은 아니지 않은가? 그러나 이 변화는 생각보다 더 복합적이었다. 2000년이 다가옴에 따라 전문가들은 날짜를 기록하는 두 자리 숫자가 '99'에서 '00'으로 전환되는 과정에서 많은 컴퓨터 운영 체제가 살아남지 못할 것이라고 경고했다. 사람들은 전자 운영 체제가 얼마나 취약한지 깨닫기 시작했다. 바로 이때 컴퓨터화의 복합성이 분명하게 드러났다. 이제 자료가 잠재적으로 덜 안전한 전자 체제에 저장되어 있을 뿐만 아니라 컴퓨터의 취약성이 실제로 증명되었다고 해도, 이전의 비非전자 체제로 돌아갈 수 없다는 사실이 드러난 것이다. 비전자 체제로 돌아가려면 색인 카드를 처음부터 몽땅 다 다시 작성해야 한다. 즉 컴퓨터화는 일방통행로였다.

모든 곳에서 다 같이 일어나는 변화의 영향력을 평가하기는 어려운 일이다. 15세기의 시계가 그랬듯, 사람들은 새로운 발명품이 일상에 들어오면 얼마 지나지 않아 그것을 당연시한다. 그렇지만 특정한 변화의 중요성을 평가하는 한 가지 방법은, 얼마나 쉽게 그 변화를 되돌릴 수 있는지 따져보는 것이다. 서쪽의 오두막집에서 며칠간 전기 없이 지내보니, 전기가 없던 시절로 되돌아가느니 차라리 앞장에서 언급한 19세기의 주요 변화를 모두 뒤엎는 편이 더 쉽겠다는 생각이 들었다. 그러니까 전기에 의존하지 않고 사느니 철도를 다 뒤집어엎고, 노예제를 다시 도입하고, 여성을 다시 예속시키고, 부자가 아닌 사람들의 선거권을 모조리 박탈하는 편이 더 쉬울 것처럼 느껴졌다는 말이다. 우리는 전기에 의존하여 모든 기록물을 보관한다. 우리 사회를 존재하게 하는 시스템이 가동하려면 전기가 필요하다. 은행 계좌, 직불 카드, 신용 카드의 지급 내역을 기록하고, 병원과 치과에서 환자 기록을 남기고, 경찰이 전과를 기록하려면 전기가 있어야 한다. 전기가 없으면 현대의 전철은 운행되지 않을 것이며 — 동력원이 없음은 물론이고 철도 신호기도 작동하지 않을 터이므로 — 항공기는 추락할 것이다. 주식 시장은 작동을 멈출 것이다. 식량을 공급하는 유통망 역시 붕괴할 것이다. 웃음과 즐거움을 주는 전자기기가 더는 작동하지 않을 것이며, 삶에 꼭 필요한 가전제품들도 작동을 멈출 것이다. 그렇지만 전기 및 전자 시스템에는 취약성이 내재되어 있다. 1859년에 일어난 캐링턴 사건 같은 대규모 태양 폭풍이 일어난다면 — 캐링턴 사건은 초창기 전신 시스템을 마비시키고 전 세계를 북극광과 비슷한 오로라로 뒤덮었다 — 태양이 지나가는 경로에 있는 위성과 통신 시스템, 컴퓨터, 헤어드라이어, 커피 머신이 모조리 고장날 수 있기 때문이다. 이런 일이 벌어진다면, 20세기에 전기에 의존하게 된 것이 얼마나 큰 변화였는지 완벽하게 이해할 수 있을 것이다.[19]

미래의 발명품

내가 14세기 장의 첫머리에서 중세 사람들은 사회사가 무엇인지 알지 못했다고 설명했던 것을 기억하는가? 당시 사람들이 미래에 무슨 일이 일어날지 더더욱 몰랐다는 사실은 두말할 필요도 없다.

경이로운 인물이었던 로저 베이컨은 13세기 수도원에서 자동차나 비행 기계, 현수교, 잠수복을 만드는 것이 가능하다고 추론했지만, 미래에 대한 어떠한 전망도 가지고 있지 않았다. 그의 추론은 단지 이러한 공학적 목표가 불가능의 영역에 속하지 않는다는 것이었다. 중세인의 마음속에서는 현재만이 끝없이 이어졌을 뿐, 미래도 과거도 없었다. 그러나 16세기부터 사람들은 점차 과거를 인식하기 시작했다. 18세기에는 튀르고와 콩도르세가 서구 사회는 끊임없이 변화한다는 관념을 '진보progress'라는 개념으로 나타냈는데, 진보는 사람들에게 미래를 상상하게 했다. 헤겔은 자유주의적 가치가 계속해서 우위를 점할 것이며, 전 세계 모든 사람이 가장 유익한 형태의 정부를 채택함에 따라 '역사의 종말'이 찾아올 것이라는 이론을 세웠다. 카를 마르크스에게 가장 유익한 형태의 정부란 물론 사회주의였다. 사회주의 국가야말로 인류가 바라 마지않는 진보의 최종 산물이라고 생각한 사람은 마르크스 혼자가 아니었다. 20세기 말에는 역사가 프랜시스 후쿠야마가 베를린 장벽이 무너질 때까지 서구가 그린 궤적을 살펴보며 나머지 세계의 국가들이 점차 자유 민주주의적 가치를 받아들이는 모습을 지켜보았다.

이제 미래는 정치를 분석하거나 유토피아 이념을 그리는 책에서만 모습을 드러내는 무언가가 아니었다. 공상과학 소설은 마르크스나 헤겔에 관심이 없는 사람들에게 두 사람의 철학을 소개했다. 1880년대에 몇몇 소설은 잠든 주인공이 눈을 떠보니 미래가 되어 있더라는 장치를 통해 미래가 어떨지 다루었다. 이런 소설 가운데서 에드워드 벨라미가 사회주의 국가가 된 2000년의 미국을 그린 『2000년에 1887년을 돌이켜보면Looking Backward 2000-1887』(1888)과 윌리엄 모리스가 사회주의자로서 미래 사회에 관한 자신의 비전을 담은 『유토피아에서 온 소식News from Nowhere』(1890)이 특히 유명하다. 이런 소설들은 현실 세계를 배경으로 삼아, 작가가 자신이 속한 사회에서 이루어졌으면 하고 바라는 것을 이상화한 작품이었다. 서양의 '진보'를 그린 여러 논평자들 역시 장밋빛 안경을 통해 미래를 바라보았다. 그 가운데 한 명인 존 엘프레스 왓킨스 주니어John Elfreth Watkins Jr.는 1900년에 《레이디스 홈 저널The Ladies' Home Journal》에 2000년에 관한 예측을 다수 기고했다. 그는 2000년에는 기차가 시속 240킬로미터로 달리고, 자동차가 '말보다 더 싸고', 농부들은 '자동 건초 운송기'를 가지고 있고, 사진이 '전보를 통해 전 세계로 전송되며', 남자든 여자든 자유롭게 대학 교육을 받고, '공중 전함과 바퀴 달린 요새'가 존재하며, 우리가 빵집에서 빵을 사 먹듯 '완전히 조리된 음식'을 사먹고, 식품이 공기에 노출된 채 팔리지 않을 것이라고 단언했다. 그중에는 수력 발전이 가정에서 석탄을 대체하고, 모기와 파리가 근절되고, 야생 동물이 사라지고, 경구용 약제가 사라지고, 딸기가 사과만큼 커질 것이라는 상대적으로 부정확한 예측도 있었다. 미래를 예측하는 불확실한 작업에 뛰어든 정치인들 역시 낙관적인 경향이 있기는 마찬가지였다. 1930년에 버켄헤드 백작은 향후 100년에 걸쳐, "전쟁의 야만성은 증가하지 않을 것이다. 문명화된 세계는 급속도로 단일 경제권으로 묶일 것이며 (…) 한 국가의 재난은 모든 국가의 재난이 될 것이다"라고 적었다.[20]

20세기 초에 문학가, 역사학자, 철학자, 정치인, 그리고 수많은 독자들 사이에 '가능한 미래'에 관한 여러 생각이 있었지만, '일어날 미래'에 '실제로' 어떤 일이 일어날지 예측하는 방법을 알아내려면 아직 갈 길이 멀었다. 사회가 특정한 지점까지 계속해서 진보하다가 이후로 더는 변화하지 않을 것이라는 사상, 즉 사회가 행복 상태에 도달하고 영원히 그 상태로 머무를 것이라는 사상을 담은 미사여구가 어디서나 흔히 보였다. 실제로 미래에 관한 비전은 대부분 행복한 것이었다. 그러나 결국 제1차 세계대전이 터지고 말았다. 진보를 믿던 수많은 사람들은 큰 충격을 받고 안일한 생각에서 벗어났다. 대체 어떻게 이토록 많은 계몽 국가와 제국들이 서로에게 그토록 끔찍한 파괴 행위를 저지를 수 있단 말인가? 제1차 세계대전 이후로 당시 세계 질서의 주춧돌이 된 모든 혁명을 웅장한 서사로 묘사하며 찬미한 옛 역사가들의 저서를 읽는 것은 당혹스러운 일이 되었다. 이런 역사가들에 따르면 우월해야 마땅한 현대 시대가, 지난 500년 동안 있었던 미신과 계급제로 가득한 그 어떤 극악무도한 체제들보다 인간 세상에 더 큰 파멸을 불러오지 않았는가? 이와 동시에 사람들은 사회주의 혁명의 결과가 반드시 에드워드 벨라미나 윌리엄 모리스가 고대한 사회주의 낙원이나, 카를 마르크스의 비전 속 사회주의 사회는 아니라는 사실에 동의하게 되었다. 디스토피아적 전망을 담은 일련의 작품이 뒤이어 출판되었는데, 올더스 헉슬리의 『멋진 신세계』(1932)와 H. G. 웰스의 『다가올 미래의 모습Shape of Things to Come』(1933), 조지 오웰의 『1984』(1949) 등이 대표적이었다. 이런 작품들 가운데 가장 선견지명이 있었던 작품은 — 특히 제1차 세계대전 이전에 쓰였다는 점에서 — 틀림없이 E. M. 포스터의 단편 「기계는 멈춘다The Machine Stops」(1909)일 것이다. 이 책에서 상상하는 미래에서는 지구가 심각하게 오염되어 지표면에서 생명체가 살 수 없다. 사람들은 지하 암실에서 살아가며, 이들의 삶은 인터넷과 유사한 기능을 하는 기계에 통제된다. 사람들은 이 기계를 통해 소통하고, 필요한 것을 제공받는다. 점차 이 기계에 의존하게 되면서 자연 세계와의 접촉은 끊어지고, 사람들은 삶의 의미를 잃어버리게 된다. 그리고 결국 이 기계가 고장나면서, 이제는 기계 없이 살아갈 자원도 기술도 없는 사람은 모두 죽게 된다.

1957년부터 좋든 나쁘든 미래에 관한 상상이 로켓처럼 추진력을 얻기 시작했다. 최초의 인공위성 스푸트니크 1호가 지구 궤도에 진입하면서 우주 경쟁이 촉발되었기 때문이다. 1969년 7월에 아폴로 11호의 두 승무원이 달에 착륙한 사건으로, 우주와 관련된 공상과학 소설들은 도달 가능한 영역 너머를 바라보게 되었다. 그러나 이 유명한 '작지만 커다란 도약'이 일어날 무렵, 미래에 관한 이보다 훨씬 더 중대한 검토가 이루어지고 있었다. 1956년 지리학자 M. 킹 허버트의 예측이 그것이었다. 석유 생산량이 초기에는 서서히 증가하다가 이후에 급격히 증가하면서 정점에 다다른 뒤, 석유 매장량을 모두 소비함에 따라 급격히 감소하고, 이후로 오랜 세월에 걸쳐 완전히 없어지는 수학적 곡선을 따를 것으로 허버트는 예측했다. 전체 그래프는 마치 종과 비슷한 모양이었다. 이 곡선에 관한 공식을 이용하여 허버트는 당시까지 알려진 전 세계의 석유 매장량이 1970년이면 완전히 고갈될 것으로 예측했다. 다행스럽게도, 이후로 더 많은 석유 매장지가 발견되었다. 그러나 허버트의 우려는 천연가스나 석탄, 구리 같은 다른 자원으로 쉽게 옮겨갈 수 있었다. 자원 사용 양상은 예측할 수 있었으며, 이용 가능한 자원의 매장량 또한 추정할 수 있었으므로, 적어도 이론적으로는 자원 고갈에 대비책을 세울 수 있었다. 20세기 후반에 각국 정부가 전 세계의 광물 자원 개발을 제한하는 데 열의를 보이지 않았다는 점은 짚고 넘어가야 한다. 각국 정부는 특정 자원이 부족해지면 그 자원의 가격이 상승하면서 대안이 더 빠르게 개발될 것이라고 믿은 듯하다. 그럼에도 세계의 자원이 한정되어 있다는 인식은, 세계의 수많은 평범한 사람들까지 미래를 걱정하게 했다. 1968년 12월 24일, 아폴로 8호에 탑승한 우주 비행사가 사상 최초로 우주에서 지구의 모습을 사진에 담았다. 최초의 지구 사진 〈지구돋이 Earthrise〉가 출판되자 수많은 사람들은 경탄에 빠졌다. 어떤 종교를 믿든, 인류의 과학 기술이 얼마나 뛰어나든, 작은 별 지구의 자원이 우리가 가진 전부임이 분명하게 드러났던 것이다.

그해 초, 파울 에를리히는 저서 『인구 폭탄 The Population Bomb』에서 1970년대에 수억 명이 굶어 죽을 것으로 예측했다. 지난 수십 년 간 이어진 기하급수적인 인구 증가에 대한 일련의 맬서스식 억제가 이루어질 것이라는 예측이었다. 경제학자와 여타 식자층 80여 명으로 구성된 로마 클럽 Club of Rome에서는 「성장의 한계 Limits of Growth」(1972)라는 보고서를 통해 미래를 더 정확히 예측했다. 이 보고서는 자원 사용량이 현재 수준으로 매년 증가할 경우의 잔여 자원량 변동을 계산하여 현재 자원 사용량이 얼마나 부적절한지 보여주었다. 지구의 자원은 사람들 생각보다 훨씬 더 빠른 속도로 소비되고 있었다. 이 무렵부터 유네스코가 정기적으로 장기 인구 예측치를 계산하기 시작했다. 1968년에 유네스코의 통계학자들은 2075년에 세계 인구가 정점인 122억에 도달하면서 안정될 것으로 추정했는데, 1990년에는 세계 인구의 정점이 116억이며 2200년이 되어서야 도달할 것이라는 다른 추정치를 내놓았다. 동시에 이들은 자신들의 예측에 상당한 오류의 여지가 있다는 사실을 인정했다. 높은 출산율이 유지된다면 2150년에 세계 인구가 최대 280억에 달할 수도 있는 반면, 낮은 출산율을 적용할 경우 최소 43억일 수도 있다는 것이었다.

20세기 말에는 여러 직업의 일상 업무에 미래 예측이 포함되어 있었다. 유네스코는 인구뿐만 아니라 도시화, 연령, 가난, 교육 등의 전망을 지도화하여 보여주었다. 경제 예측가들은 향후 수개월 혹은 수년간의 경제 동향에 대해 서로 엇갈린 전망을 내놓았다. 정확도는 제각각이었지만 기상학자들도 날씨를 예측하려고 노력했다. 여론조사 기관과 시장조사 기관은 다가오는 선거 결과부터 슈퍼마켓 진열대에 있는 특정 제품의 성공 가능성에 이르기까지 모든 것을 예측하려고 시도했다. 인구통계학자들은 특정 도시의 인구 증가와 노령화 정도를 계산하고 미래의 거주, 교육, 운송 수요를 해결하기 위한 계획을 세웠다. 지역 당국은 장기적인 관점에서 새로운 주택 단지를 지정하고, 쓰레기 매립지와 지하자원 채굴지를 세우기 위해 미래를 내다봤다. 국가 당국은 미래의 기반 시설과 방위를 위한 전략을 개발했다. 국제적 차원에서는 점점 더 많은 과학자들이 지구 온난화의 징후를 찾기 위해 지구의 영구 동토층을 관찰하기 시작했다. 1988년까지 지구 온난화는 심각한 사안이 되었다. 극지방의 만년설이 녹아 해수면이 상승하면서 세계의 수많은 해안 도시가 파괴될 것이라는 예측이 나왔기 때문이다. 사회주의 유토피아의 꿈과 인류의 진보에 관한 장밋빛 예언으로 시작되었던 20세기는 수백만 명의 사람들이 미지의 심연을 불안하게 바라보는 것으로 끝이 났다.

결론

이 장에 포함할 항목을 정하는 것은 쉬운 일이 아니었다. 나는 일상생활의 변화뿐만이 아니라 더 근원적이고 우리를 불안하게 하는 주제를 드러내기 위해, 위의 여섯 가지 변화를 선정했다. 이 장에 우주 비행과 휴대전화를 포함해야 한다고 항의하는 사람도 있을 것이다. 러시아 혁명이나 대공황에 주의를 기울이지 않아 화가 난 사람도 있을 것이다. 엘비스 프레슬리나 마릴린 먼로를 언급조차 하지 않아 크게 실망한 사람도 있을 것이다. 실제로 나는 마릴린 먼로의 곡선이 위에서 언급한 문명화 곡선보다 훨씬 더 큰 영향을 미쳤다고 주장하는 남성들이 있을 것이라고 믿어 의심치 않는다. 그러나 이 장의 서론에서 언급했듯, 우리가 살아가는 방식에 영향을 미친 변화와 우리가 사는 환경에 영향을 미친 변화는 구분해야 한다. 그리고 우주여행이 우리 대부분에게 미친 영향은, 전쟁이나 가솔린 엔진이 미친 영향에는 상대조차 되지 않는다. 달 착륙은 놀라운 사건이었지만, 달 착륙이 일어나지 않았더라도 오늘날의 삶은 그리 다르지 않았을 것이다. 반면 두 차례의 세계대전이 일어나지 않았거나 가솔린 엔진이 대중화되지 않았더라면 오늘날의 삶은 지금과는 전혀 달랐을 것이다.

내가 보기에 20세기 서양에서는 삶의 환경 측면에서 세 가지 거대한 변화가 일어났다. 그것은 바로, 세계화가 일어나고, 대량 살상의 위험성이 등장하고, 우리가 지속 불가능한 생활수준에 도달한 것이었다. 운송 발전에 따른 세계화, 전쟁이 변하면서 생긴 대량 살상의 위험, 직전 두 소챕터에서 다룬 지속 불가능성에 관해, 내가 독자들의 관심을 충분히 끌었기를 바란다. 우리는 20세기의 가장 큰 변화가 무엇인지 말할 수 있을까? 그러려면 2000년에 떡하니 선을 긋고, 이후에 일어난 모든 사건을 논의에서 배제해야만 한다. 세계는 2000년에 핵폭탄으로 멸망하지 않았다. 태양 폭풍 때문에 온갖 전자기기가 타버리지도 않았고, 지구 온난화나 인구 증가로 대혼란이나 집단 사망이 발생하지도 않았다. 따라서 나는 1900년과 2000년의 세계를 가르는 가장 큰 차이점은 운송 그 자체와 운송 발전에 따른 결과라고 결론 내리지 않을 수 없다.

그러나 현실에서는 2000년의 끝에 선을 그을 수 없다. 게다가 이 책이 현재와 아무런 상관도 없는 책이 되길 바라는 것이 아니라면 그래서도 안 된다. 19세기에 관한 장에서 말했듯, 역사란 과거가 아니라 사람에 관한 것이다. 다른 시대의 역사를 연구하는 가장 중요한 이유는 우리 자신을 연구하기 위해서다. 즉 우리가 다양한 상황에 어떤 식으로 반응하는지, 우리가 왜 그런 식으로 행동하는지, 미래에 우리에게 무슨 일이 일어날지 알기 위해서다. 다음 두 가지 상황은 현재에도 여전히 중요하다. 일단 1962년 10월이나 그 이후에 핵전쟁이 발발하지 않았다고 해서 핵전쟁의 위협을 무시해서는 안 된다. 우리는 실제로 여전히 핵전쟁의 위험을 감수하며 살아가고 있기 때문이다. 그리고 2000년에 1960년대와 1970년대에 예측한 대기근이 실제로 일어나지 않았다고 해서 인구 증가를 무시해서도 안 된다. 실제로 우리는 우리가 살아가는 방식이 지속 가능하지 않다는 사실을 그 어느 때보다도 잘 알고 있다. 그러므로 내가 20세기의 가장 큰 변화로 운송을 꼽은 것이 사실 무의미하다는 것을 나는 잘 알고 있다. 내 선택은 과거를 연구한다는 관점에서 볼 때는 정확할지도 모르지만, 역사적 관점에서 볼 때 20세기에 일어난 여러 변화의 중요성은 여전히 변경될 수 있기 때문이다. 앞서 살펴봤다시피, 당장 내일 초대규모 태양 폭풍이 지구를 강타하는 대재앙이 벌어지면서 지구의 경제 및 운송 기반 시설이 파괴된다면, 우리는 20세기에 심화된 전기 의존성에 대해 완전히 다른 견해를 갖게 될 것이다. 우리는 이제 곧 이 책의 결론부에서 여태껏 우리가 검토한 이 모든 변화가 21세기와 향후 수 세기에 걸쳐 인류에게 어떤 의미를 지니는지 살펴볼 것이다. 이 지점에서 우리는 역사적 관점에서 볼 때 과거에 일어난 변화의 중요성이 변할 수 있다는 사실을 다시 한 번 명심해야 한다.

변화의 주체

단 한 명의 예외를 제외한다면, 20세기의 주요 후보가 누구인지는 명백하다. 라이트 형제는 글라이더에 동력을 대기 위한 끈질긴 시도를 통해 비행이 가능하다는 것을 세상에 보여주었을 뿐만 아니라, 비행 기술을 매우 빠르게 발전시켜 안전하게 비행하는 방법을 주도적으로 연구했다. 상대성 이론을 세운 알베르트 아인슈타인은 20세기의 가장 눈에 띄는 아이콘 가운데 한 명일 뿐만 아니라, 전쟁의 위험성을 극도로 높이고 방사성 금속을 귀중하게 만든 과학의 거장 가운데 한 명이다. 아인슈타인은 루스벨트 대통령을 설득해 원자폭탄 개발을 이끈 맨해튼 계획을 승인하게 했다. 우리가 고려해야 할 세 번째 후보는 이오시프 스탈린이다. 스탈린은 수백만명의 자국민을 박해하고 공포에 떨게 했으며, 소련이라는 거대한 제국을 건설했고, 나라를 산업화했으며, 자신의 제국을 핵탄두로 무장시켰고, 히틀러가 패배하고 냉전이 시작되는 데 모두 중요한 역할을 했다.

　가장 명백하지 않은 후보이자, 그러므로 설명할 필요가 있는 후보는 프리츠 하버다. 유대계 독일인이었던 하버는 과학자로서 처남 카를 보슈와 함께 암모니아 합성 공법인 하버-보슈법을 발명했다. 덕분에 전 세계를 비옥하게 한 암모니아 비료를 생산할 수 있게 되었다. 여러 추정치에 따르면, 오늘날 하버의 발명 덕분에 살아 있는 사람의 수는 수억에서 심지어 수십억 명에 달한다. 인류의 입장에서 볼 때, 이 얼마나 훌륭한 자선가이며 대단한 구원자란 말인가! 그러나 하버는 동시에 화학전chemical warfare의 발명에도 기여한 책임이 있다. 하버는 염소 가스를 발명했을 뿐만 아니라, 1915년 이프르에서 잉글랜드와 프랑스 군대에 대항하여 염소 가스를 살포할 때 직접 감독하기까지 했다. 막스 플랑크는 하버가 암모니아 비료와 폭발물에 쓰이는 질산을 제조하는 바람에 제1차 세계대전이 꼬박 1년 더 연장되었다고 말했다. 그래서 하버의 일대기는 여러분이 접할 수 있는 가장 모순된 이야기 가운데 하나다. 하버는 유대인이었음에도 자신이 독일의 애국자임을 증명하고자 군비 준비에 기여하기를 희망했다. 그러나 마찬가지로 과학자였던 하버의 아내는 하버의 화학전에 관한 연구 때문에 매우 괴로워했다(또한 하버에게 과학자로서 무시당해 괴로워했다). 그녀는 하버가 대위로 진급한 날, 총으로 자살했다. 최악의 일은 아직 일어나지 않았다. 제1차 세계대전이 끝난 뒤, 하버는 과학자 팀을 이끌고 시안화물(청산 가스)을 기반으로 한 살충제 치클론 BZyklon B를 발명했다. 제2차 세계대전 동안 나치 수용소에서 수많은 유대인을 살해하는 데 쓰인 약품이 바로 이것이었다. 20세기에 관한 장을 마무리하면서 우리는 전쟁과 관련된 궁극적 아이러니와 마주하게 된다. 그것은 바로 누구보다 많은 생명을 구한 사람이 동시에 수백만 명의 죽음에 책임이 있다는 것이다. 라부아지에가 18세기의 전형에 해당하는 인물이듯, 하버 역시 모순과 비극으로 점철된 20세기의 전형에 해당하는 인물일 것이다. 그러나 우리는 하버의 발명품을 응용하여 파괴적 용도로 쓴 책임이 본질적으로 하버에게 있지 않다는 사실을 인정해야 한다. 하버는 단지 그의 정치적 주인을 기쁘게 하고자 봉사한 과학자에 불과했다. 잘못의 주체는 대량 학살과 전쟁의 문을 연 정치인들이었다.

결과적으로 20세기 변화의 주체는 아돌프 히틀러가 되어야 한다. 제2차 세계대전이 일어난 것은 히틀러 때문이었다. 히틀러의 공격적인 국가우월주의와 그에 따른 심각한 폭력은 정치 세력으로서의 민족주의를 크게 훼손했다. 민족주의가 수 세기 동안 유럽의 정치판을 지배한 힘이었는데도 말이다. 히틀러는 유대인 대학살Jewish Holocaust을 상상하고 실행했다. 유럽, 아프리카, 러시아, 중동, 극동에 걸쳐 엄청난 파괴가 일어나게 했을 뿐만 아니라, 전장에서 막대한 인명 손실이 발생하는 데 직접적인 원인을 제공했다. 원자폭탄을 만들겠다는 히틀러의 위협 때문에 아인슈타인은 미국 정부를 밀어붙여 맨해튼 계획을 실행했다. 그리고 모든 일에는 명암이 있듯, 히틀러가 일으킨 전쟁은 우주 탐험부터 페니실린 사용에 이르기까지, 20세기 후반기에 커다란 이로움을 준 엄청난 과학 기술 발전과 의학 발전을 낳았다. 의문의 여지 없이, 히틀러가 없었다면 오늘날의 세상은 전혀 다른 모습이었을 것이다.

결론

어떤 세기에
가장 큰 변화가
있었는가?

나는 인간에게 그 나이 그대로 머무르고 싶은 나이가
있다고 본다. 그러니 그대에게도 그대의 종 전체가 그
대로 머무르기를 바라는 시대가 있을 것이다.

장 자크 루소, 『인간 불평등 기원론』

이 책을 읽으며 여러분은 지난 10세기가 미인대회에서의 미녀들
처럼 여러분 앞에 줄지어 걸어오는 모습을 지켜보았다. 그런데 이
미녀들은 여느 미녀들과는 달랐다. 환한 미소 속에 빠진 치아가 보
이는, 역병과 기근의 아픔과 전쟁의 슬픔, 혁명의 불편함을 간직한
추한 미녀들이었다. 많은 미인대회에서 그렇듯, 모든 후보에게서
우승자가 되기에 마땅한 저마다의 이유를 찾을 수 있다. 11세기를
시작으로 연대순으로 순위를 매기는 것은 솔깃한 일이다. 11세기
의 변화가 없었으면 12세기의 변화는 불가능했을 것이며, 12세기
가 없었으면 13세기는 지금과는 전혀 달랐을 테니 말이다. 하지만
우리는 이 유혹을 뿌리쳐야 한다. 어떤 세기에 이룬 업적이 다음
세기에 이룬 업적의 근간이 되었다고 해서, 그것이 가장 큰 변화임
을 나타내지는 않는다는 단순명쾌한 이유 때문이다. 똑같은 이유
로 우리는 현대성이라는 환상을 버려야 한다. 즉 인류가 최근에 이
룬 업적일수록 복잡하고, 정교하며, 눈부신 업적이므로, 이것이 곧

가장 큰 변화라는 생각 말이다. 이 책은 업적에 관한 책이 아니다. 인류의 실존Mankind's existence은 별을 향한 경쟁이 아니며, 진리를 향한 경쟁도 아니다. 그것은 오히려 균형을 잡는 행위, 즉 더 나은 곳에 도달하기를 바라며 재앙이라는 위험을 무릅쓰는 외줄타기에 가깝다. 그리고 외줄타기를 하면서 주기적으로 뒤를 돌아보는 것에 가깝다.

큰 의미가 있을지는 모르겠지만, 나는 16세기와 19세기가 지금 내가 사는 집에 살았던 사람들에게 가장 큰 변화를 준 시기라는 인상을 받는다. 물론 내 주관적인 느낌은 여기서 중요하지 않다. 객관적인 최종 판결을 내리기 위한 기준을 세우려면, 나 자신의 생각과 내게 있을지도 모르는 편견을 제쳐두는 것이 중요하다. 이 기준은 '가장 큰 변화가 일어난 세기는 언제인가?'라는 질문을 후속 검토하는 데 필요한 맥락뿐만 아니라, 이 질문이 왜 중요한지 설명하는 기틀을 제공해준다.

그러나 이러한 기준을 설정하는 것은 그 자체로 문제가 있다. 이 책을 쓰는 동안 나는 런던에서 열린 한 축하연에서 투자 은행가를 만났는데, 그는 지난 천 년 동안 있었던 가장 중요한 발명품은 전신환telegraphic transfer이라고 호언장담했다. 전신환이 없으면 그가 "사업 기회를 신속하게 활용할 수 없어 지금 하는 일을 할 수 없기 때문"이라는 설명이 이어졌다. 내가 콜럼버스나 루터, 갈릴레오, 마르크스, 히틀러가 세상에 더 큰 영향을 주었을지도 모른다고 제시했음에도 그는 조금도 흔들리지 않았다. 이 사건은 내가 1990년 8월 싱가포르의 바퀴벌레가 들끓는 뒷골목 술집에서 이라크 선박의 목수에게 들었던 말을 떠올리게 했다. 그 목수는 자신의 선장이 고의로 배를 좌초시켰는데, 그것은 사담 후세인이 쿠웨이트를 침공하면서 이라크로 귀향하면 선원들이 군대에 끌려갈 처지가 되기 때문이라고 했다. 목수는 극동에 고립된 채로 미국 달러로 임금을 받는 것에 대단히 만족스러워했다. 목수는 자신이 사담 후세인 측에 서서 수년간 이란에 맞서 싸워왔는데, 다시는 그러지 않겠다고 맹세했다고 했다. 나는 그에게 싱가포르 말고 세계 어디에 있었으면 좋겠냐고 물었다. 목수는 잠시도 고민하지 않고 "런던"이라고 답했다. "왜요?" "하루 24시간 내내 의약품을 살 수 있잖아요." 투자 은행가와 선박의 목수는 명백히 다른 우선순위를 가지고 있었지만, 두 사람 모두 자연스럽게 자신의 경험에 따라 삶에서 무엇이 중요한지를 판단했다.

안정과 변화

사회 변화가 점점 더 빠르고 점점 더 크게 일어난다는 가정이 널리 퍼져 있다는 점을 고려할 때, 진실은 많은 면에서 정반대라는 사실을 고찰하는 것은 실로 매혹적인 일이다. 세상은 점점 더 영속적이 되어가는 경향이 있다. 이를 설명하기 위해 예를 들어 보자. 여러분이 원시림 안에 있는 샘가에 있는데, 저 앞에 비바람을 피할 수 있는 고지가 있다. 만약 지금 있는 곳에서 고지까지 여태껏 아무도 지나간 적이 없다면 정해진 길은 없을 것이다. 여러분이 숲에서 고지로 갈 수 있는 경로는 셀 수 없이 많을 것이다. 선구자로서, 여러분은 아마도 쓰러진 나무와 물에 잠긴 땅과 협상을 벌여가며 가장 쉬운 길을 택할 것이다. 그리고 때마침 더 빠른 길을 발견한다면 이전에 오던 길은 버릴 것이다. 그러면 얼마 지나지 않아 여러분이 선호하는 길이 생길 것이다. 그리고 이 길이 수 세기 동안 사용된다면 도로가 될 수도 있다. 도로가 생긴다면 누군가가 도로 한 편의 땅을 차지하게 될 것이며, 그 땅을 개간하여 농사를 짓거나 건물을 지을 것이다. 이렇게 되면 다른 길에는 모두 통행자가 없어진다. 모두가 다 기존의 길만 이용할 테니 말이다. 이렇게 된 다음에는 변화가 일어나기가 매우 어렵다.

이것은 우리 사회의 많은 측면을 설명해주는 단순한 모형이다. 18세기, 19세기, 20세기에 관한 장에서 봤던 늘린 'S자' 형태의 '문명화 곡선'은 우리가 이 책에서 살펴본 수많은 변화의 모습을 보여준다. 초기에는 서서히 일어나다가, 어느 순간 급속히 이루어지고, 그 변화가 보편화되면서 변화폭이 줄어들고, 더는 변화가 이루어지지 않는 최종 단계에 들어선다. 가령 성인 인구 100퍼센트가 선거권을 가지게 된 순간, 선거권 확대는 더는 불가능하다. 그리고 확고히 자리잡은 무언가를 바꾸기는 대단히 어렵다. 새로이 선출된 정치인들은 다들 자신에게 실제로 주어진 권력이 얼마나 작은지, 자신을 제약하는 관례가 얼마나 많은지 깨닫고 깜짝 놀라고는 한다. 측정 단위, 법률, 직업 기준에 이르기까지 우리가 채택한 모든 것에서 — 초기의 선택이 그대로 굳어지는 — 결정화 현상이 나타난다. 시간이 흐르면서 특정한 행동 양식이 전통이 되기 때문에 다른 양식들은 덜 친숙하고, 덜 매력적으로 보이며, 심지어 확립된 질서에 대한 위협으로 간주되게 된다. 수렵 채집 부족은 이들이 의존하는 야생 동물 무리가 50킬로미터 떨어진 새로운 목초지로 이동하면 혼란과 격변에 직면하겠지만, 이들에게는 영구적인 구조물이 없으므로 비교적 쉽게 이에 적응할 수 있다. 야생 동물 무리가 이동하면 부족도 이동하면 그만이다. 그러나 현대 도시에서는 50킬로미터 근방에 있는 모든 상가에서 식료품 부족 현상이 나타날 경우, 훨씬 더 심각한 문제가 일어난다. 사회는 어떤 변화를 통해 굳어진 행동 양식에서 벗어나게 될 때 가장 커다란 변화를 겪는다. 뉴홀랜드의 이름이 호주로 바뀌고, 뉴암스테르담의 이름이 뉴욕으로 바뀐 과정은 모두 간단했다. 그렇지만 지금에 와서 호주와 뉴욕의 이름을 바꾼다고 생각해보자. 유통계의 악몽과 정치적 격변과 소통의 아수라장이 펼쳐질 것이다. 행동 양식이 확고하면 확고할수록 그것을 포기하기는 어렵다. 우리가 지구에 남긴 족적이 작으면 작을수록 변화한 행동 양식은 덜 중요하고 변화 정도도 크지 않았던 셈이다.

그렇다면 어째서 수 세기 동안 변화는 멈추지 않고 이어졌을까? 인류의 행동 양식이 결정화되는 경향이 있다면, 마땅히 세상의 변화는 점점 더 줄어들어야 하는데 말이다. 이 역설은 또 다른 역설로 설명된다. 그것은 변하지 않는 것이 늘어날수록 더 많은 것이 변한다는 사실이다. 안정 그 자체가 불안정 요인이다. 하이먼 민스키가 지적한 것처럼, 경제적 측면에서 볼 때 안정은 무사안일주의와 과잉 대출, 주기적인 호황과 불황, 번영과 침체로 이어진다. 그리고 맬서스가 200년 전에 설명했듯, 인구 측면에서 볼 때 안정은 인구 증가로 이어지며, 이는 결국 식량 공급에 부담을 준다. 게다가 유한한 자산이나 자원을 조직적으로 개발하고 이용하면 자원 고갈이 나타나기 쉬우므로, 결국 변화를 강요받게 된다. 전통적인 어장에서는 남획이 일어난다. 같은 땅을 계속 경작하면 토양에서 질소가 고갈되면서 불모지가 된다. 풍부해 보이던 광석이 고갈되면 광산은 무용지물이 된다. 이러한 요인들 외에도, 많은 사람들이 변화를 일으킴으로써 월급을 받는다. 건축가, 설계자, 도시

계획가들은 풍경을 바꾸는 일을 한다. 과학자와 발명가, 기업가들 역시 비슷하게 우리가 살아가는 방식을 발전시키는 일을 한다. 그러면 한번 문화 충돌이 일어나는 경우를 고려해보자. 작은 섬에 이민자들이 꾸준히 유입된다고 가정해보자. 이민자들은 처음에는 환영받을지도 모른다. 하지만 이민자 수가 섬의 문화를 침식하기 시작할 만큼 압도적으로 늘어나기 시작하면 이들을 향한 태도는 바뀔 가능성이 크다. 변화에 저항하려는 의식적인 시도조차도, 그 결과로 새로운 행동 양식을 만드는 경향이 있다. 한때는 오래된 건물을 주기적으로 철거하여 새로운 건물을 위한 공간을 만들었던 반면, 이제는 오래된 건축물을 보존하기 위해 새로운 설비를 설치하는 식이다. 공동체가 지속적인 사회 변화를 경험하지 '않을' 유일한 방법은, 모든 필요를 충족시킬 만큼 자원이 풍부하고, 자원이 고갈될 위험이 없고, 자원을 지킬 필요가 없고, 아무런 기술 발전이 필요 없고, 출생률과 사망률이 똑같은 공동체가 고립을 택한 뒤 자급자족하는 것뿐이다. 오늘날 이러한 공동체가 존재하는지는 심히 의심스럽다. 비록 아마존 열대우림의 일부 부족이 여전히 고대부터 이어온 행동 양식에 따라 살고 있을지도 모르지만 말이다.

그러나 어떤 사회가 변화를 전혀 혹은 거의 겪지 않으려면 무엇이 필요한지에 관한 가설을 세울 수 있다는 사실은, 우리가 변화를 '일으키려면' 어떤 조건이 필요한지에 대해서도 가설을 세울 수 있다는 의미다. 핵심어는 바로 '필요'다. 사회가 지금 하고 있지 않은 일을 할 필요가 전혀 없다면, 그 사회가 변화할 확률은 크게 줄어든다. 이 핵심 논점에 집중한다면, 우리는 변화의 결과로써 수세기에 걸친 변화를 측정할 수 있다. 즉 어떤 변화가 사회의 가장 중요한 필요를 얼마나 충족시켜 주었느냐로 변화의 중요성을 측정할 수 있다는 의미다. 그러므로 우리는 사회의 가장 중요한 '필요'가 무엇인지를 먼저 자문해보아야 한다.

필요의 단계

무엇이 커다란 사회 발전을 일으킬까? 누군가가 훌륭한 생각을 가지고 있다고 해서 모두가 그 생각에 따르지는 않는다. 현실은 '절대' 그렇게 단순하지 않다. 좋은 생각이 뿌리를 내리려면 사회적 전후 상황이 맞아야 한다. 나침반은 세계의 대양을 건너는 데 정기적으로 사용되기 수 세기 전에 이미 알려져 있었다. 마르틴 루터 훨씬 이전부터 로마 가톨릭교회의 관행에 의문을 제기해온 사람들은 많았다. 프랜시스 로널즈가 발명한 전신 체계는 해군성에 거부당했다. 이런 사례는 무수히 많다. 이 책에서 자주 보았듯, 발명품 그 자체는 인구의 상당 부분이 그 발명품을 받아들이는 것만큼 큰 변화를 불러오지 못한다. 발명품이 성공하려면 그 발명품이 불러오는 변화에 대한 수요가 충분해야만 한다. 이렇게 말하긴 했지만 '수요'가 늘 의식적으로 표현되지는 않는다. 1900년에 장거리 쾌속 비행에 대한 '수요'는 거의 없었다. 그렇지만 공중 수송에 엄청난 이점이 있다는 사실은 순식간에 명백해졌다. 가령 군 지휘관들은 공중 수송을 이용해 전면적인 침공을 하지 않고서도 적의 수도를 공격할 수 있었다. 사람들은 일이나 즐거움을 위해 전 세계를 여행할 수 있었다. 항공기 추진에 적합한 엔진이 발명된 이후에 이루어진 일련의 기술 발전에는 늘 잠재적인 수요가 있었던 셈이다. 만약 내연 기관이 실제보다 60년 빠르게 발명되었다면, 1800년에 여객 철도는 결코 발명되지 않았을 것이다. 아무런 수요가 없었을 터이기 때문이다.

하나의 발명품이 세상을 변화시킬 정도가 되려면 어느 정도 수준의 수요가 있어야 할까? 지난 천 년을 돌이켜보면 13세기에 근본적인 변화가 있었던 듯하다. 정복, 전쟁, 기근, 질병 등 묵시록의 네 기사는 인류 역사를 통틀어 변화를 일으켜왔지만, 우리가 처음에 살펴본 두 세기 동안에는 사회가 특히 네 기사의 위협에 취약했다. 11세기에 축성 기술이 발전하고, 바이킹의 침략에 저항하고, 교회의 영향력이 퍼진 데는 모두 정복과 전쟁의 위협이 밀접하게 관련되어 있었다. 12세기에 일어난 인구 증가는 식량 공급 증가와 관련되어 있었고, 의학과 법 분야에서 일어난 변화는 질병과 사회적 무질서라는 의미에서의 '전쟁'과 관련되어 있었다. 그러나 13세기부터는 돈이 개입하기 시작했다. 이제 사람들은 — 탁발 수도사가 아닌 이상 — 재정적 불이익을 피하려고 할 수 있는 모든 일을 했다. 일부 사람들은 부자가 되려고 노력했으며, 가장 성공적인 도시 상인들은 오래된 귀족과 맞먹는 권력과 지위를 누렸다. 오직 왕이나 귀족의 명령만을 받들던 유럽이 국제 회담이 이루어지는, 상인과 시장을 고려하는 유럽으로 변모했다. 이제 사람들은 하느님이 '싸우는 자'와 '기도하는 자'와 '일하는 자'라는 세 계급을 만들었다는 낡은 금언을 거부하기 시작했다. 그 이후로 개인적 풍요personal enrichment에 대한 열망이 모든 변화의 근본 요인이 되었다. 16세기의 탐험가, 17세기의 부르주아, 18세기의 농업 개혁가, 19세기의 공업가와 기업가들을 움직인 것은 모두 부자가 되려는 꿈이었다. 20세기에는 사업가와 여성들이 세계의 자산으로 '현실판 모노폴리 게임'을 하면서, 자신을 풍요롭게 하는 행위를 예술적 형태로 승화시켰다. 따라서 나는 지난 천년기 동안 일어난 변화의 근본 원인이자 원동력은 날씨와 날씨가 식량 생산에 미친 영향, 안전에 대한 필요, 건강 악화에 대한 두려움, 개인적 풍요에 대한 욕망 등이라고 주장하고 싶다.

변화의 네 가지 원동력은 우리를 직접 가장 큰 변화가 일어난 세기로 인도해주지는 않지만, 몇 가지 출발점을 제공해준다. 이 네 가지 원동력은 모두 미국의 심리학자 에이브러햄 매슬로가 1943년에 만든 욕구단계이론과 느슨하게 관련되어 있다.[1] 매슬로는 욕구, 즉 필요를 다음과 같은 단계로 분류했다. 식량, 물, 공기, 난방 등 생존에 필요한 생리적 욕구, 건강을 포함한 안전에 대한 욕구, 애정에 대한 욕구, 개인적인 존중에 대한 욕구, 자아실현의 욕구. 욕구단계이론에서는 욕구의 순서가 중요하다. 식량이 부족한 사람에게는 동시대 사람들이 훌륭한 예술 작품을 만들든 말든, 기차를 타고 여행하든 말든 중요하지 않다. 매슬로는 이렇게 말했다.

만성적으로 극도로 굶주리는 사람에게 유토피아란 음식이 넘치는 곳이라고 아주 간단히 정의될 수 있다. 굶주리는 사람은 평생 먹을거리만 보장된다면 자신이 완전한 행복을 누릴 것이며 그 이상 바랄 것은 아무것도 없다고 생각하는 경향이 있다. 이들은 삶 그 자체를 먹는 행위의 관점에서 정의하는 경향이 있다. 이들은 다른 모든 행위는 중요하지 않다고 여긴다. 이들은 배를 채우지 못하기에 자유, 사랑, 소속감, 존중, 철학을 모두 쓸모없는 사치품으로 보고 하찮게 여긴다.

먹고 마시는 문제가 해결된 사람은 그다음으로 안전에 주된 관심을 두게 된다. 안전과 건강이 확보되면 그제야 사람의 마음은 애정과 정서적 지지, 개인적 존중을 향하게 된다. 최종적으로 다른 모든 욕구가 충족된 단계가 되었을 때 비로소 '자아실현'에 매달리게 된다. 매슬로는 자아실현을 여러 가지 방법으로 설명했는데, 그가 말한 자아실현이란 특히 진실, 아름다움, 만족, 의미를 추구하는 것이었다. 그러나 매슬로의 표현을 빌려 우리의 목적에 맞게끔 이를 정의하자면, 자아실현이란 '음악가가 음악을 작곡해야만 이룰 수 있는 것'이다.

매슬로의 욕구단계이론은 20세기의 산물이었다. 따라서 그보다 앞선 세기에 일어난 일과 완전한 상관관계가 나타나지는 않는다. 우리의 수많은 선조들은 안전이나 음식보다 종교적인 문제를 우선시했다. 가령 16세기 사람들 가운데는 신앙을 버리느니 화형당하길 선택한 사람들이 있었고, 중세 영주들 가운데는 영지에서 평화롭게 살기보다 십자군에 참여해 싸우길 선택한 사람들이 있었다. 이들은 자아실현을 다른 무엇보다 우선시했다. 그리고 매슬로는 '편견으로부터의 자유'를 자아실현의 한 측면으로 간주했지만, 17세기에 자유주의가 부상하기 전에는 사람들이 편견에 맞게 행동하는 것을 미덕으로 여겼으므로 당시의 자아실현은 20세기의 자아실현과는 사뭇 달랐다. 그렇다 해도 매슬로의 연구는 어떤 필요가 다른 필요보다 우선시된다는 사실을 분명하게 보여준다. 전염병을 앓고 있는 사람에게 최신 휴대전화가 있느냐 없느냐는 별문제가 되지 않는다. 우리는 사치품이나 편의와 관련된 변화보다 음식과 음료에 대한 필요, 안전과 건강과 난방에 대한 필요를 해결해준 변화에 더 가중치를 주어야 한다. 이념적 요소의 상대적 중요성은 평가하기가 더욱 어렵다. 정치적 신념을 위해 단식투쟁을 하는 사람에게는 이념에 대한 필요가 음식에 대한 필요보다 크다. 인종 편견에 맞서 싸우는 사람에게는 신념이 개인적 안전보다 더 중요하다. 이념이 속하는 필요의 단계가 사람마다 다를 수 있다는 사실에 주의하면서, 우리는 더 역사적인 관점에서 필요의 단계를 정하고, 이를 이용하여 사회적 변화를 평가할 수 있다.

1. 생리적 필요: 사회 구성원들이 생명을 유지하기에 충분할 만큼 음식, 난방, 거주의 필요를 채울 수 있는가?

2. 안전에 대한 필요: 사회가 전쟁으로부터 자유로운가?

3. 법과 질서에 대한 필요: 사회 구성원들이 평시에 안전한가?

4. 건강에 대한 필요: 사회 구성원들이 심신을 약하게 하는 질병으로부터 자유로운가?

5. 이념적 필요: 사회 구성원들이 도덕적 요구나 사회적, 종교적 편견으로부터 자유로운가? 그래서 아래에 있는 필요 가운데 무엇을 충족할 수 없거나, 위의 필요 가운데 무엇을 포기해야만 하는 일이 없는가?

6. 사회적 지지에 대한 필요: 사회 구성원들이 거주하는 지역사회 안에서 사회적 교류를 충분히 할 수 있고, 정서적 만족감을 얻을 수 있는가?

7. 개인적 풍요에 대한 필요: 사회 구성원들이 개인적 풍요를 추구할 수 있고, 그렇게 얻은 부를 통해 포부를 이룰 수 있는가? 혹은 다른 식으로 포부를 이룰 수 있는가?

8. 사회적 풍요에 대한 필요: 다른 사회 구성원들이 위에서 언급한 필요 가운데 무언가를 충족하도록 사회 구성원들이 도울 수 있는가?

일반적으로 어떤 개인이나 사회 집단이 위에서 언급한 필요를 충족할 수 있느냐는 질문에 '아니오'라고 대답한다면 진행은 그 단계에서 멈추게 된다(이때 이념의 중요성이 상대적이라는 주의사항을 잊지 말자). 대답이 '예'라면 다음 단계의 필요가 그들의 필요를 정의하게 된다. 물론 어떤 사회에 속한 모든 개인이 같은 시기에 같은 필요를 느끼지 않는다는 사실은 명백하다. 가령 중세에 귀족들은 나라가 평화롭고 건강이 유지되는 한 여덟 단계의 필요를 모두 충족할 수 있었을지도 모른다. 그러나 밭을 갈던 소작농들은 1단계 필요조차 충족시키기 어려웠다. 그럼에도 이 필요의 단계는 전체적으로 보면 모든 사람에게 적용되었다. 모든 사람이 반드시 여덟 단계 가운데 어느 하나에는 속해 있기 때문이다. 그러므로 역사적 필요의 단계는 사회의 집단적 필요를 정의해주는 동시에 수많은 중대한 변화를 정량적인 관점에서 평가할 수 있게 한다. 많은 중대한 변화들은 다른 방식으로는 정량적인 평가를 할 수가 없다. 가령 생리적 필요를 채워주는 능력을 평가하는 식으로, 농업 변화와 운송 변화가 불러온 영향을 동시에 측정할 수 있을 뿐만 아니라, 사회 개혁의 특정 요소를 평가할 수도 있다. 법과 질서의 변화는 법을 통한 정의 구현의 효능뿐만 아니라 도덕적 발전을 알 수 있게 해준다. 만약 어떤 변화가 이러한 필요 가운데 하나와 아무런 관련이 없다면, 그 변화는 매슬로의 표현을 빌리자면 '겉치레'이며 무시해도 좋은 변화다.

필요의 단계와 관련해 살펴본 사회 변화

생리적 필요

사회 구성원들에게 생명 유지에 필요한 식량과 열, 주거지가 충분했는지 평가하는 가장 좋은 방법은 인구가 증가하고 있었는지 조사하는 것이다. 답을 확인하기는 아주 쉽다. 만약 인구가 증가하고 있었다면 답은 '충분했다'이다. 그렇지만 인구가 증가하고 있지 않았다고 해서 꼭 식량이 충분하지 않았다는 의미는 아니다. 피임, 이주, 질병, 전쟁 등 다른 원인이 있었을 수도 있다. 그러나 장기간 식량 부족이 이어지는 상황에서 인구가 확대될 수 없다는 사실은 분명하다. 그러므로 식량 공급량의 증가는 상대적으로 계량하기 쉽다.[2]

552쪽에 실린 자료는 유럽에서 인구 증가가 가장 컸던 세기가 19세기(116퍼센트)임을 분명하게 보여주며, 2위는 20세기(73퍼센트), 3위는 18세기(56퍼센트), 4위는 12세기(49퍼센트), 5위는 13세기(48퍼센트씩)였다. 유럽의 모든 국가에서 같은 양상이 나타나지는 않는다. 잉글랜드에서는 19세기(247퍼센트)가 1위고, 16세기(89퍼센트)가 2위였으며, 12세기(83퍼센트)가 3위였다. 프랑스에서는 13세기(71퍼센트)가 인구가 가장 많이 늘어난 시기였고, 12세기(48퍼센트)가 그 뒤를 이었다. 그러나 전체적으로 보았을 때 유럽 대륙에서 식량 공급 확대는 주로 19세기에 이루어졌다.[3]

식량 공급이 감소했던 시기에는 어떤 일이 일어났을까? 기근은 어느 세기에나 있었다. 풍족했던 19세기에도 감자 잎마름병이 발생했던 1848년에는 아일랜드 사람들 수백만 명이 굶주렸다. 그러나 식량 부족 현상은 지역 간 연락이 원활하지 않았던 초기 세기

변화의 세기

에 더 흔히 일어났다. 1200년 이전에 식량 부족 문제가 얼마나 심각했는지 계량화하는 것은 불가능하지만, 그 이후로는 1290년부터 1322년까지, 그리고 1590년부터 1710년까지, 여러 차례의 기근으로 심각한 식량난이 발생했다. 하지만 기근은 삶의 다른 측면에 관한 관심을 줄이기 때문에 사회 변화를 제한한다. 매슬로가 말했다시피, 굶주린 사람에게 유토피아란 식량이 풍부한 곳으로 정의되기 때문이다. 배를 주리는 동안 사람들은 레오나르도처럼 그림을 그리느라 시간을 허비하지 않는다. 기근은 비극이었지만 기근이 든 기간은 짧았으며, 그로 인한 사회적 영향은 거의 없었다. 생리적 필요의 측면에서 볼 때, 가장 주요한 변화는 굶주림의 완화였다. 따라서 이 부분에서 가장 큰 변화가 있었던 세기는 19세기라할 수 있다.

안전에 대한 필요

유럽의 각 사회가 직면했던 군사적 위협을 비교하는 데는 훨씬 더많은 문제가 있다. 간단히 각국이 전쟁을 겪은 기간을 합산할 수도 있지만, 이런 식으로는 초기 세기의 상황을 정확히 반영할 수없다. 초기 세기에는 짧은 시간 동안에 일련의 군사 활동이 벌어지면서 많은 희생이 따른 뒤, 그 후에 장기간의 불안한 평화가 이어지는 양상으로 전쟁이 전개되었기 때문이다. 1001년에는 많은 지역에서 고질적인 분쟁이 일어났다. 이후에 일어난 백년 전쟁이나80년 전쟁(네덜란드 독립전쟁) 같은 긴 전쟁들은, 수십 년 동안 선전포고가 유지되었기에 전쟁의 시작과 끝을 더 분명하게 정의할 수있지만, 이러한 전쟁에서도 직접적인 전투는 간헐적으로만 이루어졌다. 두 전쟁이 이토록 오래 계속되었던 것은, 정전이 없었기 때문이 아니라 영속적인 평화가 이루어지지 않았기 때문이다. 이렇게 하는 대신, 평가 대상을 본국에서 일어난 전쟁으로 한정할 수도 있지만, 그렇게 하면 전쟁이 미친 영향을 더욱더 비현실적으로 분석하게 된다. 가령 영국은 — 잉글랜드 남부가 폭격 대상이 되었음에도 — 두 차례의 세계대전에 모두 참전하지 않은 셈이 되기 때문이다.

우리가 정말로 측정하고 싶은 것은 안전에 대한 관념의 변화이다. 안전에 대한 관념이란, 어떤 사회가 적대적인 군대에 얼마나 취약하다고 느끼는지, 그리고 전쟁이 길어지는 것에 얼마나 취약하다고 느끼는지다. 사회학자 피티림 소로킨의 연구는 이 목표를 달성하는 데 유용하다.[4] 1943년에 소로킨은 각 전쟁의 상대적인 영향력을 몇 가지 방법으로 측정하려고 시도했다. 그 가운데 한 가지 방법은, 표본으로 삼은 4개국에서 일어난 식별 가능한 모든 전쟁의 사상자 수를 계산한 뒤, 4개국의 총인구와 비교 분석하는 것이다. 그 결과는 오른쪽 표와 같다.

그러나 소로킨의 추정치를 사용할 때는 그의 추정에 몇 가지 문제점이 있다는 사실을 의식해야 한다. 우선 소로킨은 초기 세기에 일어난 전쟁의 추정 사상자 수를 극히 단편적인 연대기에 기초하여 계산했는데, 초기 세기와 관련된 인구 수치는 너무 낮게 추정되었음이 확실하다. 또한 20세기의 추정 군인 사상자 수는 오직 20세기의 초기 25년 동안에 일어난 전쟁만을 고려해 계산했는데 — 1943년에 계산이 이루어졌으니 당연하다 — 이는 엄청난 사상자가 발생한 제2차 세계대전을 고려하지 않았다는 의미다. 고려해야 하는 또 다른 문제점은, 소로킨의 추정치는 군인 사상자와만 관련이 있을 뿐, 민간인 사상자는 고려하지 않았다는 점이다. 그렇

세기	인구 (단위: 백만 명)	군인 사상자 수	인구 100만 명당 군인 사상자 수	증감률
12세기	13	29,940	2,303	-
13세기	18	68,440	3,802	65%
14세기	25	166,729	6,669	75%
15세기	35	285,000	8,143	22%
16세기	45	573,020	12,734	56%
17세기	55	2,497,170	45,403	257%
18세기	90	3,622,140	40,246	-11%
19세기	171	2,912,771	17,034	-58%
1901-1925	305	16,147,500	52,943	211%

피티림 소로킨의 잉글랜드, 프랑스, 러시아, 오스트리아-헝가리의 군인 사상자 추정치

지만 이러한 문제가 있음에도 불구하고, 소로킨의 정량적 평가는 우리가 이 문제를 검토하면서 시작점으로 삼을 만하다.

우선 소로킨이 초기 세기의 인구 추정치를 너무 낮게 잡았다는 점에 대해 알아보자. 만약 소로킨이 더 정확한 인구 자료를 이용할 수 있었다면, 인구 대비 군인 사상자 비율은 위의 표에 나온 수치보다 훨씬 더 낮았을 것이다. 다음으로 20세기의 일부만을 고려해 추정치를 계산했다는 점은, 20세기 전반기에 엄청나게 많은 사상자가 발생했지만 후반기에는 사상자 수가 적었다는 사실을 고려할 때 큰 문제가 되지는 않는다. 민간인 사상자에 관해 이야기하자면, 높은 군인 사상자 수가 민간인 사상자 수를 반영한다고 가정하는 편이 합리적이다. 나폴레옹 전쟁 같은 몇몇 예외를 제

외하면, 1950년 이전에 일어난 군사 교전에서는 보통 민간인의 목숨을 살리려고 시도하지 않았으며, 많은 수의 군인을 죽이는 데 효과적인 방식은 많은 수의 비전투원을 죽이는 데도 마찬가지로 효과적이었기 때문이다. 만약 제2차 세계대전의 사상자 수를 소로킨의 계산에 덧붙인다면, 전쟁이 사회에 가장 큰 영향을 미친 세기가 20세기라는 데는 의심의 여지가 없다. 전쟁에 대한 취약성이 증가했다는 측면에서 볼 때, 20세기에 전면전이 처음 도입되었다는 사실은 20세기 사회가 전쟁에 가장 큰 영향을 받은 사회라는 결론을 더욱더 확고히 한다. 이는 안전에 대한 필요를 충족시키는 것과는 완전히 동떨어진 일이었다. 사회가 전쟁에 두 번째로 큰 영향을 받은 세기는 17세기로 거슬러 올라가는데, 그 이유는 소로킨의 추정치에서 잘 드러날 뿐만 아니라 30년 전쟁의 민간인 사상자를 포함한 총사상자 수가 대략 750만에서 800만에 다다른다는 점에서 명확히 드러난다. 30년 전쟁은 대부분의 독일 국가에서 20퍼센트가 넘는 인구가 사망하고, 몇몇 국가에서는 50퍼센트가 넘는 인구가 사망한, 당시까지 유례가 없는 분쟁이었다.[5]

전쟁이 지역사회에 영향을 미치는 방식은 여러 요인에 좌우되지만, 살상 무기의 배치가 핵심 요소임은 분명하다. 우리는 중세를 유독 피비린내 나는 시기로 여기지만, 중세의 전쟁은 값비싼 장비를 갖춘 병사들이 질이 나쁜 도로를 따라 행군하거나 위험한 바다를 건너는 식으로 이루어졌으므로 대단히 비효율적이었다. 중세 병사들이 사람을 죽이려면 직접 손을 써야만 했다. 적군과 직접 맞닿은 곳에 있는 민간인들만이 유혈 사태나 전쟁으로 인한 기근이나 질병으로 사망했다. 중세 지휘관들은 보통 전투를 피했다. 외국 땅에서 군대를 잃는 위험을 감당할 수 없었기 때문이다. 그러니 중세에 사상자 수가 상대적으로 적었던 것은 놀라운 일이 아니다. 소로킨의 측정에 따르면, 전쟁의 사상률은 12세기의 2.5퍼센트에서 16세기의 5.9퍼센트까지 서서히 증가했다. 소로킨은 이전 세기에 일어난 총기 혁명이 치명적인 효과를 발휘함에 따라, 17세기에 사상률이 15.7퍼센트로 급증했다고 언급했다. 그 이후로 전쟁 사상률은 대체로 비슷한 수준을 유지하다가, 20세기가 되면서 38.9퍼센트로 또다시 급증했다.[6] 군대가 확대되는 규모와 당시에 쓰인 무기의 살상력 사이에는 강한 상관관계가 있다. 여기에 더해 20세기에는 대규모 군대를 수송하는 능력이 향상되었으며, 1945년에는 대량 살상 무기를 사실상 세계 전역에 공수할 수 있었으므로, 20세기에 가장 큰 변화가 일어났다는 사실은 두말할 필요가 없다. 따라서 안전에 대한 필요라는 관점에서 볼 때, 1위와 2위는 비교적 쉽게 뽑을 수 있다.

소로킨의 추정치를 사용하면, 전쟁 사상률이 세 번째로 높았던 세기는 14세기였다. 14세기는 에드워드 3세의 장궁병과 잉글랜드 민족주의의 세기였으며, (소로킨의 추정치에는 포함되어 있지 않지만) 이탈리아에서 여러 전쟁이 일어난 시기였다. 그렇지만 소로킨이 사용한 4개국의 표본은 잉글랜드와 프랑스, 특히 백년 전쟁에 치우쳐 있다. 14세기의 대항마로는 16세기를 꼽을 수 있다. '17세기'의 전쟁이 그토록 치명적이었던 이유는 1600년이 되기 직전에 군사 및 무기 분야에서 거대한 변화가 일어났기 때문이다. 측정이 불가능한 11세기 역시 후보로 고려해야 한다. 성이 넘치도록 건설되고, 봉건 영주들이 강력한 방어력을 갖추고, 교회가 유럽 대륙 전역을 안정화하는 역할을 수행하면서, 이웃 국가와 전쟁이 벌어질 위협과 바이킹이 침략할 위협이 모두 크게 줄어들었다. 이는 지역사회의 안전에 크게 기여했다. 1001년에는 사람들이 아무런 경고 없이 당도한 침략자를 피해 달아날 수밖에 없었던 반면, 1100년에는 적어도 사람들에게 피난처와 보호자가 있었다. 12세기의 현저한 인구 증가에는 이 변화가 반영되어 있다. 19세기에는 의심의 여지 없이 무기 기술이 크게 변화했지만, 유럽 국가들이 대부분 유럽 밖에서 전쟁을 치렀으므로 유럽 대륙 자체는 장기간 평화를 누렸다. 그러므로 나는 사회적 안전을 증진하거나 위협하는 변화가 일어난 순서에 따라 3위로 11세기를, 4위로 16세기를, 5위로 14세기를 제안하고 싶다.

일반적으로 위의 계산에는 내전이 포함되어 있지 않다. 소로킨은 실제로 정치적 불안정성을 측정하려고 시도했다. 그는 정치적 소요가 단순히 지역적이었는지 국가적이었는지, 얼마나 오래 지속되었는지를 평가하는 지수법index method을 고안한 뒤, 모든 정치적 소요를 도표 위에 나타내고 그 심각성이 오르내리는 정도를 확인했다. 그러나 이용 가능한 자료의 양과 질에 한계가 있었으므로 소로킨의 추정은 완전히 무용지물이었다. 전혀 놀랍지 않게도 소로킨은 문서를 가장 잘 보관한 잉글랜드나 프랑스 같은 나라에서 상대적으로 정치적 소요가 많이 일어나는 경향이 있는 반면, 문서가 거의 남아 있지 않은 고대 그리스나 로마 같은 나라는 상대적으로 평온했다는 사실을 발견했다. 그러나 흑사병이 창궐하기 이전에는 시민이 시민 계급으로서 소요를 일으킨 경우가 드물었다는 사실에는 아무런 의미가 없다. 초기 세기의 내전은 주로 왕위를 장악하기 위해 일어났다. 내전은 그 정의상 고국에서 벌어질 수밖에 없으므로 보급과 운송의 어려움이 덜하며, 상대적으로 적은 혁신을 일으키는 경향이 있다. 또한 내전은 여느 전쟁보다 더 격렬한

변화의 세기

경향이 있었는데, 내전에서 패배한 측은 아무런 영예도 얻을 수 없었음은 물론이고, 내전에서 승리한 지휘관들이 패배한 적을 학살하는 일이 드물지 않았기 때문이다. 아마도 이것이 17세기 이후 유럽에서 전면적인 내전이 상대적으로 거의 일어나지 않은 이유일 것이다. 20세기 초에 일어난 아일랜드 독립전쟁이나 1990년대에 일어난 유고슬라비아 전쟁과 그루지야 전쟁처럼, 분리주의 전쟁이라는 예외가 있기는 했지만 말이다. 지난 세기에 있었던 가장 주요한 예외는, 러시아 혁명과 러시아 혁명에 따른 내전, 스페인 내전이었다. 오늘날에도 여전히 시민 소요와 폭동이 흔히 일어나지만 서구에서는 상당수의 사상자(전체 인구의 1퍼센트 초과)가 발생하는 경우가 극히 드물며, 서구의 사상자 수는 무시무시한 국제 분쟁에서 발생하는 사상자 수와는 비교조차 되지 않는다. 그리고 내전이 국가 전체 규모로 일어난 경우를 따져보아도, 17세기와 20세기는 다른 세기에 비해 특출난 점이 있다. 그것은 바로, 17세기 잉글랜드와 20세기 스페인에서 일어난 내전에서 드러났듯, 국제 전쟁에서 나타난 높디높은 사상률이 내전에도 똑같이 적용되었다는 점이다.

법과 질서에 대한 필요

대부분의 국가는 19세기 후반부터 '신고된' 범죄의 전과 기록만을 보관해왔다. 게다가 무엇이 불법으로 여겨지느냐는 시기와 국가에 따라 다르므로, 이런 전과 기록을 자료로 사용하는 것은 우리의 목적에 맞지 않는다. 현재 범죄로 간주하는 행위 가운데 일부는 앞선 세기에는 합법이었으며, 가령 동성애처럼 이전에 범죄였던 행위 가운데 이제는 합법으로 여겨지는 행위도 있다. 범죄는 사회적 가치 변화와 관련하여 정의되는 경향이 있다. 그렇지만 범죄에는 상대적으로 정의되지 않으며 훌륭한 통계 기록이 남아 있는 영역이 하나 있다. 그것은 바로 살인이다. 비록 초기 세기의 자료는 없지만, 우리는 초기 세기에 14세기보다 살인이 훨씬 적게 일어나지는 않았을 것이라고 합리적으로 확신할 수 있다.

16세기에 관한 장에서 언급했다시피, 15세기 말부터 1900년이 될 때까지 대부분 개신교를 믿었던 북유럽에서는 살인율이 100년마다 50퍼센트씩 감소했다. 북유럽의 살인율은 20세기 전반기까지 낮은 수준을 유지하다가 1960년대부터 다시 증가하기 시작했다. 살인율이 가장 많이 감소한 세기는 16세기이며, 그다음은 17세기다. 15세기는 북유럽에서 살인율이 세 번째로 많이 감소한 시기이자 이탈리아에서 살인율이 대폭 늘어난 시기인데, 이 상반되는 현상은 평균을 왜곡하는 요인이면서 두 가지 변화를 동시에 일으킨 요인이기도 했다. 통계적 근거로 볼 때, 살인율 관점에서 네 번째로 중요한 세기는 18세기다. 우리는 12세기에 체계적인 법치가 도입되었음을 염두에 둘 필요가 있다. 왜냐하면 법치가 이루어지면서 더 무자비한 살인자 가운데 일부가 제거되었을 것이므로, 살인율에 영향이 나타날 수밖에 없기 때문이다. 질적인 근거를 기반으로 나는 12세기의 법치를 19세기와 20세기에 있었던 소폭의 살인율 변동보다 우선시해야 한다고 생각한다. 그러므로 12세기가 5위를 차지해야 할 것이다.

건강에 대한 필요

건강 면에서 나타난 변화를 측정하려면 두 가지를 평가해야 한다. 그것은 세기별로 나타나는 상대적인 병자의 비율과 사회가 병자의 회복을 돕는 상대적인 능력이다. 전자의 측면에서 가장 큰 변화가 있었던 세기에는 의심의 여지가 없다. 모든 음산한 상장의 수상자는 흑사병이니 말이다. 당시 의료 종사자들에게는 흑사병으로 인한 죽음을 막을 능력이 없었으며, 할 수 있는 조언이라고는 그저 감염자와 감염지로부터 멀리 도망치라는 말뿐이었다. 흑사병이 단독으로 가장 큰 영향을 미친 것은 사실이다. 그러나 흑사병 유행 이전이나 이후나 출생 시 기대수명은 거의 똑같았다. 13세기 프랑스의 출생 시 기대수명은 23세에서 27세 사이에서 증감했고, 이는 17세기에도 마찬가지였다.[7] 13세기 후반 잉글랜드의 기대수명은 25세가 약간 넘는 정도였고, 16세기 후반에는 40세 전후였다가, 18세기 말이 될 때까지 다시 35세 전후로 떨어졌다.[8] 1348년에 생존한 인구 집단의 기대수명이 최대 절반까지 줄어들었다고 가정하기에 충분한 근거가 있기는 하지만, 흑사병 이전과 이후에 태어난 사람들에 대한 기대수명은 그다지 다르지 않았다. 흑사병이 8년 정도마다 재유행하고, 매 유행마다 도시나 마을 인구의

국가	1750	1800	1850	1900	1950	2000
스웨덴	37.3	36.5	43.3	54.0	70.3	79.75
이탈리아	32	30	32	42.8	66.0	79.2
프랑스	27.9	33.9	39.8	47.4	66.5	79.15
잉글랜드	36.9	37.3	40.0	48.2	69.2	77.35
스페인	(28)	28	29.8	34.8	63.9	78.85
평균(단순 평균)	32.42	33.14	36.98	45.44	67.18	78.86
평균 변동	-	0년 9개월	3년 10개월	8년 6개월	21년 9개월	11년 8개월

유럽 5개국의 출생 시 기대수명[9]

10~20퍼센트가 죽었음에도, 생존자들이 누리는 더 높은 생활수준과 더 나은 영양 섭취가 부분적으로 이를 보상해주었다. 결과적으로 건강을 출생 시 기대수명으로 측정할 경우, 가장 큰 변화는 현대에 일어났다.

20세기에는 기대수명이 33년 증가했는데, 이는 과거 어느 때보다도 큰 폭의 증가였음이 명백하다. 양적인 측면에서 볼 때 2위는 19세기다. 1800년 이전에는 기대수명의 변화 폭이 상대적으로 적었으므로, 나는 페스트에 시달린 14세기가 건강 면에서 세 번째로 큰 변화가 있었던 세기라고 생각한다. 질적인 측면에서 볼 때 4위는 갈레노스식 의학이 종말을 맞이하고 유럽 전역에서 의료가 보편화한 17세기가 되어야 하며, 5위는 해부학이 재발견되고 화학 요법이 도입되고 전문 의학 지식이 상당히 발전한 16세기가 되어야 한다.[10]

이념적 편견으로부터의 자유에 대한 필요

앞선 네 가지 필요는 전부 삶과 죽음의 문제여서 어떤 식으로든 정량화가 가능했다. 반면 나머지 필요들은 정량화가 거의 또는 전혀 불가능하다. 이념적 편견은 특히 평가가 어렵다. 이념적 편견은 그 수와 다양성이 엄청나므로 심지어 질적인 관점에서도 평가하기 어렵기 때문이다. 우리는 노예제가 폐지된 11세기와 노예제가 공식적으로 폐지된 19세기에 종교적 소수자에 적대적인 입법 행위가 이루어진 경향이 있음을 염두에 두어야 한다. 우리는 18세기와 19세기에 인도주의가 퍼지고 여성과 어린이를 보호하기 위한 법률이 점진적으로 도입되었음을 고려해야 한다. 특정 소수자들은 각기 다른 시기에 여러 번 편협성을 겪었다. 유대인들은 13세기에 잉글랜드에서 쫓겨났으며, 17세기에 스페인에서 추방되었고, 20세기에는 끔찍한 복수심에 불타오른 히틀러에게 박해받았다. '이집트인Egyptian', 즉 집시Gypsy에 대한 박해는 15세기에 여러 유럽 도시와 주에서 집시들을 추방하면서 시작되었다. 잉글랜드에서는 1530년에 집시들을 국외로 추방할 것을 명하는 이집트인 법Egyptians Act이 제정되었는데, 1554년에 집시들을 교수형에 처할 것을 명하는 제2차 이집트인 법으로 대체되었다. 마지막으로 우리는 가난한 사람과 어린이, 여성에 대한 사회 일반의 편견을 무시할 수 없다.

이 모든 것이 가장 많이 변한 세기를 결정하려면 인종, 종교, 성별, 계급에 대한 차별을 고려해야 한다.

- 중세 서양의 인종 차별은 대개 지역적으로는 기독교 세계의 변경 지대에, 인종적으로는 유대인에 국한되었다. 십자군 원정의 결과로 인종 차별이 심화된 시기가 있었고, 반유대주의가 더 폭력적인 양상을 띤 시기가 있었지만, 이러한 인종 차별은 초기 다섯 세기에 걸쳐 점차 봉합되고 시들해졌다. 그러나 아프리카 탐험이 시작되면서 인종 차별에 새로운 차원이 추가되었으며, 이는 16세기 후반에 흑인 남성에 대한 두려움을 불러일으켰다. 흑인에 대한 인종 차별은 사하라 이남 아프리카인들을 대상으로 노예제가 재도입되면서 더욱 심화되었다. 흑인에 대한 인종적 편견은 18세기가 되어서야 유의미하게 줄어들었으며, 20세기에 더욱더 줄어들었다.
- 중세에는 종교적 차별이 주기적으로 일어났다. 예를 들어 13세기에는 알비 십자군이 일어났고, 14세기에는 롤라드파가 박해를 받았으며, 15세기에는 후스 전쟁이 일어났다. 그러나 종교적 차별이 극에 달한 때는 이단자에 대한 고문과 화형이 이루어지고 수차례의 종교

전쟁이 발발했던 16세기와 17세기였다. 종교적 박해는 18세기에 점진적으로 완화되었으며, 19세기에 더욱 완화되었고, 20세기 후반 세속화된 서구에서는 오직 국지적인 문제가 되었다.

- 중세의 성별에 대한 편견은 계급에 대한 편견에 비하면 대개 부수적이었다. 가령 귀족 여성은 가정 안에서 남편 바로 다음 가는 지위를 누렸으므로, 그 밖의 모든 남성들보다 훨씬 더 중요한 사람이었다. 여성에 대한 의식화된 모욕은 여성 혐오적인 태도뿐만 아니라 계급적 편견 때문이었다. 가령 15세기에 디종 등의 도시에서 젊은 남성 가운데 최대 절반 가까이가 젊은 여성들을 주기적으로 집단 강간했다. 물론 사회적 지위가 그 시대의 성차별을 왜곡하지만(상류층 여성에게 유리하고 하류층 여성에게 불리한 식으로), 그럼에도 성적 편견은 여전히 모든 계급에 만연해 있었다. 에덴동산 이야기에서 드러나듯, 전체 기독교 신앙 체계가 성차별을 내포하고 있었다. 16세기와 17세기에는 읽고 쓸 줄 아는 여성이 급격히 늘어나고, 몇몇 여성주의 서적의 원형에 해당하는 책들이 출판되면서, 여성에 대한 통제가 도전받기 시작했다. 그러나 같은 시기에 마녀 사냥 열풍이 불어 여성, 특히 신분이 낮은 여성에 대한 박해가 증가했다. 17세기에는 성 역할의 경직성이 심화되면서 여성의 권한이 약해졌다. 여성들은 남편이 직장에 나가 있는 동안 가정을 돌봐야 한다고 여겨졌다. 북유럽과 미국에서는 청교도식 성 관념이 널리 받아들여지면서 여성이 도덕적 심판의 대상이 되었다. 성적 일탈에 대한 처벌이 이루어졌는데, 극단적인 경우에는 사형을 선고할 정도였다. 여성의 상황은 18세기에 더 나은 방향으로 변하기 시작했으며, 19세기에는 기혼 여성이 재산을 소유할 수 있게 되고, 일부 국가에서는 자신을 학대하는 남편과 이혼할 수 있게 되는 등 크게 나아졌다. 그러나 여성의 지위 면에서 가장 큰

개선이 있던 때는 20세기였다.

- 초기 세기 동안에는 각국이 노예 제도를 더는 인정하지 않고 농노제의 조건이 변화하는 등 계급적 편견에 큰 변동이 있었다. 13세기에는 도시가 부상하면서 수많은 부자유 소작농들이 예속 상태에서 벗어날 기회를 얻었다. 흑사병으로 인한 인구 감소는 노동자의 가치를 크게 높여주었다. 16세기에는 하층 계급의 빈곤화가 나타나면서, 가진 자와 못 가진 자의 차이가 극명하게 나타났다. 16세기 잉글랜드에서는 평범한 노동자의 실질 소득이 크게 감소했으며(아래 표에서 확인할 수 있다), 이 감소분은 18세기가 되어서야 회복되었다. 19세기 후반에는 서구 전역에서 모든 계급의 남성들에게 평등한 권리를 주기 위한 시도가 이루어졌다. 계급 장벽을 무너뜨리려는 노력은 20세기까지 이어졌다.

이 모든 변화를 고려한다면 지난 천년기 동안 사회 가장 밑바닥 계층의 지위가 상승하는 기조가 있었던 것은 분명해 보인다. 노예제에서 농노제로, 농노제에서 소작농노제로, 그리고 최종적으로

	1271-1300	1371-1400	1471-1500	1571-1600	1671-1700	1771-1800	1871-1900
평균 지수 값	51.5	74.7	98.5	51.2	49.9	56.1	113.1
퍼센트 변동	-	45%	32%	-48%	-2%	12%	102%

잉글랜드 남부의 건축 장인들의 실질 임금 지수

(1451-1475년의 평균 실질 임금을 지수 값 100으로 설정함)[11]

자유노동으로 이어지는 흐름이 있었다. 20세기에는 사회 하위층이 더 높은 보수를 받고 더 많은 정치권력을 누렸다. 따라서 비록 고르게 감소하지는 않았을지언정 계급적 편견은 장기간에 걸쳐 감소했다. 그러나 계급적 편견이 장기적으로 감소하는 추세였다고 하더라도 1500년경부터 인종, 종교, 성별에 대한 훨씬 더 큰 편견이 생기기 시작했다는 사실을 고려해야 한다. 우리는 이러한 차별이 그래프상에서 종 모양으로 나타날 것이라 가정할 수 있다. 구체적으로는 불관용을 나타내는 아치arc가 16세기에 가파르게 상승하고, 17세기에 야트막한 봉우리에 도달한 뒤, 18세기에 점진적으로 감소하고, 19세기와 20세기에 급격히 감소하는 형태로 나타난다. 노동자 계급이 세기별로 겪었던 재정적 어려움도 마찬가지로 이 아치의 형태를 따른다. 그러므로 나는 이념적 편견이 얼마나 큰 영향을 미쳤는지, 혹은 사회가 이념적 편견으로부터 얼마나 자유로웠는지의 관점에서 볼 때, 1위는 불관용의 아치가 가파르게 상승했던 16세기라고 보며, 2위는 가파르게 하락한 19세기, 3위는 18세기, 4위는 20세기, 5위는 17세기라고 본다.

사회적 지지에 대한 필요

매슬로의 욕구단계이론에서 세 번째 단계에 해당하는 애정의 욕구를 고려할 때는, 수 세기 동안 거대한 변화가 없었다고 가정하는 편이 합리적이다. 소년이 소녀를 만나는 것Boy meets girl은, 지난 천년기 동안 유지된 몇 안 되는 상수 가운데 하나였다. 몇 가지 변화가 있기는 했다. 가령 중세에는 가족을 부양할 돈이 없는 수많은 남성이 결혼을 하지 못했다. 동시에 봉건주의는 부자유 소작농들에게 결혼할 수 있는 상대를 제약했다. 그러므로 우리는 14세기에 봉건주의가 쇠퇴하고 14세기와 15세기에 소작농의 수입이 증가한 것을(앞의 표에서 살펴봤듯), 남녀가 이전 세기 남녀들보다 더 쉽게 사랑하는 사람을 찾고 사랑을 이룰 수 있었다는 증거로 볼 수 있다. 그러나 부자유 소작농의 결혼과 생식 활동을 막는 것은 봉건 영주들의 관심사가 아니었으므로 이 요인의 중요성을 과대평가해서는 안 된다. 1400년경까지 사회 밑바닥에 속하는 일부 사람들은 자신이 고른 사람과 결혼할 수 없었는데, 이는 지위가 높은 사람도 마찬가지였다. 부유층의 결혼은 대개 그들의 가족이 주도했기 때문이다. 사랑의 관점에서 볼 때, 이런 결혼이 반드시 불행한 결혼생활로 이어지지는 않았다. 적어도 사랑을 이유로 결혼했다가 사랑이 식어버린 결혼생활보다 더 나쁘지는 않았다. 진짜 문제는 증오스러운 배우자나 배려심이 없는 배우자에게도 평생 매여 있어야 했다는 것이다. 그러므로 정서적 충족감 측면에서 나타난 가장 큰 변화는 의심의 여지 없이 이혼이 가능해진 것이며, 이혼할 권리는 19세기와 20세기에 생겼다. 이혼이 가능해짐으로써 적어도 한 번의 실수로 평생의 삶이 망가지지는 않게 되었다. 동성 간의 낭만적인 사랑은, 중세부터 19세기까지 기독교 세계 대부분에서 사형에 처하던 중죄였다. 잉글랜드에서 남색 행위로 처형된 마지막 사람인 제임스 프래트James Pratt와 존 스미스John Smith는 1835년에 교수형을 당했다. 19세기와 20세기는 이혼뿐만 아니라 동성애 측면에서도 가장 큰 변화가 일어난 세기였다.

우리는 낭만적 사랑 외에도 다른 형태의 사랑을 고려해야 한다. 이웃과 친구로부터도 애정과 지지를 받기 때문이다. 이 점에서 볼 때, 수 세기에 걸쳐 가장 많이 변한 것은 바로 지역사회의 통합성이다. 초기 세기에는 사람들 대부분이 시골에서 자급자족하는 소집단의 일원으로 살아갔다. 이런 공동체는 구성원들이 다른 구성원들을 지지해야만 제대로 돌아갈 수 있었다. 소도시에 거주하는 사람들도 마찬가지로 지역사회에서 인정받고 존중받아야 했다. 내규를 반복적으로 어긴 시민을 추방하는 것은, 여러 도시 법규에서 궁극의 제재에 해당했다. 당시에는 추방이 현대보다 훨씬 더 심각한 처벌이었다. 추방형을 받으면 자연히 친구와 협력자들을 모두 잃게 되기 때문이다. 추방당한 사람에게는 법정에서 보증해줄 사람도, 거리에서 보호해줄 사람도, 음식이나 돈을 빌려줄 사람도 없었다. 중세 후기에 대도시가 커지기 시작했을 때에도 공동체에 대한 의존성은 널리 퍼져 있었다. 대도시든 작은 마을이든 출신지는 사람의 정체성을 구성하는 중요한 부분이었다. 16세기에 종교 개혁이 이루어지고 여행이 활발해지면서 공동체에 대한 의존성은 도시에서 무너지기 시작했지만, 소도시나 시골에서는 여전히 강하게 남아 있었다.

그러나 19세기에 등장한 철도는 모든 지역 공동체의 통합성에 큰 타격을 주었다. 대도시에서는 한때 소도시와 작은 마을에서 주민들이 누렸던 것과 같은 사회적 유대감과 집단적 안정감을 얻을 수 없었다. 대개 도시 사람들은 어릴 적부터 거리에서 함께 어울리며 자라지 않았는데, 사귄 지 얼마 안 되는 사람이 평생 사귄 사람과 똑같은 믿음이나 동료 의식을 가질 수는 없는 법이었다. 사람들은 점점 더 가족과 친구들에게서 멀리 떨어져 살기 시작했다. 19세기 중반부터는 이민자 수가 급증하기 시작했다. 그러므로 19세기와 20세기가 또다시 가장 큰 변화가 일어난 세기로 선정되었다. 이 시기에 협력적인 공동체들이 파괴되고 외로운 도시들이 창조되었기 때문이다. 두 세기 가운데 어떤 세기에 가장 큰 변화가 있었는지를 결정하는 요인은 바로 도시화의 정도다. 1900년이 되기 전까지 서구 국가 대부분에서는 도시나 소도시에 사는 사람보다 시골에 사는 사람이 더 많았다. 이보다 일찍 50퍼센트가 넘는 도시화가 이루어진 국가는 잉글랜드와 네덜란드뿐이었다. 그러므로 서구 세계를 전체적으로 보았을 때, 이 부분에서 가장 큰 변화가 있었던 세기는 19세기보다는 20세기인 듯하다.

앞서 단계별 필요를 고려하면서 그래왔듯, 우리는 여기에서도 3위, 4위, 5위를 선정해야만 한다. 나는 여행의 발달과 종교적 분열이 지역사회를 갈라놓은 16세기를 3위로 제안하고 싶다. 4위는 14세기다. 흑사병 때문에 수많은 사람이 사망했으며 수많은 정착지가 급격한 인구 감소 이후로 더는 존속할 수 없어 붕괴했기 때문이다. 5위는 12세기가 되어야 한다고 본다. 인구 증가와 지역사회 안보 개선, 토지 개간을 위한 집단적인 노력이 있었기 때문이다.

개인적 풍요에 대한 필요

과거 모든 세기에 극도로 부유한 사람들이 있었다는 사실은 분명하다. 대부분의 세기에는 20세기보다 더 큰 빈부격차가 있었다. 그러나 전체 인구의 가처분 소득이라는 측면에서 가장 큰 변화가 있던 세기가 20세기라는 사실에는 의심의 여지가 없다. 앵거스 매디슨은 세계 경제에 관한 연구에서 서유럽의 1인당 국내총생산per capita GDP을 다음과 같이 추정했다.

표를 보면 알 수 있듯, 20세기 동안 사람들의 구매력은 400퍼센트 이상 증가했다. 일반적인 부가 두 번째로 많이 증가한 세기는 19세기였다. 1800년도 이전 세기에 나타난 변화는 분별하기가 더욱더 어려운데, 매디슨이 각 수치가 표준적인 수준(많은 경우에

국가	1500	1600	1700	1820	1913	1998
영국(UK)	714	974	1,250	1,707	4,921	18,714
프랑스	727	841	986	1,230	3,485	19,558
이탈리아	1,100	1,100	1,100	1,117	2,564	17,759
독일	676	777	894	1,058	3,648	17,799
서유럽 전체	774	894	1,024	1,232	3,473	17,921

(1990년의 국제 달러international dollar로 표시한) 1인당 국내총생산[12]

1세기당 15퍼센트)으로 증가했다고 가정했기 때문이다. 그러나 이보다 최근에 경제사학자들이 수행한 연구들은 1300년부터 1800년까지 오른쪽 표와 같은 변화가 있었음을 보여준다. 19세기 전반기에 1인당 국내총생산이 이전 어떤 세기보다 많이 증가했다는 사실은 19세기가 2위를 차지해야 한다는 점을 분명하게 보여준다. 국내총생산 증가라는 관점에서 보면, 이 필요 단계의 3등은 18세기나 14세기여야 할 것이다. 그러나 16세기에는 표본인 6개국 가운데 잉글랜드, 이탈리아, 독일 3개국의 1인당 국내총생산이 평균 20퍼센트가량 줄어들었는데, 이는 14세기나 18세기에 증가한 국내총생산보다도 더 큰 폭의 하락이다. 게다가 스페인과 특히 네덜란드의 수치는 16세기의 상황을 전체적으로 왜곡시킨다. 13세기에 있었던 시장 경제로의 전환 역시 측정은 불가능하지만 중요한 변화였다. 시장과 정기시가 대량으로 설립되었으며, 이것이 화폐 기반 경제로의 대전환을 뒷받침했다는 사실을 고려하면 13세기가 질적 측면에서 3위를 차지해야 한다고 본다. 4위는 네덜란드라는 커다

국가	1300	1400	1500	1600	1700	1800	1850
잉글랜드 (1700년 이후 수치에서는 영국)	727	1,096	1,153	1,077	1,509	2,125	2,718
네덜란드 (1850년 이전에는 홀란드)		1,195	1,454	2,662	2,105	2,408	2,371
벨기에			929	1,073	1,264	1,497	1,841
이탈리아	1,644	1,726	1,644	1,302	1,398	1,333	1,350
스페인			1,295	1,382	1,230	1,205	1,487
독일			1,332	894	1,068	1,140	1,428
평균	1,186	1,339	1,301	1,398	1,429	1,618	1,866
변동 폭		13%	-3%	7%	2%	13%	15%

(1990년의 국제 달러로 표시한) 1인당 국내총생산[13]

란 예외를 제외하면, 여러 나라에서 1인당 국내총생산이 대폭 감소했던 16세기여야 한다. 마지막으로, 14세기와 18세기라는 두 후보 가운데서 5위를 차지한 것은 14세기다. 14세기에 흑사병이 일어난 뒤로 유럽 전역에서 1인당 국내총생산이 상승했던 반면, 18세기에는 잉글랜드라는 예외를 제외하면, 눈에 띄는 변화가 일어나지 않았기 때문이다.

풍요가 전부 돈의 형태를 띠는 것은 아니다. 이탈리아 르네상스기의 세련된 예술 작품이나 19세기 초의 아름다운 음악은 고상한 예술과 낭만주의 관현악법에 대한 수요에 따라 탄생했다. 그러므로 당시의 예술이 어떠한 필요를 충족시켜주었다고 할 수 있다. 그러나 우리는 어떤 세기에 다른 세기의 문화적 가치가 '필요했다'

고 가정할 수 없다. 게다가 매슬로의 욕구단계이론이 명확하게 보여주듯, 이러한 상위 단계의 필요는 오직 다른, 더 긴급한 필요들을 충족시킨 사람들에게만 의미가 있었다. 현대에 문화적 풍요에 대한 갈망이 어느 때보다 큰 이유는, 현대에 굶주리거나 추위에 떨거나 위험에 처해 있거나 심각하게 아픈 사람이 어느 때보다 적기 때문이다. 그러나 이렇듯 거대해진 문화적 필요가 충족되려면, 반드시 가처분 소득이 늘어나야만 한다는 사실은 말할 필요도 없다. 가처분 소득이 늘어나야만 예술가, 작가, 음악가, 영화 제작자에게 더 많은 돈을 지불할 수 있기 때문이다. 만약 사회에 예술가를 먹여 살릴 잉여 생산물이 없다면, 그 사회에는 아무런 예술도 없을 것이다. 그러므로 실질 소득 변화를 살펴보는 정량적 평가 방식은, 그 풍요가 재정적이든 문화적이든 모든 종류의 풍요를 평가하는 최선의 방식이다. 게다가 각 세기의 미적 가치를 주관적으로 판단할 필요가 없는, 가령 도나텔로와 달리를 비교할 필요가 없는 방식이기도 하다.

사회적 풍요에 대한 필요

사회를 풍요롭게 할 수 있는 능력은 지난 천년기에 걸쳐 변화했다. 11세기에는 귀족들만이 장원이나 방앗간 같은 가처분 자산을 지니고 있었기 때문에 교회나 가난한 사람들을 돌보는 병원에 기부할 수 있었고 공동체에 무언가를 제공할 수 있었다. 마찬가지로 오직 귀족만이 땅과 부를 가지고 있었기 때문에 다리를 건설하고 소작인에게 자신이 소유한 숲에서 자유로이 장작을 모을 권리를 줄 수 있었다. 13세기에는 상인들도 지역사회의 후원자가 되었으며, 16세기부터는 주로 납세자들이 지역사회와 국가를 모두 후원했다. 이 양상은 16세기 이후로도 계속 이어졌다. 현대에는 소득세와 부가가치세, 양도소득세, 지방세 같은 간접세를 통해 지역 사회에 막대한 돈이 흘러들어 간다. 사회를 풍요롭게 하는 능력의 측면에서 가장 큰 변화가 있던 세기는 의심의 여지 없이 20세기와 19세기였다. 실업급여, 노령연금, 장애인 지원 등 이전까지 거의 존재하지 않았던, 어려운 사람들을 위한 혜택이 생겼기 때문이다. 중세나 근대에 납부하던 세금은, 오늘날 사람들이 납부하는 세금과 비교하면 애들 장난인 수준이다. 이렇듯 사회를 풍요롭게 하는 능력은 국내총생산 성장에 크게 좌우된다. 따라서 사회적 풍요에 대한 필요와 관련하여 중요하게 살펴봐야 할 변화들은, 우리가 앞서 개인적 풍요에 대한 필요 항목에서 살펴본 변화들과 대동소이하다. 이 변화에 관해 여기서 다시 논의할 필요는 없을 듯하다.

요약

사회의 가장 필수적인 필요에 관해 검토하면, 그리고 가능한 한 정량적 평가에 가까운 측정 방식을 사용하면, 의심의 여지 없이 현대 세계에 유리한 결과가 나온다.

내가 중요하다고 정의한 필요의 관점에서 볼 때, 20세기는 여덟 항목 가운데 다섯 항목에서 1위를 차지했다. 사실 이 도표를 1위는 5점, 2위는 4점, 3위는 3점, 4위는 2점, 5위는 1점 식의 점수제로 변환하면 명백한 양상이 나타난다. 우리가 정의한 필요의 단계에 따르면, 가장 큰 변화가 일어난 세기는 20세기다. 나는 흑사병이 단독 사건으로서는 인류가 겪은 가장 충격적인 사건이라고 확신하지만, 인류의 뛰어난 적응력 덕분에 삶의 가장 현실적인 측면은 비교적 단기간에 회복되었다. 바로 이 적응력이 20세기

필요	측정 방식	1위	2위	3위	4위	5위
생리적 필요	정량적 평가 — 인구 증가	19세기	20세기	18세기	12세기	13세기
전쟁	전체 인구 대비 군사 사상자의 비율, 보완을 위해 정성적 평가를 활용함	20세기	17세기	11세기	16세기	14세기
법과 질서	정량적 평가 — 살인율, 보완을 위해 정성적 평가를 활용함	16세기	17세기	15세기	18세기	12세기
건강	정량적 평가 — 출생 시 기대수명, 보완을 위해 정성적 평가를 활용함	20세기	19세기	14세기	17세기	16세기
이념	정성적 평가	16세기	19세기	18세기	20세기	17세기
사회적 지지	정성적 평가	20세기	19세기	16세기	14세기	12세기
개인적 풍요	부분적으로 정성적 평가 방식 사용, 보완을 위해 1인당 국내 총생산과 설립된 시장의 수를 활용함	20세기	19세기	13세기	16세기	14세기
사회적 풍요	상동上同	20세기	19세기	13세기	16세기	14세기

에 우리가 다른 행동 양식을 받아들이게 하고, 조상들에게서 점점 더 멀어지게 했다. 그러므로 나는 여기에서 내 실수를 인정하고, 1999년 12월의 텔레비전 진행자가 옳았고 내가 틀렸다는 사실을 인정해야 할 듯하다. 이렇게 말하기는 했지만, 내가 그녀를 의심

변화의 세기

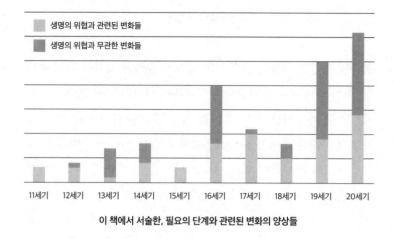

생명의 위협과 관련된 변화들
생명의 위협과 무관한 변화들

| 11세기 | 12세기 | 13세기 | 14세기 | 15세기 | 16세기 | 17세기 | 18세기 | 19세기 | 20세기 |

이 책에서 서술한, 필요의 단계와 관련된 변화의 양상들

한 것은 잘못이 아니었다고 주장하고 싶다. 그녀의 의견이 기술과 사회 변화 사이의 관계에 대한 부적절한 가정에 기반을 두고 있었기 때문이다. 게다가 중요한 것은 대답 그 자체가 아니다. 나는 이 사실을 독자 대부분이 지금쯤 이해했기를 바란다. 중요한 것은 바로 질문을 숙고하는 과정에서 우리가 알아낸 것이다. 변화라는 모든 것을 아우르는 개념을 더 작은 측면으로 나눔으로써, 우리는 장기적인 인간 발전의 원동력이 무엇인지 엿볼 수 있었다. 그리고 모든 변화가 기술적 변화는 아니라는 사실을 알게 되었다. 언어, 개인주의, 철학, 종교 분열, 세속화, 지리적 발견, 사회 개혁, 날씨 역시 변화의 일부였다. 사실 1800년 이전에 있었던 근본적인 혁신 가운데 기술 혁신에 기반을 둔 것은 드물었다. 그러나 19세기 중반부터 인류는 사실상 다른 행성에 살고 있다. 우리의 삶과 생계는 이제 땅이 아니라 경제에 달려 있다. 바로 이것이 두 세계를 나누는 차이다.

역사의 종말?

오늘날 서양 사람들은 거의 모든 필요가 충족된 것처럼 보일 것이다. 가장 덜 부유한 10퍼센트의 사람들은 의심의 여지 없이 사실이 아니라고 하겠지만, 사회에는 늘 가장 가난한 계층에 속하는, 스스로 빈곤하다고 여기는 10퍼센트의 사람들이 있을 수밖에 없다. 그러나 오늘날 이들이 겪는 상대적 빈곤은, 1900년에 가장 가난한 10퍼센트의 사람들이 겪은 빈곤과 비교하면 대단한 특권으로 보인다. 오늘날 남아 있는 불공정과 불평등은 인구 대다수의 요구를 충족시켜준 시스템의 부산물이다. 하지만 이 다음에는 무슨 일이 일어날까? 만약 수많은 사회적 요인들이 2000년에 문명화 곡선의 정점에 이르렀다면, 20세기가 앞으로도 계속 가장 큰 변화가 일어난 세기로 남을까?

　　이 질문은 역사학자 프랜시스 후쿠야마가 저서 『역사의 종말The End of History and the Last Man』(1992)에서 던진 화두와 공통점이 많다. 계몽주의 이후, 다양한 역사학자와 경제학자, 철학자들은 사회가 언젠가 더는 발전할 수 없는 지점까지 발전할 것이라고 가정해왔다. 자유 민주주의 국가든 사회주의 국가든 결국에는 모든 사람이 어느 모로 보나 최고인 사회 형태를 받아들일 것이며, 그러면 세계의 정치 발전은 느려지고 결국 멈출 것이란 가정이었다. 이렇듯 수렵채집 단계에서 최종적 사회 ― 후쿠야마는 그것이 자유 민주주의라고 보았다 ― 까지 이어지는 진보에 후쿠야마는 보편 역사Universal History라는 이름을 붙였다. 후쿠야마가 말했다시피, 보편 역사가 최종 결말에 도달했을 때도 '역사'는 여전히 사건의 형태로 존재할 것이다. 여전히 전쟁이 일어날 것이다. 여전히 질병이 인류

　　　　　변화의 세기

를 병들게 하고, 발명이 인류를 윤택하게 할 것이다. 그렇지만 이러한 일들은 잔잔한 바다에 이는 파문에 지나지 않을 것이다. 정치적으로 세계는 이상적이고 변하지 않는 상태에 도달할 것이다. 모든 사람에게 음식과 교육, 의료적 보살핌이 돌아갈 것이다. 정부는 사회를 번영시킬 것이며, 누구도 이념적으로 정부에 반대할 필요가 없을 것이다. 후쿠야마는 1989년 11월 9일에 있었던 베를린 장벽 붕괴가 앞으로도 지속될 정치 패러다임이 서구 자유주의임을 증명한 사건이라고 여겼고, 그 논지를 뒷받침하기 위해 『역사의 종말』을 썼다.

수많은 문명화 곡선들이 유익한 변화가 정점에 달했음을 나타내고 있으므로, 이 책의 전부는 아닐지언정 적어도 후반부는 '역사의 종말'이라는 개념을 지지한다고 결론짓는 편이 합리적이다. 우리는 인류가 — 후쿠야마가 모든 곳에서 받아들여질 것이라 여겼던 정치 형태에 가까운 — 평등주의와 자유 민주주의로 나아가는 과정을 정리했다. 대체 어떻게 미래 세기에 이보다 더 큰 변화가 일어날 수 있겠는가? 한번 종점에 도달하면, 종점에 도달한 것이지 않은가? 그러나 이러한 결론은 합리적일지언정 잘못된 결론이다. 후쿠야마나 1945년 이전의 유명한 정치경제학자들이 — 맬서스라는 걸출한 예외를 제외하면 — 모두 그러했듯, 우리는 인류 존재를 뒷받침하는 거대한 경제적 교환을 수요라는 단 한 가지 측면에서만 고려했다. 무엇이 필요한지, 자기 자신과 나라를 어떻게 부유하게 할 수 있는지, 부를 어떻게 분배하면 좋을지, 어떻게 하면 만족할 수 있을지, 즉 우리가 무엇을 원하는지만 검토했다. 그러나 모든 경제적 교환에는 공급 측면도 있다. 후쿠야마는 — 헤겔과 마르크스, 보편 역사를 주창한 그 밖의 다소 덜 중요한 인물들과 마찬가지로 — 인류와 환경 사이의 교환에서 공급 측면을 무시했다.

물과 땅, 공기, 햇빛과 같은 기본적인 것들부터 목재, 석탄, 금속 광물, 석유, 천연가스에 이르기까지 온갖 자원을 얼마나 이용할 수 있느냐는 이 관계의 '공급 측면'에 달려 있다. 과거에는 토지와 천연자원이 넉넉하게 존재하는 것이 당연시되었으며, 논의해야 할 사안은 누가 그것을 통제하느냐일 뿐이었다. 그러나 1968년에 〈지구돋이〉 사진이 출판된 순간, 지구가 얼마나 작고 지구의 자원이 얼마나 제한적인지가 아름답고 단순명료한 방식으로 드러났다. 당시 1960년대에는 이것이 상류층 생활에 즉각적인 위협을 가하지 않았고, 비관론도 만연하지 않았다. 세상의 덧없는 관심사는 다른 것들로 옮겨갔다. 오직 소수의 성실한 사람들만이 정치 지도자들에게 얼마 지나지 않아 세계가 자원을 너무 과도하게 개발하고 이용하는 단계에 들어설 것이라고 경고했다. 책임질 위치에 있는 사람들은 대부분 이러한 우려가 시기상조이며, 사람들을 혼란스럽게 하고, 우선순위가 낮다는 판결을 내렸다. 그러면서 사업이나 국제 경쟁, 무엇보다도 경제 성장 같은 더 중요한 과제에 힘을 실어야 한다고 했다.

한정된 크기의 행성에서 제조 산업과 식량 생산 산업이 한없이 성장할 수 없다는 사실은 마땅히 누구에게나 당연한 이야기여야 한다. 그러나 일부 낙관적 경제학자들은 자원이 제한적일지라도 끝없는 '경제' 성장이 가능하다고 주장한다. 이는 경제 성장을 국내총생산GDP으로 측정하기 때문이다. 국내총생산은 이론적으로 끝없이 증가할 수 있다. 잠재적으로는 자원을 끝없이 재활용할 수 있으며, 그때마다 부가가치가 창출될 것이기 때문이다. 이런 낙관적 경제학자들은 흔히 구리를 예시로 든다. 오래된 가전기기에 들어 있는 구리를 재활용하여 최신 기기에 사용하면, 구리의 가치가 증가하고 경제 성장에 보탬이 된다는 식이다. 그리고 한때 최신이었던 전자기기가 오래되어 고장나면, 그 기기들 역시 부가가치를 창출하는, 더 나은 기기로 재활용됨으로써 추가적인 구리 생산 없이도 경제 성장이 계속된다는 논리다. 그러나 세계가 의존하는 자원 대부분은 이 경제 모형과 맞지 않는다. 19세기에 관한 첫 장에서 역사에 대한 체적 접근법을 논의하며 살펴보았듯, 지난 천년기 동안 유럽인들이 살아간 인일person-days은 절반 이상이 19세기와 20세기에 속했다. 이는 1800년부터 1인당 광물 자원 소비량이 전보다 확 늘어났음을 뜻한다. 만약 우리가 지난 천년기 동안의 금속 소비량을 나타내는 원 그래프를 그린다면, 사실상 모든 금속이 1800년 이후에 소비되었다고 나타날 것이다. 그리고 끝없는 성장을 말하는 낙관론자들이 가장 좋아하는 예시와 관련해 이야기하자면, 청동기 시대가 시작된 이래로 지금까지 채광된 모든 구리의 95퍼센트 이상이 20세기에 사용되었다.[14] 지난 천년기 동안 생산된 석유는 거의 전부 20세기에 시추되고, 채굴되고, 연소되었다. 석탄의 경우, 20세기의 석탄 소비량이 19세기의 석탄 소비량을 훨씬 능가하며, 1800년 이전의 소비량은 이에 비하면 무시할 만한 수준이다. 심지어 철조차도 대부분 현대에 소비되었다. 현재 유럽의 연간 1인당 철강 소비량은 약 400~450킬로그램이며, 일부 고도로 산업화된 국가에서는 철강 소비량이 유럽의 거의 두 배에 달한다. 1800년 이전에는 연간 1인당 철강 소비량이 10킬로그램을 넘지 않았을 것이다. 이를 근거로 보면, 철의 95퍼센트는 산업 혁명 이후에 사용되었다. 세계의 철 공급량은 충분하지만 강철을 생산하려면 석탄이 필요하다. 구체적으로 말하자면, 공법에 따라 철강 1톤당 0.15에서 0.77톤의 석탄이 필요하다.[15] 그리고 강철과 구리는 재활용할 수 있을지 몰라도 석탄은 재활용할 수 없다. 천연가스도 마찬가지다. 석유도 마찬가지다. 그러므로 세계의 자원을 이렇게 소비하더라도, 심지어 이 소비로 인구 성장 폭이 커지더라도, 철과 구리를 재활용함으로써 끝없는 경제 성장을 이룰 수 있다는 주장은 전적으로 비현실적이다.

그러므로 인류와 지구 사이의 교환에서는 수요와 공급이 일치한다. 인간은 20세기에 그 어느 때보다 많은 필요를 충족시켰을 뿐만 아니라, 전례 없는 속도로 지구의 재생 불가능한 자원을 이용했다. 그러므로 20세기는 이전의 어떤 세기와도 달랐다. 사회경제적 측면에서 볼 때, 우리는 완전히 새로운 행성에 사는 셈이다.

문제는 우리에게 행성이 단 하나밖에 없다는 것이다. 그 행성의 가장 유용한 자원들을 단 한 세기 동안에 대부분 소비하는 것은 그다지 영리한 행동이 아니다. 우리가 앞으로도 오랫동안 필요를 충족시키며 편안하게 살려면 말이다. 헤겔주의자와 마르크스주의자, 19세기의 자유주의자들 같은 과거의 정치사상가들은 인류와 지구 사이의 교환에서 공급 측면의 중요성을 완전히 간과했다. 이들은 그저 인류가 원하는 것에만, 더 정확히 말하면 그들 자신이 인류를 위해 원했던 것에만 관심이 있었다. 마르크스에게 사회주의란 자원과 생산 수단, 시장을 누가 통제하느냐의 문제였다. 그는 만약 프롤레타리아 계급이 이 모든 것을 통제한다면 프롤레타리아가 이득을 볼 것이라고 보았다. 그러나 만약 지구에 사는 인구가 두 배로 늘어난다면, 기존의 프롤레타리아 인구 집단에서 소비할 수 있는 자원은 절반으로 줄어들 것이다. 이들은 모든 자원을 공유하기 때문이다. 그러므로 인구 증가는 생산 수단을 소유했든 못 했든, 프롤레타리아 계급을 점차 빈곤하게 할 것이다. 게다가 인구수가 안정을 유지한다고 해도, 프롤레타리아가 소유한 자원이 모두 같은 시간 동안 유지되는 것은 아니다. 일부 산유국은 다른 산유국보다 먼저 석유가 고갈될 것이다. 그러면 그 산유국에 의존하던 사람들의 경제적, 사회적 안녕은 무너질 것이다. 결국 세계에는 채산성 있는 석유 매장 국가가 얼마 남지 않게 될 것이며, 이런 나라들은 석유 자원이 고갈된 나라보다 경제적으로 우위를 차지하게 될 것이다. 마르크스의 비전은, 다른 모든 유토피아와 마찬가지로, 종점이 아니라 시계 속의 12시였다. 설령 시침이 그곳에 도달했다 해도 시침은 무정히 그곳을 지나칠 것이다.

어떤 사람들은 여전히 천연자원이 고갈되지 않을 것이라고 믿는다. 1492년에 레콩키스타가 완료되면서 기독교 세계가 가능한 최대 판도까지 확장한 바로 그 순간, 콜럼버스는 지체 없이 바다를 건너 히스파니올라섬을 발견했다. 5년 뒤에는 캐벗이 뉴펀들랜드에 도착했다. 사람들은 "그러한 모험심은 아직 죽지 않았다. 모험심이 우리를 별들로 인도할 것이다"라고 말한다. 불행히도 20세기는 그 꿈 역시 끝을 냈다. 이 책이 보여주었듯, '모험심'이란 사실 일확천금이나 이윤 추구를 뜻하는 완곡한 표현법이다. 콜럼버스와 캐벗은 부자가 되는 꿈에 고무되었다. 두 사람을 지원한 정부도 마찬가지였다. 아프리카 해안 탐사는 오직 보자도르곶을 지나는 식으로만 이루어졌다. 질 이아느스가 그곳에서 금과 노예를 발견했기 때문이다. 18세기에 사람들이 농업 기술을 즉흥적으로 고안하기 시작한 것은, 세계를 먹여 살리기 위해서가 아니라 자기 자신의 이익을 위해서였다. 그러나 20세기에 우리는 확장에는 한계가 있다는 사실을 이해하게 되었으며, 태양계를 벗어나는 것이 결코 득이 되지 않음을 발견했다. 언젠가 화성에서 지구에 있는 희귀한 광물을 채굴하는 날이 올지도 모른다. 그러나 나는 척박하고, 춥디춥고, 대기도 없는 화성에 수십억 달러를 들여 임무 팀을 파견하는 것보다는, 자원이 풍부한 국가와 동맹을 맺거나 경제적 혹은 군사적으로 약한 국가를 공격하는 것이 정부 입장에서는 언제나 더 싸게 먹힐 것이라는 강한 의심이 든다. 화성 너머로의 확장은 적어도 상업적으로 실행 가능한 방식으로는 가망이 없다. 우리 태양계에 속한 다른 행성들은 인간이 정착하고 채굴을 시작하기에 적합한 기지가 아니다. 이웃 태양계인 에리다누스자리 엡실론은 10.5광년 떨어져 있으며, 그곳에는 거주 가능 영역에 속하는 행성이 없다. 우리가 정착 가능한 행성 가운데 화성에서 제일 가까운 행성은 22광년 떨어진 글리제 667Cc다. 그곳에 가는 것부터가 엄청난 문제다. 현재 가장 빠른 유인 우주선의 추진 속도는 시속 2만 5,000마일인데, 이 속도로는 글리제 667Cc까지 가는 데 58만 9,248년이 걸린다. 그곳에 간 다음에 돌아오기까지 해야 하니, 100만 년이 넘게 걸리는 왕복 여행인 셈이다. 그 수익이 얼마든 간에 투자자들은 결코 100만 년짜리 투자안에 흥분하지 않을 것이다. 그리고 귀환이라는 의미에서든 수익이라는 의미에서든, 리턴이 있을 거라는 보장은 없다.

글리제 667Cc 너머로의 여행은 공상과학 소설의 영역은 아닐지언정 과학 이론의 영역으로 모험을 떠나는 것과 같다. 2010년 4월, 스티븐 호킹은 만약 2년 내내 쓰기 충분한 연료를 실을 수 있다면, 거대 우주선이 광속의 절반에 근접한 속도(시속 334,800,000마일)를 낼 수 있을 것이라고 상정했다.[16] 그리고 만약 4년 치 연료를 실을 수 있다면 광속의 90퍼센트(시속 602,640,000마일)를 낼 수 있으리라고 상정했다. 그러면 글리제 667Cc 왕복 여행의 소요 시간은 58.6년으로 줄어든다.[17] 호킹 박사는 시공의 특성으로 인해 광속의 90퍼센트로 날아가는 우주선에 탑승한 사람에게는 시간이 절반의 속도로 흘러갈 것이므로 이들에게는 58.6년이 아니라 37.3년짜리 여행일 것이라고 보증했다. 나는 호킹 박사가 이렇게 보증해줘서 무척 기뻤다. 그렇지만 이 말을 듣자 내 머리에선 이런 의문들이 떠올랐다. 글리제 667Cc로 가는 여정과 지구로 돌아오는 여정에 필요한 5억 톤 이상의 액체 산소와 액체 수소를 담을 연료통을 대체 어디에 놓는단 말인가? 과연 그렇게 무거운 우주선이 이륙할 수 있을까? 우주에서 연료를 공급할 수 있을까? 나는 이런 질문에 답할 수 없었다. 내가 로켓 과학자가 아닌 데는 이유가 있는 것이다. 그리고 나서 생각해 보니 스티븐 호킹 박사도 로켓 과학자가 아니었다. 내가 아는 것은, 다른 태양계를 향한 우주 항해로 얻을 수 있는 이익은 없다는 것이다. 나는 이것이 영원히 사실이리라고 생각한다. 기술적 한계를 고려한 결과가 아니라 머나먼 거리 그 자체와 광속으로 여행할 수는 없다는 사실과 막대한 비용이 미치는 영향을 총체적으로 고려한 결론이다. 수조 달러씩 들여가며 몇몇 사람을 아주아주 먼 태양계로 보내려고 필사적으로 시도하는 것보다는, 지구의 자원을 물물교환이나 협상, 혹은 투쟁을 통해 얻는 편이 상업적인 면에서는 언제나 더 상책일 것이다.

그러므로 소위 '최후의 개척지final frontier' 우주는 이 문제에 대한 해결책을 제공하지 않는다. 그러나 우주는 미래에 인간 본성에 영향을 미칠 가능성이 있는 힘에 우리의 관심을 집중시킨다. 이 책에서 논의한 수많은 변화에는 공통점이 있다. 그것은 바로, 이러한 변화들이 경계를 허물었다는 것이다. 콜럼버스와 캐벗을 비롯한 초창기 탐험가들은 지리적 경계를 박살냈다. 1572년에 발견된 초신성과 현미경과 망원경은 인식의 경계를 산산조각 냈다. 프랑스 혁명과 19세기 서구 전역의 개혁가들은 사회적 경계를 해체했다. 20세기에는 지구의 대기층이 침범당하고 구멍이 뚫렸다. 우리가 수많은 경계를 넘을 수 있었던 것은, "서쪽으로 가게나, 젊은이"라는 패러다임의 관점에서 이해할 수 있다. 서쪽으로 가라는 말은 결국 그곳에서 경계를 찾고, 그 경계를 넘고, 발견하고, 획득하고, 부자가 되라는 것이었다. 이 패러다임은 바이킹, 노르만족, 십자군, 신대륙 탐험가들의 확장이 어떤 성격이었는지 드러낸다. 이 패러다임은 과학적 발견과 세계 탐험, 경제 성장을 뒷받침했다. 그러나 지구상의 화석 자원이 고갈되는 시점이 다가오고 있음을 생각해보면, 경계를 부수어야 한다는 식의 사고방식은 시대에 뒤떨어진 것이다. 이제 도전은 확장이 아니라 자기 억제다. 모든 것을 정복하려 드는 남성들이 잘 해내지 못하는, 자기 억제가 필요한 문제들이 산적해 있다. 우리 '호모 사피엔스Homo sapiens'는 여태껏 단 한 번도 인간의 본능이 우리의 지속적인 생존을 위협하는 문제에 직면한 적이 없다. 우리 본능이 늘 우리 이익에 부합하고 우리 유전자의 생존에 이로웠기 때문이다. 그러나 이제 우리가 마주한 경계는 지평선이나 우주에 있는 경계가 아니라 우리 마음속에 있는 경계다.

변화의 주체

이 책의 10개 장에서 나는 변화의 주체로 전혀 다른 10명의 사람을 제시했다. 교황 그레고리오 7세와 피에르 아벨라르, 교황 인노첸시오 3세, 잉글랜드 왕 에드워드 3세, 크리스토퍼 콜럼버스, 마르틴 루터, 갈릴레오 갈릴레이, 장 자크 루소, 카를 마르크스, 아돌프 히틀러! 이들을 저녁 파티에 초대한다면 실로 엄청난 손님 명단이 될 것이다. 이 명단은 이탈리아인 4명, 독일인 3명(1명은 오스트리아 출생), 프랑스인 2명, 조상이 완전히 대륙계인 잉글랜드인 1명으로 이루어져 있다. 이들 가운데 과연 누가 지난 천년기 동안 일어난 변화의 주체였을까? 아니면 이들 외에 수 세기 동안 사람들에게 영향을 미친 다른 인물이 이 영예를 차지할까? 혹시 아리스토텔레스나 아이작 뉴턴 같은 인물이?

누가 지난 천년기 동안 변화의 주체였느냐에는 사실 의문의 여지가 없다. 그것은 바로 하느님이었다. 개인적으로 나는 하느님을 믿지 않는다. 그러나 내 개인적 믿음은 여기서 중요하지 않다. 하느님은 비록 존재하지 않지만(내 사견이다), 서구 세계에 그 누구보다 많은 영향을 끼쳤다. 이것이 얼마나 큰 모순인지는, 내가 이 책에서 주저 없이 하느님God을 대문자 G로 표기하는 구식 표기법을 따랐다는 데서 잘 드러난다. 11세기와 12세기에 하느님의 평화 운동과 하느님의 휴전 운동이 있었고, 노예제 폐지가 일어난 배경에는 가톨릭교회가 인식한 하느님의 뜻이 있었다. 하느님은 중세 내내 국제적으로 평화 활동을 벌인 유일한 주체였다. 서구가 교황의 권위를 받아들였던 것은, 기독교 공동체가 모두 하느님을 숭배했기 때문이다. 12세기 르네상스를 일으키고, 초기 세기에 서구에서 학문과 과학을 이끌었던 것은 바로 기독교의 수도원 제도였다. 13세기 이전에 읽고 쓰는 능력을 보존해준 이들은 거의 전부 종교인이었다. 인쇄술이 발명된 이후로, 평민 남성과 여성들은 성경을 읽고 하느님 말씀을 공부하면서 읽는 법을 깨우쳤고, 그 덕분에 여성들은 다수의 다른 여성들에게 자기 생각을 표현할 기회를 처음으로 얻을 수 있었다. 사람들이 두루두루 문해력을 갖추게 되면서 정부의 행정과 관료 체제가 개선되었고, 이는 결국 사적 폭력의 감소로 이어졌다. 수많은 과학자들은 스스로 하느님의 천지창조를 탐구하고 있다고 여겼기에, 평생을 바쳐가며 우주의 신비를 파헤치고 전 세계 식물 표본의 특징을 연구했다. 17세기에 수많은 의사들에게 자신감을 주어 병들고 쇠약해진 사람들을 도울 수 있게 한 것은 바로 하느님의 치유 능력이 의사의 몸을 통해 발현된다는 믿음이었다. 19세기에 남성과 여성, 흑인과 백인, 부자와 빈자의 동등한 권리를 부르짖었던 수많은 사람들이 도덕적으로 기댈 수 있던 유일한 버팀목은 하느님이 모든 사람을 평등하게 창조하셨다는 사상이었다. 이 책에서 살펴본 주요 변화들 가운데 오직 20세기에 일어난 변화만이 하느님에게 명백히 영향을 받지 않았다.

그렇다면 실존 인물 가운데서는 과연 누가 지난 천년기의 변화의 주체라는 칭호에 걸맞을까? 요점은 그 누구도 걸맞지 않다는 것이다. 누구라도 골라야만 한다면 나는 유럽의 확장이 대단히 중요했음을 나타내기 위해 콜럼버스를 선택하거나, 과학적 방법론이 종교를 상대로 승리를 거두었음을 강조하기 위해 갈릴레오를 선택할 것이다. 그러나 이 두 인물은 모두 내 개인적인 선택이자, 실질적인 중요성보다는 상징적인 중요성에 초점을 둔 선택일 뿐이다. 이제 우리는 의견 교환 게임의 영역에 들어가고 있다. 역사적

인물을 미화하는 것이 이 게임의 목표가 아니라는 점을 유념하자.

각 장에 '변화의 주체' 항목이 있는 데는 3가지 근본적인 목적이 있다. 첫째는 주체성을 따져보는 것이다. 과연 한 개인이 한 세기라는 넓은 범위 동안 얼마나 큰 차이를 만들어낼 수 있을까? 혹은 한 개인이 만들 수 있는 차이는 얼마나 작을까? 그 어떤 역사적 인물이라 한들, 앞서 논의한 50가지 변화 가운데 무엇 하나라도 '막을 수 있었을까?' 둘째는 우리가 실제로 무언가 일을 벌인 사람들만을 변화의 주체로 선정한다는 사실을, 예시를 통해 보여주는 것이었다. 만약 내가 18세기 변화의 주체로 로버트 맬서스를 제시했다면, 여러분은 나를 비웃었을 것이다. 맬서스는 현대 이전에 인류와 자연 사이의 교환에서 공급 측면을 살펴본 유일한 주요 경제학자였는데도 말이다. 그렇지만 여러분은 그가 실제로 아무것도 '안' 했다고 항변할 것이다. 우리는 무언가를 하지 못하게 막는 영웅보다 무언가를 하는 영웅을 선호한다. 그렇기 때문에 우리의 본성을 바꾸고 '서쪽으로' 패러다임을 포기해야 할 때, 민주적으로 선출된 우리 지도자들이 아무런 도움이 되지 않는 것이다. 각 세기의 변화의 주체들은 심지어 그 세기의 가장 큰 변화를 일으킨 당사자조차 아니다. 사회경제적 변화를 통제하는 사람은 없다. 그 누구도 그랬던 적이 없다.

세 번째 이유는 다음에 기초한다. 여러분은 내가 변화의 주체로 여성을 단 한 명도 꼽지 않았다는 사실을 놓치지 않았을 것이다. 내가 카스티야의 이사벨 1세나 잉글랜드의 엘리자베스 1세, 메리 울스턴크래프트나 마리 퀴리를 꼽았더라면 다들 그 이유를 형식주의나 정치적 올바름에서 찾았을 것이다. 이 여성들이 미친 영향력은 콜럼버스나 루터, 갈릴레오, 히틀러가 미친 영향력에 비할

바가 못 되었다. 서구 사회는 근본적으로 성차별적이었다. 현대 이전까지 그 어떤 여성도 서양인의 삶에 큰 영향을 미친 인물이 될 기회를 얻지 못했다. 과거에 진정으로 큰 영향력을 지닌 여성이 단 한 명도 없었다는 사실을 강조하면서, 앞으로는 달라질 수 있는 가능성에 현재의 관심이 집중되길 바란다. 나는 위에서 "이제 도전은 확장이 아니라 자기 억제다. 모든 것을 정복하려 드는 남성들이 잘 해내지 못하는, 자기 억제가 필요한 문제들이 산적해 있다"라고 말했다. 이 문장에서 '남성'을 강조한 것은 우연이 아니다. 테스토스테론을 동력으로 삼는 정복보다는, 흔히 여성과 연관 짓는 양육이나 보호의 특성들이 우리를 미래로 이끌기에 훨씬 더 적합하다. 만약 남성의 본성이 변한다면 틀림없이 여성의 본성도 변할 것이다. 여기에는 중대한 위험이 있다. 여성들이 그저 남성적 특성을 취한다면 세상에 아무런 이점이 없을 터이기 때문이다. 그럼에도 인류에게 희망이 있으려면 21세기의 변화의 주체가 여성인 편이 모두에게 더 좋을 수 있다는 사실을 우리는 받아들여야 한다.

맺음말

이것이 왜 중요할까?

이 책의 결론은 몇 가지 의문점을 남긴다. 〈지구돋이〉가 지구의 자원이 한정적이라는 사실을 분명히 드러냈다고 본다면, 이 사실은 다음 천년기 동안 인류에게 무엇을 의미할까? 50가지의 주요 역사적 변화 가운데 더욱더 발전하거나 혹은 되돌려질 변화가 무엇인지 알아낼 수 있을까? 만약 향후 수 세기 동안 문명화 곡선의 꼭대기에서 빛날 자유 자본주의가 영원히 이어지지는 않는다면, 우리후손들은 대체 어떤 세계를 물려받게 될까?

　내가 말하고 싶은 첫 번째 요점은, 나는 우리가 인간 본성을 우리에게 유리한 방향으로 의식적으로 바꿀 수 있다고 믿지 않는다는 것이다. 어쩌면 내가 틀릴지도 모른다. 어쩌면 우리가 온순해져서 아주 작은 자아와 욕구를 지닌 겸손한 생명체가 되고, 아이를 많이 낳고 싶어 하는 욕망을 가뿐히 내려놓은 뒤, 한 뼘의 땅을 경작하며 살 수 있을지 누가 알겠는가? 1985년에 커트 보니것은 그의 소설 『갈라파고스』에서 인간이 유선형 머리와 더 작고 단순한 뇌를 지닌, 물고기를 좋아하는 털북숭이 수생 포유류로 진화할 수 있다고 시사했다. 그러나 과연 이런 일이 일어날지는 의문이다. 우선 종족 번식을 통해 더욱더 수를 불리려는 열망 때문에 인간은 종으로서 성공을 거두었다. 역사적으로 인간은 이 열망 덕분에 기근이나 역병 이후에 재빨리 공동체를 재건할 수 있었다. 그리고 개인으로서 야망을 품는 것은 인간 본성의 한 부분이다. 세상에는 항상 남을 능가하고 남보다 앞서가고 싶어 하는 사람들이 있을 것이다. 나는 인구의 상당 부분이 성적으로나 사회적으로 계속해서 이런 사람들에게 끌릴 것이라고 보며, 이에 따라 경쟁이 더욱더 강요될 것이라고 생각한다. 우리의 행동을 온건하게 만드는 어떤 국제적 정치 합의가 있다 하더라도, 그 합의는 곧 훼손되거나 번복될 것이다. 인간은 제도, 규칙, 제한 때문에 겸손을 강요받는 것을 달가워하지 않는다. 그것이 진실이다. 우리는 사람들이 제약과 억압에서 벗어나는 이야기를 즐긴다. 인간 정신 안에는 자유를 향한 열망이 있기 때문이다. 베네치아 공화국이 그랬듯, 우리가 우리 자신이 아닌 다른 무언가가 된다는 생각을 견디지 못해 파멸을 맞이할 운명이 아닌지 나는 의심스럽다.

이용 가능성이 줄어들 것으로 예측되는 모든 자원 가운데, 아마도 사람들 마음속에서 가장 중요한 자원은 석유일 것이다. 음식과 운송부터 법과 질서, 국방과 오락에 이르기까지, 석유는 우리 삶의 모든 부분을 지탱한다. 그리고 석유는 이번 천년기의 어느 시점에 고갈될 것이다. 시기의 문제일 뿐, 이 사실에는 의심의 여지가 없다. 현재까지 확인된 석유 매장량은 현재 연간 세계 소비량의 약 50배에 달하지만 이 비율은 상당히 바뀔 수 있다. 더 많은 유전이 발견되면서 석유 매장량이 늘어날 수 있기 때문이다. 2012년에 확인된 석유 매장량은 2000년보다 훨씬 더 많았다.[1] 혹은 반대로, 인구가 증가하고 산업화가 심화되면서 석유 매장량이 더 빠르게 고갈될 수도 있다. 그러나 석유 고갈에 추가로 30년, 50년, 70년이 더 걸린다고 한들 별로 중요하지 않다. 언젠가는 석유 공급량이 세계적 수요를 만족시키지 못하는 시점이 올 것이며, 이 일은 아마 우리 자녀들이 사는 동안 일어날 것이다. 현재 우리는 천연가스에 의존하여 비료를 생산하고 있는데, 고갈 문제는 천연가스에도 똑같이 적용된다. 이 책을 쓸 당시, 확인된 천연가스 매장량은 세계의 연간 천연가스 소비량의 약 60배에 달했지만, 총소비량은 매년 2~3퍼센트씩 증가하고 있다. 셰일 가스* 역시 매장량을 크게 늘렸으며 아마도 더욱 늘어날 테지만, 이 여분의 에너지는 이미 싼값에 팔리고 있다. 여러분은 각국 정부가 마치 전시에 배급을 하듯 이 예상치 못한 횡재의 공급량을 제한할 방법을 찾고 있을 거라고 여길지도 모른다. 화석 연료의 실용적인 대안을 찾아내고 생산할 때까지 셰일 가스 매장량이 버틸 수 있도록 말이다. 이솝우화 『개미와 베짱이』에서 개미는 여름내 열심히 일하며 겨울이 찾아올 때를 대비하지만, 베짱이는 노래를 부르고 햇볕을 쬘 뿐 계절이 바뀔 때 먹고살 것을 아무것도 마련하지 않았다. 이 이야기는 미래에 찾아올 결핍을 경계하지 못한 사람들에게 무슨 일이 일어나는지 보여준다. 그러나 서양의 각국 정부들은 베짱이처럼 지극히 현재 중심적이다. 정치인들은 미래의 사람들이 아니라, 지금 당장 자신에게 표를 줄 수 있는 사람들을 향해 노래를 부른다. 서론에서 언급했듯, 오직 독재자만이 천 년의 계획을 세우는 법이다.

---

* shale gas. 진흙이 쌓여 만들어진 퇴적암층인 셰일층에 존재하는 천연가스.

이런 관점에서 볼 때, 우리 앞에는 다양한 가능성이 열려 있다. 한쪽 극단에는 지속 가능한 미래가 있다. 이것은 우리가 지속 가능한 자원으로 모든 에너지와 비료를 생산하는 방법을 발견하여, 앞으로도 사회가 이전과 크게 다르지 않게 계속되는 시나리오다. 다른 쪽 극단에는 전 세계적 위기가 있다. 화석 연료가 고갈되기 시작할 때까지 전 세계가 화석 연료를 대체하는 데 실패하여 흑사병 수준의 재앙이 도래하는 시나리오다. 내 견해로는 양쪽 극단 모두에서 사회는 더 계급화되고 덜 자유로워질 것이다.

우선 더 달콤한 결말인 지속 가능한 미래를 살펴보겠다. 한번 상상해보자. 농장마다 산비탈 개천에 수력 발전기가 있고, 들판에는 태양 전지판이 있고, 언덕 꼭대기에는 풍력 발전기가 있는 모습을. 도시마다 주택과 공장의 벽과 지붕이 광전지로 반짝반짝 빛나고, 시골집마다 바이오매스 보일러가 설치된 모습을. 거대한 해상 풍차가 바닷바람의 힘을 에너지로 바꾸고, 파도가 칠 때마다 절벽 터널에 설치된 거대한 피스톤이 국가의 에너지망에 에너지를 공급하는 모습을. 항공기가 바이오 연료를 써서 날아가고, 트랙터와 농기계가 바이오 디젤 연료로 움직이는 모습을. 전기 화물차가 곡식과 가축을 도시 시장으로 운반하고, 전기 기차가 곡식과 가축을 시장에서 가공 시설과 도축 시설로 보내는 모습을. 그러나 심지어 이 조화로운 상태에서조차 자원을 놓고 벌어지는 경쟁은 훨씬 더 치열해질 것이다. 특히 토지를 놓고 결코 타협할 수 없는 싸움이 벌어질 것이다.

영국을 예로 들어 보겠다. 영국이 향후 수십 년 간 태양력, 풍력, 수력 발전에 크게 투자하여 2050년에는 영국에서 생산하는 모든 전기를 이러한 에너지원으로 생산할 수 있다고 가정해보자.[2] 커다란 가정이지만 논의를 위해 일단 가능하다고 해보자. 아예 여기서 더 나아가 석유 고갈 위기가 가시화될 시점(언제로 보든 간에)에는 모든 전기 수요를 충족시킬 수 있을 뿐만 아니라, 재생 가능한 자원으로 전기를 엄청나게 생산할 수 있어서 석유, 가스, 석탄 소비를 반으로 줄일 수 있다고까지 가정해보자. 그러나 화석 연료 소비량이 절반이 되었다고 해도 여전히 나머지 절반은 대체해야 한다는 문제가 있다. 유채씨, 온갖 견과류, 조류algae, 옥수수, 사탕무 등 현재 시도 중인 모든 형태의 바이오 연료에는 땅이 필요하다. 현재 영국의 도로 운송에 필요한 연료의 딱 절반을 생산하려면 바이오 연료만 생산하는 토지 11만 3,000제곱킬로미터가 필요하다. 이는 잉글랜드 국토의 87퍼센트에 해당하는 크기로, 잉글랜드에서 쓸 수 있는 농지를 전부 합쳐도 이에 미치지 못한다. 게다가 지금 우리는 제조업, 플라스틱 생산, 농기계와 항공기에 필요한 연료, 즉 도로 운송과 무관한 수요는 고려조차 하지 않았다.[3] 또한 인구 증가에 따른 수요 증가도 고려하지 않았다. 몇몇 사람은 원자력 발전소를 수십 개 더 짓는 것이 정답이라고 말한다. 그러나 설령 정치적으로 받아들여진다고 해도 일시적인 해결책에 불과하다. 여태껏 확인된 우라늄 매장량은 현재 연간 세계 우라늄 소비량의 100배가 채 안 되는데다가 석탄, 가스, 석유 매장량이 줄어들면 우라늄 수요가 급격히 증가할 가능성이 있으므로 우라늄은 석유보다 고작해야 몇십 년 더 오래갈 것이다.[4] 그러므로 장기적인 관점에서 볼 때, 지속 가능한 미래를 달성하려면 재생 가능한 에너지 분야에 천문학적인 금액이 투자되어야 할 것이다. 또 바이오 디젤이나 바이오 에탄올, 그 밖의 새로운 바이오 연료를 생산하기 위해서는 엄청난 농지가 필요한데, 이만한 양의 농지를 확보하는 것은 사실상 불가능할 뿐만 아니라 식량 생산과 연료 생산 사이에서 마찰이 일어날 것이다. 일부 큰 어려움을 겪는 국가에서는 이렇듯 식량과 연료가 상충하는 문제가 이미 정치적 화약고가 되었다.

인구 증가와 그에 따른 주택 수요 증가는 토지 경쟁을 더욱더 심화시킨다. 잉글랜드에서는 대도시와 도시, 마을 중심지와 도시 기반 시설이 국토의 10.6퍼센트를 차지한다.[5] 그리고 삼림 지대, 해안 사구나 강어귀 같은 해안 경계 지대, 민물 호수, 강, 산, 황무지, 황야가 추가로 15.9퍼센트를 차지한다. 남은 73.5퍼센트의 국토는 농경지다. 표면적으로는 주택을 지을 공간이 많이 남아 있는 듯 보인다. 그러나 전체 농경지에서 생산하는 식량은 현재 필요한 식량 생산량의 59퍼센트에 불과하다. 물론 잉글랜드에서 자라지 않아 수입해야 하는 식품도 있으므로 이런 요소는 계산식에서 제외해야 한다. 그러면 현재 잉글랜드는 국내 재배하는 식량에 대한 자급자족률이 72퍼센트에 불과하다는 결론이 나온다.[6] 이는 밀, 보리, 귀리, 아마씨, 유채씨처럼 잉글랜드에서 대량으로 경작하는 작물들조차 생산량을 줄여도 좋을 수준으로 생산되지 않는다는 의미다. 2008년에는 밀 수확량이 필요량보다 10퍼센트 더 많아서 밀이 남아돌았다. 그때는 풍년이었다. 2012년에는 반대로 흉년이 들면서 곡물 수출량보다 수입량이 더 많았다.[7] 잉글랜드는 육류 또한 자급자족하지 못한다.[8] 농경지 위에 건물을 짓는 행위는 사람들에게 집을 줄지는 모르지만 장기적으로 볼 때 그들을 먹여 살리는 데는 도움이 되지 않는다.

일부 사람들은 내 마지막 진술에 동의하지 않을지도 모른다. 그들은 농경지에 건물을 지으면 다른 나라의 잉여 농산물을 살 소득이 창출될 것이므로 사람들을 먹여 살리는 데 도움이 된다고 주장할 것이다. 그러나 이것은 단기 전략일 뿐이다. 거주지로 사용된 토지는 더는 식량이나 연료를 생산하지 못한다. 매년 영국 농경지 가운데 일부를 현재 인구 증가에 걸맞은 수준으로 주택 개발지로 내어준다고 가정해보자. 1헥타르당 대략 2만 파운드의 가치였던 농지는 이제 건축 부지가 되어 1헥타르당 100만 파운드, 혹은 지역에 따라 그 이상의 가치를 지니게 된다. 따라서 국가 대차대조표는 토지 1헥타르당 최소 98만 파운드만큼 개선될 것이다. 그리고 이렇게 늘어난 현금이 경제에 공급되면서 일자리가 창출되고 수익이 향상될 것이다. 이제 21세기의 남은 기간 내내 이 일을 계속한다고 가정해보자. 현재 인구 증가율인 0.76퍼센트가 유지되면, 2100년에는 잉글랜드 인구가 약 2배로 늘어나면서 1억 400만 명에 이를 것이다.[9] 늘어난 인구 5,000만 명에게 주택, 직장, 기반 시설을 제공하려면, 이전에 개발한 부지를 얼마나 많이 활용할 수 있느냐에 따라 달라지겠지만, 국토의 대략 6.8퍼센트를 개발해야만 한다.[10] 이는 영국의 생산성 있는 농경지의 9퍼센트에 해당한다. 나머지 농경지를 더 집중적으로 경작하지 않는 한, 잉글랜드의 농산물 생산량이 현재보다 9퍼센트 줄어들 것을 시사한다. 그러나 이제 줄어든 농경지로 먹여 살려야 하는 사람 수가 훨씬 더 늘어났다는 사실을 잊어서는 안 된다. 농경지가 줄어들면서 우리는 국내 식량 수요의 72퍼센트가 아닌, 33퍼센트만을 충족시킬 수 있을 것이다. 잉글랜드는 외국산 식품에 의존해야 할 것이다. 그리고 바로 이 말에 문제가 담겨 있다. 세계 국가의 3분의 2는 잉글랜드보다 더 빠르게 인구가 증가한다. 현재 세계의 평균 인구 증가율은 연간 1.2퍼센트다. 이 모든 나라들은 분주하게 농경지를 생산지에서 소비지로 바꾸고 있다. 그러면 이들 나라의 식량 생산 능력을 야금야금 갉아먹어, 수출은커녕 자국민을 먹여 살리기도 힘든 수준으로 떨어뜨릴 것이다. 국제 시장에서 거래되는 각종 주요 작물의 총판매량은 어느 순간 정점에 도달할 것이며, 그 뒤로는 급격히 감소할 것이다. 작물 가격이 전 세계적으로 상승하면서 작물을 살 수 있는 사람 수는 불가피하게 줄어들 것이다. 국제 원조 단체들과 자선 단체들은 기근에 시달리는 외국 사람들을 먹여 살리는 대신 국내의 빈곤을 줄이는 데 돈을 쓰라는 압박을 받게 될 것이다. 이런 가정은 전력 생산과 바이오 연료 생산에 막대한 토지가 필요하다는 사실을 고려조차 하지 않은 것이다. 지속 가능한 형태의 에너지 생산에 막대한 토지를 투입하지 않는 한 농업도, 장거리 여행도, 지속 가능한 미래를 향한 진보도 없을 것이라는 말을 덧붙이고 싶다.

잉글랜드를 기준으로 삼은 위 사례는 86년 뒤를 내다보고 있다. '고작' 86년이다. 지금 우리는 이번 천년기의 남은 기간을 가정에 근거해 살펴보고 있으며, 우리 가운데 많은 이들은 이번 천년기 이후에도 수천 년 동안 인류의 건강과 행복이 증진되길 바랄 것이다. 그러므로 나는 언젠가는 전 세계가 영구적인 자유 자본주의 국가가 될 것이라는 후쿠야마의 '역사 종말론'이 틀렸다고 믿어 의심치 않는다. 그러한 비전을 뒷받침하는 데 필요한 자원이 존재하지 않기 때문이다. 그 대신 자본주의가 자유주의의 심장을 먹어치울 것이다. 토지 수요가 늘어남에 따라 토지를 식량 생산에 쓸지, 에너지 생산에 쓸지, 아니면 비생산적인 거주지로 쓸지를 선택해야 한다. 그러므로 우리는 약간의 식량과 약간의 바이오 연료, 한정된 양의 전기를 생산하게 될 것이며, 건설되는 주택 수는 줄어만 갈 것이다. 그러나 이 정도 생산량으로는 턱없이 부족할 것이다. 오늘날의 인구수를 기준으로 해도 모든 사람이 먹고, 사용하고, 거주하기에 부족하기 때문이다. 모든 지역사회의 가장 가난한 계층은 경쟁에서 밀려날 것이며, 상대적으로 부유한 국가에서도 예외가 없을 것이다. 산업화 이후 시대post-industrial age에는 산업화 이전 사회 pre-industrial society의 계급적 특성이 다시금 나타날 것이다.

자원이 제한적일 때 기본적으로 인간 사회는 계급제로 이루어지는 것 같다. 이 책 전체에서 살펴보았듯, 부자들의 욕망이 나머지 인구의 필요보다 먼저 충족된다. 위기의 시기에 가난한 사람들이 겪는 끔찍한 빈곤은, 빈자와 부자의 차이를 더욱 극명하게 갈라놓는 결과를 낳는다. 반대로 자원이 넘칠 때는 가난한 사람들의 몫이 늘어나면서 부자들의 상대적인 부가 줄어든다. 19세기와 20세기에 우리는 석유와 석탄, 천연가스를 무자비하게 개발하고 사용했다. 그렇게 함으로써 기근과 질병의 위험을 극적으로 줄이고, 부의 상대적 불평등을 완화했다. 이제 그러한 재생 불가능한 자원이 줄어들기 시작하면서, 사회 구조가 화석 연료의 힘을 사용하기 이전의 상태로 되돌아가기 시작했다.

사회에 계급 구조가 생기는 것은 단순히 지속 불가능한 경기 순환이 종말을 맞이했기 때문이 아니라, 부유한 사회 계층이 배타적으로 행동하는 경향이 있고 이 배타성이 부에 비례하여 늘어나기 때문이다. 바로 이것이 20세기의 경제 성장이 사회 불평등을 평준화하는 지점까지밖에 나아가지 못한 이유다. 핵심 자원은 여전히 부자들의 소유였고, 그들이 다른 부유한 사람과 결혼함으로써 자본의 대부분을 통제했기 때문이다. 부유층의 배타성은 인구가 증가할 때 특히 중요해진다. 예를 들어 한 국가의 인구가 한 세기 동안 두 배로 증가한다고 가정해보자. 부자들은 더 부유해지는 반면(부자들은 다른 부자와 결혼하며, 가족을 비교적 일정 수로 유지하고, 그

안에서 자산을 보유하는 경향이 있으므로), 가난한 사람들의 1인당 부는 크게 감소할 것이다(소량의 자본을 두 배로 늘어난 사람들끼리 나눠야 하므로). 그에 따라 사회적 스펙트럼의 양쪽 끝을 모두 늘리는 결과가 나타난다. 부자들은 더 부유해지고, 빈자들은 더 가난해지면서 수가 더 늘어날 것이다.

부의 집중화를 일으키는 배타적 행동은 결혼뿐만이 아니다. 특권은 능력주의와 함께 계급, 부, 지위와 관련된 경계를 강화한다. 한 세대의 높은 성취자들은 자신의 영리한 유전자를 다음 세대로 전달할 뿐만 아니라, 교육비를 들여 자녀들에게 최고의 교육을 받게 하고, 자녀를 다른 부유하고 성공한 사람들과 교류할 수 있게 준비시키며, 자녀가 성인이 되면 경제적 성공을 이루도록 독려한다. 그 결과, 자녀 세대는 손쉽게 부모 세대의 지위를 차지한다. '학연' 역시 배타적 행동의 예시다. 고위층 사람들은 높은 지위에 앉힐 사람을 고를 때 자신과 배경이 비슷한 사람을 고르기 때문이다. '유유상종'은 명백한 사실이다. 배타적 행동이 지나친 단계에 이르면 부정부패나 정치적 편애가 나타날 수 있다. 소련 해체 후 러시아에서 그랬다. 지도자가 친구들에게 보상을 줌으로써 계급을 만들 수 있다는 사실을 분명하게 보여주었다. 최근의 보도에 따르면, 러시아 부의 35퍼센트를 겨우 110여 명이 소유하고 있는데, 이들은 대부분 블라디미르 푸틴의 측근이라고 한다. 동시에 러시아에서는 50만 명의 사람이 노예 생활을 하고 있다.[11]

최근 토마 피케티는 저서 『21세기 자본』에서 내가 앞서 언급한 사회 계급과 부에 관한 요점을 경제적으로 강조했다. 피케티의 여러 혁신 가운데 하나는, 한 국가의 국민 자본national capital과 국민 소득national income 비율을 당시 통화를 기준으로 비교하여, 시기별로 자본이 얼마나 불평등하게 분배되었는지 비교할 수 있는 수단을 제공했다는 것이다. 유럽의 자본/소득 비율은 19세기에 650퍼센트가 넘었으나, 두 차례의 세계대전으로 20세기 중반에는 250퍼센트로 떨어졌고, 1950년 이후로 계속 상승해서 현재는 약 550퍼센트가 되었다.[12] 이것은 현재, 19세기와 마찬가지로, 이미 상당한 부를 가진 사람들이 상대적으로 더 큰 수익력earning power을 가지고 있음을 뜻하며, 따라서 생계를 위해 일하는 사람들의 수익력이 상대적으로 더 작음을 암시한다. 피케티는 평시에 자본이 성장하는 경향이 있는 이유를 '자본에서 얻는 이윤, 배당금, 이자, 임대료, 기타 소득' 항목으로 구성된 자본 수익률(r)이 지속적으로 경제 성장률(g)을 앞지르는 데서 찾았다.[13] 피케티의 'r 〉 g' 공식은, 부자들이 풍부한 자본으로 벌어들이는 수입 덕분에 생계를 위해 일하는 사람들보다 더 빠른 속도로 부유해진다는 의미다. 결과적으로 많은 자본을 가진 사람들은 수입의 점점 더 많은 부분을 재투자할 수 있는 반면, 노동자들은 생활수준을 유지하기 위해 수입을 전부 써야만 한다. 따라서 저절로 계속되는 순환 과정을 거쳐 거대한 부는 더 거대한 부를 창출한다. 피케티는 이에 따라 나타나는 결과를 '세습 자본주의patrimonial capitalism'라고 불렀다. 부가 점점 더 자본가 집안에 집중되기 때문이다. 게다가 피케티는 미래에 r과 g 사이의 격차가 전반적으로 더 커질 것으로 보았다. 피케티가 말했다시피, "만약 재정적 경쟁이 논리적 결론으로 귀결된다면 — 그럴 가능성이 있다 — r과 g의 격차는 21세기 어느 시점에서 19세기에 가까운 수준으로 회귀할 것이다."[14]

피케티가 통계치를 사용하는 방식은 그가 알아낸 사실에 이의를 제기하려고 마음먹은 사람들에게 약간의 비판을 받았지만,

그의 기본 공식 'r 〉 g'는 건전하다. 사실 이 공식은 선진국 경제의 특징이라고 할 수 있다.[15] 만약 한 지역의 모든 토지와 천연자원에 이미 소유주가 있고 충분한 개발이 이루어지고 있다면 경제가 성장하기는 어렵다. 이때 인구가 증가하고 있다면 자본 사용에 대한 경쟁은 더욱더 치열해질 것이며, r에 대한 지속적인 압박이 증가한다. 지구의 자원이 유한함을 고려하면 서구에서는 피케티의 공식이 점점 더 강하게 성립될 것 같다. 인구 붕괴가 일어나고, 토지와 기타 자본 자산에 대한 수요가 줄어들어 r이 감소하지 않는 한 말이다. 필연적으로 많은 자본을 소유한 사람은, 빈부격차가 포화점에 이를 때까지 나머지 사람들보다 부유해질 것이며, 이 포화점은 아마도 부의 불평등이 만연했던 19세기 수준일 것이다.

심화되는 경제적 불평등이 지닌 정치적 의미는 명백하다. 부와 정치권력은 함께하는 경향이 있으므로 부자들은 다시 한 번 사회를 통제하게 될 것이다. 동유럽은 이미 그러한 방향으로 회귀하고 있다. 예를 들어 대부분의 사람은 러시아를 자유 민주주의 국가라 부르지 않을 것이다. 부의 지배를 받는 다른 사회들 앞에도 비슷한 미래가 놓여 있다. 이 책과 거의 같은 시기에, 미국에서 다양한 이익 집단이 정치 정책 결정에 미치는 영향력을 측정한 학술 연구가 출판될 예정이다. 이 연구는 "기업 이익을 대변하는 경제 엘리트와 조직들은 미국 정부 정책에 상당한 규모로 독립적인 영향력을 행사하는 반면, 일반 시민과 대중을 기반으로 삼는 이익 집단들은 거의 아무런 영향을 미치지 못한다"라고 결론을 내렸다.[16] 한마디로 미국은 이미 과두정寡頭政, oligarchy이 될 조짐이 있다. 미래에는 자원 규제가 시작되면서 이러한 양상이 서구 전역으로 확산될 것이다. 경제적 계급제도가 형성되면 매우 부유한 사람과 가난한

　　　　변화의 세기

사람 사이의 자본 격차가 더욱더 커질 뿐만 아니라, 근로자들도 거의 정치권력을 행사하지 못할 것이다.

상대적으로 소수의 가문에 부와 정치권력이 집중되는 것은, 자본주의가 자유주의를 훼손할 수 있는 방식 가운데 하나다. 그리고 빈곤층의 빈곤 심화 자체도 그러한 방식 가운데 하나다. 여기서 중요한 점은, 인구의 절반에 해당하는 가장 가난한 계층에서는 사람이 태어날 때마다 얼마 되지 않는 소유 자본을 나누어야 한다는 것이다. 애초에 이들이 소유한 자본은 총 자본 가운데서 몇 퍼센트 되지도 않는데 말이다. 유럽 일부 지역에서는 이미 아파트나 집값이 너무 비싸서 젊은 사람들 대부분이 시장에서 배제되었다. 잉글랜드의 평균 집값은 평균 연봉의 7배에 달하며, 특정 지역에서는 이보다 훨씬 더 높다. 그 이유를 찾기는 어렵지 않다. 너무 많은 사람이 너무 좁은 땅을 놓고 경쟁하고 있기 때문이다. 잉글랜드의 인구밀도는 1제곱킬로미터당 410명으로, 프랑스(120명)와 중국(145명)의 3배 이상이며, 인도(416명)와 거의 같은 수준이다.[17] 잉글랜드보다 인구밀도가 높은 유럽 국가는 네덜란드(497명)가 유일하다. 잉글랜드나 네덜란드처럼 인구밀도가 높은 나라에서는 주택 소유권만 영향을 받는 것이 아니다. 임대 부동산 또한 가격이 상승한다. 임대주는 투자액의 가치를 반영해서 임대료를 올리기 때문이다. 집을 오롯이 자기 돈으로 소유한 부유한 사람들은 유리한 상황에 있다. 이들은 수입을 전부 원하는 대로 쓸 수 있는 반면, 집을 임대하거나 새로이 구매한 사람들은 집에만 수입의 최대 3분의 1을 써야 한다. 그러므로 한정된 토지 공급은 과거 인공 비료와 값싼 운송 수단들이 그러했듯, 아무것도 소유하지 못한 사람들을 더욱더 가난하게 만든다. 집이 없는 사람들 모두에게 평생 유지되는 저렴한 주택담보대출과 투표권 가운데 하나를 선택하라고 하면 많은 사람이 저렴한 대출을 선택할 것이다. 그것이 더 큰 재정적 안정과 개인적 자유를 제공하기 때문이다. 이렇게 보면, 사회 개혁의 문명화 곡선이 반드시 일방통행식은 아니라는 사실을 알 수 있다. 대중이 누리는 정치권력의 정도는, 그들의 투자금과 마찬가지로, 올라갈 수도 있고 내려갈 수도 있다.

나는 보통 선거권이 부유한 서구 국가들 사이에서 오랫동안, 심지어 수 세기에 걸쳐, 자유의 상징이자 각국이 특정한 가치를 공유한다는 증표로서 존속될 것이라고 본다. 어떤 정부도 통념을 깨뜨리고 싶어 하지 않을 것이다. 적어도 눈에 띄는 방식으로는 말이다. 그러나 정당이 선거 제도를 통제하는 식으로, 투표의 힘이 약화될 것이다. 이것은 자유주의를 위협한다. 정당들이 점차 정당을 후원하는 과두 정치인에게 지배되면서, 선출되지 않은 정치 엘리트들의 요구 조건에 따라 의제를 조정할 수 있기 때문이다. 앞서 언급한 미국에 관한 학술 연구가 보여주듯, 일반인들에게는 정부 정책을 도입할 수단이 없다. 일반인들은 그저 정치적 대변인들을 선출하는 선거 제도에만 참여할 수 있는데, 이렇게 선출된 대변인들은 선출되지 않은 정치 엘리트들과 연관되어 있으며, 정치 엘리트들이 제안한 계획을 승인할 것이다. 어느 정도는 이 때문에 19세기와 20세기에 이루어진 다른 여러 사회 개혁과 개선들이 보편 선거권보다 훨씬 더 취약한 처지에 놓일 것이다. 가난한 사람들의 1인당 부가 줄어들면서 이들의 생활 조건은 악화될 것으로 예상된다. 현금이 절실한 노동자들은 더 큰 위험을 떠안고 더 위험한 거래를 받아들이게 될 것이다. 높은 집세를 감당할 수 없는 가족들은 더 더러운 환경에서 살게 될 것이다. 심각한 경기 침체가 이어지면서 각국 정부는 극단적인 조처를 취할 것이다. 의료 복지 사업과 기타 사회복지 사업은 물론이고 가난한 사람들에게 지급되는 수당을 축소하는 식으로 말이다.

카를 마르크스는 눈물을 흘릴 것이다. 마르크스는 생전에 맬서스의 『인구론』을 격렬하게 반박했지만, 마르크스의 비전은 최종적으로 맬서스가 서술한 힘에 의해 무너질 것이다. 마르크스를 포함한 수많은 사람이 맬서스가 근본적으로 잘못되었다고 여겼다. 기술 발전이 세계 식량 공급량에 미칠 영향을 맬서스가 제대로 예측하지 못했기 때문이라는 것이다. 이제 명백해졌듯이 기술 혁신은 '맬서스식 억제'를 지연할 수 있을 뿐, 없애지는 못한다. 만약 기술 변화가 향후 200년 동안 토지의 생산성을 기하급수적으로 향상시켜준다면, 인구는 자원 대비 인구 비율이 임계치에 도달할 때까지 그에 비례하여 증가할 것이다. 그러면 앞서 언급한 온갖 자기 보호적이고 배타적인 행태가 나타나면서, 부자와 빈자의 격차는 순식간에 벌어질 것이다. 설령 현재 세계 인구가 70억 명을 조금 웃도는 수준에서 안정된다고 하더라도, 잉여 식량을 전 세계로 운송하는 인류의 능력이 줄어들고 있다는 점을 고려하면 세계 인구는 여전히 상대적으로 증가하고 있는 셈이다. 그러나 세계 인구는 안정과는 거리가 멀다. 향후 40년 안에 세계 인구는 95억 명을 돌파할 것으로 예측된다. 또한 인구 증가 추세를 멈추기는 불가능한 듯하다. 현대에 인구 제한 정책을 시도한 유일한 대국인 중국은 1979년에 한 자녀 정책을 도입했는데, 그럼에도 지금까지 계속 증가하여 과거 10억 미만에서 현재 13억 5,500만 명 이상이 되었다. 그러므로 전 세계적으로 심각한 감염병이 범유행하지 않는 한, 인구는 계속해서 증가하고, 생산 수단은 인구 대비 점점 더 적은 수의 사람들에게 집중되고, 사회 계급은 더욱더 뚜렷하게 나타날 것이라고 합리적으로 확신할 수 있다. 부의 재분배를 촉구하는, 포부가 아니라 절박함에 이끌린 혁명이 일어날 가능성이 크다. 그러나 혁명은 자산을 재할당해 줄 뿐, 그 자체로 사람들을 먹여 살리지는 못한다. 석유와 식량 가격이 계속해서 상승하면 가장 가난한 시민들은 제대로 먹거나 이동하지 못할 것이며, 전기와 난방이 끊기고, 집을 임대조차 할 수 없을 것이다. 아마도 이들에게는 여전히 투표권이 있을 테지만, 많은 이들이 투표권 따위에 신경 쓰지 않을 것이다. 민주주의가 사람들에게 합리적인 생활수준을 제공하지 못하게 될 때, 민주주의란 아무래도 좋은 것으로 여겨질 것이다. 어떤 사람에게는 가난에 시달리는 가족에게 충분한 음식을 가져다주는 것이 학교 교육보다 더 우선순위를 차지하게 될 것이다. 특히 가난한 사람들 사이에서 다시금 매춘이 만연할 것이며, 그에 따라 여성에 대한 존중이 줄어들 것이다. 이런 상황이 되면 서구 전역에서 사실상의 노예 계급이 다시금 나타날 가능성이 크다. 진실은, 많은 사람들이 가족이 굶어 죽는 모습을 보느니 자신의 자유를 기꺼이 음식과 피난처로 바꾸고자 한다는 것이다. 민주주의의 얼굴은 점차 변해갈 것이다. 경제 성장이 곧 '정상' 상태라고 자신만만해하던 정치인들의 미소에서, 환멸과 실망으로 가득한 사람들의 고통스러운 표정으로 말이다.

이것이 바로 내가 〈지구돋이〉 사진이 나온 순간을 중요한 추정이 이루어진 지점으로 보는 이유다. 이 사진은 지구의 한정된 크기와 인류의 부족한 예산은 물론이고 자유나 보편적 안녕, 기회의 평등 같은 인류의 꿈들이 얼마나 비현실적인지를 잘 보여주었다. 1968년 이전까지는 끝없는 전진과 발전, 성장을 이야기할 수 있었다. 점차 실상은 이와 전혀 다르다는 인식이 퍼져나갔다. 지구의 한계를 보며 인류의 미래에 관한 몇 가지 확실한 예언이 나왔다. 인류는 결코 미래에 지금보다 더 많은 것을 갖지 못할 것이다. 인류는 결코 다시금 20세기 수준의 높은 실질 경제 성장이 이루어지는 모습을 보지 못할 것이다. 우리는 마음속에 진심 어린 이상주의가 아니라, 위기 대처 계획을 품은 채로 미래를 바라보아야 한다. 유토피아적 사고는 과거의 유물이다.

이것은 분명 극도로 우울한 이야기다. 그러나 우리가 설령 목표에 이르지 못할지언정, 지속 가능한 미래를 향해 나아가는 모습을 보고 싶다. 다른 쪽 극단인 전 세계적 위기를 향해 곤두박질치며 태양력, 수력, 풍력 발전과 바이오 연료가 필요한 에너지 부족분의 상당 부분을 대체하는 데 실패한 미래보다는 말이다. 전 세계적 위기가 찾아온 상황에서는 정돈된 계급 구조가 점진적으로 나타나는 대신 엉망진창인 계급 구조가 나타날 것이다. 약소국의 경제는 무너질 것이다. 약소국의 정치 체계가 단시일에 기능을 멈추면서 무정부 사태가 터질 것이다. 서구의 중심부에서 수출이 줄어들 것이다. 무역 국가들의 경제가 붕괴함에 따라 식량 수입도 줄어들 것이다. 물가가 상승하고 단기간에 강한 인플레이션이 나타나면서, 사람들은 생필품이 아닌 물건에 더는 돈을 쓰지 않을 것이다. 사치품 판매에 의존하는 사업체들은 문을 닫을 것이다. 상품 진열대는 텅텅 빌 것이고, 배급제가 뒤따를 것이다. 법과 질서가 무너지기 시작할 것이다. 서구 국가들 사이에서는 국제 무역이 씨가 마를 것이다. 군대는 거리로 나가라는 명령을 받을 것이다. 약탈자들로부터 개인적인 식량 공급망을 방어할 수단을 지닌 사람들은 그렇게 할 것이다. 선택의 여지가 없기 때문이다. 이제 무슨 일이 일어날까? 경제가 더욱더 위축되고, 군인들이 가족을 지키기 위해 지역사회로 돌아오면서 군대 자체가 해산되는 끔찍한 상상을 어렵지 않게 떠올릴 수 있다. 의료 지원이나 수당, 여타 상업적으로 제공되는 지원에 의존하는 사람들은 대단히 취약한 상태에 놓일 것이다. 이와는 대조적으로 개인적인 식량 공급망을 가지고 있어서 다른 사람들에게 음식을 줄 수 있는 사람은 대단한 권위를 얻을 것이다. 식량 공급망을 통제할 수만 있다면 말이다. 심지어 시골 지역에서도 지속 가능한 삶의 방식으로 돌아가기는 어려울 것이다. 일반 대중과 특히 농업 노동자들 사이에서 일어난 탈숙련화 때문에 우리는 18세기와 19세기 초의 농업 혁명 기간 동안 대단히 성공적으로 사용되었던 농법들을 잃어버렸다. 도시와 소도시에 공급할 잉여 수확물은 없을 것이다. 이에 따른 위기가 찾아오면서 60퍼센트 이상의 사망률을 흔히 볼 수 있을 것이다. 60퍼센트 이상의 사망률은 흑사병이 창궐한 기간에도 일부 지역에서만 나타났던 수준이다. 자동차, 트럭, 트랙터, 인공 비료, 모터 달린 어선이 없는 세상에 적응하려고 고군분투하는 과정에서 인구수가 17세기 수준으로 되돌아갈지도 모른다.

확실하게 살아남을 것으로 보이는 것은 바로 재산 소유권이다. 재산 소유권은 흑사병 위기에서도 살아남았으며, 17세기의 위기에서도 또다시 살아남았으니 말이다. 훨씬 적은 인구 사이에서 새로운 안정 상태가 나타나면, 살아남은 사람들은 가질 수 있는 것은 무엇이든 자기 소유물로 삼으려 할 것이다. 살아남은 사람들은 이 책의 후반부에서 강조한 여러 단계를 그대로 되짚어 가며 사회를 재건하기 시작할 것이며, 이 사회는 결국 지속 가능한 미래에서 예측된 일종의 과두정치로 끝이 날 것이다. 그 즉각적인 여파로,

살아남은 사람들은 사실상 누군가의 종노릇을 하게 될 것이다. 중세 선조들이 누군가의 봉신 노릇을 했던 것처럼 말이다. 이 대단히 위험한 신봉건체제neo-feudal system는 독립적인 군 지도자들이 다스릴 것이며, 그들의 군대는 경쟁자들의 공격으로부터 자기 자신과 논밭, 일꾼들을 지킬 것이다.

세계는 계급 구조와 빈곤으로 가득 차 있지만, 본질적으로 안정적이고 상대적으로 평화로운 지속 가능한 미래를 향해 나아가는 법을 찾아낼까, 아니면 전 세계적 위기라는 시뻘건 용광로를 통과하게 될까? 양극단을 고려하면서 우리가 예측할 방법이 있을까? 두 가지 상황 모두, 각각 뒷받침하는 요소들이 있다. 전 세계적 위기를 두려워해야 할 주된 이유 가운데 하나는 사회적 안일함이다. 역사에 대해 잘 알지 못하고, 인류가 갑작스럽게 재앙을 맞이하는 미래를 상상하지 못하는 사람들은, 자기 세대나 자녀 세대에서 '정상적인' 삶이 무엇인지에 대한 관념이 바뀔 수밖에 없다는 것을 받아들일 수 없을 것이다. 이런 사람들은 완전히 늦어버릴 때까지 20세기 후반에 누렸던 모든 특권을 계속해서 요구할 것이다.

다음 4개의 그래프에서는 안일함이 분명하게 드러난다. 이들 4개국 모두 2050년까지 재생 에너지로 현재 총 에너지 수요의 절반조차 충족시키지 못할 것이다. 오직 독일만이 현재 에너지 필요량의 10퍼센트 이상을 재생 가능한 자원에서 얻고 있다. 오늘날의 신문과 잡지에서는 흔히 지금 태어나는 아이들이 현재 이어지고 있는 비만 추세 때문에 부모 세대보다 기대수명이 짧을 수 있다고 말한다. 그러나 그래프에서는 얼마 지나지 않아 식량 공급량 부족이라는 완전히 정반대 근거를 이유로 아이들의 기대수명이 줄어들 것이라는 예측이 나올 것임을 시사한다.

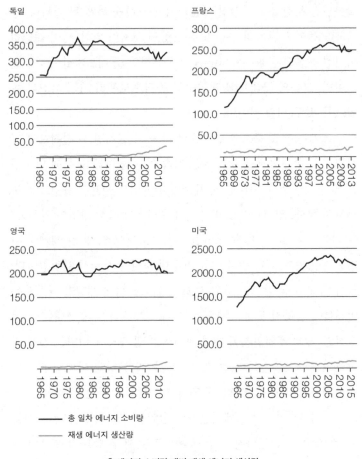

**총 에너지 소비량 대비 재생 에너지 생산량,
1965-2013년(단위: 석유 1백만 톤에 해당하는 에너지)[18]**

나는 두 가지 이유에서 우리가 재앙을 피하고 결국 지속 가능한 미래를 향해 나아갈 것이라고 확신한다. 첫 번째 이유는 현실적이고, 책임감 있고, 미래 지향적인 사고를 하는 사람들에게 화석연료의 고갈에 대비할 만큼의 시간이 있다는 것이다. 이런 사람들

변화의 세기

가운데는 국제 경제가 대격변을 감당하지 못하고 붕괴하면 잃을 것이 가장 많은 대단히 부유한 사람도 있다. 그리고 나처럼 사회 중산층에 속하는 사람과 특권을 훨씬 덜 누리는 사람도 있다. 분명히 말하지만, 불평등의 심화가 불가피하다고 해서 불평등을 제한하려는 시도가 무의미하다는 이야기는 아니다. 자유 민주주의와 사회복지를 실은 거대한 방주가 불평등과 고난의 물결 앞에서 서서히 가라앉다가 끝내 침몰을 피할 수 없어 보인다고 하더라도, 누구도 선체에 구멍을 뚫어 그 최종 결과를 앞당겨서는 안 된다. 방주가 최대한 오래 떠 있을 수 있도록 우리는 최선을 다해야 한다. 충분한 시간이 있다면 우리는 개인적 필요를 줄이고 기대치를 낮출 수 있을 것이다. 그러면 지역사회는 더 자급자족적이고 지속 가능한 삶의 방식을 향해 희망적인 방식으로 나아갈 수 있을 것이다. 우리는 위의 네 그래프가 제시하는 전망을 개선할 수 있을 것이다. 가령 영국이 재생 가능한 자원에서 얻는 에너지를 매년 석유 250만 톤에 상당하는 양만큼만 늘릴 수 있다면(2012~2013년에 달성한 재생 에너지 증가량보다 약간 적은 수준이다), 그와 동시에 1차 에너지 소비량을 매년 딱 1퍼센트씩만 줄일 수 있다면(잉글랜드가 지난 10년간 평균적으로 줄인 양보다 적은 수준이다), 2059년에는 재생 가능한 자원으로 줄어들 필요 전력량을 충족시키기에 충분한 에너지를 생산할 수 있을 것이다.

내가 낙관적인 두 번째 이유는 인류가 매우 적응력이 뛰어난 생명체라는 것이다. 인류는 놀라울 정도로 크지 않은 사회 붕괴를 겪으며 흑사병 문제를 지나왔다. 인류는 17세기에 끊임없는 전쟁과 기근에 대처했을 뿐만 아니라, 동시에 그때까지 세상이 보지 못한 가장 위대한 예술품과 건축물, 문학 작품을 만들어냈다. 이런 점을 전반적으로 고려해볼 때, 인류는 이 임박한 위기를 겪으면서 그 어느 때보다 강해질 것이다. 올바른 농업 기술과 기술 지식을 사회에 재도입하고, 재생 에너지 생산과 계획적 농산물 재배, 가축 생산 규제, 불필요한 제조업 감축 등에 충분한 노력을 기울일 수 있을 것이다. 그렇게만 한다면 대부분의 서구 국가가 상당한 양의 인구 증가를 감당하지 못할 이유가 없다. 수력 발전이나 태양 에너지, 바이오 연료를 이용한 인공 비료 생산 같은 현대 기술이 있다면, 고도로 체계적인 방식으로 식량을 재배하고 유통함으로써 화석 연료 없이도 많은 인구를 부양할 수 있다. 하지만 그렇다고 해서 그 많은 사람에게 모두 현재의 생활수준을 제공할 수는 없을 것이다. 파울 에를리히는 최근 왕립학회 연설에서 다음과 같이 지적했다.

'오늘날'의 70억 인구를 지속 가능하게 지탱하려면, 즉 현재 기술과 생활수준을 유지하며 평상시와 다를 바 없이 살게 하려면, 지구가 0.5개 더 필요하다. 지구의 모든 시민이 미국인 수준으로 자원을 소비한다면 지구가 4개에서 5개 더 필요하다. 2050년에 현재 예측대로 인구가 25억 명 증가하면, 인간이 문명의 생명 유지 시스템에 추가로 가하는 공격 강도는 인구 증가 비율보다 상대적으로 더 높을 것이다. 왜냐하면 거의 모든 곳의 생명 유지 시스템에서, 인구가 늘어날 때마다 환경 피해가 더욱더 빠르게 일어나는 비선형적인 반응이 나타날 것이기 때문이다.[19]

그러면 가난한 사람들은 13세기 농민들이 그랬듯, 주로 채식을 해야 한다는 결론이 나온다. 토지로 주요 곡물을 재배하면 가축을 기를 때보다 10배가 넘는 식량을 생산할 수 있다는 간단한 이유 때문이다.[20] 그리고 다시금 인구가 자유롭게 증가하도록 허용하면 안 된다는 결론이 나온다. 인류가 식단 변화와 늘어난 육체노동, 줄어든 여행과 줄어든 가족 수에 적응할 수 있다면 지속 가능한 미래로 나아가지 못할 이유가 없다.

긍정적으로 마무리를 지어보자면, 특정한 문명화 곡선은 앞으로 수 세기 동안 우리에게 혜택을 줄 것이다. 모두가 읽을 줄 안다는 것은 정부와 개인 모두에게 이득이다. 보편적 문해력은 인류에게 유익한 수많은 지식이 손실되지 않도록 보장해줄 것이다. 가령 우리는 혈액 순환이나 세균 이론 같은 기본적인 의학 문제에서 다시는 무지한 상태에 놓이지 않을 것이다. 사람들은 원치 않는 임신을 피할 수 있고 안전한 성관계를 누릴 수 있다는 점에서, 가까운 미래에도 계속해서 피임의 혜택을 누릴 것이다. 전화나 컴퓨터 같은 저전력 전자기기는 계속해서 우리를 연결해줄 것이다. 국가는 사적인 폭력을 계속해서 억제할 가능성이 크다. 심지어 일부 부정적인 변화는 돌이킬 수 있을지도 모른다. 우리는 이 책 전체에서 "지배적인 자본주의 도시는 항상 중심지에 있는 법이다"라는 페르낭 브로델의 원칙이 보편적으로 적용되는 모습을 보았다. 화석 연료를 더는 이용할 수 없을 때, 현재의 유통 양상이 어떻게 변화할지 예상하기는 어렵지 않다. 무역 지역은 지역적 수준뿐만 아니라 국제적 수준에서 크게 변화할 것이다. 예를 들어 페루에서 모어턴햄스테드까지 아스파라거스를 항공 운송하는 것은 더는 경제적으로 가능하지 않을 것이다. 사람들은 식료품을 사러 몇 킬로미터 넘게 걷고 싶어 하지 않을 것이므로 지역 시장이 다시금 중요해질 것이다. 지역사회는 더욱더 강해질 것이다. 개인이 이웃과 관계를 강화해야 할 이유가 늘어날 것이기 때문이다. 우리는 아마 탈숙련화 과정을 되돌리기 시작할 것이다. 전반적으로 자원 고갈은 이 책에서 다룬 1800년 이전 여덟 세기 동안 일어난 긍정적인 변화를 상쇄하지 않을 것이며, 1800년 이후에 일어난 기술적 변화 가운데 상당수 역시 비록 전과 같지는 않을지언정 우리에게 계속해서 이득을 줄 것이다.

여러분은 내가 다음에 언급하는 말을 긍정적인 신호로 볼 수도 있고 아닐 수도 있다. 내 생각에는 계급화가 심화되고 대다수 사람이 상대적으로 가난해짐에 따라 종교가 서구에서 다시금 널리 퍼질 가능성이 큰 듯하다. 종교에 관한 갤럽 여론 조사가 나타내듯, 전 세계적으로 종교와 빈곤 사이에는 강한 상관관계가 나타난다.

그렇다고 해서 단순히 가난을 사람들이 종교를 갖게 하는 원인으로 받아들여서는 안 된다. 돈과 종교의 관계는 그리 단순하지 않다. 오히려 그 역이 진실일 가능성이 크다. 즉 가난이 영적 헌신을 부른다기보다는, 부가 영적 헌신의 부재를 낳는 것일 가능성이

1인당 국내 총생산(GDP)	종교가 일상생활에서 중요하다고 답한 비율(%)
< $2,000	95%
$2,000-$5,000	92%
$5,000-$12,500	82%
$12,500-$25,000	70%
>$25,000	47%

2009년 갤럽이 실시한 국제 여론 조사에 따른 자산 대비 종교의 중요성[21]

변화의 세기

크다. 둘 중 어느 쪽이든, 나는 신앙이 주는 위로와 종교 공동체가 미래에 다시금 중요해지리라 생각한다. 세계의 전통적인 종교는 수 세기 동안 귀족과 하인 모두를 만족시켜왔으며, 계급 사회의 수요에 딱 들어맞는 듯하다. 사회에 계급 구조가 다시금 나타나면서 세계의 신앙이 저절로 늘어날 것으로 보인다.

20세기와 19세기 동안 우리가 경험한 수많은 진보는 뜻밖의 횡재에 가까운, 비정상적인 에너지 소비로 인해 이루어졌다. 따라서 의심의 여지 없이 미래 어느 시점엔가 번복될 것이다. 결론적으로 20세기와 19세기가 가장 큰 변화의 세기였다는 사실이 중요한 이유다. 따라서 이번 세기나 다음 세기에는 20세기보다 더 큰 사회적 변화를 겪을 가능성이 크다. 100년이 넘는 시간이 걸릴지도 모르지만, 우리는 산업화 이전 시대의 극단적인 계급 구조가 재림하는 모습을 보게 될 것이다. 향후 천 년 동안, 서구에서는 일반적인 생활수준이 하향 곡선을 그릴 것이며, 극 부유층의 권력이 강화될 것이다. 사회 구조의 측면에서 볼 때, 2000년보다는 1800년에 가까운 지점으로 회귀하게 될 것이다. 유일한 질문은 그 지점으로 급격히 고통스럽게 나아갈 것인가, 아니면 서서히 나아갈 것인가이다.

밖에서는 태양이 밝게 빛나고 있다. 이곳에 앉아 있으면 수 세기 동안 그래왔듯 모어틴햄스테드 교회의 종소리가 울려퍼지는 소리를 들을 수 있다. 오토바이 소리도 들린다. 엑서터로 이어지는 길모퉁이에서 오토바이 운전자가 스로틀레버를 꽉 쥐고 있다. 천 년 전에 이곳까지 걸어온 뒤, 이 집 밖에 있는 십자가 근처에 서서 하느님의 말씀을 전하고, 결국 이 작은 곳을 인류의 광대한 관계망 속에 넣어준 사제들이 마음속에 떠오른다. 내일 신문에는 국제 위기나 주식 시장 보고서, 살인 재판, 성 추문, 남중국해에서 흔적도 없이 사라진 항공기 같은 현대 생활의 잡동사니가 잔뜩 실려 있을 것이다. 신문을 끝까지 다 읽을 때면, 지난 천 년 동안 변하지 '않은' 것이 무엇인지, 향후 천 년 동안 변하지 않을 것이 무엇인지 궁금해진다. 처음에는 이 질문들이 너무도 거대하고 압도적으로 보였다. 그렇지만 나는 이 질문들을 생각하고 또 생각했다. 그리고 저택의 불가에서 노래를 부르는 음유시인들을 마음속에 그렸다. 셰익스피어의 희극을 보기 위해 수천 명이 좁은 거리의 돌출된 처마 밑을 걸어가는 모습을 상상했다. 17세기에 불빛이라곤 촛불밖에 없는 어두컴컴한 주막에서 술 취한 농장 일꾼들이 고래고래 지르는 고함 소리를 들었다. 그리고 얀 스테인이 그들의 붉은 얼굴을 연구하며 그림 그릴 준비를 하는 모습을 보았다. 단순명쾌한 해답이 나를 미소짓게 했다. 변하지 않은 것들이란, 우리가 살면서 발견한 수많은 귀중한 것들이었다. 사랑, 아름다움, 자녀들, 친구들이 주는 편안함, 농담 따먹기, 함께 먹고 마시는 즐거움, 이야기하기, 재치, 웃음소리, 음악, 바닷소리, 따스한 햇볕, 달과 별 바라보기, 노래하고 춤추기 같은 것들 말이다.

변하지 않을 것들이란? 우리가 한순간 넋을 잃고 빠져드는 모든 것들.

꿈꿀 만한 가치가 있는 모든 것들.

그리고 값을 매길 수 없는 모든 것들이다.

변화의 세기

부록

인구 추정치

1500년도 이전의 초기 수 세기 동안 유럽 인구가 얼마였는지를 정확히 추정하기란 매우 어렵다. 편리하게도 파올로 말라니마는 중세 인구 성장에 관한 논문에서 몇몇 인구통계학자가 추정한 1000년도 유럽 인구 수치를 인용해주었다.[1] B. T. 우를라니스B. T. Urlanis는 1941년에 1000년도 당시 유럽 인구를 5,640만 명으로 추정했으며, J.-N. 비라벤J.-N. Biraben은 1969년에 4,300만 명을 추정치로 내놓았고, J. C. 러셀J. C. Russell은 1973년에 3,850만 명을, C. 매케브디C. McEvedy와 R. 존스R. Jones는 1978년에 3,600만 명을, H. 르 브라스H. Le Bras는 1993년에 4,300만 명을, A. 매디슨A. Maddison은 3,920만 명을, 말라니마 본인은 2009년에 4,700만 명이라는 추정치를 내놓았다. 최고치와 최저치를 제외하고 나머지를 평균한 수치는 4,210만 명이다. 1500년도의 유럽 인구에 관해서는, 동일한 통계학자들이 다음과 같은 추정치를 내놓았다. 우를라니스 1억 40만 명, 비라벤 8,400만 명, 러셀 8,180만 명, 매케브디와 존스 8,100만 명,

르 브라스 8,400만 명, 매디슨 8,770만 명, 말라니마 8,480만 명. 다시 한 번, 최고치와 최저치를 제외하고 나머지를 평균하면 8,450만 명이란 수치가 나온다. 1500년도 인구에 관해서는 거의 의견이 일치하는 셈이다. 이 인구통계학자들 가운데 가장 초창기에 연구했던 우를라니스만이 8,400만 명에서 +/-370만 명이라는 범위 밖으로 추정치를 내놓았다. 최근에 국가 데이터베이스를 이용하여 새로이 수치를 계산한 마시모 리비 바치Massimo Livi Bacci도 8,400만 명이라는 수치를 받아들였다.[2]

1500년도 이전의 인구 추정치들은 그 범위가 매우 넓다는 점을 고려하여, 나는 기록이 문서로 가장 잘 남아 있는 세 나라의 인구 추정치를 다시 검토하면서, 나만의 추정치를 이끌어낼 핵심을 만들 수 있었다. 다행스럽게도 이 세 나라는 각각 북유럽(잉글랜드), 중부 유럽(프랑스), 남유럽(이탈리아)에 위치하여 합리적으로 유럽을 대표한다.

잉글랜드

표 1.1과 1.2에 나오는 1086년부터 1541년 사이의 수치들은 워릭 대학교의 스티븐 브로드베리Stephen Broadberry, 브루스 M. S. 캠벨Bruce M. S. Campbell, 바스 판 레이우엔Bas van Leeuwen의 논문「잉글랜드 중세 인구: 시계열 및 횡단면 증거의 조화English Medieval Population: reconciling time series and cross-sectional evidence」(2010)를 기초로 한 수치다.[3] 이 수치들은 1348년부터 1351년 사이에 인구가 46퍼센트 감소했음을 시사한다. 반면 올레 베네딕토Ole Benedictow의 연구는 이 시기 잉글랜드의 사망률 수치로 62.5퍼센트를 제시한다.[4] 이 서로 다른 수치들을 조화시키려면, 베네딕토가 제시한 납세자 사망률은 전체 인구 사

연도	인구	연도	인구	연도	인구
1086	1.71	1240	4.15	1400	2.08
1100	1.84	1260	4.30	1420	2.04
1120	2.07	1280	4.46	1440	1.96
1140	2.32	1300	4.35	1460	1.96
1160	2.61	1320	4.40	1480	2.08
1180	2.93	1340	4.57	1500	2.21
1200	3.37	1360	2.57	1520	2.34
1220	3.98	1380	2.44	1540	2.82

표 1.1 잉글랜드의 20년당 추정 인구수(단위: 백만 명)

망률보다 살짝 낮은 50~55퍼센트이며, 납세자 집단이 워릭 대학교 연구팀이 이용한 자료에 반영된 모집단에 더 가깝다는 점에 주목해야 한다. 그럼에도 약간의 불일치는 남는다. 비록 4퍼센트에서 9퍼센트에 불과하지만 말이다. 베네딕토가 제시한 55퍼센트의 인구 감소율을 잉글랜드 전체에 적용한 뒤 역추정하면, 1300년에는 580만 명, 1200년에는 400만 명, 1100년에는 220만 명이라는 추정치가 나온다. 토지대장이 작성되었을 시기의 잉글랜드 인구가 200만 명이었음을 나타내는데, 이는 불가능한 수치가 아니다. 그러나 워릭 대학팀이 제시한 수치는 하나의 표본에서 사망률을 골라 다른 표본에 적용하는 식으로는 복제할 수 없는 무결성을 지니고 있다. 가령 베네딕토의 높은 사망률 표본은 워릭 대학팀의 표본보다 1348년 이전에 더 큰 인구 성장을 보였을 수도 있다. 게다가 워릭 대학팀은 잉글랜드 인구수가 481만 명으로 정점에 달했을 것으로 추정되는 1348년의 농업 생산량을 분석하면서, 그 정도 생산량으로는 100만 명을 추가로 먹여 살리기는커녕 당시 인구를 먹여 살리기도 어려웠을 거라고 계산했다. 1700년 이전에 잉글랜드는 540만 명 이상의 인구를 유지하지 못했다. 진실은 아마도 양극단 사이 어딘가에, 즉 워릭 대학교 연구팀이 채택한 모형과 540만 명이라는 추정치 사이에 있을 것이다. 그러나 나는 워릭 대학교 연구팀의 추정치를 액면 그대로 사용하기로 했다. 1300년도의 잉글랜드 인구를 과대평가하지 않고, 나아가 전체 유럽 인구를 과대평가하지 않기 위해서다.

표 1.2에서 1000년도 잉글랜드 인구수로 제시한 150만 명이란 수치는, 1050년경까지는 인구가 아주 서서히 증가했으며 이후로 인구 증가율이 12세기에 0.58퍼센트에 도달할 때까지 점점 더 빠르게 증가했다는 가정에 기반을 둔 어림수이다. 150만 명이라는 추정치는 1000~1086년 동안 연평균 인구 증가율이 0.15퍼센트를 약간 넘었음을 시사한다. 후기 세기에 관한 자료의 출처는 미주에 기록되어 있다.[5]

프랑스

표 1.2의 1000~1400년도 수치는 본래 J. C. 러셀의 연구에서 도출된 수치다.[6] 표에서는 프랑스 인구수가 높게 나타나는데, 이는 페르디낭 로트Ferdinand Lot가 1328년도 난로세hearth tax에 기초하여 추정한 1328년도 프랑스 인구 2,200만 명에 부합하는 수치다. 노먼 파운즈Norman Pounds와 찰스 룸Charles Roome이 이후에 각각 수행한 난로세 연구는 로트가 계산한 인구밀도를 서로 독립적으로 지지한다.[7] 프랑스 인구를 2,000만 명 이상으로 보는 수치는 베데딕

	잉글랜드	%	프랑스	%	이탈리아	%	합계	%
1000	1.50	-	7.00	-	5.80	-	14.30	-
1100	1.84	23%	8.06	15%	7.00	21%	16.90	18%
1200	3.37	83%	11.96	48%	9.90	41%	25.23	49%
1300	4.35	29%	20.41	71%	12.50	26%	37.26	48%
1400	2.08	-52%	12.26	-40%	8.00	-36%	22.34	-40%
1500	2.21	6%	16.70	36%	9.00	13%	27.91	25%
1600	4.162	89%	19.60	17%	13.273	47%	37.035	33%
1700	5.211	25%	22.60	15%	13.481	2%	41.292	11%
1800	8.671	66%	28.70	27%	18.092	34%	55.463	34%
1900	30.072	247%	40.681	42%	32.966	82%	103.719	87%
2000	49.139	63%	59.268	46%	56.996	73%	165.402	59%

표 1.2 잉글랜드, 프랑스, 이탈리아의 인구수(단위: 백만 명).
모든 합계와 백분율은 소수점 이하 둘째 자리나 셋째 자리까지 반올림하기 전에 계산되었음.

토가 제시한 1347~1351년 동안 프랑스에서 나타난 높은 사망률 (50~60퍼센트) 수치에 부합한다. 국립 통계경제연구소National Institute of Statistics and Economic Studies, INSEE의 웹페이지는 1328년에 프랑스 왕국의 2만 4,150교구에 난로 241만 1,149개가 등록되어 있었으므로 당시 프랑스 인구가 대략 1,900만 명이었다고 시사하는데, 이는 로트의 추정보다 300만 명 적은 수치다.[8] 위의 사실을 염두에 두고, 나는 흑사병 유행 이전에 인구가 급격히 증가하지는 않았으며, 1340년에 프랑스 인구가 정점인 2,100만 명이 되었다는 가정하에 1300년도 프랑스 인구를 2,040만 명으로 추정했다. 이것은 1700년 잉글랜드의 지속 가능한 최대 인구수로 여겨졌던 1제곱마일당 103명보다 적은 수치이며, 1700년 프랑스의 지속 가능한 최대 인구수로 여겨진 2,260만 명(1제곱마일당 92명)보다 적은 수치다. 그리고 베네딕토의 추정 사망률을 적용하면, 1347년부터 1351년까지 프랑스 인구는 50퍼센트 감소했다고 추정할 수 있다. 프랑스 인구에 관해 합리적으로 신뢰할 수 있는 다음 수치는 16세기 중반의 1,950만 명이라는 수치다.[9] 2,100만 명이 인구 50퍼센트가 사망하는 사건을 겪고 나서 1550년에 1,950만 명이 될 정도로 성장하려면, 그 사건 이후로 인구가 연평균 0.31퍼센트만큼 성장했어야 한다. 이 수치를 적용하면, 1450년의 프랑스 인구는 대략 1,430만 명이었다. 이 수치는 1450년경 프랑스의 인구밀도가 1328년의 약 3분의 2였다는 파운즈와 룸의 추정에 가까운 수치다. 그러므로 표 1.2에서는 이 수치를 채택했다. 후기 세기에 관한 자료의 출처는 미주에 기록되어 있다.[10]

이탈리아

페데리코Federico와 말라니마가 2004년도 논문에서 제시한 인구수에 베네딕토가 제시한 이탈리아의 높은 페스트 사망률(50~60퍼센트)을 적용하면, 1347년부터 1351년의 페스트 유행 이전에 이탈리아 인구는 대략 1,490만 명이었다고 제시할 수 있다.[11] 이는 1제곱마일당 128명에 해당하는 수치로, 지속 가능한 최대 인구수로 제시된 1700년 잉글랜드의 103명이나 1700년 프랑스의 92명보다 크게 높은 수치다. 1700년에 네덜란드와 벨기에가 각각 1제곱마일당 153명과 172명이라는 높은 인구밀도를 달성했다는 사실에서 드러나듯, 무역망이 잘 갖춰져 있으면 더 높은 인구밀도가 나타날 수 있지만, 1300년의 이탈리아가 1700년 혹은 그 이전의 이탈리아보다 훨씬 더 많은 인구를 유지할 수 있었다고 보기는 어렵다. 무역 진보가 있었다고 한들, 이탈리아 주변에 대량의 잉여 식량을 생산하는 동시에 식량을 이탈리아로 손쉽게 운송할 수 있는 국가가 몇 없었기 때문이다. 이러한 이유로 베네딕토가 추정한 이탈리아의 흑사병 사망률 범위는 과대평가의 오류를 범한 것으로 보인다. 그렇지만 페데리코와 말라니마가 논문을 작성한 시점에는 베네딕토의 흑사병 관련 사망률 수치가 발표되지 않았으므로, 두 사람은 1300년도에 이탈리아 인구가 1,300만 명이었을 가능성을 고려하지 않은 듯하다. 그러므로 나는 말라니마가 「전근대 유럽 경제Pre-modern European Economy」(2009)의 1장에서 상향 조정하여 제시한 1300년도 이탈리아 인구인 1,250만 명을 선호한다. 후기 세기에 관한 자료의 출처는 미주에 기록되어 있다.[12]

유럽과 세계

표 1.2는 부록의 시작부에서 간략히 설명한 인구 추정치들과는 사뭇 다른 수치를 제시한다. 리비 바치가 제시한 1550년 수치들에 따르면 잉글랜드, 프랑스, 이탈리아 인구는 유럽 전체의 35퍼센트에 달했다. 말라니마는 1500년도에 잉글랜드, 웨일스, 프랑스, 이탈리아 인구가 유럽 전체 인구 8,485만 명 가운데 2,750만 명을 차지했다고 제시했는데, 여기서 웨일스 인구 30만 명을 제외하면 잉글랜드, 이탈리아, 프랑스가 전체 유럽 인구의 32퍼센트를 차지했음을 뜻한다. 계속해서 말라니마의 추정치를 사용해보면, 3개국의 인구는 1400년에 유럽 전체 인구의 33퍼센트를 차지했으며, 1300년에는 34.9퍼센트를, 1200년에는 34퍼센트를, 1100년에는 35퍼센

트를, 1000년에는 34.5퍼센트를 차지했다. 이것은 모두 32퍼센트 이상 35퍼센트 이하에 속하는 대단히 일관적인 수치로 보인다. 표 1.2의 1500년, 1600년, 1700년 수치 역시 이들 3개국이 농업 혁명 이전에 지속적으로 전체 유럽 인구의 33퍼센트를 차지했음을 시사한다. 3개국 인구를 이용하여 전체 유럽 인구를 추정할 수 있다고 본다면, 3개국 인구를 전체 유럽의 33퍼센트에 해당하는 표본으로 삼은 뒤, 표 1.2에 나오는 수치에 1/0.33을 곱하면 된다. 그러면 표 1.3의 'A 기법'에 나오는 전체 유럽 인구 추정치가 나온다. 혹은 'B 기법'에서처럼 표 1.2에서 계산한 인구 증감률을 활용하여 1500년의 8,400만 명이라는 수치로부터 세기별 인구수를 역추정하는 방법을 사용할 수도 있다. 두 방법으로 도출한 수치는 부록의 시작부에서 언급한 인구통계학자들의 평균 추정치인 4,210만 명과 거의 일치한다. 또한 말라니마가 제시한 1200년부터 1400년까지의 수치(다른 인구통계학자들의 추정치와 비교하면 높은 편에 속한다)와도 밀접한 관련이 있다. 그러나 1300년에 관한 수치는 앞서 언급한 어떤 인구통계학자가 제시한 수치보다도 훨씬 높다.

A 기법과 B 기법의 기반이 된 표 1.2에 나오는 수치는 유럽에서 이용할 수 있는 가장 신뢰성 높은 자료에 근거한 수치다. 3개국 인구가 1300년도에만 유럽 전체 인구의 33퍼센트에서 크게 벗어날 것이라고 가정할 만한 이유는 없다. 그러므로 1300년도에는 유럽 인구가 1억 1,200만 명까지 증가했던 것으로 보인다. 1700년에 또다시 3개국의 인구가 3,700만 명 이상으로 증가했을 때, 유럽 대륙 전체의 인구가 1억 2,500만 명에 달했다는 사실은 눈여겨볼 만하다. 게다가 당시는 농업 혁명이 일어나기 전이었으므로, 유럽이 흑사병 이전에도 1억 1,200만 명의 인구를 지탱할 수 있었다는 이

연도	말라니마 (2009)	증감률(%)	A 기법 (1/0.33의 비율로 비례하여 추정)	B 기법 (1500년도 인구 8,400만에서 역추정)	증감률(%)
1000	47.1	-	43.3	43.1	
1100	55.6	18%	51.2	50.9	18%
1200	76.7	38%	76.4	75.9	49%
1300	93.6	22%	112.9	112.2	48%
1400	67.8	28%	67.7	67.3	-40%
1500	84.8	25%	84.5	84.0	30%

표 1.3 1000년부터 1500년까지의 유럽 인구 추정치 (단위: 백만 명)

론 또한 뒷받침한다.

　　과거 유럽의 인구통계학자들이 이런 이론을 제시하지 않았던 이유는, 아마도 흑사병 사망률이 대단히 높았음을 인식하지 못해서였을 것이다. 베네딕토가 제시한 흑사병 사망률은, 흑사병이 2004년 이전의 대부분의 인구통계학자들이 상상했던 것보다 훨씬 더 큰 인구 감소를 일으켰음을 시사한다. 그렇다고 해서 우리가 베네딕토가 결론 내린 인구 감소치를 액면 그대로 받아들였다고 가정해서는 안 된다. 조심스러운 추정을 위해 베네딕토의 연구가 보여주는 사망률 수치보다 훨씬 낮은 수치를 사용했기 때문이다. 많은 역사학자들은 1300년도에 잉글랜드 인구로 500만 명 이상을 제시했고, 로트는 프랑스 인구로 2,200만 명을 제시했다. 만약 우리가 잉글랜드에서 1348년부터 1351년까지 나타난 인구 감소율을 55퍼센트로 본다면 — 이는 여전히 베네딕토의 추정치

연도	유럽	증감률 (%)	세계	증감률 (%)
1000	43	-	254	12%
1100	51	18%	301	19%
1200	76	49%	400	33%
1300	112	48%	432	8%
1400	67	-40%	374	-13%
1500	84	25%	460	26%
1600	111	38%	579	31%
1700	125	13%	679	17%
1800	195	56%	954	41%
1900	422	116%	1,633	71%
2000	729	73%	6,090	273%

표 1.4 유럽 및 세계 인구 (단위: 백만 명)

인 62.5퍼센트보다 상당히 낮은 수치다 — 우리는 이를 이용하여 1300년 잉글랜드 인구를 580만 명으로 재구성할 수 있다. 그러면 표본인 3개국의 인구수는 총 100만 명 증가하게 된다. 로트의 연구를 근거로 프랑스 인구에 추가로 100만 명을 더하면, 유럽 전체 인구로 1억 2,000만 명에 근접한 수치를 제시할 수 있다. 그러므로 1300년의 유럽 전체 인구를 1억 1,200만 명으로 추정하는 것은, 지금까지 제시된 그 어떤 추정치보다도 높을지언정 여전히 보수적인 추정이다.

나는 표 1.4에서 B 기법으로 추정한 수치를 이 책 전체에서 사용했다. 1500년부터의 유럽 인구수는 리비 바치가 「유럽 인구사

Population History of Europe」8~9쪽에서 제시한 수치를 그대로 사용했다. 그리고 2000년도의 유럽 인구수는 유엔 경제사회국 인구부United Nations, Department of Economic and Social Affairs, Population Division의 보고서「세계 인구 전망: 2012년도 개정판World Population Prospects: The 2012 Revision」(2013)에서 나온 수치다. 표 1.4의 세계 인구 수치는, 미국 인구조사국US census bureau을 인용한 J.-N. 비라벤의 수치를 사용했다.[13] 내가 사용한 세계 인구 수치는 1300년도 유럽의 높은 인구를 설명할 수 있도록 조정한 수치가 아니다.

주

* 달리 명시하지 않은 한, 출판 장소는 런던이다.

11세기

1   유럽의 주화 주조량에 관해서는 다음을 참조하길 바란다. N. J. G. Pounds, *An Economic History of Medieval Europe* (1974), p. 99. 2012년 4월에 헨리 페어베언 (Henry Fairbairn)이 런던 중세학회에 투고한 논문은 데번과 콘월의 주화 비축량이 부족함을 보여주었는데, 이는 내 관심을 끌었다.

2   C. H. Haskins, *The Renaissance of the Twelfth Century* (2nd edn, 1955, 5th imp., 1971), p. 72.

3   데번의 수치는 다음 저서에 더 자세히 나와 있다. Bill Hardiman and Ian Mortimer, *A Guide to the History and Fabric of St Andrew's Church, Moretonhampstead* (Friends of St Andrew's, 2012), pp 4-5. 파더보른의 수치는 다음을 참조하길 바란다. *The New Cambridge Medieval History*, vol. 3, p. 46.

4   Christopher Holdsworth, *Domesday Essays* (Exeter, 1986), p. 56; Neil S. Rushton, 'Parochialisation and Patterns of Patronage in 11th Century Sussex', *Sussex Archaeological Collections,* 137 (1999), pp. 133-52, at p. 134.

5   Rushton, 'Parochialisation', Appendix 1.

6   다음을 인용했다. Pierre Bonassie, trans.Jean Birrell, *From Slavery to Feudalism in South-western Europe* (Cambridge, 1991), p. 1.

7   대교황 그레고리오 1세에 관한 인용은 다음 저자의 표현을 다르게 표현한 것 이다. Frederik Pijper, 'The Christian Church and Slavery in the Middle Ages',

American Historical Review,14, 4 (July 1909), pp. 675-95, at p. 676. 성 게랄두스에 관한 주석은 다음을 인용한 것이다. Bonassie, *Slavery to Feudalism*, p. 55.

8   John Gillingham, 'Civilising the English? The English Histories of William of Malmesbury and David Hume', *Historical Research,* 74, 183 (February 2001), pp. 17-43, esp. p. 36. 이에 관해 알려준 마크 모리스 박사에게 감사를 표한다.

9   Plinio Prioreschi, *A History of Medicine. Vol. y: Medieval Medicine* (Omaha, 2003), p. 171

10 Marc Morris, *The Norman Conquest* (2012), p. 334.

11 Michael Hart, *The 100* (1st edn, 1978, 2nd edn, 1992).

12세기

1   Maurice Keen, *Chivalry* (1984), p. 88.

2   John Langdon, *Horse, Oxen and Technological Innovation* (Cambridge, 1986), p. 98.

3   Geoffrey Parker, *The Global Crisis: War, Climate Change and Catastrophe in the Seventeenth Century* (2013), p. 17.

4   David Knowles and R. Neville Hadcock, *Medieval Religious Houses: England and Wales* (2nd edn, 1971), p. 494; John T. Appleby, *The Troubled Reign of King Stephen* (1969), p. 191.

5   Jacques LeGoff, trans. Arthur Goldhammer, *The Birth of Purgatory* (1986), pp. 222-3.

6   C. H. Haskins, *The Renaissance of the Twelfth Century* (2nd edn, 1955, 5th imp., 1971), pp. 38-9.

7   Ibid., p. 71.

8   Ralph Norman, 'Abelard's Legacy: Why Theology is Not Faith Seeking Understanding', *Australian eJournal of Theology*, 10 (May 2007), p. 2; M. T. Clanchy, *Abelard: A Medieval Life* (Oxford, 1999), p. 5.

9   찰스 호머 해스킨스에 따르면, "대부분의 아랍 과학은 다른 어떤 방법보다 크레모나의 제라드의 손에 의해 서유럽으로 전파되었다." 다음을 참조하길 바란다. Haskins, *Renaissance*, p. 287.

10 Roy Porter, *The Greatest Benefit to Mankind* (1997), p. 110.

11 Plinio Prioreschi, A History of Medicine. Vol. 5: Medieval Medicine (Omaha, 2003),

pp. 168-9.

12 Vivian Nutton, 'Medicine in Late Antiquity and the Early Middle Ages', in Lawrence I. Conrad et al. (eds), The Western Medical Tradition 800 bc to 1600 ad (Cambridge, 1995), pp. 71-87.

13 Stanley Rubin, Medieval English Medicine (Newton Abbot, 1974), p. 105.

14 Haskins, Renaissance, pp. 322-7.

13세기

1 Maurice Keen, Chivalry (Yale, 1984), p. 87.

2 윈체스터 주교는 서머싯 톤턴에 있는 자신의 장원에서 12세가 넘는 남성에게 관례에 따라 두당 1페니의 인두세를 부과했는데, 주교의 재무 기록에는 1209년부터 연 단위 인두세 수입이 기록되어 있다. 1209년(남성 612명)에 2파운드 11실링 0페니였던 인두세 수입이 1311년(남성 1,488명)에는 6파운드 4실링 0페니로 늘어났다. 매년 0.85퍼센트씩 증가한 셈이다. 다음을 참조하길 바란다. N. J. G. Pounds, An Economic History of Medieval Europe (1974), p. 145.

3 Samantha Letters, 'Gazetteer of Markets and Fairs in England and Wales to 1516', http://www.history.ac.uk/cmh/gaz/ gazweb2.html. 2014년 3월 13일에 다운로드했다.

4 다음을 인용했다. Pounds, *Economic History*, p. 25I.

5 Ibid., p. 100.

6 Fernand Braudel, Civilisation and Capitalism, 15th-18th Centuries (3 vols, 1984), iii, p. 93; Letters, 'Gazetteer of Markets and Fairs'.

7 Braudel, Civilisation and Capitalism, iii, p. 27.

8 Ibid., iii, p. 113. s

9 Letter, 'Gazetteer of Markets and Fairs'.

10 Michael Clanchy, From Memory to Written Record: England 1066-1307 (2nd edn, 1993).

11 다음을 인용했다. W. L. Warren, King John (1961), pp. 245-6.

12 William Woodville Rockhill (ed.), The Journey of William of Rubruck to the Eastern Parts of the World 1253-55 (1900), pp. 211, 223.

1 Robert S. Gottfried, The Black Death (1983), p. 25.

2 다음 저서에서 파커가 제시한 예시를 응용한 것이다. Geoffrey Parker, The Global Crisis: War, Climate Change and Catastrophe in the Seventeenth Century (2013), pp. 19-20.

3 이는 부록에서 내가 조정한 1300년도 유럽 인구 추정치를 기반으로 한다.

4 다음 출처에 의하면, 1348-1351년까지 잉글랜드 지역의 사망률은 62.5퍼센트에 달했다. Ole J. Benedictow, The Black Death, 1346-1353: The Complete History (2004). 45퍼센트라는 사망률에 관해서는 이 책의 부록을 참조하길 바란다.

5 Benedictow, Black Death, p. 283.에서 베네딕토는 다음 출처로부터 마르치오네 디 코포 스테파니(Marchionne di Coppo Stefani)의 말을 번역하여 인용했다. J. Henderson, 'The Black Death in Florence: Medical and Communal Responses', in Death in Towns (1992), p. 145.

6 Benedictow, Black Death, p. 291 (mortality in Florence); Gottfried, Black Death (1983), p. 47 (Boccaccio).

7 Gottfried, Black Death, p. 49.

8 Benedictow, Black Death, p. 356.

9 여러 저자들이 이 잉글랜드 선박에 관해 언급하고 있으며, 베네딕토는 이 사건이 일어난 날짜가 1349년 7월 초였다고 한다. 다음을 참조하길 바란다. Benedictow, *Black Death*, p. 156.

10 Benedictow, Black Death, p. 383.

11 Clifford Rogers, War Cruel and Sharp: English Strategy under Edward III, 1327-1360 (2000), pp. 40-1.

12 Sir Herbert Maxwell (ed.), The Chronicle of Lanercost (1913), p. 271.

13 Ian Mortimer, The Perfect King (2006), pp. 20-1; Rupert Taylor, The Political Prophecy in England (New York, 1911; rep. 1967), pp. 160-4; T. M. Smallwood, 'Prophecy of the Six Kings', Speculum, 60 (1985), pp. 571-92.

14 흔히 에드워드 3세의 궁수들은 웨일스인이었다고 한다. 짐 브래드버리(Jim Bradbury)는 그의 저서 『The Medieval Archer』(Woodbridge, 1985; rep. 1998)에서 이 주장에 관해 길게 다루었으며, 그러한 주장을 뒷받침하는 근거가 부족함을 밝혀 냈다. 사실, 초기 세기에 상당한 전술적 진보를 일으킨 궁수들은 잉글랜드인이었

다. 에드워드 3세의 치세 전반기에 나온 증거들은 이 사실을 입증한다. 1334년에 에드워드 3세와 휘하 귀족들은 각각 481명과 771명의 궁기병을 제공했지만, 같은 시기에 에드워드 3세는 랭커셔에서 궁수 4,000명을 소집하고, 요크셔에서 궁수 5,000명 이상을 소집했다. 내가 집필한 에드워드 3세의 연대기의 다음 부분을 참조하기 바란다. *The Perfect King*, pp. 119-20. 브래드버리가 *Medieval Archer*, p. 84 에서 장궁이 "특정 지역의 특산물은 아니었다"라고 결론내리긴 했지만, 에드워드 3세는 재위 초기에 잉글랜드 북부가 장궁을 대량으로 공급해주길 기대했다. 에드워드 3세의 재위 후기가 되자, 체셔 궁수들은 잉글랜드 제일의 궁수로 이름을 날렸다.

15 Louise Ropes Loomis, The Council of ConstanceP (1961), pp. 316, 456.

16 Ibid., pp. 340-1. 1415년에 잉글랜드에는 대주교가 17명 있었고, 웨일스에는 4명, 스코틀랜드에는 13명(이들은 헨리 5세에게 충성하지 않았다.), 아일랜드에 34명(이들 중 소수는 헨리 5세에게 충성했다.) 있었다.

17 J. R. Lumby (ed.), Chronicon Henrici Knighton, vel Cnitthon, monachi Leycestrensis (2 vols, 1889-95), ii, p. 94.

18 T. B. James and J. Simons (eds), The Poems of Laurence Minot, 1333-1352 (Exeter, 1989), p. 86.

19 Chris Given-Wilson (ed.), Parliamentary Rolls of Medieval England (CD ROM ed., Woodbridge, 2005), Parliament of 1382.

20 Joshua Barnes, The History of that Most Victorious Monarch, Edward III (1688), preface.

21 Rogers, War Cruel and Sharp, p. 1.

15세기

1 이에 관해 더 자세히 알고 싶다면, 다음을 참조하길 바란다. Ian Mortimer, 'What Hundred Years War?', *History Today* (October 2009), pp. 27-33. 27-33.

2 C. R. Boxer, The Portuguese Seaborne Empire 1415-1825 (1969), p. 26.

3 지구의 둘레를 정확히 측정한 사람들도 있었다. 고대인이었던 에라토스테네스(Eratosthenes)와 포세이도니오스(Posidonius)는 둘 다 불과 수천 마일의 오차로 지구의 둘레를 알아내는 데 성공했으나, 콜럼버스는 이들의 연구에 관해 알지 못

했다.

4 Jean Gimpel, *The Medieval Machine* (2nd edn, i988), p. i53. 방울방울 떨어지는 수은으로 작동하는 천문 시계가 1270년대의 카스티야어 필사본에 등장한다.

5 Ian Mortimer, The Perfect King (2006), p. 288.

6 Gimpel, Medieval Machine, p. 169.

7 Lynn White Jr, Medieval Technology and Social Change (OUP paperback edn, 1964), pp. 125-6; Ian Mortimer, The Fears of Henry IV (2007), pp. 92-3.

8 White, Medieval Technology, p. 127.

9 The National Archives, Kew, London: DL 28/1/2 fol. 15v.

10 Lucy Toulmin Smith (ed.), Expeditions to Prussia and the Holy Land Made by Henry Earl of Derby (1894), p. 93.

11 Chris Woolgar, The Senses in Medieval England (2006), p. 139. 값싼 거울 2개는 각각 15실링 5펜스와 7실링 9펜스의 가치가 있었고, 보석으로 장식한 세 번째 거울에는 13파운드 10실링의 가치가 있었다.

12 구텐베르크가 인쇄기를 '발명'한 것이 아니라, 누군가에게 아이디어를 배웠을 가능성도 있다. 잘 알려진 바와 같이, 중국인들은 서양인들보다 몇 세기 일찍 인쇄에 관해 알고 있었으며, 한국인들은 구텐베르크보다 몇십 년 전에 가동 활자를 사용했다. 또한 하를렘의 라우런스 얀스존 코스터르(Laurens Janszoon Coster)는 1420년대 초부터 화재가 그의 고향을 파괴하기 전까지, 목재 가동 활자를 써서 라틴어 글을 인쇄했다고 한다. 서양에서는 틀림없이 구텐베르크의 발명보다 수십 년 일찍부터 인쇄용 목판이 사용되었다. 이에 관해서는 다음을 참조하길 바란다. Asa Briggs and Peter Burke, *A Social History of the Media* (2005), p. 31.

13 Ibid., p. 33.

14 Evan T. Jones and Alwyn Ruddock, 'John Cabot and the Discovery of America', Historical Research, 81 (2008), pp. 224-54.

16세기

1 Asa Briggs and Peter Burke, A Social History of the Media (2005), p. 13.

2 Ibid., p. 15.

3 Roy Porter, The Greatest Benefit to Mankind (1997), p. 132.

4 W. B. Stephens, 'Literacy in England, Scotland and Wales 1500‑1900', History of Education Quarterly 30, 4 (1990), pp. 545‑71, at p. 555.

5 왕에게 저항한 다른 잉글랜드인의 예시는 다음과 같다. 헤리포드 주교와 링컨 주교는 에드워드 2세에게 적극적으로 저항했으며, 캔터베리의 대주교 존 스트래포드(John Stratford)는 에드워드 3세에게 저항하려 시도했고, 캔터베리의 대주교 토머스 아룬델(Thomas Arundel)은 리처드 2세에게 대항했고, 요크의 대주교 리처드 스크로프(Richard Scrope)는 헨리 4세의 정부에 대항했고, 보퍼트(Beaufort) 추기경은 헨리 4세를 퇴위시키려고 시도했다.

6 William P. Guthrie, The Later Thirty Years War (2003), p. 16; Geoffrey Parker, 'The Military Revolution 1560‑1660 ‑ a Myth?', Journal of Modern History, 48, 2 (1976), pp. 195‑214, at p. 199.

7 이 논의는 마이클 로버츠(Michael Roberts)에 의해 시작되었다. 다음을 참조하길 바란다. *The Military Revolution 1560‑1660* (Belfast, 1956).

8 등자의 도입에 관해서는 다음을 참조하길 바란다. Lynn White Jr, *Medieval Technology and Social Change* (OUP paperback edn, 1964), pp. 1‑39, esp. p. 24.

9 게다가 일본의 경우는 적어도 그러한 국가들에서, 야심차고 강력한 정부가 총기 수요를 이끌어냈으며, 그 역은 성립하지 않음을 보여준다. 다음을 참조하기 바란다. Stephen Morillo, 'Guns and Government: A Comparative Study of Europe and Japan', *Journal of World History*, 6, 1 (1995), pp. 75‑106. 항목 참조Stephen Morillo, 'Guns and Government: A Comparative Study of Europe and Japan', *Journal of World History*, 6, 1 (1995), pp. 75‑106.

10 Parker, 'Military Revolution', p. 206.

11 Geoffrey Parker, Global Crisis: War, Climate Change and Catastrophe in the Seventeenth Century (2013), p. 32.

12 C. R. Boxer, The Portuguese Seaborne Empire (1969), p. 49.

13 인구 100만 명당 110명은 살인율이 성인 100만 명당 165명에 달했던 닷지 시티와 대동소이한 수치다. 다음을 참조하길 바란다. Carl I. Hammer Jr, 'Patterns of Homicide in a Medieval University Town: Fourteenth‑century Oxford', Past & Present, 78 (1978), pp. 3‑23, at pp. 11‑12; andolph Roth, 'Homicide Rates in the American West', http://cjrc.osu. edu/homicide‑rates‑american‑west‑randolph‑roth. 웹사이트 자료는 2014년 1월 20일에 다운로드한 자료다.

14 Manuel Eisner, 'Long‑term Historical Trends in Violent Crime', Crime and Justice,

변화의 세기

30 (2003), pp. 83-142, at p. 84.

15 이 그래프는 Eisner, 'Long-term Historical Trends'. 의 수치에 근거하여 작성되었다. 이 그래프의 1500년도 잉글랜드 수치는 1400년과 1600년 수치의 단순 평균치고, 이탈리아의 1700년도 수치는 1650년과 1750년 수치의 단순 평균치다.

16 Stephen Pinker, The Better Angels of Our Nature (2011), pp. 77-97.

17 Ibid., pp. 91-2.

18 Stephen Broadberry, Bruce Campbell, Alexander Klein, Mark Overton and Bas van Leeuwen, *British Economic Growth 1270-1870* (20ii). 전체 통계 수치를 보고 싶다면, 위 논문의 결론부 '개인적 풍요' 항목의 1인당 GDP 표를 참조하길 바란다.

19 B. R. Mitchell, British Historical Statistics (1988, paperback edn, 2011), pp. 166-9.

20 Pinker, Better Angels, p. 89.

21 Azar Gat, 'Is War Declining - and Why?', Journal of Peace Research, 50, 2 (2012), pp. 149-57, at p. 149.

22 Eisner, 'Long-term Historical Trends', p. 107, quoting Randolph Roth, 'Homicide in Early Modern England, 1549-1800: The Need for a Quantitative Synthesis', Crime, History and Society, 5, 2 (2001), pp. 33-68.

23 다음을 인용했다. Henry Kamen, The Iron Century: Social Change in Europe 1550-1660 (1971), p. 6.

17세기

1 Henry Kamen, The Iron Century: Social Change in Europe 1550-1660 (1971), p. 13 (Geneva and Paris); E. A. Wrigley and R. S. Schofield, The Population History of England 1541-1871: A Reconstruction (1981), pp. 532-3.

2 Geoffrey Parker, The Global Crisis: War, Climate Change and Catastrophe in the Seventeenth Century (2013), p. 17.

3 Ibid. pp. 17, 57.

4 Cecile Augon, Social France in the XVIIth Century (1911), pp. 171-2, 189, quoted in the Internet Modern History Sourcebook, http:// www.fordham.edu/halsall/mod/17france-soc.asp. 2014년 1월 22일에 다운로드. (200 dying by roadside);

Kamen, Iron Century, pp. 34-5 (rotting flesh).

5   Parker, Global Crisi, p. 100.

6   군인들의 키에 관해서는 다음을 참고하기 바란다. ibid. p. 22.

7   James Sharpe, Instruments of Darkness: Witchcraft in Early Modern England (1996; paperback edn, 1997), pp. 256, 257.

8   이 그래프에 쓰인 자료의 출처는 다음과 같다. Ian Mortimer, 'Medical Assistance to the Dying in Provincial Southern England, circa 1570-1720' (University of Exeter PhD thesis, 2 vols, 2004), pp. 92-3, tables 2.3-2.5. 이 자료의 기초가 되는 표본은 캔터베리 교구에서 사망한 남성의 사유지와 관련된 9,689개의 공증 장부다. 그래프에 명시된 년도는 1570-1599, 1600-1629, 1630-1659 (1649), 1660-1689, 1690-1719 기간의 중간 연도에 해당한다. 단, 1650-1659년 사이의 자료는 존재하지 않으므로, '1645년'으로 명시된 자료는 1630-1649년 자료에 해당한다. 같은 자료를 기반으로 하지만 망자의 지위를 반영하도록 조정한 그래프는 다음 논문에서 살펴볼 수 있다. Ian Mortimer, *The Dying and the Doctors: The Medical Revolution in Seventeenth-Century England* (Royal Historical Society, 2009), pp. 19-20.

9   Teerapa Pirohakul and Patrick Wallis, 'Medical Revolutions? The Growth of Medicine in England, 1660-1800', LSE Working Papers no. 185 (January 2014). http://www.lse.ac.uk/economicHistory/workingPapers/2014/WP185.pdf. 다운로드 일자는 2014년 4월 29일이다.

10 Ian Mortimer, 'Index of Medical Licentiates, Applicants, Referees and Examiners in the Diocese of Exeter 1568-1783', *Transactions of the Devonshire Association,* 136 (2004), pp. 99-134, at p. 128. 조슈아 스미스는 '모어턴햄스테드의' 스미스라 칭할 자격이 있었을 뿐만 아니라, 실제로 모어턴햄스테드에 살았다. 1666년에는 그의 아들이 그곳에서 세례를 받았고, 1672년에는 그가 그곳에 묻힌 것을 보면 알 수 있다. 그의 아들도 이름이 조슈아였는데, 아들도 1700년에 수술 면허를 땄다.

11 다음을 인용했다. Ralph Houlbrooke, Death, Religion and the Family in England 1480-1750 (Oxford, 1998), pp. 18-19.

12 다음을 참조하길 바란다. Mortimer, Dying and the Doctors, p. 211.

13 http:/ /www2.census.gov/prod2/statcomp/documents/CT1970 p2-13.pdf. 자료 다운로드 일자는 2014년 1월 2일이다.

14 http://www.lib.utexas.edu/maps/historical/ward_i9i2/amer ica_north_ colonization_1700.jpg. 자료 다운로드 일자는 2014년 1월 2일이다.

15   Fernand Braudel, Civilisation and Capitalism. Vol. 3: The Perspective of the World (1979), p. 190; C. R. Boxer, The Portuguese Seaborne Empire (1969), p. 114.

16   Braudel, Civilisation and Capitalism, p. 522.

17   Joan Thirsk and J. P. Cooper, Seventeenth Century Economic Documents (Oxford, 1972), p. 780.

18   Jancis Robinson, The Oxford Companion to Wine (Oxford, 1994), p. 363.

19   Kamen, Iron Century, p. 167.

20   Faramerz Dabhoiwala, The Origins of Sex (2012), p. 43.

18세기

1   Shakespeare's England: An Account of the Life and Manners of his Age (2 vols, 1917), i, p. 202.

2   R. C. Tombs, The Bristol Royal Mail: Post, Telegraph, and Telephone (n.d.), p. 11.

3   다음을 예시로 들 수 있다. *Plymouth and Dock Telegraph and Gazette* for 4 May 1822. 이 책의 두 번째 장서표에는 이에 관한 삽화가 실려 있다.

4   Fernand Braudel, Civilisation and Capitalism. Vol. 3: The Perspective of the World (1979), pp. 316–17.

5   Asa Briggs and Peter Burke, A Social History of the Media (2005), p. 81.

6   오크니에는 석 달 동안이나 제임스 2세가 퇴위했다는 소식이 전해지지 않았다고 한다. J. H. Markland, 'Remarks on the Early Use of Carriages', *Archaeologia,* 20 (1824), p. 445.

7   London Magazine, 3 (July–Dec. 1784), p. 313.

8   Gentleman's and London Magazine, or Monthly Chronologer (1785), p. 86.

9   Mark Overton, http://www.ehs.org.uk/dotAsset/c7197ff4-54c5-4f85-afad-fb05c9a5e1e0.pdf ('caricature'); http://www.bbc. co.uk/history/british/empire_seapower/agricultural_revolution _01.shtml (derogatory assessments). 두 자료 모두 2014년 1월 30일에 다운로드했다.

10   John Mortimer, The Whole Art of Husbandry or the Way of Managing and Improving Land (2 vols, 4th edn, 1716), i, pp. 32–3, 131, 157–60; ii, p. 177.

11   Liam Brunt, 'Mechanical Innovation in the Industrial Revolution: The Case of

Plough Design', Economic History Review, New Series, 56 (2003), pp. 444-77.

12 감자 농사는 확실히 도움이 되었지만, 1801년에 감자 농사를 짓는 농경지는 전체 농경지의 2퍼센트 미만이었다. 다음을 참조하길 바란다. Agricultural Revolution in England (Cambridge, 1996), p. 102.

13 E. A. Wrigley, 'The Transition to an Advanced Organic Economy: Half a Millennium of English Agriculture', Economic History Review, New Series, 59, 3 (August 2006), pp. 435-480 at p. 440.

14 Wrigley, 'Transition', p. 451.

15 Claude Masset, 'What Length of Life Did Our Forebears Have?', Population & Societies, 380 (2002), www.ined.fr/fichier/t_publi cation/474/publi_pdf2_pop_ and_soc_english _380.pdf (down\-loaded 27 January 2014), quoting Élise de La Rochebrochard, 'Age at Puberty of Girls and Boys in France: Measurements from a Survey on Adolescent Sexuality', Population: An English Selection, 12 (2000), pp. 51-80; Peter Laslett, 'Age at Menarche in Europe since the Eighteenth Century', Journal of Interdisciplinary History, 2, 2 (1971), pp. 221-36.

16 Ian Davidson, 'Voltaire in England', Telegraph, 9 April 2010.

17 http://www.constitution.org/jjr/ineq_04.htm. 2014년 2월 24일에 다운로드.

18 Faramerz Dabhoiwala, The Origins of Sex (2012), pp. 57-9.

19 Ibid. p. 66.

20 Ibid. pp. 103 (Locke), 108 (Hume).

21 Cyril Bryner, 'The Issue of Capital Punishment in the Reign of Elizabeth Petrovna', Russian Review, 49 (1990), pp. 389-416, at pp. 391 (abolition), 416 (unpopularity).

22 1651년부터 1690년까지 암스테르담에서는 824건의 사형이 집행되었고, 1761년 부터 1800년까지는 839건이 집행되었다. 도시의 인구가 18만 명에서 22만 명 으로 증가한 점을 고려할 때, 사형 집행률이 6분의 1만큼 감소한 셈이다. 다음 을 참조하길 바란다. Petrus Cornelis Spierenburg, The Spectacle of Suffering (Cambridge, 1984), p. 82. 82. 런던 올드 베일리의 판사들은 1680년부터 1699년 까지의 20년 동안 총 6,244건의 사건을 심리했고, 1,082건의 사형(17.3퍼센트)을 선고했다. 한 세기가 지난 1780년부터 1799년까지, 올드 베일리 판사들은 1만 4,971건의 사건을 심리하고, 1,681건의 사형(11.2%)을 선고했다. 이 수치의 출처 는 다음과 같으며, 다운로드 일자는 2014년 4월 27일이다. Figures from http:// www.oldbaileyon line.org//

23   Murray Newton Rothbard, Economic Thought before Adam Smith: An Austrian Perspective on the History of Economic Thought (2 vols, 1995; 2nd edn, 2006), i, p. 346.

24   Juliet Gardiner and Neil Wenborn (eds), The History Today Companion to British History (1995), p. 63.

25   개인 은행 5곳은 엑서터 은행 (1769년), 데본셔 은행 (1770년), 시티 은행 (1786년), 제너럴 은행 (1792년), 웨스턴 은행 (1793년)이었다. 자료 출처는 다음과 같으며, 다운로드 일자는 2014년 4월 27일이다. http://www.exetermemories.co.uk/em/banks.php.

26   Eric Hobsbawm, The Age of Revolution 1789–1848 (1962), p. 46.

27   A. E. Musson, The Growth of British Industry (1978), p. 60.

28   Gregory Clark and David Jacks, 'Coal and the Industrial Revolution 1700–1869', European Review of Economic History, 11 (2007), pp. 39–72, at p. 44.

29   Richard Brown, Society and Economy in Modern Britain 1700–1850 (2002), p. 58.

30   Clark and Jacks, 'Coal and the Industrial Revolution', p. 47.

31   Eric H. Robinson, 'The Early Diffusion of Steam Power', Journal of Economic History, 34 (1974), pp. 91–107, at p. 97.

32   J. J. Mason, 'Sir Richard Arkwright (1732–1792), Inventor of Cotton-Spinning Machinery and Cotton Manufacturer', ODNB.

33   Neil McKendrick, 'Josiah Wedgwood and Factory Discipline', Historical Journal, 4 (1961), pp. 30–55, at p. 33.

34   이 문단에 쓰인 통계 수치의 출처는 다음과 같다. Brown, Society and Economy, pp. 51 (cotton), 56 (pig iron), 48 (patents). 나는 본래 1700년부터 1709까지 등록된 특허 출원 건수를 22개로 기록하였으나, 공식 수치에 따라 31개로 정정하였다. 자료 출처는 다음과 같고, 다운로드 일자는 2014년 1월 2일이다. http://www.ipo.gov.uk/types/patent/ p-about/ p-whatis/p-oldnumbers/p-oldnumbers-1617.htm.

19세기

1   Robert Woods, 'Mortality in Eighteenth-Century London: A New Look at the Bills', *Local Population Studies, 77* (2006), pp. 12–23, table 2 (1700, 1800); Geoffrey

Chamberlain, 'British Maternal Mortality in the Nineteenth and Early Twentieth Centuries', *Journal of the Royal Society of Medicine,* 99 (2006), pp. 559-63, figure i (i900). 1900년도 수치는 런던의 수치가 아니라 잉글랜드의 수치다.

2　이 그래프에 쓰인 수치는 다음에 근거한다. Paul Bairoch and Gary Goertz, 'Factors of Urbanisation in the Nineteenth Century Developed Countries: A Descriptive and Econometric Analysis', Urban Studies, 23 (1986), pp. 285-305, at pp. 288, 291.

3　B. R. Mitchell, British Historical Statistics (1988, paperback edn, 2011), pp. 545-7.

4　이 그래프에 쓰인 데이터의 출처는 다음과 같으며, 다운로드 일자는 2014년 2월 5일이다. Internet Modern History Sourcebook, http://www.fordham. edu/halsall/mod/indrevtabs1.asp. 그리고, 위 자료는 다음 저서에 공로를 돌리고 있다. *The Fontana Economic History of Europe*, vol. 4. part 2. 영국의 통계치는 표에서 생략되었다. 위에서 언급한 출처에서 나온 통계치와 *British Historical Statistics*에서 나온 통계치가 일치하지 않았기 때문이다.

5　나는 엑서터 보힐 하우스에 있던 세인트 토머스 정신병원(St Thomas Lunatic Asylum)의 입원 기록부를 읽고 이런 일이 있었음을 알게 되었다. 이 자료는 현재 데번 기록보관소에 있다. 조회 번호: 3992F.

6　C. R. Perry, 'Sir Rowland Hill', ODNB.

7　http://www.theiet.org/resources/library/archives/featured/fran cis-ronalds. cfm. 다운로드 일자는 2014년 2월 6일이다.

8　미국에 관한 정보의 출처는 다음과 같고, 다운로드 일자는 2014년 2월 9일이다. http://www2.census.gov/prod2/statcomp/documents/CT1970p2-05.pdf. 영국에 관한 정보의 출처는 다음과 같고, 다운로드 일자는 2014년 2월 9일이다. http://www.btplc.com/Thegroup/BTsHistory/Eventsintelecommunicationshist ory.htm.

9　Roy Porter, The Greatest Benefit to Mankind (1997), p. 410.

10　Ibid., p. 407.

11　Vivian Nutton, 'The Reception of Fracastoro's Theory of Contagion', Osiris, 2nd series, 6 (1990), pp. 196-234.

12　Porter, Greatest Benefit, p. 412.

13　이 이미지들은 다음 출처에서 찾아볼 수 있다. *Daily Mail* publication, *Covenants with Death.*

14   많이들 잘못 인용되는 이 구절은 그레이 경이 1830년 11월 22일 상원에서 토론을 하는 동안에 한 연설의 일부이다. 다음을 참조하길 바란다. *Hansard's Parliamentary Debates.*

15   Neil Johnston, 'The History of the Parliamentary Franchise', House of Commons Research Paper 13/14 (1 March 2014), http://www.parliament.uk/briefing-papers/RP13-14.pdf. 2014년 2월 13일에 다운로드했다.

16   Sabine Baring-Gould, Devonshire Characters and Strange Events (1908), pp. 52-69.

17   K. D. Reynolds, 'Norton [née Sheridan], Caroline Elizabeth Sarah', ODNB.

18   1568년, 보드민의 메리 코넬리스(Mary Cornellys)는 엑서터 교구 전역에서 수술을 할 수 있는 면허를 받았다. Ian Mortimer, 'Index of Medical Licentiates, Applicants, Referees and Examiners in the Diocese of Exeter 1568-1783', Transactions of the Devonshire Association, 136 (2004), pp. 99-134. 마거릿 펠링 (Margaret Pelling)이 에이드리언 콜먼(Adrian Colman)과 앨리스 글래빈(Alice Glavin) 이라는 이름의 여성들도 16세기 후반에 면허를 땄음을 알려주었다. Margaret Pelling and Charles Webster, 'Medical Practitioners', in Charles Webster (ed.), Health, Medicine and Morality in the Sixteenth Century (Cambridge, 1979), pp. 165-236, at p. 223. 그리고 요크의 이사벨 워윅(Isabel Warwike)도 1572년에 면허를 땄다. 17세기 중반에 '닥터'라는 용어가 '의사'와 동의어가 되고, 의학 분야에서 전문성을 인정받으려면 반드시 정식 교육을 받아야 한다고 여겨지면서, 여성들이 의사 자격을 얻는 것이 금지되었다.

19   Deborah Simonton, *The Routledge History of Women in Europe since 1700* (2006), pp. 118-19.

20   Robert A. Houston, 'Literacy', EGO: European History Online, http://unesdoc.unesco.org/images/0000 / 000028 / 002898eb.pdf. 본 자료는 2014년 2월 14일에 다운로드했다. Progress of Literacy in Various Countries: A Preliminary Statistical Study of Available Census Data since 1900 (1953); 영국의 문해율 수치의 출처는 다음과 같다. Sixty-fourth Annual Report of the Registrar General (1901), lxxxviii.

21   George Orwell, Homage to Catalonia (Penguin edn, 1989), p. 84.

1 이 일화를 알려준 추 매그나 우드반 농장의 닉 하셀(Nick Hasel)에게 감사를 표한다.

2 이 그래프의 수치의 출처는 다음과 같다. B. R. Mitchell, British Historical Statistics (1988, paperback edn, 2011), pp. 541-2.

3 1904-1977년의 자료의 출처는 다음과 같다. Mitchell, British Historical Statistics, pp. 557-8. 1997-2000년의 자료의 출처는 다음과 같으며, 2014년 2월 17일에 다운로드했다. Vehicle Licensing Statistics, http://www.dft.gov.uk/statistics/series/vehicle-licensing/

4 전 세계의 자동차에 관한 자료의 출처는 다음과 같다. Joyce Dargay, Dermot Gately and Martin Sommer, 'Vehicle Ownership and Income Growth, Worldwide: 1960-2030', Energy Journal, 28 (January 2007), pp. 143-70, at pp. 146-7.

5 Mitchell, British Historical Statistics, p. 561.

6 http://www.caa.co.uk/docs/80/airport_data/2000Annual/02.3_ Use_of_UK_ Airports%20i975_2000.xls. 다운로드 일자는 2월 18일이다. 1975-1980년의 수치의 경우, 이 CAA의 수치와 위에서 인용한 *British Historical Statistics*의 수치가 일치하지 않는다.

7 구체적인 인구 증가치는 다음과 같다. 유럽 2억 2,700만 명, 미국 711만 명, 캐나다 450만 명, 호주 370만 명, 뉴질랜드 100만 명에 살짝 미달.

8 David Colman, 'Food Security in Great Britain: Past Experience and the Current View', http://www.agr.kyushu-u.ac.jp/ foodsci/4_paper_Colman.pdf. 2014년 7월 1일에 다운로드했다.

9 1999년의 상원법은 단 92명의 세습 귀족만이 상원의원으로 남을 수 있게 했다.

10 http://www.parliament.uk/documents/commons/lib/research /rp99/rp99-iii. pdf. 2014년 2월 20일에 다운로드했다.

11 여성의 출생 시 기대수명은 다음과 같다(단위: 세). 호주 (82.1), 오스트리아 (81.4), 벨기에 (80.9), 캐나다 (81.5), 핀란드 (80.9), 프랑스 (83.1), 독일 (80.6), 그리스 (80.8), 아이슬란드 (81.8), 이탈리아 (82.4), 일본 (84.7), 뉴질랜드 (80.9), 노르웨이 (81.4), 싱가포르 (80.2), 스웨덴 (80.82) 그리고 스위스 (82.5). 남성의 출생 시 기대수명은 다음과 같다(단위: 세). 호주 (76.6), 캐나다 (76.0), 프랑스 (75.2), 그리스 (75.4), 아이슬란드 (77.1), 이탈리아 (76.0), 일본 (77.5), 뉴질랜드 (75.9), 노르웨이 (75.7), 싱가포르

(80.2), 스페인 (75.4), 스웨덴(77.3), 스위스 (76.7). 자료 출처는 다음과 같으며, 다운로드 일자는 2014년 2월 20일이다. http://www.health.gov.au/internet/main/publishing.nsf/Content/FAEAAFF60030CC23CA257BF00020641A/$File/cmo2002_17.pdf

12 이 10퍼센트라는 수치는 다음 웹사이트의 도표에 나오는 다양한 국가별 수치를 기반으로 한다. http://www.health.gov.au/internet/main/publishing.nsf/Content/FAEAAFF60030CC23CA257BF0002064 1A/$File/cmo2002_17.pdf. 이 자료에 따르면, 활동적인 삶의 평균치는 러시아(출생 시 기대수명의 84.5퍼센트)부터 덴마크(92.8퍼센트) 사이의 범위 안에 분포한다. 대부분의 국가에서는 91퍼센트라는 수치가 나타난다. 그리고 영국은 91.3퍼센트다.

13 자료 출처는 다음과 같으며, 2014년 2월 23일에 다운로드했다. Brian Moseley's online encyclopedia of Plymouth history, http://www.plymouthdata.info/Cinemas.htm. 이 자료가 언급한 극장의 이름과 위치, 개장일은 다음과 같다. 드룩스 시어터: 유니언 스트리트, 1909년 4월 10일, 앤드류스 픽처 팰리스: 유니언 스트리트, 1910년 8월 1일, 머틀리 플레인: 벨그레이브 홀, 1911년 9월 11일, 시네 드롬: 에브링턴 스트리트, 1911년 11월 27일, 시네마 드 룩스: 유니언 스트리트, 1910년 3월 23일, 시네마 픽처 팰리스: 세인트 오빈 스트리트, 1910년 5월 21일, 엠파이어 일렉트릭 시어터: 유니언 스트리트, 1910년 7월 29일, 모리스 타운 앤드 디스트릭트 픽처 팰리스: 데번포트 윌리엄 스트리트, 1910년 10월 20일에 승인, 패러곤 픽처 홀: 보홀 스트리트, 1912년 12월에 승인, 피플스 파퓰러 픽처 팰리스: 로워 스트리트, 1910년 12월 21일에 승인, 시어터 엘리트 픽처 플레이하우스: 에브링턴 스트리트, 1910년 5월 9일, 티볼리 픽처 시어터: 데번포트 포어 스트리트, 1911년 1월 26일, 시네드롬: 머틀리 플레인, 1914년 2월 6일 이전에 개봉, 일렉트릭 시네마: 데번포트 포어 스트리트, 1912년 1월 이전에 개봉, 픽처드롬: 캐틀 타운, 1912년 1월 이전에 승인.

14 http://www.screenonline.org.uk/film/cinemas/sect3.html. 다운로드 일자는 2014년 2월 23일이다.

15 Mitchell, *British Historical Statistics*, p. 569.

16 http://www.ofcom.org.uk/static/archive/oftel/publications/ research/inti000.htm. 다운로드 일자는 2014년 2월 23일이다.

17 http://uk.russellhobbs.com/blog/kettles-guide/the-electric- kettle-a-brief-historical-overview/. 다운로드 일자는 2014년 2월 24일이다.

18 http://collections.museumoflondon.org.uk/Online/object.aspx? objectID=object-739956&rows=i&start=i. 다운로드 일자는 2014년 2월 24일 이다.

19 존 베딩턴 경(Sir John Beddington)이 이 주제와 캐링턴 사건이 영국에 어떤 영향을 미칠지에 관해서 논한, 2012년 12월 18일에 제출한 흥미로운 위험 평가 보고서 가 있다. 이 보고서에 따르면, 영국의 전력선이 미국의 전력선보다 훨씬 짧기 때 문에 영국은 미국보다 위험에 훨씬 덜 노출되어 있다. 에너지 회사 내셔널 그리 드는 변압기 자산 1퍼센트가 손실될 수 있으며, 몇 달 동안 전기 공급에 지장이 있을 수 있으며, 항공기가 영향을 받을 것으로 추정했다. 디지털 통신이 받을 영 향은 불분명하다. http://www.parliament.uk/documents/commons-committees /defence/121220-PM-to-Chair-re-EMP.pdf. 다운로드 일자는 2014년 7월 2일 이다.

20 The Earl of Birkenhead, *The World in 2030 ad* (1930), p. 27.

결론

1 Abraham Maslow, A theory of human motivation', *Psychological Review,* 50 (1943), pp. 370-96. http://psychclassics.yorku.ca/ Maslow/motivation.htm. 다운로드 일 자는 2014년 1월 4일이다.

2 아무래도 이 말을 덧붙여야 할 듯하다. 설령 많은 이민자가 있었다고 하더라도, 이민은 지역사회의 식량 공급에 대한 수요 증가로 이어졌으므로, 이 요인을 자연 적인 인구 증가와 별도로 취급할 필요는 없다.

3 20세기에는 인구 증가가 식량 공급량 이외의 요인(가령 대가족을 이루지 않겠다는 선 택)에 의해 제한되었으므로, 인구 증가와 식량 공급량 증가 사이의 관계가 깨졌 다. 식사 요구량의 측면에서 '모든' 사람들을 만족시킬 수 있었던 것은 20세기의 분명한 성과다. 그러나 성과가 곧 변화는 아니다. 필요의 측면에서 볼 때, 식사 요구량의 90퍼센트를 충족하다가 105퍼센트(따라서 일부는 낭비) 충족하게 된 것 은, 75퍼센트를 충족하다가 90퍼센트를 충족하게 된 것만큼 중요하지 않다. 설 령 20세기와 19세기에 생리적 필요의 측면에서 양적으로 정확히 같은 수준의 변 화가 있었다고 보더라도, 20세기에는 과잉 공급이 일어났으므로 공급된 식량의 일부는 필요와 관련이 없는 불필요한 공급이었다. 이는 매슬로의 표현을 빌리자

면 '겉치레'에 불과하다. 게다가 식량 수요를 얼마나 충족시켰느냐의 관점에서 볼 때, 19세기에 20세기보다 더 중요한 진전이 있었으며, 두 세기 사이에 커다란 격차가 있다는 점은 명백하다. 물론 이것은 서구에만 적용되는 이야기이며, 세계의 다른 곳에서는 상황이 크게 달랐다. 예를 들어 개발도상국에서는 19세기보다 20세기에 이 부분에서 훨씬 더 큰 변화가 있었다.

4 Pitirim Sorokin, Social and Cultural Dynamics (4 vols, 1943).

5 Henry Kamen, The Iron Century: Social Change in Europe 1550-1660 (1971), p. 43.

6 Sorokin, Social and Cultural Dynamics (1962, single vol. edn), p. 550.

7 Ole J. Benedictow, The Black Death, 1346-1353: The Complete History (2004), p. 251.

8 Ibid., p. 252; E. A. Wrigley and R. S. Schofield, English Population from Family Reconstitution 1580-1837 (1997), p. 614.

9 Massimo Livi Bacci, *Population of Europe* (2000), pp. 135, 166. 위 자료의 표에서는 1750년도 스페인의 수치를 제공하지 않으므로, 그 대신 1800년도 수치를 그대로 사용했다. 2000년도 자료는 10장의 주석 11번의 목록에서 나온 남성과 여성의 수치를 평균한 수치다. 1950년도 스웨덴의 수치는 다음 자료에서 나왔으며, 다운로드 일자는 2014년 3월 3일이다. http://www.aihw.gov.au/WorkArea/DownloadAsset.aspx?id=6442459112.

10 E. A. 리글리(E. A. Rigley)와 R. S. 스코필드(R. S. Scofield)가 1999년에 제공한 잉글랜드 자료를 검토한 결과(위 표에 사용된 수치보다 후대의 수치), 1591-1611년의 출생 시 기대수명은 평균 38.18세, 1691-1711년의 출생 시 기대수명은 37.98세, 1791-1811년의 출생 시 기대수명은 40.19세였다. 그러므로 17세기에 있었던 초창기 의료 전문화는 당시에 늘어난 삶의 역경과 합쳐지며 미미한 효과를 냈다. 18세기에 증가한 기대수명은 상대적으로 작았다.

11 B. R. Mitchell, British Historical Statistics (1988, paperback edn, 2011), pp. 166-9.

12 Angus Maddison, The World Economy: A Millennial Perspective (2001), p. 264

13 Stephen Broadberry, Bruce Campbell, Alexander Klein, Mark Overton and Bas van Leeuwen, *British Economic Growth 12701870* (2011). http://www.lse.ac.uk/economicHistory/semi- nars / ModernAndComparative/papers20ii-i2 /Papers/Broad berry.pdf. 2014년 3월 3일에 다운로드했다.

14 Stephen Broadberry, Bruce Campbell, Alexander Klein, Mark Overton and Bas van Leeuwen, British Economic Growth 1270- 1870 (2011). http://www.lse.

ac.uk/economicHistory/semi\-nars/ModernAndComparative/papers2011-12/ Papers/Broad berry.pdf. 2014년 3월 3일에 다운로드했다.

15 R. B. Gordon, M. Bertram and T. E. Graedel, 'Metal Stocks and Sustainability', Proceedings of the National Academy of Sciences, 103, 5 (2006), pp. 1209-14.

16 http://www.worldcoal.org/resources/coal-statistics/coal-steel- statistics//. 2014년 3월 4일에 다운로드했다.

17 여러 신문사가 TV 시리즈 홍보차 2010년 4월 말에 호킹 교수의 기고문을 실었다. 이 기고문은 2010년 4월 27일 자《데일리 메일》에 처음 등장한 것으로 보인다. 58.6년이라는 수치는 다음과 같이 도출된다. 우주선이 가속하는 기간인 4년 동안 1.4광년을 나아가고, 최고 속도에 근접할 때부터 감속하기 시작할 때까지의 21.3년 동안 19.2 광년을 나아가고, 감속하는 기간인 4년 동안 가속하는 기간과 마찬가지로 1.4년을 나아가면, 총 29.3년에 걸쳐 글리제 337Cc에 도달할 수 있다. 그리고 똑같은 과정을 거쳐 지구로 귀환하면 총 58.6년이 걸린다.

맺음말

1 확인된 석유 매장량은 2000년에는 1만 2,581억 배럴이었으나, 2012년에는 1만 6,689억 배럴이었다. 따로 명시하지 않은 한, 이 부분에서 사용한 화석 연료와 관련된 통계치의 출처는 다음과 같다. British Petroleum, Statistical Review of World Energy (2013), http://www.bp.com/content/dam/bp/excel/Statistical-Review/statistical_review_of_world_energy_2013_workbook.xlsx. 2014년 3월 7일에 다운로드했다.

2 현재 영국에서 생산하는 전력의 14퍼센트는 지속 가능한 방법으로 생산되며, 이는 전체 에너지 소비량의 5.2퍼센트에 해당한다. 다음을 참조하길 바란다. 재생 에너지(renewable energy) in 2013, pp. 1-2, https://www.gov.uk/government/uploads/system/uploads/attachment_data/file/323429/Renewable_energy_in_2013.pdf. Downloaded 28 June 2014. 2014년 6월 28일에 다운로드했다. 당연한 말이지만, 현재 14퍼센트인 지속 가능한 에너지 공급 비율을 100퍼센트로 늘리려면, 현재 필요 전력량의 86퍼센트만큼을 재생 에너지로 공급해야 할뿐만 아니라, 2050년까지 추가로 늘어날 잉글랜드 거주자들의 필요 전력량의 100퍼센트만큼을 재생 에너지로 공급해야 한다. 그때까지 추가로 늘어날 인구는

1,200만 명 정도다.

3 유채밭 1헥타르에서는 연간 바이오디젤 1.1톤을 생산할 수 있는데, 이는 1,311리터에 해당한다. 사탕무 밭 1에이커에서는 연간 바이오에탄올을 4.4톤 생산할 수 있는데, 이는 5,553리터에 해당한다. (이러한 수치에 관해서는 다음을 참조하길 바란다. http://www.ukpia.com/industry_information/industry-overview.aspx. 2014년 3월 23일에 다운로드). 현재 영국의 도로 연료 소비량은 일간 디젤 680만 리터와 가솔린 5,600만 리터다(http://www.ukpia.com/industry_information/industry-overview.aspx, 2014년 3월 22일에 다운로드). 그러므로, 아무런 변동이 없는 한, 우리는 디젤을 대체하기 위해서 거의 1,890만 헥타르의 땅이 필요하며, 가솔린을 대체하기 위해서 거의 370만 헥타르의 땅이 필요하다. 둘을 합치면 총 2,260만 헥타르의 토지가 필요하며, 이 수치를 절반으로 나누면 본문에 나온 1,130만 헥타르가 된다.

4 현재 세계의 연간 우라늄 소비량은 약 6만 8,000톤이다. 알려진 회복 가능한 자원량은 2011년 기준 532만 7,000톤에 달한다. 다음을 참조하길 바란다. http://www.world-nuclear.org/info/Nuclear-Fuel-Cycle/Uranium-Resources/Supply-of-Uranium/. 2014년 6월 28일에 다운로드했다.

5 삼림 지대는 9퍼센트를 차지한다(유럽 이웃 국가에 비해 낮은 비율), 해안 사구나 강어귀 같은 같은 해안 경계 지대는 1퍼센트가 살짝 안 되며, 담수호와 강은 1퍼센트가 조금 넘는다. 산지와 황무지, 황야는 4.8퍼센트인데, 그 대부분은 국립공원이거나 그와 유사한 보호를 받는 자연 경관이다. 다음을 참조하길 바란다. UN National Ecosystem Assessment (2012), Chapter 10.

6 통계치의 출처는 다음과 같다. http://www.agr.kyushu-u.ac.jp/foodsci/4_paper_Colman.pdf. 2014년 6월 16일에 다운로드했다.

7 Robyn Vinter, 'UK Becomes Net Importer of Wheat', Farmers Weekly (10 October 2012).

8 영국은 2008년에 필요했던 소고기의 82퍼센트, 돼지고기의 52퍼센트, 양고기와 어린 양고기의 88퍼센트, 닭고기의 92퍼센트만을 생산했다. 이 수치의 출처는 다음과 같다. Table 7.4 of the UN National Ecosystem Assessment (2012).

9 증가율 0.76퍼센트는 잉글랜드의 2001년도 통계조사 인구(49,138,831명)와 2011년도 통계조사 인구(53,012,456명)를 이용하여 계산한 인구 증가율이다. 이 수치는 2014년 6월에 영국 통계청이 발표한 수치인데, 이를 이용해 계산해보면 영국 인구가 이 이후로도 여전히 0.7퍼센트로 증가하고 있음을 알 수 있다.

10 현재는 약 75퍼센트의 신규 주택이 기존에 개발한 부지에 건설되고 있다. 그러나

기존에 개발한 부지를 이용하는 데는 한계가 있다. 이 합계는 매 10년이 지날 때마다, 지난 10년 동안 있었던 재개발용 부지의 3분의 2가 개발될 수 있다고 가정한다. 즉 2010년에 기존 부지의 75퍼센트가 개발되었다면, 2020년 이후에 기존 부지에 건설되는 신규 주택의 비율은 75퍼센트의 3분의 2인 50퍼센트가 되며, 2030년 이후에는 33퍼센트가, 2040년 이후엔 22퍼센트가, 2060년 이후엔 고작 10퍼센트 정도만이 기존 부지에 건설되고, 이후로는 시간이 흘러도 이 10퍼센트가 유지된다는 가정이다. 현재 실제로 건설 중인 주택의 비율을 밝혀내기는 어렵다. 영국 통계청 자료에 따르면, 순수하게 국내 주택 재고만을 살펴보면, 2007-2008년 동안 잉글랜드에는 신규 주택 22만 3,000채가 건설되었는데, 이는 전체 주택 재고 2,228만 8,000채의 1.1퍼센트에 해당하는 양이다. 2012년-2013년에는 주택이 12만 5,000채만 건설되었는데, 이는 전체 주택 재고 2,323만 6,000채의 0.54퍼센트다. 이 두 실제 수치의 평균은 우리가 가정한 인구 증가율 0.76퍼센트보다 약간 높은 수준이지만, 현 정부와 다른 모든 정당은 2014년 여왕 연설에서 드러났듯이, 주택의 수가 극적으로 증가하기를 바란다. 그러므로 우리는 실제로 건설되는 주택의 양이 인용된 수치를 크게 초과할 것으로 예상해야 한다.

11 110명이라는 숫자는 영국에 널리 보도된 Credit Suisse, Global Wealth Report (2013)에서 나온 숫자다. 노예 제도는 공식적으로 폐지되었지만, 여전히 많은 나라에 존재한다. 상위 10개 위법 국가는 인도, 중국, 파키스탄, 나이지리아, 에티오피아, 러시아, 태국, 콩고, 미얀마, 방글라데시다. 2013년도 추정치에 따르면 전 세계 노예 인구는 3,000만 명에 약간 미치지 못하는 수준이었으며, 노예 인구가 1,400만 명에 달하는 인도가 압도적이었다. 다음을 참조하길 바란다. http://www.ungift.org/doc/ knowledgehub/resource-centre/2013/ GlobalSlaveryIndex_2013_Download_WEB1.pdf. 2014년 3월 23일에 다운로드했다.

12 Thomas Piketty, trans. Arthur Goldhammer, Capital in the Twenty-First Century (2014), p. 165.

13 Ibid., p. 25.

14 Ibid., p. 356.

15 이 점을 증명하기 위해서, 사람이 드문 지역에 전혀 개발되지 않은 경제국이 있다고 정반대로 상상해보자. 만약 어떤 사람이 남는 종자를 가지고 있으며, 가족을 위해서 추가로 몇 에이커 정도의 땅을 경작하고 싶다면, 그냥 황무지로 가서 땅의 소유권을 주장하면 그만이다. 아무런 지출도 없이 이 새로운 토지를 이용할

수 있었으므로, r에는 사용하는 데 아무런 값이 없다. 그러나 g에는 값이 있다. 이 사람의 노동이 경제 성장을 일으키기 때문이다. 그러므로 경제 개발 초기 단계에서는 자본 수익률이 경제 성장률보다 낮을 수밖에 없다. 즉 $r < g$가 성립하는 셈이다. 그러나 모든 땅에 임자가 생기면, 새로이 토지가 필요한 농부들은 토지 소유자에게 임대료를 지불해야 하기 때문에 r이 양수 값을 지니게 된다. 초기에는 땅을 놓고 경쟁하는 다른 사람들이 없으므로 r이 낮은 수준을 유지할 가능성이 높지만, 인구가 증가하고 토지에 대한 수요가 늘어나면 농부가 토지를 이용하기 위해서 더 큰 비용을 내야만 한다. 석유 같은 자원이 대량으로 발견되면서 전례 없는 수준의 경제 성장이 이루어질 수도 있으므로 이 시점까지는 아직 r이 g보다 낮을 가능성이 있지만, 이러한 일은 근본적으로 지속 가능하지 않다. 자원이 고갈될 가능성도 있고, 사람들이 땅을 놓고 더 치열하게 경쟁하고 더 많은 임대료를 지불하기 시작하면서, 토지 수요가 늘어나고 r이 증가할 수 있기 때문이다. 얼마 지나지 않아 그 지역의 모든 토지에 소유주가 생기고 개발이 완료되면, 그리고 재생 불가능한 자원이 고갈되기 시작하면, 경제 성장률을 양의 값으로 유지하는 것이 점점 더 어려워지기 때문에 결국 g가 감소하면서 $r > g$가 정상 상태가 된다.

16   Martin Gilens and Benjamin I. Page, 'Testing Theories of American Politics: Elites, Interest Groups and Average Citizens', Perspectives on Politics (forthcoming, 2014).

17   잉글랜드를 제외한 국가들의 수치의 출처는 다음 세계은행 통계치다. http://data.worldbank.org/indicator/EN.POP.DNST.2014년 7월 12일에 다운로드했다. 2013년도 잉글랜드 인구 추정치 5,350만 명은 다음 자료에서 나온 수치다. http://www.ons.gov.uk/ons/rel/pop-estimate/population-estimates-for-uk-england-and-walesscotland-and-northern-ireland/mid-2011-and-mid-2012/index.html. 2014년 7월 12일에 다운로드했다. 잉글랜드의 면적은 13만 400제곱킬로미터로 간주했다.

18   통계 자료의 출처는 다음과 같다. BP, *Statistical Review of World Energy* (2014).

19   Paul R. Ehrlich and Anne H. Ehrlich, 'Can a Collapse of Global Civilisation be Avoided?', *Proceedings of the Royal Society B*, 280: 20122845. http://dx.doi.org/10.1098/rspb.2012.2845. 2014년 3월 24일에 다운로드했다.

20   Geoffrey Parker, The Global Crisis: War, Climate Change and Catastrophe in the Seventeenth Century (2013), p. 19.

21   http://www.gallup.com/poll/142727/religiosity-highest-world-poorest-nations.aspx. 2014년 3월 8일에 다운로드했다.

부록

1   Paolo Malanima, 'Energy and Population in Europe: The Medieval Growth' (2010), pp. 3-4. http://www.paolomalanima. it/default_file/Papers/MEDIEVAL_ GROWTH.pdf. Downloaded 12 February 2014.

2   Massimo Livi Bacci, *Population of Europe* (2000), pp.

3   8-10. 논문 초안을 2014년 1월 15일에 다음 링크에서 다운로드했다. http://www. lse.ac.uk/economicHistory/pdf/Broadberry/Medievalpopulation.pdf,

4   4 Ole Benedictow, The Black Death 1346-1353: The Complete History (2004), p. 383.

5   Ole Benedictow, *The Black Death 1346-1353: The Complete History* (2004), p. 383. 표 1.2의 1541년부터 1871년까지의 수치의 출처는 다음과 같다. E. A. Wrigley and R. S. Schofield, *English Population History from Family Reconstitution 1580-1837* (1997), p. 614. 1900년과 2000년도 수치는 실제로는 1901년과 2001년의 인구조사에서 나온 수치다. Office for National Statistics, *Census 2001: First Results on Population for England and Wales* (2002), p. 5

6   그러나 직접 인용은 다음 논문에서 했다. David E. Davis, 'Regulation of Human Population in Northern France and Adjacent Lands in the Middle Ages', *Human Ecology* 14 (1986), pp. 245-67, at p. 252. 1798년도의 경계에 해당하는 수치들은 1.3배수로 조정했다. 해당 수치는 프랑스 북부의 수치이므로, 프랑스 전체를 나타내게 하고 이후의 계산과 호환되게 하기 위해서다.

7   Norman Pounds and Charles C. Roome, 'Population Density in Fifteenth Century France and the Low Countries', Annals of the Association of American Geographers, 61 (1971), pp. 116-30.

8   Le recensement de la population dans l'Histoire', http:// www.insee.fr/fr/ppp/ sommaire/imeths01c.pdf. Downloaded 3 February 2014.

9   Livi Bacci, Population of Europe, pp. 8-10.

10   1600년과 1700년에 관한 수치의 출처는 다음과 같다. Ibid., p. 8. 1800년과 1900년의 수치의 출처는 다음과 같다. Jacques Dupaquier, *Histoire de la population Française* (4 vols, Paris, 1988). 2000년도 수치의 출처는 2001년도 프랑스 인구조사 보고서다.

11   Giovanni Federico and Paolo Malanima, 'Progress, Decline, Growth: Product and

Productivity in Italian Agriculture 1000-2000', Economic History Review, 57 (2004), pp. 437-64.

12 1500년부터 1800년까지의 수치의 출처는 다음과 같다. ibid., p. 446. 1900년도와 2000년도 수치의 출처는 이탈리아 통계청이 발행한 인구조사 자료다.

13 https://www.census.gov/population/international/data/ worldpop/table_history.php. 2013년 2월 3일 다운로드했다.

사진 출처

- View of Moretonhampstead, Devon (author's collection).
- Gatehouse of Exeter Castle (author's collection).
- Speyer Cathedral, Germany (author's collection).
- Mural in Chaldon Church, Surrey (author's collection).
- Arab physician performing a bleeding, c.1240 (Bridgeman Art Library).
- Window depicting a wine merchant in Chartres Cathedral, France (Bridgeman Art Library).
- Hereford world map (Bridgeman Art Library).
- Cadaver effigy in Exeter Cathedral (author's collection).
- Golden rose of Pope John XXII (copyright Brian Shelly).
- Image of cannon from Walter de Milemete's treatise on kingship (Bridgeman Art Library).
- *Portrait of a Man in a Turban* by Jan van Eyck (Bridgeman Art Library).
- Printing press, from a book printed in 1498 (Bridgeman Art Library).
- Clock in the chapel at Cotehele House, Cornwall (author's collection).
- Portrait of Columbus by Sebastiano del Piombo (Bridgeman Art Library).
- Map of the world from Abraham Ortelius's *Theatrum Orbis Terrarum*, 1570 (Bridgeman Art Library).
- Wheel-lock hunting pistol dating from 1578 (Bridgeman Art Library).
- Iris from Leonhart Fuchs's *De Historia Stirpium*, 1542 (Bridgeman Art Library).
- Bamberg witch house (Staatsbibliothek Bamberg, shelf-mark V B 211m).
- Johannes Hevelius's telescope (public domain).
- Isaac Newton's telescope (Bridgeman Art Library).
- London opera rehearsal, painted by Marco Ricci, 1708 (Bridgeman Art Library).
- Thomas Newcomen's steam engine, 1718 (Getty Images).
- The Tennis Court Oath, after Jacques-Louis David (Bridgeman Art Library).
- Power looms, painting by Thomas Allom, 1834 (Bridgeman Art Library).
- Advertisement for the Plymouth to London stagecoach, *Plymouth and Dock*

변화의 세기

Telegraph and Chronicle, 4 May 1822(author's collection).

- The Boulevard du Temple, Paris, photographed by Louis Daguerre, 1838(public domain).

- SS *Great Britain* in Cumberland Basin, photographed by William Fox Talbot, 1844(public domain).

- The Wright Brothers' Flyer, airborne on 17 December 1902(Library of Congress).

- Autochrome photograph of French soldier, June 1917, by Paul Castelnau(Ministère de la Culture—Médiathèque du Patrimoine, Dist. RMN-Grand Palais/Paul Castelnau).

- Dr Nagai in Nagasaki after the nuclear bombing, August 1945(Bridgeman Art Library).

- Park Row Building, New York(Library of Congress).

- Petronas Towers, Kuala Lumpur(Bridgeman Art Library).

- Earthrise: the Earth photographed from Apollo 8, 24 December 1968(NASA).

감사의 말

우선 이 책을 훌륭히 편집해준 내 편집자 외르크 헨스겐에게 감사의 말을 전하고 싶다. 그의 신학에 관한 조언과 인내심에 고마움을 표한다. 또한 나를 격려하고 지지해준 내 에이전트 짐 길과 기획 편집자인 스튜어트 윌리엄스에게도 감사의 말을 전한다.

존 캐슨과 앤 캐슨에게도 특별한 감사를 전한다. 두 사람은 2009년 엑서터 교구의 12주년 기념식을 위해 내게 강연을 의뢰해주었는데, 이 강연 덕분에 이 책의 결론에 관한 생각을 공식화할 수 있었다. 또한 두 사람은, 이 책의 13세기에 관한 장의 끝부분에 등장하고 그 이후로도 종종 등장하는 오래된 저택을 우리 가족에게 팔았다. 이 책에서 서술한 10개의 세기 가운데 여덟 세기 동안 물리적 혹은 문서상 증거가 남아 있는 건물에서 사는 것은, 과거 상황을 이해하는 데 큰 도움이 되었을 뿐만 아니라 내게 여러 생각을 불러일으켜 주었다.

이 연구를 종합하고 완성하는 과정에서 여러 사람이 조언을

변화의 세기

해주었다. 특히 책 전체에 관해 조언해준 조너선 배리 교수, 중세에 관한 장에 여러 제안을 해준 폴 드라이버러 박사, 인구 수준에 대한 접근법에 관해 조언해준 앤드루 힌드 박사, 다양한 철학자에 관한 내 견해에 피드백을 준 조너선 캠프에게 특히 감사한다. 또한 스티븐 핑커의 16세기 폭력 감소에 관한 주장을 다룰 것을 제안한 마틴 에이미스에게도 감사의 말을 전한다.

전자제품의 도입이 20세기에 우리 가족의 생활수준에 어떤 영향을 미쳤는지 묘사해준 내 어머니 주디 모티머에게도 감사를 표하고 싶다. 우리 가족이 서퍽 오두막집에서 휴가를 보낼 수 있게 해준 사촌 찰스 리드와 사라 리드에게도 매우 감사하다. 그곳에서 지내는 동안 여러 차례 정전이 있었는데 그때마다 우리가 얼마나 많이 전기에 의존하고 있는지 잘 알 수 있었다.

지난 수년간 인내심을 가지고 나와 변화의 대상을 주제로 논의해주고 자신들의 견해를 표현해준, 일일이 언급하기엔 너무 많은 사람에게도 모두 감사의 말을 전하고 싶다. 만약 이들이 그 논의에 그토록 몰두해주지 않았다면 이 책은 탄생할 수 없었을 것이다. 특히 내게 〈지구돌이〉의 중요성을 처음 언급해준, 모어턴햄스테드의 가까운 이웃인 마야 홈스에게 감사를 표하고 싶다. 또한 갤럽이 전 세계를 대상으로 종교의 중요성에 관한 여론조사를 시행했음을 알려준 제임스 키드너, 교황 베네딕토의 저술 몇몇을 소개해준 캐논 빌 지라드, 노르만인의 잉글랜드 침략과 잉글랜드의 문명화 과정에 관해 지혜로운 말을 전해준 마크 모리스 박사, 은퇴한 농부들이 생애 동안 일어난 가장 중요한 변화로 웰링턴 부츠를 선택했다는 이야기를 들려준 닉 하셀에게 감사를 표하고 싶다. 그리고 1999년 12월 말 저녁에 20세기에 일어난 변화를 요약해주고, 이 책에 영감을 준 문장을 말해준 BBC 뉴스 프로 진행자에게도 감사하고 싶다.

마지막으로, 그리고 그 누구보다도 소피 당신에게 고마워.

찾아보기

변화의 세기

변화의 세기

변화의 세기